股权图解精要

EQUITY GRAPHIC ESSENTIALS

蒋莹磊 著

法律出版社 | LAW PRESS
北京

图书在版编目(CIP)数据

股权图解精要 / 蒋莹磊著. -- 北京 : 法律出版社,
2023

ISBN 978－7－5197－7930－6

Ⅰ. ①股… Ⅱ. ①蒋… Ⅲ. ①股权－公司法－研究－
中国 Ⅳ. ①D922.291.914

中国国家版本馆 CIP 数据核字(2023)第 083807 号

股权图解精要
GUQUAN TUJIE JINGYAO

蒋莹磊 著

策划编辑 邢艳萍
责任编辑 邢艳萍
装帧设计 鲍龙卉

出版发行 法律出版社
编辑统筹 法律应用出版分社
责任校对 李慧艳
责任印制 刘晓伟
经　　销 新华书店

开本 710 毫米×1000 毫米 1/16
印张 34.5　**字数** 620 千
版本 2023 年 11 月第 1 版
印次 2023 年 11 月第 1 次印刷
印刷 三河市龙大印装有限公司

地址:北京市丰台区莲花池西里 7 号(100073)
网址:www.lawpress.com.cn
投稿邮箱:info@lawpress.com.cn
举报盗版邮箱:jbwq@lawpress.com.cn

销售电话:010－83938349
客服电话:010－83938350
咨询电话:010－63939796

书号:ISBN 978－7－5197－7930－6　**定价:**128.00 元
凡购买本社图书,如有印装错误,我社负责退换。电话:010－83938349

序　言

很高兴为大成优秀的高级合伙人蒋莹磊先生的新书《股权图解精要》作序。

莹磊从事律师工作三十年，深耕于公司、金融、资本市场等领域。本书以股权为主题，是其长期理论研究与实践相结合的成果，能够将之精华提炼成书，可喜可贺。

值得一提的是，莹磊用了一张股权关系图来阐释股权重要大类的本质，以简约图例来阐释事物的本质与联系，足以见得莹磊在长期积淀和探索思考过程中能够不断创新。同时，莹磊通过提炼和总结，把股权最重要、最精华的部分以深入浅出的语言介绍给读者，叙事清晰、逻辑严密，体现出其独到的见解和深厚的功底。

对于法律从业者而言，写作是基本功，但写书则颇为艰难，需要极强的意志力、忍耐力和自制力。但益处显而易见，写书不但能在自我思考的过程中提高作者的专业能力，同时也能向受众传递知识和能量，给人以启迪。让我欣赏的是莹磊勇于独辟蹊径，通过独立思考和探索，写出具有创造性的作品，这种精神在如今这个浮躁的年代，确实难能可贵。

法律追求公平与正义，需要坚守初心、仰望星空的人。而许多人把精力都用在拓展业务上，没有余力去思考和探索。特别是许多法律人，知识储备越来越丰富，对于许多法律条文更是如数家珍,但却容易为条条框框所束缚,失去了独立思考能力与辩证思维,这是非常遗憾的。学习固然重要,但若只是一味重复,未经过独立思考而加以吸收,那么这些学识就远不如那些经过认真思考的知识具有价值;探索、独立思考后进行分享,这个专业领域才会发展得越来越好。

当然,探索和创新是有风险的,因为创新的东西可能并不成熟。我想莹磊提出的股权关系理论肯定也会有不足之处,需要日后不断加以完善,这个过程中可能会引发一些争议,但这并不可怕,有争议才会有进步。

综上,本书是莹磊长期实践与认真思考的成果,是一种探索与创新,通过浅显易懂的语言解析了股权相关的重要问题,非常适合企业家和法律人阅读学习。

北京大成律师事务所主任、董事局主席

2023 年 9 月 10 日

自 序

本书与众不同之处在于，提出了全新的股权关系理论，我通过自创的股权关系图把股权相关的重要内容有机地联系起来，并诠释其本质及相互关系。

写一本与股权有关的书是我早已萌生的愿望，但迟迟没有落笔。倒不是没有可写的东西，因为我已从事公司股权相关业务二十多年，理论和实践方面都积累了大量素材。但我的想法是，要有所突破。虽未落笔，但我一直在积累，在实践，在学习，在思考。

实践和积累毋庸置疑，因为这是我的本职工作，其间做了大量与股权相关的业务，如为企业设计股权架构，策划员工股权激励方案，为企业股权融资、股权转让、增资等提供各项法律服务，起草设计了大量相关的合同与文件，也办理了大量股权诉讼案件。当然，纯粹的实践是不行的，需要在实践中不断地提炼素材为写书所用，在此过程中，还要不断地寻找各种资料和法律法规依据，并不断地根据实践中遇到的问题有针对性地加强研究与理论学习，撰写相关文章，再运用于实践。

最重要的是，在学习与实践中，我一直没有停止思考。我一直认为，股权相关的内容不应割裂而是存在有机联系的，所以就要寻找一根引线，能把这些内容有机地联系在一起。

我一直为此苦苦思索，但长时间没有进展，于是便想到了旅行，因为旅行不但可以让自己从繁杂的事务中脱离出来，有更多的思考时间，还可以放空自己，迸发出更多的灵感。我通过各种方式寻找灵感，在西藏的珠峰、南迦巴瓦、冈仁波齐前驻足凝望，在肯尼亚的非洲大草原与动物对话，在摩洛哥蓝色梦幻小镇舍夫沙万的巷子中穿梭，在以色列耶路撒冷的哭墙聆听，在约旦的佩特拉古城寻找先哲的足迹，在死海中静躺漂浮，在南非的好望角听涛，在巴西伊瓜苏大瀑布下深思，在阿根廷佩里托莫雷诺的冰川上漫步。总觉灵感即将临近，但一直没有突破。

2018 年 12 月，我踏上了通往南极之路，这是一趟难忘的旅程，留下了太多的美好。那里是纯净和友好的，可以与企鹅、鲸鱼近距离接触，可以泛舟在美轮美奂的浮冰中穿梭，兴起时还可以在冰水中徜徉，彻底洗涤自己的灵魂。惊喜发生在从南极回来的路上。也许是之前彻底放空的缘故，在穿越恐怖的德雷克海峡时，外面虽是惊涛骇浪，船身剧烈摇晃迫使人只能待在床上，但因为刚经历南极之旅，我的内心极其宁静，正好可以静坐冥想。此时我脑海中渐渐出现了一张图，这张图包含了前人的哲学智慧，但又与股权的重要内容贴切吻合。我迅速拿来纸和笔，一张股权关系图的雏形跃然纸上。

有了这剂“药引”，虽然还需要不断修正，但这给了我开始写书的动力。从南极回来后，我全力投入本书的写作中。

虽有预期，但没想到写书的过程是如此艰难，需要做的事情太多了。

首先需要花大量时间和精力不断地来完善股权关系图，并要随着内容的增加与深入不断调整；其次要思考如何清楚阐述这张图所表达的意思，并说清楚股权五大类别的实质，以及这五大类别之间的关系，从而完成系统的股权关系理论；最后需要通过适当的语言表达出来，做到用词准确并符合逻辑。

接下来的工作就是把股权五大类别的内容放进去，这不是简单地罗列和堆砌，他们之间存在有机的逻辑联系，因为这些内容最终是要融入股权关系理论这个体系；同时，因为股权相关的内容实在太多，我需要进行必要的筛选并对选取的内容进行提炼、概括和总结，并尽可能将法律用语转换成通俗易懂的语言,以供普通读者阅读,这就需要有一个精简的过程。

写书的过程也是一个不断学习和求证的过程。在写书过程中,肯定有许多问题没有搞清楚或无法确定,那就要通过查找相关资料来解决;另外,为了求证某个观点,我也会查找大量资料,尽量做到不出纰漏。事实上,许多自认为很懂的东西,要明确完整地表达出来并不容易,故仍需要不断学习和研究,力求透彻准确。

结构编排也是一大难点,五大类别内容虽可分列五章,但其中的节和段如何布局,哪些放前面,哪些放后面,用哪些内容,如何有逻辑和连贯性,并契合股权关系理论,都需要花费大量时间思考。

更为头痛的是,法律法规政策文件不断更新,书稿也需要不断调整。比如对股权来说最为重要的《公司法》,至本书截稿时,其修订草案已经发布三次审议稿,那么我就需要对这些审议稿中与股权相关的最新内容进行说明;《民法典》施行后,依据《合同法》(已废止)、《婚姻法》(已废止)、《继承法》(已废止)及相关司法解释完成的内容必须重新修改和调整;另外,由于证券发行注册制的实施,2023 年 2 月,证监会和各大证券交易所发布了大量新的规章和文件,并废止了大量旧的规章、文件,书中相关内容也需要大幅修改。

所以说,写作很艰难,特别是在工作繁忙的时候,根本无法静下心来,或者在处理日常杂务时,没有心思集中精力,导致我数次想放弃。支撑我写下去的,也许是想把这本书献给所有在努力奋斗的创业者以及把这本书的新思路分享给读者的使命感,或许是一次次探索成功后所带来的成就感和愉悦感。所以,为了集中精力,我一般会选择在晚上写书,安静的环境下,我会集中精力奋笔疾书,会迸发出诸多灵感,所以经常会忘了时间,不自觉地写到窗外天际渐渐发白之时。

尽管花了很多时间和精力,但我仍然觉得书中还有诸多不完美。从初稿完成至最终截稿,我已经不知修改了多少稿。比如股权关系理论肯定有其不足之处,许多用词需要仔细斟酌和推敲,有些标题名称、结构安排等也有缺陷,还有许多是因为法律法规变化而必须作出修改。

但不管如何修改,书中肯定存在不足之处,需要时间去验证并不断修正,也请读者体谅并批评指正。

终于完成了一项艰巨的任务,在此过程中,我失去很多,但收获更多。过程很累,但很开心,因为这是我喜欢做的事,只有真正地喜欢,才会有源源不断的动力,才会努力坚持不求任何结果。我也很自豪,因为这些年来的坚持不懈,因为一次次冲破困难和障碍把问题解决。虽不易,但总算没有让自己留下遗憾。这,也算是对我三十年律师生涯的一个总结吧!

是为序。

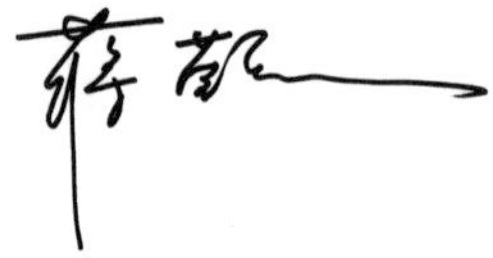

2023 年 9 月 10 日

目录

第一章　总　论

本书主讲股权,而股权与任何一家企业都是紧密相连的,任何一家企业都不可能没有股权,同理,离开企业,股权也就失去了其载体。另外,股权最终是由企业家个人持有,即便是一家企业持有某个公司的股权,最终穿透后还是会落到企业家个人身上。本书只分析民营企业的股权,因为国有企业的股权主体即股东是国家一个。股权的重要作用是保证企业创始人的控制权,保证企业正常稳定的同时能快速发展,如果企业只有一个股东,则仅涉及企业内部经营管理的问题,与股权和控制权没有太多关系。故而分析民营企业的股权问题,特别是有多种类型股东的民营企业的股权问题更有意义。

笔者要强调一点,本书主要的目标读者是民营企业的创始人及团队,因为只有企业的创始人,才会真正考虑股权众多复杂之内容。这些内容包括但不限于:如何寻找合伙人并给予合适的股权,如何对员工有效地实施股权激励,如何引进股权投资并能保证自己的控制权,如何预留股权以保证人才的引进,如何限制合伙人与员工的股权以防止股权的外流。同时企业创始人还要考虑如何与自己的配偶在股权方面达成一致意见,以保证在婚姻状况出现变故时企业能稳定前行,以及考虑因股权问题发生纠纷时,如何有效应对而避免自身和企业遭受损失。

但不可否认,企业家为了企业的发展,需考虑太多问题,有时会忽视股权的问题。待企业发展到一定阶段,再去考虑股权问题时,才发现为时晚矣!很多企业家因此失去了企业的控制权,甚至被踢出企业,辛苦创业的成果付诸东流,这是非常遗憾的。

因此，本书写作的目的，就是给那些正在奋勇拼搏和艰难探索的企业家一些指导和启迪，希望帮助他们朝正确的方向不断前行。

笔者通过总结发现，在一家企业中，与股权相关的无非就是五大类重要内容，即股权架构与控制权、员工股权激励、股权投资与融资、企业家的股权与婚姻家庭、股权的法律体系与股权纠纷（以下简称股权五大类别）。关于每一大类内容的书籍和文章数不胜数，有些确实很专业，讲得也很细致，都有其可取之处，但还没有一部专业书籍能把这五大类别全部放在一起介绍与论述，更无法真正说清楚上述这五大类别的本质与内涵，以及这五大类别之间的关系。因此，这些专业书籍对于企业家来说并不适用，原因有三：

一是过于专业的生硬表述方式，企业家往往难以理解。

二是单项内容过于烦琐，对于非专业的企业家来说，难以捕获重点信息，掌握不到精髓，也没有太多时间去认真研究。

三是不成体系，这点最为关键。对于企业家来说，其最重要的目的是了解企业中可能发生的与股权相关问题的全貌，了解其精华与关系，具体内容无须太多，无法面面俱到，毕竟他们时间和精力有限。

因此，本书的重要目标，就是要从企业的整个层面来分析股权的本质及各大类别相互之间的关系。

本书的独特之处体现在：

一是通过总结股权五大类别内容，采用一定的方法去探索股权五大类别内容的本质与内涵，对每一类别内容进行系统性的阐述，以说明其在企业与股权架构之中的地位和作用。

二是通过图表解析了五大类别内容之间的关系，把这些内容有机地串联起来，说清楚这些内容之间的关系，让企业家能更好地运用于实践中。

这两方面的问题，是前人所未曾涉及的，故而不一定很成熟，但至少能给读者带来一些启迪，让更多的人通过实践去不断完善。

第一节 股权简说

在讲述股权五大类别的本质与关系之前，先要简单地介绍一下股权。本节笔者结合自己在不断学习和实践中的理解，用通俗易懂的语言把股权的基本问题表述清楚。

一、什么是股权

什么是股权？顾名思义，就是股东的权利。简单地说，股权就是利益的分配，就是股东在一家企业中可以获得的权利及应当承担的义务，以及由此可获得的各种利益和可能承担的损失。有权利就有义务和责任，有利益就有风险，股权就是围绕着权利和义务，以及利益和风险来说的。

因股权而可获得的利益，是与企业的价值分不开的，企业发展良好则股权价值就高，可分得的利益就越多；企业发展不好，股权价值就低。

股权本来就是一个法律上的概念，是以国家意志来保证股东权利的一种体现。这种保障，一是股东拥有权利的保障，即保证股东的股权不会因为外界影响而变化，不会被其他人随意剥夺；二是行使权利的保障，保障股东可以以相应比例的股权来行使其诸项权利，如最重要的表决权、分红权等。

本书所指的股权，是一种广义上的股权，既包括有限责任公司的股权，也包括股份有限公司的股份。上市公司的股票，其实就是股份有限公司股份的一种表现形式，广义上也可以称为股权。虽然在《公司法》中，股权只是代表有限责任公司的一种称呼，股份有限公司都称为股份，但实际上，“股权”这个词可以运用到所有的企业，比如股权激励，在上市公司也称“股权激励计划”，而一般不会表述为“股份激励计划”。因此，在本书中，除非是特别说明，股权适用于所有的企业。

二、股权的特性

关于股权的特性，许多书籍有所介绍，但都千篇一律，缺乏新意，也很枯燥。笔者希望通过自己的总结给读者一些新的体会。

（一）股权代表价值

股权的价值特性表现在如下几个方面。

1. 股权本身就具有价值

股权的载体就是一家企业，没有企业就无所谓股权。当企业的创始人把资金投入企业后，就形成了股权，股权一开始就有了其初始价值。但股权的价值并不等于投入时的价值，随着企业的不断发展，股权的价值会不断发生变化。好的企业，股权会不断增值，利润会增加，资产会增加，股权价值自然也会增加，如果有投资人来投资，估值也会不断增加。

2. 股权可以产生收益

股权的载体是企业，拥有股权的人是股东，如果企业发展得好，股东就可以获得分红。买过股票的人都知道，如果买了一家业绩良好的上市公司的股票，那么就可能获得股息红利，甚至有些上市公司会转增股或者送股，这些都是因股权所产生的收益。

3. 股权的价值会不断变化

股权的玄妙之处，是其价值会不断发生变化。正是因为其价值会不断变化，导致对股权的投资会产生高收益与高风险。

投资股权可能会有高收益，这种事例在国内外，在一级市场和二级市场都屡见不鲜。最为典型的股权投资者莫过于巴菲特，他的价值投资理论和传奇经历人尽皆知。在中国也有许多这样的例子，如高瓴资本的张磊，就是坚定的价值投资理论支持者，其在2010年以3亿美元投资北京京东世纪贸易有限公司（以下简称京东），2014年5月京东在美国纳斯达克证券交易所（以下简称纳斯达克）正式挂牌上市，张磊当初投入的3亿美元大涨至39亿美元，投资翻了13倍，这是一级市场的股权投资，笔者在第四章"股权投资与融资"中还会有大量介绍；二级市场也是如此，比如中国人熟知的贵州茅台，其在2001年上市，股价从复权前的4.51元最高上涨至2587元，累计涨幅达近600倍。又如美国的苹果公司，其于1980年12月12日在纳斯达克挂牌交易，截至2022年2月，苹果公司股价为164美元，市值2万多亿美元，是世界上市值最高的公司，其股价已经翻了近千倍，堪称奇迹。这，就是股权的魅力！

所以说，股权与固定的货币不同，其会随着企业发展状况不同而发生变化，很多人情愿放弃巨额的奖金而选择持有股权，其本质就是了解企业发展势头良好，持有股权就相当于获得一辈子的保障。一家好企业的股权会不断增值，股权不仅可能会保证股权持有人一辈子的利益，而且可能还会保障其下一代的利益。

当然，我们一定要看到，股权也会贬值。在股权投资的一级市场，投资10家企业可能只有1家获得投资回报，再好的投资人大概也只能有3家获得投资回报，实际上有许多投资人进行股权投资后"颗粒无收"；投资二级市场风险更大，炒股就是投资上市公司的股权（股票），但真正能在股市中赚钱的人少之又少。尤其是当股灾来临时，可以说是"尸横遍野""血骨无存"，许多人一夜之间身无分文，甚至因为使用杠杆而负债累累。这，就是股权的风险！

因此，股权的价值会随着企业的发展而不断发生变化，与企业的商业模式、技术、产品与服务、创始人团队、内部经营管理、市场等因素息息相关。

4. 股权价值的判断标准因人而异

前文提及，在不同时期，随着企业的发展，股权的价值会发生变化，这个规律大家普遍能够理解。但在同一时期，就同一股权，其价值往往也存在巨大差异，即不同的主体对同一股权会有不同的价值判断，这里涉及一个估值的问题。

关于估值，在第四章"股权投资与融资"中会有介绍，在这里，笔者只强调一点，即估值虽然有一定的方式和依据，但实际上存在较大的主观因素。故而不同的投资人在判断同一企业的价值时会有不同的结果,因此股权价值也会有不同的结果。比如有人愿意出100万元买一家企业10%的股权,但也有人愿意出500万元买同一家企业10%的股权;有人可能认为企业的股权一文不值,但有人视其为宝贝倍加呵护。比如阿里巴巴网络技术有限公司(以下简称阿里)创办初期只有50万元注册资本,很多人认为其创始人马云是骗子,没人愿意投资阿里,但软银股份有限公司(以下简称软银)第一次就投入了2000万美元,且只占20%的股权。这就如同赌玉,以重金买下可能含玉的矿石,成交以后,一刀下去,有可能出现成色极好的翡翠,买家由此暴富,但也有可能是空空如也而导致血本无归。对于赌玉的人来说,赌的是他们的眼光和运气,对于股权投资也是如此,需要投资人有着异于常人的眼光和魄力。

(二)股权代表权力

上文说股权代表价值,其实是指股权的财产权益,这里要介绍的是股权的人身权益。

股权的价值,归根结底,是企业内所有人共同创造的,没有这些人不断创造和推动企业创造价值,股权根本就毫无用处。因此,投资圈有一个准则,即投资企业就是投资企业里面的人,其中最主要的是企业的创始人团队。

投资本身并不能创造价值,那么,企业的价值是由谁创造的?毫无疑问,企业价值是由企业内部的人所创造的。有眼光的人进行长线投资,无非就是一种等待,等待企业内部的人去不断创造价值,以时间换取金钱,不需要主动做什么。但企业的创始人团队则不同,他们为全社会提供产品或服务,再通过这些产品和服务获得利润,同时把部分剩余价值分给企业的员工,最后剩下的再分给股东或扩大再生产,不断创造更多的利润,同时不断提升企业自身的价值。因此,企业在提升自身价值的同时,也在为全社会创造财富。

因此,要保证企业高速且稳定地发展,必须要有一支强有力的队伍对企业进行运营管理,这支队伍必须有能力、有格局、有眼光,在内部能建立有效的公司治理模式和各项规章制度,以保证企业健康、稳定、快速地发展。这支队伍就是指企业的创始人团队,创始人往往也是企业的实际控制人,这个在第二章"股权架构与控制权"中会有详细阐述。

要保证这支队伍按自己的思路和理念对企业进行有效的管理,就必须要给予这支队伍充分的权力,以保证对企业的控制权和管理权。

1. 股权代表股东在企业中的地位和身份

在一家企业,特别是优秀的大型企业,能成为股东,是极其荣耀的事情,如果是实际控制人,那更是自带光环。现在很多大企业拥有众多员工,比如沃尔玛的员工超过200万人,中国的华为投资控股有限公司(以下简称华为)有员工近20万人,阿里集团的员工人数超过25万人,在这样的企业中,实际控制人对企业管控的权力很大。即便不是实际控制人,只拥有一些小股权,但有股权就有话语权,如果还能在董事会或管理层占有一席之地,则权力更大。

2. 股权是获得控制权的唯一渠道

一般来说,股东想控制一家企业,其所持股权要超过50%,但绝大多数大型优质企业的实际控制人持有的股权比例并不高,却都实现了控制权,这里就会涉及多层股权架构的问题,这个在第二章“股权架构与控制权”中会有详细阐述。但请记住一点,无论持股比例多少,前提是一定要有股权,没有股权就不可能获得控制权。

控制权是指在股东(大)会的表决权和话语权,如果没有股权,根本连参加股东(大)会的资格都没有,怎么实现控制权?有了股权,即便是比例很小,也有许多方法可以实现控制权,比如后面会提到的AB股,创始人的表决权可以达到自身股权的10倍甚至20倍,以此实现控制权。

3. 股权可以保证企业稳定发展

股权不断增值需要有一个前提,就是企业能稳定持续地发展。如果企业内部混乱,各股东尔虞我诈争夺权力,为一己私利而不断损害企业利益,这样的企业怎么可能创造价值?

因此,权力不单纯是身份和地位的象征,也能保证拥有权力的股东对企业进行有效管理,领导企业快速稳步发展。这就需要企业有一个核心力量,就是实际控制人。有了实际控制人,就可以防止企业内部纷争,就可以把握企业发展方向,就可以实现股权的不断增值。因此,现在许多企业上市时,监管部门要求企业有实际控制人,其目的也是保证企业发展不会受到阻滞。

4. 权力要有所限制

(1)有权利也要有义务

股权是一种权力,当然也包括法律上的权利。因此,从对等原则上来说,有权利就有义务,有多大的权利就有多大的义务。比如有经营管理企业的权利,就要遵守相关的法律法规和企业的规章制度,不得违法违规经营;有表决权,就要遵守章程中对于表决程序的相关规定等。

(2)控制权不能滥用

从我国《公司法》可以看出,法律对于股东的财产权益并没有过多的限制,甚至允许公司章程作出特别的规定,如分红权,《公司法》规定公司章程可以约定不按照与股权对应的比例进行分红。而在人身权特别是表决权方面,对有限责任公司的限制不多,但对于股份有限公司,则明确规定同股同权,从这方面来说,目前双层股权架构的模式在中国的股份有限公司(包括上市公司)还是无法实现的。由此可见,监管部门希望企业有实际控制人,但并不希望通过同股不同权的方式获得控制权,因为通过较小股权而获得控制权的方式有许多弊端,如内部管理层控制企业等。

总之,股权之权力是一把“双刃剑”,不能太过放纵,特别是控制权,虽然其在企业稳定与规范管理方面有着极为重要的作用,但也容易引发独裁和“一言堂”,可能把企业引向错误的发展之路,故需要有一定的限制。

(3)成为股东的限制

虽说拥有股权就可以成为股东,但并不是谁都可以成为股东,法律对此有所限制。

如有限责任公司,公司成立后,外人想通过受让股权成为股东,需要具备一定条件,《公司法》第71条明确规定,股东向股东以外的人转让股权,要经过其他股东过半数同意,而且其他股东在同等条件下有优先购买权。另外,股东和非股东的配偶离婚,非股东配偶想要分割股权,也要按股权转让的方式办理,即要经过其他股东过半数同意,其他股东有优先购买权,所以非股东配偶并不必然可以获得一半股权,而可能只是获得一半股权同等价值的其他财产;代持也是如此,隐名股东不要以为自己已经在公司出资,想要恢复股东身份很容易,事实上并非如此,隐名股东如果想恢复股东身份,也要经过其他股东半数以上同意,并且其他股东有优先购买权。

股份有限公司的股份虽然可以随意转让,但事实上想要收购也并不是那么容易。比如上市公司,如果有恶意收购,达到一定的收购比例,就要向监管层报批,否则就要发起全面要约收购。这其实也是监管层为了防止因公司实际控制人发生变化而给公司带来的不利影响。

也就是说,股权的人身权益不像其财产权益可以随意转让,而是有许多限制,不能随意行使,也不一定能轻易获得。

(三)小结

总之,股权就是代表一种利益,而这种利益的创造者是人。这些人不仅是企业的创始人团队,还包括所有的员工以及外部投资人等,这些人只有通过有机地结合,才能充分发挥各自的能量,以不断创造企业的价值。

要充分发挥所有人的能量,就要考虑企业股权架构的问题,就是如何通过股权来保证每个人的积极能动性,同时保证企业的稳定性,如企业创始人的控制权、员工的股权激励、股权的预留、股权投资与融资等,这些是企业创始人团队需要充分考虑的问题。

同时,也要考虑股权可能存在的风险,考虑如何有效防范股权纠纷带来的影响,如离婚诉讼涉及的股权分割、股东之间的股权纠纷等,防止股东因为股权纠纷而失去控制权,或者给企业带来不利影响。

其实,无论是内部股权架构设置还是外部的股权纠纷,归根结底,股权就是一种利益的分配与均衡。比如,创始人团队内部的股权比例设置,创始人团队与员工、投资人之间的股权比例设置,对引入人才与奖励优秀人才的股权预留比例设置,在发生股权纠纷时如何在人身权与财产权方面进行权衡,这些都需要进行平衡与取舍。

本书就是要通过通俗易懂的表述,让企业家认清楚股权的本质,从而对股权的观念有所改变,以适应新时代的要求。

第二节 股权的关系理论

前面已经介绍了股权的本质和特性,但是很显然,单纯了解这些是不够的。因为股权所涵盖的范围实在太大,对于企业家来说,只了解股权这个概念,如同进入一片原始森林,根本无法找到出口,从而迷失方向。

因此,笔者撰写本书,就是要创造性地归纳出与股权相关的大类,分析这些大类的主要内容与本质,进而分析这些大类之间的关系,给企业家展现一条明晰的路径。

就比如要画一个人,首先要能画出这个人的骨架,使其有立体感,再说明这些骨骼的作用,进而论述这些骨骼之间的相互关系,比如通过手骨与腿骨之间的相互协调作用,能提高跑步的速度。股权也是如此,笔者要总结出股权这个骨架中的重要大类,并分析这些大类之间的相互关系。

至于每大类别的具体内容,可以说是包围在这些骨骼之外的血肉,也就是第二章到第六章的内容。这些内容多一些或少一些问题并不太大,就像一个人身体中肉的含量多少并不会影响一个人的生命,紧致的肌肉线条反而会增加形体的美观度。当然血肉也不能没有,因为人不能脱离血肉而存活。所以笔者会择其精华而阐述之。

一、股权的五大类别

在阐述股权的关系理论前,首先需要对笔者经过长时间实践和思索而总结出来的股权最为重要的五大类内容进行简要介绍,为后续阐述股权五大类内容之本质与关系进行必要的铺垫。

(一)股权架构与控制权

股权架构与控制权可以说是股权关系理论中最为重要的一类内容。本书主要是给企业的创始人看的,而对企业的创始人来说,股权架构是重中之重。即便小微企业,其发展到一定程度,也要考虑实施员工激励计划,以激励员工为企业创造更多价值。另外,大多数企业单纯靠一个人的力量很难发展,比如阿里在创建时有"十八罗汉",腾讯有"五虎将",所以企业在创建时,就要物色合适的合伙人,确立每个人的定位,群策群力,对此创始人首先就要考虑合伙人的股权问题;当然,还要考虑预留股权,以保证在优秀人才进入或吸收内部员工为合伙人时可以授予股权。最重要的是,所有的企业创始人都希望能控制企业,以便企业按自己的既定目标和思路发展,即使在自身股权被不断稀释的情况下,也要通过特殊的股权架构保证自己的控制权。以上这些都是股权架构与控制权的主要内容,而股权架构的设置和控制权的实现,在大多数情况下,是需要通过公司章程来完成的,因此,需要提醒企业创始人重视章程,了解章程的重要性及如何制定与修改章程。

(二)员工股权激励

毫无疑问,一家企业的发展和壮大,光靠企业的创始人及几个合伙人是远远不够的,要留住那些优秀的人才,单纯靠金钱的奖励也是缺乏足够吸引力的,所以股权激励极为重要。员工希望得到股权,是希望和企业一起成长,让他们看到希望,更加努力地为企业作出贡献。企业家应该明白,员工之所以要股权,是因为他们认为企业是在快速发展,他们可以获得长期的保障。因此,给员工分配股权,就是肯定员工的价值,也是肯定企业的价值,一家有着远大目标的企业,必须要制订长期的、有规划的股权激励计划或员工持股计划。

(三)股权投资与融资

一些伟大的企业,如 Facebook(部分品牌已改名为 Meta,因本书主要讨论的内容都在其改名之前,故仍采用 Facebook 之名称)、阿里、腾讯、百度、京东,都吸收了大量的股权投资,从而使企业迅速壮大。但是,对于企业来说,股权融资也蕴含着较大的风险。首先,是估值的问题,就是企业创始人团队如何正确计算自己企业的价值,而不是贱卖企业,甚至失去控制权。当然,也不能盲目地提高估值,导致无人敢来投资。因此,要有正确的定位和估值。其次,创始人要意识到,投资人的声誉和影响力也很重要,故要找到合适投资人。最后,要充分考虑股权投资对控制权的影响。比如当初软银投资阿里时,一开始要投 5000 万美元,但被马云拒绝了,因为这样会失去控制权,故最终只投资 2000 万美元。因此,虽然说股权投资往往是溢价的,但有时候即使是按 10∶1 甚至是 20∶1 的估值计算,投资人投入的资金也能在企业占有很大的股权比例。这时候,企业创始人就要充分了解投资人是否有控制企业的意图,如何在章程、股权投资协议及相关文件中确立自己的控制地位。

(四)股权与婚姻家庭

在讲述股权时,许多人会遗漏一个重要问题,就是股权也会受婚姻家庭的影响,婚姻会导致股权的性质发生一些微妙的变化。如果创始人是在婚后创立企业,那么股权就属于共同财产。但是,婚前的股权也不能简单地认定为是婚前财产,因为股权是会增值的,而且有些股权的增值速度非常快,婚后还会产生股息红利等,那么增值部分和股息红利等就可能会归入婚后共同财产的范畴。如果离婚,股权可能会被分割,也可能会成为财产保全的标的,这就可能给企业和创始人的发展计划带来重大影响。因此,笔者建议企业创始人进行婚姻方面的股权筹划。对于一个负责任的企业家来说,无论是已婚还是未婚,都应该进行风险隔离,并设计出有效的股权方案,以保证在婚姻发生变故的情况下,企业仍能稳步地按既定计划不断前行。

(五)股权纠纷

有股权就会有股权纠纷,从企业创立之日开始,股权纠纷就可能伴随在企业创始人和其他股东左右。对于企业和企业的股东来说,即便没有纠纷,也应该随时有所防备,并作出相应的预警方案和风险防范规划。因此,笔者总结出一些典型的股权纠纷案例和类型,并进行深入分析,以便企业家在遇到相关问题时能有所借鉴,不会因突如其来的纠纷而不知所措。

另外,发生纠纷时就要适用相关的法律法规及司法解释或政策意见,事实上这些内容充斥着本书的每个角落,即使没有纠纷,也需要有相应的法律法规进行规范和风险防范。所以,股权需要法律来规范和保障。

二、股权五大类别的本质

介绍了股权五大类别的基本内容,再通过一定的方法,就能说明这些内容的本质、地位与功能,能让读者更方便理解这些内容的真实含义,以便在实践中能活学活用,不生搬硬套。同时,笔者要把所有的五大类内容有机地串联起来,说明这些内容之间的联系及冲突。这是笔者撰写本书的初衷,也是本书最大的特色。

笔者经过长期的独立思考和研究,找出了股权五大类别的本质及相互关系,为便于读者理解下面要阐述的内容,特制作了股权关系图(见图1),并根据这张股权关系图进行论证。为便于阐述和标记,笔者把股权的五大类内容简称为A大类、B大类、C大类、D大类、E大类。

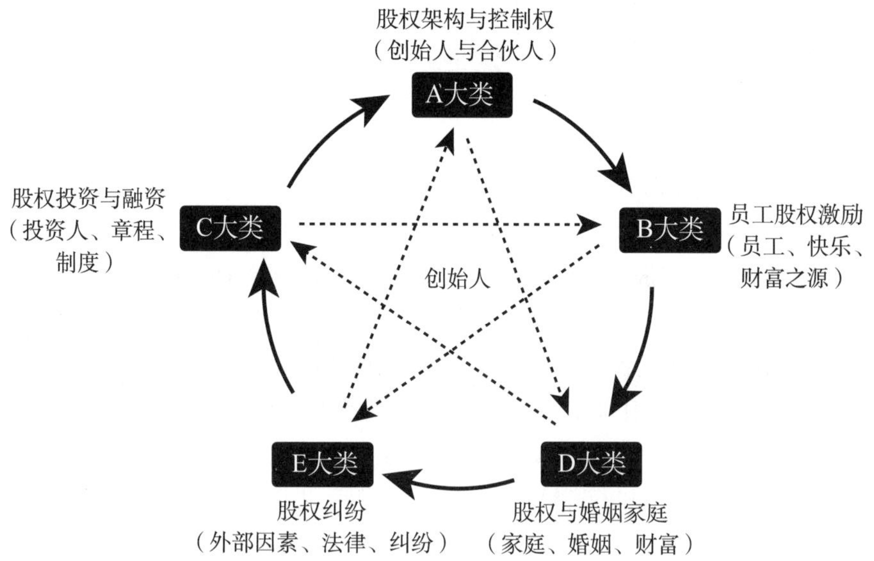

图1　股权关系

(一)A大类(股权架构与控制权)的本质

A大类就是股权架构与控制权,其主体是企业创始人与合伙人,他们是企业股权架构中最重要的力量,也是股权架构的创建者。因此,股权架构与控制权的本质,就是企业创始人与合伙人如何有效地安排自身的股权及整个企业的股权配置,这些都涉及整个企业利益分配的把握和平衡的问题。作为企业创始人,最重要的是考虑如何寻找合伙人,如何进行合理的股权分配。

在图1中,笔者特意把创始人放在中心位置,说明其地位的重要性,企业包括合伙人在内的所有人必须围绕着创始人而运转。但同时要注意到,光靠创始人,是无法让企业有效运转起来的,所以创始人要创业,必须找到合伙人组成一个团队,创始人与合伙人是一体的,“一荣俱荣,一损俱损”,如果创始人与合伙人不能同心,则会损害企业的整体利益。因此,创始人要充分认识到合伙人的重要性,公平合理地设定合伙人的股权。当然,单纯靠创始人与合伙人也是不够的,还需要优秀员工的不断奉献,需要投资人在金钱方面的大力支持,要预留合理的股权给优秀的人才等,这些都是创始人与合伙人所要考虑的股权架构问题。

但是,利益的分配不是无止境的,要有一个平衡。作为企业的创始人,一定要考虑如何有效地控制企业,当然,控制企业的根本目的是企业的稳定,为了企业更好地发展,这就会涉及控制权的问题。另外,控制企业并不是一定要通过大比例的股权才能实现,因为一家优秀的企业,创始人的股权比例不可能非常高,其要把股权合理地分配给其他人,充分调动各方面的力量,才能让企业迅速成长壮大。在股权比例不断稀释的情况下,创始人及合伙人可以通过多种方式实现控制权。

总之,股权架构与控制权的本质,就是作为企业股权架构总设计师的创始人,要与合伙人一起充分利用平衡的艺术,在保证控制权的情况下,把股权分配给更多的人,集合一切有效的力量,把企业经营得有声有色。

(二)B大类(员工股权激励)的本质

B大类就是员工股权激励,其主体是企业的员工,员工是企业的财源,是企业价值的创造者。企业的价值往往需要通过员工来创造,企业通过一定的规则和制度,适当地给员工以一定的股权,进行不同形式的股权激励,必然能留住人才,并能激发员工的创造能力,比如华为通过全员激励造就了一家伟大的企业。

其实大多数创始人都知道要对员工进行股权激励,以保证留住优秀的人才,保证企业的良性循环,但却不清楚如何进行股权激励,以哪种方式进行股权激励,比例是多少。确实,员工股权激励是一门学问,要经过大量的调研才行。合伙人与员工的股权要严格区分、正确定位,所以实施员工股权激励,无论是总体还是个体比例都不可太高。同时,创始人一定要充分认识到员工的不可控性,所以要建立一套有效的机制,比如股权激励的定人、定性、定量、定价,股权授予和行权机制,股权成熟机制,股权退出机制等,保证物尽其用,人尽其才,充分调动员工的积极能动性。

因此,员工股权激励的本质,就是企业的创始人与合伙人如何有效合理安排员工的股权,即如何选择出优秀员工,如何设计出好的股权激励计划并有效实施的问题。

(三)C大类(股权投资与融资)的本质

C大类就是股权投资与融资,其主体是股权投资人,投资人通过资金支持和增值服务,帮助企业迅速成长壮大,对企业的发展有着巨大帮助。

需要发展壮大的企业,肯定需要资金、业务和资源,那么在适当的时机引入合适的投资人就很重要。当然,投资人如果认为企业有发展前途,肯定会不遗余力地帮助企业,和企业共同成长、共同进退,同时获取最大的收益。一般来说,投资企业入股,扶植企业上市后退出是投资人的最大目标。许多企业特别是互联网企业,一开始就需要投入大量的资金,股权投资往往估值比较高,但即便如此,因为投资额巨大,投资人还是会占据大比例的股权,但他们并不控制企业。对投资人来说,最重要的是扶持企业创始人把企业做大、做强,尽可能多地提供各种资源和渠道,甚至帮助企业不断规范,最终获取高额回报。作为企业创始人,要花时间和精力寻找和识别投资人,找到那些真正能帮助其发展甚至飞跃的投资人,并能保证其作为创始人的主导和控制地位。当然,如何在股权比例较低的情况下取得控制权,是创始人与投资人博弈的过程,既要看投资人的格局,也要看企业创始人的智慧和胸怀。

另外，企业创始人必须清楚地认识到，资本是逐利的，投资人最关心的是利润。企业发展得好，投资人会不遗余力地帮助创始人，但如果发展不好，可能会通过对赌、收购、股权转让等方式离开创始人，而不顾企业的安危，这就是投资人的"天使"与"魔鬼"的双面特性。所以创始人要认清投资人的本质，更要在相关文件和协议中充分保护自身的权益。

因此，股权投资与融资的本质，就是企业的创始人与合伙人如何对待投资人，如何寻找投资人进行股权融资，如何识别真正的投资人，如何与投资人谈判并顺利签署股权投资协议，以及如何与投资人在股权投资后有效合作，配合投资人进行投后管理的问题。

（四）D 大类（股权与婚姻家庭）的本质

D 大类就是股权与婚姻家庭，其主体是企业创始人与合伙人及他们的配偶。创始人与合伙人如果不能有效处理好自己的婚姻家庭关系，则很有可能产生股权纠纷，甚至丢了企业。

中国有很多民营企业，其中又有很多是家族企业。许多家族成员都在企业中占有股权，即便没有在工商登记及章程中体现，也可能对股权产生影响。如果夫妻有矛盾甚至离婚，那么必然会对股权结构产生重大影响。

因此，如果企业创始人及合伙人没有处理好婚姻家庭关系，那么因为婚姻关系出现变动而引起的股权上的变动就会比任何其他股权结构变动都要大，甚至给企业带来灭顶之灾。

所以，创始人与合伙人要充分认识到这一点，最好在婚前能对股权分配有所约定，如果出现纠纷，也要充分了解我国法律及司法解释的相关规定，即便损失其他财产，也要努力保护好自己的股权，其实这也是对企业和员工负责任的表现。

因此，股权与婚姻家庭的本质，就是企业的创始人与合伙人如何在婚前婚后合理安排自身或与配偶之间的股权，如何做到事前防范和风险隔离，如何在出现婚姻危机时保护好股权，合理解决纠纷的问题，这是关系到整个企业发展的问题，不容有失。

（五）E 大类（股权纠纷）的本质

E 大类所代表的含义有很多，首先是外部形势，这是一种无形的影响，只能顺其自然。例如，改革开放造就了很多时代的弄潮儿，赶上时代潮流的人往往很轻易地就把企业做大了；再如，20 世纪 90 年代互联网时代的来临，造就了阿里、百度、腾讯、京东等超级企业。其次是法律法规和政策，法律的不断变更也会促使企业走向不同的道路，如《劳动合同法》的出台促使很多企业在制度上不断进行调整和规范。企业只能在法律、法规和政策的范围内经营。最后是政府，政府的职责一方面是监管企业，另一方面是为企业提供服务，在不同地区、不同时期，政府提供服务的方式和力度是不一样的，监管企业的力度也不一样。因此，不断变化的形势、政策法律的调整、政府服务和监管力度的变化，都会对企业及企业股权造成影响。这些给企业带来的影响，是企业自身所无法把握的，只能顺势而为，而且这些都没有涉及具体的股权，所以不作为本书的重点。当然，如果是涉及股权的法律法规等，在每个章节中都会有大量的介绍。

本书主要介绍股权，而在 E 大类中，与股权相关的就是股权纠纷。在企业存续过程中，股东通过不断行使各种权利来推动企业的运作，股东之间或股东与非股东之间也时常发生股权转让等情形，由此会引发股权争议案件，包括股东出资纠纷、股权确认纠纷、股权转让纠纷等。

作为企业的创始人与合伙人，要充分认识到股权的可贵，同时进行有效的风险防范。当然，再好的防范也避免不了纠纷的产生，但在纠纷发生时，做好防范会把风险降到最低。当面对纠纷时，企业创始人需要聘请专业人士进行处理，但是自己也要对纠纷的类型和司法实践进行必要的了解，以在关键时刻进行最终的决策。

因此，股权纠纷的本质，就是当纠纷真正来临的时候，企业创始人与合伙人应该如何面对和识别这些纠纷，以及如何有效地处理甚至化解这些纠纷。

三、股权五大类别的相互关系

（一）股权关系图的功能介绍

在了解了股权五大类内容的本质之后，就要分析他们之间的关系。股权五大类内容之间有着千丝万缕的关系，一个企业家，除了解股权的本质外，一定要了解它们之间的关系，如果不能了解这些关系，就根本无法管理好企业。

所谓股权五大类别的相互关系，实质上就是各大类别中的最重要的主体之间的关系。比如马云是阿里的创始人，和其一起创业的“十七罗汉”则是合伙人，均属于 A 大类，而股权架构与控制权，就是马云和他的合伙人所要考虑的问题，主体就是马云与他的合伙人，他们共同与其他四大类别的主体之间发生关系。

这些大类之间的关系是错综复杂的，但也有规律可循，有相互支持的，也有相互制约的，这在笔者所独创的股权关系图（见图 1）中都会有所体现。图 1 最主要的功能就是描述股权五大类别之间的相互关系，因此，笔者首先要对图中的带箭头的线段（有向线段）的功能进行介绍。

在图的外围圆圈有五条带箭头的实线线段“⟶”，其代表两大类别之间具有“支持性”，箭头所指向的大类是被支持或扶持的一方。比如 A 大类⟶B 大类，即表明 A 大类是支持或扶持 B 大类的，同理，B 大类支持或扶持 D 大类，D 大类支持或扶持 E 大类，E 大类支持或扶持 C 大类，C 大类支持或扶持 A 大类，如此循环往复，形成一个完整的圆。

在图的圆圈之内有五条带有箭头的虚线线段“-------➤”，其代表两大类别之间具有“制约性”，箭头所指向的大类是被压制或克制的一方。比如 A 大类-------➤D 大类，即表明 A 大类是压制或克制 D 大类的，同理，D 大类压制或克制 C 大类，C 大类压制或克制 B 大类，B 大类压制或克制 E 大类，E 大类压制或克制 A 大类，由此形成一个五角星的形状。

如从图 1 中可以看出，C 大类的投资人是支持或扶持 A 大类的创始人与合伙人的，最有名的投资人应该就是投资阿里的软银公司的孙正义，孙正义显然是马云和其合伙人的“贵人”，没有其鼎力支持，阿里不可能得到如此迅速的发展。因此，可以看出，投资人对企业创始人与合伙人来说，是“施恩惠者”，对企业有帮助和扶持的作用。

对于企业家来说，搞清楚图 1 的股权关系是非常重要的，因为这样就可以充分了解各大类别之间的相互关系，了解其基本运作规则，有“支持性”的则可好好利用，有“制约性”的则要想办法防范和避免。

（二）“支持性”和“制约性”简述

上面提到实线的有向线段代表“支持性”，虚线的有向线段代表“制约性”。事实上，股权五大类别的相互关系，归根结底就是支持与制约的关系。

这里的“支持性”可以代表很多种意思，如生育、滋养、扶持、帮助等，万事万物都有弱小的时候，需要被滋养或扶持才能茁壮成长；这里的“制约性”代表克制、压制、管制，是说世上万事万物都有其天敌或克星，就像矛和盾一样，世界上没有无坚不摧的矛，也没有永远不破的盾，再强大的人或物，都可能被其他的人或物控制或摧毁。可能有些人或物一时看起来强大到没有克制其的人或物，事实上并非如此，其实克制其的人或物早已经存在，只是还没有发现，或者说克制其的人或物还没有完全成熟，尚待时日而已。比如，从图 1 中可以看出，E 大类代表政府、法律法规等，是管制 A 大类的创始人及合伙人的，如果企业创始人与合伙人肆意妄为，结果肯定不好。一家企业再强大也要遵守法律法规，如有违反，必受惩罚，如 2021 年 4 月 10 日，阿里因为垄断而被市场监管总局处以 182.28 亿元的罚款，创下了中国反垄断罚金的最高纪录，这是因为阿里在强大之后轻视法律法规而造成的。很多人在创业时可能很明白这些道理，但在成功之后就会欲望膨胀，无所顾忌，自以为其无所不能，无人能对其进行约束，那是太过自大，结局往往不好。正如海尔的张瑞敏所言，做企业就要“战战兢兢、如履薄冰”，要搞清楚自己的定位，要明白一个人或一家企业不可能永远强大，更要知道“人外有人、山外有山”，这样才能无往而不利。

本书中的“支持性”有滋生、创立、扶持、培养的意思，“制约性”有克制、压制、约束、管控的意思。一般来说，“支持性”代表有利或相合，“制约性”代表不利或不合，但是要看双方的力量对比，如水压制火，但如果用一盆水去浇灭熊熊大火，显然是不可能完成的任务，这时水就起不到压制的作用；另外，有时候，压制的力量可能比较弱，或者说并不想立即实施压制的功能，但在其积累到一定力量后，或者当触碰其底线时，就可能给你致命一击。因此，作为企业家，有必要了解下面几点：

1. 世间万事万物都有“支持性”和“制约性”，同时也都被支持和被制约。因此，作为股权关系中最重要的主体，创始人与合伙人一定要认清这一点，找准自己的定位，要明白再强大也会被制约，再弱小也具有制约性，正所谓“千里之堤，毁于蚁穴”。企业家要清楚地认识到这一点，才能充分利用“支持性”而避免“制约性”，同时不能一有成绩就不知轻重、肆意妄为，一定要低调务实、脚踏实地，这样才能保证基业常青。

2. 从“支持性”的角度上来说，支持和被支持双方的力量最好相当，力量过于悬殊反而不好，比如水滋生树木成长，但水浇灌过多也会导致树木烂根而死。从股权五大类别来说，C 大类的投资人对 A 大类的创始人与合伙人来说是“支持者”和“施恩惠者”，但如果企业是在初创期，还是找风险投资（Venture Capital，VC）甚至天使投资人比较合适，而不要找那种大型的私募股权投资（Private Equity，PE）基金。因为实力相差太大，PE 基金一般不会投资这么小的项目，而且投初创企业风险太大，PE 基金即使有初步意向也可能被内部投资决策机构否决。

3. 从“制约性”的角度来说，C 大类的章程和规章制度是约束和管理 B 大类员工的，但如果企业的制度不合理，根本无法有效管理员工，那又如何实现管制的功能呢？另外，被制约一方不能因为制约一方弱小就轻视它，因为制约一方很可能在不经意间就变得强大起来，而且正所谓“滴水穿石”，制约的力量如果持续不断，则一定要重视，尽量避免或者在其力量很小时就化解它；而对被制约一方来说，在自己弱小的时候，要认清自己的实力，不要在不恰当的时间，以不恰当的能力去与制约其的事物争斗，因为这无疑是以卵击石，如果无法避免被压制，那也要等到自己足够强大再去对抗才行。因此，无论是制约一方还是被制约一方，都要知道力量的重要性，如果要制约他人，自己要积蓄足够的力量才行，如果自己是被制约一方，则要分析对方的力量，不要盲目自信地去对抗，到最后发现自己不堪一击。

（三）五大类别中每个类别与其他类别的相互关系

在对股权关系图（见图 1）的功能进行介绍，并分析了“支持性”和“制约性”之后，笔者根据图 1 对股权五大类别中每个类别与其他类别之间的相互关系进行梳理和分析,为企业家厘清股权各大类别之间的关系脉络,以便对股权相关内容能有更深刻的理解。

1. A 大类与其他类别的相互关系

前面已经提到过,A 大类即股权架构与控制权,其主体就是创始人与合伙人,他们是企业的缔造者与管理者,决定着企业的命脉。所以本书的体系也主要是围绕这两个主体,以及这两个主体与其他主体的关系而进行阐述的。

首先要解释一下创始人与合伙人之间的内部关系。之所以把创始人与合伙人放在一起,是因为他们对外是一体的,但请不要忘记,创始人的真正位置是在股权关系图的中心点,在内部,创始人与其他合伙人之间的地位还是有所区别的。创始人永远是企业中起带头作用的人,一定要有控制权,或者其他合伙人与创始人共同组成团队实现控制权。当然,创始人也不能完全不考虑合伙人的利益,否则合伙人极有可能离创始人而去。创始人与合伙人的不合,原因往往都是因为一个“利”字,或者因为股权分配不公,或者人人都想占大股权。因此,如何处理好创始人与合伙人之间的关系,如何建立一个合理的股权分配机制、一个公平的制度与规则,如何作出适当的妥协和让步,如何看清形势和面对将来,如何有效化解危机,都是创始人与合伙人要考虑的问题。

这里主要阐述的是,创始人与合伙人共同对外,与其他类别之间发生的关系。现根据图 1,就 A 大类与其他类别的关系作如下论述。

(1)与 B 大类的关系

B 大类的主体是员工,A 大类支持 B 大类,很显然,创始人与合伙人是支持或扶持员工的,因为他们把员工招聘进来,向员工支付薪水,给员工生活保障,可以说是员工的“施恩者”。但请不要忘记,B 大类是滋生 D 大类的,而 D 大类也代表财富,所以说,员工是在不断为企业创造价值,是企业的财源。千万不要以为创始人与合伙人支付给员工薪水,就可以为所欲为,不需要考虑员工的感受,要知道,他们只是商业模式和企业架构的设计者,真正创造企业价值的还是员工。如果能给优秀员工合适的股权,必然能让员工为企业创造更大的价值。如果能善待员工,充分调动员工的积极性,员工能为企业带来巨大的收益,华为的全员股权激励模式就很好地说明了这一点。

(2)与 C 大类的关系

从图 1 可以看出,C 大类支持 A 大类,所以说 C 大类是指对企业“施恩惠者”,或者说是扶持与帮助企业的人或物,是企业的“贵人”,在股权方面则体现为股权投资人。股权投资人会通过资金和增值服务助力企业发展,企业要感谢真正帮助他们的投资人。当然,股权投资人由代表 E 大类的外势滋生,而外势的好与坏区别很大，所以股权投资人天生具有“天使”与“魔鬼”的特性，企业创始人与合伙人要认真加以识别，找到合适的投资人。

这里还需要提一下，C 大类另有一个重要的代表就是章程和制度，因为 C 大类由 E 大类滋生，而 E 大类有一个重要的代表就是法律法规，章程就是根据法律法规而制定，并在法律法规允许的范围内施行。章程是一家企业的立身之本，是企业的“宪章”，章程也代表着企业的诞生。企业可以通过章程制定适合企业的条款，比如在股权架构方面，《公司法》赋予有限责任公司章程另行制定与《公司法》规定不一致的条款之权利，也就是说，为了让企业更好、更良性地发展，在法律没有明确禁止的前提下，可以通过章程来制定适合企业的条款，促进企业的良性发展，从而保证创始人与合伙人的各项权益和控制权，比如阿里创立的“合伙人制度”就是充分利用章程的体现。因为章程与股权架构设置与控制权等有密切关系，故笔者将其放在第二章“股权架构与控制权”进行阐述。

(3)与 D 大类的关系

从图 1 可以看出，D 大类一方面代表家庭婚姻，另一方面代表财富。关于婚姻家庭，会在后文详细阐述，这里主要说一下财富。我们先看一下财富的本质，D 大类滋生 E 大类，E 大类有一个重要的代表是纠纷，所以财富往往会引发纠纷、矛盾和负面的结果。从 D 大类与 A 大类的关系看，A 大类制约 D 大类，两者是对抗的，也就是说，如果创始人与合伙人之间有矛盾和纠纷，就会克制财富，影响企业的发展，甚至四分五裂，分崩离析。这种惨痛的教训实在是太多了，后面的章节中会有许多案例介绍。

(4)与 E 大类的关系

E 大类制约 A 大类。E 大类代表法律政策及政府，其就是管制企业的，创始人与合伙人是企业的核心，管制企业就是管制创始人与合伙人。当然，如果能在法律法规的范围内，或者在符合政府要求的前提下经营管理，政府不但不会处罚企业，还可以为企业提供各项优惠和服务，但如果企业不好好经营，违法违规，政府就会依据法律、法规、政策等来处罚企业。因此，企业创始人与合伙人要在法律范围内行事，不要狂妄自大。另外，E 大类也代表纠纷，只要有纠纷，不论结果如何，对企业创始人与合伙人都会带来不利的影响。因此，如果出现股权纠纷，要尽可能和平解决，耗时越长，对企业就越不利。纠纷所带来的影响是多重的，有些间接影响可能一时看不到，但将来会慢慢体现出来，甚至造成不可估量的损失，有时即便是赢了官司仍有可能输了名声和人心，这些损失往往比单纯的金钱损失更为严重。

2. B 大类与其他类别的相互关系

B 大类股权激励的主体是员工。现根据图 1，就 B 大类与其他类别的关系作如下论述。

(1)与A大类的关系

A大类支持B大类,这个在论述A大类与其他类别关系时已经提及,虽然B大类被A大类所支持,但创始人与合伙人千万不要忽视员工的重要性。不可否认,如果一家企业没有员工,再好的项目或者产品都是无法成功的。根据马克思的剩余价值理论,我们可以看到,员工是为企业创造剩余价值的唯一主体,利润只是剩余价值的转化形式,剩余价值是利润的本质,其源于工人的剩余劳动。

(2)与C大类的关系

前面提到过,C大类有一个重要的代表就是企业的规章制度,C大类制约B大类,就是企业需要通过规章制度对员工进行适当的管制。管理员工是一门大学问,员工进入企业有着不同的目的,所表现出来的行为和态度并不一样,他们有自己的需求,不会与创始人及合伙人一样与企业共进退,因此需要通过一些制度和文化来加以约束与引导。当然,在有良好规章制度的前提下,还是要把员工的所有潜力都激发出来,但首先要让员工看到利益,这样他们才可能真正为企业奉献一切。股权激励就是一种有效的手段,但进行股权激励时,要充分地调查研究,并制定出合理的规则和制度,保证公平公正,最终才能真正起到应有的激励作用。

(3)与D大类的关系

前面已经提到过,B大类滋生D大类,即员工可以为企业创造财富。即使企业本身不是太好,如果能充分调动员工的积极性和创造力,员工就能成为成就企业的强大助力。但许多企业家并不明白这一点,认为是其解决了员工的温饱,这种认识是错误的。因此,企业家要充分地认识到,员工是真正为企业创造利润的一批人,所以一定要善待员工,通过股权给予员工最大限度的激励,这一点华为的任正非显然是做得很好。员工是企业价值的真正创造者,一定要善待,对于优秀的员工,更要通过股权给予激励。

(4)与E大类的关系

B大类制约E大类,这里可以看出员工力量的强大。也就是说,员工的行为可以影响政府的行为或者法律的修正。从政府方面来说,员工是一个群体,政府肯定更关注群体的事件和群体的合法利益,如果员工为维护自身合法权益而联合起来对抗企业,政府大概率会帮员工,会维护员工的合法利益,毕竟前面也提到过,E大类制约A大类,政府有许多手段可以制约企业及企业的创始人。就像国外的工会,势力极其强大,可以通过法律和政府给企业施压。但是,如果员工愿意追随企业,在危难之时也可能会解救企业。比如在企业出现危机时,政府考虑是否要救企业的主要标准是员工的意见和员工的出路,依靠员工保住企业的案例也有很多。

3. C 大类与其他类别的相互关系

C 大类的主要代表是股权投资人和企业的章程与规章制度，这些都是帮助企业发展的。现根据图 1，就 C 大类与其他类别的关系作如下论述。

(1) 与 A 大类的关系

C 大类支持 A 大类，这个在前面已经有过阐述。笔者要强调一点，在一家企业中，能为企业提供帮助的人或单位有许多，而与股权相关的显然就是股权投资人。现在的企业如果想快速发展壮大，离不开股权投资，而且投资人带来的不仅是资金，还有资源、网络等各种增值服务，有的甚至帮助企业规范公司治理和内部管理，确实为企业提供了大量的帮助，帮助企业不断完善和发展壮大，获取更大的利润，最终取得共赢的局面。

(2) 与 B 大类的关系

C 大类制约 B 大类，这个在前面已经有过阐述，即员工需要通过规章制度来约束，保证其真正为企业创造价值。笔者要强调一点，规章制度虽然有管制员工的作用，但要适宜，要松紧有度。如果太松，肯定起不到作用，无法管理好整个企业；但如果太严，结果也不会太好。因为企业的规章制度如果制定得太过严苛甚至不切实际，就会有反作用，这一点要谨记。

(3) 与 D 大类的关系

D 大类主要指婚姻家庭和财富，C 大类主要指投资人和规章制度，D 大类制约 C 大类，一方面指家庭成员影响企业的制度与秩序，如果企业家的配偶或家庭成员在企业做事，就可能出现“干政”的情形，从而扰乱企业的秩序，破坏企业的制度，把企业搞成家庭制，无法建立有效的企业规则，企业的发展也会受到阻碍。另一方面，配偶或家庭成员对投资人形成的危害也是很明显的，投资人如果接触到“夫妻店”模式的企业，基本上是不愿意投资的，投资了也可能会产生诸多矛盾。例如，土豆网创始人离婚事件后，许多投资人都要求被投资企业创始人承诺，其结婚或离婚要经过董事会同意，其主要原因正是土豆网创始人的婚姻问题导致土豆网推迟上市，从而导致投资人失去了大量利益。

(4) 与 E 大类的关系

E 大类滋生 C 大类。E 大类代表政府、法律、公检法机关等，C 大类的章程须依据我国的《公司法》而制定，章程是企业内部的法律性文件，往往又预示着企业的诞生。E 大类也代表外部形势，有利的形势可以帮助企业迅速成长，不利的形势可能会阻碍企业的发展，也会带来许多纠纷。而从 C 大类的股权投资人的角度上来说，因为其系 E 大类所滋生，所以从整个股权投资市场看，投资人其实是鱼龙混杂，有的投资人大力扶持企业发展，也有投资人不断干涉企业经营，因此企业创始人与合伙人要多加识别。另外很重要的一点,就是投资人的本性是逐利的,投资人的目标都是尽可能获得高的回报率。每个投资人个体都可以说是“天使”和“魔鬼”的化身,别看许多大投资人一直强调扶持企业,那是在企业发展状态好的时候,如果企业遭遇经营困难,真正会帮助企业的投资人并不多。作为创始人与合伙人,不能把投资人当作合伙人看待,要多考察、多沟通,合作时也要有专业人士一起参与谈判和签订相关合同,避免投资人“魔鬼”一面的不利影响。

4. D 大类与其他类别的相互关系

D 大类的主要代表是婚姻家庭与财富,婚姻家庭与财富常联系在一起。企业的创始人与合伙人要清晰地认识到,当婚姻出现问题时,可能对企业家的股权造成重大影响,甚至会失去对企业的控制权。

现根据图 1,就 D 大类与其他类别的关系作如下论述。

(1)与 A 大类的关系

前面已经提到过,A 大类制约 D 大类,创始人与合伙人之间会因为矛盾而失去财富,下面再谈一下 D 大类所代表的婚姻问题。如果企业创始人与其配偶在--家企业共事,即便夫妻一方把姿态放得很低,也难免会有许多矛盾发生,企业创始人很难处理夫妻双方或者配偶一方亲戚方面的事情,正所谓“清官难断家务事”,从而影响企业的正常发展和制度实行。如果配偶双方都比较强势,那更麻烦,比如当当网的创始人李国庆与俞渝,他们之间的矛盾和纠纷,明显地拖累了当当网的发展,这个在后面会有详细介绍。所以笔者不建议夫妻在同一家企业共事。另外,如果创始人夫妻在一家企业共事,还有可能引发创始人与合伙人之间的矛盾,以及创始人团队与投资人之间的矛盾,可能对企业造成极为不利的影响。

(2)与 B 大类的关系

关于 D 大类与 B 大类的关系,前面已经有过阐述,即 B 大类滋生 D 大类,员工可以为企业不断创造财富。

(3)与 C 大类的关系

关于 D 大类与 C 大类的关系,前面已经有过阐述,即 D 大类制约 C 大类,配偶或家庭成员如果在企业做事,很有可能会破坏企业的规章制度,也会影响股权投资人的投资决策。

(4)与 E 大类的关系

前面已经提到过,E 大类代表纠纷,D 大类代表财富,D 大类滋生 E 大类,是指很多股权纠纷就是因财而起。

涉及 D 大类的婚姻家庭方面,如果夫妻关系不好,则会引发诸多纠纷,企业家有可能因此失去很多利益,如股权,甚至是企业的控制权。因此,当企业家涉及婚姻问题时,一定要妥善处理自己的股权,因为股权并不仅仅是其一个人的事情,而是关系到企业及员工的大事,要事先做好风险防范,在发生纠纷时,尽可能优先保护好股权。

好的婚姻,可以让企业更大更强,不好的婚姻对企业来说可能是灭顶之灾。如果家庭纠纷不断,企业家怎么有精力去做好企业?有些离婚案长达数年,企业股权被冻结,甚至影响企业上市,实在是非常可惜。所以企业家在经营企业的同时,一定要经营好自己的婚姻家庭。

5. E 大类与其他类别的相互关系

前面已经提到过,E 大类包含的内容比较多,主要是指企业外部的力量,如重大形势、法律、政府等,这些外部因素对企业的影响是比较大的。但本书主要介绍股权,E 大类中与股权关系比较密切的部分,当属股权纠纷,其主体因案件性质不同而有所不同。

现根据图 1,就 E 大类与其他类别的关系作如下论述。

(1)与 A 大类的关系

E 大类制约 A 大类,这个在前面已经有过阐述。E 大类代表法律与政府,即国家通过法律和政府对企业进行管制。A 大类的企业创始人与合伙人首先要在法律的框架内行事;而政府既是为企业服务,同时也要监督企业正常运作,以避免企业做出违法违规的事情,如有违反,则必处罚,如对阿里垄断行为的巨额罚款。另外,E 大类也代表不利的外部因素及纠纷,如对企业的恶意收购,宝能收购万科引发的种种纠纷,给万科带来的诸多麻烦就已经充分说明问题。当然,不利的外部因素并不代表就一定能把企业击垮,关键还是要看企业自身的力量,如果自身力量强大且防范得当,别人就很难制约企业。

(2)与 B 大类的关系

B 大类制约 E 大类,这个在前面已经有过阐述。B 大类的主要代表是企业员工,是企业价值的创造者,所以企业创始人要充分重视和善待员工。当发生股权纠纷时,员工的支持也很重要,即可以通过 B 大类员工来制约 E 大类的纠纷。如果没有员工的支持,创始人即使得到控制权也很难开展工作,更不要说让企业发展壮大。

(3)与 C 大类的关系

E 大类滋生 C 大类,这个在前面已经有过许多阐述。C 大类代表公司的章程和规章制度,也可代表股权投资人,作为 E 大类的法律法规就是公司章程制定的依据;而在进行股权投资时,投资人要遵守法律法规,按外部形势来对企业进行投资,如果只为利益,最终可能会两败俱伤。

(4)与 D 大类的关系

D 大类滋生 E 大类,前面已经有过阐述。在股权关系中,最容易引起股权纠纷的就是利益,也就是 D 大类所代表的财富。

第三节 本书编排体系介绍

本书共分为六章,除本章为第一章外,从第二章到第六章一共五章,就是对股权五大类别具体内容的详细介绍。

本章主要介绍的是股权五大类别的本质与相互关系,这是笔者的首创,而后面五章是对股权五大类别具体内容的详细介绍,是对前人经验和笔者长期实践结果的总结。可以这么说,本章内容是一副骨架,后面几章内容是血肉,这样就能真正形成一个"人"的完整躯体,更加鲜活生动。毕竟,如果单纯只有一副骨架是不能成为一个活生生的人的,而如果企业家对股权五大类别内容没有一个切身体会,就无法真正了解股权五大类别的本质与关系。因此,只有对股权五大类相关内容有所了解,才能搞清楚它们之间的关系,这样股权五大类内容的本质和相互关系理论才能发挥出最大的作用,从而最有效地加深理解和消化股权五大类别的相关内容。所以骨架和血肉的关系是相辅相成、缺一不可的。

当然,股权五大类别的相关内容是一个庞大的体系,每一大类别都可以独立写成几本书,所以笔者只选择并提炼出其中的精华进行介绍,即对五大类别中最重要的内容进行总结,而且尽可能深入浅出,用最通俗易懂的语言介绍给企业家,让企业家能快速理解。可以说,企业家能了解和理解这些已经完全足够,完全可以在关键时刻进行决策,至于太专业的东西,就不作过多介绍。

另外,笔者是一名律师,所以会更侧重如何对其中的风险进行识别和防范,并提出合理的解决方案,而在出现纠纷时,笔者会建议用哪种方法来化解会比较有效,或如何获得最大利益,或如何将损失减到最低,以便让企业家在现实中能加以参考和借鉴。

后面几章的顺序也有一定的讲究。首先是第二章,讲 A 大类的股权架构与控制权,其主体是创始人与合伙人,这个无疑是最重要的,如果连股权架构与控制权问题都无法妥善处理,一切均无从谈起,其重要性前面已经说了很多,后面还会不断提及,故不再赘述。其后几章是围绕与创始人与合伙人相互作用的主体而排序的:第三章的 B 大类的员工,其为创始人与合伙人所支持;第四章的 C 大类的股权投资人,其是支持创始人与合伙人的,而员工在企业内为企业创造财富,故先讲,投资人来自企业外,所以后讲。第三章和第四章以非诉讼为主,主要论述如何进行风险的识别、预警和防范。而第五章的D大类的婚姻家庭和财富是被创始人与合伙人所制约,第六章的E大类股权纠纷是制约创始人与合伙人的,因为婚姻家庭关系到企业创始人与合伙人的切身利益,更为重要,故先讲,而股权纠纷种类繁多,是对除婚姻纠纷外的最为重要的股权类纠纷的介绍,相对婚姻纠纷,其重要性相对小一些,所以后讲,这样也可以在最后对所有的股权纠纷进行总结。另外,有制约、管制就可能会产生纠纷,所以后两章主要是讲纠纷和诉讼为主,主要讲企业创始人及合伙人如何避免纠纷和诉讼,以及当无法避免纠纷和诉讼时,如何保护自身的合法权益。

小　结

本章完全是笔者对于股权独有的理解与创新,可以说把股权所有的精华都浓缩在一张股权关系图中,这是一种工具或者模型,能让企业家了解股权相关内容的本质与相互关系,在遇到相关问题时不会混淆,在接触到相关内容时也可举一反三,触类旁通。能让企业家更好地理解,并运用到企业管理之中。

可以说,到目前为止,笔者还没有看到过有清楚地说明股权各大类别内容之间关系的文章或书籍,本书是具有创造性的,是笔者多年的研究成果。同时,把股权所有重要的内容放在一本书中介绍,并能有机地联系起来,这也是前人没有做过的。

当然,因为是首创,所以必定比较粗浅,也肯定有许多考虑不周全或者不合逻辑之处,需要不断地加以完善和填充,让其更加丰满。笔者也寄望有识之士加入这方面的研究,对笔者的理论提出批评指正,并不断进行修正,从深度上持续进行挖掘,从广度上拓展到企业管理的方方面面。

总之,本书最主要的目的,就是为企业家了解和熟悉股权各个方面内容提供一种有效的方法、工具、模型,同时通过股权关系图的支持与制约关系悟得取舍之道,看清人、事、物的本质与相互关系,扩展眼界,提升格局。事实上,有了这些方法,理解后面几章的内容就会比较容易,而在了解后面几章内容之后,反过来可以加深对这种方法和工具的理解,最后就能融会贯通、运用自如。

第二章　股权架构与控制权

第一节　A 大类之股权关系

前面已经通过股权关系图(见图 1)对股权五大类别内容的本质和相互关系作了分析,从本章开始,笔者将就每大类别的具体内容分别展开论述。

在第一章“总论”中已经提到,与股权相关的所有内容中,股权架构与控制权是最重要的篇章,而股权架构与控制权涉及的主体,是企业的创始人与合伙人,即图 2 中最为重要的 A 大类。企业是由创始人创立,并由创始人与合伙人通过共同努力让企业的股权变得更有价值。而在创造价值的同时,创始人与合伙人必然要把股权让渡给某些对企业发展有重大帮助和影响的人,以便让股权更能发挥其本身的价值。但因为新的合伙人加入、对员工进行股权激励、股权投资人进入、预留股权等原因,会导致创始人及合伙人持有的股权比例稀释并降低,在这个时候,就要充分考虑进行股权架构的设置。一方面,要让对企业有贡献的人得到股权;另一方面,也要通过各种手段保证创始人与合伙人对企业的控制权。这时就需要追求一种平衡,以实现对股权架构的完美设置。当然,股权架构设置并不是千篇一律的,一定要根据企业的具体情况,设计出适合企业自身的股权架构。

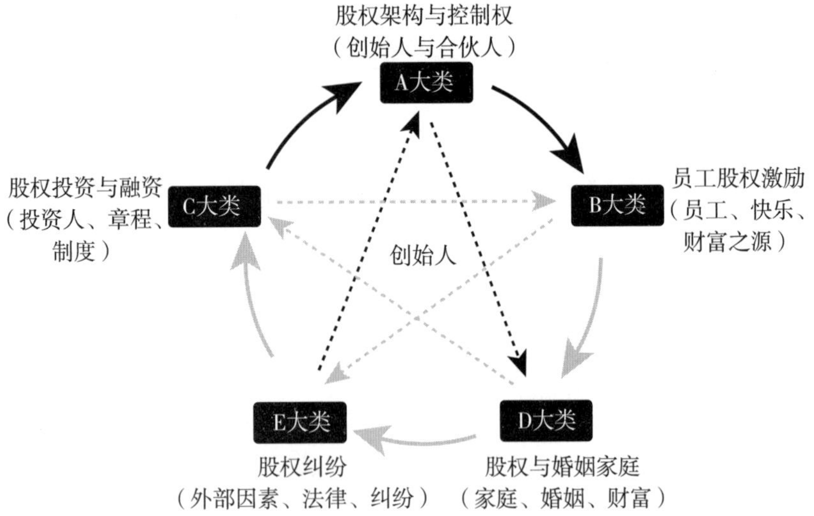

图2 股权关系A大类——股权架构与控制权

注：从第二章到第六章，每章都有一张图，即图2、图3、图4、图5、图7一共5张图，这5张图与图1的内容是相同的，只不过是将与每一章所主讲之大类有关的线段进行突出标记，而其他无关的线段则进行淡化处理。例如，与A大类相关的有向线段有4条，即与B大类和C大类相互作用的2条实线有向线段，及与D大类和E大类相互作用的2条虚线有向线段，除这4条线段外，其他线段都进行淡化处理。

一、A大类的定位

本章主要阐述创始人与合伙人如何设计一个好的股权架构，既能协调好与其他四大类别之间的关系，又能保证对企业的控制权。

从企业创始人的角度来说，在企业创立之初，就应该思考构建一个合理的股权架构，以保证企业良性发展。这里就有两个问题，一个就是如何合理地分配股权，另一个就是如何保证创始人在企业中的控制权，这两个问题都与股权架构有关。合理分配股权的问题，关系到企业合伙人等高层、企业的员工、股权投资人，也关系到家族、夫妻等，是一个综合的体系，要考虑得面面俱到，不可偏颇。而股权架构的设置，是企业创始人与合伙人等高层所思考的问题，最终也往往是由创始人与合伙人通过表决来确定。而关于企业控制权，则主要是看创始人与合伙人之间如何进行股权比例的分配，即由创始人或者创始人与合伙人联合起来实现对企业的控制权。

因此，在图2中，创始人无疑占据最为重要的中心点，所有主体都要围绕着创始人而运转；而当创始人与合伙人和其他四大类别发生关联时，则两者即合为一体，共同作用于其他主体。所以A大类的创始人与合伙人在股权关系中的地位最为重要，他们决定着企业的生死存亡和发展方向。

二、A 大类与其他类别的相互关系

笔者在第一章"总论"里面就提到,本书的独特之处在于把股权中最为重要之内容的本质与关系搞清楚了。搞清楚这些关系,有助于读者理解股权并能在实践之中很好地运用。在第一章"总论"中已经提到过,A 大类中的创始人是整个股权关系的中心,其与合伙人组成股权关系中最为重要的力量,共同设计整个企业的股权架构,并与其他类别产生关联,共同促进企业的不断发展。

关于 A 大类与其他类别的相互关系,在第一章"总论"中已经有了较为详细的论述,现笔者作以下总结:

1. B 大类中的员工是企业的财富创造者,而创始人与合伙人只是商业模式和企业架构的设计者,所以说员工是企业的财源,创始人与合伙人必须加以重视,要珍惜和善待,并给予适当的股权激励。

2. C 大类中的股权投资人可以通过资金和增值服务助力企业发展,但股权投资人良莠不齐,需要仔细甄别;另外,C 大类也代表制度和文书,如章程。章程是一家企业的立身之本,章程也代表着企业的诞生。企业可以通过章程制定适合企业的条款,比如在股权架构方面,《公司法》赋予有限责任公司章程可另行制定与《公司法》规定不一样的条款的权利。为了让企业更好地发展,在法律没有明确禁止的前提下,可以通过章程来制定适合企业的条款,促进企业的良性发展,从而保证创始人团队的合法权益和控制权。

3. D 大类代表婚姻家庭与财富,要尽量避免配偶或家庭成员干涉企业事务,违反企业的规章制度,引起投资人的不满。另外,财富容易引起纠纷,创始人与合伙人之间也可能出现矛盾,因此创始人要充分注意这一点,处理好与合伙人,以及与配偶和家庭成员之间的关系,保证企业的稳定发展。

4. E 大类代表法律、政府等,其对企业进行制约,同时要求企业在法律规定范围内制定章程,以规范企业的运作。国家要求企业按照法律和章程、制度来确定自己的游戏规制,如果企业能合法经营,则法律会保护企业,政府也会为企业提供各项帮助和服务,如果不能遵守法律法规政策等,就可能引发诸多纠纷,企业可能被处罚,企业家甚至可能会遭受牢狱之灾。

第二节 企业创始人(实际控制人)

一、企业创始人是股权关系的中心

企业的创始人一般都是企业的实际控制人,是企业的中心,是股权关系中的核心力量。一般来说,企业创始人就是企业的董事长或CEO(Chief Executive Officer),很多都是身兼两职。

从图2中可以看出,创始人是企业的中心和焦点,只不过在与其他各大类别发生关联时,创始人才与合伙人共同归属于A大类。

(一)企业始终围绕创始人运转

企业内外所有的一切都是在围绕创始人运转,创始人主导和控制着企业的运转和方向,是企业的中心,可以说,创始人的精神和人格充斥着企业的每个角落,无处不在。也就是说,创始人的精神力量虽然是无形的,但对企业的发展有着至关重要的影响,比如,乔布斯对产品设计和质量的极致追求使苹果的股权价值和市场占有率长盛不衰,稻盛和夫的经营哲学和人生观保证其有两家公司进入世界500强。这就是创始人的精神力量。

(二)创始人必须借助合伙人的力量才能运转

创始人并不是独立的,其要与合伙人组成团队,共同和其他各大类别互动,才能保证企业的良性发展。创始人的精神虽然无处不在,但企业如果要运转,则必须要依靠其他的力量,那就是合伙人。创始人在中心点,只能说其有一种无形的力量在影响企业,但是无法与其他力量发生作用,只有在A大类那个位置,并且与合伙人团队一起,才能与其他力量不断相互作用。这就是说,如果创办一家企业,单纯靠创始人一个人的力量是肯定不够的,必须要有一支力量与创始人合作,才能共同与其他各大类别相互作用,这支力量就是下面要讲的合伙人。

在第一章“总论”中已经提到过,创始人与合伙人共同与其他各大类别相互作用,要么支持或制约其他人或事,要么被其他人或事支持或制约,只有在不断相互作用中才能往前发展。因此,作为创始人,必须深谙这一道理,了解与其他各大类别的相互关系,才能趋利避害,顺势而为,设计出合适的股权架构,保证企业迅速发展。

二、企业创始人在股权架构设置中的重要作用

企业的创始人一般也是企业的实际控制人,掌握着企业的发展命脉,如阿里的

马云、腾讯的马化腾、百度的李彦宏、京东的刘强东等,他们是企业商业模式和发展理念的倡导者,是企业的核心和原动力。这些人创办企业时,企业的规模都很小,但是通过他们的不断努力与创新,通过引入大量的资本,带领企业迅速发展壮大。因此,企业的创始人是企业的中心,是企业的精神力量,但其往往并不是一个人在战斗,而是依托各种有形无形的力量来控制和引导着企业的发展方向。

企业中最重要的是人才,因此,企业创始人在企业初创期最主要的任务,就是寻找好的合作伙伴,并给合作伙伴充足的利益和期望。在企业创办之初,创始人必须要找到几个合适的合伙人一起打天下,比如阿里的"十八罗汉"、腾讯的"五虎将"等,这些合伙人是股权架构中的重要力量。

创始人要清楚,任何的无私奉献都是有前提的,比如合伙人看好企业,即使现在股权一文不值,也愿意无私地奉献,这不代表合伙人不看重利益,恰恰相反,合伙人看重的是更大的长远的利益,只不过这种利益现在具有不确定性。但风险越大,利益越大,股权就是这种东西,其最大的特点就是在不断变化,企业发展好就不断增值,发展不好就不断贬值。所以,企业要发展,创始人就要充分了解合伙人的心理,考虑如何有效地进行股权分配,要有好的团队,必须要设置出好的股权架构。如果只是创始人一个人拿着所有股权,企业就不会发展,那么股权到头来就是废纸。股权配置得好,所有人才有干劲,才能吸引更多的人才和更多的投资,才能把企业做强做大。

好的股权架构首先需要由企业创始人来设置,包括合伙人之间的股权分配、员工股权激励、合理的股权预留、企业估值与投资人的股权配置、夫妻股权的事先约定等,当然,当合伙人不断进入后,股权架构设置就是创始人与合伙人共同的使命。另外,在企业不断发展壮大的过程中,创始人与合伙人的股权会被大量稀释,这是企业迅速壮大必须付出的代价,由此可能导致创始人与合伙人持有的股权比例严重降低,这时候,如果仍按正常股权架构设置,创始人就无法掌控企业,所以要设置一些特殊的股权架构(具体在本章第六节"控制权"中介绍)。

笔者认为,企业创始人是股权架构设置的总设计师,其不但要有广阔的胸怀,还要有运筹帷幄的远大谋略,懂得如何分配股权,也要懂如何把握和控制股权,该放的时候放,该收的时候收,正所谓"财散人聚,财聚人散"。同时要清醒地认识到,股权就是一种利益,有利益的地方就有争斗和纠纷,所以要懂得事先防范和有效控制。比如任正非在华为实行全员持股,这都是他把自己的股权一点点分出去的结果,表明其极其宏大的格局和无私的奉献精神的同时又能控制着华为,一方面当然说明他有强大的人格魅力,另一方面我们可以看到,他设计了一套几乎完美的方案,保证自己持有的股权比例在不到1%的情况下还能控制企业,并能保证员工不流失,死心塌地地为华为服务。所以,创始人的决策往往能指导企业的发展方向,能决定企业走多远,规模有多大。

第三节 合 伙 人

一、合伙人是与创始人一起创业的“兄弟”

企业创始人如果想把企业做大,第一步也是最重要的一步,就是找到对的合伙人,因为创业是充满风险的选择,光靠创始人一个人,显然无法把企业做大做强。小米的雷军就说过,创始人最重要的工作之一就是找到对的合伙人,这个是需要花大量的时间和精力的。

企业中最重要的是人,正所谓“团队第一,产品第二”,没有合适的人,企业有再好的商业模式或技术都没有用。当然,有些企业创始人就是喜欢单干,或者是“夫妻店”模式,他们可能也会在市场竞争中杀出一条血路,甚至带领企业上市的也不少。但是,这只是过去特定时期的产物,在现今的社会,这种单干模式已经逐渐被淘汰。因此,对于现代企业来说,创始人在创立一家企业时,必然要有一帮“兄弟”同舟共济、荣辱与共,一个人打天下的时代已经过去。这里的“兄弟”就是指合伙人,不分男女,他们是与创始人一体的,是跟随创始人共同创业或者对企业发展有重大影响的股东。

从股权架构的内容来说,创始人与合伙人的股权设计和分配是最重要的。合伙人是企业的核心层,其股权分配肯定要区别于一般的员工股权激励,也要区别于引入投资人的股权投资,在股权比例和价格方面要有其自身的特色,企业创始人应该在这方面作充分考虑,不能让合伙人失望,但也不能影响自己的地位。

二、合伙人是具有特殊意义的股东

很多人可能认为,和创始人一起创业的股东肯定就是合伙人,事实上这个理解是不准确的,合伙人必须是股东,但并不是所有股东都可以称得上是合伙人。

此外,本书中所称的“合伙人”,并不是法律意义上的合伙人。在法律意义上,合伙人是指《合伙企业法》中的合伙人,只在合伙企业中存在,包括普通合伙人(General Partner,GP)与有限合伙人(Limited Partner,LP)两种类型,普通合伙人承担无限连带责任,有限合伙人以所投入的财产份额承担有限责任。选用这种合伙人制度最多的是会计师事务所和律师事务所,还有很多基金公司也是以有限合伙企业这种形式出现的,这个在第四章“股权投资与融资”中会有比较详细的阐述。

但本书中所涉及的企业基本上都是公司制而不是合伙制,《公司法》中没有“合伙人”这个概念,其来由是人们对于合伙人的误解,许多人将错就错,把共同创业的伙伴定义为合伙人。比如电影《中国合伙人》中的3个创业者,就是本书中所指的合伙人。

关于合伙人,影响最大的应该是马云在阿里创立的“合伙人制度”,还有万科的“事业合伙人制度”。应该说,是马云、郁亮等非法律专业人士把合伙人的含义搞混了。既然合伙人有了新一层的意思,而且本书所称的合伙人确实在《公司法》体系中也没有一个可以借鉴的名词来代替,那么笔者也就将错就错,把这个“合伙人”的叫法引入本书中。

本书中的“合伙人”是企业管理意义上的名词,实质上就是在企业中具备股东和管理者双重身份的人。单纯股东如果不管理企业,就不能称为合伙人,只管理企业而没有股权(指较大比例的股权,非股权激励中的股权)的,是职业经理人,也不能称为合伙人。因此,只有是股东且兼具企业管理职责的人才能叫合伙人,合伙人不能没有股权,同时也应该是独当一面的企业高层。当然,有一点要明确,合伙人通常属于高层管理团队范畴,但不是所有高层管理团队成员都属于合伙人,只有达到一定要求(如职位、服务年限、持股数量等)的才能成为合伙人。

三、合伙人的特征和类型

(一)合伙人的特征

1. 合伙人必须有股权

合伙人要有股权,是指两层意思,一方面是指创始人要给合伙人股权,另一方面是指合伙人不能随便放弃股权。所谓合伙人不能随便放弃股权,是指股权与合伙人要紧密地捆绑。例如,万科强调事业合伙人要与股东捆绑在一起,共同持有万科股票,共享利益,共担风险。在合伙人机制设计上,公司高管被要求出资不得低于一定金额,以确保高管阶层和公司发展利益的绑定。在项目跟投制度中,则要求项目所在一线公司的管理层和该项目的管理人员必须跟投,其他员工则自愿参与。

因此,创始人不但要给合伙人股权,还要保证合伙人持有一定比例的股权,不能随便转让和处分,这样就能相互制约,保证利益共享、责任共担,共同全心全意为企业打拼。

另外,需要强调的是,并不是所有股东都是合伙人,通过股权激励获得股权的员工和通过股权投资的投资人,从法律意义上来说都是股东,但他们不能归于合伙人的范畴。

2. 合伙人应该和创始人共同管理企业

合伙人就是一支共担责任、共享价值的管理团队。例如,在阿里的合伙人模式中,董事会里面的多数董事是合伙人会议推荐的,事实上就是合伙人会议控制了董事会,合伙人会议的决议事实上已经成了董事会的决议。事实上,许多大公司的合伙人都包含了关键岗位的管理人员。

虽然也有一些企业出现了管理人控制企业的现象,损害了其他股东的利益,但这并不是合伙人机制的目的,合伙人机制不是对公司正常治理机制和管理机制的取代,也并不代表管理人控制企业。

3. 合伙人的重叠、转化、变更

笔者在前面提到,合伙人基本上都是创始人在创业之初就找好的,而且各司其职,在每一个岗位上共同为企业发展作出努力和贡献,后面引入合伙人的可能性比较小。需要说明一下,通过笔者总结,合伙人有时会发生重叠、转化和变更的问题,具体如下。

(1)重叠

关于重叠,主要是指夫妻双方都是创始人或合伙人,如北京当当网信息技术有限公司(以下简称当当网)的创始人李国庆和俞渝,他们的身份既是图2股权关系中D大类指代的夫妻,也是A大类指代的合伙人,所以有重叠。但是,笔者建议这种重叠最好不要存在,结局往往不好,因为A大类制约D大类。事实上当当网的创始人夫妻因为矛盾激化直至反目成仇,导致当当网没能抓住几个最好的发展时机。

(2)转化

关于转化,主要是指图2股权关系中B大类指代的员工转化成为A大类指代的合伙人。员工可以成为股东,但通过员工股权激励获得股权的比例并不大,而且员工很难成为企业的核心层成员。但如果员工特别优秀,而核心层确实也缺少这样一个独当一面的人,就可能会吸收这个员工成为合伙人。比如阿里的童文红,当年岗位是行政前台,现已成为阿里的资深高级副总裁,是真正的合伙人。

(3)变更

变更主要是指图2股权关系中C大类指代的投资人变更为A大类指代的合伙人。后面会提到,从股权投资的角度来说,投资人最终以获利退出为目的,转为合伙人的可能性不大。但是,世事无绝对,不排除投资人最终全职进入企业担任合伙人,但这种身份完全变化了,其放弃投资人的身份而在企业全职工作,故不属于转化,应该叫变更比较合适。

（二）合伙人的类型

在现实中，阿里、万科、小米等都有所谓的“合伙人制度”，可以说，合伙人是高度认同企业价值观，承诺并践行企业目标与原则的股东。

按企业中的人员范围划分，合伙人一般有如下三种类型。

1. 创始合伙人

通常是指狭义的合伙人，特指企业的创始人股东，如小米，只有雷军等几位创始人拥有合伙人头衔，并且在公司内部不提或有意弱化合伙人概念。这种模式在很多公司比较常见，公司在初始期的时候，创始人就是合伙人，腾讯的“五虎将”也是这种形式。

2. 核心人员

主要是由对企业未来发展有至关重要影响的核心精英构成，比如阿里的合伙人会议中的合伙人都是核心人员，复星的首批 18 位全球合伙人包括复星国际执行董事、复星集团各业务板块和职能板块的核心高管等。

3. 管理团队成员

这种模式的合伙人范围比较广泛，包括企业的中高层管理人员，比如万科就把许多中高层管理人员称为事业合伙人。但笔者认为，把这些人全部称为合伙人并不合适，他们应该属于员工的中高层，属于员工股权激励的对象。当然，从广义上来说，核心人员也属于管理团队成员，但只是管理团队中的极少部分人员，合伙人范畴不宜盲目扩大。

因此，本书中的合伙人是指前两类，即创始合伙人及核心人员。

四、成为合伙人的必要条件

合伙人首先就是与创始人一起创办和发展企业的人，也能共同实现包括研发、运营、资金、渠道等优势有效整合的团队，合伙人之间应紧密联系，同时不可被彼此相互替代。

对一家企业来说，创业之初的合伙人选择是至关重要的，这时的股权架构设置，关系到企业今后的发展和存亡。所以，笔者会把重点放在初创企业的股权架构上。

一般来说，除创始人担任 CEO 外，初创企业的合伙人主要包括：首席运营官（Chief Operating Officer，COO），类似业务总监；首席财务官（Chief Financial Officer，CFO），类似财务总监；首席技术官（Chief Technology Officer，CTO），类似技术总监或总工程师。

故而，在一家企业中，业务、技术、财务管理是不可或缺的，其他可根据情况设置，但合伙人宜精不宜多，如果没有合适的，不要随便找个人代替，一定要找到合适的人,否则宁愿空缺。

从上面职位的安排,我们就可以得出合伙人的两个必要条件,即全职投入和不可替代。

(一)全职投入

所谓的全职投入,就是必须在企业工作,且具有相应的职位,能为企业的发展作出应有的贡献。这个很重要,一家企业特别是初创企业,需要所有合伙人一起努力相当长的时间,才有可能实现企业的真正价值。

如果只投钱而没有在企业工作,只能称为投资人而不是合伙人。兼职也不行,因为兼职者没有压力,即便企业倒闭也可全身而退,这样就无法完全发挥其能力和动力,也无法体现其奉献精神。

所以,合伙人既要有创业能力,也要有创业心态,而且要有在未来一个相当长的时间内(至少有3~5年)全职投入的预期。

(二)不可替代

创始人或实际控制人在寻找合伙人时,特别是在初创期,宜精不宜多。

创始人在寻找合伙人前,应该设定几个企业必须要有的职位,再根据职位去寻找相应的合伙人,同一职位不可有两个以上的合伙人,合伙人必须是唯一的、最适合这一职位的人。

如果一个职位有两个合伙人,会产生资源浪费,也会造成股权浪费,更重要的是,两个人的意见如果产生分歧,导致决策无法落实,将影响企业的发展进程。卡耐基说过,如果两个人意见完全一致,那么其中有一个人是无须存在的。这说明合伙人必须有自己唯一的特色,每个人都管理着自己独特的岗位,共同为企业发展而努力。

因此,合伙人之间必须有一定的差异化,发展理念一致并不代表工作内容方面一致。当然,企业发展到一定程度,规模扩大时,合伙人的范围可以更广一些。

五、不可成为合伙人的人

在企业创业初期,创始人在选择合伙人时,要清楚地知悉,有些人是绝对不能成为合伙人的。如果这些人成为合伙人,有可能对企业的发展造成极为不利的影响。

(一)不认同企业发展理念的人

找合伙人一定要找志同道合的人,这个是首要的。如果不能认同企业发展的理念,最终也会分道扬镳,故创始人不可太过轻率或者因为某种利益而妥协。找合伙人非常不容易,所以一定要找能同舟共济、荣辱与共、长期坚持的志同道合者,并且做到少而精,每个合伙人都能独当一面、不可替代。创业过程中,因为各种原因,合伙人中途退出的案例很多,因此,要慎之又慎。

（二）兼职者

这个是与前面提到的“全职投入”相对照的，找合伙人必须要找全职而且是长期全职的人。Facebook后来把创始人之一的萨维林抛弃，就是因为他不是全职。创业是一个长期艰苦的事业，需要全身心投入，兼职者往往不可能全身心投入事业中，而且有可能会随时离开，故不可重用。

（三）只投钱而不做事的人

许多创业者因为前期缺乏资金而以极低的价格出让大量股权，最终失去主动权和控制权，这种惨痛的案例数不胜数。应该说，创业者在前期再缺乏资金，只要看好自己的商业模式和技术，就不要轻易贱卖自己的股权，否则会后悔不已。那些只投钱而不做事的人，往往就是财务投资人，不太会关心企业内部事宜，也可能没有时间和精力去关心，或者没有太多的资源。所以，这种人不太可能会与创始人同舟共济、荣辱与共。笔者在第四章“股权投资与融资”中也会提到，许多投资人往往是逐利的，他们会锦上添花，但很少会雪中送炭。他们随时会选择好的机会退出企业，或者在认为企业不好的时候抛弃企业，所以不可太信任。前面也说过，合伙人要有不可替代性，投资人有很多，所以这些投资人本身就不具有不可替代性。同时提醒一下，找这些投资人时，要掌握主动权，把握好估值，切不可以低价贱卖股权。

（四）非持续性的资源提供者

有些项目的启动需要诸如网络运营商、旅游、文化、交通、融资等各种资源，这些资源可能需要通过一些私人关系取得，但这些关系并不牢靠，也可能不长久。这些人的位置会变更，也可能会离职或退休，所以这些资源随时可能失去。因此，当这些人或其关联人提出通过获得股权成为合伙人时，切不可随意承诺。笔者认为，对于非持续性资源提供者，在初期可以以顾问的形式加入，或以现金、物质奖励等方式来交换和取得资源。

（五）专家顾问

有些创业项目的启动和顺利运营，需要特定专业的顾问，这些顾问在一定程度上确实会帮助企业在技术或市场方面取得进展。有些顾问看到企业发展良好，可能会提出不收顾问费而是取得股权，这个最好要考虑清楚。首先，因为这些专家顾问不是全职，不可能全身心地为企业服务；其次，如果这些专家拥有股权，在很多方面会受到限制，如评估、上市等。因此，如果真要成为合伙人，而且确实对企业有用，那就应该让这些专家辞职，全身心地投入企业的发展中。如阿里的蔡崇信，起初就是顾问，后来放弃高额年薪辞职到阿里专职工作。

（六）早期的员工

从前面对图2股权关系的介绍中可以知道，员工属于B大类，与属于A大类的合伙人的定位要有所区分。企业中每个岗位都有很多人,不像合伙人具有唯一性,因此,其性质决定其不可能成为合伙人,当然,也不排除极少数的员工会成为合伙人,但这只是例外。而且,对于大多数初创公司的员工来说,其更在乎的是每个月可以赚多少钱,而不是持有股权。事实上,大多数合伙人前期是没有工资的,这对需要养家糊口的员工来说是无法接受的。而对企业创始人来说,前期的股权则是弥足珍贵的,不可轻易拿出来。因此,员工与合伙人的地位、格局、观念均不相同,故而不能随意把员工确定为合伙人。寻找合伙人不容易,但也不能太轻率,要经过认真考察比较才能决定。

第四节　创始人与合伙人的关系

首先要明确,创始人其实可以归入创业合伙人团队的一员,因为创始人与合伙人都归属于A大类,是一体的。所以,创始人与合伙人在企业中占有最为重要的地位,他们是与企业共存亡的,正所谓"兄弟同心,其利断金"。但是,这里有个前提,就是"同心",如果不"同心",合伙人就可能与创始人产生矛盾甚至反目成仇。

一、创始人与合伙人的地位区别

创始人与合伙人虽然是一体的同类,但不能就此认为创始人与合伙人的地位没有区别。

从图2中就可以看出,创始人是股权关系的中心点,只不过是其在与其他各大类别相互作用时才进入A大类与合伙人一起运作。作为中心点的创始人必然是企业中绝对重要的力量。虽然创始人与合伙人是同类,但在同类中,也是有强弱的,这个是毋庸置疑的事实。一支创业队伍必须要有一个舵手,否则航行可能出现偏差。创始人就是舵手,是企业核心层中的核心,是实际控制人,是企业的中流砥柱。一家企业确实需要一个实际控制人,能以其影响力把握企业的发展方向,或者在混乱的情况下把握局势,在重大关头能把住航行的方向,以其精神和人格魅力影响企业的文化,这样企业就不会乱。

因此,起带头作用的创始人的地位必须要高于其他合伙人,如果地位都一样,那就可能"群龙混战"。地位不同,最主要的体现就是股权比例的不同,创始人肯定比其他合伙人的股权比例都要高。

二、创始人与合伙人的关系处理

一支创业队伍必须要有一个舵手,否则航行可能出现偏差;但从另一方面来说，航行光靠一个舵手肯定是远远不够的，无法开启远程航线。所以创始人与合伙人是一体的，不可或缺的。创始人与合伙人的关系，其实就是相互帮助、相互成就、相互促进、相互制约的关系，他们有共同的理念和奋斗精神，对企业的发展壮大都有着不可磨灭的贡献。

(一)创始人要有格局

创始人要有格局，是指从宏观方面把握企业的发展方向，要懂得善用人才，且合理分配股权。当然，不需要都像任正非那样散尽股权，但至少要懂得“财散人聚”的道理。前面已经提到了创始人的核心地位，但并不是说创始人可以主宰一切。如果作为中流砥柱的创始人没有大的格局和宽阔的胸怀，再多再好的合伙人也会离其而去。

创始人与合伙人在成立一家企业时，有共同的目标，可以说是同生共死，共同进退。应该说，无论是创始人与合伙人之间，还是合伙人之间，没有矛盾是不可能的，关键是如何有效解决矛盾，发生矛盾后创始人要充分听取和尊重合伙人的意见和建议，并在合伙人之间有矛盾时起到协调的作用。

(二)合伙人要明确定位

合伙人要认清自己的位置，认可创始人的地位和贡献，不能有超越创始人之心，甚至觊觎创始人的位置；也不能因为一点利益就与其他合伙人闹得不可开交，这样的合伙人最终肯定会被清除出团队。因此，合伙人之间应当以大局为重，多考虑其他合伙人的想法和感受。

(三)懂得取舍，合理化解矛盾

前面提到过，如果 A 大类合伙人之间有矛盾，就会影响 D 大类中的财富，这个很形象地说明了合伙人之间的矛盾给企业带来的影响。因为合伙人之间为了些许利益而导致企业分崩离析甚至破产的案例太多了，这个必须引以为戒。

事实上，合伙人之间难免会出现矛盾，关键还是看合伙人内部怎么处理，如果能合理地解决，相互之间为了企业的发展而能各退一步，或者某个合伙人有异心，其他合伙人都能团结一心共同抵制，企业不会因为一点矛盾而受到损失。创始人与合伙人应该知道，如果一味求私利，最终的结果只会失去财富，企业失败，大家都遭受损失。

因此，创始人与合伙人的关系是在不断地磨合中进步的。合伙人之间大多数的矛盾还是因股权而起，虽然说追求利益是人之常情，但也要把握一个度。在考虑股权架构的时候，创始人当然应该要占主导地位；但从创始人的角度上来说，也不能任意扩大自己的股权比例，必须要有格局，要充分考虑各合伙人的贡献和能力，设置出一个适当的股权架构。

股权架构虽然涉及员工、投资人等方方面面,但最主要的还是创始人与其他合伙人之间股权比例的设置,股权架构设置好了,才能充分发挥出创始人团队的主观能动性和积极性,才能尽最大可能把企业搞好。

第五节 股权架构

从图2可以看出,股权架构就是涉及如何处理好股权五大类别之间关系的问题,以及最重要的创始人与合伙人之间关系的问题。本书都是围绕着这些主体的关系而写。

在股权架构中,创始人与合伙人的股权架构设置无疑是最重要的,因为这关系到企业的控制权和企业的未来,特别是创始人,要牢牢地把握控制权,以便把握企业的发展方向。

但作为创始人与合伙人,在设置自己内部的股权架构后,还要考虑员工的股权激励,如何吸引投资人的股权投资,以及解决家庭和外围股权问题等,这些都属于股权架构的范畴。

可以说,股权架构设置是创始人与合伙人共同决定的、关系到企业生死存亡的大事,也是保证企业良性发展的重要步骤。

一、股权架构的概念

股权架构也称股权结构,就是指在一家企业中,不同性质的股权所占的比例及其相互关系。比如,这家公司有几个股东,这些股东又占多少股权比例,每个股东所占的股权在公司中所起的作用和影响等。

股权架构有两层含义,第一层是创始人与合伙人之间的股权架构,这个是企业中最重要的股权架构,而且一般来说是占最大部分的股权比例,其主要目的是取得控制权,把握企业发展方向。即使后来因为股权稀释而导致股权比例降低,仍可以通过章程、投票权委托、一致行动协议、AB股等方式来取得控制权。因此,创始人与合伙人之间的股权架构是企业中最重要的,因为其主导着企业发展的方向,是企业发展的最大动力。第二层就是除了创始人与合伙人之外的股权架构设置,虽然没有创始人与合伙人的股权设置重要,但如果设置不好,企业仍有可能得不到发展甚至失败。比如,夫妻之间的股权架构处理不好,一旦婚姻发生问题,很有可能导致创始人无法控制企业;员工的股权激励搞不好,企业就无法保证正常的生产经营;股权投资更不用说,现今企业如果没有大量资金注入,没有股权投资人提供的资源和增值服务,是很难得到长足发展的。因此,创始人只有通盘考虑,才能在保证企业良性发展的同时牢牢把握企业的控制权。

可以说,股权架构属于公司治理结构的重要内容,特别对企业创始人有着至关重要的意义。

二、股权架构的特征

股权架构大致有如下几个特征。

(一)由创始人团队设置

一家企业的股权架构,通常都是由创始人或者创始人团队共同设置的,其最终目的是让企业的各个细胞都能焕发勃勃生机。

对于创始人来说,在把握控制权的情况下,要给合伙人合适的股权;对于整个创始人团队来说,要考虑企业内部整个股权架构的布局,平衡各方利益,把握企业的正确方向,保证企业良性有序的发展。

股权架构是一个很重要的问题,之所以重要,是因为其关系到企业的生死存亡,这个绝对不是危言耸听。企业是人创造的,所以最重要的是人,而股权是指一个人在企业中的地位及可获得的财产,如果没有与其地位相匹配的股权,就无法发挥这个人的积极性,甚至导致其离开企业。

(二)股权与其主体的能力、身份相匹配

一个好的股权架构,最终目的是给每个主体合适的股权,让企业这台机器充分有效地运转。所以,股权要与每个主体的身份与特点相适应。

股权架构中的每个主体都有相对应的身份,如创始人、合伙人、投资人、员工等,关于这些人的特性,笔者已经通过图 2 进行分析。那么,对于创始人来说,千万不能搞错与股权关系各大类主体对应的身份。好的股权架构是根据每个主体在企业中的地位和贡献决定,而不是由某个人随意决定的。比如,把员工当作合伙人,最后发现这个员工根本没有合伙人的能力,而分配出去的股权已经无法收回;还有把投资人当作合伙人,创始人对企业没有进行合理估值,最后发现被投资人掌握了控制权,可能因此被扫地出门。如果无法对每个主体的能力和身份进行鉴别和认证,这是非常危险的事情。

总之,企业创始人不能无原则地随意配置股权,不能让有能力的人吃亏;而对于每个主体来说,也都应该清楚自己的身份和地位,不能自视过高,要通过自己的努力来证明自己,因为最终创始人会看到每个主体的能力和贡献,给予每个主体合适的股权。

(三)有预留和调整

一个好的股权架构,必须要有预留股权,也就是通常所说的“股权池”或“期权池”,这是为后面吸引更多人才而设置的。还有,随着企业的不断发展,每个人的身份和特征也会发生变化,因此,要对股权比例作出适当的调整。

笔者认为,整个股权架构就如同一潭活水,是在不断流动的,而股权池就像水库,在河流缺水时补水,在河流可能泛滥时蓄水,只有这样,才能保证企业的河流长流不衰。企业要不断发展,必然需要大量有能力的人进入,而最吸引人的就是股权,如果没有股权可以分配给那些人才,一方面可能是创始人团队的胸怀和格局问题,另一方面就是没有足够的预留股权。

另外,股权要进行不断地调整。这个调整要分两个方面,一方面是指企业创始人,其股权肯定是最多的,那么,创始人就要有宏大的胸怀,把自己的股权适当地分配出去,特别是在没有设置股权池或股权池中股权数量不够的情况下,比如华为的任正非;另一方面,任何人的股权都并非不变,比如股权比例可能会因为增资而稀释,或者因为某个主体能力、身份、岗位的变化而有所调整,特别是离职或死亡,股权更要有所调整。当然,这些调整只是微调,整个股权架构应该在创业初期就要搭建好,非特别重大原因,不宜作出太大的调整。

(四)独特性

股权架构设置的难点就在于,任何一家企业的股权架构都有其自身的特点,每家企业境况不同,企业创始人的想法不同,合伙人之间的沟通情况也不同,故不能一味复制,完全照搬照抄。

当然,股权架构也有许多共性模式可以用在不同的企业,本书就是总结出许多股权架构的共性而写成。

但有一个非常重要的前提,就是笔者一直强调的,要了解股权的本质及其各项内容的关系,才能将共性运用于特性,活学活用于自身的企业。

当然,笔者认为,创始人在了解股权的本质与关系后,其主要作用是在宏观上定调,具体的操作还是需要专业律师来完成,因为许多事情并不是一本书或几本书就可以解决的,专业人士也是通过多年的积累才能帮企业解决问题。专业是有价值的,企业中有许多特殊的情况,有各种各样的新问题产生,必须要有针对性的专业设计才行。

三、股权比例的设定

股权架构最重要的是股权比例的问题,就是指哪些人可以得到多少的股权比例。后面会提到,如果是单层股权架构,那么就是简单的股权比例的设定;如果是双层或多层股权架构，就是指小股权比例可以得到多数的表决权，但股权比例还是必须存在，因为没有股权就谈不上表决权。

那么在谈股权架构前，应该先基本了解股权的几个比例设定及其意义所在，这样创始人才能在设置股权架构时游刃有余，知道如何控制企业。

笔者下面就介绍一下对企业至关重要的几个比例，有人也把这些比例称为“股权生命线”或“股权警戒线”。当然，这些比例只是一个参考，并非绝对的，在真正实施的时候，要灵活运用。

（一）绝对控制权（2/3 以上）

一般来说，持股达到 2/3 以上就有绝对控制权，或者称为绝对控股，公司的大小事务，都可以由绝对控股的人决定。请注意，法律上的“以上”或“以下”，均包括本数。但我们也知道，2/3 的这个本数是无穷尽的，即 66.66666……%，所以把其中一个 6 改为 7 即可，比如 66.66666……7%，但这样太复杂，一般就写成 66.67%，更简单的话，可直接写成 67%。这些都符合 2/3 以上这个条件。

为什么说达到 2/3 的比例就可以完全控制公司呢？因为公司由股东会或股东大会来决定最重要的事情，而《公司法》关于有限责任公司股东会和股份有限公司股东大会的表决权通过的比例规定如下：

1.《公司法》第 43 条第 2 款规定：“股东会会议作出修改公司章程、增加或者减少注册资本的决议，以及公司合并、分立、解散或者变更公司形式的决议，必须经代表三分之二以上表决权的股东通过。”

2.《公司法》第 103 条第 2 款规定：“股东大会作出决议，必须经出席会议的股东所持表决权过半数通过。但是，股东大会作出修改公司章程、增加或者减少注册资本的决议，以及公司合并、分立、解散或者变更公司形式的决议，必须经出席会议的股东所持表决权的三分之二以上通过。”

也就是说，《公司法》规定的重大事件通过的表决权比例是在 2/3 以上，其他事项都不需要达到 2/3 的表决权比例通过，所以，如果某主体的股权比例达到 2/3 的，就说明其可以完全控制企业。

但笔者认为有必要提醒以下两点：

1. 2/3 可以绝对控股，只是一般而言，具体还是要看公司章程的规定。因为《公司法》规定是 2/3“以上”，从法律上来说，只要有规定“以上”的，就说明没有上限，可以直接到 100%。那么，从理论上说，章程可以规定重大事项需要 90% 甚至 100% 的表决权比例才能通过。比如阿里的章程就规定，如果要修改章程，须经 95% 以上表决权的股权比例通过。但笔者认为，现实中这种情况很少发生，因为在制定章程时，如果有一方已经占股 2/3 以上，一般不会允许这种情况发生。

2.《公司法》规定，只有在涉及"修改公司章程，增加或者减少注册资本，公司合并、分立、解散，变更公司形式"这4种情形时，必须达到2/3以上的表决权，其他一般都是1/2以上或过半数即可。但是，除了这四方面内容，其他内容也可以规定必须达到2/3以上，这个就要视企业的具体情况及章程的具体内容而定。

总之，上述这些内容都可以通过章程进行约定。

作为公司的创始人，如果一开始就掌握2/3以上股权，章程基本上就可以按其意志来确定。但这种高比例也有许多不利之处，最大的问题是无法平衡各方面的利益，如不给其他合伙人、员工等股权或给很少的股权，这些人就没有积极性和能动性，就不太可能把企业当作自己终生奋斗的场所，这显然是不利于企业的发展的。应该说，这种通过高比例持股来获取控制权的方式，已经不能适应现代企业的发展需求了，这是一种很愚笨很初级的控制方法，无法兼顾各方面的利益。

显然，这种一家独大的比例是很难进行股权架构设置的，因为剩余可分配的股权太少。所以，如果是后来加入这样公司的人，就一定要看清章程的内容，以避免加入后无法与创始人有效合作的问题。

当然，出资比例也不一定代表有相应的表决权，特别对于有限责任公司，是可以通过章程把出资比例和表决权设置为不对等的，笔者在后面的控制权和章程两节中会详细阐述。

（二）相对控制权（1/2以上或过半数）

这里需要提醒一下，前面涉及的表决权的2/3，因为本数无法被除尽，因此可以包括本数；但在涉及表决权的1/2时，就不一样了，因为1/2就是50%，其是可以除尽的，这就有可能会出现票数相同的情形。前面已经介绍过，法律上的"以上"或"以下"，均包括本数，其结果可能会涉及票数相同。因此，法律上还有一个词叫"过半数"，这个就不包括本数了。从法律上规定的含义来看，过半数就是不包含本数即50%，而半数以上或者1/2以上，是指包含本数即50%的。读者首先要对这个有清晰的认识。

当然，过半数其实只要达到50.000……1%就行，但这个比较麻烦，一般可写成50.01%或50.1%即可，大多数直接写成51%。

对于股东（大）会决议的通过程序，股份有限公司与有限责任公司是不同的：

1.对于股份有限公司，《公司法》第103条明确规定，股东大会作出决议，必须经出席会议的股东所持表决权过半数通过。这里所指的"过半数"，就是要超过50%才行，这个是法律明确规定的，不得改变。需要指出的是，这里是指出席会议的股东的表决权过半数，而不是所有股东表决权过半数。

2.对于有限责任公司，除《公司法》第43条规定必须经2/3以上同意的法定事项以外，其余根据《公司法》第42条和第43条的原则，就有了比较宽松的规定，都可由章程自行约定，也即可以规定在50%以下，只要通过章程明确即可。

从上面两项内容来看，相对控制权其实并不是一个固定的概念，这个要看企业的实际情况。

一般来说，只要超过50%，就表示没有人会比自己的股权更高，所以从这方面来说，就是可以控制企业。因此，相对控制权往往是取得控制权的一种表现方式。

对于有限责任公司来说，只要章程规定，有时达到40%甚至30%就可以取得相对控制权，因此，有限责任公司要利用好章程，通过制定或修改章程来实现控制目的，如确定股东会的表决和议事规则，确定选举董事、聘请解聘总经理规则等。

对于股份有限公司来说，特别是上市公司，一个股东主体的股份要过半数几乎是不可能的。但是，因为股东大会表决权过半数的限制，其相对控制权往往会通过控制董事会席位等方式来实现，把原本属于股东会或股东大会的职权下放到董事会，这样就可以控制公司。国内外很多大公司都是这样做的。

其实，要取得公司的控制权，可以有许多方法，这个在控制权的章节中详细阐述。

（三）一票否决权（过1/3）

前面已经提到过，《公司法》明确规定，涉及“修改公司章程，增加或者减少注册资本，公司合并、分立、解散，变更公司形式”这四个方面时，必须达到2/3表决权以上，这个2/3是包括本数的。那么，反过来说，只要有一方表决权超过了1/3，那么其他股东的所有股权加起来都不可能达到2/3，也就不存在绝对控制权。《公司法》规定的必须达到表决权的2/3以上的内容，往往是关系到公司的生死存亡，那么，在这种情况下，只要有表决权超过1/3，就可以否决这方面的提案，从而就有可能保住公司，这就是一票否决权的作用。所以从这方面来说，一票否决权是非常重要的。

所谓“超过1/3”，就是达到33.34%或33.4%，一般直接写成34%。

一票否决权是针对公司的重大事件，因为普通事件一般过半数表决权即可，特别对于有限责任公司，连过半数都不一定需要。那么，这个时候，公司章程对于重大事项的约定就很重要了。而一票否决权往往是根据公司重大事件的表决权来衡量的，这里就要注意两个问题：

1. 章程中规定的重大事项应由股东审议后在章程中表明。《公司法》规定的四方面内容是表决权必须达到2/3以上，但并不代表其他事项不能在章程中规定必须达到2/3以上，这就涉及股东之间博弈和利益平衡的问题。从大股东角度来说，这种必须达到2/3以上的事项越少越好，对小股东特别是掌握一票否决权的股东来说,必须达到2/3以上的事项越多越好,而这些均可由股东共同决议并在章程中约定。因此,这个时候,章程就显得尤其重要。

2. 法律规定是2/3表决权以上,所以从理论上来说,从66.67%到100%都是2/3以上,那么相对应地,这个比例越高,一票否决权的持股比例就可以越低。比如阿里的章程规定,修改章程要经95%以上表决权通过,那么,这里的一票否决权就是超过5%即可,而马云当时一个人的持股比例就超过5%,更不用说全部合伙人加起来的比例,所以完全不用担心章程被修改,牢牢把握住了一票否决权。

因此,所谓的1/3,是适用所有公司的通用比例。在现实中,1/3对小公司而言并不是很高的比例,但对于大的公司,1/3是一个巨大的比例,甚至可以控制公司。在现实中,一票否决权并不是一定要超过1/3,其并不是一个固定的比例,不同公司可制定不同的一票否决权比例,并可以通过章程进行约定和调整。所以,一票否决权可根据每家公司的不同情况来确定,不能生搬硬套,要注意及时调整,活学活用。

(四)10%(1/10)以上

在《公司法》中,10%这个比例经常出现,当然可以表述为1/10、十分之一或者百分之十这些形式。因为10%是一个不大的比例,所以基本上其内容是保护中小股东为主的。但请不要忘记,如果是一家大公司,这个比例并不算低,因为经办过企业IPO上市的人都知道,持股5%以上的股东都要被列入关联交易的审查对象。另外,许多企业在引入各种风险投资以后,创始人团队的股权可能被不断稀释,有时10%可能就是很大的比例,比如马云在阿里上市时的持股比例只有6%多一点。在持股比例较低的情况下,就可以充分运用10%这个比例来行使自己的合法权益。

1. 临时会议提议权

《公司法》第39条规定:“股东会会议分为定期会议和临时会议。定期会议应当依照公司章程的规定按时召开。代表十分之一以上表决权的股东,三分之一以上的董事,监事会或者不设监事会的公司的监事提议召开临时会议的,应当召开临时会议。”《公司法》第100条第3项规定:“股东大会应当每年召开一次年会。有下列情形之一的,应当在两个月内召开临时股东大会:……(三)单独或者合计持有公司百分之十以上股份的股东请求时……”《公司法》第110条第2款规定:“代表十分之一以上表决权的股东、三分之一以上董事或者监事会,可以提议召开董事会临时会议……”

《公司法》第39条适用于有限责任公司,代表1/10表决权以上的股东可以提议召开股东会临时会议。这里需要说明一下,在有限责任公司,10%的表决权并不代表出资比例就是10%,因为有限责任公司可以同股不同权,这个具体放在后面详述。

《公司法》第100条、第110条适用于股份有限公司,但该两条表述的方法是有所区别的。第100条是以出资比例形式表述的,第110条则是以表决权的形式表述的,但其意思基本相同,因为在中国,股份有限公司是要求同股同权的,也就是说,有多少股份就可以有多少表决权。正因为股份有限公司特殊的性质,10%的临时会议权带有强制性,也就是说,持有10%以上股份的股东可以请求召开临时股东大会和提议召开董事会临时会议。

这里要注意,代表10%以上包括本数,而且并不一定只是一个股东,可以是多个股东的表决权合并行使。

2. 特殊情况下股东(大)会召集和主持权

《公司法》第40条第3款规定:“董事会或者执行董事不能履行或者不履行召集股东会会议职责的,由监事会或者不设监事会的公司的监事召集和主持;监事会或者监事不召集和主持的,代表十分之一以上表决权的股东可以自行召集和主持。”《公司法》第101条第2款规定:“董事会不能履行或者不履行召集股东大会会议职责的,监事会应当及时召集和主持;监事会不召集和主持的,连续九十日以上单独或者合计持有公司百分之十以上股份的股东可以自行召集和主持。”

《公司法》第40条是关于有限责任公司的,第101条是关于股份有限公司的,基本原则相同,就是董事会(执行董事)不召开股东(大)会,应该先由监事会(监事)召集和主持,如果监事会不召集和主持的,那么代表10%表决权或股份的股东可以自行召集和主持。

3. 解散公司请求权

《公司法》第182条规定:“公司经营管理发生严重困难,继续存续会使股东利益受到重大损失,通过其他途径不能解决的,持有公司全部股东表决权百分之十以上的股东,可以请求人民法院解散公司。”

《最高人民法院关于适用〈中华人民共和国公司法〉若干问题的规定(二)》(以下简称《公司法司法解释二》)第1条规定:“单独或者合计持有公司全部股东表决权百分之十以上的股东,以下列事由之一提起解散公司诉讼,并符合公司法第一百八十二条规定的,人民法院应予受理:(一)公司持续两年以上无法召开股东会或者股东大会,公司经营管理发生严重困难的;(二)股东表决时无法达到法定或者公司章程规定的比例,持续两年以上不能做出有效的股东会或者股东大会决议,公司经营管理发生严重困难的;(三)公司董事长期冲突,且无法通过股东会或者股东大会解决,公司经营管理发生严重困难的;(四)经营管理发生其他严重困难,公司继续存续会使股东利益受到重大损失的情形。”

上述规定适用于所有类型的公司,即在公司僵局的情况下,持有10%以上表决权的股东,可以通过诉讼行使解散公司的权利。这个对于许多小股东来说,是一项非常重要的权利。当然，笔者是不希望公司内部出现纷争的，但在必要的时候，这也是一种强大的武器。

（五）其他比例

前四个比例是非常重要的比例，读者应该比较深入地了解。

后面笔者要介绍的比例，并不是很重要，也没有普遍的适用性，但也可以了解一下。

1. 股份有限公司股东的代位诉讼权 1%

《公司法》第 151 条第 1 款和第 2 款规定："董事、高级管理人员有本法第一百四十九条规定的情形的，有限责任公司的股东、股份有限公司连续一百八十日以上单独或者合计持有公司百分之一以上股份的股东，可以书面请求监事会或者不设监事会的有限责任公司的监事向人民法院提起诉讼；监事有本法第一百四十九条规定的情形的，前述股东可以书面请求董事会或者不设董事会的有限责任公司的执行董事向人民法院提起诉讼。监事会、不设监事会的有限责任公司的监事，或者董事会、执行董事收到前述股东书面请求后拒绝提起诉讼，或者自收到请求之日起三十日内未提起诉讼，或者情况紧急、不立即提起诉讼将会使公司利益受到难以弥补的损害的，前款规定的股东有权为了公司的利益以自己的名义直接向人民法院提起诉讼。"

这里提到的就是持有 1% 以上股份的股东享有的代位诉讼的权利，是指股份有限公司股东的权利，同时还必须满足持股 180 日这一条件。而对于有限责任公司，则没有持股时间和持股比例的限制。

2. 股份有限公司股东的临时提案权 3%

《公司法》第 102 条第 2 款规定："单独或者合计持有公司百分之三以上股份的股东，可以在股东大会召开十日前提出临时提案并书面提交董事会；董事会应当在收到提案后二日内通知其他股东，并将该临时提案提交股东大会审议。临时提案的内容应当属于股东大会职权范围，并有明确议题和具体决议事项。"

这里提到的就是持有 3% 以上股份的股东享有的临时提案权，也是针对股份有限公司的，没有通用的意义，故也不作赘述。

3. 重大股权变动警示线 5%

《证券法》或者相关上市法律法规对 5% 这个比例是比较重视的，称为重大股权变动警示线，比如持股 5% 以上的股东就会被视为关联关系的主体，在企业 IPO 上市前要被重点核查。

4. 同业竞争警示线 20%

所谓的 20% 的同业竞争警示线，并没有明确的法律依据，但一般认为，如果持股20%以上的关联企业从事属于同业竞争范畴的业务，基本上会被认定属于同业竞争。

5. 要约收购线30%

30%称为上市公司的要约收购线，这个在证券相关的法律法规中有所表述。就是指收购人持有一家上市公司的股份达到该公司已发行股份的30%时，如要继续增持股份的，应当采取要约方式进行，即发出全面要约或者部分要约进行收购。

在这里，笔者还是要再强调一下，前面所说的一些比例是以表决权的方式表述的，但在有限责任公司，表决权与出资比例并不一定是对等的。《公司法》第42条规定："股东会会议由股东按照出资比例行使表决权；但是，公司章程另有规定的除外。"所以，在有限责任公司，千万不能认为持股比例高就一定是表决权比例高，这是很低级的理解。笔者一直强调，章程很重要，创办企业时，要好好制定章程；而在加入一家企业时，也要好好留意章程。

另外，上面所说的比例，都是单层股权架构设置，这是一种最基本最原始的股权比例设定。企业发展到一定阶段，创始人的股权比例被不断地稀释，这种想要单纯从股权比例获得控制权的理念已经是不切实际了。所以，单纯靠股权比例设定来实现控制权已经不一定适用了，因此还要从其他多方面考虑，充分利用法律法规的相关规定，寻求更多的解决方案，这些在后面详述。

四、股权架构的设计理念

股权架构的设计，无非就是创始人与合伙人之间如何分配股权，以及如何共同决定剩余股权的分配问题。

股权架构是一个复杂的、综合的概念，要考虑很多问题，并不单纯是指创始人或主要合伙人的股权架构，而是应该考虑到方方面面，从长远规划，以避免可能发生的矛盾和股权分配不到位问题。因此，从全盘规划，还要考虑如何对员工进行股权激励，如何安排股权投资人的股权比例及估值，在婚姻家庭方面，还要考虑配偶的股权及如何避免因为结婚和离婚导致股权变化的问题。当然，很重要的一点，就是必须要考虑股权的预留，即股权池等问题。

股权架构属于公司治理的范畴，而且是公司治理的首要部分。对于一家初创企业来说，股权架构必须先设计好，这是万里长征的第一步。因为只有设计好股权架构，才能谈董事会、监事会及管理层的设置和建设，才能谈公司规章制度的制定。比如Facebook，一开始就让兼职人员作为合伙人加入，导致后来引发纠纷；又如苹果的创始人乔布斯让投资人占了大股比，最后被踢出董事局，后来因为苹果实在经营不下去才把他请回来，但其中的风险是巨大的。这都是当初股权架构设计不当而留下来的问题。

股权就是利益,股权架构设置就是利益的分配,因此,如果股权架构设置不好,在一定程度上说,就是利益分配不好,其后果就是侵犯了一部分人的利益,由此会引发诸多矛盾,从而影响企业的正常发展。

(一)创始人的理念

企业的创始人是企业商业模式及企业理念的缔造者,在企业发展之初,就应该开始全面布局股权架构,这样的企业才会得到长足的发展。

作为创始人,在企业创立之初就应该设计一个全面的、长远的、多元的股权架构布局,而不应该仅仅局限于眼前,也不能因为注重业务及技术而忽视股权架构的设置。

当然,股权架构设置也不能一蹴而就,要一步一步来,比如首先要确定合伙人的股权架构,并且要为后面人才进入而预留好足够的股权;其次,就要考虑如何引入股权投资及其估值和股权比例;最后在企业发展到一定程度时,就要考虑员工股权激励等问题。不论操作程序如何,在设立之初,就应该有一个大致的框架,以避免到时无法拿出足够的股权或自身股权被严重稀释的情形。

因此,创始人在企业创立之初,要从如下几方面考虑股权架构设置问题。

1. 保证企业高效发展

所有股权架构的设置,都是为了保证企业快速高效发展,这个是最主要和最基本的前提,股权架构设置必须围绕这个前提而进行。

2. 保证创始人的控制地位

创始人应该拥有大部分的股权,以保证企业能按其理念行进而不偏离方向,并且在关键时刻能进行最终决策。创始人首先要考虑控制权的问题,因为创始人是企业的核心,是企业理念和发展思路的缔造者。创始人把握企业的发展方向和终极目标,是舵手,所以要控制企业,保证企业稳定。

创始人同时要充分考虑到今后多轮的股权投资,因为股权投资基本上以增资形式进入,从而会导致原有股权的稀释,所以不能因为股权稀释而失去控制权。因此,创始人要考虑到股权在稀释到一定程度后,如何设置有效的股权架构来保证自己的控制权。

3. 考虑合伙人的股权分配

要为合伙人设定大致股权的比例。前面已经提到过,合伙人一定要有股权,否则肯定干不长。另外,合伙人之间的股权比例也要有所区别,所以要事先确定合伙人的岗位,再根据每个岗位确定股权的比例,这样合伙人之间才不会有矛盾,也不会有比较。

4. 预留股权

一定要预留足够的股权，建立股权池，可以给后续进入的合伙人，及对优秀员工进行股权激励。

5. 股权不能一步到位

合伙人也好，员工股权激励也好，甚至包括创始人，股权都不要一步到位，要建立有效的股权成熟机制和股权回购机制，这个在后面具体分析。作为创始人要以身作则，同时保证合伙人和员工利益与企业发展紧密地绑定在一起。

6. 考虑婚姻与股权问题

无论自己是否结婚，都要充分考虑婚前婚后的股权配置问题，这个在后面有专门的章节进行阐述。

总之，创始人要有格局，充分懂得“财散人聚”的道理，更要进一步认识到，千金散尽还复来，人聚之后就会有更大的财聚。创始人要充分意识到，人聚是为了共同的目标，也是为了共同的利益，所以不能要求所有人都有格局，不能要求所有人都有奉献精神，要把有限的股权放在合适的人身上，真正做到利益到位。

（二）创始人与合伙人的共同理念

找合伙人的过程，是一个极为艰难的过程。笔者认为，创始人在创立一家企业之前，最好能先找到 2～3 位合伙人，因为从某个角度上来说，找到合适的合伙人较为困难，需要有一个比较长期的了解和熟悉过程。

所以，在企业创立之初，创始人与合伙人要共同建立一套有效的股权设置规则，同时在后期，要根据合伙人的能力与贡献程度，对股权作出适时的调整。当然，这种调整应该是微调，除非有特别重大的贡献或过错，否则不宜变动过大。如确实不适合做合伙人的，创始人在与合伙人们充分沟通后，可要求其退出合伙人，允许其保留适当的股权，或者以较好的价格收购其股权。

说到底，股权架构就是合理布置创始人与合伙人之间的股权，因为激励员工的股权毕竟是少数，股权投资的投资人基本上就是财务投资，其不会干涉企业的发展经营，在企业上市或被收购时就会全身而退，所以最重要的还是创始人与合伙人之间的股权分配。因此，创始人与合伙人之间的股权分配，其实就是企业的利益分配，这是保证企业有效发展的重要前提。如果创始人与合伙人之间股权分配不合理，或者对有贡献的合伙人视而不见，可能会导致合伙人有异心或出现矛盾，最终导致企业无法正常运作与发展。

因此，创始人与合伙人首先必须达成如下共识：

1. 从某种程度上来说，人性是逐利的，要充分考虑到这一点。创始人与合伙人结合在一起共同创立企业，除理想情怀外，其终极目标还是对经济利益的追求，而股权就是经济利益的最好体现,并且是长期的利益。如果股权分配不合理,必然会导致合伙人之间分裂,从而导致企业损失。

2. 合伙人中可能会有高尚的不计钱财的人,但作为创始人,不应该把这种高尚视为理所应当,而应该按其能力与职位公平分配股权。合伙人在前期不计回报并全身心地付出,不代表其会一直无私奉献,每个合伙人都有自己的实际困难和需求,也要养家糊口,创始人与其他合伙人都不能亏待任何一个合伙人。

3. 有些合伙人不计较眼前利益,但会比较看重股权,是因为股权的增值能体现其努力的成果和人生的价值。人都是有欲望的,也正是欲望推动着人类文明的发展进程。同样,在企业中,有欲望才会激发创造力,才能不断推动企业的发展与进步。股权就是这种欲望的催化剂,推动着全体企业人为实现企业的价值和自身的价值而努力。如果股权不到位,不能体现其价值,必然会引致怨言,使其失去动力,甚至做出对企业不利的行为。

因此,创始人与合伙人在设置股权架构时,必须建立如下几个理念。

1. 理想与现实结合

创业艰辛,但创业是理想和情怀,所以创始人与合伙人都要有激情、有格局、有胸怀,齐心协力,把企业做好。但创业者也应该清楚,一家企业的发展,不可能永远谈情怀,也要考虑到实际的需求。特别对于创始人来说,只谈理想,而不给合伙人合适的股权,企业是坚持不了多久的。一家企业,如果只追求利益,是不太可能发展长远的,但在商言商,如果只讲理想讲情怀,也是很难在商场中立足的。好的理念只有结合好的股权架构和公司治理模式,才有可能成功。

股权从某种角度上来说,是有风险的,持有的股权比例越大,风险越大,有人愿意拿股权而不拿工资,在前期可能是没有回报的,这也说明他对企业充满希望,对拥有企业的股权而感到自豪。因为在创业之初,谁都不知道企业会做成什么样,股权是不值钱的,愿意拿股权而放弃实际的报酬,本身就是一种情怀和奉献。但合伙人也不可能一味奉献而不考虑自身的利益。

因此,创始人与合伙人之间,必须要设置一个好的股权架构,该股权架构能充分发挥每个合伙人的积极性,可以把大家捆绑在一起,共同为企业的发展服务。

2. 明确创始人与合伙人的权、责、利

股权代表利益,同时也代表责任,权利越多义务就越多。

在确定合伙人的股权比例时,首先当然要保证创始人的控制权,这是为了企业的正常稳定发展,而且在合伙人之间出现问题时,创始人可以出面协调和解决。但因为创始人股权最多,其就应该承担起应有的责任,要有更多的奉献精神,有更大的格局。创始人应该深知,很多时候,其拥有更多的股权,并不一定是与其能力完全相匹配的，而是合伙人给予其信任，为了企业的稳定发展，希望其在必要时能站在公正的立场处理各种问题。创始人不应该理所当然地认为他对企业贡献最大，一切都应该由他说了算，这样的话，设置合伙人就失去了功能和意义。创始人应该多尊重合伙人的意见，给合伙人更多的机会。

而合伙人则应该都有相对应的岗位和职责，并且要根据岗位和能力来确定相应的股权比例，公平公正，让人信服，不会因为股权分配不公而导致企业发展不稳定。合伙人各司其职，互不干涉，这样就不会产生矛盾。

因此，创始人与合伙人在企业创立之初，就要制定相应的规则，明确相互的责、权、利，设定出合适的股权分配规则和股权比例，同时约定好股权成熟机制和股权退出机制。

3. 充分考虑今后融资和进入资本市场的需求

任何一家伟大的企业，在设立之初就有着宏大的理想。这样的企业，今后必然会涉及融资和进入资本市场的需求。

完美的股权架构设计要充分考虑未来融资及上市需求，引入合适的股权投资人。而股权投资与融资必然会引起股权架构的变化，这个是创始人与合伙人必须要充分考虑到的。关于股权投资估值的相关问题，在后面还有大量提及，这里先简要谈一下投资人对一家企业股权架构的一些看法。投资人在进行股权投资之前，会关注企业家的情怀和格局，关注企业的产品，关注企业的发展进程，也一定会关注企业的股权架构是否合理，如果是看到比较差的股权架构，比如创始人或联合创始人的股权无法达到控制企业的比例，投资人是不会投资的，因为这样的企业可能会有较多不稳定因素。所以笔者一直强调创始人的控制权，这方面也是重要的原因。因此，创业团队与投资人要建立稳定、默契但又可变的股权合作模式，使企业获得超出常规的价值与利益，进一步带动企业高速成长和持续发展。

另外，几乎每家企业的创始人与合伙人都有 IPO 的目标，而进入资本市场的前提，就要求企业的股权结构明晰、合理。因此，创始人与合伙人在企业创建之初就应该朝这个目标而努力。

4. 让员工分享企业财富

笔者已经多次提到过，员工是企业的财源，没有员工，任何企业都不可能做大做强。创始人和合伙人要充分认识到，对一家快速发展的创业企业来说，仅仅在合伙人层面分配股权是不够的，必须要对优秀的员工进行股权激励，才能完成创业的使命。

五、股权架构设置程序

（一）创始人团队的组建

前面已经提到过，现代企业依靠单枪匹马是无法做大的，必须要有一支强有力的创业团队。所谓创业团队或创始人团队，就是创始人与合伙人组成的团队。团队组成后，才可设定股权架构的目标与规划，才可实施股权架构设置。

当然，笔者要强调，团队组建并不要求全部合伙人都到位，创始人寻求合伙人与制定股权架构设置目标与规划可以同时进行。笔者之所以把团队组建放在第一位，是因为股权架构设置在许多方面需要合伙人群策群力，单纯靠创始人一个人显然是不行的。团队组建要注意如下几点。

1. 团队必须有合伙人

现今创业，只有一个创始人而没有合伙人的企业是很难有所作为的。企业中，创始人是中心，是起带头作用的人，但不是“光杆司令”，创始人应该是带领一群人共同创造伟业的人。因此，创始人团队必须要有合伙人，并越早组建越好。创始人在寻找合伙人之前，要充分考虑企业到底需要哪些合伙人的岗位，再针对合伙人的岗位去寻找合伙人。

在这里需要强调一下，合伙人应当是股东，但并不是单纯的工商登记的股东，合伙人必须是全职为企业服务，并占据不可替代位置的股东。

2. 合理设置合伙人岗位

设置合伙人的岗位，首先是创始人的任务，但在若干合伙人加入后，也应该充分听取其他合伙人的意见和想法，对岗位进行优化，增加必要的并去除无用的岗位。

笔者要强调，合伙人的岗位不能千篇一律，不要照搬其他企业的设置，一定要切合企业自身的实际，不是必需的不要设置，再针对必须设置的岗位去选择和寻找相应的合伙人。

3. 合伙人宜精不宜多

设置好合伙人的岗位后，就要找相应的合伙人。当然，有些合伙人本来就是与创始人一起创业的，那么就顺理成章地成为这个岗位的合伙人。

找合伙人的原则就是，根据设置岗位去寻找合伙人，同一岗位有多个对象的，一定要选择最好的，找合伙人的原则是宁缺毋滥。一般来说，3～5 名合伙人是比较合适的数量。因为合伙人如果少于 3 人，可能无法满足岗位的需求，而且也不利于监督创始人；如果合伙人多于 5 人，一方面可能已经多于岗位的数量，股权不好分配，另一方面合伙人之间更容易引起矛盾，不利于协调。

当然，所谓的精和多是相对的，不同时期有不同的标准，几个人的公司与几万人的公司肯定也会有所不同。有人说，阿里的合伙人怎么有这么多？这个大家要搞清楚，阿里成立之初的“十八罗汉”，并不都是合伙人，很多是普通员工，而且现在的阿里是一艘航空母舰，这些合伙人都是独当一面的干将，从合伙人与员工比例上看，合伙人并不多，而且非常精干。

4. 合伙人不需要一步到位

前面笔者已经一直强调，找合伙人不容易，所以有一个循序渐进的过程，实在没有合适的，可以暂时不找，宜精不宜多，不能滥竽充数。如果找了一个不合适的，不但合伙人之间会有矛盾，而且在给予股权以后，要收回股权就会困难重重。

许多投资人在投资一家企业的时候，除关注产品和商业模式外，还会非常关注创始人团队的理念和股权比例，但他们更看重合伙人的质量，而合伙人的数量，并非其关注重点。所以，没必要为追求合伙人的人数而刻意增加。

（二）设定股权架构的目标和规划

1. 全面布局与长远规划相结合

毫不夸张地说，股权架构的设置，关系到企业的生死存亡。股权架构是企业发展的重要基础，股权架构任一环节出现问题，都有可能给企业带来危机。所以企业在发展初期就必须认真考虑和布局。同时要注意，股权架构设置，是一种全面的布局，企业的创始人与合伙人必须要考虑到方方面面，而且要有一个长远的规划。

（1）全面布局

所谓的全面布局，就是创始人团队在企业创立之初，就应该统筹考虑股权的分配问题，不但要考虑创始人与合伙人的股权安排，还要考虑员工、配偶、投资人等股权的安排，无论是现在还是未来的，都要全面考虑到。

（2）长远规划

所谓长远规划，就是要考虑到今后的各种可能性，为企业的长远发展考虑。企业的发展，离不开合伙人、核心员工和投资人等不可或缺的支持。所以，在设计股权架构时，应当具有长远和发展的眼光，预留好未来需要引进的新合伙人的股权，预留员工激励的股权份额，还要考虑未来引进投资人后股权可能被稀释的问题。总之，要考虑股权的预留数量，考虑股权成熟机制、股权退出机制和回购机制、股权估值、投资人的多轮投资与股权稀释的可能性等，这些都要写入规划中。没有长远规划的股权架构必然会引致失败。

（3）不断修正与调整

任何规划，如果千年不变，不根据实际情况进行调整，都会失去存在的意义。企业在发展的过程中，形势会发生变化，那么规划也要作相应的调整。比如，期权池中当初预留的比例可能会不适应现今企业的需求，那么就要及时调整；又如，因股东退出产生的股权回购问题，即回购后的股权怎么处理，这个在当初可能没有考虑到，那么回购股权以后就要重新考虑分配的规则；再如，引入股权投资以后导致股权稀释，影响了创始人的控制权，这时就要与投资人讨论如何修正股权投资协议，以保证创始人与管理层的控制权等。

2. 创始人要有控制权，但不能“一股独大”

笔者认为，创始人首先要有一定的控制权，因为在企业发展的过程中，有太多随机性和不可预测性，需要创始人在关键时刻把握方向，作出决策，如果没有控制权，这个是很难做到的，到头来只会贻误最好时机。另外，创始人有控制权，企业就有了一个不可动摇的“灵魂”，可以形成企业文化和精神支柱，还可以在合伙人发生矛盾时有效化解。

但是，创始人有控制权并不代表其绝对控股，还有许多其他实现控制的方式，绝对控股甚至持股达到70%以上，会让合伙人感到不公平，优秀人才会失望甚至离开。从现代企业管理学来说，“一股独大”的风险是很大的，创始人也许可以抓住一次机会，但从概率学来讲，其不可能永远做出正确的决策，只要一次失误，就会遗憾终身。所以像这种“一人打天下”的模式不是现代企业所提倡的，当然也不是本书的重点。因此，创始人需要建立一支可开诚布公进行相互交流的合伙人所组成的团队，团队成员各有所长，精通技术、财务、投资、运营管理、销售等，如此才会战无不胜，无往不利。因此，有了合伙人，相互之间有明确的分工，才会涉及股权架构的设置问题，才会有如何把握控制权的问题。

好的股权架构应该是创始人有控制权，但在出现关键重大问题时，其他合伙人有充分的话语权或否决权。如果是“一股独大”，比如创始人永远占70%～80%的持股比例，那根本就不需要再去讨论那么复杂的股权架构和控制权的问题。

3. 切合实际，适应时势

股权架构设置不能是一成不变的，随着时间的推移和情势变更，必然会出现不合时宜的情况。比如，刚开始创业时，团队成员都会有所分工，也会有各种承诺。但企业经营一段时间后，会发现这种承诺与实际情况不完全匹配，但最早的股权只是根据分工和承诺来分配的，这就会出现不公允的问题。

另外，合伙人也会有变化，有离职也有新加入的，股权投资进入也会发生许多新情况等。因此，股权架构的规划，不能太僵化，要设置一些与个人能力与业绩挂钩的项目，设置股权池，根据每人每年的业绩逐步进行分配。

还有，如果有新情况发生，创始人与合伙人一定要及时商讨方案并对股权架构进行调整，否则固有的股权架构设置会束缚企业的发展。当然，这里所说的调整是适当调整，是微调，并不是大的架构的变化。

（三）设置股权架构必须考虑的几个问题

企业发展一般分为初创期、融资期、发展期、壮大期，应该说，初创期和融资期是股权分配和设置架构最重要的阶段。

在创业初期很容易出现一种常见的情况，就是大家只顾着一起埋头苦干，对于股权利益分配这些问题没有过多考虑，因为那个时候大家往往只有一个信念，就是先把企业做好。等到企业的价值越来越大时，创始人团队才开始关心自己的股权利益分配问题，而到那时就会发现股权分配已经不能满足所有人的预期，进而导致创业团队内部出现大问题，严重影响企业日后的发展。

还有，在初期进行股权架构设置之后，后期要进行大的架构调整是非常困难的事情，每个合伙人都有自己的想法，正所谓“牵一发而动全身”，对股权架构进行调整并不容易。另外，随着股权投资的进入，投资人虽然不会要求控制权，但股权投资一来会导致股权的稀释，二来投资人在董事会也有话语权，这个时候要对股权架构进行调整更加困难。

因此，如果前期没有设置好，后期纠正的代价巨大，甚至无法挽救。股权架构设置要早，一定要事先充分考虑到所有问题，也要考虑到后面可能出现的调整问题，或者预留好可调整的股权，充分考虑到股权投资的估值及投资后的相关情况，这才可能设计出完善的股权架构。

因此，在设置股权架构前，一定要把所有的可能性想好，当然，这个要有专业人士的协助，创始人与合伙人可能有许多问题没法想到，而专业人士具备相关专门知识，且实践经验丰富，会提出各种可能性供创始人与合伙人参考与借鉴。

一般来说，在设置股权架构时，要充分考虑如下几个问题。

1. 确定合适的企业估值

创始人与合伙人在一开始就要为自己的企业设定估值。

关于估值的概念，笔者会在第四章“股权投资与融资”中详细阐述，在这里，读者只需要知道，股权本身是有价值的，这个价值是以企业的价值为基础的。也就是说，只要不断地创造企业的价值，那么股权的价值就可能会呈几何级数的增长。比如腾讯的市值是 5 万亿元，阿里的市值是 4 万亿元，那么，只需有 0.1% 的股权，这个人的身价就是 50 亿元或 40 亿元。试想，如果当初有人用 200 万元买了腾讯 50% 的股权，其现在已经有 2.5 万亿元的身价了。许多当时看起来可能是一笔很大的投资，而在后面看来根本不值一提。

因此，创始人与合伙人一定要珍惜股权，这里就涉及估值的问题。把企业的价值估算清楚，才能设置合理的股权架构。

企业一开始的启动资金可能只需要一两百万元，但对于许多年轻的创业者来说这一两百万元是一笔巨款，这时创业者可能找到亲戚或朋友，询问他们是否投资，这些亲戚朋友也很慷慨，愿意出资200万元，持股比例为70%，创业者不需要出一分钱便可占股30%，甚至可能让创业者和其均占股50%，创业者当时可能觉得这个很划算，但若干年后，可能会追悔莫及。

因此，企业创立时，一定要确定一个合理的估值，确定估值可参考的方法有很多，可以根据同一时期同行业之企业的价值来确定，也可以通过资本市场的相关指标与数据进行估值。如果有顶尖的技术或开拓性的商业模式，估值还可以增加。这方面将在第四章"股权投资与融资"中详细阐述。

笔者要强调的是，估值很重要，这是企业无形价值的体现，必须在第一步确立。当然，估值也不能太过盲目，而是要结合企业的实际情况和未来的发展趋势来确定。总之，不能亏了自己，也不能太不切实际。

首先，创始人团队一定要记住，企业创立之初，除创始人、合伙人与员工外，其他人的投资都应该按估值来确定股权比例。比如一个互联网商业模式，设立时注册资本是100万元，但企业的实际价值并不等于100万元，而应该是500万元甚至更高，如果是在天使融资的时候，估值可能就是1000万元，这时如果有人出资50万元，其分得的就不是50%的股权，而只有5%的股权。

其次，好的企业会有许多轮的投资，因此，估值会随着企业的发展而不断发生变化，会一轮比一轮高，因此创始人与合伙人要把握好每一阶段的估值。

前面提到的是股权的财产价值，更为重要的是，股权还包含人身权利，如果某自然人甲用200万元购买企业50%的股权，就有了相对控股的权利，因为创始人不可能一个人占有剩余的全部50%股权，其要分配给其他合伙人和员工，要有预留，剩余部分根本无法与之对抗，这种结果是很可怕的。创始人可能想通过后期股权投资而稀释对方的股权，但股权投资基本都是通过增资的形式，那么股权稀释是全体同比例稀释，即创始人与合伙人的股权也同样会被稀释，而结果就是甲的股权价值会大幅度提高。比如，第一轮投资是1000万元，外部投资人占股20%，即对企业的估值是5000万元，如果按同比例80%稀释股权，甲还占股40%，那么其身价已经到了2000万元；如果再来一轮投资，对企业的估值是5亿元，第二轮的外部投资人投资1亿元占20%股权，如果按同比例80%稀释，甲虽然占股减少到了32%，但此时其身价已经从200万元骤升到了1.6亿元。

如果创始人想在股权投资后保证自己的股权不被稀释，那么甲完全可以利用自己的股东权利来阻碍创始人引入股权投资。比如《公司法》明确规定增加注册资本要有2/3以上表决权的股东通过才行，甲就可以利用一票否决权来阻止创始人引入股权投资，这样可能会导致两败俱伤，最终创始人只能答应甲的要求。即便创始人如扎克伯格一样可以不稀释股权，比如创始人一直保持50%的股权，而最初投资者甲的股权最终被稀释到只有10%，这对创始人来说也是不合算的，因为按5亿元估值，甲仅持10%股权也有5000万元的身价。

企业要不断发展，创始人可以利用股权做很多事情，比如可以吸引合伙人，可以进行员工股权激励，如果事先不进行合理估值而随意处置股权，到头来可能捉襟见肘，甚至失去控制权。所以一定要珍惜股权，事先确定合理的估值。

2. 预留股权

预留股权，也可以叫股权池或期权池，是为未来引进高级人才而预留的一部分股权，被认为是驱动初创企业发展必要的关键要素之一。这一点非常重要，任何一家有发展意愿并有前瞻性眼光的企业，都会预留股权，因为这关系到企业未来发展的无限可能性。

笔者认为，预留股权是设置股权架构重要的步骤之一，甚至要排在创始人与合伙人设定股权比例之前，即在扣除预留的股权或设立股权池后，再对创始人与合伙人的股权进行分配。

一般来说，预留10%～20%的股权是有必要的，具体比例可根据企业的实际情况来确定，技术驱动型企业可能还要预留更多，比如360的期权池达到了40%。美国硅谷一般预留公司全部股权的10%～20%作为期权池，这样对员工、后续引进的优秀人才、投资人等都会有比较大的吸引力。股权投资人一般都会要求企业在创立的前期就设立好期权池，并在其进入企业后保持一定比例，且每轮融资稀释后要通过调整给予补足（保证期权池的股权比例不会因为融资而被稀释），以吸引新的人才。

这里要强调一下，期权池一般是为股权激励而对员工（包括创始人、合伙人、高管、骨干、普通员工）的奖励，是留住员工的重要手段，所以股权价格往往会很低，特别对于有限责任公司来说，可能会无偿赠送，所以这部分股权是不会涉及股权投资的。股权投资不需要预留，因为股权投资一般是通过增资而不是股权转让的形式进行。如果是通过股权转让形式，那投资人的钱就会转到股东个人身上，无法帮助企业发展，这个也是投资人不愿意看到的。

一般来说，预留股权可以采用如下几种形式。

（1）创始人代持

许多初创企业为了省事，预留股权一般都让创始人代持。

根据我国的法律，代持是受法律保护的。但这里有一个问题，即法律规定的代持中有“实际出资人”的概念，如果是预留的股权，股权给谁都不知道，就不存在所谓的“实际出资人”，创始人是代虚无的出资人持有预留股权，这就存在一定的风险。而且，公司发展到一定程度，是要进入资本市场的，而证监会及证券交易所等部门是严格禁止股权代持的，因为这容易导致股权结构不清晰，也容易引发道德风险。

另外，如果公司引入股权投资，那么创始人的股权就会被稀释，其预留的股权也同样会被稀释。比如原来约定创始人持股60%，其中20%作为股权预留。那么后来全部按80%稀释，创始人的股权比例变成48%，按道理，预留股权比例也要变成16%。但是前面已经提到过，投资人是不希望期权池的股权比例发生变化的，如果股权预留在创始人名下并被同比例稀释，要再增加会很麻烦。如果在创始人股权被稀释的情况下，还要求其预留的股权保持20%不变，那对创始人来说，稀释过多，不利于其掌握控制权。所以尽量不要采用这种方法。

(2)设立一家平台公司或有限合伙企业预留股权

一般来说，股权预留问题可以通过设立一家持股平台的方式来解决。比如，在企业上一层设立一家合伙企业作为持股平台，创始人担任平台的普通合伙人，这样可避免员工直接持股带来的一些不便，很多企业上市前一般都采用这种做法。持股平台一般是为员工股权激励而设立，如果是重要的合伙人，还是直接向其分配企业股权比较合适。实践中这种方法采用较多。

(3)虚拟股权

就是在企业内部建立特殊的账册，员工按照在该账册上虚拟的股权享有相应的分红或增值权益。最典型的是华为的做法，这个在第三章“员工股权激励”中会详细阐述。

但这种方式最大的问题就是股权只体现在经济利益方面，没有相应的人身权益，即没有决策权和话语权。而且这种股权结构不明晰，如果要进入资本市场，这种方式肯定要被清理。

笔者认为，在考虑预留股权时，可以根据企业实际情况，并针对不同的主体，把上面三种方式结合起来使用。

当然，如果确实有特别需要的人才进入，也可以采用增资的方式，但增资就是增加注册资本，必须要有代表2/3以上表决权的股东通过，如果有合伙人或投资人不同意，就会很麻烦，这不是单单靠控制权可以解决的问题。结果可能只有创始人分割出自己的股权，这样往往会造成控制权旁落。

3. 保证创始人的控制权

设置股权架构时，一定要充分考虑到创始人的控制权，理由也讲了很多，关键就是维持企业的稳定，维持合伙人的稳定，引领企业朝正确方向快速发展。当然这种控制权是有益的,其目的是保障企业有一个最终的决策者。

企业创始人是企业的精神支柱和发展动力,是企业长远规划的创设者,对企业的发展有明确清晰的目标和规划,其知道企业要做什么,如何做,怎样做才能更好。企业一定要有这么一个人,能够拍板决定重大事项,同时要有更多担当和责任,对企业负全责。但有义务也要有权利,创始人也需要一定的保障才能将上述职责发挥得淋漓尽致,因为没有保障就没有话语权,甚至可能随时被踢出公司。

因此,股权不能太平均,平均容易让真正有能力的人感到不平衡,让无能力的人坐收渔翁之利,所以用控制权树立创始人在团队内部的影响力和话语权是很有帮助的。另外,创始人前期保留比较高的股权比例,也能避免后续员工激励和引进投资股权被过度稀释后失去对企业的控制权。

比如腾讯刚创立时,创始人团队“五虎将”的股权比例是:马化腾占股47.5%,张志东占股20%,曾李青占股12.5%,许晨晔、陈一丹两人各占股10%。这样的股权架构,一方面有利于创始合伙人精诚合作,另一方面又有一个不可动摇的灵魂人物即创始人马化腾。后来腾讯做大做强时,几位合伙人逐步隐退,而创始人仍有足够的权力能够控制企业。企业的发展与创始人的理念与能力直接挂钩,所以创始人一定要占较大的股权比例,始终能够控制企业,这样才有利于创业项目的决策和执行。

一般来说,考虑到股权投资之后的稀释问题和后续人才引入的需要,创始人最好占据50%以上的股权,当然,也不宜太多,前面也提到过,“一股独大”不利于企业的发展。也就是说,创始人与其他合伙人之间需要有一定的制约,其他合伙人最好有重大事件的否决权,所以创始人一般占股50%~60%为宜,合伙人比较多时,可以适当低于50%。

4. 安排好配偶的股权

配偶的问题是比较纠结的问题,比如,土豆网因为创始人离婚诉讼时创始人的股权被法院冻结而影响上市进程,失去了领先一步的机会(具体案例可见第五章“股权与婚姻家庭”)。因此,为了避免今后出现纠纷,最好事先有所约定。

从法律上来说,婚后股权本身并不必然是夫妻共同财产,但股权的财产利益是婚姻中的共同财产。

因此,在成立公司之初,创始人也好,合伙人也好,不论有没有结婚,都应该考虑配偶或将来的配偶的股权分配问题。

有一点需要明确,不论配偶有没有股权,如果没有特殊的约定,只要是婚姻存续期间的共同财产,基本上是夫妻平分的。如果婚姻出现问题,就会产生股权纠纷,所以事先必须要考虑清楚。如果是没有结婚的,要考虑好在结婚时把股权单独列出来，签订婚前财产协议，这个和感情无关，纯粹是为了企业的稳定，为了创始人与合伙人的共同利益，宁可在其他财产方面给予配偶更多的补偿。如果是已经结婚的，那么最好与配偶协商，把股权单独列出，至少应该说服配偶把投票权委托给他们行使。

因为涉及股权架构中需要考虑的问题，所以单独把配偶的股权列出作简要介绍，具体可参考第五章“股权与婚姻家庭”。

(四)创始人与合伙人的股权架构设置

在考虑了预留股权、估值、配偶的股权问题后，下面就要讲创始人与合伙人的股权分配问题，这是关系到企业生存与发展的重要事项，是股权架构设置中最重要的一环，所以要单独列出作为重点阐述。

本书讲的股权，归根结底就是创始人与合伙人的股权，因为创始人与合伙人是主导企业方向的团队，没有他们，企业就不复存在。股权架构的设计，必须首先要能够合理安排创始人与合伙人的股权，那样才能让团队更有凝聚力和竞争力。

在此之前，首先要讲一下不理想的股权架构，从而使读者对理想的股权架构有更充分的理解。

1. 不理想的股权架构

(1)股权均分

所谓股权均分，是指创始人与合伙人之间的股权比例相当接近，没有小股东。这显然是对企业的发展不利的，因为这样的股权架构，表明企业没有一个真正有发言权的实际控制人，股东之间容易扯皮，许多事情无法确定落实，容易形成僵局，这种显然是极差的股权架构，特别在企业初创期很容易因为一个小矛盾而分崩离析。

(2)股权过分集中

股权过分集中，也就是前面所说的“一股独大”，这在中国的民营企业中非常普遍。在“一股独大”的情况下，董事会、监事会和股东会形同虚设，内部人控制问题严重，企业无法摆脱“一言堂”和家长式管理模式。这种架构显然无法吸引优秀的人才加入，人才即便加入以后也不会全心全意为企业工作。这种架构，对于小型企业还比较合适，但如果企业进入到规模化、多元化经营阶段，因为缺乏制衡机制，决策失误的可能性急剧增加，企业面临的风险会随着企业实力的增强而同步增大。

(3)股权过分分散

这种股权架构的特征，表明企业持有小比例股权的股东非常多，这类股东之间所持股权也比较平均，没有实际控制人。这种情况在国外企业比较普遍，但一般都是已经上市的大公司，而且公司内部有完善的治理结构，公司的主要问题通过董事会来解决。

在中国，有些企业一开始就招募大量所谓的“合伙人”，分配给股权，其意是通过众人的力量把业务做上去，但事实上这种股权架构是极其不合适的。其最大的缺点就是没有效率，大量股权占比较小的股东可能会在股东会中相互制约，一项决议必须通过复杂的投票程序，许多问题久拖不决，企业大量的精力和能量消耗在股东之间的博弈中。在企业发展初期，设置这种股权架构会失去许多机会，而在激烈的市场竞争中，只要失去一次机会，就可能永远赶不上竞争对手，一步落后步步落后，更不要说失去众多的机会。另外一个严重的问题是，股东会长时间无法形成有效的决议，会给管理层可乘之机，导致比较严重的内部人控制和管理层道德危机问题。

了解这些不理想的股权架构后，下面开始阐述理想的股权架构设置。

2. 理想的股权架构

一个好的股权架构，股权分配不能太平均，不能“一股独大”，但也不能太分散，而应该要有一个梯级层次。一般的梯级结构是在预留股权以后，创始人占相对大比例的股权，其他合伙人所占股权也不完全平均，有所区别。

(1)先预留好股权

前面已经提到，在分配创始人与合伙人的股权之前，一定要先预留好股权，一般应该预留 10% ~20% 的股权池，之后再考虑如何进行股权的梯级层次分配。

(2)保证创始人的控制权

前面已经提到，创始人应该占股比例较高，能保证其掌握控制权，所以创始人最好能保持占股 50% ~60%。当然，略低于 50% 也无不可，比如腾讯的马化腾一开始所持股权比例是 47.5%。

创始人股权比例无法达到 50% 的情况一般会有如下几个原因：

①创始人在资源、能力等某个方面严重缺乏，不得不找另一个人作为联合创始人，比如快手的两个联合创始人宿华、程一笑。

②虽然并不一定是联合创始人，但某个合伙人是绝对的人才，不给其分配较多股权其不愿意进入企业，当然创始人也不能给其他合伙人太少的股权，所以减少了创始人自己所持的股权。

③其他合伙人人数比较多，创始人如果占股 50% 以上，其他合伙人的股权比例就太低，只能适当降低创始人的股权比例。

当然，持股 40% ~50% 基本上也能保证控制权，如果合伙人比较多，持股比例再低一点也不是问题。理由如下：

①一般来说，创始人肯定有支持他的若干合伙人，所以创始人与合伙人持股比

例加起来达到50%以上没有问题。如果创始人得不到一个合伙人的支持,那本身就说明创始人及整个团队存在严重的问题。

②许多人一直说取得控制权的前提是创始人所持股权比例要高于50%,说明其不了解《公司法》,《公司法》对有限责任公司是有特别规定的,并不是必须持股高于50%才能通过一项决议,主要是看章程怎么规定。非必需由2/3以上表决权通过的事项,都可以约定50%以下表决权通过。

③后面也会提到,即便是在股权投资导致创始人及合伙人的股权比例被大量稀释的情况下,有限责任公司还可以通过持股比例与表决权不一致的章程规定,以及通过双层股权架构解决控制权问题。

事实上,控制权并不是单纯靠持股比例可以解决的,有人说持股67%就能实现绝对控股,但如果章程规定许多事项要68%以上表决权才能通过,那67%的绝对控股意愿就会落空。当然,这种事情并不多,但不能否认其发生的可能性。所以说,单纯靠持股比例实现控制权的时代已经过去了,实现控制权有许多方式,这在本章第六节"控制权"中会有详细阐述。

(3)合伙人的股权要设置梯级结构

在预留股权及确定创始人的股权比例后,其他合伙人的股权比例加起来一般为30% ~40%。

笔者建议,其他合伙人的股权比例加起来最好在34%以上,因为这个比例可以保证其享有一票否决权。如果股权池是由创始人代持或持股平台由创始人控制,其他合伙人更要持股34%以上。

这里涉及一个平衡的问题。在创业过程中,不排除创始人有盲目决策或被冲昏头脑的时候,如果其他合伙人一致认为他的决策是不正确的,就可以联合起来行使一票否决权。笔者认为,如果其他所有合伙人都反对,这种决策基本上是有问题的,那么创始人就要好好考虑是否修正或完善。当然,前提是企业章程规定重大事项需要由2/3以上表决权通过。但此类重大事项也不宜过多,只能是涉及企业前途和生死存亡的问题,以保证创始人的控制权和把握企业发展方向。

这里要充分注意,其他合伙人的股权比例不能完全平均,应该有一个梯级层次才行。这是因为合伙人的能力和贡献也是不同的,如果完全平均分配,比如三个合伙人分配36%的股权,每个人所持股权都是12%,或者四个合伙人参与分配,每个人所持股权都是9%,这是不合理的,容易引发矛盾,且矛盾不容易解决。因此,对于除创始人之外的合伙人,应该要设置一些评分的条件(下面阐述),以实际的数据结论来确定每个合伙人的股权比例。

前面提到的腾讯的创始人团队"五虎将"的股权比例,除马化腾外,张志东的股权占 20%，曾李青占 12.5%，许晨晔、陈一丹两人各占 10%，这样的股权架构，就是保持了一定的平衡。

因此，在扣除股权池和创始人的股权后，其他合伙人所持股权按照 20%、15%、10%，或者 15%、12%、8%、5% 这种梯级层次来确定会比较合理。

3. 科学设定合伙人的“加分项”

前面提到，合伙人之间的股权不能平均分配，应该有一定的梯级，以显示其不同的贡献及能力。但确定合伙人的占股比例也不能太随意，平均分配不利于体现能力与贡献，但随意确定更容易引起不满和矛盾。因此，要有一个相对合理的评分标准才行。

笔者认为，可以先给合伙人设定一个初始分数，在初始分数相同的基础上设定一些加分项，并合计出总分来确定最终股权比例。

比如除创始人之外，还有三个合伙人，那么可以按如下方法确定：

- 设定一个初始分数，如初始分数为 100 分，三个合伙人每人起始点均为 100 分；
- 按每个合伙人的能力和贡献加上设定的加分值；
- 每个合伙人根据初始分数和加分值的总和来确定可分配的股权比例。

要确定加分项，就应该有一些具体的标准，以对合伙人有所区分。笔者认为，如果满足下列某些条件的，可以进行加分。笔者按重要性从高到低排列如下。

(1) 良好信誉和人格魅力

个人信誉和品格是一个人最重要的资产，一般都是创始人所必需的。如果合伙人具有这个优势，往往可能成为联合创始人，因为这种人往往会消除企业创立阶段的风险，帮助企业顺利融资或导入项目资源。比如，有些合伙人参与过成功风投的项目，与投资人有过许多接触，已经建立了自己的信誉和丰富的人脉，如果有这样的合伙人在，投资人会不请自来。所以，对这种合伙人就应该考虑给予比较高的分数。在未来，其也可能会成为联合创始人，甚至替代原创始人。

当然，笔者是不建议企业发生重大变化的，这主要是建立在原来创始人具有大格局的基础之上，愿意让新合伙人成为联合创始人或自动让位给这个合伙人，比如快手的程一笑把快手大量股权转让给宿华团队并让宿华担任 CEO，企业上市时，宿华是第一大股东。一家企业的创始人最重要的是格局，只要是为了企业的良好发展，而自己能力确实不够，或者自己只是一方面能力强，另一方面能力极为缺乏，就可以找一个联合创始人，甚至让位，这样的企业才可能基业常青。

(2) 提出新的商业模式并亲身实践

提出一个全新的商业模式是很难的，提出的人往往就是创始人，或者说是联合创始人。迈出第一步最为艰难，那么如果能提出一个有效的商业模式，并且开始实施，比如有一个产品版本或演示模型，或者已经开始申请专利，或者对吸引股权投资及贷款有重大帮助，这种人贡献巨大，应该给予比较高的分数。

(3)提供重要的长期资源

提供重要的长期资源的人，往往也具有个人优势，但其优势可能还达不到对整个企业产生重大影响的程度，而是在企业发展过程中的某一方面具有优势，如资金、资源、数据、专利、创意、技术、运营等。比如，有些项目需要依赖某个合伙人的专利；有些项目创意比技术更重要；有些项目需要优秀的营销人才；有些项目需要合伙人的融资能力。因此，这就需要综合评估项目的现状和每个合伙人的优势。相对应地，对企业来说更重要的长期资源提供者，应占有相对多的股权。

当然，这种人要全职加入才行，如果是兼职，分数就要低许多，而且最好有全职加入的承诺，事实上笔者是反对给兼职者以合伙人身份的。对于短期的资源提供者，最好不要给股权，要给也要很少，而且最好按估值来算。

(4)召集或邀请重要人才加入

一般来说，创始人就是召集人，但也不排除其他合伙人因为个人魅力或者与其他合伙人有交情，也有可能是召集人，如果是召集人，应该加分。

如果合伙人不遗余力地邀请重要人才加入企业，这种人的贡献就很大，应该加分。笔者认为，可以按被邀请人的贡献度加分，还可以按被邀请人的人数加分。

(5)以现金出资

创业初期，最需要的是钱，如果没有启动资金，任何完美的模式都是镜花水月，所以启动资金弥足珍贵。另外，创业初期风险是很大的，如果真金白银投入，代表合伙人对企业发展有充足的信心和希望，所以这种合伙人要比没有现金出资的合伙人得到更多的分数。当然，出资多的人肯定比出资少的人分数更多，如果都以现金出资，则可按比例分配。

至于现金投入是按估值还是按实际金额计算，可以由创始人或合伙人共同确定，但规则确定后，对所有合伙人包括创始人要公平一致。

(6)全职创业

前面已经提到，合伙人要全职投入才能真正发挥作用。如果一个合伙人抛弃全部身家到新公司创业，没有或只有很少的工资，是具有极大风险的，对于这样的合伙人必须要加很多分。比如阿里的蔡崇信，抛弃500万元年薪到阿里，每月只拿500元人民币工资，可见其放弃得实在太多。对于这种合伙人，其不但工作量大，更要冒项目失败的风险，所以其更有价值，就应该多加分。

一般来说，合伙人都是全职创业，分数相同。但是，也有许多人因为暂时不能离开原来公司,或者能力确实非常强,如果不让其担任合伙人就不加入,在这种情况下,也要给其一个合伙人的头衔,但最好有一个全职加入的期限承诺。兼职也反映出这个合伙人对企业发展的意志不够坚定,没有破釜沉舟的决心,所以相比之下对全职合伙人要给予更多的分数。

(7)加入年限较长

很显然,越早加入的合伙人所得分数应该越高,特别是企业筹建前或一成立就加入的合伙人,所得分数应该更高。

(8)工作岗位相对重要

前面提到,一般来说,每个合伙人的工作岗位或负责事项在企业中是唯一的,如营销、技术、财务等,都是非常重要的,所以差别并不是太大。

但每个企业的现状和发展状况是不同的,比如技术驱动型企业,技术发展对企业有决定性的作用,故负责技术的合伙人更重要一点,所以其所得分数要适当比其他合伙人高一点。

当然,工作岗位的加分值相差不能太大。

(9)其他

笔者前面所述的内容可能并不能完全满足所有企业的需求,所以企业可以根据自身的实际情况设置一些必要的加分项。比如,有些合伙人签订了夫妻协议,约定股权不得作为夫妻离婚分割的财产,配偶可以分得其他财产作为补偿,这明显说明这个合伙人比较稳定,会为企业考虑,可以适当加分。总之,每家企业都可以根据实际情况设置加分项。

经过加分项的累加,如果三个合伙人的最终分数分别为250分、200分、150分,那么将分数相加即为总数,而每个人个人分数与总数的比例,再乘以合伙人总共可分配股权比例即为最终股权比例。

比如,经确定,创始人持股比例为51%,股权池比例为15%,那么三个合伙人总共股权比例为34%,再根据三个合伙人的分数250分、200分、150分计算,得出每个合伙人实际持股比例分别为14.2%、11.3%、8.5%。

4. 动态评估

股权架构设置实际上是一个动态的过程,一开始确定的比例往往不一定是最终的比例,因此要动态评估每个合伙人在创业各个阶段的作用和贡献。合伙人之间要进行约定,明确以后将根据项目开展的不同阶段,以及每个人的不同贡献,对股权进行适当的调整。

在创业项目的启动、测试、推出等各个阶段,每个合伙人的作用是不一样的,股权架构设置应充分考虑到不同阶段每个合伙人的作用和变化,真正体现合伙人的能力和作用，充分调动每个合伙人的积极性。因此，每个阶段都要对合伙人进行科学的评估，这样就会对合伙人有全面的认识，也就是说，对各项资源、人员重要性和发展阶段等各方面的综合性评估，才是比较适合的科学评估。

另外，在创业的不同阶段，合伙人的贡献会发生变化，因此需要综合考量，股权配置也不能一次性全部完成，以防止在发展过程出现合伙人离职、能力不足或不能胜任等情况。当然，评估需要一定的过程，但股权也不能一直不分配，所以股权分配要与股权成熟机制有机结合，从而进行一些必要的调整。比如创始人与合伙人一开始就确定，股权先分配一半，另一半预留在股权池中，在今后 3 年或 5 年内逐步配置完成。这在后面还会详细介绍。

5. 没有完美的股权架构，只有完美的合伙人

所谓完美的股权架构，只是对企业的整体而言，并不可能满足所有人的要求。因此，完美的股权架构没有标准样板，需要根据企业实际的发展速度、发展规模、资本投入、外部人才资源等各方面综合考虑。

股权架构的设计往往是参与各方主体博弈的结果。可以说，成功的股权架构，能够实现各方主体的共赢；失败的股权架构则可能出现创始人出局、高管员工离心离职、投资人亏钱的多输局面。

笔者认为，股权架构只是相对公平，不可能面面俱到。这时，合伙人的格局和胸怀就极为重要，只有合伙人默契团结，相互理解与忍让，才可能设置出一套完善的股权架构。因此，笔者一直强调，选对合伙人是关键，合伙人不合适，股权结构设置再好也无法保证能有效运行。所以说，股权架构不可能是十全十美的，设计和参与的主体才是关键。

另外，完美并不等于一蹴而就，也不等于一劳永逸，股权架构设计是在发展中不断完善的过程。比如阿里的合伙人制度，华为的全员持股计划，万科的事业合伙人制度，都是根据企业不同时期和不同需求而制定并逐步完善的。在股权架构设置过程中，笔者建议一定要聘请专业人士，必须要针对企业的具体情况，在不同时期进行不同的调整和修正，以契合企业发展的实际需求。

六、股权成熟机制

股权成熟机制，是股权架构设置中的重要部分，主要是制约创始人及合伙人的。

前面已经提到，在企业创立之初，就要进行股权架构的配置，但最初的股权架构配置往往并不是最好的，所以需要进行不断的调整，如果一开始就全部分配完毕，那么今后调整就会出现麻烦。单纯靠股权池的股权来调整是不现实的，因为股

权池主要是给后来的优秀人才准备的,本来也没有多少,不能随便分配和占用。另外,股权全部分配完毕以后,如要再去减少某个人的股权,那真是难上加难。

现实中,许多合伙人分得股权后就坐享其成,甚至带着股权离开企业,每年还能得到大量的分红,这显然对整个企业是不利的,对其他合伙人及员工也是不公平的。笔者认为,合伙人之间相互信任固然没错,但大家在真正做事的时候,许多事情应当要事先说清楚,事先要有所预判并做好充分的准备。因为如果不加以制约,有些人可能会为了利益而做出许多不利于企业和其他合伙人的事情;另外,如果一开始就给足合伙人股权,是不利于发挥其主观能动性和创造性的。

因此,必须要有一个机制,让真正有能力有贡献的合伙人享受更多企业发展带来的福利,而对那些没有能力没有贡献的人,要适当减少股权,以体现公平机制,让更多的人享受企业的利益,让更多的人看到公平公正,从而更愿意为企业服务。

因此,笔者下面要介绍的股权成熟机制非常重要,这是一种对合伙人的制约,是增强凝聚力和奖优罚劣的重要手段。

(一)定义

所谓的股权成熟机制,是指对创始人或者合伙人根据股权架构配置的股权进行一定的限制,也可以理解为此种制度下所分配的股权是一种限制性的股权。这种股权需要根据加入年限、项目进度、融资进度、营收或利润等各项标准而逐步成熟,成熟后合伙人才能真正拥有股权。如果创始人或合伙人没有达到标准的要求,那么其所持股权可能被回收或相应减少,如果达到或超过标准,其所持股权才可真实被赋予甚至增加。

实践中,创始人及合伙人在股权配置完成后,可以通过章程及相关协议约定,其所持股权将和企业一起成长并成熟。最简单的方法就是按加入年限而赋予,比如加入5年,每年按20%成熟。当然,其中可以设定一些考核的标准,如项目进度、企业的利润、部门业绩和个人贡献等,以此作为是否赋予股权以及是否增加或减少股权的标准。也可以在协议中约定,如合伙人违背敬业或诚信原则,损害企业利益,或者泄密、另立门户等行为的,要无条件以原始价格收回股权。只要有相关章程规定及协议,这种方式就是可行的。

初创企业开始基本上都采用有限责任公司形式,有限责任公司赋予章程充分的自主权,那么就可以在章程中规定,如果合伙人达到标准和要求,其所持股权解锁;如无法达到标准和要求,就要减少相应的股权;如果合伙人离职,则由企业按某个约定价格回购或指定转让该合伙人所持股权给某个人。事实上,股份有限公司的股权设置虽然没有有限责任公司这么自由,但也可以约定一些限制性的条件。总之,企业的股权是非常珍贵的,所以不能让不干事的合伙人坐享其成,更不能让离开的合伙人随意带走。

股权成熟机制相当于股权激励中的限制性股权，但也并不完全相同。限制性股权必须要达到一定的标准，如个人业绩、部门业绩、公司业绩标准等，而股权成熟机制可能只规定一个年限，是否结合其他情况，则由创始人与合伙人自行约定。因此，限制性股权对股权激励对象的要求会更多更高。关于限制性股权等员工股权激励方式，将在第三章“员工股权激励”中详述。

这里要提一下，一般来说，在股权成熟前，只要在企业工作，合伙人已配置股权所代表的分红、表决、选举等权利不受影响，仍可按原确定配置的股权比例实行，但如果章程有约定，或者创始人与合伙人有另行约定的，则按约定实行。

（二）设置目的

设置股权成熟机制，并不是对合伙人不信任，只是一种相互监督与激发动力的方式，而且对所有合伙人都适用，故该机制实施是非常必要的。比如说有些兼职的合伙人，随时都可能离开；有些合伙人中途退出企业，对企业有伤害，对其他长期参与创业的合伙人也不公平，如果允许退出的合伙人带走其所持有的全部股权，不利于企业成长与发展。因此，设立一个股权成熟机制，可以比较有效地保证每个人都全心全意为企业工作。

设置股权成熟机制的主要目的如下。

1. 考察合伙人的能力和贡献

在企业发展的过程中，确实有一些合伙人没有能力胜任现有的岗位，这个岗位需要其他人来接替，就会涉及减少股权甚至退股的问题。当然，这种情况并不多见，一般创始人与合伙人不会随便去动其他合伙人的股权。但如果某个合伙人确实能力不行，或者不好好做事，经过其他合伙人共同讨论，要及时解决，否则在其位不谋其政，会动摇军心，不利于企业的发展。

2. 制约合伙人中途退出

股权成熟机制，最重要的是制约合伙人中途退出，如果不设定股权成熟机制和退出机制，允许中途退出的合伙人带走股权，这对其他长期参与创业的合伙人是最大的不公平，会使其他合伙人没有安全感。这个在后面股权退出机制中也会提及。

（三）股权成熟模式

1. 按年份成熟

这是最简单常用的一种模式，就是事先配置的股权每年按一定比例随企业的发展而成熟。具体成熟期年限可以商议，考虑到企业发展的不易，股权成熟期以 5 年以上为宜。比如，规定股权成熟期是 5 年，那么就是每年成熟 20%。假如一个合伙人工作一年就离职了，其原来的股权占比是 10%，一年已满，那么其可以拿走

2%的股权，毕竟其作了一定的贡献，付出了时间和精力，其余股权须按事先约定的价格由企业回购或转让给指定的合伙人或持股平台，用于分配给更合适的人。

当然，也可以规定，如果入职不满一定期限，所持全部股权不得带走。这些可以协商好以后在章程中具体规定。

2. 按融资进度成熟

这种进度主要是来自资本市场的外部评价，印证一个项目的成熟度。

股权投资人会根据企业的成熟度来进行多轮的投资，如天使轮、A 轮、B 轮、C 轮、Pre-IPO 轮，那么就可以根据股权投资的轮次来确定股权成熟的比例，按不同的融资时期成熟一部分，直到上市前全部成熟。

当然，第四章"股权投资与融资"中会述及，股权投资的轮次对每个企业都不一样，所以只能事先确定一个预估的轮次，再按这个预估轮次来确定每次成熟的股权比例。

3. 按项目进度成熟

每一个创业项目都有一个进度，比如某个项目是像快手、抖音这样的自媒体，那么就可以按用户数量来确定该项目的成熟度，比如以用户数量达到 500 万人、1000 万人、5000 万人、1 亿人来划分一定的标准，每达到相对应的数量就成熟一次。

当然，这个预估可能会比较困难，那就可以结合年限和融资额度来使用。

4. 按项目的业绩如营收、利润成熟

这个与股权激励有点类似，就是股权成熟与业绩挂钩。事实上对于初创企业来说，业绩不太好确定，有些企业一直"烧钱"，几年没有利润，导致股权一直无法成熟，如果按这个标准，对合伙人的信心会有所打击，所以是否采用这种模式还是应该由创始人与合伙人共同商定，或与按年份成熟、融资进度成熟等模式结合起来使用。

七、股权退出机制

股权成熟机制包括股权退出机制，但股权退出机制可能发生在股权没有全部成熟之前，也可能发生在股权全部成熟之后，因为合伙人即使是在股权全部成熟之后退出，也不必然能带走所有股权，这需要根据企业的章程及相关退出机制来确定。

（一）股权退出的几种情形

1. 主动离职

有些合伙人在创业初期冲劲很足，但一有困难就觉得创业无望，或者合伙人之间理念差异较大，产生矛盾就不想合作，从而会选择主动离职。

2. 因自身原因无法继续履职(被动)

有些合伙人因为身体或能力的原因,或者观念、理念差异的原因,被其他合伙人认为无法继续履职,要求其退还全部或部分股权。

3. 犯罪或严重损害公司利益

因合伙人犯罪,或因故意、重大过失做出有损企业利益的事情,被企业和全体合伙人解职。

4. 死亡

合伙人死亡就会涉及股权继承的问题,股权本身并不能算是遗产,但股权的财产利益是遗产,可以由已去世之合伙人的继承人继承。我国《公司法》第75条规定,合法继承人可以继承死亡股东的股东资格,但同时规定,章程另有规定的除外。也就是说,股东资格是股权的人身权益,创业项目具有人合的特性,因此股东资格的继承相当于股权转让,所以最好在章程中规定,股权继承须经过其他股东过半数同意。事实上也是这样,合伙人有别于普通的股东,必须全身心投入企业,并能独当一面,其继承人不一定具有这样的能力,即使有能力,也不一定能融入创业团队,所以是否让继承人加入创业团队,需要其他合伙人商议确定。笔者建议,有限责任公司可在章程中规定,合伙人死亡后,其全部股权由公司回购或转让给指定的股东,继承人只能继承股权的财产利益,按约定的价格取得现金。

5. 离婚

离婚对股权的影响很大,对企业发展的影响也相当大,所以笔者专门列了一章论述股权与婚姻家庭,在关于当当网创始人夫妻的案例分析中也有详细论述。股权本身并不能当然视为夫妻共同财产,但如果是婚后创业,股权的财产利益是夫妻共同财产,即使是婚前创业,婚后股权的增值部分和分红等也可能属于夫妻共同财产。那么就会有一个问题,在股权还未成熟的时候,离婚可能导致该合伙人全部股权(成熟+未成熟)或全部股权的财产利益被分割给配偶,对于未成熟的股权及财产利益,配偶是否有权取得,肯定存在一定的争议,但也不排除被分割的可能性。所以在这方面一定要有预见,每个合伙人都可能结婚或离婚,没有很好地预见上述可能性,则可能危机四伏,特别是创始人离婚,很可能导致优质企业瞬间倒下,这种案例和教训太多了。因此,如果还没有结婚的,在结婚前一定要和未来结婚对象签订婚前协议,约定股权及增值和收益都只是持股配偶一方所有,持股配偶可以在其他财产方面作出让步;如果是已经结婚的,在创业的时候,创始人包括所有合伙人都应该以企业出面与每个合伙人的配偶签订相关协议,约定配偶放弃股权及相应的增值及收益权,上述权利仅归持股的合伙人所有,配偶可得到其他财产,如果没有其他财产的,在离婚时,合伙人所持股权由企业回购或转让给指定人员或持股平台,不得分配给配偶,股权的财产利益可以按协议约定的价格支付。实在不行,至少要争取到配偶的投票权委托文件。这些规定都是为了企业的长远利益考虑,具体在第五章“股权与婚姻家庭”中会有详细阐述。

(二)不同退出情形的处理方式

笔者认为,针对上述股权退出的情形,可以总结出如下处理方式:

1. 如果是因为能力或身体原因(被动),经全体合伙人同意而离职的,其所持股权已经成熟的部分可以保留,其他部分由企业回购,或转让给指定人员或持股平台,回购的价格可以事先确定,这些都可在章程中进行约定。

2. 对于主动离职的,如果是因为观念或理念不同的,可以参照上面第 1 种的方式。如果是有异心,想自己创办相同行业的企业或加入相同行业的其他企业的,则建议将其所持所有股权(包括成熟和不成熟的)收回。当然,这些都要有相应证据,并且在章程中有所规定,没有证据的还是参照第 1 种方式。

3. 合伙人犯罪的,如果不涉及损害公司利益的,可参照第 1 种方式。

4. 如果合伙人犯罪涉及损害企业利益,或基于故意、重大过失做出严重损害企业利益的事情,则将其所持股权全部收回,是否回购及回购价格可由创始人与合伙人共同确定。

5. 合伙人死亡的,将其所持股权全部收回,按约定的价格支付股权的财产利益给继承人。

6. 合伙人离婚的,因为合伙人还在企业,如果离婚时配偶得到的是股权的财产权益,则不涉及股权的变动,还是按原来的成熟机制执行。但离婚是一件很麻烦的事情,不能保证所有股东的配偶都愿意签订协议。如果离婚导致股权被原配偶分走,一般来说,如果是有限责任公司,法院会征求全体股东的意见,该合伙人可以支付合理的对价把股权拿回来,或者由其他合伙人把相应的股权买过来。如果配偶是股东则更麻烦,因为夫妻都是股东的,股权分割不需要经其他股东同意,其他股东也没有优先购买权,这在第五章“股权与婚姻家庭”中再详细论述。如果离婚的合伙人无力支付对价购买股权,法院很可能把股权判给其配偶,那么这个合伙人一般只能留下一半股权,就只能按原来股权比例的一半重新计算和划分成熟期。对于没有成熟的股权,如果有证据证明,法院一般会要求配偶在股权成熟后,视成熟情况另行起诉。

关于股权退出机制,包括退出的形式和处理方式,回购股权的单位或个人以及回购价格等,都应该在章程中有明确详细的规定。

八、股权回购机制

笔者多次强调,股权是非常重要的,一定要珍惜,这就涉及股权回购机制。股权回购往往是与股权退出联系在一起的,如果按照相关规定,合伙人退出时,不能带走全部或部分股权的,则会产生股权回购的问题。

(一)回购主体

1.企业回购

关于有限责任公司的股权回购,在《公司法》中没有相关规定,笔者认为,法无明文禁止即可为,所以企业回购股权没有法律障碍,但企业回购后要尽快处理,如果不准备再转让的,就要注销作减少注册资本处理。

如果是股份有限公司股份,则一般不能由企业回购,但《公司法》第142条规定,用于员工持股计划或股权激励的,可以回购,那么如果将回购的股份用作股权激励或员工持股计划就没问题,但要有董事会决议,且公司合计持有的本公司股份数不能超过本公司已发行股份总额的10%,并要在3年内转让或注销。当然,也可以作减少注册资本处理,但应当经股东大会决议,且在回购之日起10日内注销。

2.将股权转让给指定的人

可以在章程中明确规定,未成熟的股权要转让给指定的人,比如创始人或指定合伙人。当然,这些股权是预留给今后引入的合伙人或进行员工股权激励的,所以指定的人所受让的股权相当于代持。因此,如果已经设立持股平台的,最好将未成熟的股权转让给持股平台。

3.将股权转让给持股平台

持股平台一般就是股权池,其保留股权就是为了给今后的优秀人才,包括合伙人和优秀员工。所以,将未成熟的股权转让给持股平台,可以有效避免因创始人或其他合伙人代持而引发的监管部门的审查,避免今后在首次公开发行股票(Initial Public Offerings,IPO)时出现麻烦。所以笔者建议采用这种方法。

(二)回购价格

无论是企业回购,还是转让给创始人、合伙人、持股平台,都会涉及回购价格的问题。

一般来说,创业企业的合伙人在加入企业时,购买股权的价格基本上是注册资本的金额,没有溢价,有些还是以技术或实物入股。但企业会不断发展,所以在不同时期退出,回购价格要有一些区别,毕竟退出的合伙人对企业有一定的历史贡献,不能搞“一刀切”,都按加入时的原价收回。关于回购价格,一般要遵循下列原则:

1.回购价格应该在事先有所约定。约定当然要有一个标准,比如按年份,两年后离开肯定比一年后离开的回购价格要高;还要考虑其历史贡献及离开的原因,比如自己创业或去有竞争关系的企业，其股权的回购价格就要低一些，因为形成竞争，如果是家庭原因或个人原因，则其股权的回购价格可以高一点。这些都要根据企业的具体情况来最终确定。

2. 回购价格确定方法有：(1) 按合伙人购买股权时价格的一定溢价回购。(2)按投入的本金加上合理的利息回报后的价格回购。(3)按退出时企业的净资产或净利润的一定溢价回购。(4)按企业最新一轮股权融资估值的一定折扣价回购。

关于回购价格的确定，可以参考第三章"员工股权激励"中的股权回购方案，会有更详细的说明。

3. 每家企业都有不同的具体情况，总之要公平合理，切合企业实际，当然对每个合伙人包括创始人都要一视同仁。

前面已经提到过，关于回购主体和回购价格等，要在章程中有所确定，另外还应该签订相关的协议等作为证据保留。

九、股权调整机制

股权退出机制主要针对股权退出，但也要考虑在企业发展和成熟的过程中，有些合伙人确实不适合，需要对其股权进行必要的减少，对于有些优秀的合伙人要适当地增加其所持股权，这就涉及股权调整机制。

如果要设定股权调整机制，需要遵循下列原则：

1. 设立一套业绩考核标准，或者能力岗位测定标准。也就是说，在股权年限成熟之时，不一定按约定的比例全部给予，还是要结合相关的业绩标准，如企业的业绩、部门的业绩、个人的业绩，就像股权激励一样，可根据业绩来最终确定给予多少比例的股权。

2. 在企业初创期，业绩往往不容易测定，而且业绩搞不上去，往往并不是一个合伙人的原因，全体合伙人都有责任，如果因全体不达标都减少股权，会打击士气，也没有必要。因此，对于合伙人的业绩或能力测定，不是一定要像股权激励那么详细，但也应该有一些原则性的标准，比如前面提到过，每个合伙人都独当一面，那么就可以根据其负责的那一块确定一个测评标准，以防止那种不做事或确实没有能力的人出现，对于这样的合伙人，其他合伙人大多数甚至一致认为不适合的，可以根据业绩而减少甚至收回其股权。

3. 合伙人在创业之初一般就已经选定，他们有相同的理念，也确实有独当一面的能力，后来加入的合伙人毫无疑问更是优秀的人才，所以对合伙人的股权调整不宜大动干戈，只可作适当的微调，否则可能会牵一发而动全身。创始人在对合伙人的股权调整方面有重要的作用,必要时应该让出自己的股权,以奖励那些优秀的合伙人,尽量不要去减少合伙人的股权,除非出现只拿股权不做事的合伙人。

第六节 控 制 权

控制权是股权架构中最重要的内容,所以笔者单独列一节阐述。

事实上,股权架构基本上都是围绕创始人或创始人团队的控制权而设置的,因此,控制权就是整个股权架构的核心。前面已经多次提到,创始人是企业的核心,所以合伙人应该围绕创始人而运行。

众多合伙人聚在一起,是为了共同的事业,但不可避免会因为各种原因而产生矛盾,这个时候,需要一个有影响力的中间人进行沟通协调,如果创始人不能控制这家企业,协调往往是没有作用的。而创始人有话语权和控制权,就可以“恩威并施”,再通过法律和章程来真正“控制住”众多合伙人,从而做到“兄弟同心,其利断金”。因此,企业的创始人必须要有控制权,这是企业发展的必须,也是投资人等希望看到的,否则企业如果没有核心,将无法正常运行和发展。如同没有舵手的航船,会在大海中迷失方向,在暗礁险滩中葬身,被惊涛骇浪所吞没。

另外还有创始人团队的控制权问题,这个主要是在有股权投资的情况下出现的,这时创始人及合伙人的股权会被不断地稀释,那么创始人与合伙人必须要联合起来,共同取得控制权。

还有,读者必须了解一点,控制权是一个很复杂的问题,不是一般人所理解的简单的股权比例问题,还有更高级别的股权架构设置。这些在后面都会有深入的讲解。

一、控制权的重要性

股权架构设置最重要的一项内容,就是保障创始人或创始人团队的控制权。控制权最重要的目的,是保证企业朝正确的方向发展,保证企业的稳定。

因此,企业要发展,首先要保证创始人的控制权,这样创始人才能协调众多股东之间的关系,在关键时刻把握企业的发展方向,如果没有控制权,企业内部矛盾重重,日日纷争,这样的企业是无法长久发展的。如果创始人一个人的力量不够,则要保证创始人团队的控制权,共同防止和抵抗外来的“野蛮人”进入。比如第四章“股权投资与融资”中会讲到,有些投资人进入企业就是为了获得控制权,那么他们就可能会分化合伙人,这个时候,创始人与其他合伙人就要众志成城,共同抵抗,通过章程和相关协议来保证自己的控制权。

下面具体阐述控制权的重要性。

(一)保证企业的稳定与发展

控制权不是为了控制而控制,而是为了让有理想有抱负的创始人有无限发展的空间,让企业得到迅速良性的发展,其他股东、合伙人、投资人都应该同德一心,以让创始人实现共同期待的伟大目标。

一般来说,股权投资人去考察一家企业,首先要看创始人或创始人团队是否有控制权。其理由很简单,如果一家企业的创始人或创始人团队没有控制权,那么这样的企业随时可能发生重大变化,如果当初看中的创始人都离开企业了,那投资人的投资肯定也很难有回报,甚至颗粒无收;另外,投资人肯定是希望企业稳定发展,不要有“内讧”,也不要被“野蛮人”侵入,如果创始人连控制权也没有,那么企业必然不稳定,合伙人也各怀心思,一项计划讨论很久都没有结果,这样的企业是很难得到长足的发展的,也必然有极大风险。

另外,在资本市场中,监管部门也一直强调企业要有实际控制人,其道理也和前面一样,就是有实际控制人的企业会比较稳定,也有利于监督和管理。

一家企业特别在发展初期,如果创始人不能控制好企业,那将是致命的,会导致企业发展没有方向,大家每天钩心斗角而无心发展。企业如果需要得到快速发展,首先就要稳定,如果不稳定,企业将处于风雨飘摇中,肯定很难实现快速发展。创始人需要控制权的原因也在于此,有了控制权,才能把控企业的发展方向,同时在关键时刻能够对重大事项作出决策,把握机遇,而不会让机遇在众多不同声音之中消失。

(二)保证企业不被他人觊觎和蚕食

创始人及创始人团队把握控制权,也是为了保护企业的成果不被外人侵入。如果不设置好控制权,在企业发展到一定时期,会被许多人觊觎并伺机侵吞。这对于创始人及创始人团队来说,呕心沥血创办的企业被无情地夺走,情何以堪?优秀企业要快速发展,肯定需要大量的资本进入,只要有资本进入,不论如何估值,原有股权肯定会被大量稀释,最后创始人的股权比例可能不到10%,单纯从比例上来说,根本无法控制企业。许多投资人虽然一开始说不会要企业控制权,会在扶持企业上市后退出,但也有许多不良之辈利用创始人不懂法律和不懂如何控制企业之弱点而伺机夺走创始人辛苦创办的企业。事实上,确实有投资人把创始人踢走的先例,比如新浪的王志东、俏江南的张兰等企业创始人离开企业都与投资人有关。

因此,一方面,创始人一定要考虑取得企业的控制权,这是从维护企业稳定发展考虑,保证企业不会出现偏差,合伙人之间不会出现矛盾;另一方面,在企业的发展期和成熟期,创始人与合伙人要联合起来,共同把握企业的控制权,不被“野蛮人”侵吞,这样才能让创始人与合伙人充分享受企业的发展成果,并且共同把发展成果维持下去。

因此,就有了阿里的合伙人制度,有了腾讯、百度、京东的 AB 股制度,有了亚马逊创始人离婚后的投票权委托等举措,这些内容将在后面不断展开。

二、关于控制权需要厘清的几个问题

关于控制权,任何一种人为的控制都不能完全保证其永远地享有控制权,因为一切都在变;从另一方面来说,即便拥有 67% 的股权,如果企业没有任何发展,甚至出现亏损和倒退,那 67% 的股权等于废纸,甚至是累赘,又有什么用呢?而如果企业要发展壮大,就要引进人才,就要吸引股权投资,那谁能保证自己的股权永远不会被稀释?即便采用了后面提到的双层股权架构,如果没有投资人的认可和支持,也很难实现。因此,任何一种控制方式都是有条件的,并不是永恒的。

对企业最高级的控制是人格魅力或精神的控制,那才是永恒不变的。比如,华为的任正非,日本的稻盛和夫,他们对企业的控制已经达到了精神的、道义的层面,不需要借助股权。

但是,对于大多数创业者来说,很难达到这种高级层面,或者说精神和文化的控制不足以达到实现控制权的需求,所以还是需要借助一些人为的做法,以防止控制权旁落的情形发生。

在企业初创时期,一般需要通过股权比例实现控制权,但如果企业发展到一定程度,随着合伙人人数和股权投资轮次的不断增加,股权被大量稀释,单纯通过股权比例解决控制权问题等于天方夜谭,这时就要考虑多层股权架构以实现控制权,或者借助投资人的支持,通过一致行动协议、投票权委托等方式实现控制权。总之,要针对企业的现状对控制权进行不断的调整和升级,不是普通人认为的绝对控制权和相对控制权这么简单和初级。

因此,笔者认为,有必要厘清下面几个问题或误区。

(一)股权比例并非控制权的唯一标准

单纯考虑以股权比例来实现控制权,这是比较初级的思维。其实要实现控制权,除考虑股权比例外,还有许多工作要做,并不是那么简单。如果单纯从股权比例考虑,许多时候会产生误导,使得原来以为最牢靠的股权架构被攻破。笔者对此作如下说明:

1. 67% 并不一定是绝对控制

必须要明确一个概念，控制权并不是一个单纯的比例问题。很多人认为有67% 的股权就是绝对控制，大多数情况下，这种思维是正确的，因为《公司法》第 43 条第 2 款规定股东会表决通过的重大事件的比例是 2/3 以上。但请不要忘记“以上”这两个字，从理论上来说，这个比例可以达到 100%，事实上，也有许多企业的章程规定，很多事项需要 100% 表决权通过。比如，阿里的章程规定，修改章程需要 95% 表决权通过。那么，这时 67% 所谓的绝对控制又有什么用？其绝对控制在哪里体现？这些在前面已经有所提及。

许多人对 67% 有绝对控制这样的概念，是看了太多的章程范本，条件反射地认为 67% 就可决定一切。当然，如果公司是创始人一个人的，那当然可以决定一切，但如果有内行的人加入，修改一下章程，控制权可能就会发生变化。

所谓 51% 的相对控制也是同样的道理。

事实上，在现今社会，除非是国有企业，其他那些真正做强做大的公司，都不是靠所谓的绝对控股与相对控股而实现控制权的。

2. 最大比例的股权不一定控制企业

首先，要看最大的股权比例是多少，前面说的 67% 基本上可以控制企业，但这种大比例控股的情况不多，如果有也基本上是个人或家族企业，不是本书所指的企业。在许多大企业中，20% ~30% 就是最大的比例，但可能连章程规定的一票否决权的比例也无法达到，如何控制企业？

其次，并不一定股权越多权力就越大，有时候，占股 30% 的股东可能还不如占股 5% 的股东有话语权，有时候，可能占股 10% 的股东可以控制企业，而占股 30% 的股东则无法控制企业。比如，阿里的合伙人控制阿里的董事会，但股权最大的软银却只占得一个董事席位。腾讯的情况也是如此，马化腾为首的创始人团队控制着企业，但其并不是最大股东。

因此，股权大小不能代表是否有最大权力，也不代表是否控制企业，要控制一家企业，需要多方考虑，并作出合理的规划和设计。

3. 各 50% 并不一定是“最差股权架构”

从高端思路来说，许多所谓的“最差股权架构”也可能通过有关操作而成为好的股权架构。比如前面已经提到过，双方各 50% 的股权架构是典型的“最差股权架构”，但要知道，腾讯从 2001 年获得米拉德控股集团公司（南非的传媒集团 Naspers 的全资子公司，以下简称 MIH）的股权投资之后，在很长时间里，腾讯的创始团队和 MIH 持股比例都是 5∶5，但腾讯最终成了超级大公司。究其原因，是腾讯的创始人团队和 MIH 签订了持股协议，MIH 作为投资人，不会干涉其日常经营管理，并与创始人团队保持一致行动。所以说，通常许多人认为不好的股权架构，也可以通过某些操作而扭转局面。要知道，真正有用的股权架构都是权衡各项利弊之后的选择，许多情况下，所谓的“最差股权架构”也是不得已而为之。比如双方都想要占股51%，但事实上也不可能有102%的股权，所以只能各退一步，即各占股50%，由此形成了所谓“最差股权架构”。这个时候，就需要专业人士出谋划策，通过协议操作，化腐朽为神奇，设计出有利于委托人的股权架构。

4. 控制企业并不只有控制股东(大)会一种手段

《公司法》明确，股东(大)会是公司的权力机构，这个没错，但许多重大事项并不一定需要上报至股东(大)会，特别是大型企业，董事会就有极高的权力。这个在后面会陆续提及。

因此，有时通过控制董事会就可以控制企业，关键是章程中对董事会的权力要加强。比如阿里的合伙人制度，就是通过合伙人提名的方式控制董事会席位，从而达到控制整个企业的目的。

当然，控制董事会的情形一般都发生在大型企业中，因为只有大型企业，才可能把许多权利赋予董事会；另外，像阿里这样的大企业，大股东往往是股权投资人，不会干涉企业的日常经营管理。

(二)控制企业并不是控制一切，要有所取舍

对于创始人团队来说，要清楚地认识到，控制企业要有所选择，并不能什么都要，创始人要处理好与合伙人、投资人的关系，找到一种利益均衡点才行。如果什么都要，必然会侵犯其他人的利益，那最后可能得不偿失，甚至什么也得不到。

下文也会提到，控制企业实际是控制投票权或表决权，故对于财产方面的利益，创始人团队不可过分觊觎，因为许多投资人更看重财产利益，如果这方面被侵犯，可能会引致反击。笔者也多次强调，许多企业创始人及其团队要实现控制权，必须要得到投资人的支持，而得到投资人的支持，必须要有利益的交换，如果把投资人的所有利益都拿走，就不可能得到投资人的支持。第四章“股权投资与融资”中也会提到，创始人团队有时必须做出一定的让步，比如在重大事项上给予投资人一票否决权，给予投资人一定的董事会席位，重大事项必须征求投资人的意见。马化腾也说，对投资人必须要给予充分的尊重和必要的诚信。而阿里的合伙人制度，其目的也只是控制董事会，而非对所有事项都进行控制。任正非所谓的控制公司，无非就是取得一票否决权，但其把几乎所有股权的财产利益都分给了员工。这些都是一种利益的交换。

笔者一再强调创始人及合伙人控制企业的目的，一是维护企业的稳定，保证企业按正确方向发展；二是使企业不被外人控制。那么，作为创始人及合伙人，只要

能保证这两点就说明已经成功。当然,控制的手段有许多种,关键还是要针对具体情况具体设置,不能照搬照抄,要有自己的特色,要真正适合自己才行。

控制权往往是一种主观的概念,没有统一的标准,要根据企业的实际情况和创始人团队的需求来确定,因此这也给了法律人更多的空间去设计,这也是企业必须要有股权律师的重要原因。比如阿里的蔡崇信就是一名律师,也只有这样懂法的人才会设计出阿里的合伙人制度,这是一种创新,但这对阿里可行,对腾讯就不一定可行,所以一定要有适合自己企业的特色。因此,每家企业都要根据自己的实际状况去实现控制权,要清楚自己控制的目的是什么,再按这个目的去寻求和设计最合适的控制方法,抓住最主要的关键点,而适当放弃一些对自己并不重要的利益。

三、控制权案例解析

关于控制权,下面笔者将介绍一些相关的案例,从案例中找出成功和失败的原因,让读者有切身的体会。

(一)失败案例

正如托尔斯泰所言,幸福的家庭都是相似的,不幸的家庭各有各的不幸。[①] 在控制权案例中,失败的案例也是五花八门。因此,笔者找出一些失败的案例,供读者学习参考,并试图找出其中的原因,总结经验教训,以寻找有效的解决方案。

其实,说到底,控制权无非就是创始人与合伙人之间如何取得控制权,以及创始人团队如何共同应对外来股东或投资人的控制。

一般来说,创始人与合伙人之间的股权架构设置属于基础的股权架构,就是单纯通过股权比例来实现控制权,这个设置看似简单,但往往也会因为股权比例高低而争得头破血流;而如果有投资人进入,虽然有溢价,但其巨额资本的注入,会导致创始人团队股权被大量稀释,即便是溢价,投资人的股权往往也会占据很大比例,在这种情况下,基础架构已经失去其作用,创始人团队只能采用双层或者多层股权架构等形式。但是,许多创始人并没有事先进行有效的股权架构设置,最终导致投资人控制了公司,这种案例在现实中有许多。

1. 创始人团队的"内讧"

创始人团队内部产生争议而导致企业衰败甚至倒闭的案例很多,其主因是创始人团队内部争夺控制权。说到底,这是一个格局的问题,谁都有各自的理由,但创始人团队成员都忘记了图 2 股权关系中 A 大类中的创始人与合伙人不和,则会

---

① [俄]托尔斯泰:《安娜·卡列宁娜》,周扬、谢素台译,人民文学出版社 1989 年版,第 3 页。

制约D大类财富这个道理,“内讧”必然会将一个好企业引向失败。如果在一家企业中,谁都想当“老大”,那么这样的企业肯定日暮途穷。

案例1 泡面吧内讧

2013年俞昊然成功开发了泡面吧的原始代码,并在此基础上创建了在线编程教育网——众学致一网络科技(北京)有限责任公司。当时,俞昊然负责技术,王冲负责融资,严霁玥负责运营,公司创始人团队形成。

在工商登记注册资料中,泡面吧的初始股权结构为:王冲占65%,俞昊然占25%,严霁玥占10%。据俞昊然说,在引入天使投资之前,他与王冲口头约定,为满足天使投资人的要求,王冲暂时为第一大股东,等天使资金入账之后,两人再把股权对调。

经王冲努力,泡面吧A轮融资受到了多家投资机构的青睐,其中条件最优的一家机构愿意出资300万美元,占股20%,就是说当时公司总估值接近1亿元人民币。

2014年6月17日,三位创始人在讨论股权融资协议时,因股权比例问题发生了激烈的争执。之后俞昊然对其他两位合伙人宣布:一是他刚刚删掉了存放在代码托管库上的泡面吧网站代码,自己保存了副本;二是他写了两封邮件,一封给全体员工,另一封给投资人,两封信将在一个半小时后自动发出。因为他觉得王冲在与投资人洽谈时撒了谎,他要说出真相。俞昊然还提出了他的几个条件:一要回美国完成学业,二要做CEO,三要做大股东。最终,几方谈判未果,导致王冲和严霁玥离开泡面吧团队,项目融资宣告失败。

2014年7月1日,俞昊然和项目团队被严霁玥从原先的用户QQ群中踢出,这个QQ群是当时的泡面吧与用户沟通的主要渠道。俞昊然开始反击,他在泡面吧官网上声明,正式开除王冲、严霁玥。

在A轮融资前夕,几位创始合伙人没有设置出有效的股权架构方案,最终导致反目,一个非常有前景的优秀项目宣告失败。

案例1失败的原因在于,创始人与合伙人都没有认清自己的定位,同时缺乏一定的格局,都没有把公司的利益作为最终的利益,结果导致项目失败。

笔者总结案例1的经验教训如下。

(1)没有确定公司的核心人物

在本案例中,创始人俞昊然掌握核心的技术,投资人也主要是看中这项技术的不可替代性和可能带来的利益成果,没有他,公司根本不可能生存和发展。王冲在融资方面有能力,但其无法替代俞昊然,像王冲这样的人可能会很多,但俞昊然是唯一的,所以俞昊然应该是核心人物,应该占有最多的股权且掌握控制权。其他合伙人应该作出适当的让步,全力支持俞昊然,才能实现整个公司的发展。但事实上大家互不相让,最终导致项目失败。

(2)创始人缺乏一定的格局和奉献精神

应该说,俞昊然是创始人,是公司的核心人物,但并不能代表其可以肆意妄为。一个有格局的创始人应该综合考虑问题,同时在必要时作出适当的让步。俞昊然应该考虑到王冲拉来这么多投资的不易,要肯定王冲的贡献,并找出合适的解决方案,而不是拒绝谈判,导致事件进一步恶化。另外,作为核心人物的前提应该是全职创业,扔下公司去美国完成学业的做法是不负责任的。如果没有奉献精神,如何服众?如何做一个领导人?

(3)没有事先设置好股权架构并形成书面文件

王冲持股65%本身就存在很大问题,如果投资人要求创始人"一股独大",也应该是俞昊然拥有最大股权,这个在最初进行股权设置时就应该提出来,当时不说,到后来就有很多麻烦。当然,"一股独大"到什么程度,是65%还是51%或者47%,大家都可以按一定的规则协商确定,但必须在公司创立时就确定好。因为这个时候公司估值不高,大家把所有想法摊开来说,表明自己的贡献与能力,更好沟通。一开始没有谈好股权,就为后来的矛盾埋下了隐患。笔者一直强调,合伙人之间产生矛盾或有异心,就会引致纠纷,从而影响企业的发展。人心叵测善变,人性趋利,只有事先确定好规则,同时确定好核心人物,才能避免出现问题,即使产生矛盾,核心人物也可以有效地进行协调。

2. 创始人与投资人的控制权争夺

企业要快速发展,必然要引入投资人,这个可以参考第四章"股权投资与融资"。与投资人相处是一门大学问,要看到阿里和腾讯是创始人团队与投资人和谐相处的好例子,但也要看到,投资人的本质是逐利的,他们会不断要求创始人团队创造利润,这样就可能会与创始人团队的理念和初衷相违背,从而产生矛盾。阿里和腾讯与投资人的和谐,无非就是这两家公司在不断地为投资人赚钱而不是亏钱,否则这种和谐可能会随时被打破。

案例2　新浪王志东被踢出局

1998年10月,被誉为程序员鼻祖的王志东领导四通利方,与北美最大的中文网站——华渊生活资讯网的总裁姜丰年经过9天的艰苦谈判后达成共识,四通利方以3000万美元估值,华渊以2000万美元的估值进行合并,合并后的新网站取名为"新浪",新公司由王志东担任CEO。

合并完成后,新浪进行了2500万美元和6000万美元的两次融资,王志东原本13%的股份被稀释到不超过6%。新浪于2000年4月在纳斯达克上市,股价最高达到50美元。然而好景不长,2001年新浪股价跌至1美元,由此成为王志东被驱逐的导火索。

2001年6月,段永基等5名董事在董事会上突然对王志东宣布,免除其在新浪的一切职务,原因在于王志东坚持认为拯救门户网站的出路是广告,但当年新浪网广告收入增长缓慢,同时他坚决反对持有4亿美元现钞的中华网与新浪网的合并计划。

据新浪当时发出的报道称,王志东是由于个人原因主动辞职的。随后,王志东发布了其辞职以来的第一份正式声明,否认其是个人辞职,新浪向他宣布决定更换公司的CEO之前,自己没有得到任何通知,也没有给他讨论与解释的机会。

值得一提的是,据说在当时,从四通利方总工程师职位上过来的严援朝,还有与王志东一起创业的汪延,以及一直能与王志东长期保持默契的姜丰年,整个管理团队里没有一个人站出来支持王志东。有消息称,当时分配给四通利方管理层21%的股权,王志东全部留给了自己。另外,王志东的妻子刘冰一直担任新浪北京的行政总监,同时是新浪最特别的管理者,她代表王志东与员工谈话,代表王志东和新闻界接触联络。这种"夫妻店"的局面,说明管理上未能真正地与现代企业制度接轨,这也是导致新浪高层"逼宫"的重要原因。还有,王志东与团队在许多重大事项上有分歧,比如在决定新浪未来发展的收购谈判上,王志东强硬坚持封闭发展,与整个团队的意见大相径庭;又如在贯彻董事会的意见时,王志东也是固执己见。

王志东离开新浪,在业界被称为"中国创始人与投资人决裂的第一案",值得企业创始人体会和思考。

从本案来看,笔者认为可以吸取如下教训。

(1)充分认识到投资人的逐利本性

前面在分析股权关系图时已经提到过,投资人具有"天使"与"魔鬼"的双重特性,资本都是逐利的,很多投资人说不谋取控制权,是因为创始人团队在为他们创造利益,但当更大利益摆在面前,或企业存在问题或漏洞时,投资人很可能会显露出自己的逐利本性,与创始人团队决裂。

(2)事先设置合理的股权架构

创始人一定要事先安排好合理的股权架构,并与投资人约定不谋取控制权。相关的方法有很多,后面提到的几个成功案例都可以作为借鉴。而且,笔者在后面还会介绍许多谋取控制权的方法。很可惜王志东在当时没有设计出一个合理的股权架构。

(3)创始人与合伙人的关系处理问题

笔者一直在强调创始人与合伙人之间的关系,如果创始人与合伙人不和,则必然对企业发展造成重大影响。事实上,王志东被罢免时,其他合伙人都没有为他说话,说明在这方面他是有欠缺的。创始人应该充分认识到企业是和其他合伙人一起打拼来的,而不是他一个人的功劳。要充分考虑其他一起创业的合伙人的利益和诉求,不能一意孤行。

(4)配偶干涉企业事务存在的问题

在股权关系图中,代表配偶的 D 大类滋生代表纠纷的 E 大类,说明配偶干涉企业事务很可能引起纠纷,而 D 大类制约代表章程和投资人的 C 大类,所以配偶干涉企业事务很容易引起投资人的反感,而且配偶可能会破坏企业的规章制度。这方面,笔者在第五章“股权与婚姻家庭”会重点提及。在本案中,王志东的妻子在公司插手各项事务,显然是不妥当的。

(5)创始人应与投资人充分沟通

投资人虽然有逐利的一面,但毕竟他们投入了大量的资金,所以为公司的长远考虑,他们会选择利益而不是某个人,这种心理也是正常的。因此,王志东应该充分考虑利益和诉求的平衡,而不是一意孤行。从王志东的脾气来看,他喜欢独断专行,不会与投资人沟通,其实即使被董事会罢免,他也有许多办法可以争取自己的权利,但他就是宁折不弯,不会妥协,从而引起诸多不良后果,这是十分可惜的。

案例3 苹果乔布斯被踢出局

1976 年苹果创立,乔布斯占股45%,沃滋占股45%,韦恩占股10%。因为需要乔布斯在运营公司方面的经验,所以沃滋和乔布斯占同等股权;同时为了以后避免乔布斯和沃滋在重大问题上意见不一致,需要第三方把握,就让韦恩持股10%。但由于韦恩厌恶风险,他很快就退股了。

苹果公司创立初期缺乏资金,产品无法继续研究,乔布斯在 1976 年 8 月说服著名天使投资人迈克·马库拉(Mike Markkula)以 9.1 万美元加入苹果公司,担任公司董事长职务。后公司向美洲银行申请了 25 万美元的银行贷款,马库拉做担保人。当时股权方面乔布斯占股 26%,沃滋占股 26%,马库拉占股 26%,预留股权 22%。

1977 年,霍尔特加入,乔布斯占股30%,沃滋占股30%,马库拉占股30%,霍尔特占股 10%。当时马库拉请来了美国国家半导体公司主管斯科特担任公司 CEO。

1980 年 12 月,苹果公司上市,乔布斯股份占比 15%,第二大股东马库拉股份占比 11.4%，第三大股东沃滋股份占比 6.5%。

1981 年，因为苹果公司财务困境，资金周转困难，不得不大幅裁员。斯科特被迫辞去了 CEO 一职，马库拉改任 CEO，乔布斯接任董事长。

乔布斯一直想自己出任 CEO，但是因为其脾气暴躁，没有人信任他，于是在 1983 年，乔布斯"曲线救国"，用一句"你是想卖一辈子糖水，还是想抓住机会改变世界?"请来了原百事可乐的总裁斯卡利出任苹果 CEO，年薪 100 万美元，另有业绩奖金和股票期权。

因乔布斯的理念和当时的投资人股东理念相悖，加上国际商业机器公司(International Business Machines Corporation，IBM)推出了个人电脑，抢占了一部分市场份额，导致管理层将苹果业绩低迷的结果都归责到乔布斯身上。1985 年 4 月，苹果公司的董事会决定让斯卡利全权掌握公司，并决议解除乔布斯的董事长职务，明确乔布斯对公司具体部门和重要事务不能进行任何直接的管理。

1985 年 9 月，乔布斯被迫向苹果公司董事会提交了辞呈，卖掉全部股份，只留了一股，是为了方便收到公司的财报。

乔布斯离职后，苹果公司亏损情况越发严重。1996 年，阿米利欧接任了苹果 CEO 职位，但是在激烈的市场竞争下，苹果还是不占优势，市场份额从 16% 跌回 4%。乔布斯离开苹果后创立了 NeXT 公司，其开发的 NeXT STEP 系统是苹果 Mac OS X 操作系统的基础，所以在同年 12 月，苹果公司以 3.775 亿美元现金加 150 万股苹果公司股票买下 NeXT 公司，同时乔布斯被聘请回苹果公司，担任特别顾问。在苹果经历连续 5 个季度的亏损后，1997 年，董事会通知阿米利欧离职，乔布斯临时接替苹果公司的 CEO 一职，重新掌管苹果公司。

乔布斯 1997 年重新回到苹果公司时，最先做的一件事就是解散当时的董事会，并且重组董事会，完全将董事会掌握在自己的手中。

应该说，乔布斯是幸运的，最终还是回到了苹果。他的回归，一是他的幸运，二是因为他的才能，但其他人可能就没有他这么好的运气。事实上，他的失误还体现在股权架构设置上。本案例可以吸取的教训如下。

(1)股权均分

创始人平分股权，这是最大的败笔。从前面的介绍中可以看出，苹果公司几经股权变更，几个人均是持有差不多的股权。即使上市后，乔布斯与马库拉的股权也相差无几，乔布斯没有通过协议或其他方式获得控制权，从而导致被马库拉联合外部投资人踢走。关于这点，可以参考 Facebook 的做法，其创始人扎克伯格在公司创立初期股权占比是 65%，后来其又采用了双层股权架构的 AB 股设置和投票权委托，使其在日后的公司内部分歧中，牢牢掌控主动权和话语权。

(2)创始人团队不和睦

创始人团队之间的内斗与不团结,给外部投资人制造了夺取公司控制权的机会。当时在马库拉任职期间,公司发展状况极佳,但是乔布斯为了控制苹果公司,从外部挖来并不擅长技术的百事可乐总裁斯卡利,致使马库拉离职。马库拉就是因为不满乔布斯解除他的CEO职务而与外部投资者联合,把乔布斯赶出董事会。

(3)乔布斯性格问题

乔布斯的脾气也是一个原因。乔布斯和人沟通从来不给人面子,这个和前面所说的新浪王志东差不多,所以当时董事会解除乔布斯职务时,是没人为他说话的。创始人不应该是一个人在战斗,而应该组成强有力的团队,如果没有合伙人的支持,创始人可以说什么事都做不成。

(4)对投资人疏于防范

对于投资人,创始人团队要尊重,但也应该有必要的防范。所以创始人团队要设计出不给投资人股东有可乘之机的有效的股权架构,如Facebook和谷歌的双层股权架构等。

(二)成功案例

前面讲了一些失败的案例,也分析了其中的失误与教训,下面就要谈几个成功的案例。应该说,虽然幸福的家庭家家相似,其指幸福的结果都一样,但追求幸福的方式有诸多不同。前面也说过,获得控制权的方法有很多,笔者将要介绍一些有效的方法,供读者参考与借鉴,以便活学活用,甚至可能创造更好的、更适合自身的方法。

案例4　新浪曹国伟的管理层控股

前面提到,2001年王志东被董事会踢出局,暴露了新浪内部股权分散引发的隐患。王志东从最初20%的股权被稀释到6%,最终被董事会踢出局。

而注册会计出身的曹国伟在带领新浪走出困境的同时,不断加强其控制权,成为新浪灵魂人物。吸取王志东出局的教训,以曹国伟为首的管理层用约1.8亿美元购入新浪约9.42%的股份,曹国伟所在的管理层团队成为新浪的最大股东,实现了管理层控股,至此解决了因股权分散而埋下的隐患。

在新浪后来的发展过程中,管理层始终能牢牢掌握公司控制权,以至于后来多次经历大波大浪,新浪都安然渡过。比如2005年新浪启动“毒丸计划”击败盛大的恶意收购。2005年2月盛大发表声明,盛大与其控股股东已通过二级市场交易,购买了新浪公司总计19.5%的股份,并向美国证券交易委员会(SEC)提交了受益股权声明13-D文件。盛大表示此次大举买入新浪股份的目的是进行战略投资,一旦购入成功，盛大将成为新浪的第一大股东。在曹国伟看来，盛大的收购目的是获得新浪董事会席位，进而并购新浪。因此，在盛大发布声明的3天后，曹国伟启动了“毒丸计划”。所谓“毒丸计划”，就是当一家公司遭遇恶意收购，尤其是当收购方占有股份达到10% ~20%时，公司为了保住自己的控股权，就会大量增发新股，目的是让收购方手中的股票占比下降，同时增加收购成本，让收购方无法达到控股的目标。该计划规定，盛大只能再购买不超过0.5%的新浪股票，否则其他股东将有权以半价增持公司股票。对于年营收才1.65亿美元的盛大，继续增持将得不偿失，最终盛大选择维持原有的19.5%的股份，放弃了对新浪股份的进一步收购。

在这次漂亮的危机化解行动中，曹国伟的管理层团队团结一心，抵制了“野蛮人”的侵入，给投资人与股民极大的信心，也使新浪股价从低谷开始逐渐回升。

从案例4可以看出，管理层控股的关键是要“兄弟同心”，内部不能有矛盾，这样才能共同对抗外来投资人的侵入。

一般来说，管理层要控制公司，单纯靠股权比例肯定是不够的，事实上也无法达到绝对控股或相对控股的程度，关键还是要设计一套完整的股权架构和控制权机制，让其他股东或董事没有机会觊觎控制权，具体方式在后面会有详细介绍。

案例5 谷歌和Facebook的双层股权架构控制

双层股权架构最重要的特点就是小股大权，或者称同股不同权，即占有小的股权比例但能拥有大多数的投票权或表决权。也就是说，A类股与B类股的权利是不一样的，在投票权上，B类股可能是A类股的10倍甚至是20倍。目前，中国是不允许股份有限公司设置双层股权架构的，但科创板和创业板已经开始尝试。

前面提到乔布斯在苹果公司上市4年半后被赶出了苹果公司，硅谷众多公司开始思考，在公司壮大之后，创始人如何不被其他股东或董事会踢出自己辛苦创办的公司，毕竟没有一个创始人愿意失去自己的公司，而他们的办法就是采用双层股权架构。

苹果公司当年是单一股权架构，同股同权，而且股东的股权平均，导致创始人没有话语权。而谷歌在上市时重拾美国资本市场消失多年的AB股模式，佩吉、布林、施密特等公司创始人和高管持有B类股票，每股表决权等于A类股票10股的表决权，所以佩吉、布林、施密特持有谷歌股票低于总股本的20%，但仍拥有近60%的投票权。2012年，谷歌又增加了不含投票权的C类股用于增发新股，形成三层股权架构。这样，总股本继续扩大，即使创始人减持了股票，他们也不会丧失对公司的控制权。

为了准备上市，扎克伯格在2009年就对Facebook的股票作了分类设置，设置了A类股票和B类股票。其中1股A类普通股拥有1份投票权,1股B类普通股拥有10份投票权,也就是说1股B类股的投票权相当于10股A类股。扎克伯格将他和合伙人持有的股票都转换成了B类股票。2012年2月2日,Facebook向美国证券交易委员会提交上市申请文件,其招股书上显示,公司董事长CEO扎克伯格拥有533,801,850股B类普通股,占比28.4%,拥有28.2%直接投票权,其又通过与投资人股东签订表决权委托协议而获得30.6%的投票权,共持有56.9%的投票权,这样他就完全控制了公司。

案例6　阿里创始人团队在不同时期的控制手段

在阿里不断引入投资的过程中,创始人与合伙人团队的股权虽然被严重稀释,但其仍能一直牢牢地掌握公司的控制权,具体方法如下。

1. 防止投资人控制的手段

(1)针对软银

1999年,软银创始人孙正义决定投资阿里,其坚持投资4000万美元,占股49%,但被马云及蔡崇信拒绝,谈判后这笔投资金额被敲定为2000万美元。这一阶段,控制权风险意识使马云、蔡崇信拒绝了孙正义4000万美元的投资金额,主要是为避免后续受到软银过多牵制。

2001年1月,软银联合富达、汇亚资本、日本亚洲投资、瑞典投资、新加坡TDF基金共投资2500万美元,其中软银占2000万美元,富达等5家机构占500万美元。2003年淘宝网设立,软银单独向淘宝网投资6000万美元。同年下半年,阿里获得了寰慧、富达和TDF共2200万美元的第三轮投资。

至此,马云及其创业团队持股比例还保持在47%,软银持股20%,富达持股18%,其他投资方共持股15%,充分说明阿里的创始人团队对估值及股权比例平衡的把控能力。

(2)针对雅虎

在孙正义的牵线下,2005年雅虎以10亿美元及雅虎中国全部资产换取了阿里40%的股权,在此次融资中,三方进行了4笔交易:

- 雅虎以3.6亿美元收购软银的全部淘宝股票;
- 软银以1.8亿美元收购阿里前三轮其他投资人转让的2770万股阿里股票;
- 雅虎以3.9亿美元收购阿里前三轮其他投资人所持有的剩余6000万股阿里股票;
- 雅虎以2.5亿美元现金+从软银手上购得的淘宝股权+雅虎中国的全部资产,换取阿里向雅虎增发的2.016亿股股票。

此次融资后，阿里的股权结构如下：马云及创业团队持股31.7%；软银持股29.3%；雅虎持股40%。

由于雅虎加入后取代马云及其创业团队成为阿里第一大股东，为保持公司控制权，马云创业团队与雅虎订立一项协议，内容如下：

• 雅虎虽然占有阿里40%的股权，但是只拥有35%的投票权，其余5%的投票权归马云团队拥有，此条款有效期至2010年10月；

• 阿里四个董事会席位中马云创业团队有两席，作为大股东的雅虎以及软银都只有一席，到2010年10月雅虎才有权获得与马云创业团队等量的董事会席位；

• 在2010年10月之前，任何情况下董事会都不得解除马云的阿里CEO的职务。

至此，马云及其创业团队拥有36.7%的投票权，超越雅虎成为第一投票权主体，并且控制了董事会，很好地把握了控制权。

2. 合伙人制度的建立与运用

阿里的合伙人制度是一种首创，笔者认为这个应该归功于蔡崇信，毕竟蔡崇信是律师出身，在大投行工作过，对法律和投资有深入的研究，懂得如何运用中国《公司法》对章程的例外规定，以实现创始人团队的控制权。

阿里合伙人制度最早创立于2010年7月，因其创建于湖畔花园，故又被称为"湖畔花园合伙人制度"。马云及其创始人团队则是通过这个制度牢牢地把握了公司的控制权。

合伙人制度大致介绍如下。

(1) 合伙人

阿里的合伙人分为一般合伙人及永久合伙人，其中对一般合伙人的要求如下：

• 合伙人条件。工作5年以上，拥有一定的阿里的股份，具备优秀的领导能力，高度认同公司文化，并且对公司发展有积极性贡献，愿意为公司文化和使命传承竭尽全力。

• 合伙人产生程序。每年增选一次合伙人，由现有合伙人向合伙人委员会提名新增合伙人的候选人，合伙人委员会审核是否通过作为正式候选人。合伙人实行一人一票选举，获得至少3/4现有合伙人表决同意才能当选为新的合伙人。

• 合伙人退出机制。下列情况下，不再享有合伙人身份：

第一，60岁时自动退休；

第二，不在阿里工作；

第三，死亡或者丧失行为能力；

第四，被合伙人会议50%以上合伙人投票除名。

特别值得一提的是,永久合伙人只有马云和蔡崇信二人,他们无须遵守60岁自动退休的规定,直到自己选择退休、死亡、丧失行为能力或被选举除名。

合伙人没有人数限制,且合伙人进入与退出都由合伙人内部决定,无须经过股东大会。2014年6月16日,阿里向美国监管机构提交的上市申请文件中披露的合伙人为27人。2019年11月13日,阿里公布了赴我国香港特别行政区的上市招股书,披露了阿里的合伙人共计38人(其中合伙人蒋凡在2020年4月27日被取消阿里合伙人身份)。

(2)合伙人委员会

合伙人委员会是合伙人制度中设置的管理机构,其主要功能是负责管理合伙人的选举,审核并决定被提名的候选人能否作为正式候选人,并参选新增合伙人;提议和执行高管年度奖金池分配,包括向董事会的薪酬委员会提议高管的年度奖金池,及在董事会的薪酬委员会同意下给公司管理人员和合伙人分配奖金。

2014年阿里在美国上市时,合伙人委员会成员为:马云、蔡崇信、陆兆禧、彭蕾、曾鸣5人。2019年在我国香港特别行政区二次上市时,合伙委员会成员为:马云、蔡崇信、彭蕾、井贤栋、王坚、张勇6人。

合伙人委员会成员任期3年,每三年选举一次,可以连选连任。

(3)合伙人的权利

下列合伙人的权利适用于永久合伙人和普通合伙人。

①奖金分配权

阿里每年会向包括合伙人在内的公司管理层发放奖金,该奖金属于税前列支,不属于股东分红。

②董事提名权

合伙人制度最核心的权利就是董事提名权,即合伙人可通过董事提名权而控制董事会,具体如下:

其一,董事会半数以上成员由合伙人会议提名,与股权比例无关。如阿里在美国上市时的董事会由11名成员组成,合伙人有权任命其中6位。

其二,经提名后的董事候选人,由股东会过半数通过。

其三,如果阿里合伙人提名的董事未获得股东会选举通过,或者被提名董事离开董事会,合伙人有权另外任命一人为临时董事,直至下一届股东会召开。

也就是说,无论是否经股东会通过,阿里的合伙人都可牢牢地把握董事会的多数席位。

(4)阿里的董事会

前面提到了阿里合伙人控制公司董事会,因为像阿里这样的大公司,其绝大多数重大事项都是通过董事会商议完成的,很少会提交股东会表决。因此,合伙人控制董事会就等于控制了整个公司。所以,笔者认为有必要介绍一下阿里的董事会。

美国上市之前,公司董事会只有4个席位,分别是:马云、蔡崇信、软银的孙正义和雅虎的杨致远。2014年在美国上市时,招股书披露了阿里董事会的9名成员:马云、蔡崇信、陆兆禧(已退休,现为阿里荣誉合伙人)和张勇4人为执行董事,孙正义担任非执行董事;而杨致远、董建华、郭德明(Walter Kwauk)和迈克·埃文斯(J. Michael Evans)4人为独立董事。

2014年7月12日阿里向美国证券交易委员会(SEC)提交了招股书的更新文件,该文件显示,一旦阿里集团挂牌上市,一个由马云及其他高管和投资者组成的团体可以再指定两名董事加入集团董事会,此举将使阿里的董事人数从9人增加至11人。董事会变更为11人后,5人为管理团队成员,1人为软银的孙正义;另外包括雅虎杨致远在内的5名独立董事。

2019年9月10日,马云卸任董事长职位,但仍为董事。

2020年6月25日,软银CEO孙正义在东京的年度股东会上表示,他将退出阿里董事会,即时生效。从2005年起,孙正义一直在阿里董事会任职。阿里表示,孙正义辞职后,软银仍有权提名一名董事参加董事会选举。

2020年9月30日,阿里在我国香港特别行政区证券交易所发布的公告显示,其董事会包括董事张勇(董事会主席兼首席执行官)、执行副主席蔡崇信、首席财务官武卫、董事兼总裁迈克·埃文斯、蚂蚁集团董事长兼CEO井贤栋及Kabir Misra(软银代表),以及独立董事董建华、郭德明、杨致远、鲍毅康(E. Brje Ekholm)及龚万仁(Wan Ling Martello)。由此,马云卸任董事职务,正式裸退,不过他仍是阿里永久合伙人。

2021年9月,井贤栋不再担任董事,阿里董事会成员从11人缩减至10人;2022年3月,独立董事鲍毅康离任,阿里董事会宣布委任单伟建为董事会独立董事。

2022年8月4日,阿里宣布委任利蕴莲和吴港平为董事会独立董事。在此委任后,阿里董事会共有12名董事,其中7名为独立董事,女性董事增至3名。

3. 具体操作

从阿里的发展历程可以看出马云团队对控制权的重视。马云及其创始人团队在一开始就牢牢地把握了控制权,也保证了阿里快速稳定的发展。在不同的发展阶段,其操作手法也有不同:

第一阶段是初创阶段,主要体现在和软银在控制权的较量上,创始人团队拒绝了软银的资金诱惑,并尽可能地占据大比例股权,达到了47%,这样联合其他股东很容易超过50%。

第二阶段是获得投票权，从雅虎争取到5%的投票权，从而成为最大的股权主体。

第三阶段是创设合伙人制度，通过控制董事会从而控制整个公司。

结合案例6，笔者主要谈一下对阿里合伙人制度的理解和看法。

(1)目的是取得公司控制权

从前面的案例中可以看出，合伙人制度最大的特色就是控制了董事会。

首先，阿里合伙人享有董事会半数以上董事的提名权，且在股东会否决的情况下可以重新提名董事。而根据现有《公司法》规定，董事会决议的表决，实行一人一票，任何决策只要超过半数董事会成员赞同，即可通过。因此，阿里的合伙人显然已经控制了董事会。

其次，阿里与软银和雅虎签署了一项投票权委托协议，软银和雅虎同意在每年的股东会上投票赞成阿里合伙人提名的董事候选人。因此，只要软银和雅虎仍是大股东，阿里合伙人提名的董事将在任何一次会议上都能获得多数票，并当选为董事。

最后，一旦创始团队与大股东(软银、雅虎)的矛盾加剧，后者如不断否决合伙人会议提名的董事，那么合伙人有权任命临时董事暂时进入董事会，直到下一届股东会召开。也就是说，即使没有软银和雅虎的支持，阿里合伙人仍能决定一半以上的正式董事或临时董事。

通过这一制度的设计，大股东的话语权和否决权实际上被架空了，阿里合伙人成功地通过控制董事会的方式取得了公司控制权。

(2)充分利用公司章程

阿里是在境外上市的，其上市主体是通过 VIE 架构在国外或者我国香港特别行政区实际控制的公司，而不是在中国内地的公司，所以阿里在中国内地的公司仍然为有限责任公司。我国内地《公司法》对有限责任公司的规定是很宽松的，允许其自行在章程中作出和《公司法》一般规定不同的约定，或者说可在章程中明确《公司法》未明确的内容。比如，《公司法》对董事提名权没有明确规定，那么有限责任公司就可以自行在章程中明确。具体分析如下：

第一，《公司法》规定董事人选要经股东会决议通过，如第 37 条第 1 款第 2 项规定由股东会选举和更换董事，但《公司法》对有限责任公司董事席位与股东的股权比例并没有画等号，也就是说，并不是股权比例大就一定可推举更多的董事。

第二，《公司法》第 43 条第 1 款又规定："股东会的议事方式和表决程序，除本法有规定的外，由公司章程规定。"这里的章程就起了很大的作用，阿里合伙人完全可以通过章程把绝大多数表决事项归入董事会议事范畴。对阿里这样的大企业来说,不是生死攸关的事情,是不会上报到股东会的,所以控制董事会就可以完全控制公司。可以说,章程保障了阿里合伙人团队的控制权。

第三,特别重要的是,阿里的章程规定,如果要修改章程中关于合伙人提名权和相关条款,必须获得出席股东会的股东所持表决票数95%以上通过。按照《公司法》第43条第2款规定,修改章程要有2/3以上表决权的股东通过,但没有上限,就是说100%也行。那么,按此规则,管理团队只要持股超过5%,则其他股东都无法修改章程中有关合伙人制度的规定,合伙人的董事提名权将不受其他股东约束。再看一下管理团队的持股数:阿里2019年8月发布的半年报显示,截至2019年6月3日,马云持股6.2%,蔡崇信持股2.2%,其他管理层共持股0.9%,所有团队成员共计持股9.3%,也就是说在当时,马云一个人就可以否决章程对合伙人制度的修改。截至2020年7月2日,创始人马云持股降至4.8%,蔡崇信持股降至1.6%,虽然马云持股已经没有达到5%,但他和蔡崇信所持股份加起来达6.4%,仍超过5%。作为合伙人制度中仅有的两名永久合伙人,必定会誓死捍卫合伙人制度,更不用说还有其他合伙人。因此,修改章程中的合伙人制度规定几无可能。

(3)合伙人制度的不足

①在我国内地只能适用于有限责任公司

阿里的合伙人制度充分保障了合伙人对公司的控制,但前面已经提到过,其在我国内地只适用于有限责任公司,如果要改制成股份有限公司,这套制度将会失效。因为对于股份有限公司,《公司法》明确要求所发行股份同股同权、同股同利。这在阿里上市之路受挫的案例中已经充分说明。

《公司法》第126条第1款规定:“股份的发行,实行公平、公正的原则,同种类的每一股份应当具有同等权利。”第103条第1款规定:“股东出席股东大会会议,所持每一股份有一表决权……”也就是说,股份有限公司的股东在行使表决权时,每一单位股份的表决权是相同的,即一股一权或同股同权。因此,与有限责任公司不同,股份有限公司的表决权只能按照一股一权进行分配,不允许章程或全体股东对此作出特别的规定或约定。由此,在现行规则下,股份有限公司不能通过章程规定或股东约定的方式直接改变表决权的分配方式以实现同股不同权。

另外,大股东有相当的权利保证其在分配董事会席位时有充足的话语权,所以董事会的席位通常与股权比例相对应。而阿里的大股东软银只有一个董事会席位,雅虎没有席位,大股东完全听从马云及其创办的合伙人会议的提议,这显然有违同股同权的基本原则。所以2014年阿里准备二次上市时,因为其涉及“同股不同权”而被我国香港特别行政区联合交易所有限公司(以下简称香港联交所)否决,从而只得转于美国上市。

②合伙人会议凌驾于股东会之上

阿里的合伙人会议可以推举董事会的多数席位,并且与大股东协议确定,必须同意合伙人会议推举的董事,更严重的是,如果大股东不同意的,其可以推举临时董事直到下一届股东会再行选举,这个明显是把合伙人会议凌驾于股东会之上,显然是有违《公司法》的,因为《公司法》明确股东会是公司的权力机构。

③大股东有否决合伙人制度的可能

对于软银和雅虎来说,他们肯定也有过衡量,在与阿里创业团队的博弈中选择了均衡,一是他们选择理性,愿意把自己无法把握的业务模式的相关决策交给掌握信息优势的阿里创业团队去做;二是事实上马云的合伙人团队确实为他们带来了巨额的投资回报。因此,对于投资人来说,利益是第一位的,控制权则可暂放一旁。

但谁也不能保证阿里永远可以为投资人带来丰厚的利益,一旦阿里盈利下降甚至亏损,投资人可能就不会做出如此之大的让步了。前面已经提到过,把合伙人会议凌驾于股东会之上是有违《公司法》的,其设计中有许多与法律相违背的地方,那么,当投资人发觉他们没有利益或合伙人有问题的时候,完全有可能拿起法律武器来维护自身的权益,争取同股同权和股权至上。

④管理层失误或失职可能造成致命影响

阿里的合伙人都是管理层的人员,拥有了超越股东的董事提名权和任免权,即使只持有很少比例的股权,也能够通过合伙人制度控制公司。也即,阿里的管理层完全控制了公司。

但管理层控制公司也有明显的弊端,一是管理层在决策时可能会有失误,阿里的管理层其实也分等级,真正能决定公司命运的其实就是合伙人委员会的成员,这些人作出的决策并不一定永远正确,一旦失误,后果不堪设想;二是管理层缺乏监督和制约,完全有可能为了某些私利而侵犯公司的整体利益,这对公司的打击将是致命的。

(4)合伙人制度的深远影响

虽然合伙人制度有不足和缺陷,但该制度的影响是深远的。

①合伙人共同决策有利于降低风险

阿里合伙人制度最大的贡献,就是把创始人单独决策转化成合伙人共同决策。这个效果在马云在阿里时可能并不明显,但在马云退出后,其效果是显著的。马云离开阿里以后,合伙人势力就相对平均,共同决策显然比一人决策的风险小很多。当然,前面笔者也提到过,风险还是存在的,所以共同决策的范围还应该加大,对其的监督机制应该更加完善。

②不会因为创始人离去而迷失方向

马云退休后，真正接手阿里的不是张勇或蔡崇信，而是阿里的合伙人团队，合伙人制度完美地解决了阿里后继无人的问题。而且，阿里的合伙人会议将会不断选择优秀的人才加入，也会淘汰一些已经不能发挥作用的合伙人，由此不断更迭“换血”，将会使阿里基业常青。合伙人不仅是管理者，也是企业的拥有者，这样可以保证合伙人会有极强的责任感。让一群优秀的合伙人接手企业，比让任何一个人接手更使人放心。

合伙人会议作为阿里的最高权力中枢，可以确保在没有马云的情况下，也能对公司重大事项进行决策。很多优秀的公司在创始人离开后迅速衰落，阿里最终设定的机制就是用合伙人取代创始人，道理非常简单，即一群志同道合的合伙人比一两个创始人更有可能把优秀的文化持久地传承和发扬下去。公司是大家的，并不是创始人一个人的，合伙人制度保证了公司不会迷失方向。

③阿里的成功是“兄弟同心”的最好写照

毫无疑问，阿里是成功的，马云是阿里的缔造者，阿里的成功就是马云的成功，而马云的成功是创始人与合伙人充分合作的典范。从前期的“十八罗汉”到后来的合伙人制度，都是创始人马云与其团队齐心协力共创伟业的结果，也很好地说明了本章的主旨，即“兄弟同心”的重要性。

阿里从创业一开始就是以团队（“十八罗汉”）形式管理经营的，而这些合伙人相互之间是充分信任的，没有合伙人相互之间的信任，是不可能形成团队的。因此，阿里的成功史就是一部合伙人相互支持共创伟业的诗篇。

从创始人马云的角度分析，这是一个有着大格局的人，看人准，能充分发挥每个合伙人的特长。阿里前期的“十八罗汉”，严格来说，许多人是不符合笔者前面所指的合伙人需具备的条件的，但最终都能够独当一面，一方面说明马云眼光独到，另一方面说明马云对合伙人的充分信任。另外，马云还能吸引蔡崇信这样的高级人才，使其心甘情愿地放弃500万元的年收入而到阿里拿500元的月工资，足见马云的人格魅力。同时，马云也能重用和提拔合伙人，用情感笼络合伙人，同时又给合伙人股权和年资分配等利益，让合伙人心甘情愿为阿里工作，共同来实现对公司的控制。创始人要有格局，但与合伙人还要有利益捆绑和平衡，一开始可以是基于情怀吸引，但最终还是要给合伙人分配利益，缺一不可。阿里对员工的奖励也是巨大的，自阿里上市以来，马云、蔡崇信、软银、雅虎等都在减持股权，阿里给员工的股权激励数却在不断增加，截至2018年6月，阿里给员工的股权奖励支出已达到805亿元，在中国互联网企业中居第一位。

但从另一方面来讲,没有这些合伙人,阿里不可能发展,马云也不可能取得如此辉煌的成就。比如蔡崇信,如果没有他,阿里可能就无法吸引那么多的股权投资,马云可能也无法与诸多国际著名的机构和人物接触,阿里的发展进程和融资进程可能会慢很多。

但有一点,作为创始人的马云,其就是企业的核心,是图 2 股权关系的中心点,其他合伙人也都以他为中心运转,这个中心是不能变的,也是笔者所一直强调的。

因此,马云通过合伙人制度,与合伙人一起牢牢地把控企业的控制权,即使退休后,他作为永久合伙人和个人最大股东,话语权仍在。当然,马云设立合伙人制度的最终目的还是顺利实现过渡交接,把自己的控制权交由合伙人团队共同控制,以保证企业健康稳步地发展。

四、获得控制权的几种方式

(一)通过单层股权架构获得控制权

单层股权架构也称一元股权架构,主要是针对后面所说的双层(多层)或二元(多元)股权架构来说的,简单地说,其典型特征为同股同权,多股多权,股权比例与股东的身份权益(如表决权)和财产权益(如分红权)挂钩,三者是一体化的,一一对应。一般而言,若无特殊安排或约定,公司股东之权利具有同股同权的属性,也就是说,相同的股权具有相同的表决权,且相同的股权具有相同的收益权。

应该说,这是一种最简单、传统的股权架构类型,也是最原始、初级的。一般都是股东出资,按其对公司的出资比例持有股权,股东之间的权利义务是根据各自的股权比例而确定的。

前面提到的股权架构中的股权比例,基本上是按单层股权架构来阐述的,因为前面主要是谈创始人和合伙人之间在创业初期的股权架构设置,不存在估值的影响和股权稀释的问题,而且基本上创始人与合伙人都处于相同的地位,需要同股同权,所以创始人只能从股权比例上来对公司进行控制。

但是,如果公司有股权投资进入,这里就要考虑双层或多层股权架构,这个在后面会提及。这里需要指出的是,即便是双层或多层股权架构,也主要是针对股权的身份权益,也即表决权方面的差异,而不针对股权的财产权益,也就是说,不能在获得身份权优势后还想获得更多的收益权。

下面就介绍几种通过单层股权架构获得控制权的形式。

1. 纯粹通过持股比例获得控制权

这是目前企业用得最多的股权架构模式,在这种架构下,通过获取尽可能高的股权比例就可以控制公司。

前面提到的“股权生命线”就是根据单层股权架构确定的。一般来说，根据持股比例，掌握绝对控制权要有66.67%以上的股权，掌握相对控制权则要有50.01%以上的股权。另外，可以对公司重大事项约定一票否决权，那么基本上要有33.34%以上的股权。当然，绝对控制权与一票否决权是相互矛盾的，享有其中一项权利就无法享有另一项权利，所以一票否决权要根据绝对控制权的比例来确定。

但前面也说过，有66.67%股权并不一定能达到对公司的绝对控制，还要看章程的规定才行。比如前面提到的阿里的章程修改，要达到95%表决权同意，那么这时的一票否决权只要超过5%即可。而如果某个事项只需要持股超过50%表决权通过即可，那33.34%就没有否决的可能。

前面也提到，创始人要有绝对高的股权比例对企业进行控制，以保证企业的发展方向。当然，要实现对公司的控制并不是必须持股高于66.67%，而且占股比例太高会影响其他合伙人的股权配置，从而影响合伙人的积极性，不利于公司的发展，另外还应该根据公司现实情况进行股权预留，并且设置股权成熟机制以适当调整。所以一般创始人能有50%～60%的股权比例即可，甚至略低于50%也无不可，比如马化腾创业初期的股权比例就是47.5%，其仍能把握控制权。但最好不要让其他合伙人单独持股超过33.34%，因为一票否决权在讨论重大事项时可能会被恶意使用，从而阻碍公司的发展。这些在前面都有阐述，不再赘述。

除通过尽可能高的股权比例实现控制权外，也可通过一票否决权实现控制权。

案例7 美国利用一票否决权控制国际货币基金组织

一票否决权的重大作用在于，其可以阻止公司重大事项的通过和章程的修改，这个在前面介绍阿里合伙人制度时已经提到，马云只要超过5%的股权比例，就可以阻止章程对合伙人制度的修改，从而保证公司按其意志而运行。

本案例中，美国也是以一票否决权牢牢控制着国际货币基金组织。

国际货币基金组织（International Monetary Fund，IMF）是根据1944年7月在布雷顿森林会议签订的《国际货币基金协定》，于1945年12月27日在华盛顿成立的。其职责是监察货币汇率和各国贸易情况，提供技术和资金协助，确保全球金融制度运作正常。

IMF的投票权主要掌握在美国、欧盟手中。美国是IMF的最大股东，拥有17.69%的份额，中国仅占3.996%（2016年才提升至6.394%）。

根据IMF的章程规定，所有重大决议须85%以上份额同意，由此可见，在IMF的重大决策上，美国拥有一票否决权，使整个世界的重大经济规则的制定权掌握在美国人的手中。很显然,在开始设立IMF的时候,美国就已经对议事规则进行了深入的研究,对重大事项进行规划并写入章程,并处心积虑地通过章程的约定取得了一票否决权。

现在,中国想要提高自己的份额就意味着美国所占份额的比例将要下降,直接威胁到美国所拥有的一票否决权,这是很难完成的任务,因为美国可以利用一票否决权阻止。因此,中国在某种程度上不得不"另起炉灶",比如成立上合组织、设立亚洲基础设施投资银行、推行"一带一路"倡议等。

从案例7可以看出,一直被创业者所忽视的公司章程的设计实际上非常关键。创始人和创业团队在企业初创时期就要确定需要2/3以上表决权通过的事项,这是一个艰巨的任务,要有所平衡,规定的事项太多可能限制公司发展,规定的事项太少则容易形成创始人独断,所以要"量体裁衣",制定适合企业本身条件和需求的章程。可以说,这是一个博弈的过程,一方面,有些负责起草公司章程的股东可能像案例7中美国那样,事先就设定好了一票否决的事项及比例,虽然持股比例不高,但也间接达到了控制的目的。这是企业创始人所要密切关注的,因为许多创始人只顾业务而忽视了企业章程的重要性。另一方面,也不能完全照抄章程范本,这将导致创始人团队不能将相关权利写入其中,对企业也是非常不利的。因此,要事先请专业人士对章程进行设计,这在后面的章程环节还会具体阐述。

2. 通过金字塔结构获得控制权

企业在自身财力不足的情况下,可以通过不断设立下属公司的方式,起到以较少资金控制企业的效果。这种以小博大的金字塔结构在东亚市场比较常见。

比如,王某投资一家注册资本为100万元的A公司,他占股50%(实际上控股比50%多一点点即可,比如50.001%,因为小数点后面的0可以无限增加,为方便解说,故去除小数点后面数字,只取50%)就可以获得控制权,因此,他投资50万元就可以控制A公司;而他控制的A公司可以用100万元去控制一家注册资本为200万元的B公司;同理,B公司可以利用200万元去控制一家注册资本为400万元的C公司;C公司可以利用400万元控制注册资本为800万元的D公司;D公司可以利用800万元控制注册资本为1600万元的E公司;E公司可以利用1600万元控制注册资本为3200万元的F公司;F公司可以利用3200万元控制注册资本为6400万元的G公司;G公司可以利用6400万元控制注册资本为12,800万元的H公司……大家可以看到,用100万元投资,到第八层就可以控制一家1.28亿元的公司。

因此,只要控股层级足够多,链条足够长,从理论上来说,以注册资本为100万元的公司控制注册资本为1000亿元的公司也可实现。

而且,上面从 A ~ H 所有公司的实际控制人都是王某,是不是有点可怕?现实中,其实要控制很多公司,实际控制人所持股权也不是必须超过 50%,有些公司实际控制人所持的股权只要达到 20% ~30% 即可对公司实现控制,这对实际控制人来说,所需要资金更少。

当然,这是一种极端的例子,因为不可能所有公司一分钱不留将所有资金全都拿去投资下面的公司,另外,掌握控制权有时可能要持股 67%,有时可能要持股 30%,这个要根据具体情况具体分析,举例只是为了更好地表达笔者的观点,让读者有更清晰的直观认识。

而且大家可以看到,这种控制是以纯资金方式控制,是单层股权架构,如果结合下面论述的多层股权架构去控制,更为惊人。

这种金字塔结构虽然能控制许多公司,但其有一个最大的问题,就是其现金流量权(按持股比例拥有该公司的财产分红权)严重不足。前面提到,一家单层股权架构的正常企业,往往是股权比例与分红比例、所有权比例相同,即如果某人拥有公司 60% 的股权,就可以按 60% 比例参与分红,这时现金流量权也是 60%。但根据上述金字塔结构的介绍,王某以 100 万元开始投资,每投资下面一家公司均以 50% 控股,其现金流量权则是在不断压缩,那么一家 1.28 亿元的公司,王某最终的现金流量权只有约 0.78%(100/12,800),也就是说,最终 1 万元的利润,他只能分到 78 元,但这并不妨碍他是实际控制人,享有每一家公司的控制权。这样就会导致现金流量权和控制权严重偏离,风险和收益不成比例的结果。

因此,这种金字塔结构是存在重大弊端的,主要如下:

(1)通过一层层地投资,以极少的资金控制大公司,现金流量权与控制权严重不对等,导致实际控制人在控制公司后,因为资金缺乏而利用其控制地位做出对公司不利的事情,比如任意贷款给其关联公司使用,或拿公司的资产找不同银行进行反复抵押,从而严重侵犯其他中小股东的利益。更有甚者,大股东还有可能不顾企业的“生死”,通过各种方式来掏空公司。

(2)控制企业,就等于控制了企业的董事会和管理层,那么实际控制人就会利用其所控制的高管和董事会,为了自身利益,做出有损于中小股东利益的行为,这就是通常所说的“第二类代理问题”。所谓第二类代理问题,指大股东(代理人)和中小股东(委托人)的利益并不完全一致,在中小股东处于信息劣势,不能对大股东进行完全监督的情况下,大股东有可能为了自身利益,做出有损于中小股东利益的行为。实际上,在股权结构高度集中且大股东控制权和现金流权严重偏离的情况下,处于优势地位的大股东和中小股东之间经常出现严重的利益冲突。在中国,公司大股东及其经理人员(大股东的代理人)控制董事会和公司的经营管理,导致公司治理结构严重失衡,缺少监督,损害中小股东利益的现象时有发生。

这种金字塔结构,往往会导致股权盘根错节,资产状况隐秘,投资人在对企业进行股权投资时,首先会排除对这种企业的投资。

案例8　德隆集团的金字塔结构

德隆集团曾被人们称作"股市第一强庄",旗下曾拥有177家子、孙公司和19家金融机构,也是中国市场上利用"金字塔"形控股结构典型的公司之一。

1986年,德隆集团创建于新疆乌鲁木齐。2000年年初,德隆集团在上海注册了德隆国际战略投资有限公司,注册资本为人民币5亿元。经过10多年的发展,德隆系涉足的领域涵盖制造业、流通业、服务业、金融业和旅游业等十几个行业。

因为德隆集团不断参股和扩张,不断实施并购,参股达200多家公司,最终导致资金链断裂,并陷入财务危机。

借由以小博大的"金字塔"形控股结构,德隆集团实际上是在"拿别人的钱冒风险",在资本市场上狂飙冒进,不断卷入并购重组的资本运作。同时,德隆集团在掌握并购重组对象的控制权之后,又利用自己的控制权优势,把公司的资产进行反复抵押以套出现金,然后用套出的现金再进行兼并重组或者炒作德隆系公司的股票,进一步炒高自己控制的上市公司的股价,再将股票等资产升值的部分在银行抵押套现,继续投入资本运作和市场炒作中,由此循环往复,不断复制。这种情况下,如果相关公司股价持续上涨还好,但是如果股价下跌,资金链可能会在一夜之间断裂,这就是德隆集团破产的主要原因。

因此,在金字塔结构之下,企业扩张得越大,可用的资金就会越少,到时就不得不利用贷款或杠杆,最终可能会因为一个枝节的资金链断裂而引起整体的崩盘。笔者在这里纯粹是介绍控制企业的方式,并不建议通过金字塔结构来控制公司。

3. 通过设立有限合伙企业获得控制权

关于有限合伙企业,笔者会在第四章"股权投资与融资"中用大篇幅介绍,因为股权投资主体本身也大多数采用有限合伙的方式。

在这里简单介绍一下,根据我国《合伙企业法》第2条第3款的规定,有限合伙企业的合伙人分为两种,即GP(General Partner,普通合伙人,承担无限连带责任)和LP(Limited Partner,有限合伙人,承担有限责任)。有限合伙的最大特色,就是决策权和收益权分离,GP对有限合伙企业有决策权,LP对有限合伙企业没有决策权,只有收益权。

所以,GP只需投入非常少的资金,就可以控制一家资金庞大的合伙企业。股权投资人大多是以有限合伙的PE基金方式成立,有些基金规模巨大,无非就是LP

的实力雄厚,而 GP 的资金规模虽然很小,但可以控制这个基金。比如 GP 出资 10 万元,只要有实力雄厚的 LP 加入,其就完全可以控制一家 10 亿元的有限合伙企业。当然,基金公司要对外投资,还要经全体合伙人或投资委员会决议通过。

所以,要去控制一家企业,就可以先成立一家有限合伙企业,先由 GP 投入少量的资金,再吸引有实力的 LP 加入,GP 本身就可以控制这家有限合伙企业;另外,在积累大量资金后,还可以去控制另一家或几家企业。实际上,现在许多并购基金就是通过这种方式,即先成立一家有限合伙企业吸引 LP 投资,再采用 Buyout(以控制为目的股权收购,通常会使用杠杆)的方式收购一家企业的股权,从而达到控制这家企业的目的,比如下面介绍的案例。

案例9 绿地控股通过设立多家有限合伙企业获得控制权

绿地控股一开始出资 10 万元,设立一家公司称“格林兰投资”。格林兰投资用其中的 3.2 万元设立了 32 家小合伙企业,即在每家合伙企业中,格林兰投资都担任 GP,仅出资 1000 元,共计 3.2 万元,LP 都是企业员工,因为合伙企业的合伙人上限为 50 人,所以设立了 32 家;这 32 家小合伙企业的 LP 投入资金大概有 3700 多万元,即格林兰投资以 3.2 万元控制了 3700 多万元的员工持股权。这是关键安排的第一步。

另外,格林兰投资用剩余的 6.8 万元设立了一家大合伙企业“上海格林兰”,格林兰投资是 GP,而前面的 32 家小合伙企业都是 LP。上海格林兰作为员工持股平台,持有重组后的新绿地集团 28.83% 的股权。

根据重组预案,本次交易中,拟注入资产的预估值为 655 亿元,则上海格林兰所持新公司 28.83% 的股权所对应的资产价值达到了 188.8365 亿元。

绿地控股的操作方式其实并不复杂,其以一个注册资本只有 10 万元的公司(格林兰投资),通过一系列合适的有限合伙安排,达到了“四两拨千斤、蚂蚁拉火车”的效果,轻松实现了对近 190 亿元庞大资产的控制。在案例 9 中,有限合伙企业的安排运用是最大的亮点,并且这一做法具有高度的可复制性,企业进行股权安排时可以借鉴。

(二)通过双层(多层)股权架构获得控制权

所谓通过双层(多层)股权架构获得控制权,最典型的特征就是“同股不同权”,不同权的“权”主要指表决权或投票权,就是股权比例相同,但其对应的表决权是不同的。所以双层(多层)股权架构也叫特殊表决权机制,是一种比较高级的控制,多适用于一方股权占比小而欲取得控制权的情形。

前述单层股权架构的控制方式都要有较充足的资金,这对于大多数创业者来说并不现实；而且，如果企业发展良好，有大量的投资资本涌入，即便是通过估值溢价的方式增资，创始人的股权也会被不断地大量稀释，导致股权比例大幅度缩水，从而失去控制权，公司发展越好，其创始人的股权可能被稀释得越多。按正常的理解，如果是同股同权，就会出现股权占比小而相应权利就变小的情形，这对企业创始人与合伙人是不利的，如果想通过股权占比来控制公司，简直是痴人说梦。那么，就要寻求一种方法，虽然股权占比小，但仍能控制公司，这就是设计同股不同权的初衷。

在股权占比小的时候，许多人可能会想到前面所述的金字塔结构或有限合伙的方式，但这些方式都存在这样或那样的问题。比如，设立有限合伙首先就要找来拥有大量资金的LP，这个与找投资人也没有什么差别，所以这种方式一般都是为了员工持股而设置，作为一个持股平台，为股权激励而设立；而金字塔结构也有一个弊端，那就是在一家公司估值高达几亿元乃至几十亿元的时候，很难通过顶部设计去控制这样一个庞然大物，除非具有极强的融资和资本运作能力，但这种股权层层叠叠的结构较为模糊，难以看清，大多数投资人都不喜欢。而且这种结构风险极大，随时都有因资金紧张而破产的可能。

所以，要另行寻求一种明确简单的方式，以表现股权占比与表决权占比的区别，这就是同股不同权的双层（多层）股权架构。

事实上"同股不同权"很好理解，简单地说，就是甲的股权比例可能比乙的股权比例低很多，但在决定公司重大事项的投票权方面，由甲说了算。当然，"同股不同权"的"权"一般仅指表决权等人身权，而不涉及分红权等财产权。同时，公司的风险和责任基本上也是按投资比例承担。而双层股权架构是最为典型的同股不同权，也是采用最多的一种方式，所以作重点介绍。

1. 双层股权架构的定义与特点

（1）定义

双层股权架构，也可以称为双重或二元股权架构，其意义是一样的。也有人称为特殊表决权、特别表决权、表决权差异安排、不同投票权等，其实质就是公司股东拥有的分红权和表决权的份额配置不成比例，意味着在投票权和分红权的比例上做出不对等的安排，这体现了股东权利的分离。

从控制公司的角度出发，其关键就在于涉及股权人身权方面的表决权的权利不同，而财产分配权方面则可以忽略。事实上，从我国科创板的实践来看，双层股权架构也只能体现为表决权的不同，而不是财产分配权的差异。笔者一直强调，创始人团队不能什么都要，应该抓住要点，即可以通过表决权差异设计来控制公司，但不应该再去侵占投资人的财产权益。

双层股权架构通俗地说也称为AB股,就是公司股权或股份分为两种,即A股和B股,而A股和B股的权利是不一样的。就表决权而言,1股A类股权通常享有1票表决权,而1股B类股权则可享有N票表决权(通常N=10或以下,极少有超过20的情况,但也有特例,如京东的刘强东,其持有的B类股票每股有20票表决权)。当然,这里的A股和B股只是一种代号而已,有时可能是1股B类股权享有1票表决权,而1股A类股权则可享有N票表决权,但都不影响其实质。

前面就有案例介绍过,在美国,谷歌、Facebook等公司都采用了双层股权架构的AB股设置方式,中国的许多互联网企业也采用了AB股架构并在境外上市。京东上市时,刘强东股权比例为15.8%,但通过双层股权结构安排,刘强东持有的B类股票每股有20票表决权,因此刘强东实际享有表决权的占比为80.2%。另外,小米也采用了双层股权结构的安排,根据小米的招股说明书,小米股票分为A类和B类,A类每股有1票表决权,B类每股有10票表决权,雷军的股权比例虽然仅占31.41%,但其实际拥有55.7%的表决权。

(2)特点

股权根据其权利性质不同,在公司法理论上可以分为普通股和优先股。这在公司法发达的英美国家已是一项基本制度,且广为市场所接受,因为它具有相当的灵活性,可以吸引市场上不同风险偏好的投资者,便于公司通过发行股份进行融资。

所谓优先股,并不是前面所说的B股,恰恰相反,持有优先股的人一般不享有表决权,其所谓的"优先",只是在盈余分配或清算分配时,可优先于普通股股东,所以其主要体现为财产权益的优先。因此,优先股可以获得财产的优先保障,相对安全可靠,可以吸引保守的投资者进行投资,对这些投资者来说,人身权益方面的表决权反而并不重要。

普通股即通常发行的无优先权的股份,持有普通股的股东一般享有分配盈余及剩余财产的权利,和对公司重大事务的表决权。上面所说的A类股和B类股都属于普通股。因此,B类的普通股权才是真正同股不同权的体现。

此外,普通股还可以被设计为不同的种类或系列,如非表决权普通股(Non-Voting Shares)、复数表决权普通股(Multiple Voting Shares)和部分表决权普通股(Fractional Voting Shares)。非表决权普通股一般指不享有表决权的普通股;部分表决权普通股指对于特定股东应有的表决权在公司章程中予以限制,而只允许行使部分表决权的股份,如十股一权等,这与通常认为的B股刚好相反。

复数表决权普通股就是通常所说的B股,是指对特定股东给予加倍表决权的股份,如一股十权等,此处特定股东一般指管理层股东,这有利于公司管理层股东获得对公司重大决策的控制权。Facebook 招股书中所披露的双层股权结构，即将普通股分为 A 系列普通股和 B 系列普通股，其中一个 B 系列普通股对应十个投票权，而一个 A 系列普通股对应一个投票权，就是将普通股设计为不同的系列，以实现公司管理层股东对公司重大决策的控制权。其中，B 系列普通股就是上面所说的复数表决权普通股，扎克伯格等 Facebook 的高管就是通过持有 B 系列普通股来实现其对公司重大决策的控制权。

一般来说，B 股由创业团队持有，如果公司上市后，创业团队对未来业务模式的创新仍然有信心，那就由创业团队继续作为公司的实际控制人，引领公司向前发展。如果创业团队对业务模式创新和新兴产业发展趋势不再具有很好的理解和把握，可把 B 股转为 A 股并出售，这样创业团队重新把控制权"归还"给其他股东，由其他股东根据价值最大化原则以及相关公司治理最优实践来选择能够为其带来高回报的全新管理团队。

另外，持有 B 股的股东在上市之后如果选择出售股份的，这些股份将被自动转换为 A 股。

由于双层股权架构能够加强对企业的控制权，提高创始人团队的积极性，保护创始人团队的创业成果，故中国众多知名互联网企业在海外上市时选择了 AB 股的股权架构。同时，AB 股的股权架构也因为具有可能增加代理成本、内部人控制、侵害小股东权利的弊端而受到质疑，监管部门也对采用此种方式比较慎重，我国香港地区资本市场在很长一段时间里取消了这种方式，近几年才逐步恢复，但也有许多限制条件，这个在后面讲述。

因为双层股权架构比较复杂，所以要设置这种股权结构，需要专业律师加入才行，这样可根据不同股东的特点和要求，设计满足不同需求的股权架构。

2. 双层股权架构的起源和发展

(1)美国

同股不同权制度或双层股权架构起源于美国，比如现在的纽约证券交易所(以下简称纽交所)与纳斯达克均接纳采用 AB 股架构的上市公司。

1889 年，一家名为 International Silver Company 的公司发行了 900 万股优先股和 1100 万股无表决权的普通股，1902 年，该公司又将原本无表决权的普通股改为每股享有原始股 1/2 表决权的股票，此举打破了同股同权的传统。这种尝试很快获得资本市场的青睐，很多公司纷纷效仿。最著名的事件是在 1925 年，当时的汽车制造商道奇兄弟公司申请到纽交所上市时，发行了无投票权的普通股，通过发行这种股票，道奇兄弟公司的核心投资团队以 1.7% 的持股份额，掌握了公司的控制权。

但是随后,因为内部人控制及小股东利益被侵犯等原因,双层股权架构遇到了监管阻力。1926 年,纽交所开始禁止实行双层股权架构,但在同时期,美国另外两家证券交易所即美国证券交易所(以下简称美交所)和纳斯达克并未禁止双层股权架构,因此吸引了众多采取同股不同权架构的企业。

目前,双层股权架构比较流行的国家为美国。1994 年,纽交所、美交所和纳斯达克达成协议,并得到美国证券交易委员会的批准,允许企业在 IPO 的时候采用双层股权架构。2013 年阿里到美国上市,也是基于美国允许企业在 IPO 时采用双层股权架构的政策。

(2)我国香港特别行政区

20 世纪七八十年代,同股不同权的 AB 股架构曾在我国香港特别行政区资本市场风行一时。1989 年,我国香港特别行政区废除了同股不同权的 AB 股架构,主要原因在于担忧缺乏相关市场管理与监管经验,因为一旦持有 B 类投票权的管理层出现公司治理道德及其他方面的风险,监管层可能无法有效防控。

但我国香港特别行政区又在 2018 年重新恢复了 IPO 同股不同权制度,主要起因是前面提到的阿里。2007 年 11 月,阿里在香港联交所主板挂牌上市,当时上市的阿里业务中并不包括淘宝和天猫,只包括针对企业的 B2B 业务,其股价两天涨了 3 倍,市值超过了腾讯和百度的总和。但是在狂热之后,阿里股价一路颠簸下行,导致 2012 年阿里退市。2013 年,阿里又准备在香港联交所上市,这次上市打包了集团的整体业务,包括淘宝和天猫等,但当时香港联交所不允许阿里有“合伙人制度”这种“同股不同权”机制,阿里虽经多番努力,但当时我国香港特别行政区不想改变既有的上市原则,所以阿里只能转于美国上市。2014 年 9 月 20 日,阿里在纽交所挂牌上市,首日报收为 93.89 美元,较发行价上涨 38.07%,以收盘价计算,其市值破 2300 亿美元。而且,从 2016 年年初到 2018 年年中的美股牛市当中,阿里的股价涨了 3.5 倍。

香港联交所错失了阿里的上市,这让其开始反思接受“同股不同权”制度的必要性。2014 年 8 月 29 日,香港联交所在对既有制度进行深刻反思后,发布了《有关:不同投票权架构概念文件》,其中支持对香港联交所《主板上市规则》作出重大修订,以接纳不同投票权架构的公司。2017 年 12 月 15 日,香港联交所宣布,允许“同股不同权”的公司在主板上市,旨在拓宽现行上市制度。2018 年 2 月 23 日,香港联交所发布了咨询文件《新兴及创新产业公司上市制度》,与 2017 年 12 月发布的文件的方向大致相同,并进一步细化了“同股不同权”的生物科技公司和创新产业公司赴港第二次上市的要求。2018 年 4 月,香港联交所就各机构对于咨询文件的回应发布了咨询总结,并公布了《上市规则修订拟实施版本》及《指引信》,修订后拟施行的《主板上市规则》于2018年4月30日正式施行，接受“同股不同权”的新经济公司和没有盈收的生物科技公司上市。由此，香港联交所正式恢复了允许“同股不同权”公司上市的制度。

但香港联交所对“同股不同权”并非全盘接受，其对上市的公司是有要求限制的，如要求公司最低预期市值达到400亿港元；如果市值少于400亿港元，则需要在最近一个财政年度的收入不低于10亿港元。同时，还建议特殊投票权或不同投票权（B股，以下均称为不同投票权）只能给在上市前后均担任董事的人，且不同投票权（B股）不得超过普通投票权（A股）的10倍。对于“同股不同权”公司的监管问题，香港联交所表示，已提出了额外的上市规定及股东保障措施，包括上市后不得提高不同投票权比例；同股同权股东必须占总投票权的10%以上；重大事宜必须按“一股一票”的要求投票表决；加强信息披露和企业管治等。这些制度中有许多内容为我国内地的科创板所借鉴。主要内容介绍如下。

①公司的预期市值

不同投票权架构公司的预期最低市值须达400亿港元，若市值低于400亿港元，则上市前最近一个会计年度有不少于10亿港元的收益。

②不同投票权受益人的身份限制

不同投票权受益人须为个人且上市前是董事、上市后留任董事的人士。从形式上看，无论是有限合伙企业、信托还是私人公司或其他工具，香港联交所对于持有不同投票权股份而不失效的标准十分简单，即“全权”和“管控”这两个标准。简单地说，就是享有双层股权架构利益的人要能控制整个公司。

③不同投票权的限制和同股同权股东的投票权保障

香港联交所对不同投票权股份享有的投票权倍数有所限制，同时规定了只能以“一股一票”标准决议的重要事宜。例如，同股同权和不同投票权的股份所享有投票权比例一般不超过1∶10；必须由“一股一票”决定的重要事项包括：发行人组织章程文件的变动、任何类别股份所附带权利的变更、委任或罢免独立非执行董事、委聘或辞退核数师、发行人自愿清盘等。

④不同投票权股份转为普通股及股份配售的规则

香港联交所还有不同投票权股份转为普通股的相关规定，不同投票权股份的受益人可自愿或按《主板上市规则》的规定，将该等股份转换为同股同权的普通股，转换按照1∶1的比例进行，即不同投票权的股份每一股转为普通股一股。

作为首次上市申请的一部分，每当有新的不同投票权股份要按比例配售发行时，具有不同投票权架构的发行人须向香港联交所申请并取得批准，并就发行股份的上市取得事先批准，发行人须在上市文件、中期报告以及年报内披露不同投票权转换为普通股后产生的摊薄效应等。

⑤加强披露要求和企业管治

香港联交所在咨询总结中提出,要加强披露要求并同时加强企业管治,在披露要求方面,包括标注股份标记、载明示警字句并作身份提示;在企业管治方面,要对企业管治委员会、工作摘要、非执行董事、合规顾问及风险培训等方面采取措施。

自同股不同权的新政策实施后,小米和美团均以此类同股不同权架构在香港联交所获批上市。从 2018 年 6 月 25 日开始,小米正式启动公开招股,并于 2018 年 7 月 9 日在香港联交所挂牌交易。令人关注的是,小米是 1989 年我国香港特别行政区废除允许“同股不同权”公司上市制度后,29 年来在我国香港特别行政区首家采用“同股不同权”架构的上市公司。继小米之后,美团也在香港联交所提交招股书,同样也采用 AB 股制度,腾讯是美团的大股东,持股占比超 20%,而创始人王兴持股占比虽仅为 11%,但他的实际投票权占比最大。

而且,2019 年 11 月 26 日,阿里在香港联交所第二次 IPO 上市,这是阿里的第三次上市。当年香港联交所错失阿里,4 年之后修改了规则,开辟了“同股不同权”的通道,小米、美团火速上市,阿里也终于回归。

3. 双层股权架构在我国内地的现状

(1)《公司法》之原则

我国《公司法》对有限责任公司的同股不同权是放开的,可以任意设置,如我国《公司法》第 42 条规定:“股东会会议由股东按照出资比例行使表决权,但是,公司章程另有规定的除外。”可见,对于有限责任公司的表决权,《公司法》是以按照出资比例行使为原则,但同时也认可公司章程的特别规定。因此,对于有限责任公司,股东可以通过章程的约定来自主决定表决权的行使。譬如,股东甲的认缴出资比例仅占 30%,但公司章程可以规定股东甲享有 67% 的表决权,从而使得股东甲对公司享有绝对控制权。对于收益权,《公司法》第 34 条规定:“股东按照实缴的出资比例分取红利;公司新增资本时,股东有权优先按照实缴的出资比例认缴出资。但是,全体股东约定不按照出资比例分取红利或者不按照出资比例优先认缴出资的除外。”可见,《公司法》对于有限责任公司股权收益权以按实缴出资比例分配为原则,全体股东约定不按出资比例分配亦可。

而对于股份有限公司,我国《公司法》则明确要求所发行股份同股同权。《公司法》第 103 条第 1 款规定:“股东出席股东大会会议,所持每一股份有一表决权。但是,公司持有的本公司股份没有表决权。”第 126 条第 1 款规定:“股份的发行,实行公平、公正的原则,同种类的每一股份应当具有同等权利。”也就是说,股东在行使表决权时,每一单位股份的表决权是相同的,即“一股一权”和“同股同权”。因此,与有限责任公司不同,我国股份有限公司的表决权只能按照“一股一权”进行分配,不允许章程或全体股东对此作出特别的规定或约定。

由此,在现行规则下,我国股份有限公司不得通过章程规定或股东约定的方式直接改变表决权的分配比例,以实现同股不同权。众所周知,我国内地的企业如果要 IPO 上市,首先需要改组成股份有限公司,那么,也就是说,我国内地的上市企业是不允许“同股不同权”的。前面已经提到过,现实的状况是,我国内地有许多企业特别是互联网的企业,因为需要大量的股权投资,其创始人的股权已经被稀释得极低,所以这些企业都会采用“同股不同权”的架构,以保证创始人团队的控制权。但这种企业在我国内地是不可能上市的,比如前面提到的阿里、小米、京东、百度等企业,都只能选择到其他国家或我国香港特别行政区上市。

但是,随着注册制的推出和科创板的施行,同股不同权中的 AB 股或特殊表决权机制在我国内地也有所突破。

(2)科创板的突破

2019 年 1 月 28 日,证监会发布了《关于在上海证券交易所设立科创板并试点注册制的实施意见》,正式提出允许特殊股权结构企业和红筹企业在上海证券交易所(以下简称上交所)上市;2019 年 3 月 1 日,上交所制定的《上海证券交易所科创板股票上市规则》(以下简称《科创板上市规则》)发布施行,2019 年 4 月和 2020 年 12 月又经过两次修订。其中对表决权差异安排进行了更加详细的规定,“同股不同权”制度的神秘面纱首次被揭开。

在《科创板上市规则》(2020 年 12 月修订)第 2 章第 1 节和第 4 章第 5 节中,关于表决权差异安排的主要内容如下。

①发行人条件

发行人的预计市值不低于人民币 100 亿元,或预计市值不低于人民币 50 亿元,且最近一年营业收入不低于人民币 5 亿元。

这一规定与香港联交所对于设置不同投票权架构的公司要求相似,只不过要求相对低一点。

②表决权差异安排的设置

第一,设置时间。必须在首次公开发行并上市前设置,在上市后不得设置或提高比例,同比例配股或转增股本的除外。这一设置借鉴了美国的经验,即 1987 年美国证券交易委员会(SEC)颁布的 Rule 19c-4。

第二,通过程序。必须经出席股东大会的股东所持 2/3 以上的表决权通过。笔者认为,这个 2/3 里面是不包含特别表决权的。

第三,表决权权重。每份特别表决权股份的表决权数量应当相同,且不得超过每份普通股份的表决权数量的 10 倍。这是限制了特别表决权与普通股份表决权的表决权差异倍数。

第四,章程规定要求。每份特别表决权股份的表决权数量应当在公司章程中明确规定。

第五,其他股东权利。除公司章程规定的表决权差异外,普通股份与特别表决权股份具有的权利应当完全相同。这是限制了股东之间的其他权利差异。

第六,同比例转化。因股份回购等原因导致特别表决权比例提高,应当同时采取措施将相应数量的特别表决权股份转换为普通股份,保证特别表决权比例不高于原有水平。

③持有特别表决权股份的股东资格

持有特别表决权股份的股东,应是对上市公司发展或者业务增长等作出重大贡献,并且在公司上市前及上市后持续担任公司董事的人员,或者该等人员实际控制的持股主体;同时该股东在上市公司中拥有权益的股份合计应当达到公司全部已发行有表决权股份的 10% 以上。

④投资者(普通表决权股东)权益保护

《科创板上市规则》非常注重对普通投资者的保护,具体如下:

第一,普通表决权的比例(指全部普通股份的表决权数量占上市公司全部已发行股份表决权数量的比例)不得低于 10% 。

第二,单独或者合计持有公司 10% 以上享有普通表决权的股东有权提议召开临时股东大会。

第三,单独或者合计持有公司 3% 以上享有普通表决权的股东有权提出股东大会议案。

第四,特别规定,下列事项,特别股和普通股表决权的权重相同:

- 对公司章程作出修改;
- 改变特别表决权股份享有的表决权数量;
- 聘请或者解聘独立董事;
- 聘请或者解聘为上市公司定期报告出具审计意见的会计师事务所;
- 公司合并、分立、解散或者变更公司形式。

⑤特别表决权股份的终止情形(落日条款)

当出现下列情形时,特别表决权股份即转为普通股:

第一,失去特别表决权的股东资格,如股东不符合资格要求,或低于最低持股要求即 10% ,丧失相应履职能力、离任、死亡等。

第二，失去持股主体的控制权。实际持有特别表决权股份的股东失去对相关持股主体的实际控制权。

第三，转让及委托他人行使。持有特别表决权股份的股东向他人转让所持有的特别表决权股份，或者将特别表决权股份的表决权委托他人行使。

第四，公司的控制权发生变更。同时明确，发生此项情形的，上市公司发行的全部特别表决权股份均应当转换为普通股份。

除上述限制或强制性要求外，《科创板上市规则》还参照香港联交所等的做法，对实行同股不同权的科创板上市公司的持续监管提出要求，包括监事会定期报告的专项意见、持续披露义务、不得滥用特别表决权、不得利用特别表决权损害投资者的合法权益等。

笔者认为，这些制度都是为了防止企业上市后享有特别表决权的创始人团队无节制滥用权力，防止公众股东的表决权被进一步稀释，以保护公众股东的权益。

2019 年 4 月 1 日，上交所受理首家同股不同权的科创板拟上市企业——优刻得科技股份有限公司（以下简称优刻得）的 IPO 申请。根据上交所披露的优刻得《招股说明书》陈述，2019 年 3 月 17 日，优刻得召开 2019 年第一次临时股东大会，表决通过《关于〈优刻得科技股份有限公司关于设置特别表决权股份的方案〉的议案》，设置特别表决权股份。三位公司创始人季昕华、莫显峰、华琨为公司共同实际控制人，三人持有的股份为 A 类股份，每股拥有的表决权数量为其他股东所持有的 B 类股份每股拥有的表决权的 5 倍，每份 A 类股份拥有的表决权数量相同。经过上述表决权特别安排后，三个共同控制人直接持有股份的表决权比例从 26.8347% 提高到 64.71%。2019 年 12 月 21 日，证监会发布了《关于同意优刻得科技股份有限公司首次公开发行股票注册的批复》，优刻得在科创板的 IPO 注册获得批准，成为中国科创板第一家存在同股不同权股权架构的发行人。

优刻得成功在科创板上市，意味着“同股不同权”这一制度在我国内地资本市场得到了认可。

（3）创业板的探索

2019 年 5 月 18 日，在 2019 年世界半导体大会期间，深圳证券交易所（以下简称深交所）上海中心区域主任黄丽娜在演讲时披露了创业板注册制改革的动向，即优化创业板首发条件、扩大包容度、建立双层股权架构企业上市制度，以及完善创业板再融资制度、完善市场并购重组功能。她表示，以上创业板改革的方向，在科创板落地大概半年到一年之后会有一个结果。她特别提到了建立双层股权架构企业上市制度，并表示将推动完善法律法规和资本市场相关规则，允许企业实行“同股不同权”的治理结构。

2020年6月12日，证监会发布了《创业板首次公开发行股票注册管理办法（试行）》、《创业板上市公司证券发行注册管理办法（试行）》、《创业板上市公司持续监管办法（试行）》和《证券发行上市保荐业务管理办法》（前两个办法已失效）。

在具体的上市条件上，2020年12月3日，深交所修订了《深圳证券交易所创业板股票上市规则》（以下简称《创业板上市规则》）。《创业板上市规则》明确允许红筹企业（指注册地在境外、主要经营活动地在境内的企业）和同股不同权企业上市，为营业收入快速增长、拥有自主研发和国际领先技术、同行业竞争中处于相对优势地位、尚未在境外上市的红筹企业单独设定了两套上市标准：一是预计市值不低于100亿元，且最近一年净利润为正；二是预计市值不低于50亿元，最近一年净利润为正且营业收入不低于5亿元。同时明确，具有表决权差异安排的企业上市标准与红筹企业相同。

此次改革优化了创业板IPO条件，制定了更加多元包容的上市条件，允许符合条件的特殊股权结构企业和红筹企业在创业板上市。

①与科创板的异同

与科创板相比，创业板"同股不同权"制度的设置与科创板基本相同。

但是，创业板在财务指标方面，明确要求拟上市企业最近一年的净利润为正，也就是只接受盈利的"同股不同权"企业上市，科创板则没有这方面的要求。这体现了创业板主要服务"成长型创新创业企业"的市场定位，也体现了与科创板的差异化定位，力求实现差异化和多元化发展。

②影响和意义

创业板注册制的改革，给设置"同股不同权"架构的企业拓宽了选择，新增了路径。在此之前，只有科创板允许"同股不同权"的企业上市，这就有一个问题，即选择科创板上市的企业，都经过了多轮股权融资，其实际控制人的股权比例是很小的，只有通过"同股不同权"的安排才能控制公司。但如果发行人无法在科创板上市，则要么选择不上市，要么选择在其他板块上市，但不管怎样，其都必须放弃"同股不同权"的架构，这样必然会导致发行人的实际控制人失去控制权。但实际上，现在企业上市时被要求在一个完整报告期内实际控制人不能发生变动，如果发生变动，只能重新运行一个完整的报告期，这对企业是非常不利的。而且，要么企业选择不上市而转为有限责任公司，要么创始人失去控制地位，这两种结果对企业和整个资本市场都是不利的。

而创业板注册制的推出，为上述这些设置双层股权架构的企业拓宽了上市选择的道路。

(4)非上市公司“同股不同权”架构在深圳的尝试

①出台《深圳经济特区科技创新条例》

2020年11月1日,《深圳经济特区科技创新条例》(以下简称《深圳创新条例》)在深圳施行,在国内立法中首次确立了非上市公司的“同股不同权”制度。

《深圳创新条例》第99条规定:“在本市依照《中华人民共和国公司法》登记的科技企业可以设置特殊股权架构,在公司章程中约定表决权差异安排,在普通股份之外,设置拥有大于普通股份表决权数量的特别表决权股份。有特别表决权股份的股东,可以包括公司的创始股东和其他对公司技术进步、业务发展有重大贡献并且在公司的后续发展中持续发挥重要作用的股东,以及上述人员实际控制的持股主体。设置特殊股权架构的公司,其他方面符合有关上市规则的,可以通过证券交易机构上市交易。”

可以看出,《深圳创新条例》明确规定,在深圳注册的科技企业可以设置特殊股权架构。但是,这里有一个问题,什么是科技企业?因为科技企业的范畴可大可小,并非一个法律概念,而《深圳创新条例》中没有对科技企业进行界定,也没有对科技企业的准入门槛作出规定,存在较大的模糊地带,如科技企业是否包括全部高新技术企业、科技企业是否要通过审批或备案等。

②出台《深圳经济特区商事登记若干规定》

另外,2021年3月1日,《深圳经济特区商事登记若干规定》(以下简称《深圳商事登记规定》)施行,将“同股不同权”制度扩大至在深圳注册的所有公司,也就是说,不单科技企业,深圳所有类型的公司均可设置“同股不同权”架构。

《深圳商事登记规定》第4条规定:“商事主体备案包括下列事项:(一)章程或者协议;(二)经营范围;(三)董事、监事、高级管理人员;(四)商事登记管理联系人。商事登记机关应当根据前款规定,按照商事主体类型,分别规定各类商事主体备案事项的具体内容。公司依法设置特殊股权架构的,应当在章程中明确表决权差异安排。”

值得注意的是,在2020年9月10日发布的《深圳经济特区商事登记若干规定(修订征求意见稿)》中,并没有这样的安排,该条是在征求意见稿之后加入的。

深圳出台这个规定,引起了许多争议。多数人认为,在《深圳商事登记规定》中并没有限制公司的类型,也就是把外延扩大到了全部的公司类型,包括《公司法》规定的不得实行“同股不同权”架构的股份有限公司;但也有人认为,“依法设置”是有特定含义的,即要依据《公司法》或相关法律法规的规定才可以设置,这是有前提的,并不能扩大到所有类型的公司,根据《深圳创新条例》的规定,最多也只能扩大到在深圳注册的科技企业。因此,这方面还需要深圳相关部门予以明确。

③深圳尝试的重大影响

毫无疑问,《深圳创新条例》和《深圳商事登记规定》的发布是具有开创性的,虽有诸多争议,但其所带来的影响也非常重大,具体如下:

第一,允许企业设置“同股不同权”的股权架构,可以保证公司创始人在持股比例较低的情况下仍保持对公司的控制权。

第二,上市前存在“同股不同权”股权架构的公司可以选择在深交所创业板上市,这样就可以无缝衔接,不会影响发行和上市条件,不需要在上市前取消“同股不同权”的安排。

第三,增加了公司的融资空间。投资人有时不接受“同股不同权”的制度安排,是怕今后企业股改时没有相应的法律依据,可能影响企业的稳定和创始人的信心。深圳的尝试让投资人消除了顾虑,企业在保证创始人拥有控制权的前提下,可获得更多的股权融资。

第四,吸收更多的境外资金。“同股不同权”制度也是被美元基金等境外资本广泛接受的模式,这将有利于深圳市的创新创业企业引入境外投资。

④深圳尝试面临的问题

虽然深圳作了大胆的尝试,但也应该看到,“同股不同权”制度在我国《公司法》中明确规定只允许存在于有限责任公司,并不允许在股份有限公司设置。那么针对深圳市这样的做法,会有一些什么问题呢?笔者作如下分析。

A. 是否突破深圳市的立法权限

《立法法》第 11 条规定:“下列事项只能制定法律:(一)国家主权的事项;(二)各级人民代表大会、人民政府、监察委员会、人民法院和人民检察院的产生、组织和职权;(三)民族区域自治制度、特别行政区制度、基层群众自治制度;(四)犯罪和刑罚;(五)对公民政治权利的剥夺、限制人身自由的强制措施和处罚;(六)税种的设立、税率的确定和税收征收管理等税收基本制度;(七)对非国有财产的征收、征用;(八)民事基本制度;(九)基本经济制度以及财政、海关、金融和外贸的基本制度;(十)诉讼制度和仲裁基本制度;(十一)必须由全国人民代表大会及其常务委员会制定法律的其他事项。”上述规定属于国家层面专属立法权,除此之外,其他立法权可适当下放到各地方。

根据《全国人民代表大会常务委员会关于授权深圳市人民代表大会及其常务委员会和深圳市人民政府分别制定法规和规章在深圳经济特区实施的决定》和《立法法》第 90 条第 2 款的规定,经济特区法规根据授权,在遵循宪法的规定以及法律和行政法规基本原则的基础上,可以根据具体情况和实际需要,对法律、行政法规、地方性法规作变通规定,在深圳经济特区实施。因此,深圳市立法权包括经济特区立法权和设区市的立法权,《深圳创新条例》中提及的“同股不同权”制度主要涉及深圳市作为经济特区的立法权。

笔者认为,《深圳创新条例》等地方性法规并未涉及国家专属立法权,只属于深圳市对法律、行政法规、地方性法规所作的变通规定,符合全国人大常委会对深圳市的授权,属于深圳的制度创新,故没有突破立法权限。

B. 是否与上位法存在冲突

这里所说的上位法就是《公司法》。事实上,前面已经提及,《公司法》第 42 条并未禁止有限责任公司设置同股不同权,允许章程另行规定。当然,每个地方情况都不太一样,许多地方的市场监管部门并不允许在章程中做出太多个性化的处理。

而股份有限公司则有所不同,《公司法》第 126 条对股份有限公司的“同股同权”作出了明确规定,股份的发行,实行公平、公正的原则,同种类的每一股份应当具有同等权利;第 103 条第 1 款则进一步明确,股东出席股东大会会议,所持每一股份有一表决权。当然,也有一个例外,就是在《公司法》第 131 条规定:“国务院可以对公司发行本法规定以外的其他种类的股份,另行作出规定。”据此,股份有限公司原则上是“同股同权”和“一股一票”,但有例外,即国务院有权另行确定《公司法》规定以外的其他种类股份。

根据《创业板上市规则》和《科创板上市规则》的相关内容,创业板和科创板允许拟上市股份有限公司存在“同股不同权”的制度安排,都是基于《公司法》第 131 条之规定。

2018 年 9 月 26 日,国务院发布《关于推动创新创业高质量发展打造“双创”升级版的意见》(以下简称国发〔2018〕32 号文件),该意见第 26 条指出,推动完善《公司法》等法律法规和资本市场相关规则,允许科技企业实行“同股不同权”的治理结构。此条内容与上述《公司法》第 131 条相呼应,但是否符合《公司法》明确的国务院规定的其他种类的股份的要求,确实有一定争议。而且其明确允许科技企业实行同股不同权的治理结构,但对科技企业也没有明确的界定,有待完善。当然,笔者认为,根据证监会对科创板和创业板规定的相关文件,国发〔2018〕32 号文件可以视同为国务院允许拟上市股份有限公司发行特别表决权股份的法规依据(后面进行详细分析)。但是,非上市股份有限公司的“同股不同权”安排,仍可能面临与《公司法》无法衔接的困境。

综上所述,“同股不同权”制度在有限责任公司以及拟上市股份有限公司层面与上位法不存在冲突,但在非上市股份有限公司层面,仍需国务院出台相关规定,以便实现与上位法的衔接。

C. 是否要办理变更登记

根据《市场主体登记管理条例》的规定，市场主体的一般登记事项包括名称、住所、法定代表人姓名、注册资本、主体类型、经营范围、有限责任公司股东或者股份有限公司发起人的姓名或者名称等。据此，公司设置特别表决权仅涉及对公司章程中表决权相关内容的修改，而公司股东的股份种类以及表决权数量并非公司登记事项，故仅需将公司章程报送市场监管部门登记备案即可。

根据优刻得公司在科创板上市前问询中的回复，其设置“同股不同权”的股权架构，并未在市场监管部门办理特殊的登记手续，仅将其存在“同股不同权”安排的公司章程在市场监管部门办理了备案手续。

另外，《深圳商事登记规定》已经明确可接收设置特殊股权架构的公司，只需在章程中明确表决权差异安排即可。

所以，笔者认为，深圳企业设置特殊股权架构，只需向市场监管部门上报修改的章程，而无须办理其他登记手续。

综上所述，创业板的探索和深圳的尝试，展现了深圳市探索“同股不同权”制度的新突破。通过借鉴科创板的成功经验，相信深圳的“同股不同权”制度会不断加以完善。

4. 在我国内地实施“同股不同权”的基础

(1)法律基础

同股不同权制度在中国内地实施，是否具有法律基础，这是首先要解决的问题。

前面已经分析过深圳市实施“同股不同权”制度是否与《公司法》相冲突，结论是，我国《公司法》对股份有限公司一直都实行“同股同权”的原则，如要突破这一原则，主要是看《公司法》第 131 条规定的普通股以外的其他种类股份是否已经由国务院另行作出规定。

在其他很多国家如美国，可以通过章程或股东会决议设置种类股或系列股，而我国的股份种类设定则采用法定主义，不能设立非法定的股份种类。究其原因，一方面是因为我国现代公司制度起步较晚，处于发展完善阶段，步子不宜过快；另一方面也是因为其他配套制度不够完善，监管部门担心一旦放开就会出现乱象，无法对广大投资者进行有效的保护。

前面提到过，科创板和创业板已经开始接受适用“同股不同权”股权架构的企业上市，但这个是否有法律依据？

《科创板上市规则》第 2. 1. 4 条第 3 款规定：“本规则所称表决权差异安排，是指发行人依照《公司法》第一百三十一条的规定，在一般规定的普通股份之外，发行拥有特别表决权的股份……”我们知道,《科创板上市规则》中的“表决权差异安排”并没有得到《公司法》中关于股份有限公司的相应条款的支持。但《公司法》第131条规定,国务院可以对公司发行本法规定以外的其他种类的股份,另行作出规定。那么,很显然,其法律基础就是《公司法》第131条。

那么国务院是否有另行规定呢?前面提到过,目前,只有国发〔2018〕32号文件中提到允许科技企业实行同股不同权的治理结构,此条内容与上述《公司法》第131条相呼应,但并不明确,是否符合《公司法》明确的“国务院规定的其他种类的股份”这一要求,存在一定争议。但在2019年1月30日,证监会发布了《关于在上海证券交易所设立科创板并试点注册制的实施意见》,其中第5条明确指出,允许特殊股权结构企业和红筹企业上市。另外,证监会对创业板也有相同的意见。笔者认为,证监会的实施意见是对国发〔2018〕32号文件的明确和完善,应属于“国务院规定的其他种类的股份”。因此,笔者认为,科创板和创业板实行同股不同权这一举措具有其法律基础及依据。

但对于非上市的股份有限公司而言,由于股份有限公司“同股同权”是《公司法》规定的基本原则,在没有其他相关规则的前提下,除非未来国务院颁布同股不同权的具体规定,并明确适用于非上市股份有限公司,否则根据《公司法》的上述规定,只能实行“同股同权”。因此,非上市股份有限公司“同股不同权”股权架构的设置,仍可能面临与《公司法》无法衔接的尴尬境地。

综上所述,在我国,“同股不同权”制度在有限责任公司以及上市公司层面与上位法不存在冲突,但对非上市股份有限公司是否可以适用同股不同权安排的问题,则值得探讨。若能放开对非上市股份有限公司“同股不同权”的限制,势必会对非上市股份有限公司的公司治理以及司法实践带来深远影响。

事实上,全国人大常委会已经开始对《公司法》进行修订,并于2021年12月和2022年12月发布两个修订草案的审议稿,《公司法(修订草案二次审议稿)》(以下简称《公司法修订草案二审稿》)第144条规定:“公司可以按照公司章程的规定发行下列与普通股权利不同的类别股:(一)优先或者劣后分配利润或者剩余财产的股份;(二)每一股的表决权数多于或者少于普通股的股份;(三)转让须经公司同意等转让受限的股份;(四)国务院规定的其他类别股。公开发行股份的公司不得发行前款第二项、第三项规定的类别股;公开发行前已发行的除外。公司发行第一款第二项规定的类别股的,对于监事或者审计委员会成员的选任,类别股与普通股每一股的表决权数相同。”

《公司法修订草案二审稿》第144条第1款第2项就是对“同股不同权”的明确规定。当然,在本书截稿时,《公司法修订草案二审稿》还在向全社会征求意见阶段，至出台正式修订的《公司法》还需要一段时间。因为诸多重大问题还存在分歧，也不排除继续发布新的《公司法》修订草案的可能性。但这充分表明我国对“同股不同权”已经从完全否定到开始探索立法修改，这一过程是顺应客观市场发展规律的。

(2)实践中的问题及处理

“同股不同权”已在科创板和创业板运行一段时间，已经有了一定的实践基础。但根据实践情况，企业可能会面临一些问题需要处理，笔者重点作如下总结。

①“同股不同权”架构在上市申请前的运行时间要求

原来公布的《上海证券交易所科创板股票上市规则(征求意见稿)》中，曾有“其表决权差异安排应当稳定运行至少 1 个完整会计年度”的运行时间要求，但在正式通过的《科创板上市规则》中，该项运行时间要求被删除。深交所《创业板上市规则》延续了《科创板上市规则》的做法，也未明确规定运行时间要求。

然而，在实践中，这种审查却比较严格。比如在优刻得公司申报科创板上市过程中，上交所多次表示其表决权差异安排在 2019 年 3 月才设置，运行时间较短，要求说明该特殊公司治理结构是否稳定、有效。由此可见，虽然科创板和创业板的现行规则未对上市申请前的运行时间提出明确要求，但二者仍将上市前的运行时间作为“同股不同权”架构是否稳定、有效的判定标准。

笔者认为，根据优刻得公司的问询回复，存在类似情况的拟上市公司可从以下两方面进行论证：

第一，计入红筹架构下运行“同股不同权”的时间。因为优刻得的“同股不同权”架构曾在红筹架构下稳定运行了 18 个月，故可以视为有效运行时间。

第二，用各种事实证明运行“同股不同权”架构的稳定性。例如，历次股东(大)会决议均获得一致通过；董事会成员未发生变更；实际控制人签署一致行动协议保证公司治理稳定性；其他股东持股分散且不具有一致行动关系等。

但是，前面也已经提到过，上市之前的股份有限公司实施“同股不同权”的股权架构缺乏法律依据，需要国务院进一步明确，以避免因此出现的衔接问题。

②与境外原架构存在差异的问题

对于像优刻得公司这样的拆红筹的企业，如在境外曾设置“同股不同权”架构的，其拆除红筹架构后在境内设置的同股不同权架构，通常是境外架构的延续，但如果两者存在差异，则会被关注差异的原因及合理性。

优刻得公司曾在其开曼公司层面设置了“同股不同权”架构，但当时特别表决权股份每股仅享有3个投票权,而其在拆除红筹架构后重新设置的“同股不同权”架构中,特别表决权股份上升到每股享有5个投票权。这个情况在审核过程中被上交所重点关注,要求其解释存在上述差异的原因及合理性。根据优刻得公司的问询回复,公司拆除红筹架构后,先后经历了多次增资,3名实际控制人直接持有权益的股份比例从41.08%下降至26.8347%,为使3名实际控制人的表决权比例基本保持与红筹架构拆除前的比例基本相当,故提高了特别表决权股份的投票权数量。上述的解释可以作为拆红筹的拟上市公司的参考。

③“同股不同权”架构与一致行动关系挂钩的问题

“同股不同权”架构与一致行动协议设置的目的基本相同,本质上都是保证创始人在持股比例较低的情况下对公司实现控制权。

在签订一致行动协议的情况下,如部分持有特别表决权股份的股东退出一致行动关系,将对实际控制人的控制权造成一定威胁。如能在一致行动协议中将特别表决权与一致行动关系挂钩,即如果一方退出一致行动关系,则其特别表决权股份即刻转为普通股,这样就能更有利于保证公司控制权的稳定性。

根据优刻得公司的问询回复,公司3名实际控制人季昕华、莫显峰、华琨的一致行动关系与公司的“同股不同权”架构挂钩,具体如下:

第一,公司上市后36个月内各方不得解除一致行动关系。

第二,公司上市未满36个月,一方单独解除一致行动关系的,除承担违约责任外,其特别表决权股份应转换为普通股。

第三,公司上市满36个月后,各方合意解除一致行动关系的,那么只有在一方失去《科创板上市规则》规定的资格时,其特别表决权股份才会转换为普通股。

④股改到上市这段时间“同股不同权”架构的合法性问题

根据前面介绍,有限责任公司是可以设置“同股不同权”的架构的,如一家有限责任公司已通过章程实施了“同股不同权”架构,若其计划在科创板发行上市,则须改制成为股份有限公司,那么这里就产生一个问题,即未上市的股份有限公司,目前实施“同股不同权”架构缺乏法律基础,该如何处理?

如果根据《公司法》规定的一般原则,对于股改后的企业,应该暂停其“同股不同权”的架构,并恢复“同股同权”。在发行上市前,再根据《科创板上市规则》的相关要求,召开股东大会决定设置表决权差异安排,并应当经出席股东大会的股东所持2/3以上的表决权通过。也就是说,从股改后到上市前,存在“同股不同权”架构是不合法的,那么这个风险实在是太大了。在股改后,如果解除“同股不同权”的架构,则意味创始人立即就失去了控制权,这就很有可能造成内部动荡,创始人也有可能永远失去控制权。

另外,对于准备上市的企业来说,若其由于种种原因未能成功发行上市,根据现行的法律规定,其作为股份有限公司继续采取“同股不同权”架构就失去了合法性,应当恢复“同股同权”的安排。在这种情况下,创始人如要保证控制权,只能将股份有限公司再次改为有限责任公司,如果今后要再次上市,还要再一次改制成股份有限公司。这会造成各种资源的极大浪费。

当然,在现实操作中,监管部门对此并没有太多过问和干涉。但笔者认为,对于顺利上市的企业,可能不会有太多问题,但对于未能成功上市的企业,很有可能在公司内部出现不必要的动荡,这个显然不符合监管层制定“同股不同权”制度规则的初衷。当然,前面已经提到,《公司法修订草案二审稿》已经进入向全社会征求意见阶段,因此在不久的将来,非上市股份有限公司存在的“同股不同权”问题必能得到有效解决。

5. 双层股权架构存在的弊端

任何事情都有其两面性,双层股权架构也是如此。这种股权架构可以让创始人团队和管理层更加注重创新和公司的长期利益,不用理会投资人等其他股东的约束和质疑,也可避免被收购等情形,从而牢牢地控制企业。

但也有人认为,大量权力集中在少数人手里,是不民主的,会存在通常所说的“内部人控制”问题。所谓内部人控制(Insider Control),是指在现代企业中所有权与经营权(控制权)相分离的情形下,由于所有者与经营者利益的不一致,筹资权、投资权、人事权等都掌握在公司的经营者手中,作为所有者的股东很难对其行为进行有效的监督,由此导致了经营者控制公司,即“内部人控制”的现象。由于权力过分集中于“内部人”,可能会对包括股权投资人在内的其他股东的利益造成不同程度的侵害。不可否认,把控制权无限制地集中到一个人或几个人手中,往往会造成独裁。创始人同时也是企业经营者,虽然他们自己持有的股权比例不高,但他们控制着公司,个人失误可能对公司造成无法挽回的损失。这就是双层股权架构的弊端。

笔者认为,任何一种方式都有其弊端,所以只能从利益均衡角度考虑利弊得失。创始人团队获得控制权,最主要的目的是保护企业发展的成果,也是为了企业长久的发展。虽然这样的公司都存在不民主的表现,但效率往往也很高,决策下达很快,往往能抓住稍纵即逝的市场机会。

事实上,投资人投资这样的公司,一般都是为了巨额回报,并不想获得控制权;相反,他们希望创始人团队获得控制权,以便实现公司的稳定。投资人愿意把大量的钱投入这家公司而不想获得话语权,往往是因为公司的创始人有着独特的能力和魅力,能引导公司快速发展。事实上投资人也很清楚,没有这些人,公司不可能发展,所以他们在投资之前,一定会要求创始人有控制权,对此笔者在第四章“股权投资与融资”中会作出重要阐述。另外,投资人同意创始人控制公司,往往是因为公司发展前景良好,因此,这些投资人会利用各种资源帮助创始人走正确的路,提供各种增值服务,甚至帮助他们渡过重重危机。笔者一直强调,公司是创始人团队辛辛苦苦创立的,公司发展好对创始人来说有益无害,一般他们不太可能做出有损公司利益的事情。当然,因为内部人控制,可能会发生决策失误,或者某些合伙人会做出谋取私利的事,但此时投资人或大股东肯定会出面干涉,创始人也会不断予以纠正,所以不必过于担心。

对于创始人来说,则应该要有一个清醒的认识,在设置双层股权架构的企业,说到底创始人团队的控制权是大股东给予的,大股东如果不想让创始人团队获得控制权,也有许多办法,所以创始人应该意识到这一点,不能得意忘形、任意妄为。控制权只是为了企业的稳定和发展,而不是为了实现创始人的独裁。股权架构设置就是要实现这样一种功能,即不能让创始人自己失势,但创始人也不能让合伙人、投资人和员工失望,这样双层股权架构的弊端就会消失于无形。

(三)其他获得控制权的方式

前面提到的最典型的双层股权架构是 AB 股架构(双层股权架构)设置,这是一种比较稳定有效的架构。但是,由于法律的局限性,我国目前还不能完全实施这种双层股权结构,所以在许多情况下,AB 股架构并不适用。不过,我国《公司法》亦留有一定的法律空间,企业能通过相关制度设计达到与双层股权架构类似的功能,就是所谓的“类双层股权架构”。

前面笔者已经用大量篇幅提到,在我国采用有限责任公司的形式,是可以实现“同股不同权”的,根据《公司法》第 42 条的规定,有限责任公司股东会会议由股东按照出资比例行使表决权,但是公司章程另有规定的除外。这也就意味着,从制度层面来讲,有限责任公司管理层股东可以在公司章程中就其出资额所对应的表决权作出特别的设计,比如引入复数表决权制度,给予创始人股东出资额的多倍投票权等,进而获得其对公司的控制权。《公司法》不要求有限责任公司与股份有限公司那样“同股同权”,主要是考虑到有限责任公司人合性、封闭性的特点,为其预留一定的创造空间,而股份有限公司则考虑到其资合性、公众性的特点,要求其权利统一、平等。所以下面介绍的“同股不同权”的方式主要是针对股份有限公司而言。

发展壮大之后,绝大多数公司会选择上市,那就需要改组为股份有限公司,在这种情况下,如果双层股权架构设置无法适用,上科创板和创业板又达不到要求,那么就要考虑是否选择符合中国目前《公司法》要求的方式。笔者认为,主要有如下几种通过“类双层股权架构”获得控制权的方式。

1. 股权层面的控制权

所谓股权层面的控制权，主要指投票权和股权的分离。在股权设计上，股权和投票权是可以分开的，创始人通过设计股权结构，以小股权获得控制权。

前面已经提到过，在实际情况中，随着企业的不断发展壮大，会不断地有新的资本加入，创始人的股权会不断被稀释，很难保证绝对控股权始终掌握在自己手里。为了维护创始人对企业的控制权，企业可以把部分股东的投票权分离出来。从股东手里分离出投票权的最典型方式就是 AB 股，而且这种方式比较稳定有效，但对我国的股份有限公司不适用，这个前面已经用大量篇幅介绍，在此不作赘述。所以笔者仅对其他在我国适用的投票权和股权分离的方式作出介绍。

(1) 投票权(表决权)委托

所谓投票权(表决权)委托，就是公司部分股东通过协议约定，将其投票权或表决权委托给某一特定股东(如创始人)行使，如 Facebook 股权架构设置中，不但有 AB 股，还有投票权委托。亚马逊创始人贝佐斯离婚后，其前妻麦肯锡也把投票权委托给他。

股份有限公司的投票权委托的法律依据是我国《公司法》第 106 条，该条规定：“股东可以委托代理人出席股东大会会议，代理人应当向公司提交股东授权委托书，并在授权范围内行使表决权。”

创始人也可以利用自己的影响力，与其他股东达成类似 Facebook 的投票权协议(Voting Agreement)安排，进而获得其他股东的授权，代表其他股东行使表决权，以增强自己对公司重大决策的控制力。

需要注意的是，在我国的法律框架之下，代理人行使表决权的权利源于其他股东的单方授权委托，这是单向性的，授权股东有随时撤销该委托的权利，因此该方式存在一定的不稳定性。为了避免这一点，在实际操作中，可以约定投票权委托协议的有效时间，在此有效期内不可撤销，只不过时间依然是有限的，不能约定永不可撤销。在实践中，涉及表决权委托的案例也有许多，亦有法院认为，即便出具的是不可撤销的表决权委托，当事人也可以随时解除。

另外，根据我国的法律，委托授权是代理人代表授权股东行使权利，是代表授权股东的意思表示。那么，如果作为委托人的授权股东亲自出席股东大会，或者出具书面文件明确表达其意愿，在这种情况下，即使有委托或不可撤销条款，作为受托人的创始人团队的意思表示就有可能不被接受。

因此，投票权委托可以说是一种股东间利益的平衡，授权股东只有获得一定的利益，才会把投票权委托给创始人团队，否则授权可能会随时被撤销或替换。

当然,除了上面所说的单方委托形式,投票权委托也可以采用双方或多方书面签署协议的方式。比如,股东甲的股权占比为30%,股东乙的股权占比为20%,股东丙的股权占比为17%,乙、丙与甲达成一致并签署书面协议,约定由甲代为行使乙、丙所持股权的表决权。此时,甲实际享有的表决权即为67%,意味着甲对该公司具有绝对的控制权。实践中,不少上市公司控股股东对公司的控制权就是通过这种方式得以实现的。这种方式与后面提到的一致行动协议类似,比单方授权委托效果要好一些。

但是,签订上述协议并不代表可以高枕无忧,毕竟协议也可以被解除。《民法典》第933条规定,委托人或者受托人可以随时解除委托合同,这是法律赋予的解除合同的权利。当然,《民法典》第933条也规定,因解除合同造成对方损失的,除不可归责于该当事人的事由外,无偿委托合同的解除方应当赔偿因解除时间不当造成的直接损失,有偿委托合同的解除方应当赔偿对方的直接损失和合同履行后可以获得的利益。

大家知道,协议是可以单方解除的,违约结果无非就是支付违约金或赔偿损失。如果违约的代价很小,与违反或解除协议所得的利益不相匹配,则一定有许多人会公然违反或解除这些协议。委托人要解除委托,通常是有更大的利益在等着他,如果委托人通过计算,解除委托可以获得更大的利益,就可能做出不诚信的行为。那么在这个逐利的社会,解除委托就会成为一种常态。

而且,这种投票权委托,通常从形式上来看是无偿的,所以股东单方解除协议就只需赔偿直接损失。但对于公司的创始人来说,因为其他股东解除委托而失去了对公司的控制权,其间接损失或无形损失通常是不可估量的。即便是有偿委托,什么才是“合同履行后可以获得的利益”,这个要由创始人来举证,实在是困难重重。而且,许多利益是无形的,根本无法举证。而在我国,针对此种违约并没有相应的惩罚性赔偿,所以违约所产生的赔偿金额往往不会太大。因此,对于创始人来说,如果其他股东解除委托导致其失去控制权,其损失是无法估算的。

委托可以撤销,协议可以解除,只不过是各方博弈的结果。创始人很难防止这种解除或撤销委托的事情发生,这对创始人来说,是一种巨大的隐患。

这里也需要解释一下,有许多法院认为,《民法典》规定的任意解除权不是强制性规定,而是属于授权性规范。因此,如果在委托协议等文件中对行使合同解除权进行特别约定,明确解除的条件,如明确解除的日期,或明确出现某种违约或违法的行为才可解除,则法院会认为这些特别约定是对任意解除权的限制和排除,故会判决委托人不得行使解除权。但在实践中,关于任意解除权是否可以限制和排除,还是存在一定的争议。尽管如此,笔者还是建议创始人在进行投票权委托安排时,一定要尽可能明确列明解除委托的条件,并明确非满足这些条件不可解除委托。

因此,股份有限公司通过投票权(表决权)委托的方式可以实现"同股不同权",但其缺陷在于稳定性相对较差。委托方如主张任意解除权可能会引发争议,一旦任意解除权被支持,则原有的安排将会落空。

(2)一致行动协议

所谓一致行动协议,就是通过协议,某些股东就特定事项采取一致行动。在股东之间出现意见不一致时,签署协议的股东跟随某一股东(一般是创始人)投票。

我国《上市公司收购管理办法》(2020 年修正,以下简称《收购办法》)第 83 条第 1 款对"一致行动"进行了明确的定义,即"本办法所称一致行动,是指投资者通过协议、其他安排,与其他投资者共同扩大其所能够支配的一个上市公司股份表决权数量的行为或者事实"。

因此根据上述定义,对"一致行动"的认定一般包括四个标准:

①法律依据是协议或合法安排的方式;

②手段是行使公司的表决权;

③方式是采取相同或者一致的意思表示;

④目的是扩大其对公司股份的控制比例,或巩固其对公司的控制地位。

在实践中,股东之间会通过签署一致行动协议来保证创始人对公司的控制权和公司的稳定。但是一致行动人在后续经营中经常会产生各种矛盾,导致某一方不愿再与其他方一致行动,从而产生解除一致行动协议的情况。

事实上,一致行动协议与投票权委托的目的是相同的,即在投票或表决的时候,能通过多人的力量,使表决权票数增加到可以控制公司的结果。要说区别,无非就是投票权委托是都委托给一个人投票,一致行动协议是在投票的时候分开投票,但都根据一个人的意思投票。实践中,一致行动协议也可以由一个人出面投票,所以投票权委托经常会体现在一致行动协议中,两者成为一体。

从本质上来说,两者都是委托合同,所以,一致行动协议也会产生前面投票权委托中提到的解除和撤销的问题,所以二者都具有不稳定性。

笔者认为,如果能像 Facebook 那样,把投票权委托或一致行动协议与前面提到的 AB 股机制(特殊表决机制)结合起来,就能达到很好的效果。也就是说,如果在不恰当的时候解除委托或一致行动协议,那么解除的股东就会丧失特殊表决权,这对要解除委托或一致行动协议的股东来说,其损失是巨大的。比如 A 是公司创始人,B 和 C 是合伙人,A、B、C 都享有普通股权 10 倍的特殊表决权,三人签订了一致行动协议,约定期限为 5 年,那么如果不到 5 年一方擅自解除了一致行动协议或投票权委托,解除一方就丧失了普通股权 10 倍的特殊表决权,结果是其股权与普通股权完全相同,这个损失显然是极为巨大的,因此这种约束机制能很好地保证投票权委托或一致行动协议不被恶意解除。

当然,实践中还有一些其他解决方案,比如可以通过约定违约金的形式,或者对违约一方进行股权的限制和约束。当然,这个要根据企业的具体情况有针对性地制定有效方案,所以这方面最好由精通股权业务的律师来实行。

(3)股权代持

所谓股权代持,就是把一个或多个股东的股权集中到一个人身上(在登记部门仅显示一个股东的名称),以便获得公司的控制权,这样就可以解决委托被恶意撤销或协议被恶意解除的难题。

在股权代持的法律关系中,实际出资购买股权的人叫隐名股东,名义上对外持股的人叫名义股东或显名股东。事实上,我国法律是保护隐名股东的权利的,也就是说,如果隐名股东能证明股权是自己出资购买的,法律会保护其合法权益。

也就是说,股权代持其实也可以通过法律手段解除,因此也有一定的不稳定性。当然,隐名股东如要恢复自己真实股东的身份,需要经过一定的诉讼或仲裁的程序。在有限责任公司,隐名股东的显名程序等同于股权转让,要经过其他股东半数以上同意,且其他股东放弃优先购买权。在股份有限公司,隐名股东显名可能不需要像有限责任公司那样耗费那么长时间,但如果有纠纷,也要经过诉讼程序。因此,如果创始人把其他人的股权通过合法程序过渡到自己名下,在投票时根据登记的股权比例进行表决,就不会出现投票权委托或一致行动协议被撤销或解除的风险。当然,在代持协议中,要明确代持的期限和不可撤销或解除的事项,即便今后隐名股东要恢复股东身份,那么通过协议,过去的表决还是有效的。

但股权代持有一个很大的风险,就是企业如果要上市,按照证监会的要求,有股权代持的,必须清理,这个是不能容忍的红线。那么如果某企业在上市过程中经过清理,其涉及代持股权的比例较大,创始人就可能失去控制权。所以,对于希望上市的企业来说,建议不要采用股权代持这种方法。

2. 董事会层面的控制权

董事会和股东(大)会是相对独立的,股东没有干预董事会经营决策的权力。创始人对公司的控制权,除体现在股东(大)会上对公司重大决策事项的投票权外,还体现在对公司董事会席位的控制上。

在中小企业中,股东往往就是董事,所以很少引发冲突。但随着企业不断融资,创始人的股权比例被不断稀释,已经无法有效控制股东(大)会。在此情况下,如果创始人能控制企业董事会,设定有利于创始人的董事会议事规则,也可以掌握企业的实际控制权。

事实上,许多大公司的董事会的权利是非常大的,可以完全控制公司。比如前面提到的新浪的王志东和苹果公司的乔布斯,都是被公司的董事会踢出局,可见董事会的权力之大。

(1)控制董事会

由于股东(大)会一般仅就与股东利益密切相关的重大事项进行决议,公司的经营管理职权等实际上由董事会行使。根据我国《公司法》规定,董事会对股东(大)会负责,其职权包括执行股东会的决议、决定公司的经营计划和投资方案、决定公司内部管理机构的设置、制定公司的基本管理制度以及聘任或者解聘公司经理等,这些职权涉及公司经营决策、内部管理的各个方面。因此,对公司的控制,也可以体现在对董事会的控制上。

我国《公司法》规定,选举和更换非由职工代表担任的董事的职权由股东(大)会来行使,但董事的提名、选聘程序,《公司法》并没有规定,可由公司章程约定。

对于有限责任公司,股东在公司章程中对董事提名及选聘程序设置条件方面有较大的自由度,如控制董事的提名权,从而获得对董事人选的控制。比如前面提到的阿里的合伙人制度,其合伙人会议特别享有董事提名权和奖金分配权,在这种制度下,合伙人在整个董事会中占据半数以上的席位,而董事会是负责公司具体经营管理的组织,即相当于掌握了公司控制权。

对于股份有限公司,就股东大会选举董事事宜,《公司法》没有明确规定,因此可以通过章程来确定董事会选举规则。另外,股东大会的决议可以实行累积投票制,即股东大会选举董事时,每一股份拥有与应选董事人数相同的表决权,而股东拥有的表决权可以集中使用,虽然该制度主要是用来保障小股东所认可的候选人能够当选董事,但创始人团队也可以利用此机制确保获得一定的董事会席位。

但如果是上市公司,则股东很难通过设置条件对董事提名进行控制。因为根据《上市公司章程指引》的规定,董事人选提名应以股东大会提案名义提出,而有权提出股东大会提案的,仅限于董事会、监事会以及单独或合并持有公司3%以上股份的股东。

另外,控制董事会很有可能会被认为是同股不同权。比如,我国香港特别行政区的《咨询文件》对同股不同权的定义包括:第一,股权架构,如双重股权架构,也就是较为常见的AB股框架;第二,非股权架构,如董事会控制机制。因此,像阿里这样创始人团队控制董事提名权的做法,虽然不是特殊股权架构,但同样被认定为“同股不同权”。因此,如果是准备上市的公司,建议慎重考虑这种做法。

但是,不可否认,根据《公司法》的规定,虽然股份有限公司的表决权要与股份对应,但还是可以通过章程来制定董事会选举规则,而且股东的表决权可以集中使用。

(2)设置董事会议事规则

除对董事会席位的控制外,还可以通过设置董事会议事规则来实现对董事会决策事项的控制。我国《公司法》规定,董事会决议的表决,实行一人一票,对于股份有限公司,还要求董事会会议应有过半数的董事出席方可举行,并且董事会作出决议,必须经全体董事的过半数通过。但除此之外,对于其他具体议事规则,可由公司章程约定。

因此,公司创始人团队可根据具体情况,就不同决议事项,采用不同的决议通过机制,具体有如下几种:

①简单多数制,即对该类事项作出决议,必须经全体董事(或出席董事)的过半数通过。

②特别多数制,即可对于某些重大决议事项采取绝对多数制,如董事会对该类事项作出决议,必须经全体董事(或出席董事)的2/3以上通过。

③一致通过制,即对某些事项董事会作出决议,必须经全体董事(或出席董事)一致通过。

另外,创始人还可以利用董事会的一票否决权,即对重大事项,创始人有权一票否决。因此,对于创始人来讲,可根据实际情况,灵活采用上述不同决议通过机制,保障自己对公司的实际控制权。

第七节　公司章程在股权架构设置中的重要作用

通过前面的阐述,可以知道,取得控制权最重要的方式就是获得足够多的投票权,不管是股东层面还是董事层面,都可以通过获得足够的投票权来控制公司。那么,公司章程在这里就显得尤其重要,因为章程的主要功能之一就是设计投票事项和规则。

因此,公司章程对获得控制权起到了极其重要的作用,特别是对有限责任公司意义非凡。其实前面已经大量提到了公司章程,只不过分散在各处,这里统一作出归纳总结,让读者更直观地了解公司章程的重要性与魅力。

本章主要谈A大类的创始人与合伙人,而在图2的股权关系中,公司章程属于C大类,是支持A大类的,这主要体现在两个方面:一是公司在成立时必须要有章程,因此,章程预示着企业的诞生;二是章程从本质上来说,其主要作用就是对创始人与合伙人给予扶助,帮助其更好地管理公司,并实现控制权。因此,公司章程与股权投资人一样是帮扶A大类的,但笔者特地将其放在讲述A大类的创始人与合伙人的本章,就是为了体现章程对于实现控制权的重要作用。公司章程设计的好坏确实对一家企业至关重要,特别是对一家优秀的企业。

一、什么是公司章程

公司章程,是指公司依法制定的,规定公司名称、住所、经营范围、经营管理制度等重大事项的基本文件,也是公司必备的、规定公司组织及活动的基本规则的书面文件,是以书面形式固定下来的全体股东一致的意思表示。公司章程是公司组织和活动的基本准则,是公司的"宪章"。

一般而言,除上述基本条款外,公司章程设计的关键点主要包括如下几个方面:

1. 投票原则设计,即对投票的程序及基本原则的设计。

2. 表决事项设计,包括对一般事项、重大事项、特别事项的规定和相应投票方式的设计。

3. 反接管条款,即在公司章程中订立的防止敌意收购的合法条款,如绝对多数条款、公平价格条款、董事会轮换制条款、授权发行优先股条款等。

4. 对公司章程设计本身的约定条款,即修改公司章程的规则。比如阿里的章程规定,要修改章程,必须经股东所持表决权的95%以上通过。

另外,根据图2的股权关系,公司章程属于C大类,由E大类所滋生,而E大类代表法律法规等,由此可见公司章程是依相关法律法规而制定的,也要在法律法规的框架范围内施行。因此,公司章程与《公司法》等相关法律法规一起,共同肩负着调整公司活动的责任,也就是说,章程是公司内部的法律。这就要求公司的创始人与合伙人在制定公司章程时,必须考虑周全,规定得明确详细,不能有歧义,也不能全部按通用版本要求,应该设置符合自身特点和要求的条款。

事实上,我国《公司法》中有许多规定是允许章程制定或修改出对企业有利的条款的,对这点一定要善加利用。可惜在现实中,很少有企业家能意识到这一点,以至于无法有效利用章程实现自己的目的,这是很可惜的事情。

二、公司章程的功能与作用

公司章程的功能和作用体现在如下几点。

(一)公司章程是公司设立的重要条件

各国公司立法均要求设立公司必须制定公司章程,公司的设立程序以制定公司章程开始,以设立登记结束。我国《公司法》明确规定,制定公司章程是设立公司的必要条件之一。审批机关和登记机关要对公司章程进行审查,以决定是否给予批准或者给予登记。可以说,公司章程是公司对外作出的书面保证,也是国家对公司进行监督管理的主要依据。

(二)公司章程是确定公司权利、义务关系的基本法律文件

公司章程一经有关部门批准(如有)并经公司登记机关核准,即对外产生法律效力。公司依章程享有各项权利,并承担各项义务,符合章程的行为受国家法律的保护,违反章程的行为要受到干预和处罚。

(三)公司章程是公司对内经营和对外交往的基本法律依据

公司章程规定了公司组织和活动的原则及细则,包括经营目的、财产状况、权利与义务关系等,它是公司内外活动的基本准则,其规定的股东的权利义务和确立的内部管理体制,是公司对内进行管理的依据。同时,公司章程也是公司向第三方表明信用和相对人了解公司组织和财产状况的重要法律文件。公司章程向外公开申明的公司宗旨、营业范围、资本数额以及责任形式等内容,为投资者、债权人和第三人与该公司进行经济交往提供了条件和资信依据,便于相对人了解公司的组织和财产状况。

(四)公司章程是公司的自治规范

公司章程作为公司的自治规范,是由以下内容所决定的:

1. 公司章程作为一种行为规范,不是由国家而是由公司股东依据《公司法》自行制定的。《公司法》是公司章程制定的依据,但《公司法》只能规定公司的普遍性的问题,不可能顾及各个公司的特殊性。而每个公司依照《公司法》制定的公司章程,需能反映本公司的个性,为公司提供行为规范。因此,公司章程一定要有其自身的特色,尽最大限度维护自身的权益。这是章程最为重要的作用,也是笔者后面要重点阐述的内容。

2. 公司章程是一种法律外的行为规范,由公司自己来执行,无须国家强制力保障实施。当出现违反公司章程的行为时,只要该行为不违反法律法规,就由公司自行解决。

3. 公司章程作为公司内部的行为规范,其效力仅及于公司和相关当事人,而不具有普遍的效力。

三、公司章程的法律效力

公司章程一经生效,即发生法律约束力,效力及于公司及股东,同时对公司的董事、监事、高级管理人员(以下简称董监高)也具有约束力。

(一)约束公司

公司章程是公司组织与行为的基本准则,公司必须遵守并执行公司章程。根据公司章程,公司对股东负有义务。因此,一旦公司侵犯股东的权利与利益,股东可以依据公司章程对公司提起诉讼。

(二)约束股东

公司章程是公司的自治规范,每一个股东,无论是创始股东,还是以后因增资或受让公司股权而加入公司的股东,章程对其均产生具有合同性质的约束力,股东必须遵守章程的规定,并对公司负有义务。股东违反这一义务,公司可以依据公司章程对其提出诉讼。

(三)股东之间相互受约束

公司章程也被认为是股东之间的契约,使股东相互之间负有义务,因此,如果一个股东的权利因另一个股东违反章程规定的义务而受到侵犯,则该股东可以依据章程对另一个股东提起诉讼。但应当注意,如果股东违反对公司的义务而使公司的利益受到侵害,其他股东不能直接对股东提起诉讼,只能通过公司或以公司的名义进行诉讼。

(四)约束董监高

董监高等对公司负有诚信义务,因此,当他们违反公司章程规定的职责时,公司和股东可以依据公司章程对其提起诉讼。

我国《公司法》对约束董监高的规定如下。

1. 董监高的义务

《公司法》第 148 条第 1 款规定,董事、高级管理人员不得有下列行为,其中涉及章程的为该款第 3 项、第 4 项规定:"(三)违反公司章程的规定,未经股东会、股东大会或者董事会同意,将公司资金借贷给他人或者以公司财产为他人提供担保;(四)违反公司章程的规定或者未经股东会、股东大会同意,与本公司订立合同或者进行交易。"《公司法》第 148 条第 2 款明确,董事、高级管理人员违反前款规定所得的收入应当归公司所有。

2. 董监高的法律责任

《公司法》第 149 条规定:"董事、监事、高级管理人员执行公司职务时违反法律、行政法规或者公司章程的规定,给公司造成损失的,应当承担赔偿责任。"

3. 诉讼主体和方式

依据《公司法》的设计,公司或股东可以通过下列几个途径来起诉损害公司利益的董监高。

(1)公司直接提起诉讼

公司受到董监高违反义务的行为侵害时,可以以公司自己的名义对侵害者提起诉讼。

(2)股东派生诉讼

公司受到董监高违反义务行为的侵害时,如果有权代表公司起诉的监事会、监事、董事会、执行董事对股东的请求置之不理,或不明确表态拖延诉讼的,股东有权为了公司的利益而以自己的名义直接向人民法院提起诉讼。

(3)股东直接提起诉讼

《公司法》第152条规定:“董事、高级管理人员违反法律、行政法规或者公司章程的规定,损害股东利益的,股东可以向人民法院提起诉讼。”

这里需要指出的是,公司直接诉讼获得赔偿的主体是公司,股东派生诉讼获得赔偿的主体仍然是公司,被诉的董监高应向公司支付赔偿金并承担其他民事责任。而股东直接诉讼获得赔偿的主体是股东个人,被诉的董监高应向股东个人支付赔偿金并承担其他民事责任。

四、制定公司章程必须结合企业实际

作为公司组织与行为的基本准则,公司章程对公司的成立及运营具有十分重要的意义,它既是公司成立的基础,也是公司赖以生存的灵魂。章程被称为公司的“宪章”,其重要性不言而喻。但在中国,绝大多数的公司制定章程时只是应付了事,直接拿一个市场监管部门的格式版本(通用章程或章程范本),把空格中的一些基本信息填写一下,就提交登记注册。其实并没有这么简单,因为任何企业都有自己的特色和要求,不可能全部照本宣科、生搬硬套。许多企业根本不重视章程的制定,这是缺乏远见的表现。

制定章程,必须结合企业的实际情况以及企业创始人对公司的规划设计,要为企业的将来考虑,如果全盘照抄范本,可能会存在许多风险。创始人与合伙人今后如果对公司的决策、人员、资金及利益分配等产生争议,可能就无法依据章程来保护自己的合法权益。

绝大多数章程范本只是加载所有企业通用的内容,无法体现具体企业自身的治理机制,根本起不到对该企业治理的前瞻性和预防性作用,反而会约束企业运营和管理,增加企业的运作成本。比如,在制定公司章程中关于公司会议的召集、决议、人事安排、执行机制、制约机制等方面的条款时,如果没有结合公司特点,就可能会导致股东之间、董事之间、股东与董事之间、股东与监事之间、董事与监事之间、高层管理人员之间出现僵局,最终导致无法有效召开股东会议、董事会议或者在股东会议、董事会议过程中无法形成有效决议,或者股东会议、董事会议的决议得不到落实,公司治理机构之间权责不明等。

另外,章程范本也不可能充分体现股东的权利,如对董监高的权限界定不清,约束不明,那么当某些居心不良之人滥用权利时,可能在章程中无法找到追究其责任的依据。因此,章程范本无法真正起到公司“宪章”的作用。

更为重要的是,许多优质企业为了快速发展,需要吸收大量股权投资,从而导致创始人团队的股权被大量稀释,为了保证自己辛苦创立的企业不被他人控制,就要考虑如何取得企业的控制权。前面已经通过大量篇幅提到,控制权需要通过股权架构的设计来实现,而股权架构设计往往需要通过章程来完成。因此,如果要实现控制权,更需要对章程的条款仔细斟酌,充分利用法律对企业制定章程的有利规定,制定出适合自身的章程版本,并要有长远规划,利用规则对章程进行不断修正。比如阿里的合伙人制度规定其合伙人推荐的董事席位必须占全部董事的半数以上,并将该规定写入了章程;而且,其章程中还明确规定,如果要修改章程,必须经占表决权的95%以上的股东通过。也就是说,只要阿里合伙人团队不同意,就永远无法修改公司章程,这就是充分利用章程来实现公司控制权的典型代表。

五、《公司法》中有关公司章程的重要条款(股权相关)分析

我国《公司法》规定,公司开展经营活动中的很多重大事项,如公司经营范围的确定和改变、法定代表人的任命、股东权利的限制、股东会决议的效力、股东出资份额的确定、股东会会议召开和表决程序、董事会的产生、职权及议事规则、监事会的议事规则、股权转让程序、董监高的义务和责任等,都可以在公司章程中作出特别的约定。即使章程规定和法律规定相冲突,法律也承认章程的优先效力,这就为公司章程制定的个性化提供了法律依据。

我国《公司法》经过不断修正,其中最突出的亮点,是越来越尊重企业的经营自主权,删除了很多强制性条款,给予企业更多自由发挥的空间。这里主要结合《公司法》,对与股权有关且可以通过章程来实现企业自身目的的相关内容进行讲解。

对于与股权相关的内容,《公司法》中有许多条款都规定可以通过章程另行作出适合企业自身的约定。因此,在公司设立时,要认真分析企业的现状,如果认为企业现状与《公司法》规定或者章程范本有不同的地方,一定要在公司章程中予以明确的、特殊的体现。并且随着企业的不断发展,要适时对章程进行切合实际的修正。

(一)有限责任公司

有限责任公司是人合公司,《公司法》充分尊重其经营自主权,所以尽量减少强制性条款,规定企业可以自行在章程中作出和《公司法》一般规定不一样的约

定，所以《公司法》中相应的条款就比较多。具体如下。

1. 股东的分红权和优先认购权

《公司法》第 34 条规定："股东按照实缴的出资比例分取红利；公司新增资本时，股东有权优先按照实缴的出资比例认缴出资。但是，全体股东约定不按照出资比例分取红利或者不按照出资比例优先认缴出资的除外。"

此条规定中，虽然没有出现"章程"二字，但"章程规定"与"全体股东约定"在本质上是相同的。当然，全体股东约定可以通过多种形式，其外延要比章程规定更广，而修改章程只需要经代表 2/3 以上表决权的股东通过即可。但不可否认，章程规定也是全体股东约定的一种方式，因为公司章程制定后需要全体股东签署。《公司法》之所以规定要全体股东同意，是因为不按出资比例分红或不按出资比例优先认缴出资，可以通过股东会决议或全体股东书面签字的方式来体现，这样就能保证在不同时期可针对特殊情况作出特别规定，而不需要履行修改章程这一烦琐的程序。

从《公司法》第 34 条的规定可以看出，有限责任公司的股东如果由于各种原因，不能按照出资比例分配红利，或者需要对特定股东给予特别的红利分配及优先认购新增资本的权利，那么就可以在公司章程约定，不按照出资比例来履行股东权利义务，而是另行约定比例。此外，对愿意通过继续认缴出资持有有限责任公司更多股权的股东，也可以在公司章程中规定其优先认缴出资的比例。

这无疑满足了不同类型投资者作为公司股东的不同需求。

2. 股东会的职权和会议制度

《公司法》第 39 条规定："股东会会议分为定期会议和临时会议。定期会议应当依照公司章程的规定按时召开。代表十分之一以上表决权的股东，三分之一以上的董事，监事会或者不设监事会的公司的监事提议召开临时会议的，应当召开临时会议。"第 41 条第 1 款规定："召开股东会会议，应当于会议召开十五日前通知全体股东；但是，公司章程另有规定或者全体股东另有约定的除外。"

《公司法》第 39 条细化了股东会及临时股东会召开的程序。

《公司法》第 41 条规定，股东会召开应当提前 15 天通知股东，同时该条又赋予了章程另行作出约定的权利，也就是说，有限责任公司召开股东会，并非一定要提前 15 天通知，只要章程约定好，就不需要遵守法律的规定。毕竟，有限责任公司是人合公司，股东可能长期在一起并肩作战，不一定非要提前 15 天那么麻烦。

另外，股东会的召开对公司决策非常重要，如果大股东出现损害公司利益的行为且不召开股东会，这对中小股东的利益保护是非常不利的。因此，可以预先在公司章程中约定临时股东会的召开方式，简化召开股东会的条件和程序。

3.股东的表决权

《公司法》第42条规定:“股东会会议由股东按照出资比例行使表决权;但是,公司章程另有规定的除外。”

该条尤为重要,因为其是实现公司控制权的有利方式,前面也已经在多处提及。该条明确规定,可以在章程中约定不按照出资比例行使表决权,即可以约定特殊情况下的特殊表决方式。比如股东的出资比例是20%,但其表决权比例可以达到51%,只要在章程中明确,就是合法的。

表决权(或投票权)是股东的核心权利之一,创始人可以通过表决权来行使对公司的控制权。在股权架构设置中,《公司法》第42条具有重大作用。在公司中,出资多并不代表其对企业贡献大,许多股权投资人已经充分认识到这个理念,提倡让企业站在重要位置。企业要发展,还是需要由创始人团队来把握控制权,这样才能保证创始人团队心无旁骛、团结奋进,充分享受努力带来的成果。股权投资往往是溢价的,比如通过股权估值,投资1000万元而最终占股只按100万元算,但按100万元算也可能过高,比如企业原有注册资本就只有100万元,那么即使按100万元算,增资后投资人的股权比例还是有50%,而企业创始人要考虑其他合伙人的股权,要设计股权池、考虑股权激励,其股权比例最终可能只有30%。在这种情况下,就可以利用这一条来实现创始人的控制权。比如在公司章程中规定,创始人的表决权占比按51%计算,甚至可以更高。这对于股权被大量稀释的创始人来说,是极为重要的。

如果公司章程对股东行使表决权的方式没有明确规定,就只能依照《公司法》第42条的规定,即按照出资比例行使表决权,这对许多企业创始人是非常不利的。所以企业创始人要充分认识到章程的重要性,在一开始制定时就认真考虑,提出自己的想法,并聘请专业人士拟订,以后再修改将很不容易。因为修改章程至少要有2/3的表决权通过,随着股权被不断稀释,对于企业创始人来说会越来越困难。

4.股东会的议事方式和表决程序

《公司法》第43条规定:“股东会的议事方式和表决程序,除本法有规定的外,由公司章程规定。股东会会议作出修改公司章程、增加或者减少注册资本的决议,以及公司合并、分立、解散或者变更公司形式的决议,必须经代表三分之二以上表决权的股东通过。”

许多人认为,股东会表决时,需要1/2以上表决权股东同意方可通过决议,其实对于有限责任公司来说,这种理解是有误的,因为公司完全可以在章程中约定,不是必须由大股东或1/2以上表决权股东同意方可通过决议。

如果完全按照股权出资比例表决,那么就容易出现大股东操纵公司的现象,中小股东的利益就无法得到保护。因此,按照《公司法》第43条,除了修改公司章程,增加或者减少注册资本,公司合并、分立、解散,以及变更公司形式的4种决议必须经代表2/3以上表决权的股东通过外,其他事项完全可以自行在公司章程中约定表决权通过的比例,不是非要经代表1/2以上表决权的股东同意方可通过。

因此,在股权架构设计过程中,可以充分利用《公司法》第43条,在章程中设置对自身有利的规定。

5.除股东会以外的组织机构

(1)董事会及执行董事

《公司法》第44条规定:"有限责任公司设董事会,其成员为三人至十三人;但是,本法第五十条另有规定的除外……董事会设董事长一人,可以设副董事长。董事长、副董事长的产生办法由公司章程规定。"第50条规定:"股东人数较少或者规模较小的有限责任公司,可以设一名执行董事,不设董事会。执行董事可以兼任公司经理。执行董事的职权由公司章程规定。"

(2)董事任期

《公司法》第45条规定:"董事任期由公司章程规定,但每届任期不得超过三年。董事任期届满,连选可以连任。董事任期届满未及时改选,或者董事在任期内辞职导致董事会成员低于法定人数的,在改选出的董事就任前,原董事仍应当依照法律、行政法规和公司章程的规定,履行董事职务。"

(3)董事会的议事方式和表决程序

《公司法》第48条规定:"董事会的议事方式和表决程序,除本法有规定的外,由公司章程规定。董事会应当对所议事项的决定作成会议记录,出席会议的董事应当在会议记录上签名。董事会决议的表决,实行一人一票。"

(4)经理的职权

《公司法》第49条规定:"有限责任公司可以设经理,由董事会决定聘任或者解聘。经理对董事会负责,行使下列职权:(一)主持公司的生产经营管理工作,组织实施董事会决议;(二)组织实施公司年度经营计划和投资方案;(三)拟订公司内部管理机构设置方案;(四)拟订公司的基本管理制度;(五)制定公司的具体规章;(六)提请聘任或者解聘公司副经理、财务负责人;(七)决定聘任或者解聘除应由董事会决定聘任或者解聘以外的负责管理人员;(八)董事会授予的其他职权。公司章程对经理职权另有规定的,从其规定。经理列席董事会会议。"

(5)监事会的议事方式和表决程序

《公司法》第55条规定:"监事会每年度至少召开一次会议,监事可以提议召开临时监事会会议。监事会的议事方式和表决程序,除本法有规定的外,由公司章程规定……”

从以上条文可以看出，章程可以自行决定公司董事长、副董事长、执行董事、经理、高级管理人员等核心团队的产生办法、职权，以及董事任期。

董事长和副董事长是公司的核心职位，因此，可以在公司章程中规定通过选举或者委派的方式产生。经理是公司的经营管理核心人员，因此也可以通过公司章程来规定其职权范围，防止出现企业投资者与管理者因权力划分不明而发生矛盾的情况。

另外，董事的任期只要每届不超过3年，均可在章程中自行约定任期。

而董事会和监事会的议事方式和表决程序，也可以通过章程另行约定。

前面在控制公司董事会的相关内容中已经提到过，董事会和股东会是相对独立的，股东没有干预董事会经营决策的权力。对公司的控制权，除了体现在股东会对公司重大决策事项的投票权上，还体现在对公司董事会席位的控制上，而董事会席位往往是与股权分不开的。随着企业不断融资，此时创始人的股权比例被稀释，那么，在股权无法获得有效控制的情况下，如果创始人能通过公司章程来控制企业董事会，设定有利于创始人的董事会议事规则，也可以掌握企业的实际控制权。由于股东会一般仅就与股东利益密切相关的重大事项进行决议，因此，公司的经营管理职权等实际上由董事会行使。另外，我国《公司法》规定，选举和更换非由职工代表担任的董事的职权由股东会来行使，但董事的提名、选聘程序，《公司法》并没有规定，故而可由公司章程自行约定。对于有限责任公司，在公司章程中，对董事的提名及选聘程序的条件设置上，创始人一般有较大的空间，例如创始人可以控制董事的提名权，从而获得对董事人选的控制。

6. 股权转让的一般规定

《公司法》第71条规定：“有限责任公司的股东之间可以相互转让其全部或者部分股权。股东向股东以外的人转让股权，应当经其他股东过半数同意。股东应就其股权转让事项书面通知其他股东征求同意，其他股东自接到书面通知之日起满三十日未答复的，视为同意转让。其他股东半数以上不同意转让的，不同意的股东应当购买该转让的股权；不购买的，视为同意转让。经股东同意转让的股权，在同等条件下，其他股东有优先购买权。两个以上股东主张行使优先购买权的，协商确定各自的购买比例；协商不成的，按照转让时各自的出资比例行使优先购买权。公司章程对股权转让另有规定的，从其规定。”

《公司法》第71条是非常重要的规定，后面还会有大量介绍。该条前3款提到，股东对内转让股权可以不受其他股东“过半数同意”以及“优先购买权”的限制，但是股东在对外转让股权时则受到严格限制，一是对外转让要经过全体股东过半数同意,二是同等条件下其他股东具有优先购买权。这样规定主要是为了限制股东对外随意转让股权。但是,该条最后一款则赋予了公司章程对股权转让作出与法律不一样规定的权利。

公司的合伙人和员工,都可能通过股权转让或股权池或股权激励获得股权,根据前面介绍的股权成熟机制,当上述主体并未在规定年限或按要求完成指标而离开公司时,公司是否有办法制约?事实上,《公司法》第71条就是很好的制约办法,前面提及的股权退出机制中也提到了这一点。《公司法》第71条第4款对企业创始人来说是非常有利的。比如在设置合伙人的股权成熟机制以及员工股权激励计划时,都会要求合伙人和员工工作达到一定年限,以及达到一定的业务指标及其他要求,那么,就可以在章程中规定,在没有达到工作年限或各项指标、要求前,合伙人或员工的股权只能转让给内部股东,或者由公司回购后分配给其他股东或注销。这样,就会给合伙人及员工一定的警示,相当程度上能保证他们不会随便离开公司,从而保证股权不外流。

另外,离婚进行股权分割时,以及股权代持中的隐名股东在显名时,如果非股东配偶、隐名股东要真正成为公司的股东,也要经过类似于股权转让的程序,因为股权本身具有人身权和财产权两种属性,股权的人身权益并非必然是离婚时分割的对象,也并非隐名股东显名时所必然拥有的权益,特别是在有限责任公司,均要征求其他股东的意见,且其他股东要放弃优先购买权才行。如果在章程中规定,股权转让时,合伙人或员工的股权只能转让给公司其他股东或由公司回购,就能避免出现不必要的纠纷,这对公司稳定发展是非常有利的。

7. 股东资格的继承

《公司法》第75条规定:“自然人股东死亡后,其合法继承人可以继承股东资格;但是,公司章程另有规定的除外。”

这一条所起的作用与前面提到的股权转让的作用是类似的。

前面提到过,股权具有人身权和财产权双重属性,而有限责任公司是人合公司,如果不熟悉公司的继承人通过继承成为公司股东,会破坏公司的人合性,有可能影响公司的正常发展和稳定。而且继承人往往不具有死亡股东的能力与资历,不太可能会胜任死亡股东原有的职位。因此,公司股东为了防止此类情况发生,就可以在公司章程中对股权的继承作出特别约定,比如股东死亡后,由其他股东收购其股权或由公司回购,其继承人可分得与股权同等价值的价款等。

(二)股份有限公司

股份有限公司是资合公司,可能因为上市而成为公众公司,为了保护广大股民的利益,不能任由章程作出与法律不同的规定,所以相应的条款比较少。章程如要作出特别规定，更多的是保护小股东的利益，或者限制大股东及董监高的权利。公司创始人团队也可以依据相关条款制定有利于自己的章程。

1. 累积投票制

《公司法》第105条规定："股东大会选举董事、监事，可以依照公司章程的规定或者股东大会的决议，实行累积投票制。本法所称累积投票制，是指股东大会选举董事或者监事时，每一股份拥有与应选董事或者监事人数相同的表决权，股东拥有的表决权可以集中使用。"

对于股份有限公司，《公司法》中对股东大会选举董事、监事的表决方式提供了两种选择，一种是每一股份一票表决权的普通表决方式；另一种就是累积投票制度，其需要在公司章程中规定或者以股东大会决议形式决定，这个在前面也已经提到过。

所谓累积投票制，即股东大会选举董事时，每一股份拥有与应选董事人数相同的表决权，但股东拥有的表决权可以集中使用。虽然该制度主要是用来保障小股东所认可的候选人能够当选董事的，但创始人团队也可以利用此机制确保获得一定的董事会席位，或者一票否决的权利。

2. 除股东大会以外的组织机构

（1）董事会设立及其职权

《公司法》第108条规定："股份有限公司设董事会，其成员为五人至十九人。董事会成员中可以有公司职工代表。董事会中的职工代表由公司职工通过职工代表大会、职工大会或者其他形式民主选举产生。本法第四十五条关于有限责任公司董事任期的规定，适用于股份有限公司董事。本法第四十六条关于有限责任公司董事会职权的规定，适用于股份有限公司董事会。"

（2）经理及其职权

《公司法》第113条规定："股份有限公司设经理，由董事会决定聘任或者解聘。本法第四十九条关于有限责任公司经理职权的规定，适用于股份有限公司经理。"

（3）监事会的会议制度

《公司法》第119条规定："监事会每六个月至少召开一次会议。监事可以提议召开临时监事会会议。监事会的议事方式和表决程序，除本法有规定的外，由公司章程规定。监事会决议应当经半数以上监事通过。监事会应当对所议事项的决定作成会议记录，出席会议的监事应当在会议记录上签名。"

根据《公司法》第108条和第113条的规定，股份有限公司对于董事的任期、董事会的职权、经理的职权，完全可以按有限责任公司的方式在章程中另行作出规定，这部分在前面有限责任公司的相关规定中已经详细阐述，不再赘述。

另外，《公司法》对于股份有限公司的股东大会程序有严格要求，对董事会的议事规则和表决程序也有严格规定，不得更改。但监事会的议事方式和表决程序，是可以通过章程另行规定的。在股权架构设计中，监事会的作用往往被忽略，实际上，对于公司特别是股份有限公司来说，监事会的作用是非常重要的。因为在我国《公司法》中，股份有限公司必须同股同权，董事会席位也须按每一股份一票表决权的表决方式获得，小股东很难获得控制权。在其他救济方式无果的情况下，可以考虑对监事会的议事方式和表决程序进行相关设计，至少可以对大股东进行必要的监督。

3. 转让公司股份的限制

《公司法》第141条规定："发起人持有的本公司股份，自公司成立之日起一年内不得转让。公司公开发行股份前已发行的股份，自公司股票在证券交易所上市交易之日起一年内不得转让。公司董事、监事、高级管理人员应当向公司申报所持有的本公司的股份及其变动情况，在任职期间每年转让的股份不得超过其所持有本公司股份总数的百分之二十五；所持本公司股份自公司股票上市交易之日起一年内不得转让。上述人员离职后半年内，不得转让其所持有的本公司股份。公司章程可以对公司董事、监事、高级管理人员转让其所持有的本公司股份作出其他限制性规定。"

该条规定股份有限公司发起人持有的股份在一年内不得转让，公司IPO上市后，原有股东在一年内不得转让股份，这里规定的最低期限就是一年。

董监高所持公司股份在公司股票上市后一年内不得转让，离职后半年内不得转让，这是最低的期限规定；每年转让不得超过25%，这是最高的比例规定。

上述规定是强制性的，不得违反，但公司章程可以作出比上述这些规定更为严格的规定。比如《公司法》第141条规定转让股份最低期限是一年，公司章程可以规定三年内不得转让股份；《公司法》第141条规定转让每年不得超过25%，公司章程可以规定每年转让不得超过10%。这个就是法律赋予章程的权利。

《公司法》第141条在股权架构设计中是非常有用的。我们知道，公司上市前，会给许多合伙人或优秀员工分配股权，但上市以后这些人可能会迅速将所持股份套现，或者离开公司，如果没有一定的约束机制，对公司的发展极为不利。《公司法》第141条的规定，能比较有效地留住人才，也有利于防止股东在公司上市后无心认真工作的现象发生。当然，每家公司可以针对企业的现状作出有利于自身的规定，并在章程中明确。

4. 公司税后利润的分配

《公司法》第166条第4款规定："公司弥补亏损和提取公积金后所余税后利润，有限责任公司依照本法第三十四条的规定分配；股份有限公司按照股东持有的股份比例分配，但股份有限公司章程规定不按持股比例分配的除外。"

关于有限责任公司,可以不按股权比例分配利润,在前面已经阐述过。但对于股份有限公司,笔者在前面一直强调同股同权,为什么公司章程可以规定不按持股比例分配利润呢?因为前面已经提到过,股份有限公司的同股同权,指人身权,最主要体现在表决权或投票权上,关于分红权,其属于财产权利,并不要求同股同权。

股权架构设计最主要的目的是获得控制权,作为创始人,可以让出一定的分红权,以获得更多的投票权,或者争取到其他股东的投票权委托或签署一致行动协议;当然,在无法实现前述目的的情况下,也可以要求更多的分红权,以便购买更多的公司股份。

当然,笔者还是要强调,公司创始人团队不能什么都要,如果有了更多的投票权,则不能再要更多的分红权,这一点在香港联交所和上交所科创板的相关规定中都有要求,即设定了表决权差异结构后,不能在其他权利上再有差别。

六、公司章程与《公司法》不一致情形的处理

公司章程的内容包括绝对必要记载事项、相对必要记载事项和任意记载事项。《公司法》第 25 条、第 81 条分别规定了有限责任公司和股份有限公司章程的绝对必要记载事项,公司章程如果欠缺这些绝对必要记载事项则为无效。

另外,《公司法》的规定分为强制性规定和任意性规定,如果公司章程违反了《公司法》的强制性规定则应为无效,但如果仅仅变通了《公司法》的任意性规定,则不应否定章程的效力。

因此,当公司章程规定不同于《公司法》规定时,章程的效力要根据具体问题具体分析,不能一概而论。前面所列的条款,基本上都有"公司章程另有规定的除外"或类似的表述,这种情况下应当认可公司章程的效力。

当然,我们要认真分析在《公司法》中,到底哪些内容允许公司在章程中另行规定,哪些属于违反强制性规定。比如前面提到过的《公司法》第 141 条第 2 款,最后一句是这样规定的:"公司章程可以对公司董事、监事、高级管理人员转让其所持有的本公司股份作出其他限制性规定。"那么,法律规定公司董监高每年转让股票不得超过 25%,公司章程是否可以规定超过 25%呢?对此《公司法》并没有明确说明。这就需要仔细琢磨"限制性规定"的本质含义。笔者认为,应该在公司章程中作出从严规定。"限制性"的含义,就是要求更为严格,因为如果不从严规定,《公司法》中无须加上"限制性"三个字,像其他条款一样,以"作出其他规定""另行规定""另有规定的除外"等文字表述即可。在笔者辅助公司新三板挂牌或者 IPO 的实践过程中,监管部门也是倾向于认为,如果公司章程作出其他限制性规定的,应当作出从严的规定。

第三章　员工股权激励

第一节　B 大类之股权关系

员工是企业发展的重要力量。当然，在这里，员工是指一个整体，而不是具体的单个员工。对于一家大企业来说，少几个甚至几十个员工没有太大影响，但如果最重要的一批员工离企业而去，企业还能生存吗？前一章提到企业创始人及合伙人设计股权架构并掌握控制权，这些人虽然控制着企业，但如果没有员工为企业工作，再好的企业也无法有效地运转。所以，企业的价值往往需要通过员工来创造。因此，企业需要通过一定的规则和制度，给员工特别是优秀的员工适当的股权激励，这样才能留住人心，激发员工的创造能力和效率，保证企业的良性发展。

在图 3 的股权关系中，员工归属于 B 大类，是为企业创造财富的人，是企业价值的真正创造者。

一、B 大类的定位

亚当·斯密在《国富论》中阐述道，如果地主、织工或者鞋匠赚得的利润高于养家糊口基本所需，其就会雇用更多助手，以进一步提高自己的利润。因此，企业渡过了初创期，当赚取的利润足够维持日常所需时，企业家就会想到扩大再生产，让企业不断壮大，如扩建工厂、从事科学研究、开发新产品等，而这些都需要雇用更多的员工。更多的员工可以为企业创造更多的利润，而利润越高则雇用的员工往往也就越多。

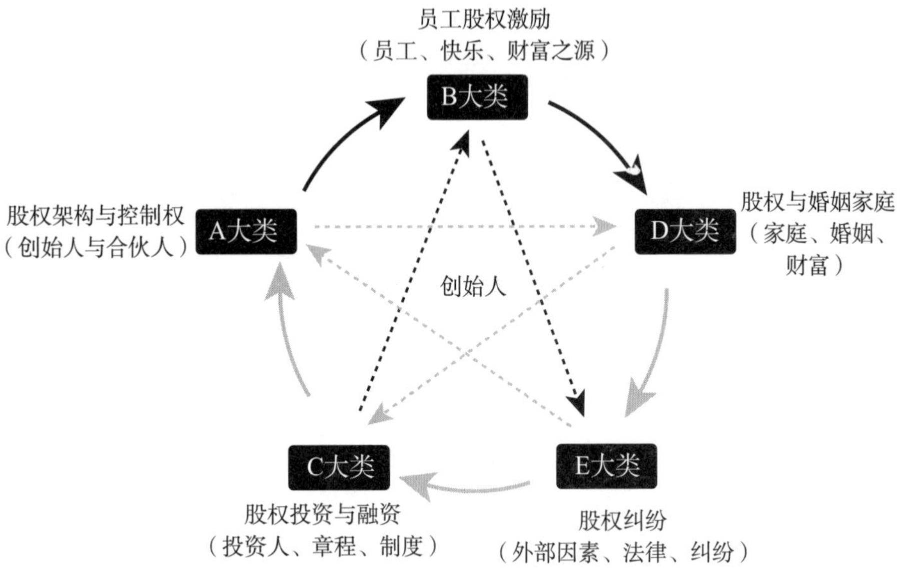

图 3 股权关系 B 大类——员工股权激励

但员工的工资只是企业利润中很少的一部分，除了扩大再生产，现在许多企业都在考虑如何把部分剩余利润返还给员工，让员工也享受企业发展的成果，同时留住那些优秀的员工。当然，这种返还首先不是平均地分给全体员工，平均主义没有积极的意义，反而让懒惰的人更加懒惰，勤劳的人心理不平衡而不愿意做事。利润返还的多少往往能体现了一个企业家的格局，比如任正非不断稀释股权，在华为实行全员股权激励，帮助华为迅速成为一家航母级别的伟大企业，在技术方面也是一枝独秀。当然，不可能所有企业家都像任正非那样把千金散尽，自己只保留一点点的股权，但许多企业家也知道股权激励的重要性，愿意适当地给员工一些股权，以保证企业的良性运转。可是大多数企业家不清楚如何进行股权激励，采用哪种方式及分配多少比例等。确实，员工的股权给多了，对股东有影响，而且不一定能产生效果，反而容易滋生懒惰情绪，而给的太少又达不到目的。这就要求在进行股权激励的时候，有一个整体的规划，针对不同的人和事，有不同的等级设计，让股权激励真正发挥效果。

当然，在图 3 的股权关系中，创始人与合伙人属于 A 大类，员工属于 B 大类，在股权关系中的位置不同，说明二者身份不同，其股权当然也要有所区分。笔者不建议企业都像华为那样实行全员持股，因为这个需要创始人有大格局，并有极强的把控全局的能力，否则会有许多风险，华为只是一个特例，该模式不一定适用于其他企业。任正非之所以能够控制华为，笔者认为一半是靠他的人格魅力，另一半是因为员工都通过持股平台持股,并且都是虚拟股权,没有股权中最重要的人身权利。因此,这种模式可以说只是一个时代的产物,且需要政府的支持,现今的企业根本无法复制,这些在后面会作详细介绍。因此,笔者还是要强调,虽然员工为企业创造利润,但毕竟不是企业的所有者,创始人与合伙人仍是企业的核心和支柱,所以需要通过股权来掌握企业的控制权,创始人与合伙人可以通过对股权激励让员工享受企业的利益,但要有一个度,而且要有一整套行之有效的股权激励计划和机制。

对员工来说,其也要有自己的定位,B 大类不同于 A 大类,不能进入企业核心层。当然,笔者也不否认有极个别优秀的员工能成为合伙人,这是一种转化,但属于特例,已经不属于员工股权激励的范畴,读者可以参阅第二章"股权架构与控制权",本章对此不作重点阐述。

二、B 大类与其他类别的相互关系

关于 B 大类与其他类别的相互关系,在第一章"总论"中已经有了较为详细的论述,现笔者作一下总结:

1. A 大类的创始人与合伙人支持 B 大类员工,指由创始人与合伙人选聘员工进入企业,并支付员工薪金,给员工工作机会。但不可否认,如果一家企业没有员工,有再好的项目或者产品,都是"无米之炊",什么事都做不成。现代企业的运作模式完全符合马克思的剩余价值理论,即员工是为企业创造剩余价值的唯一主体。所谓剩余价值,是除去工资,由工人劳动创造而被企业主无偿占有的那一部分价值。因此,虽然说是创始人与合伙人投资并创办了企业,表面上看是创始人预付资本产生了利润,但事实上,根据剩余价值理论,利润是剩余价值的转化形式,剩余价值是利润的本质,其源于员工的剩余劳动,利润形式掩盖了剩余价值的真正来源。

2. C 大类代表章程、规章制度和投资人,其是制约 B 大类的,如 C 大类的规章制度就是管制 B 大类的员工的。员工的管理其实并不容易,员工进企业有不同的目的,所以他们表现出来的行为和态度也不一样,他们有自己的需求,不会与创始人及合伙人一样,视企业如自己的孩子,因此需要通过一种制度和文化来对其约束与引导。前面已经提到过,公司的规章制度等是约束和引导员工的,企业家要清楚地认识到,员工也是参差不齐的,必须要保证在公平合理的制度体系下奖优罚劣,这样才能让员工信服,才能保证企业有效地运作。创始人和管理层不能要求所有员工都有奉献精神,也不应该要求所有员工都能不顾个人利益而单纯为企业奉献。企业管理,就是要把员工的所有潜能都激发出来,但前提是要让他们看到利益,而且是长远的利益,与企业共同成长的利益,这样他们才能真正地爱企业,真正为企业奋斗。要以合理的制度激励员工,坚持制度在先,依制度说话。

3. D 大类代表财富,B 大类滋生 D 大类,指员工会给企业带来财富,是企业的财源。也就是说,即使企业本身发展不是太好,员工也可能成就企业。但许多人不明白这一点,很多企业家并不在乎员工,认为企业雇用了很多员工,解决了他们的温饱,做了大的善事,其实这种观点是错误的,事实上是员工促使企业不断发展,不断创造财富而成就了企业家。

4. E 大类主要代表外势、法律、政府、纠纷等,B 大类制约 E 大类,指员工力量的强大。员工如果愿意跟随创始人与合伙人,愿意为企业做事,那么通过员工可以做很多事,甚至可以化解纠纷,保护企业。比如国外的工会,势力极其强大,其就是一把“双刃剑”,能帮助企业,也可能给企业造成巨大损失。另外,对于政府来说,其肯定更在乎员工的利益,毕竟员工是一群体,政府更关注群体事件和群体的利益。但企业就不一样了,因为 E 大类制约 A 大类,政府有很多办法管制企业,比如通过市场监管、税务、环保等部门对企业进行监督甚至处罚,前面已经说过,政府管制企业往往比较容易,对于员工的群体事件,往往也是通过对企业施压来解决的。因此,要充分认识并运用员工的能量,对其进行必要的股权激励。

第二节　股权激励概况

一、定义与特点

(一)定义

股权激励,就是用股权或者股权性权益激励企业的员工,以保证员工长期稳定有效地为企业服务,与企业共同成长发展。这些员工一般是指高级管理人员和核心技术、业务人员。简单地说,就是用股权来激励员工,目的是长期激励,保证员工更好地为企业服务,最终实现双方共赢。

要强调一点,股权激励的“股权”是从广义上解释的,是针对所有企业,不只是限定在有限责任公司,因为在上市公司或非上市股份有限公司也叫股权激励,而不叫股份激励。这里的股权其实就是一种可以通过公司盈利而获得分红的一种权利,让员工与公司共同成长。

(二)特点

股权激励中的“股权”,与第二章“股权架构与控制权”中的“股权”是有一定的区别的,后者是实股,是真正在市场监管部门登记备案的股权,但股权激励中的“股权”则不一定。因为员工并不需要控制企业,他们更希望获得长远的经济利益。给员工分配股权,是为了让他们明白,有股权就能和企业共成长,股权可以长期拥有,会不断增值,与普通奖金有质的区别。

因此,股权激励中的“股权”可以说是一种经济利益长期持有的保证,其特点就是更注重股权的财产权益而不是人身权益,至于其以何种形式体现,则并不重要。

笔者在第二章“股权架构与控制权”中花了大量篇幅说明股权的本质是控制,但持有股权激励中的股权的目的并不是控制。我们知道,股权有一个特性,就是可以长期地占有,并且伴随企业的发展而会不断变化,企业利润高代表分红多,对员工来说,就是一种长期稳定的保障。而员工也会不断提醒自己,企业发展不好将影响自己的股权价值和收益,所以会更加融入企业,更有主人翁精神,更努力地工作。了解了这个本质以后,就可以明白,华为员工为什么这么喜欢购买实质上并没有话语权的虚拟股权。

激励员工,可以采取很多方法,最主要的是找对方法。有些公司抄了很多上市公司的规则制度,以为是最先进、最高级的,其实可能并不适合自己。华为的股权激励制度可能有许多不合规合法的地方,但其敢于尝试,想象力丰富,充分调研,并不断调整,确实带来了极强的激励效果。因此,形式并不重要,最重要的是效果,如果没有效果,那就要进行调整和改进,在不断尝试中找到最适合自身的模式。

股权激励最重要的是效果,特别是对于非上市公司来说,有很多种方式可以选择,但为什么许多企业做了大量探索而收效甚微呢?笔者认为,关键还是没有找到适合自己企业的有效的股权激励方式。

股权激励涉及公司的股权关系和劳动关系,包含财务、法律、税收等诸多方面,是一项复杂庞大的系统工程,所以要么不做,要么就高度重视。笔者建议企业创始人和管理层科学地制定股权激励方案并关注实施细节,让计划落到实处,有针对性,稳扎稳打,逐步推进,并避免产生各种纠纷。

因此,在本章,笔者对股权激励的相关问题进行阐述,让企业了解怎么才能做好股权激励。当然,对上市公司的股权激励也作了一些介绍(主要是激励的形式和方法介绍),目的是让企业学习其规范的地方,因为其确实有许多可借鉴之处。但本章重点还是深入阐述普通民营企业的股权激励,讨论如何才能让员工更好、更有效地为企业服务,为企业创造更多的财富。

二、股权激励的发展历程

(一)起源和发展

股权激励最初起源于美国。1952年,美国菲泽尔公司的管理人员为避免个人薪金被高额所得税征收(当时个人所得税边际税率高达92%),设计了一个面向全体员工的股票期权计划(期权是常用的一种股权激励方式,也就是以一种在今后可以得到的股权或股票作为激励,对员工设定几个条件,在经过一定期限且条件成熟后,分期分批授予员工股权或股票的方式,具体在后面介绍),这就是最早的股权激励制度。1956年,美国潘尼苏拉报纸公司第一次推出员工持股计划(ESOP,后面具体介绍)。之后各种类型的激励模式层出不穷。20世纪60年代,日本开始实行ESOP等形式的股权激励。到20世纪80年代,西方各大企业也广泛采用股权激励制度。

20世纪八九十年代,美国的股权激励计划开始进入旺盛时期。据统计,至1998年,在美国350家最大公司中,有近30%的公司普遍实施了员工持股期权计划,各公司用于员工激励的股票平均占股票总数的近8%,在IT公司该比例甚至高达16%。20世纪90年代,美国公司高管的薪酬总额中,长期激励报酬一直稳定在20%至30%;20世纪90年代以后,实施股票期权计划的公司数量又一次飞跃,长期激励报酬在报酬总额中的比重由1992年的27%上升到2000年的51%,2003年达到63%,最高比重达到95%以上。

同期,欧洲和日本的股权激励制度也快速发展,到20世纪90年代末,日本已有近200家公司相继实施了股票期权计划,在税收和外汇管理方面也完善了相应的制度。

但是,由于美国上市公司较多,且上市相对比较容易,许多公司高管层利用权力通过造假或内幕交易等方式,在期权行权时期抬高股价,再出售股票牟取巨额的收益。2001年后,美国企业界因股权激励而产生的丑闻频频被曝光,如世通公司会计造假金额达71亿美元;安然公司管理层通过做假账抬高股价以牟取暴利,安然董事会主席卖出了超过1亿美元的期权。因受这些丑闻的影响,美国股权激励的授予量大幅减少,许多公司停止了股权激励计划,由此也引起了美国相关部门的一系列变革,尤其是对会计准则的调整。美国财务会计准则委员会(FASB)于2004年发布了修订的《财务会计准则报告第123号——基于股份的支付》(股份支付在后面具体介绍),确认了期权会计处理中公允价值的计量方法。后来国际会计准则委员会及欧盟委员会也一致确立了对股票期权的费用化确认和公允价值计量的指导思想。这些统一的国际会计准则的完善,在一定程度上规避了股权激励特别是上市公司股权激励所引发的相关风险。

(二)我国股权激励的发展历程

由于我国进入市场经济的时间比较晚,所以真正意义上的现代股权激励也开始得较晚。有人把19世纪山西票号的“身股制度”理解为一种股权激励机制,虽也是一种说法,但这种股权更像是只有分红权的虚拟股,还谈不上现代意义的股权激励。当然,不能否认,这种激励也是很有效的。

1. 上市公司的股权激励

我国现代的员工股权激励(特别是设计良好的期权方式激励)制度最早应该是出现在上市公司。例如,1992年上市公司万科最先推出股权激励计划,学习国外的股票期权计划。随后多家上市公司开始效仿,如1997年上海仪电控股集团公司实行股票期权制度;1998年天津泰达股份有限公司也开始实施股票期权计划。

由于美国上市公司股权激励计划的丑闻频发,为防止出现类似问题,也为鼓励上市公司实施良性的股权激励,2005年12月31日,证监会颁布了《上市公司股权激励管理办法(试行)》(已失效),A股上市公司公告的规范类股权激励计划开始大量增加。2008年证监会又出台了《股权激励有关事项备忘录》1号、2号、3号(均已失效),对上市公司股权激励的种种问题做了补充规定。之后在中小板、创业板的发展过程中也专门做过相关规定。这些都标志着我国的股权激励制度建设和监管更加完善,股权激励也呈现较大发展。

2009年2月,证监会会计部下发了《上市公司执行企业会计准则监管问题解答》(2009年第1期),2009年5月,财政部、国家税务总局下发了《关于上市公司高管人员股票期权所得缴纳个人所得税有关问题的通知》(已失效),分别对股权激励中的会计处理问题和个人所得税问题进行了说明。

另外,证监会于2012年8月初公布了《上市公司员工持股计划管理暂行办法(征求意见稿)》;2014年6月,证监会制定并发布了《关于上市公司实施员工持股计划试点的指导意见》(证监会公告〔2014〕33号),在上市公司中开展员工持股计划试点。由此标志着上市公司股权激励的对象由公司高管扩大到全体员工,说明我国股权激励制度建设真正走上正轨。

为了强化对上市公司的股权激励计划的监管,完善上市公司股权激励制度,证监会于2016年7月13日发布了《上市公司股权激励管理办法》(以下简称《股权激励办法》),并于2016年8月13日起施行。《股权激励办法》强化了信息监管,完善了股权激励的实施条件,对激励对象的范围作了明确规定(明确不包括独立董事和监事),加大了公司自治和灵活的决策空间,强化了内部监督与市场约束,完善了相关程序,加强了事后监督机制和信息披露要求,细化了监管处罚的规定。2018年8

月15日，证监会又修正了《股权激励办法》，并于 2018 年 9 月 15 日起施行。修正后的《股权激励办法》将可以成为股权激励对象的上市公司外籍员工范围，从在境内工作的外籍员工，扩大到所有外籍员工，并允许在境内工作的外国自然人投资者开立 A 股证券账户。上市公司股权激励制度由此更加完善。

2. 非上市公司的股权激励

改革开放以后，其实有许多像华为这样的民营企业或多或少也在探索一种有效的员工股权激励的模式，但没有明确的数据。华为就是在 1998 年派高层去美国考察学习期权激励和员工持股制度，之后开始由工会大量持股，并以虚拟股的方式给员工配股，许多公司也开始学习这种模式。后来因为上市公司对于股权激励这种模式不断深入和规范，许多非上市公司也参照上市公司的做法来进行股权激励，但效果不一。

应该说，国家对于上市公司股权激励的相关规定和要求是比较严格和规范的，这个也很好理解，因为上市公司员工通过股权激励所得的股权，可以在二级市场公开交易和转让，这可能会引起员工通过虚报账目和内幕交易来抬高股价，从而获得高额套现的问题，这种道德危机可能会导致广大股民遭受损失，破坏资本市场秩序，必须严格监管。因此，对于上市公司股权激励的限制会比较多。对非上市公司来说，我国尚未有针对非上市公司股权激励的普遍适用的法规或规则，因此非上市公司实施股权激励计划的自由度和自主权比较大，可以更适应企业的各种需求，比如华为的股权激励制度。但从另一方面来讲，因为限制比较多，所以上市公司的股权激励就会比较规范，而且有许多可参考的格式文本，规定比较详细且条款用词比较准确合法，不会引起太多的歧义和纠纷。而非上市公司的股权激励则五花八门，很多都是收效甚微，还有潜在的法律和财务风险，比如前面介绍的华为的股权激励方式，也存在一定的风险，笔者在后面会有详细的介绍和分析。

三、股权激励的利弊分析

任何事物都有其利弊，关键要看是利大还是弊大。股权激励也是一样，如果让员工获得股权，企业每年的利润就要被分走，那么一部分人肯定要有所损失，即便这些损失可能是暂时的。但是，从发展的眼光来看，股权激励无疑是有利的，故无须计较眼前的得失。

对所有企业来说，实施员工股权激励肯定是有好处的，是企业和员工双赢的结果。但关键还是看是否做出正确选择，是否做到位，选择不正确可能会有反效果，股权激励失败的案例比比皆是。

(一)股权激励的积极影响

股权激励实际上就是对企业的股权进行重新配置,将企业原有股东的股权和企业的资源向部分优秀员工进行合理的配置,以使员工在得到合理配置的股权和资源后能关注企业长远利益,为企业和股东创造出更大的价值。

一般来说,一种或几种好的股权激励制度,对企业的有利之处是明显的,其积极影响体现在如下几点。

1. 有利于更好地吸引并留住人才

高级管理人才和关键核心技术人才等是企业的核心竞争力,通过股权激励,一方面能够促进企业内部竞争,激励人才最大限度地发挥能力;另一方面因为股权特别是期权强调未来的美好前景,所以能够留住绩效高、能力强的核心人才。另外,一个有良好股权激励制度的企业,不但能稳定现有人才,还能不断吸引新的外部优秀人才加盟。给员工以股权或类股权,是一种中长期的激励,有助于培养员工当家作主的企业文化,特别是效益良好的企业,员工更会以企业为家,不愿因离职而损失诸多的利益。

2. 充分刺激和调动员工的积极性和创造力

股权激励与员工的切身利益相关,直接关系到员工的经济收益,将企业的利益与员工的利益紧密地捆绑到一起,使员工能充分发挥自觉能动性和创造力,不断为企业创造价值,同时获取巨大的回报。股权的核心价值在于股权的增值与兑现,当企业盈利且不断递增,甚至进军资本市场,那么企业的股权就能实现巨大的增值,巨额的利益必然会促使众多员工努力工作,处处为企业着想,为企业的利益和前景考虑,不断推动企业的良性发展。

3. 有效降低企业的经营成本并提高利润

减少成本就意味着提高利润,前面提到过,股权激励把企业的利益与员工利益捆绑在一起,让员工明白,不仅要不断为企业创造价值,还要通过各种方式降低企业经营成本,提高利润,这部分利润也包含他们的一部分所得。实践证明,员工会因股权激励而提高主人翁意识,大幅提高工作积极性和主动性,会通过各种办法为企业节约成本,为企业也是为自身争取利益。

另外,股权与奖金不同,股权的分红是不固定的,只有在企业有利润分配时才会支付,而奖金是不管有没有利润都要支付。而且,利润越多分红就越多,利润越少则分红越少,企业不需要事先提取固定奖金款项。因此,对企业来说,实行股权激励制度不需要考虑奖金等固定成本的支出,有利于企业按自己的发展规划和进程运行,以实现质的突破和飞跃。

（二）股权激励的消极影响

当然，股权激励也会对企业特别是创始人等大股东带来一定消极影响：

1. 无论是增发股权还是转让股权，都会导致现有股东的持股比例降低，更有可能影响和削弱创始人等大股东的控制权。

2. 授予员工股权后，员工虽然是小股东，但我国《公司法》也保护公司小股东的权益，比如查阅公司财务报告和会计账簿的权利和出席股东会参与决策的权利等，有可能会给企业和创始人等大股东造成一定麻烦。

3. 小股东团结起来也会有相当的比例，会对创始人等大股东产生一定的影响。股权由集中转为分散，股东对公司经营管理、持续发展的思路就有可能出现分歧，股东之间出现矛盾并导致纠纷的风险就大大提高。

（三）积极影响大于消极影响

虽然有消极影响，但笔者认为，股权激励肯定是利大于弊，具体分析如下：

首先，是对创始人等大股东控制权的影响问题。笔者在前面章节已经详细论述了控制权，获得企业的控制权并不是必须占有大的股权比例，还有很多其他方法，企业股东特别是创始人在实施股权激励计划前都应该考虑并找到有效的办法，也可以请教专业人士。世界上的一些大公司，企业的创始人都会不断自我稀释股权，只有这样，企业才会超速发展。更为重要的是，虽然创始人的股权比例在不断降低，但其股权价值却在不断提高，这个价值不但包括经济利益，也包括创始人在企业中的威望。有格局的企业家充分地掌握了“财散人聚”的道理，在自我稀释股权后，必然有一大批追随者拥护，再加上一定的控制权方法，其核心地位将牢不可破。

其次，大格局的企业家，必然会有一颗功成身退的心，不会把企业变成他的“世袭王国”，稻盛和夫退休后把所有股权分给员工，这就是一种“道”的层面的格局。企业要做大，最终需要靠制度来管理，应该让新鲜的血液注入，一个人的能力总是有限的，应该让更有能力、更年轻的团队来领导。做百年企业，必须要有一个良好的传承制度和文化，这个需要许多人经过长时间的努力才能完成。

只有实行好的股权激励机制，让大家一起努力，共同决策，企业的经营管理才会走向规范化、透明化，对重大事项的决策才会民主化，以往“家长制”“一言堂”的管理模式才会逐步改变。

当然，笔者还是要强调，员工与合伙人分属不同类别，其本身是有区别的，除非是非常优秀的员工，对于大部分员工还是不能分配太多的股权，至少不要分配太多实股，以避免产生诸多不必要的矛盾和纠纷。如果随着时间的推移，企业已经进入良性运行的轨道，创始人认为已经有优秀的团队能管理好企业，那么像稻盛和夫、任正非那样把所有或大部分股权分配给员工,再配合好的股权激励制度,笔者是非常赞同的。但在企业发展期特别是创始阶段,企业还是需要有一个核心,创始人需要有控制权,这样才可以领导企业发展与成长,并协调和平衡各方面的利益,故此阶段不宜在进行股权激励时对自己的股权做太多的稀释。

四、华为的股权激励介绍

为了使读者更好地了解股权激励,笔者对华为的股权激励进行分析,以便读者对本章的内容有直观的认识。

谈员工股权激励,就不得不谈华为,因为华为是把员工股权激励做得最为彻底的,彻底到在没有股权融资的情况下,创始人任正非的股权被稀释到只有百分之零点几。华为施行的是一种全员的股权激励,充分体现了对员工的关怀,可见,华为深刻理解员工对企业的重要意义。同时,华为对员工的激励非常全面,针对不同类型的员工有不同的激励形式,且会在不同时期对股权激励方针进行适合当时境况的调整,以使激励最大化和最优化。另外,虽然说员工为企业创造财富,但并不代表所有员工都是值得激励的,所以即便华为实行的是全员激励制度,也不代表对所有员工进行激励,事实上华为激励的员工数量也就一半左右。激励是很重要,但不要到最后把激励变成奖懒罚勤,起到反效果。而员工也要养家糊口,并不能指望员工都有奉献精神,要从实际考虑,有针对性地实施。比如员工也有惰性,会看重眼前的利益,那么对这类员工就没必要进行股权激励,奖金对其可能更适合。

因此,员工股权激励是一门学问,对员工要有爱和关怀,并感恩其对企业作出的贡献,但也要宽紧有度,太紧会让员工失望而失去动力,太松则培养员工惰性,没有创造力。当然,任何一种激励机制都不是十全十美的,华为的激励机制也是如此,但笔者认为华为的激励相较绝大部分企业是有效的,这个从华为的发展历程和发展速度可以看出来。因此,华为的激励方法值得学习。

(一)华为股权结构和公司治理介绍

1. 股权结构

华为前身为深圳华为技术有限公司(现为华为的全资控股子公司,以下简称华为技术)。华为技术是创始人任正非和五位合伙人于 1987 年共同创立的,当时注册资本仅为 2 万元,由六位股东均分股权。

华为是一家 100% 由员工持股的民营企业,股东只有华为投资控股有限公司工会委员会(以下简称华为工会)和任正非两个。华为通过华为工会实行员工持股计划,员工持股计划参与人数有 10 万人左右,参与人都是公司员工。任正非作为自然人股东持有公司股份,也参与了员工持股计划,而且因为股份增发,其股权占比逐年下降,华为工会的股权占比则不断增长。笔者根据 2020 年 4 月从企查查网站查询的信息,当时华为工会和任正非名下的股权占比分别为 99.06% 和 0.94%;2022 年 8 月,华为工会和任正非名下的股权占比调整为 99.30% 和 0.70%;2023 年 4 月,华为工会和任正非名下的股权占比调整为 99.35% 和 0.65%,表明员工持股的数量在不断增加,而任正非的股权在不断减少。其实,这种调整在华为的发展历程中是一种常态。

2. 公司治理

华为工会设持股员工代表会,履行股东职责、行使股东权利,是华为事实上的最高权力机构。该代表会由 115 名持股员工代表组成(另有 18 名候补持股员工代表,在持股员工代表缺位时,由候补持股员工代表依次递补),由享有选举权的持股员工选举产生,任期 5 年,代表全体持股员工行使相关权利。持股员工代表会和华为工会是两个独立运作的机构。华为工会是依《工会法》成立的组织,同时又是员工持股的载体,扮演着两方面的角色;持股员工代表会则是员工持股载体的管理机构,是公司的最高权力机构。因此,两者在运作上没有关系。

参与华为日常管理的重要机构是董事会,董事会是公司战略、经营管理和客户满意度的最高责任机构,承担带领公司前进的使命,行使公司战略与经营管理决策权,确保客户与股东的利益得到维护。董事会成员共 13 名,由持股员工代表会(115 名持股员工代表)选举产生并经股东会表决通过,任期 5 年。

2023 年 3 月,持股员工代表会和股东会进行了董事会换届选举,产生了董事长及新一届董事会成员、候补董事,董事会选举产生了副董事长和常务董事。至 2023 年 4 月,华为董事会成员包括:董事长梁华,副董事长徐直军、胡厚崑、孟晚舟,常务董事汪涛、张平安、余承东、李建国,董事何庭波、郑良材、任正非、陶景文、彭博、查钧、侯金龙、杨超斌、应为民。董事会设常务委员会,常务委员会是董事会的常设执行机构,受董事会委托对重大事项进行研究酝酿,就董事会授权的事项进行决策并监督执行。董事会常务委员会成员包括:徐直军、胡厚崑、孟晚舟、汪涛、张平安、余承东、李建国(何庭波、郑良材为列席常务董事)。公司董事会及董事会常务委员会由轮值董事长主持,轮值董事长在当值期间是公司最高领袖,轮值董事长的轮值期为 6 个月,孟晚舟(2023 年 4 月 1 日起为轮值董事长)、徐直军、胡厚崑三人依次循环当值,直至董事会任期届满。

另外,值得一提的是,任正非虽然持股不到 1%,而且其本人称对公司没有决策权,但他对重大决策事项享有一票否决权,而且此权利在华为的章程中有明确的规定。虽然据称任正非从未行使过这项权利,但这项权利保证了他对华为战略方向的控制权。任正非提到,这个一票否决权以后可能会由一个7人小组来继承,即将来会从公司最高层中选出7名精英(可能会是从董事会、监事会退出的最高层领导),作为大股东代表来行使一票否决权,防止公司在重大决策中完全被民意裹胁而做错事。7人小组会有任期制,具体年限尚未确定。至本书截稿,7人小组还未正式列入公司制度,未来一段时间内,一票否决权仍将掌握在任正非手中。

(二)华为股权激励的发展历程

华为股权激励的成功在于华为在不同时期会对股权激励模式进行适当的调整。其股权激励可分成3个阶段:第一阶段是员工直接持股阶段(实体股,1990~2001年),第二阶段是虚拟股阶段(通过华为工会持股,2001~2013年),第三阶段是奖励期权与虚拟股并存阶段(2013年至今)。

1. 第一阶段(1990~2001年)

华为技术成立后,现金流出现了问题,无法申请到银行贷款,曾经因发不出工资给员工打欠条,后来把欠现金写成欠股权。华为技术成立后的第三年即1990年,为解决资金问题,华为技术员工开始以每股1元的价格购入公司股权,以税后利润的15%作为分红。应该说,当时以每股1元的价格认购华为技术的股权,是相当便宜的,因为1993年华为技术的每股净资产是5.83元,1994年为4.59元,1995年为3.91元,都远超1元。而且,每股1元认购价格的方案一直持续到2001年。

另外,华为技术与各地电信和行业客户成立的合资公司的员工也享有认购的资格。1997年华为技术的注册资本增加到了7005万元,增量全部来源于员工购买股权的资金。华为技术不但以内部融资的手续获得了现金流,渡过了难关,而且还增强了员工的归属感,创业团队得到了稳定的发展。

当时,华为技术员工的薪酬由工资、奖金和股权分红组成,这三部分金额几乎相当。其中股权是在员工进入公司一年以后,依据员工的职位、季度绩效、任职资格状况等因素进行派发,一般用员工的年度奖金购买。

1997年6月,华为技术对股权结构进行了调整。调整前,华为技术的688名员工总计持有65.15%的股权,而其子公司华为新技术公司的299名员工持有余下的34.85%股权;调整之后,华为技术工会委员会(以下简称华为技术工会)持有61.86%的股权,华为新技术公司工会持有33.09%的股权,而华为新技术公司仅持有5.05%的股权。深圳市体改办同意批复了华为技术这一改制计划。

之后,华为技术工会开始以现金收购华为新技术公司和华为新技术公司工会的股权,到1999年6月,收购了华为新技术公司持有的全部的5.05%的股权,收购了华为新技术公司工会持有的21.24%的股权。到那时,华为技术工会变成华为技术的绝对大股东,占华为技术的88.15%的股权,而华为新技术公司工会则持有

11.85%的股权。

到2000年12月,华为技术又决定把华为新技术公司工会的11.85%的股权并入华为技术工会,任正非则将其所持有的3500万元股权单独剥离,并在工商注册登记。至此,华为技术工会在华为技术占股98.9%,任正非作为唯一的个人股东占股1.1%。

上述是华为员工持股的实体股阶段,但当时员工持有的实体股并不在工商登记显示,只是由工会代持,工会就是一个持股平台,而且现在工会持股已经不被允许,上述实体股模式已经没有被复制的可能。

2.第二阶段(2001~2013年)

2001年,由于受到网络经济泡沫的影响,华为遭遇了发展历史上的第一个寒冬,此时华为开始实行"虚拟受限股"的期权改革。2001年7月,华为技术股东大会通过《华为技术有限公司虚拟股票期权计划暂行管理办法》,开始实施虚拟股票期权计划。相关资料显示,该虚拟股权体系是以毕马威的审计报告审计出的净资产为参考依据,但未公开具体的计算方式。

虚拟股办法推出之后,华为员工所持有的实体股被逐步吸收并转化为虚拟股。虚拟股是公司授予激励对象的一种虚拟的股权,激励对象可以据此享受一定数量的分红权和股价升值权,但是没有所有权和表决权,该股权不能转让和出售,在员工离开企业时自动失效。虚拟股的发行一定程度地维护了华为管理层对企业和员工的控制能力。

另外,华为还实施了一系列新的股权激励政策:

(1)新员工不再派发1元1股的股权。

(2)老员工的股权也逐渐转化为期股。

(3)员工从期权中获得收益的大头不再是固定的分红,而是期股所对应的公司净资产的增值部分。

2003年,华为正式成立,华为技术成为华为的全资子公司,而华为技术工会原有的内部员工持股制度、期权激励计划也被移至华为投资控股有限公司工会委员会(以下简称华为工会)的平台,任正非在华为技术的股权也移至华为,当时任正非占股1.07%。同时,华为大幅提高配股额度,向核心员工倾斜,并允许员工兑现部分股权用于个人需求。

华为每年发行新股,由实体股东华为工会按当年每股净资产购买,再将等比例虚拟股出售给员工。员工签署后将合同交回公司保管,没有副本,没有持股凭证,每个员工有一个内部账号,可以查询自己的持股数量。

同时华为允许员工贷款购买虚拟股,并主动联系银行,员工只需拿出15%的资金,其余可以以个人助业的名义从中国银行、工商银行、平安银行和建设银行四家银行获得贷款支持。2011 年银行贷款被叫停,华为内部融资已经超过 260 亿元。

2008 年,华为对虚拟股制度设定配股上限,即每个员工的级别达到上限后,就不能再参与新的配股。

从固定股票分红向"虚拟受限股"的改革是华为激励机制从"普惠原则"向"重点激励"的转变。

3. 第三阶段(2013 年至今)

2013 年,华为推出了 TUP 计划(Time Unit Plan,直译为"时间单位计划",实质上是一种奖励期权计划)。其推出该计划的主要原因有三:一是虚拟股价格不断升高,员工因为不能贷款而购买困难;二是外籍员工因为法规政策限制无法购买虚拟股;三是奖励期权本质上是一种特殊的奖金,是基于员工历史贡献和未来发展前途来确定的一种长期但非永久的奖金分配权力,不属于股权性质,不会受到我国《公司法》或《证券法》等法律法规或政策的限制。

TUP 计划不需要员工花钱购买,只是根据部门绩效、个人绩效及配股的上限等因素每年进行分配,形式上与涉及所有权性质的股权没有关系,但分配额度需要参照分红和股本增值来确定,故有激励作用,且操作也比较灵活。

目前,华为的虚拟股制度和 TUP 计划在同时推行。

从以上对华为的股权激励分析中可以看出,华为的成功离不开对股权的有效操作和运用,在关键的时候,股权的合理和灵活运用能使公司起死回生。

(三)激励的股权来源

华为每年都会新进大量员工,其中不乏表现优异者,即华为所称的"奋斗者",他们都有机会获得配股资格。比如,2017 年年末员工持股计划参与人数为 80,818 人,到了 2018 年年末员工持股计划参与人数达到了 96,768 人,新增 15,950 人,增幅达到 19.73%。那么,这么多"奋斗者"的股权来源于哪里?笔者以下将作简要的介绍。

1. 增发

增发一直以来是华为股权的主要来源。华为员工所持的都是虚拟股,所以调整很方便,华为工会每年增发新的实体股,再通过虚拟股的方式奖励给新进员工,而老员工包括任正非的股权都会被稀释。考虑到虚拟股的激励效果下降,华为又推出 TUP 计划即奖励期权计划,故以后增发速度可能会逐步减慢。

华为员工的虚拟股只跟分红有关,虽然被稀释,但华为每年的利润都在增长,所以对老员工的收益不会有太大的影响。即使收益减少,也至少能保持 25% ~ 30% 收益率。

此外,华为的分红弹性较大,每年分红多少都是由董事会说了算,如果新增的持股员工多了,那分红的总额相应也会增加,比如 2017 年华为分红总额 168 亿元,

2018 年分红总额超过 240 亿元，增幅在 40% 以上，这个要比持股员工人数的增幅大很多。

2. 高管出让股权

华为高管的持股每年都会有一些变化，而且呈现减少的趋势，最近几年华为高层都在出让股权，这样可以分配给新员工。比如 2017 年年底任正非的股权占比约 1.4%，但是到了 2018 年年底其股权占比为 1.14%，2020 年年底其股权占比为 0.94%，2021 年年底其股权占比为 0.75%，到 2023 年 4 月其股权占比只有 0.65%，那么其减少的股权就可以奖励给新的员工。事实上其他高管也是一样的。

3. 员工离职回购股权

华为员工的股权都是虚拟股，员工只享有分红权，没有投票权和所有权，更不能自由买卖，所以持股员工离职之后，华为工会会回购离职员工的股权，再用于奖励其他优秀员工。

4. 持股员工被取消股权

华为最初用来实行股权激励的股权是实体股，导致有些老员工自认为是“老革命”，长期持有股权但是不出力，光等着分红坐享其成，任正非发现了这个问题的严重性，所以就对华为的员工持股进行了多次改革。比如 2011 年 4 月，任正非与华为公司高层召开“如何与奋斗者分享利益”的座谈会，任正非希望持股较多、将要脱离一线的老员工主动把所持的股权数量降下来，以便给新进的“奋斗者”更多机会。随后又出台了一些政策，如果持股员工表现不达标将会被取消持股和配股资格。那些表现不达标的员工的股权被取消之后，所释放出来的股权就会被重新分配给表现优异的“奋斗者”。

5. 持股员工出售股权

虽然华为每年的分红非常诱人，正常情况下员工都不可能主动减持，但是员工也有需要大额资金的时候，比如买房和大病医疗等急需，这时候就会释放出一部分股权，这些股权就可分配给后来的优秀员工。当然这种情况不是很多。

（四）华为股权激励的特色

华为大概有 20 万名员工，有近一半人持股。华为的股权基本上都是虚拟股，由华为工会向符合条件的员工发放，如果要持股，不仅要有资历，也要有成绩。华为员工持有虚拟股，可以获得分红，享受净资产增值收益，但没有所有权和表决权，所持股权不能转让出售，员工离职后，其所持股权由华为工会回购（退休或患病离职可以保留）。

华为员工持股，是让人非常羡慕的事情，目前来看，华为一年的分红达 200 多亿元，人均分红 20 多万元。据说华为老员工持股 10 年以上的收益率至少达到 15

倍，比A股、房产投资和其他理财渠道的平均收益率都要高。

毫无疑问，华为的成功与其实行的有效的员工股权激励密不可分，笔者对其特色进行总结如下。

1. 全员并不代表全体

华为的全员持股，指其股权基本上都由员工持有，作为创始人和领导人的任正非也只有不到1%的股权，这是全员持股的真正含义。读者千万不要理解为进入华为就可以持股。事实上，如果不到一定级别和工作年限，没有一定的贡献，是根本无法持股的。华为的股权并不是谁都可以买到，只有那些业绩表现突出的员工才有配股的资格，目前华为差不多也只有一半的员工持股。如果每个员工都有股权，是没有激励意义的，体现不出奖优罚劣。

2. 普遍并不代表平均

股权激励最忌讳的是平均，因为这样起不到激励的作用，而且可能让优秀的员工失望，让更多的员工增加惰性。所以应该让那些优秀的员工持有更多股权，与企业共同成长。而且，不同级别和贡献的人持股数量是不一样的，优秀的员工持股更多，而且每年都要根据部门和员工个人的贡献进行相应调整。在华为，每一年被称为"奋斗者"的优秀员工会被主管叫到办公室，会得到一份合同，告知他们能够认购股权的数量。

3. 不断调整以适应时事

前面已经提到过，华为经历了实体股、虚拟股、TUP和虚拟股并存几个阶段，说明华为一直在坚持不懈地探索如何更好地激励员工，而不是一直采用一种激励方法，因为只有根据不同情况、不同阶段作适时的调整，股权激励才真正有意义。比如说引入TUP就是因为那些老员工持有了大量的虚拟股，每年已经有可观的收益，失去了奋斗的积极性，而真正做事的人却得不到应有的回报，内部分配严重不公，背离了华为"以奋斗者为本，长期坚持艰苦奋斗"的宗旨。虚拟股结合TUP就是回归到任正非所坚持的"获取分享制"，只有"能拉车而且能拉好车"，才能获得股权分配，否则就会被淘汰，如此员工的价值才会在分配中得到体现。这是管理层和优秀员工都期望看到的一种局面，事实上效果也很好。

4. 多种激励形式并存，且有顺序

华为员工每年的收益包括工资+奖金+TUP分配+虚拟股分红。前面三项是薪酬所得，后面一项是资本所得。分配顺序依次是工资、奖金、TUP分配、虚拟股分红。前华为轮值董事长郭平（现为监事会主席）提出薪酬所得与资本所得比例为3∶1，意味着此消彼长是华为激励机制调整的大方向，也是对华为"获取分享制"的具体执行，用贡献来衡量收入才能真正激发员工的斗志，真正发挥奖优罚劣的最大效能。

5. 针对不同级别设置限额,鼓励员工积极向上晋升

华为对虚拟股实行配股上限制度,即给员工分配“虚拟受限股”,不同职级的员工都有配额的上限,到达上限后,就不能再参与新的配股,除非晋级到上一个职级。那么在下面职级的员工就会不断努力,争取达到上一职级,以购买更多的新股,这种激励措施显然是很有效的,毕竟虚拟股的投资回报率相当高。

6. 员工离职后收回股权,退休和患病离职可保留股权

员工离职的,华为会收回其股权,当然,华为会根据资产增值状况给其相应的回报,即按照每股净资产增长率给予离职员工相应的股权增值收益。但是有个前提,就是员工所持股权要锁定3年,如果3年内离职则没有增值,原价退还。而且,所分配增值部分钱款不是一次性付清,一般的员工要分4年分期给付,每次给付不超过1/4;若是高管则要分10年给付,所以华为很多高管所持股权要锁定13年。

另外华为规定,只要工作8年以上,年满45周岁就可以申请退休;如果不满45周岁,但有重大疾病,也可以申请提前退休。退休后,则可以选择保留股权,也可以赎回。

可以看出,华为对于忠诚和有困难的员工,是给予充分的保障的,体现了华为人性化的特色。

7. 逐年递增到一定期限后清零,防止吃老本

华为激励的股权到一定时间是要清零的。比如华为的5年TUP计划,采取的是“递延+递增”的分配方案,是现金奖励的递延分配,属于中长期的一种激励模式,相当于预先授予员工一个获取收益的权利,但该收益需要在未来几年逐步兑现(与业绩挂钩)并递增。例如,第一年授予员工获得TUP的资格,给其分配了10,000个单位,虚拟面值为1元,但没有分红权;第二年,获取10,000×1/3单位的分红权;第三年,获取10,000×2/3单位的分红权;第四年,全额获取10,000个单位的100%分红权;第五年,在全额获取分红权的同时,另外进行升值结算,比如面值升值到5元,则第五年获取的回报是:全额分红+10,000×(5-1),同时对这10,000个TUP单位进行权益清零。

另外,华为把TUP面值的计算方法与虚拟股的股价做了关联。比如授予资格时虚拟股的价格是5元,5年后虚拟股增值到10元,股价增值为5元,则TUP对等的权益也增值5元。因此,员工每年获得的阶段性的分红权属于“递延”部分,而权益增值属于“递增”部分。这一制度对留住优秀员工是有很大好处的,刚进入企业前两年的员工贡献可能不大,所以分红不多,后面几年贡献越来越大,则分红越来越多,而且还有权益的递增。

需要注意的是,5 年期满 TUP 单位清零的设置,就是为了防止员工吃老本,同时也淘汰那些不符合公司价值观的员工,给予真正优秀的"奋斗者"获得配授虚拟股的机会,以留住那些真正优秀的人才。

8. 激励与限制并存

员工并不是合伙人,地位不同,授予股权的方式应该也有所不同,所以不能无限制地给员工股权,这个后面也会提及。如果给员工太多股权,则员工可能没有兴趣再为公司服务,真正为公司做事的员工就没有了,优秀的员工也会对公司失望并失去进取心。任正非曾说:"上市公司不盈利,也要垮掉的,不上市的公司不盈利也不能发展的,我们没有不同于别人的命运,唯有多努力。"所以,一定要在激励和限制方面取得平衡,比如建立年度考核机制,达不到要求就适当减少员工所持股权;另外可适当根据员工每年的贡献来提高其薪酬所得,降低可获得的股权比例,让员工更有动力去为企业作出贡献。

华为在这方面也进行了许多探索,比如某些老员工分红多了就没有动力干活,或者不愿意去非洲、中东、喜马拉雅这些偏远地区,于是公司就不断增发新股给新的优秀员工和愿意去偏远地区的员工,从而稀释这些老员工的股权;另外,由于所有这些分配都来自公司的利润,且每年 TUP 发放在虚拟股之前,所以 TUP 分配得越多,留给虚拟股分红的利润就越少,由此,TUP 模式有利于调节虚拟股的分红比例。TUP 收益的稀释作用会让虚拟股的比重逐年下降,对"奋斗者"的激励比重就会逐步上升,从而纠正股权激励制度中过于看重历史贡献的不合理性;还有,华为近来正在逐步控制虚拟股的发行量,或者对从离职员工处收回的股权进行重新分配,不再增加新股的发行,虚拟股每年收益也会逐步下降,以寻求激励与限制的平衡。

(五)评析

1. 华为股权激励成功的原因分析

(1)了解人性

用以激励员工的股权与合伙人的股权有所不同,合伙人持股是基于话语权的需要,合伙人与创始人共同经营管理企业,在创始人经营方向出现问题时能提出不同意见。但员工持股并不需要表决权和话语权,其股权比例本身就很少,事实上也不可能有话语权。但股权本身是会增值的,可以长期分红。让员工持有股权,是让员工看到希望,明白只要通过自身努力把企业经营好,自己就可以得到更多的分红,而且其所持股权在有生之年都会增值,即便是退休和病退,也有足够的保障。至于是否有表决权和话语权,大多数员工都不会在意,如果真有这么几个有雄才大略的员工,可以考虑通过努力成为合伙人。因此,真正为企业做事的是员工,能让员工无怨无悔地为企业工作，是企业的成功秘诀，但前提是能有效地激励员工。华为的成功，是对人性的透彻理解，具有深度的股权智慧。

(2)适时而变

华为的股权激励方式无疑是成功的，最关键之处就是适应时事不断变化和调整，任正非很好地坚持了“三易”，即简易、不易和变易。从简易看，大道至简，把复杂的问题简单化，抓住核心要点，解决主要问题，有诸多问题可以分开来解决，或者通过多种方式解决，对此绝大多数企业都了解，做不到是因为格局和胸怀不够；不易就是不变，就是不忘初心，指华为坚持员工激励的决心是不变的，就是给员工福利，尽可能留住优秀员工，这个原则不变，初心不改，变的只是方式；变易和不易是相对的，不变的是原则，变化的是方式，前面已经提到，华为从实施员工股权激励以来，调整了多种方式，这个就是适应时事而变。变化是永恒不变的真理，如果只守着一种方式，不懂得变通，则肯定会失败。正所谓：穷则变，变则通，通则久，即变通才能长久(变通者，趋时者也)。我们看到，华为一开始资金严重短缺，就让员工出资持股一起创业一起发展；后来资金充足了，发现单纯配置股权容易让老员工产生惰性，不思进取，就采用虚拟股权，而且除非升到上一职级，否则到一定时间就不再配股，这样能鼓励员工不断进取；再后来为了激励更多的新员工(新的“奋斗者”)，就引入 TUP 和虚拟股一起使用。这个就是在变，根据不同的情况对股权激励战略进行不断调整，让激励更有效，让事情变得更加顺利，让新员工(“奋斗者”)看到希望，老员工有紧迫感和压力，这样大家才会一起努力为企业创造更多的价值，那么这样的企业才会经久不衰。

(3)创始人的格局和魄力

华为的成功肯定离不开创始人任正非的贡献，其关键是任正非的人格魅力和诚信。任正非深谙员工作为企业财源的道理，明白员工是企业价值的真正创造者。我们看到，任正非的股权在不断地自我稀释，最后其所持股权只有不到1%，可以说企业创始人持有这么少股权的也只有任正非了，足见其格局和胸怀。笔者在第二章“股权架构与控制权”中已经提到过，一家企业中，创始人是核心，核心不在于大，而在于把握住重心，在于对企业的影响力。股权比例再大，无法把控局面，企业没有利润，再大又有什么用？股权比例小，只要企业的利润绝对值大了，股权所带来的绝对值也就会很大。一般来说，世界上大企业的核心人物的占股比例都不会很高，他们都深谙“财散人聚”的股权激励之道。

笔者一直强调控制权，最重要的是通过控制企业把企业搞好，带领合伙人与员工共同富裕。那么，如果一家企业在做大以后，可以通过制度与公司治理自行造血，这个时候创始人是否有控制权已经没有了实际意义。当然，任正非对重大事项还有一票否决权,这也只是为了保证企业在关键时刻不偏离航道,而不是什么事情都否定,事实上任正非也说自己从来没有使用过一票否决权。任正非的格局和魅力在于,一切都以企业为重,从来都是把自己的利益放在企业利益之后。现在,他把董事长席位让出来了,据说今后会把一票否决权也让出来,而且明确他的家人不会在享有一票否决权的7人小组中。他的观念很清楚,把企业做强做大,在企业不需要的时候,就安静地离开,控制权于他无所谓,因为企业已经能自动造血,能靠制度来生存和发展。员工肯定会记得这样一个领导人,因为他把几乎所有的股权都留给了员工,就像日本的稻盛和夫那样散尽股权。因此,控制企业最上等的手段是控制人心,但控制人心的前提是真正为企业和员工着想,为企业的利益而奉献自己,这样才能通过自己的人格魅力让员工心甘情愿地为企业服务。

(4)独特的企业文化和价值观

①诚信

其实一开始华为的许多员工对股权激励是有疑问的,但事实证明,员工在股权激励上获益甚多。华为每年给员工的分红是巨大的,而且都算得清清楚楚,绝对不会拖欠,员工可以选择领取现金红利,也可以选择用分得的红利配股,如要领取现金,则分文不欠。即使对于离职的员工,有领取年限和额度的限制,但也绝对不会拖欠应付款项,而且会给予其股本的增值收益,从而赢得员工的信任。

②爱憎分明

华为的文化可以用爱憎分明来形容,就是爱和奖励那些坚定地认同企业价值观和文化的人,那些坚定地与公司同呼吸共命运的人,绝对排斥和拒绝不忠诚的人。而且,这种文化是向全体员工说清楚的,同时奉劝那些对公司的发展持怀疑态度的人尽早离开,否则在公司也不会有发展前途。这样的企业文化增强了员工的忠诚度,更支持了华为员工股权激励计划的顺利实施。

③对忠诚员工的关爱

前面已经提到,华为员工到45周岁可提前退休,员工只要工作满8年就确认其已经为公司作了贡献,以后公司就会保障其生活;对患病的人也不会放任不管,允许其保留股权,用以治疗和养老。这些人对企业已经没有贡献了,但还每年给他们分红,笔者做了很多股权激励案件,很清楚大多数企业是不愿意这么做的,这就是人性化,也是留住大量优秀人才的原因。

华为把企业利益与员工收益挂钩,组成利益共同体,最终起到了应有的激励效果,达到股东与员工的双赢。当然,前提是员工忠诚,对创始人有信心,因为创始人能让他们信任,能说到做到。

④激励与制衡并存

既要激励员工，又不能让员工失去动力，这就要寻求一种平衡。华为对于那些没有退休且年轻无疾病的员工的要求是苛刻的，通过对激励制度的不断调整和优化，一方面真正让员工明白持有股权的好处；另一方面让员工意识到拿着股权不努力工作也不行，因为股权可能被稀释甚至被剥夺。对于那些努力的员工，华为也都看得到，奖励会通过股权体现出来，给他们最好的激励和奖励，让他们更有信心为华为工作。给员工分配股权很容易，但要控制好，而且调整好，是非常不容易的。很多企业前期激励做得好，但不懂变通、制衡和调整，激励不久就以失败告终，而且往往会导致创始人与员工对立。而华为就是制衡有术的典型。

当然，华为的全员股权激励是一个特例，并不适合所有企业。首先是时机，华为成立时恰逢改革开放初期，允许作不同的尝试，随着企业的成长而逐步推行各种激励方式，而且进行不断调整；其次是任正非的人格魅力，愿意和员工共同分一杯羹；最后是控制能力，即任正非在股权被极度稀释的情形下仍能把控住企业。天时、地利、人和都有了，才能完成这一壮举。

对于这样的全员激励，应该说绝大多数企业是学不来的，因为大多数创始人没有这样的格局，也没有这样的把控能力。事实上，华为模式可以参考，但没必要全盘照抄，也学不了。所以，每家企业要根据企业和创始人及股东的相关情况，制定适合自己的股权激励计划。当然，员工之间划等级授予不同数额股权、分期行权、奖优罚劣、适时清零、良好的退出机制等方面是可以借鉴的，这个在前面的特点中有提及，而且后面还会提到，就不再详述。

2. 存在的问题分析

华为的股权激励是成功的，但并不是说没有问题，任何一种股权激励模式都不能说是最好的，只适合在特定的空间和时间存在，华为的激励模式也是如此，并不是所有企业都可以借鉴的。因此，股权激励只能根据企业的实际情况和特定条件进行设定，没有一成不变的唯一标准。这也是笔者后面需要对股权激励进行详细介绍的原因。

(1)企业价值的强迫认同，不允许有不同的声音

笔者前面提到过，华为的企业文化就是爱憎分明，任正非军人出身，对员工实行军事化管理，认为员工有不同的想法就是背叛，这个显然是有问题的。也许在企业创办之初，这样做是对的，不这样做企业可能就无法生存，团队容易散伙，效率不能提高。但这种管理显然有“一言堂”的成分。如果华为在发展中有一个重大决策失误，那么后果不堪设想。军队式的统一管理效率是高，但容易因为领导人的失误而损失惨重甚至灭亡。这样的教训有很多，笔者不一一列举。华为其实也认识到

了问题,所以现在任正非退出董事长席位,由团队来领导企业,大家共同商量办事。笔者只是认为,这里面要有一个平衡的问题,优秀的人才往往有自己的个性,不能因为其有不同的声音而对其孤立排挤,企业中要有不同的声音,这样才能让管理层发现自身的不足,并能尽快改进。

(2)完全以虚拟股激励存在的问题

华为除了任正非,其他个人是没有实股的,只有虚拟股,这对有些企业就不一定适用。虚拟股一般只有在分红时才体现出其价值,如果企业没有利润,那么虚拟股就失去其意义。华为之所以采用虚拟股加奖金的方式,是因为其每年的净利润非常高,而且员工信任华为和任正非。基于此,只要有利益,及年年可看得见的分红,员工是满意的。但并不是所有企业都有这样的利润和可信度,更不要说有些企业可能利润不高或没利润,即使有利润,老板可能也不一定会信守承诺分配利润给员工。所以,在利润达到一定程度,信任度完全建立前,股权分配还是要有一定虚实结合,比如对于高管或能成为合伙人的员工,可以给予一定的实股,普通员工可以在一家平台公司实行激励或通过虚拟股激励,这个具体在后面论述。

(3)存在许多历史遗留问题

华为股权激励的方式,是当时特定时期形成的,许多已经不适用,或者说不合法,具体有如下几点。

①工会作为股东

根据《工会法》的规定,工会是中国共产党领导的职工自愿结合的工人阶级的群众组织,不属于《公司法》意义上的独立股权主体。华为以工会作为股东的模式,是当时深圳市体改办特批作为试点的,属于历史遗留问题,现在已经不可能允许工会作为股东。

②股东超 200 人问题

华为的股东有 10 万人左右,《公司法》规定有限责任公司最多 50 名股东,股份有限公司最多 200 名股东,《合伙企业法》规定有限合伙企业最多也就 50 名合伙人。现在监管层都要求股权穿透到个人,这样的话,华为设立几百家公司作为持股平台也不可能解决股东超 200 人的问题。这应该也华为不上市的原因之一。

③股权代持问题

事实上,华为工会就是一个大的股权代持主体,员工之中还有形形色色的个人代持问题,如果要上市,这些问题肯定要进行清理,因为 IPO 上市是不允许代持的,而且要穿透核查到个人。这应该是华为不上市的另一个原因。

④非法吸收公众存款之嫌疑

前面提到华为存在股东超 200 人问题,因此事实上华为已经是一家非上市公众公司。华为员工想要持有公司股权需要花钱购买,但事实上这些员工没有成为法律意义上的股东,因此,这个可能被认定为向员工集资。向这么多员工集资,就存在非法吸收公众存款的问题。因此这种模式只能说是一个时代的特定产物,并不是所有企业都可以借鉴的。

(4)股权不明晰

笔者强调,股权明晰是现代企业最基本的要求,但华为根本无法做到。现实中,如果一个华为员工达到配股条件,管理层就会通知这个员工签署合同,员工签署合同后交回公司保管,没有副本,没有持股凭证,每个员工只有一个内部账号可以查询自己的持股数量。而且,每年分红多少,谁分红多谁分红少也是公司高层说了算,解释权由公司或者说是公司某几个高层享有,员工无法提出不同意见。持股员工手中没有任何凭据,完全靠自己记的一个股权数。这样,持股员工的知情权被剥夺,打起官司来也无凭据,正当权益得不到保护,这是华为一直被诟病的问题,也是无法上市的主要原因之一。

当然,华为给予员工的是虚拟股,并非《公司法》意义上的实体股,员工并不具有真正股东的身份,而且有限责任公司也有许多自由和自主权,所以目前还没有被认为非法。但既然签订了合同,合同主体都应该各执一份合同,不能不给员工合同原件。而且,华为给员工分红时也没有一个说法,至少应该告知员工可分红依据、计算方法等。

因为股权不透明,也引发过员工起诉华为的案子,比如2002年华为第一个股权纠纷案是刘平因股权问题状告华为及华为工会,虽然最终刘平败诉,但也促使华为对相关制度进行了修改,包括股权根据净利润计算增值收益的规定。

笔者一直强调,不管怎样,任何制度都有其局限性,华为的股权激励可能在形式上存在这样或那样的问题,但从实质上来说,确实是有效的,而且是绝大多数员工所拥护的一种制度。正是因为员工的拥护和奉献,才会有今天的华为,这一点不可否认。所以,读者可以学习华为的精髓实质而不只是形式,取其精华即可。而且,读者也可以根据笔者的分析,明白哪些可以借鉴哪些不值得学习,这样对读者才有意义。总之,企业一定要结合自己的实际状况来选择适合自己的股权激励机制,企业的管理者应该关注广大员工的整体利益,重视人才并留住人才,能站在更高的台阶上审视和制定企业的远景战略规划,促使员工与企业同呼吸共命运,并能通过专业人士合理规避相关的法律或财务风险。

第三节　股权激励前的准备

在正式介绍股权激励前，笔者认为有必要提一下股权激励前的准备，这个很重要，实施股权激励必须要有充分的准备，千万不要仓促盲目地开始，否则效果会不理想。特别是企业创始人，应该事先有详细周密的考虑和布局。股权激励失败往往是因为不加调研地仓促开始、人云亦云和盲目参照。人性是很复杂的，要充分了解员工的想法才行。激励有没有用，一方面要看是否有事先的详细分析和调研，另一方面要在实践中不断地检验和调整。股权激励是要靠时间来证明的，不可能一步到位。

因此，企业家做事要有目的，做事情之前一定要想明白想清楚。做股权激励也是一样的，要考虑很多问题，比如考虑为什么要做股权激励，对企业的好处在哪里，不利之处在哪里，是不是到了这个阶段等。当然，其他具体事宜可以让专业人士来做，但做之前有许多方面需要自己衡量。

一、明确目的

首先，要明确股权激励是以企业的业绩增长为前提的，当然并不一定以净利润的增长为唯一目标，也可以是合同订单的数量、销售额的增长，或者用户的增长等；其次，要明确激励是为了企业和员工的共同利益，而且笔者认为，员工利益应该更优先，只有全方位考虑员工的利益，员工才会真正为企业做事，企业才会真正地发展；最后，要明确企业确实需要通过股权激励来发展，而员工也确实有这方面的需求，在这样的情况下，企业家就要考虑如何进行股权激励，而且要把前面所说的利弊都考虑清楚，明确是有益且可行的，并且确实已经到了这个阶段，才能开始实行。

笔者认为，企业家不要去赶时髦，不要看到人家实行股权激励就去模仿。目前有许多民营企业认为股权激励肯定能够有效激励员工，把自己的企业做大做强，其实这种想法是片面的，如果没有在合适的时机并能选择好的股权激励方式，不但没有效果，而且可能会产生反效果。所以在做之前一定要深思熟虑，充分调研，这样才能据此选择合适的激励模式，确定相应的激励对象和实施程序，以达到激励计划所要达到的效果。

二、充分调研

实行员工股权激励之前一定要充分调研，因为有调查才有发言权，否则就是纸上谈兵、闭门造车。企业家特别是创始人与合伙人,需要了解员工的真实想法,这样才能对症下药。特别是对于那些高级管理人员和优秀的技术人才,这些人的想法显得尤其重要,因此有必要对各部门及相关人员进行充分的调研。调研的方法有很多种,可以与公司高管和关键核心员工进行深度访谈,可以组织员工开会讨论,让他们充分发表自己的看法,也可以由工会或人力资源部门出面进行调研。这种调研应该是广泛的,即便是暂时达不到激励要求的员工,也应该听取他们的意见和建议,甚至是一线的员工,也有他们的需求,即便他们自己暂时不能成为激励对象,但对激励人员、标准、方式等也会有自己的意见和想法,同时也可以让他们知道股权激励是什么,有什么样的条件和要求,也许能激励他们朝这个目标前进。如果不方便当面交流的,还可以采取无记名的调查问卷形式,可以是书面的,也可以是线上的调查问卷,这种调查问卷的设计也很重要,要有切入点,可以让企业家充分了解员工的想法。

笔者在为企业提供股权激励服务的过程中,非常了解调研的重要性,认为这一过程确实值得花费较大的精力。事实上,许多企业家的想法与员工的想法是不一致的,企业家认为这种激励方式很好,但员工并不一定买账,所以企业家不能想当然,否则就是吃力不讨好。一方面,只有适应员工的需求,才能激发员工的动力;另一方面,在激励的同时,有效地约束也很重要,没有约束不行,但约束过多过重会使员工没有动力。所以听取员工的想法,了解员工的心理非常重要。而且,由于股权激励的复杂性,企业在调研时应该聘请专业人士,随时向专业人士请教,以便朝正确的方向实行股权激励。

在实行股权激励前还要确定考核机制或绩效机制,这个也需要充分地调研。考核机制其实是最重要的,因为如果要求太低,员工不努力也能做到,那么达不到激励效果;如果要求太高,员工再努力也达不到,同样没有激励效果。所以要结合企业、部门和员工个人的实际情况,进行合理的测算,而且每年都要作相应的调整,以达到最佳的激励效果。

三、选择合适的时机

这里包含两个问题,一是是否到了进行股权激励的阶段,即是否有必要性;二是每个企业和每个阶段所用的激励方式都是不一样的,那么企业家就要思考,企业在这个阶段要做什么样的激励。总之,顺势而为才是正道,如果企业之前没有实行过股权激励,那更要慎重。

那么,什么时候合适呢?笔者认为,股权激励需要企业发展到一定的规模,而且员工有此需要,这个时机就比较合适。借用华为的案例来分析一下。华为 1990

年第一次实行股权激励有几个原因,一是华为已经成立三年,市场拓展已经到了一定的程度,而且发展良好,确实需要资金扩大规模;二是为了在竞争中取胜,需要投入大量科研经费。当时民营企业融资是比较困难的,所以选择了内部融资,以员工的现金换实体股权,同时激励员工努力工作。这种做法一方面减少了公司现金流风险,另一方面增强了员工的归属感,稳住了管理层和员工。在这个阶段,华为完成了资本积累的初步任务,1995 年销售收益达到 15 亿元人民币,1998 年将市场拓展到中国主要城市,2000 年在瑞典首都斯德哥尔摩设立研发中心,海外市场销售额达到 1 亿美元。从华为的案例可以看出,当时企业已经有一定数量的员工,而且市场拓展迅速,必须扩大产品销量才能满足市场的需求,因此需要投入大量的资金。员工也看到企业发展的潜力,愿意用较低的价格买入企业的股权,因为可以分红,且其所持股权价格也可以随着公司的发展而得到提升。

所以说,股权激励最好是在公司发展到一定程度,让员工可以比较清晰地看到企业发展的势头,而且最好有一定的利润,让员工认为企业会发展越来越好时进行。当然,可能一开始公司还没有盈利,但销量增长迅速,员工能看到企业的勃勃生机,愿意与企业共同成长,这种时机也是不错的。

如果是初创型的企业,员工也没有几个,产品可能还不成熟,销量也不具规模,这个时候股权激励没什么意义,员工不一定像创始人和合伙人那样对企业有信心,股权对他们来说没有意义,也不应该让员工来承担企业的风险,因此这时如果需要资金,找风险投资比较好,而对员工还是以奖金激励为好。初创型企业最主要的是解决合伙人的问题,建立合理的股权架构和稳定的管理团队,这个前面一章已经提过。企业发展到一定程度,经营管理和业务发展步入正轨,员工达到一定的人数,需要对员工进行一定的分级和激励,让他们更有动力为企业做事。这个时候企业就有了激励的需求和资本,创始人才需要考虑实行员工股权激励。

四、要真正为员工考虑

(一)创始人的格局很重要

创始人应该清晰地认识到,员工特别是那些优秀的、有能力的员工,是企业的财源,企业到了一定的程度,如果他们不被认可,就不会坚定地跟随企业。

因此,创始人不能太在意自己的股权,特别是一家发展势头迅猛的企业,更应该如此,尽量把自己的股权分出去。稀释股权的目的有两方面:一方面,获取大量资金扩展市场,需要股权投资人的介入(投资人作为 C 大类在后面章节介绍);另一方面,随着企业的不断扩张,必须要有优秀的人才加入,而且这些人能认同并无怨无悔地跟随创始人及企业。在这个时候,股权激励无疑是必要的。当然,为了企业朝正确的方向发展，在企业管理机制完善的前提下，控制权还是需要掌控在创始人手中（具体可参见第二章“股权架构与控制权”），但实现控制权有许多方法，并不是股权比例高就有控制权。事实上，如果没有员工的支持，创始人的股权比例再高也没有用。

所以创始人要明白“财散人聚，财聚人散”的道理，懂得用人之道，明白股权激励是真正出于对员工的关爱和欣赏，是出于对同甘共苦员工的一种奖励，同时也是一种激励，稳定人心，让员工有归属感，和企业一同发展，共同分享努力带来的利益。从华为的案例就可以看出，给员工的股权激励越多，回报越大。

（二）不能强迫和欺骗

另外很重要的一点就是不要强迫和欺骗员工。许多企业给员工画大饼，讲故事，想着占员工的便宜，拿到员工的股权购买款以后又不能兑现，使员工感觉受到欺骗，对企业失去信心，造成人心不稳，纠纷频频，这种所谓的激励肯定是失败的。有人说华为一开始也是让员工投资，拿员工的钱为企业扩张，但这个是有历史原因的，当时股权投资还没有现在这么发达，找股权投资和银行融资都比较困难。而当时华为发展迅猛，员工都看得清清楚楚，明确自己花钱投资必有巨大回报，所以员工投资是自愿的；另外，华为很大一部分投资来源是员工的奖金，员工从奖金额度就可以看出企业发展的速度，明白股权必然会增值；此外，华为还帮助员工通过银行贷款购买股权，说明当时员工自己掏出来的钱不多。最重要的是，华为诚实守信。所以，笔者建议企业如果要员工拿钱出来购买股权，一定要员工自愿，不要强迫更不能欺骗，股权价格也不能太高，要充分为员工考虑，否则后果是很严重的。

前面已经提到，员工是企业价值的创造者，是企业文化和精神的支柱。虽然现在员工找工作不容易，但这不代表创始人可以任意妄为。

（三）让员工看到利益

创始人一定要记住，激励是要让员工真正能看到利益，千万不要让员工和创始人一样承担企业的风险，承担风险的是合伙人和投资人，而不是员工，千万不能混同。比如，企业在亏损的阶段，让员工高价买股权，这对员工是不负责任的。另外，创始人一定要给员工基本的生活保障，只有在有充分保障的前提下，才可以实施股权激励，而不应该让员工倾家荡产来购买股权。企业发展到一定程度，也要帮员工想办法融资，尽量不要让员工有负担，比如可以让员工用奖金来购买股权，或者通过员工贷款企业担保的方式购买股权。

（四）要有诚信

创始人一定要有诚信，这个非常重要。笔者一直强调创始人在实行股权激励之前要考虑清楚，就是担心创始人一开始头脑发热什么都答应，到后来什么都做不到，这样不但没有效果，而且还会失去人心，致使企业朝反方向发展。华为的任正非作为企业的核心，其威望就是依靠诚信建立起来的，只要答应员工的，再困难也要办到。在做事前思考周密，做事后信守承诺，这才是真正企业家的风范。只有诚信才能建立起真正的信任关系，才能真正建立企业家的核心地位。

创始人一定要记住，员工的力量是强大的，千万不要任意妄为。从图3的股权关系来看，B大类可以制约E大类，而E大类是制约A大类的，因此，员工完全可以通过政府和法律来制约创始人与合伙人，如果员工联合起来对付企业，肯定会对企业不利，企业损失的不止是财产还有声誉。没有诚信和格局的创始人往往失去的不是一两个员工，而是一批人才，那么其所在的企业肯定是危机四伏。

所以，企业家一定要有诚信，把员工的利益放在首位，股权激励也是，考虑到了员工利益，员工才会为企业创造价值。千万不要忘记员工是企业的财源，企业要关注员工的需求，企业的创始人要学会和员工分享利益，这样员工才会有归属感、凝聚力和动力，才会认同创始人，这样的企业才能不断发展。

五、激励的同时要考虑约束

股权激励制度对员工可以产生既激励又约束的双重作用。

前面提到，企业家或者创始人，首先要爱护员工，给员工最好的条件，其终局目的是企业更好地发展和壮大。企业做强做大是创始人同时也是员工的终极目标。

为了实现双赢的目的，必须要对创造企业价值的员工进行一定的激励，让他们看到希望，看到潜在的利益，并为之不断努力。当然，股权激励不是全员激励，只能激励那些优秀的人，这样就可以让后进的人有压力；而且对于不同的员工要实行不同的激励方式，物尽其用，人尽其才，充分发挥其主观能动性和潜力。

给员工分配太多利益并不一定是好事。有格局有智慧的企业家都是有一定技巧的，在实行股权激励前肯定会考虑好对员工的约束机制，不能让员工只知道享受利益而失去动力，如果能做事的人都不愿意做事了，那么企业发展的动力就没有了。只有达到激励和约束的平衡才能双赢，所以这与“把员工利益放在第一位”的宗旨是不相矛盾的。约束是为了更好地激励员工，让企业得到长足的发展。

对员工的管理是要有智慧的，股权激励也是如此。对员工进行约束的同时要能把控全局，不要因为激励而让员工失去动力甚至干预企业管理，创始人要适时进行约束和调整；另外就是要设定一系列的约束措施，比如分阶层、把握分配股权和金额的大小、设定期限和业绩考核指标等，这些具体在后面会专门提及。

总之，约束是为了更好地激励，不要让员工失去动力，一发现员工失去了动力，就要利用创始人的控制权进行及时调整，这是股权激励的关键。约束与关爱员工并不矛盾，没有规矩不成方圆，企业的成长需要员工，如果过分关爱员工，企业成长不了，员工没有收益反而会怪创始人。所以，员工做出什么样的业绩，创始人就给什么样的奖励，赏罚分明，说到做到，这样员工才会服从创始人的管理。

从图3中的股权关系看出，A大类的创始人与合伙人支持B大类的员工，但员工需要通过C大类的规则和制度来克制和约束，这就是激励和约束双重原则。

在第一章“总论”介绍股权五大类别的“支持性”和“制约性”时，笔者就强调，过多的支持并不合适，但过分的制约也会出现反效果，所以支持与制约要取得平衡，制约也要适当才行。万事不能太过，太过放松会让员工失去动力，但约束也不能太多，规定的条件太高而无法达到，这个叫苛刻，到头来没人为企业做事。比如对于期权行权的业绩指标，一定要进行合理测算，要有一定的难度，不能轻易地就可以达到，但也不能太难，要根据员工的能力设置，给其一定的压力，但难度不能高到根本无法达成，否则这种考核指标就是失败的。

六、事先确定几个原则

（一）全盘布局

全盘布局当然不是所有的事情都能在事先考虑清楚，股权激励本身就是一个长期的过程，而且需要在执行过程中不断地进行调整。

笔者所说的全盘布局，是指股权激励为企业战略与业务发展服务，其核心在于激励未来，激励的模式与方法要服务于企业发展战略，且激励模式及考核方式要与具体业务相对应。因此，不但要考虑股权激励的模式，还要考虑到股权激励的人群和阶层及考核方式和约束方式。

特别重要的是，股权激励不能单纯考虑企业的现有员工，还要考虑到企业在不断发展的过程中会引入的大量的优秀人才，所以必须要给这些人才留好足够的股权激励额度，避免到时因为股权激励不到位而无法招揽人才。因此，企业家要全盘布局，不能想到一出是一出，必须要有一个全面的考量，作充分的准备，并且要有选择性、有重点地一步步推进。

（二）有自己的特色

企业要制订适合自己的股权激励计划，千万不能盲目去借鉴和模仿其他企业的做法，一定要有自己的特色。因为不同性质和规模的企业，或者同一企业处于不同的发展阶段，其实施股权激励的目的并不一定相同，比如有些企业是为了吸引和留住对企业业绩和持续发展有直接影响的管理骨干和核心技术人员；有些企业是为了调动员工的工作积极性和潜力，为公司创造更大的价值；有些是为了回报老员工，扶持新人成长等。那么，相对应地，其实施股权激励的方式方法也要有所不同。

当然,笔者也不反对适当的借鉴,有好的模式,而且确实适合自己企业的,也可以采用拿来主义,并不是绝对不行,比如华为就是到美国考察股权激励制度并采用的。但笔者建议,首先要认真分析自己企业的状况,进行调研后确认可行;其次就是要对拿来的模式作一定的调整,以适合自身的需求,不能全盘照抄,必要时作一定的突破,制定出更好、更适合自己企业的激励模式。事实上,华为在对美国股权激励制度考察后,也作出了大幅的修改,而且有重大突破,以适合国情,适合企业。

(三)差异化和梯度化

股权激励并不是全员激励,如果对全部员工都进行股权激励,就等于没有激励。华为号称全员持股,但持股人数其实也就一半员工,一般企业的股权激励数量应该更少更集中,而且对不同的人可以采用不同的激励方式,要有选择有重点,实行差异化,并且有一定的梯级层次。比如员工个人激励的比例和金额应该根据岗位和业绩贡献大小拉开差距,千万不能在这方面为了平衡而搞平均分配,平均分配其实是最大的不公平,会挫败有贡献、有能力的核心人才的积极性和能动性,反而引发不利后果。

(四)作为中长期战略,逐步分批实施,并随时调整

前面已经强调过,股权激励是一个长期的过程,必须做好一个中长期的规划,并随时准备进行调整。所以笔者在前面一再强调,企业创始人在实施之前要充分调研讨论,做好充分的思想准备,了解股权激励可能产生的种种影响。

股权激励的过程就是一个不断核验与调整的过程,因为企业的人员和状况都在发生变化,不可能是死水一潭。比如在实施过程中肯定有不周全的地方,要重新调研并作适当调整;实施一段时间后,情势会产生变化,比如有些员工有利益就不干活,或者有些员工已经不符合某些条件,要调研并调整;有些激励实施到一定阶段不适合企业或整个社会了,要调研并调整;有些企业为适应上市要求,需要成立激励员工的持股平台,要调研并调整;一种激励效果不好,要换一种或要多种结合,要调研并调整。因此,笔者强调,千万不要幻想一步到位,一蹴而就,股权激励不可能一次完成,必须要有打持久战的准备。

总之,企业家事先就应该高度重视,把股权激励作为企业的中长期战略,有一个中长期规划,事前进行充分调研,并时刻关注其效果,不断进行验证和调整,这样才能真正起到激励的作用。

第四节 股权激励模式

前期准备完成后,有了充分的调研,并统一思想,接下来就要选择和确定股权

激励的模式，这个非常重要。企业一定要选择适合企业的激励模式，而且在企业发展的不同时期要有不同的模式，且需要多种模式结合使用，这样才能达到效果。如果一开始模式就选错了，那之后可能就会一步错步步错，后面所做的一切也都会徒劳无功。

一、上市公司常用的股权激励模式

介绍股权激励的模式，首先要介绍上市公司特别是我国上市公司的股权激励的主要方式。上市公司虽不是本书的重点，但涉及股权激励的，还是要借鉴上市公司的主要方式，不仅因为上市公司的股权激励比较规范，还因为上市公司股权激励中的许多规定和做法以及相关的文本确实值得借鉴。

当然，非上市企业与上市公司不能完全等同，因为上市公司天然地要利用资本市场的定价和溢价功能，正是因为这种功能，可能会产生道德风险，监管部门才会通过各种方法对其进行监管。这种监管有好也有不好，好的方面是比较规范，不好的方面是限制过多，有时不利于激励效果最大化。还有一种是拟上市公司，这时候激励效益最大，因为上市以后股价增值往往是巨大的，所以对准备上市的公司来说，更要注意合理地安排激励计划，这在后面也会提及。

另外，通过上市公司与非上市公司的比较，读者就可以清楚哪些方式适合自己的企业，哪些可以借鉴，哪些可以忽略。

根据《股权激励办法》第 2 条第 2 款的规定，上市公司可以采用的股权激励的方式主要有限制性股票和股票期权两种。另外还有股票增值权和业绩股票，但《股权激励办法》中没有提及这两种形式，实践中则有一些上市公司公告的案例。现笔者介绍如下。

（一）限制性股票

《股权激励办法》第 22 条第 1 款规定："本办法所称限制性股票是指激励对象按照股权激励计划规定的条件，获得的转让等部分权利受到限制的本公司股票。"

1. 特点

首先，必须要明确，限制性股票是实股，是实际授予员工股票。

其次，要注意其重点是"限制"两个字，就是公司现在就以较低的价格（可能是现有股价的一半，但不得低于股票票面金额）授予激励对象股票，但激励对象不能马上出售，为什么呢？因为规定有激励对象出售股票的期限（限售期）和条件。只有在达到一定的期限（不低于 12 个月，且每隔 12 个月不得行权超过 50% 的股票）和一定的目标条件后，激励对象才能在股票市场上出售自己所持的股票（称为行权）。如预先确定的目标条件在到期以后没有达到（或违法违规、辞职、被开除等)，公司有权将授予激励对象的股票收回。

关于限制性股票的授予价格、限售期限、授予条件、行权条件等，将在后面逐步详细解析。

下面简要分析限制性股票的优缺点。

2. 优点

(1)限制性股票是实实在在的股票，直接授予激励对象个人，激励的力度较大。

(2)激励股票的价格一般都比较低，且可以根据二级市场股价波动获得较高的收益。

(3)对期限和条件的诸多限制，有利于激励对象将更多的时间精力投入某个或某些长期战略目标中，可保证激励对象的稳定性。

(4)受证券市场的自动监管，具有相对的公平性。

3. 缺点

(1)如果授予股票的价格指标设置不合理或由于市场的波动，虽然预期目标完成但股价没有达到预期要求，会影响激励对象的积极性。

(2)影响公司的股本结构。限制性股票是实股，行权后将会分散股权，从而影响现有股东的权益，并可能导致产权和经济纠纷。

(3)由于授予股票价格、限制期限和限制条件都由公司设置，激励对象不能完全掌控预期目标实现的各项要素，即使激励对象再努力也可能无法达到预期目标，从而失去激励作用。

(二)股票期权

《股权激励办法》第 28 条第 1 款规定："本办法所称股票期权是指上市公司授予激励对象在未来一定期限内以预先确定的条件购买本公司一定数量股份的权利。"

1. 特点

首先，必须明确，股票期权不是当下即可授予的实股，只是一种今后有可能获得股票的权利。

其次，要着重注意"期"这个字，就是期望或者是未来的意思。也就是说，公司授予激励对象一种可以得到股票的期许，但前提是达到一定的目标条件，并达到一定的期限(不低于 12 个月)后，激励对象才能以事先确定的价格购买这些股票(每隔 12 个月不得行权超过 50% 的股票)。

最后，即便达到了条件，如果激励对象认为价格不合适，有权选择不购买这些股票，决定权在于激励对象。也就是说，行权条件成熟后，激励对象有选择行权或不行权的自由。但股票期权有效期过后，尚未行权的期权就不能行权。

当然,如预先确定的条件到期没有达到(或违法违规、辞职、被开除等),那么激励对象就失去了以事先确定价格购买公司股票的权利。

关于股票期权的授予价格、限售期限、授予条件、行权条件等,将在后面逐步详细解析。

2. 与限制性股票的区别

(1)股票期权在授予时是得不到股票的,这是与限制性股票最重要的区别。限制性股票是授予以后马上能得到的股票,只不过激励对象当时不能处分这些股票;而股票期权是激励对象在符合相应的条件以后,才可以按照事先确定的价格得到股票。

(2)股票期权的行权价格虽然是事先就确定好的,但根据《股权激励办法》的相关规定,其事先确定的行权价格往往会比限制性股票要高。既然是期权,这类股票的激励对象当然是与公司共同捆绑,共同为公司今后利益付出努力,所以其是追求在今后买入股票时股票市场上的公司股价与事先确定价格之间的差价。

(3)限制性股票因为当下即授予,所以要承受股价下跌的风险,但股票期权的激励对象没有风险,因为激励对象如果认为股价达不到自己的目标要求,就可以选择不行权,没有任何额外的损失。

下面简要分析股票期权的优缺点。

3. 优点

(1)股票期权的激励对象为追求今后股票增值,会将公司利益放在第一位,并努力为公司创造更高利润,将其与公司的长期利益绑在一起,能实现其与公司利益的高度一致性,并将二者的利益紧密联系起来。

(2)实施股票期权激励的公司不需要像实施限制性股票激励的公司那样当下就以较低的价格授予激励对象股票,这样就有利于公司降低激励成本,以较低成本吸引和留住人才。

(3)与限制性股票一样,股票期权根据二级市场股价波动实现收益,因此激励力度比较大。

(4)受证券市场的自动监管,股票期权具有相对的公平性。

4. 缺点

(1)影响公司的股本结构。与限制性股票一样,激励对象行权将会分散股权,影响现有股东的权益,可能导致产权和经济纠纷。

(2)来自股票市场的风险。因股票市场的价格波动和不确定性,当激励对象行权但尚未售出购入的股票时,股价下跌至行权价以下,激励对象将同时承受行权后纳税和股票跌破行权价的双重损失的风险。

(3)可能带来激励对象的短期行为。这种情况在介绍美国股权激励时也谈到过。由于股票期权的收益取决于行权之日市场上的股票价格与行权价格之间的差价,可能促使激励对象特别是位于高层的激励对象片面追求股价提升的短期行为,甚至有些激励对象会利用做假账或内幕交易来抬高股价进行抛售,有许多道德风险。

(三)股票增值权

《股权激励办法》只对限制性股票和股票期权这两种比较成熟的激励模式作了明确的规定,但这并不是说对其他模式均不能实行,因为《股权激励办法》第2条第2款同时还规定:"……以法律、行政法规允许的其他方式实行股权激励的,参照本办法有关规定执行。"这就给限制性股票、股票期权以外的其他方式的股权激励的设计预留了空间。事实上有些上市公司也在实行其他的股权激励模式,比如下面要讲的股票增值权。

1. 特点

股票增值权也是一种期权,但和股票期权不同,这种模式下的激励对象获得的其实是一种虚拟的股权,并不是实股。其指在未来一定的期限和目标条件下,因公司业绩提升、股票价格上涨等因素,激励对象可以获得行权价与行权之日二级市场股价之间的差价的增值收益(或净资产的增值收益),增值收益以现金支付。激励对象也有权选择行权或者不行权。

因此,股票增值权模式不同于股票期权的激励对象在行权后可以获得完整的股权,其只是一种虚拟股权的激励工具。这种模式下的激励对象最终并不实际享有股权,不拥有这些授予股权的所有权,也不拥有表决权、配股权、分红权等权益。公司不会增加股东,因此不会稀释公司其他股东的股权,激励对象也无须出资购买,因而激励对象成本压力较小。

另外,股票期权采用"企业请客,市场埋单"的方式,激励对象获得的收益由市场进行支付,而股票增值权采用"企业请客,企业埋单"的方式,激励对象的收益由企业用现金进行支付,其实质上是企业奖金的延期支付。也正是基于这种企业行为,监管部门才不需要过多干涉。

当然,股票增值权激励计划和虚拟股权激励计划也不相同,虚拟股权的激励对象有分红权,股票增值权的激励对象没有分红权,只享有股票增值部分折价后的现金的权利,这部分现金相当于公司对激励对象的奖金。

这种激励模式原来适用于无法在我国内地获得上市公司股票的外籍员工,但2018年实施的《股权激励办法》允许外籍员工成为激励对象,并允许外籍员工向证券登记结算机构申请开立证券账户,因此这种模式的运用在2018年之后有所减少。

另外，这种模式也比较适用于在国外或我国香港地区上市的公司，由于授予实股不方便，以及税收及收入限制的一些原因，所以较多采用这种模式。

当然，这一模式也完全适合现金流量比较充裕且比较稳定的非上市公司。

下面简要分析股票增值权的优缺点。

2. 优点

(1)这种模式简单易于操作，激励对象在行权时，公司直接对股票升值部分予以兑现。

(2)激励对象不需要出资购买股权，没有现金支付的压力。

(3)激励对象有权选择不行权，不会有任何额外的损失。

(4)审批程序比较简单，公司无须解决股票来源问题。

3. 缺点

(1)这种模式下的激励对象不能获得真正意义上的股票，且无法长期持有股票，无法让员工和企业一起成长，对有些业绩好的公司来说，其激励的效果相对较差。

(2)我国资本市场尚不成熟，股价与公司业绩关联度不是很大，以股价的上升幅度来决定激励对象的增值收益并不一定有效，无法起到股权激励应有的长期激励作用。相反，还可能引发公司高管层与庄家合谋操纵公司股价等问题。

(3)股票增值权的收益来源是公司提取的奖励基金，公司现金的支付压力比较大。

(四)业绩股票

《股权激励办法》对业绩股票也没有明确规定，但也有少数上市公司采用这一激励方式。

业绩股票激励模式指公司在事前确定一个合理的业绩目标，如果激励对象经过努力后实现了公司预定的业绩目标，则公司给予激励对象一定数量的股票，或奖励其一定数量的奖金来购买本公司的股票。

1. 特点

从本质上讲，业绩股票也是一种股票的期权。同时，其也可以说是一种奖金的延迟发放，但它弥补了一般意义上的奖金的缺点，那就是激励对象可以获得真实的股票，具有长期激励的效果。一方面，业绩股票与一般奖金不同，不是当年就发放完毕，还要看今后几年的业绩情况；另一方面，如果企业效益好，其股价在二级市场会持续上涨，激励效果就会进一步增强。

业绩股票在锁定一定年限以后才可以兑现。因此，这种激励模式是根据被激励者完成业绩目标的情况，以股票作为长期激励形式支付给激励对象的激励模式。

2. 与其他激励模式的区别

(1)股票期权。业绩股票和股票期权虽然都是一种股票的期权,但股票期权是指在今后达到一定条件后,可以购买股票的权利,钱还是要由激励对象自己出,所以激励对象可以行使这个权利,也可以不行使这个权利;而业绩股票说到底是以股票作为一种奖励,即达到一定条件(业绩)后,激励对象就可以直接获得股票或购买股票的奖金,不用自己出钱。从这一点来说,业绩股票比股票期权更有激励效果。

(2)限制性股票。激励对象获得限制性股票要自己出钱购买,业绩股票实质上是奖励股票,不用激励对象自己出钱。当然,业绩股票激励模式和限制性股票激励模式一样都是激励对象可以获得股票,但限制性股票激励模式是马上授予,只不过达到一定条件后激励对象才能行权;而业绩股票激励模式是达到一定条件后才能授予一定数量的股票,这种股票是一种期权。

(3)股票增值权。业绩股票和股票增值权虽然都是一种奖励,但股票增值权激励模式下激励对象获得的是因股票增值产生的收益(现金),不是股票,而业绩股票激励模式下激励对象获得的就是股票(奖金也是用来购买股票的)。

下面简要分析业绩股票的优缺点。

3. 优点

(1)能够促使激励对象努力完成业绩目标。为了获得股票形式的激励收益,激励对象会努力地完成公司预定的业绩目标。而激励对象获得激励股票后更会加倍努力地去提升公司的业绩,进而获得因公司股价上涨带来的更多收益。

(2)具有较强的约束作用。激励对象获得奖励的前提是实现一定的业绩目标,并且收入是在将来逐步兑现,如果激励对象未通过年度考核,出现有损公司的行为或非正常调离等情形,激励对象有可能被取消激励股票,其退出成本较大,所以对其有较大的约束力。

(3)激励与约束机制相配套,激励效果明显,且每年实行一次,因此,能够发挥滚动激励、滚动约束的良好作用。

(4)激励对象不需要出资购买股票,所以没有现金支付的压力,也不会有损失。

4. 缺点

(1)影响公司的股本结构。激励对象行权将会分散股权,影响现有股东的权益,可能导致产权和经济纠纷。

(2)公司激励成本较高,因为公司需要出钱购买公司股票或支付购买股票的资金,会造成公司现金支付的压力。

(3)业绩股票需要公司在事前确定一个合理的业绩目标,但很难保证公司确定的业绩目标具有科学性与合理性,可能促使激励对象为获得业绩股票而弄虚作假。

(4)激励对象的短期行为。在激励对象获得股票后,可能会实施一些片面追求股价提升的短期行为,甚至有些会利用财务造假或内幕交易来抬高股价抛售,产生许多道德风险。

二、非上市公司股权激励

笔者一直强调,本书主要是为非上市民营企业而撰写,所以将非上市公司的股权激励作为重点,只不过上市公司的股权激励比较规范,所以许多地方非上市公司可以借鉴使用。当然,话说回来,规范从另外一个角度说就是限制,对非上市公司来说没必要全部遵守,故可以在借鉴的基础上进行改造,以设计出适合自身的股权激励模式。

上市公司之所以要规范,是因为公司上市以后,股票增值会给其带来巨大的利益,那么如果无限制地进行股权激励,以便宜的价格(如《股权激励办法》中规定的股票交易均价的50%)买入股票,实际控制人或公司高层就可能会运用各种手段去攫取这些利益,如不加以限制,不但广大员工无法真正地实施激励,还可能给公司、股民甚至整个资本市场带来巨大损害。

上市公司是公众公司,可能会侵害广大股民的利益,而非上市公司大都是有限责任公司,是人合公司,而且基本上都是发展中的企业,还没有进入资本市场,创始人基本上是大股东,其需要考虑企业的发展,如果员工不努力,给其再多股权也不会带来什么财富。所以这些企业的创始人的想法与上市公司的思路是不一样的,如果在员工股权激励中,创始人只考虑自己或亲信的利益,这样的企业根本不可能持续发展,所产生的恶劣影响也只能由其自身承担。所以国家和法律不会给非上市公司过多的限制,因为这是公司的内部事务,不会扰乱市场秩序或损害股民的利益,故要求非上市公司遵行市场规律即可。

非上市公司的创始人或实际控制人团队想实行股权激励计划,就要运用自己的股权或利润去激励员工,监管部门不会给予太多的干涉和限制,故有充分的自由操作的空间。比如企业实行虚拟股的激励方式,员工获得的只有分红权,没有表决权,这在上市公司会被认为不透明,是对广大股东权利的侵害,但在普通的民营企业不受影响,如华为就是采用这种方法。事实上,许多员工也愿意接受虚拟股,因为他们更关注的是分红多少,对表决权选举权等身份权并不在乎。但对于那些准备上市的企业,在这方面就要小心,最好有专业人士参与,因为上市公司要求股权明晰,如果实行了太多的虚拟股权激励,后期调整会很麻烦。

下面具体阐述非上市公司的股权激励。

(一)分类

关于非上市公司的股权激励,首先要讲一下分类,因为非上市公司股权激励的模式众多,不像上市公司那样有许多限制,可以说是五花八门,所以要分一下类别,以便在后面提到具体模式时更好把握和理解。

1. 以结算结果划分

(1)权益结算类

所谓的权益结算,顾名思义,就是给员工权益,这个权益主要就是股权。权益结算的常见模式有前面提到过的限制性股票模式(非上市公司可以称为限制性股权模式)、股票期权模式(非上市公司可以称为股权期权模式)、业绩股票模式(非上市公司可以称为业绩股权模式),还有后面要介绍的员工持股计划等。也就是说,此类股权激励模式下员工获得的是真实的股权,包括员工持股计划,其与华为的员工持股计划有点区别,华为的员工持有的是一种虚拟股权,真正意义上的员工持股计划应该是真实的股权。权益结算类中,除了业绩股票(股权)模式是直接奖励员工股票(股权),其他都需要员工自己出资购买股票(股权),所以公司不需要支付大笔的现金,还会有现金收入。但给予真实的股权,就说明股权结构会有所变动,那么就会导致原股东的持股比例被稀释。当然,员工愿意持有企业的股权,说明员工对企业有充足的信心,愿意与企业一同成长。

(2)现金结算类

所谓现金结算,顾名思义,就是给员工的股权或权益并不是真实的,而是一种虚拟的股权或者股权只是作为一种参考系数,员工实际拿到的是通过结算后的现金。比如前面提到的股票增值权(非上市公司可以称为股权增值权),还有虚拟股权、业绩单元、利润分享计划等。前面提到的华为的 TUP,其面值的计算方法与虚拟受限股的股价做了关联,也可以视为现金结算类的股权激励。现金结算类的股权激励,优点是不会影响公司的股权结构,原股东持股比例不会被稀释。但缺点也很明显,就是公司需要支付大量现金,现金支付压力很大。而且,员工不能获得真正意义上的股权,对于某些企业特别是发展良好甚至即将上市的企业,这种激励模式对员工的激励作用有限。但反过来说,对于普通企业,许多员工可能会认为现金直接奖励更有激励性。每个企业境况都不一样,所以在进行股权激励前一定要认真调研。

2. 以获得股权的实质划分

股权激励的另一种大类的划分方法,就是按股权的实质来划分,可以分为实股和虚股。

(1)实股

实股就是实实在在的股权,员工获得该股权以后,即获得所有权,享有占有、使用、收益和处分的权利。这种所有权是一种综合权利，如参加股东(大)会、投票表决、参与公司的重大决策、收取股息或分享红利等。

但在股权激励中，实股并不是马上就可以获得或马上可以行使权利的，公司董事会和股东(大)会都会对股权激励对象进行一定的限制，或者说在实股之上附有一定的期限和条件。如果激励对象取得实股后就可以马上行使权利，则是正常的买卖和赠与，并非股权激励意义上的实股。

根据股权获得的时间和可能性，实股又可以分为现实股权和期权。像限制性股票(股权)就是一种现实股权，是可以马上得到的，只不过不能即时处分；而股票期权(股权期权)和业绩股票(业绩股权)等就是一种期权，需要在今后视目标完成情况来决定是否可获得。

①现实股权

现实股权是授予即可取得，但要达到一定期限和条件后才能行使权利，在没有达到一定条件之前，这种权利是有限制的，或者说是有瑕疵的，可能只有占有权，无法使用、收益和处分。比如限制性股票(股权)，上市公司主要会限制激励对象售出股票的权利，所以会约定一定的限售期和业绩目标，而且规定激励对象不能一次性出售所有股权，要分批次出售；而非上市公司可能会约定一个或多个业绩目标，按所达到的业绩目标的情况进行分批解锁；拟上市公司的限售期则跨越上市前后，时间会更长。

②期权

期权则是今后可能取得的股权，可能取得但也可能无法取得，就要看激励对象是否达到了预先设定的条件。激励对象在经过一定期限、达到一定条件后，可以以预先确定的价格和条件购买公司一定数量的股权。当然，激励对象对期权有权行使权利，也有权不行使权利，如果行权了，则其获得的就是现实股权。

(2)虚股

虚股也称虚拟股权，获得虚股的激励对象并不享有实股这样的股权的身份权，如参加股东(大)会、投票表决、参与公司的重大决策等，但可以享有收取股息或分红的权利，或者享受股权增值所带来的增值部分的收益等财产权。比如享有分红权的虚拟股权计划、股票(股权)增值权等都可以视为虚拟股权。

单纯的奖励基金不包括在股权激励中，但与虚拟股权有联系的奖励基金，也可以算入虚拟股权类，如华为的 TUP。

前面提到的现金结算类的股权激励一般都属于虚拟股的股权激励。

综上所述，前面介绍的现实股权、期权和虚拟股权，现实股权的归属感最强，属于长期激励，但手续比较复杂，变通性较差；期权则是今后才有可能行使的权利，激励对象要达到一定业绩目标,而且股权本身要增值才有行权的价值,可促使激励对象为企业业务发展而努力,也可较长时间绑定激励对象,但在业务停滞甚至下滑,企业没有发展的情况下,可能无激励作用;虚拟股权没有表决权和实际股东权利,只有分红权和部分增值收益,在公司规模较小时,激励效果和企业归属感都较低,但当公司发展和利润增长迅速时,比如发展到华为这种程度,这种虚拟股权的效果还是非常明显的。而且,这种激励模式下,企业易于控制和操作,不会有稀释股权的麻烦和纠纷。

(二)非上市公司股权激励的主要模式

上市公司的股权激励相对来说比较容易理解,因为员工获得公司的股票后可以任意支配和买卖,而非上市公司股权激励主要是基于员工对公司的信心,很多非上市公司发展良好主要归因于股权激励做得好。特别是一些拟上市企业,股权激励给员工带来巨大的刺激和收益,使员工在企业上市后成为千万富翁甚至亿万富翁。

非上市公司股权激励,相较于上市公司来说,自由发挥度更大,没有那么多的限制,但无限制就不容易把握好相应的度。对于非上市公司来说,上市公司用的股权激励方式都可以借鉴,而且还可以发明出许多适合自己企业的股权激励模式,只要不违法,就可以随意做。那么只要做得好,非上市公司股权激励可能会更有效,华为在股权激励方面的创新就很能说明问题。但反过来说,非上市公司股权激励任意性太大,如果做得不好,那么因为缺乏监管,发挥的自由度太大,员工怨声载道,做了股权激励反而让人觉得不公平,那么这样的股权激励就是失败的。

这里必须提一下,上述关于上市公司的股权激励方式和文本,非上市公司当然可以参考适用,因为这些都是规范的,而且在许多上市公司已经经过检验。但也要考虑到,许多限制对普通企业是无用的,比如非上市公司没有内幕交易或者侵占资产的风险,就没有必要参照上市公司的各种限额。不过前面也提到了,激励太多不好,太少也不好,比如没有必要参照上市公司授予股权数量和比例的限额,但并不是说没有限额就可以无限地激励,这里有一个度的问题;还有行权期限,不一定要按上市公司的要求,但太长和太短都不行,关键是要适合企业自身。许多律师不懂股权激励真正的本质,照搬照抄,还自认为高级,这是错误的。

总之,对于非上市公司来说,可以制定出最适合自己的激励模式,可以把几种激励方式结合起来使用,甚至可以独创自己认为有效的方式,总之能达到目的就行。

还有,笔者一直强调,激励要有,约束更要有,毕竟没有约束就像孩子没有父母管教,可能会产生诸多不道德的事情,员工不好管就是这个道理。笔者一直强调创始人的格局,并不是让创始人做大善人或老好人,而是要宽严相济,“恩威并施”。有格局并不是对员工什么都好,而是要在公平合理的前提下对员工好,而且是按员工的能力和德行进行激励,而不是搞“大锅饭”。

笔者一直强调,激励的形式可以各式各样,但都要经过充分调研,而且要履行必要的程序,比如要召开股东(大)会、董事会、职工代表大会,一定要在充分讨论和商议后确定。虽然掌控最终决定权的是创始人团队,但要把权力关进制度的笼子里,不可擅自决断,尽可能多听来自各方的声音。

另外,创始人一定要注意,非上市公司在设置股权激励考核和定价标准时,相关参照指标因为没有上市公司全面、透明,可能导致较严重的分歧而使股权激励计划失去效用,相关标准制定方面还是要有专业人士参与才行。

最后,我国还没有明确的法律条文规范非上市公司股权激励的相关事项,如有不慎,将会触犯相关的法律法规,甚至可能触犯刑法,比如非法吸收公众存款或非法集资等,会产生很大的经营风险,所以要慎之又慎。

现对非上市公司的主要股权激励模式进行介绍。

1. 限制性股权

限制性股权和上市公司的限制性股票原理相同,就是企业授予激励对象一定数量的股权,激励对象按较低的价格(价格不需要按上市公司的要求,优秀的对象甚至可以不用出钱)购买这些股权,但激励对象获得这些股权后暂时是无法行使转让等权利的,即其所有权是不完整的;因为企业会预先设定一个企业、部门及激励对象要达到的业绩目标,在业绩目标达成后,企业会通过分期解锁的方式给激励对象的股权解锁。比如股权激励计划是 5 年,企业会制定 5 年的业绩目标,每一年达成目标就解锁 20%。

一般来说,禁售期或限售期是监管部门或法律法规给上市公司规定的期限,锁定期是企业内部规定的期限,对于非上市公司来说,通常称为锁定期。

针对不同的激励对象,激励股权的价格、业绩目标和锁定期也会有一定的区别,比如公司董事、经理等高层的授予价格会比较低,但有权利就有义务,所以一般其业绩目标会更高,锁定期会更长。

即便是解锁后,企业也可以规定,如果要转让股权,只能转让给企业内部人员,且在员工离职、死亡后由公司回购或转让给指定的股东。特别是有限责任公司,其章程规定的自由度很大,可以对股权作出各种限制,当然限制不能过多或过于严格,要适当才行,否则不利于调动员工的积极性。

(1)特点

限制性股权主要有如下特点:

①业绩目标。一般选择公司的某项战略目标配合部门、激励对象个人的业绩作为一个业绩考核目标。

②期限。一般分几个年度进行考核,每一年考核合格即按比例解锁当期的股权。

③授予价格。授予价格一般是无偿或远低于公司价值,但对不同的岗位和不同的个人,价格会有所区别,当然都应该制定合适的定价标准,太高或太低都会对结果有影响。

④权利限制。这个是限制性股权的最大特点,即"限制"二字,以区别于普通意义上的股权。股权出售及其他相关权利会受到限制,如时间限制,不得随意转让的限制,公司有权收回或回购受限股权等。

(2)利弊

关于限制性股权的利弊,前面在限制性股票中有所提及,需要指出的是,因为上市公司股票在二级市场流通,有操纵股价的嫌疑,非上市公司一般不存在这个问题,而且这个是监管部门监管的问题,对于企业创始人来说,也不需要担心,只要关心如何发挥最大的激励作用和效果即可,关键还是如何把握业绩目标、授予价格和权利限制三方面,这三方面把握得好就是利,把握得不好就是弊。

限制性股权这种模式能体现风险和收益的对称,以及激励和约束的平衡,比较适合于发展比较稳定的大型非上市公司。

(3)拟上市公司的限制性股权

证监会颁布的《首次公开发行股票注册管理办法》第12条明确规定,发行人的股份权属要清晰,前面提到的期权,激励对象可能获得也可能无法获得,显然属于股权不清晰的范畴。因此,拟上市公司一般会采用限制性股权的方式对员工进行上市前的股权激励,其目的是奖励那些与企业创始人团队一起经历创业最艰难时期并帮助企业走上正轨和迅速发展的员工,以表彰他们的工作业绩。这时候采用的限制性股权激励有两种方式:

①一次性授予实股。一次性授予员工企业的现实股权,没有明确地约定服务期和相关权利,在企业上市后,根据《公司法》及监管部门规章中的禁售期等规定对其权利进行限制。

②通过员工持股平台授予。授予员工的股权是员工持股平台的股权,对于公司来说,员工持股平台在公司的股权比例不会发生变化,符合股权明晰的要求。因此,可以在持股平台对员工的服务期和相关权利进行约定和限制,服务期可以跨越上市前后。

一般来说,拟上市公司股权激励的范围是比较大的,但公司上市以后,需要不断健全和完善公司治理及内部制度,提升经营业绩,此时上市公司需要的人才类型较上市前可能会有所改变,其股权激励计划也会有所调整,公司会更着眼于核心的员工,使其与企业形成利益共同体,帮助企业实现长期稳定的发展。因此,上市公司制定限制性股票激励方案时,往往会设定更多更详细的经营业绩的考核指标以及服务期等限定条件,这个在前面已经有所介绍。

2. 股权期权

股权期权和上市公司的股票期权原理也是一样的,只不过是“股票”变为“股权”而已,即公司事先以明确的价格授予激励对象购买一定数量股权的可能性,同时设定激励对象购买公司股权的条件(行权条件),只有达到这些条件,激励对象才可以以事先确定的价格购买事先确定数量的股权(行权),这时期权才变为实在的股权。

激励对象可以获得的收益,体现在授予期权时确定的股权购买价格与行权时公司的实际股权价格之间的差额,如果后者的价格高,说明公司在发展,则有收益;如果后者价格低,则无收益。当然,获得股权以后,还可以享有分红的权利。

股权期权是一种选择权,条件成熟时,激励对象认为价格合适或者对公司有信心,就可以购买公司股权,认为价格不合适或对公司没有信心,则可以不购买公司股权。但股权期权和股票期权有点不一样,就是上市公司的股票有明确的二级市场的实时参考价格,股权期权则很难有一个明确的参考价格,所以股权期权激励模式下只能基于员工对公司的了解和信心,由员工自行判断是否行权。

(1)特点

①行权条件。一方面是公司和部门要达到的预定的业绩,另一方面是激励对象自身要通过相应考核且并没有违法违规事件等。

②期限。期限包含三部分内容:

一是总的股权激励计划的有效期,如上市公司规定有效期最长为十年,非上市公司可以根据企业自身情况进行设定。

二是行权限制期限,即股权授予日至股权生效日(股权可以行权之日)的期限,也就是等待期,比如上市公司的等待期一般不少于12个月,而且不能一次性行权,需要有间隔期,间隔期也不少于12个月,这个可以作为参考。

三是行权有效期,即从股权可以行权之日开始起算,如果激励对象不在一定时间购买股权,那么其就失去了购买股权的权利,即可以行权日到股权购买终止日这一段时间称为行权有效期。

③行权价格,即行权日可以购买股权的价格。这个价格在授予日已经确定,但因为是期权,主要考虑今后升值的空间,所以价格一般较为接近授予日的价格,通

常比限制性股权的价格要高。当然,对于非上市公司来说,企业完全可以自行确定激励股权的价格,根据企业自身的需求来定价。

④权利限制,指股权转让及其他相关权利受到限制,如离职后公司有权收回或回购股权、服务期限制等。

(2)利弊

关于利弊,已经在上市公司股权激励部分分析过,上市公司股票期权最大的缺点是相关人员的短期经营行为会影响公司长远发展,但对于非上市公司而言,员工主要还是基于对公司长期的信心购买股权,这种短期行为的可能性并不是很大。

股权期权模式比较适合初始资本投入较少,资本增值较快,在资本增值过程中人力资本增值效果显著的企业,美国的许多互联网企业都实行股权期权。应该说,大多数非上市企业可以实行期权的激励模式。当然关键还是看期权设置的条件和价格,以及权利的限制等,这方面还是需要专业人士介入。

3. 股权增值权(账面增值权)

相对于上市公司的股票增值权,非上市公司激励模式下这种权利称为股权增值权或账面增值权。

(1)类型

股权增值权(账面增值权)在实践中可分为购买型和虚拟型两种。

购买型指激励对象在一开始按每股净资产值购买一定数量的股权,在后期再按每股净资产期末值回售给公司。

虚拟型指激励对象在初期不需支出资金,公司授予激励对象一定数量的名义股权,在后期根据公司每股净资产的增量和名义股权的数量来计算激励对象的收益。

当然,购买型操作比较烦琐,风险大,而且没有什么实际意义,逐渐有被淘汰的趋势,现在绝大多数非上市公司还是采用虚拟型的账面增值权激励方式。

(2)特点

①股权兑现和权利。股权增值权的兑现仅针对股权升值部分的现金,其授予对象一般不拥有这些股权的所有权,自然也不拥有表决权、配股权、分红权等。从这方面来说,其还不如享有分红权的虚拟股权。

②会设置一定的时期和目标条件,即激励对象在规定时间内获得规定数量或一定比例的股权,以获取一段时间以后股价上升所带来的收益,条件为相关文件或合同规定的约束性条件及完成一定业绩目标的激励性条件等。

(3)利弊

一方面,相对于限制性股权和股权期权等模式,股权增值权模式更为简单,易于操作,也不会稀释公司股权,特别是虚拟型股权增值权,激励对象无须用现金支付,成本压力较小。

另一方面,采用这种方式要求企业财务状况较好,现金流量充足。如果企业盈利水平差或现金流不充足,则激励效果可能会比较差,而分配股权增值权的资金也会给公司带来现金流压力。

这一模式比较适合现金流量比较充裕且比较稳定的非上市公司。

4. 业绩股权

业绩股权是相较于上市公司的业绩股票而言,其重点就是“业绩”二字,指企业事先确定的业绩指标。

在业绩股权激励模式中,很多公司会以净资产收益率(ROE)作为考核指标。公司和激励对象通常以书面形式事先约定业绩股权奖励的底线,当ROE达到某一确定的标准时,公司即按约定进行业绩股权的激励,激励对象获得股权或购买股权的现金。ROE增幅每达到一定比例,公司会采用相应比例或累进的形式增加激励股权的数量。

(1)特点

①事先会有一个明确的考核指标,通常以企业净资产收益率(ROE)作为考核指标。

②事先会确定达到考核指标所奖励的股权的数量,同时在超过指标的一定比例后,激励股权的数量会相应增加,以体现公平。

③本质上是一种“奖金”延迟发放,激励对象没有成本支出,具有长期激励的效果。这种奖金与股权增值权不同,其不是以现金的形式发放,而是用股权发放,或者是购买股权的现金,但最终也会转化为股权。

(2)利弊

一方面,对于激励对象而言,其工作绩效与所获激励之间的联系是直接而紧密的,有利于激发其潜力和斗志,保持积极的工作状态。而对于实际控制人及合伙人而言,业绩股权激励模式对激励对象有严格的业绩目标约束,权、责、利的对称性较好,激励目的明确,能形成股东与激励对象双赢的格局。

另一方面,激励成本较高,对公司现金流会造成一定的压力。同时,在激励对象达到激励目标后,因为其获得股权,会稀释公司其他股东的股权。

业绩股权激励模式一般只对公司的业绩目标进行考核,因此比较适合业绩稳定型的非上市公司及其集团公司、子公司等。

5. 虚拟股权

单纯的虚拟股是上市公司所不允许的,因为上市公司要求股权明晰,虚拟股虽然有股权的性质，但并非实股，所以一般不能被上市公司所采用。

从广义角度来说，所有以现金结算的股权激励，都可以视为虚拟股权。比如上市公司的股票增值权也算作一种虚拟股，因为其是以股票价格的差价作为一种奖励给员工，但这里的股票或股权，只是作为一种参考系数而已，不是股票，也不是股权，股票增值权或股权增值权其实都只是账面上的一种参考，激励对象没有分红权，其并不具有真正意义上的股权的性质，所以允许上市公司采用。

而下面要讲的是狭义的虚拟股，其本身是有分红权的，因为分红权是股东的重要权利之一，所以这种虚拟股权，虽然没有表决权、决策权、剩余分配权，但享有分红权和股权的增值权。这在上市公司一般是不被允许的，因为上市公司分红都要公告并明确分红总额和分配股票总数（配股或每股现金分红），虚拟股并非实股，所以无法成为分红的对象，但在非上市公司就不存在这个问题。

另外，如果非上市公司准备上市，那么在公司上市之前，这些虚拟股还是需要被确认为实股，或者通过回购的方式将其转让或注销，否则会被认为股权不明晰而影响上市进程。

因此，狭义的虚拟股激励模式是指企业授予激励对象一种虚拟的股权，如果实现约定的业绩目标，则激励对象可以以较低的价格购买一定数量的公司的虚拟股权（也可以免费赠与），并享受因该虚拟股而产生的分红权和股权增值收益，但虚拟股权没有所有权和表决权等身份权，不能转让和出售，一般在离开公司时自动失效。

（1）特点

①激励对象通过虚拟股权分享企业利润，将他们的长期收益与企业效益挂钩，更直接地享受企业发展带来的利益。

②虚拟股实质上不涉及公司股权的所有权授予，可以看作奖金的延期支付，让员工与股东共享企业剩余价值。

③如果企业发展良好，那么股价就有升值空间，员工可以享受股权增值带来的长期收益。

④虚拟股一般需要通过购买的方式获得，当然企业可以针对不同的人、不同的业绩制定不同的购买价格，甚至可以通过赠与方式发放。

（2）利弊

虚拟股实质上是一种享有企业分红权和股权增值收益的凭证，不享有其他权利。因此，虚拟股权的授予不影响企业的总资本和所有权结构，在政策法规上受到的局限性比较小。激励对象通过自身的努力去经营管理好企业，使企业不断盈利，进而取得更多的分红和增值收益，公司的业绩越好，其收益越多。

如果企业发展良好，每年利润分配数量大，则效果比较明显，但如果企业每年没有可分配利润或较少,则在单一虚拟股激励模式下,长期激励效果并不明显。且激励对象可能因考虑分红,会过分地关注企业的短期利益,导致企业长期发展缺乏资金和动力。

一般来说,在一家企业中,对核心骨干人员可以用限制性股权或期权来进行激励,对非核心人员可以用虚拟股激励。

三、著名公司的股权激励模式

(一)华为全员持股计划(虚拟股权+股权增值权)

前面已经对华为股权激励进行过详细介绍,一个很重要的特点是,华为授予激励对象的是虚拟股,只有分红权及净资产增值收益权,没有表决权等身份权益,激励对象不能转让和出售虚拟股权,在激励对象离开公司时,华为工会按约定的价格回购。

激励对象只要达到业绩条件,每年可获准购买一定数量的虚拟股,直至达到持股上限。华为公司采取的每股净资产价格,相关净资产的计算参照毕马威公司的审计报告,但具体的计算方式并不公开。另外,华为在考察美国激励模式后采用TUP的奖励基金模式,而且与虚拟股权直接挂钩。

特别值得一提的是,华为通过这种股权激励模式,只是将原股东的利润分享权转移给了员工,而华为的控制权却一直掌握在任正非及高管的手中。

(二)阿里受限制股份单位计划(限制性股权+股权期权)

上市之前的阿里对员工及管理层进行的股权激励包括受限制股份单位计划、购股权计划和股份奖励计划三种,其中受限制股份单位计划是主要的股权激励措施。在阿里,员工一般都有受限制股份单位,每年随同奖金发放给员工每人至少一份受限制股份单位奖励,每一份奖励的具体数量则因职位、贡献的不同而存在差异。

员工获得受限制股份单位后满一年方可行权,每一份受限制股份单位的发放则是分4年逐步到位,每年授予25%;同时,由于每年都会随奖金发放新的受限制股份单位,员工手中所持受限制股份单位的数量会滚动增加,这样员工手上都会有一部分尚未行权的期权,从而帮助公司留住员工。

阿里的受限制股份单位计划是限制性股权与股权期权的结合。

(三)奇虎360雇员购股计划(限制性股权+股权期权+期权池)

2011年,奇虎360向纽交所递交的上市文件中披露,雇员购股计划于上市前的2006年制订,主要面向公司(含子公司)员工、董事及顾问,当时公司有1000名左右员工持股。其中董事购股价格为每股5.2美元,员工购买价格为每股2.8美元。

该股份不得转让、抵押,分 4 次兑现,即每隔 12 个月允许员工出售所持股份的 25%,4 年后可全部套现,由 CEO 提前进行评估并确定价格。截至招股说明书发布时,2006 年员工股票期权计划预留了总共 1665.2751 万股的普通股。

2016 年 1 月的公司年会上,周鸿祎宣布从个人拥有的公司股份中拿出 10% 分给核心员工,根据 2015 年 360 宣布私有化时的价格,360 公司估值 99.28 亿美元,周鸿祎奖励给核心员工的这部分股权,价值已近 10 亿美元,折合人民币 60 多亿元。

此外,周鸿祎还表示,为鼓励员工内部创业,考虑设置 20% ~30% 的期权池,以扶持参与内部创业项目的创始员工,鼓励员工留在企业内创业。

根据上述案例可知,大型的公司往往会采用多种激励方式,以适合企业发展和员工个人的需求。

四、选择适合企业自身的激励模式

对于一家非上市公司来说,有许多股权激励的模式可以选择,甚至可以自创适合企业自身的模式。虽然选择余地比较大,但也不能不经调查随意决定。许多企业创始人认为选择什么股权激励模式应该由自己说了算,自己对企业人员最为了解,所以自作主张地设定了一些激励名单和激励标准,但最终获得的激励效果并不理想,激励对象和非激励对象都不满意,导致股权激励失败。

所以,在选择模式的时候,要有一个充分调研和讨论的过程,创始人或实际控制人的意见可以作为重点参考意见,但不能是决定全盘股权激励的唯一条件,否则这样的股权激励是没有效果的。关于如何操作股权激励,在下面还会分析,这里只讨论股权激励模式选择问题。

(一)选择激励模式前的考量因素

在选择股权激励的模式时,要充分考虑企业内部和外部环境条件,以及不同激励对象的需求,结合各种激励模式的作用原理,充分关注股权激励中存在的问题,选择适合企业实际的一种或几种激励方式。规模较大的企业,则可对于不同的人群,实行不同的激励模式,这样会更切合实际,充分发挥股权激励的效果。

所以,股权激励并不是拍拍脑袋就能决定的事情,应该在详细研讨的基础之上,综合考虑以下几种因素来选择激励的模式。

1. 充分了解员工的意愿

对于希望实施员工股权激励的企业来说,员工的意愿是最重要的,因为员工就是激励对象,所以一定要搞清楚员工的想法和诉求。这里所指的员工的意愿,既指全体员工的大多数意愿,也指每个员工的个人意愿;既指可能的激励对象的意愿,也指非激励对象的意愿。总之,在实施股权激励之前,一定要有一个全面的摸底调查过程,可以通过工会或职工代表大会进行调查,也可以通过小组开会或私人谈话的方式进行调查,总之,一定要全面彻底,不是走走过场。只有这样,才能制订出一个切合实际的股权激励计划,并确定适合企业自身的激励模式。

2. 听取原有股东的意见

股权激励往往会导致原有股东股权的稀释,新股东增加也会影响或限制原股东的各项股东权利。因此,应该充分听取原股东的意见,如果股权激励确实有利于企业发展,那么企业创始人应该做好原有股东的工作,不要因为股东的矛盾导致企业发展的停滞。

3. 预估企业的发展前景

有些企业还没有到很成熟的阶段,对于未来的发展潜力估计不足,盲目地向员工宣传企业发展前景,但届时却无法兑现,导致人心涣散,股权激励失败,企业无法得到良好发展。所以在事前需要对企业的未来发展潜力和前景有一个比较合理的预估和衡量。

4. 测算激励成本

许多激励是需要成本支出的,特别是现金结算类的激励,企业每年的现金支出会很多,往往可能导致企业发展资金的缺乏,这对企业是不利的,因此事先需要有比较准确的成本核算,才能开始相应的股权激励。

5. 寻求激励和约束的平衡

笔者一直强调,激励必须与约束平衡,激励越大约束力度也要越大,否则容易导致激励对象在获得激励后无心努力工作甚至离职。这在后面也会有相应阐述,要充分考虑何种激励模式更适合企业的实际状况,以及对激励对象设置合理的业绩考核标准和约束机制等。

6. 考虑资本运作需求

一家企业要获得长足发展,普遍需要有几轮融资,吸引投资人进行股权投资(具体见第四章“股权投资与融资”)。股权投资人一般都比较关注企业的股权激励计划,因为股权投资的估值与股权激励的股权价格差别非常大,所以股权投资人会充分关注企业是否已设置一个良好的股权激励机制和架构,以及今后的规划。从企业自身考虑,如果今后打算引入股权投资,那么在进行股权激励的同时,就要对今后总体股权设置有一个清晰的概念,由此取得相应的平衡。

7. 结合未来上市要求

对于拟上市的企业,在设计股权激励机制时,要充分考虑在上市过程中及上市后股权激励机制是否符合上市申报及上市后的要求,不能因为股权激励而影响上市的进程,也不能在搭建股权激励架构以后因为上市要求而不得不拆除,这不但影响上市进程,也会让许多员工失望。

(二)不同人员的区别对待

1. 有望成为合伙人的优秀员工

对于有望成为合伙人的员工,一般都是给实股,这种股权没有限制或者限制很少,价格非常优惠,只能给那些对企业做出极大贡献或企业非留不可的人才。所以这种人可以说万里挑一,就像阿里的合伙人,阿里有 10 万多名员工,合伙人只有 38 个。企业把这些人归类为股权激励的对象,事实上是希望把这些人培养成为合伙人。

当然,笔者一直强调,图 3 股权关系中的 B 大类和 A 大类要有所区分,但不排除 B 大类转化为 A 大类的可能性,把那些极其优秀的人才提拔为合伙人,也是企业内部培养人才的正常要求。另外,通过股权激励的方式对这些人授予实股,激励价格往往会比普通的股权转让和增资低很多。前面也提到,股权投资人会比较关注股权激励,就是这个道理。所以在股权投资协议中,通常会有一个防稀释或同时增资条款,即明确以后的股权投资的价格不得低于协议约定的股权投资的价格,但有一个例外,即对于企业股权激励的人员,其激励的股权价格可以比协议约定的股权投资的价格低。

当然,在第二章"股权架构与控制权"中,笔者已经提到,企业应该为那些可能成为合伙人的人才在期权池或股权池中预留股权,最好不要分享员工应有的股权激励的份额。

2. 企业高层及精英

对于贡献比较大,但还没有资格成为合伙人的企业高层和精英,可以授予限制性股权或业绩股权,但授予的股权比例不能比前一类人员高,股权价格也不能比前一类人员低,而且要有业绩指标考核及股权转让条件、期限等方面的限制,当然也可以附加期权。而且,在高层和精英层中,也应该有所区分,不能只有一个标准和一个比例。

3. 其他中层人员或技术销售骨干

对于企业中其他中层人员或技术销售骨干,一般可以采用期权激励的形式,这也是大多数企业比较喜欢采用的激励模式。期权的功能就是促使员工和企业共同成长,让员工明白,企业好就是员工好,企业不好员工即使拿到股权也没用。当然期权也可以附加业绩股权和股权增值权等。

第五节　股权激励对象

前面已经提到，在确定股权激励模式的时候，针对不同的激励对象，可以采用不同的激励模式。所谓股权激励对象，就是指被激励的人员，这是企业在实施股权激励时要考虑的重要问题，确定股权激励对象就是明确企业对哪些员工进行股权激励，必须要定出激励的主体范围。

一、选人的原则

(一)不能搞全员化和平均主义

前面已经提到过，不要实行全员的股权激励，因为这样做反而没有效果，即使是规模不大的企业，也没有必要对全部员工实行股权激励，对有些人可能还是用现金这种实际利益激励更好。特别是刚开始实行股权激励的企业，激励范围更不能太大，最好先搞个试点，在实践中慢慢摸索合适的股权激励模式。华为当初允许员工买股权，很大一部分原因是想吸收资金来扩大再生产，但后来华为也发现了问题，并进行了及时的调整，开始针对职级和贡献设置不同的激励方案，华为现在持股人数多，但持股人员也就一半左右，而且实际持股比例差距很大，所以千万不要为了个人感情等原因搞平均主义，否则就失去了股权激励的根本意义。

(二)针对不同员工设置不同的激励模式

激励时一定要设置不同的员工职级，职级高的员工管理范围广、责任大，作出的贡献肯定越多，对这些员工的激励力度就要大一点。当然，也不排除有些员工职级低但贡献很大，那么就要看其贡献的方式，如果是一次性的贡献，建议以一次性奖励为主；如果是长期的贡献，建议直接将其提拔到较高的职级后再进行激励。

另外，对员工的贡献度的确认要有一个标准，就是要有一个绩效考核指标，结合员工具体的工作年限和职级进行综合排位，要有限制条件并达成目标才可以授予，且要设置合理的退出机制。

还有，企业对获得股权的员工，可以相应地降低一点薪酬，鼓励员工通过提供劳动和资源输出来实现员工收入与企业成长的互利共赢。

(三)现有股东或合伙人不宜参与员工的股权激励计划

笔者一直强调，对合伙人和员工要有所区分，合伙人原本就是占股比例较大的人，合伙人之间占股比例如果因为合伙人贡献大小而要进行调整，还是合伙人自己内部协商解决为好，创始人等大股东就更不要去参加股权激励计划了。

当然,如果企业在引入股权投资甚至上市以后,原有股东占股比例可能会被极大稀释,特别是一些创始人比如马云,其所持股权比例相当低,但作为管理层,其作用又非常大,那么对这样一些在重要岗位且对企业有极大贡献的合伙人,也可以适当进行一些股权激励,使其以较少的价格购买企业的股权,以奖励其对企业的贡献,这也是有必要的,否则不利于刺激能力强的合伙人。当然,这是特例,只能在特殊情况下采用,而且要慎重采用。

(四)员工激励的股权比例不宜过高

除非准备直接把员工提升到合伙人,否则通过员工激励分配给每个员工的股权比例不宜过高,具体在后面会有详细阐述。

因为企业要扩大再生产,要不断吸收大量新的优秀员工,股权池中的股权是有限的,不能无节制地发放,而从创始人或合伙人手中分出一些股权可能性不大,因为这个毕竟要自愿,而且不能影响其对企业的控制权。即便是增资,也会稀释原有股东的比例,稀释过多的话对创始人团队的控制权也会产生影响,而且不利于后续股权激励计划的安排。

当然,如果能把握好控制权,随着企业的不断扩大,给员工的股权总量肯定会不断提高,所以给每个员工的个量都不宜过高。笔者一直强调,股权激励是一个长期的过程,是不断实施的过程,所以不要希望一次性搞好。随着企业的不断发展,有些特别优秀的员工可能会被吸收为合伙人,还要对其他新员工不断进行激励,所以股权不应该一次性分配太多,以免后续无法作出合理的安排。

二、激励对象的范围和要求

笔者首先要介绍一下上市公司关于激励对象的要求。上市公司股权激励并不是本书的重点,不过上市公司的规定确实比较规范,可以作为借鉴。但并不一定要全盘接纳,因为上市公司股东可能利用证券市场股价波动性而谋利,所以监管层对其会有许多限制性规定,而这些规定对非上市企业并不适用,故不需要生搬硬套。

《股权激励办法》第 8 条规定:“激励对象可以包括上市公司的董事、高级管理人员、核心技术人员或者核心业务人员,以及公司认为应当激励的对公司经营业绩和未来发展有直接影响的其他员工,但不应当包括独立董事和监事。外籍员工任职上市公司董事、高级管理人员、核心技术人员或者核心业务人员的,可以成为激励对象。单独或合计持有上市公司5%以上股份的股东或实际控制人及其配偶、父母、子女,不得成为激励对象。下列人员也不得成为激励对象:(一)最近 12 个月内被证券交易所认定为不适当人选;(二)最近 12 个月内被中国证监会及其派出机构认定为不适当人选;(三)最近 12 个月内因重大违法违规行为被中国证监会及其派出机构行政处罚或者采取市场禁入措施;(四)具有《公司法》规定的不得担任公司董事、高级管理人员情形的;(五)法律法规规定不得参与上市公司股权激励的;(六)中国证监会认定的其他情形。”

从上述规定可以看出,上市公司要求的股权激励对象主要是员工和持股在5%以下的股东及关联人,但不能包括独立董事和监事。这里需要作出两点解释:

1. 对于上市公司的员工,主要是董事、高级管理人员、核心技术人员和核心业务人员,这些是主要的激励对象,“其他员工”则应当是“对公司经营业绩和未来发展有直接影响的员工”,这个规定虽然看似比较宽泛,但也是有一定的标准的,并不是所有的员工都适用股权激励。“其他员工”肯定有特殊的贡献,所以才会对公司经营业绩和未来发展有直接影响,那些一线员工都不太可能符合这个要求。所以才有员工持股计划的相关规定出台,以对普通的员工实行股权激励,这个在后面提及。对外籍员工,只规定是“董事、高级管理人员、核心技术人员和核心业务人员”,没有规定“对公司经营业绩和未来发展有直接影响的员工”。

2. 股东成为激励对象问题。与2005年发布试行的《股权激励办法》配套的《股权激励有关事项备忘录1号》(已失效)第2条第1款规定:“持股5%以上的主要股东或实际控制人原则上不得成为激励对象。除非经股东大会表决通过,且股东大会对该事项进行投票表决时,关联股东须回避表决。”但2018年《股权激励办法》第8条明确规定,单独或合计持有上市公司5%以上股份的股东或实际控制人及其配偶、父母、子女,不得成为激励对象,也就是说,这些人员即使是股东大会表决通过也没有用。这与笔者前面所说的创始人与合伙人不宜成为员工股权激励对象的观点不谋而合。我们知道,占有上市公司5%以上股份的股东都属于比较大的股东,实际控制人股份比例更高。因为上市公司股权激励的股份价格是比较低的,如果对实际控制人和股份比例较高的股东实施股权激励,一方面,对其他员工不公平;另一方面,这些股东可能利用自身在公司的优势在行权时利用各种手段来抬高股价,使自己获得巨额利益,从而损害公司和股民的利益。同时读者也必须清楚,不单这些股东,还包括这些股东的配偶、父母、子女这三种人,即股东的直系亲属和遗产第一顺序继承人,如果对这些人进行股权激励,和对实际控制人及大股东进行股权激励没什么区别,因为他们本身就是利益共同体,可能会联合起来损害公司和股民的利益,所以这些关联人即使是公司的员工,也不能进行股权激励。

对于非上市公司而言,当然不需要全部按上市公司的规定进行股权激励,没必要这么严格,但有些方面还是可以借鉴的,因为关于上市公司股权激励的规定是根据许多企业多年的实践总结而成,可以说是比较客观和公平的,而且比较全面,考虑到了各方面的利益,如企业的利益、股东的利益、员工的利益。但非上市公司不需要那么严谨,考虑太全面不一定适合自己的企业,所以完全可以简化,可以突破,不需要那么多的条条框框,以切合企业的实际。所以笔者说只是借鉴,汲取精华即可。

关于非上市公司选人的原则,前面已经有过阐述,企业在充分了解员工的现状和他们的心态后,就要制定一套公平合理的选人制度,这个制度必须对所有员工都适用,不偏袒谁,也不压制谁。

确定股权激励对象是很重要的,股权激励对象选对了,股权激励才能起作用,股权激励对象没选对,再好的股权激励也是一纸空文。总而言之,要选择那些真正对企业发展有利的人,而不是亲戚、亲信或关系好的人,否则就不公平,激励效果也无法达到。

因此,对于非上市公司来说,并没有那么多限制,其实就一个原则,股权激励对象是在企业内具有战略价值的核心人才,即拥有关键技术或关键资源、支持企业核心发展力、掌握核心业务的那些人员。

三、不适宜参与股权激励的对象

上市公司明确规定了不得成为股权激励对象的人员范围,如独立董事、监事、单独或合计持有上市公司5%以上股份的股东或实际控制人及其配偶、父母、子女。在非上市公司的股权激励对象的确定上,除非是国有企业(其主要是从保护国有利益出发,不作重点阐述),一般民营企业没有这么严格的规定,因为民营企业不会造成股民和国家利益的损失,而且大股东也会为企业利益考虑,尽可能做到各方面的平衡。但笔者认为,民营企业也应该有一些原则,限定一些不适宜参与股权激励的对象,具体如下。

(一)工作未达到一定年限的员工

比如工作不满三年的员工,企业对这个员工的人品和忠诚度都不了解,其能力表现也可能不稳定,即使作出过较大的贡献,可能也是偶然因素造成的,所以建议对其还是以发放奖金的形式激励,待满足一定年限要求后再综合考虑是否对其给予股权激励。

(二)独立董事和监事

独立董事只在上市公司(或拟上市公司)设立,一般非上市民营企业没有独立董事,因为独立董事是独立于公司股东且不在公司内部任职,与公司或公司经营管理者没有重要的业务联系或专业联系,并对公司事务做出独立判断的董事。不宜对独立董事进行股权激励,首先是因为其不符合员工的身份,不应列入股权激励对象的范畴;其次是因为如果授予独立董事股权,可能会影响其客观判断的独立性,导致其对公司存在的某些问题，特别是与其自身有利益冲突的问题不能提出客观公正的意见和建议。好的非上市公司大多会谋求上市，拟上市公司要聘请独立董事，因此对此有必要了解。

监事同样也存在独立性的问题。监事本身就是负责监察公司的治理和财务状况，股东（大）会和董事会的运作情况和公司高级管理人员的职务执行情况，以及履行其他由公司章程规定的监察职责等，如果给予其股权激励，同样会影响其独立公正客观地履行自己的职责。

（三）持股较大比例的股东

上市公司规定“单独或合计持有上市公司5%以上股份的股东或实际控制人及其配偶、父母、子女”不得参与股权激励，非上市公司当然不需要规定这么严格，但不管怎么样，持股较多的股东大多是合伙人，属于图3股权关系中的A大类，不应参与到员工的股权激励计划中去。合伙人之间如果有调整的需要，可以通过股东（大）会商议解决。笔者在这里要指出，股权激励是激励员工的，不是激励老板的，创始人与合伙人之间的事情可以通过期权池、股权转让等其他方式解决，这一点必须明确。

四、核心人才范围

前面已经提到过，股权激励的对象应是在公司具有战略价值的核心人才。那么，对核心人才的范围需要有所确定。一般来说，企业的核心人才主要可以分为三个职级。

（一）高管层

第一职级是高管层。主要指企业的高级管理层，是企业的战略决策者和核心管理团队，一般是董事、副总及相当级别以上的高级管理人员。这些职位大多是由合伙人兼任的，笔者认为对于高管层中的创始人与合伙人的激励，除非有特别重大贡献或特殊情况，一般不宜让他们作为股权激励对象参与股权激励，而应该通过其他如期权池或股权转让等方式解决。当然，高管层中也有一些没有股权的非合伙人，这些高管可以作为股权激励对象参与激励。

（二）经营层

第二职级是经营层。主要是担任企业部门经理以上职位的中级管理人员，一般是正职，如果有特殊情况或企业规模特别大的时候，可以考虑副职，当然副职也可以安排到骨干层中进行激励。

（三）骨干层

第三职级是骨干层。主要是企业的核心技术人员或核心业务人员，主要分为技术类和业务类两类人员。

1. 技术类人员

技术类人员主要指与技术研发有关的员工，特别是对企业科技成果研发作出过突出贡献的技术人员，或者掌握核心技术的相关人员等，主要包括：

(1)关键科技成果的主要完成人。

(2)重大开发项目的负责人。

(3)对主导产品或者核心技术、工艺流程作出重大创新或者改进的主要技术人员。

(4)通过人才计划引进的重要技术人才等。

2. 业务类人员

业务类人员主要指与业务有关的员工，特别是对企业业务拓展作出过突出贡献的业务人员等，主要包括：

(1)主持企业市场营销的团队负责人。

(2)负责企业主要产品(服务)营销，营销额度排名靠前，或者占企业总销售额度较大比例的人员。

还有一些员工，对企业作出特殊贡献，或者对企业的经营业绩和未来发展有直接有利影响，也可以作为骨干层人员。

当然，不同行业对人才有不同的定义，也可以根据上述划分再作具体的细化。

五、核心人才评估

根据上述确定的核心人才范畴的原则，在评估核心人才时，应该重点考虑以下几方面。

(一)岗位价值

岗位价值即员工所在岗位职责的难以取代程度。岗位价值应该是股权激励评估最重要的部分，员工能在比较高的岗位，已经体现出其能力以及对企业的贡献，比如副总级别以上的高级管理人员，其不但有能力，而且要承担更多的责任。另外，同一级别的岗位的重要性也是有所区别的，这个还需要进行量化，具体在后面详述。

(二)个人价值

个人价值即员工的素质和能力。员工个人价值的重点在于其为企业创造的价值以及其在未来发展的潜力，许多员工可能比较年轻，还没有到较高级别的岗位，但其能力显示其未来可以达到更高级别的岗位，而且对企业的贡献和影响较大，那么也应该予以激励。

(三)历史贡献

历史贡献即员工的工作年限及为企业创造的价值。历史贡献主要是对老员工价值的肯定,有些老员工可能岗位级别不高,能力也不是很突出,但其忠心耿耿,为企业工作多年,也为企业创造了价值,给予其一定的股权激励,一方面是对其忠诚的褒奖,另一方面也是让新员工看到,只要忠诚地为企业工作,企业会看到员工的价值,企业的发展同样会给员工带来利益。需要说明,这里的历史贡献一般是指非连续性的、非重大的贡献,如果一名员工持续为企业作出贡献,或者贡献巨大的,一般都会在岗位价值和个人价值中体现。

以上三方面在评估时要有一定的区分,比如岗位价值的占比可以稍微高一点,为40% ~50% ,个人价值占比为30% ~40% ,历史贡献占比为20% ~30% 。

六、对核心人才进行量化

前面确定的核心人才范围,是一个大的范围,并不是最终股权激励对象,企业在选择股权激励对象时,应该把握宁缺毋滥的原则,只对少数重点关键人才进行激励。特别是刚开始进行股权激励的企业,更要慎重把握,第一次激励的人员要少而精,以便后续可以持续推进股权激励。

确定范围后,再根据前面对核心人才的评估方式,就可以通过打分制来最终选择确定股权激励人员的范围。

比如岗位价值,就可以细分为管理责任、战略影响、工作复杂性、工作压力、工作创造性等方面,甚至可以更细化。再在每一方面设置一个权重比例,加起来占比为40% ~50% ;个人价值,就可以分为专业能力、管理能力、沟通能力、协调能力、影响能力等,每一方面设置一个权重比例,加起来占比为30% ~40% ;历史贡献,可以分为工作年限、业绩贡献、技术进步贡献、管理改进贡献等,每一方面设置一个权重比例,加起来占比为20% ~30% 。如表1所示:

表1　核心人才评估价值量化之权重比例及含义

评估项目		权重比例	含义
岗位价值 50%	管理责任	10%	员工所在岗位在管理和监督方面承担的责任大小
	战略影响	10%	员工所在岗位所能影响到的战略层面和程度
	工作复杂性	10%	员工所在岗位工作所面临问题的复杂性
	工作压力	10%	员工所在岗位给员工带来的压力及抗压能力
	工作创造性	10%	员工所在岗位在解决问题时需要的创造能力

续表

评估项目		权重比例	含义
个人价值30%	专业能力	10%	员工所具备的专业知识能力
	管理能力	10%	员工所具备的领导管理能力
	沟通能力	5%	员工所具备的沟通协调能力
	影响能力	5%	员工所具备的影响他人的能力
历史贡献20%	工作年限	5%	员工在企业的工作年限
	业绩贡献	5%	员工以往对销售等业绩的贡献
	技术进步贡献	5%	员工以往对技术进步的贡献
	管理改进贡献	5%	员工以往对管理改进的贡献

当然,上述比例可以根据企业现状进行适当的调整。企业还可以对上述各项指标更加细化和量化,以在确定激励对象的股权比例时有更明显的区分,确保激励真正到位。

笔者认为,每一名员工的分数被统计出来以后,如要确定最终的股权激励对象,可以先确定一个比例,比如核心人才范围内有 30 人,股权激励最终人数比例为 20%,那么就确定分数最高的 6 个人为激励对象;也可以直接确定人数,比如确定本次股权激励人数为 10 个人,那么本次股权激励对象就是分数最高的 10 个人;也可以确定一个分数的最低值,比如总分为 100 分,再拟定一个分数标准,如达到 70 分的人都可以入选成为激励对象。接下来,企业可以召开董事会及股东会讨论决定最终的激励对象人选。

很重要的一点,就是在确定入选的最终股权激励对象后,对其授予的股权不要均分,应该根据最终统计分数确定不同的激励额度,分数高的人应该获得更高的额度,以体现出一定的差别,这样可以让更优秀的人获得更多。

第六节 股权激励的定量

所谓股权激励的定量,就是确定激励的股权数量。一项股权激励计划,应当至少有两个与股权相关的数量需要确定,一是企业的激励的股权总量(激励股权与总股权的占比),这个总量可以多批次一起考虑和计划,并确定每个批次的激励数量和预留的数量;二是激励对象的股权个量,即每个激励对象可以获得的股权额度或比例。关于激励对象的确定标准及人员数量,在前面已经提及,这里只讨论股权的数量。

股权总量和个量的关系是,总量作为一项长期规划,可以在事先确定,但个量只能因人而异,具体情况根据有关规则和标准进行确定。因此,总量不是个量的简单相加,个量也不是总量的简单划分。量的确定是一个双向的过程,其确定的好坏,直接关系到股权激励的效果与成败。

一、股权激励的总量

笔者在前面已经提到,一家有远见的优秀企业,在企业成立之初,就会设定一个好的股权激励方案,同时确定股权激励的总量,并设置好期权池,一般是10% ~ 20%的占比。一般来说,在企业进行Pre-A轮或A轮股权融资的时候,就应该考虑股权总量的设定,投资人对此也会有相应的要求。当然,随着企业发展规模和具体情况的变化,要作相应的调整。

(一)设定总量的方法

设定激励股权总量的方法如下。

1. 直接确定一个股权的占比

通常的股权激励总量比例是总股权的10% ~30%,企业可以根据自身的不同情况,定出一个合适的比例。一般来说,可以取相对中间的比例,比如15%或20%。在确定比例时,应具体考虑企业目前的估值水平、企业创始人的分享和奉献精神、同行业其他企业的激励数量等。

2. 以员工总薪酬水平为基数

股权激励总量 = 年度总薪酬支出 × 系数,其中"系数"可根据行业总体情况和企业自身情况来决定,每个企业都可以有一套自己的确定方法,需要根据具体情况作出分析。采用股权激励总量与员工总薪酬水平挂钩的方式,可以保证企业在实施股权激励时有较大的灵活性,同时保证激励的股权总量与企业的发展保持同步。

(二)设定总量时需要考虑的问题

1. 创始人控制权

关于创始人对企业的控制权,在第二章"股权架构与控制权"中已经提及很多,对于发展中的企业,特别是创业型企业,创始人的控制权尤其重要,创始人是企业快速平稳发展的保障。所以在考虑股权激励总量时,不能影响创始人的控制权。

2. 企业规模与激励股权总量的关系

不同规模的企业设置的激励股权总量肯定是不一样的,如果企业规模比较小,那么总量或比例可以相对大一点,因为后续可能会不断有新的人才加入,也有许多股权投资人加入，会造成股权稀释，或导致期权池干涸；如果企业规模很大，已经到了成熟阶段，则相应的总量或比例可以小一点，因为其绝对值也相应会比较高，而且股权稀释的影响也会比较小。

3. 引入股权投资的要求

前面笔者已经提及，在引入股权投资时，投资人往往会要求企业设置一定比例的员工期权池作为交割先决条件，且交割后需保持某个比例。交割后一定期限内需要制定正式的、符合市场惯例的员工股权激励计划。可见，投资人对股权激励计划及比例是很看重的，所以企业应该了解相关投资人的要求并事先做好相应的准备。

4. 期权池

期权池主要是为未来引入合伙人和为员工股权激励做好预留，这也是股权投资人的要求，是他们评判一家企业是否值得投资的标准，同时也是企业长期快速稳健发展的基础。所以期权池很重要，这个已经讲了很多，不再赘述。

5. 符合上市要求

如果是一家有上市打算的企业，那就应该尽早确定激励股权总量并做好预留，因为在报告期内股权的变动越小越好，否则可能会影响上市的进程。

二、股权激励的个量

股权激励的个量，是对前面提到的激励对象范围的细化。在本章第五节"股权激励对象"中已经提到，根据二八定理，核心人才要重点激励，要事先确定激励对象的范围，真正做到股权激励的公平性，避免出现"搭便车"或"吃大锅饭"现象。

细化到具体的股权分配的个量，可以参照一下硅谷的期权分配原则。其一般分配原则是：外聘 CEO 股权占比为 5% ~8%，副总及总监等高层股权占比为 0.8% ~1.3%，一线管理者股权占比为 0.25%，普通员工股权占比为 0.1%，外聘董事股权占比为 0.25%。期权总共占公司股权的 15% ~20%。期权在分配满 1 年以后开始兑现，一般在 4 年内兑现完毕。

因此，企业可以根据企业发展状况和行业的特点，制定出股权激励的个量。

（一）确定个量在薪酬体系中的比例

根据前面提到的硅谷的分配方式，已确定一个股权激励的分配原则，接下来就要考虑激励对象的中长期薪酬比例。总薪酬一般包括工资（基础薪酬）、奖金（浮动薪酬）和股权激励收益三部分，一般来说，对于不同职级的人员，其薪酬和股权激励的比例大致可作如下分配（见表2）：

表 2　企业不同级别人员的薪酬和股权激励比例

单位:%

激励对象	工资(基础薪酬) 短期激励	奖金(浮动薪酬) 中期激励	股权激励收益 长期激励
高层人员	20	20	60
中层正职	30	30	40
中层副职	40	30	30
基层人员	60	20	20

(二)个量的确定方法

个量的确定方法,也就是确定激励对象可获得多少股权数量的方法,一般有如下几种。

1. 直接判断法

所谓直接判断法,就是看人定价,即董事会确定一个大致的标准(比如前面提到的硅谷期权分配原则),结合被激励对象的职位、业绩,参考同行业其他企业的情况,根据可供分配的股权激励总量和预留的数量,再经过综合评判后直接决定每个激励对象的股权激励数量。

一般来说,在企业规模不是很大,特别是创业初期的时候,使用这种方法比较多。可以说,这种方式简单粗暴,基本上是企业创始人或实际控制人说了算,可能在一定程度上会有失公平。但在企业初创期人数不多的情况下,没有太多数据可供参考,这种方式简单明了,也不失为一种有效的方式。

2. 期望收入法

这是一种预测的方法,即个人股权激励数量 = 股权激励收益期望值(个人年薪 × 倍数) ÷ 预期每股收益。这种方法要先假定激励对象行权时可获得年薪收入的倍数(与现在年薪比是几倍),再预测行权时的每股收益,用期望收入除以每股收益,即可得出应授予的激励股权数量。这种方法都是以假定和预测得出个量,显然存在诸多主观因素和不可测因素,一般都是在企业收入比较稳定,没有太多变量的情况下使用。

3. 分配系数法

在企业处于成熟期,规模大、人数多的时候,应该考虑采用分配系数法,不能再通过拍脑袋决定,也不能靠预测,这样才能保证测算数据的公平公正。分配系数法的大致方法如下。

(1)确定个人分配系数

一般来说,个人分配系数的相应比例可设置为:个人分配系数 = 人才价值系数 ×

20% + 薪酬系数 × 40% + 考核系数 × 20% + 工龄（司龄）系数 × 20%，当然，上述相应比例可根据企业具体情况作出微调。

（2）确定本岗位职级的总分配系数

需要明确的是，这个总分配系数是本岗位职级的所有人的个人分配系数的总和，即本岗位职级的总分配系数 = Σ个人分配系数（个人分配系数的总和）。

（3）确定个人激励额度

个人激励额度 = 本岗位职级的激励总量 × 个人分配系数 ÷ 本岗位职级的总分配系数。

因为激励对象个性化因素多且复杂，股权激励分配计算过程中实际上是难以用一种方法来保证分配的合理性的。笔者建议，在运用分配系数法时，可以给每一个职级设定一个总量，然后再按照公式计算出分配个量；在第一次确定个量之后，可由企业董事会根据激励对象的实际情况进行适当调整，根据调整的情况再进行第二次的测算，最终确定分配个量。这样就可以得出一个相对公平合理的数据。

确定个量后，还要考虑好分几次授予股权，并设定相应的考核指标。

第七节　激励的股权来源

所谓激励的股权来源，是要解决股权从哪里来的问题，也就是说，要对员工进行激励，就必须通过某种方式把股权从原来承载的主体转到员工手中，这就产生了股权来源的问题，即员工从哪里获得激励的股权。

前面已经提到过，股权激励的模式主要有权益结算类和现金结算类，针对现金结算类的股权激励模式，因为只支付现金，股权只作为一个参照标准，故不涉及企业的实际股权，因此不存在股权的来源问题。

因此，股权的来源只存在于权益结算类的股权激励模式，如限制性股权、股权期权、业绩股权等，包括员工持股计划。

上市公司进行激励的股权来源主要是向激励对象发行的股份（增发）和回购本公司股份。而上市公司员工持股计划（后面详述）中主要规定了四种方式，除了上市公司股权激励中提到的增发和回购，还有员工直接通过二级市场购买（包括但不限于大宗交易、协议转让、竞价交易）这种形式，以及股东直接向员工赠与股票。

对于非上市公司来说，不存在通过二级市场回购股份的问题，也没有上市公司那么多的监管限制，股权激励操作起来也比较简单，只要原股东协商一致或表决通过，符合《公司法》的要求即可解决股权来源问题，这是非上市公司实施股权激励一个非常重要的优势，应该好好加以利用。

笔者总结非上市公司激励股权的主要来源一般有四种，即现有股东转让或赠与、公司向现有股东回购股权、公司预留股权（股权池或期权池）、增资或增发股份。

一、现有股东转让或赠与

这种情况通常是实际股权的转让或赠与，在实践中采用得比较多。一般由原始股东，通常是创始人或实际控制人向激励对象出让股权，并且是以较低的价格转让，有的甚至以零价格转让，以体现创始人或实际控制人的格局和对员工的关爱。当然，有些公司股东的股权比例相差不是太大，则可以由多个股东协商按比例转让，以对优秀员工进行激励。这种情况需要公司创始人与合伙人作出一定的奉献。

由此可知，根据支付价款与否，可以分为两种情形：

1. 直接赠与股权。这种方式通常是针对极其优秀的人才，创始人等原始股东向其无偿转让一部分公司股权，也体现公司创始人的奉献与对员工的关爱。但赠与可能要涉及激励对象缴纳个人所得税问题。

2. 有对价的股权转让。公司创始人与合伙人以一定的价格将股权转让给激励对象，转让的价格一般以企业注册资本或企业净资产的账面价值确定，当然也可能是以更低的价格转让。

上述两种方式，都可能存在偏离公允价格的问题，特别是在有股权投资的情况下（股权投资人通常会同意股权激励的价格比他们的价格低），但如果股权激励价格比股权投资的价格要低，特别是对拟上市公司，会涉及低于公允价格的股份支付问题，具体在本章第九节“激励股权的定价”中作专门阐述。

另外，针对有限责任公司的股权转让，《公司法》第 71 条第 2 ~ 3 款规定，股东向股东以外的人转让股权，应当经其他股东过半数同意，且在同等条件下，其他股东有优先购买权。这个在实践中是个比较难解的问题，因为其他股东过半数同意，是按股东人数而不是按持股比例计算的，征求其他股东意见的过程并不是股东会表决的过程，该事项并不属于股东会职权及决策事项。因此，实践中大股东转让股权进行股权激励，可能会遭到其他多个小股东反对；即使其他股东过半数同意，其他股东也有权要求以股权激励这种较低的价格行使优先购买权。

因此，创始人或实际控制人要做好其他股东的工作，同时应该在企业设立之初就设定一个规划，或者在进行股权激励前把相关手续办理完成，具体有如下方式：

1. 我国《公司法》第 71 条第 4 款明确规定：“公司章程对股权转让另有规定的，从其规定。”所以可以在公司章程明确规定，股东对用于股权激励的股权转让（赠与）不享有优先购买权。

2. 公司股东会就股权激励事项单独表决，原股东明确放弃优先购买权。

3. 公司原股东出具放弃优先购买权的承诺函。

4. 在上述办法均行不通的情况下，可以通过公司回购大股东股权的方式进行股权激励（具体在后面介绍股权回购时阐述），当然需要在章程中对公司回购股权的条款有明确约定，并在回购后尽快转让所购股权。

二、增资或增发股份

实践中另外一种比较常见的股权来源是增资或增发股份，在有限责任公司称为增资、新增资本或增加注册资本，在股份有限公司则称为发行新股或增发股份，是公司授予股权激励对象以相对优惠的价格参与公司增资的权利。

增发新股进行股权激励，在上市公司中十分普遍，但限制也非常多。在非上市公司中，增资或增发股份并不存在法律障碍，当然，如果对许多员工增资或增发股份，就要考虑股东上限的规定，即有限责任公司股东上限为 50 人，股份有限公司股东上限为 200 人。

前面也提到过，在现实中，如果股东人数众多，可以在持股平台进行操作，由激励对象集合资金注册新公司或有限合伙企业（持股平台），并由持股平台向公司增加注册资本（或由公司向持股平台发行新股），从而实现激励对象的间接持股。根据 2019 年《证券法》的精神，这种实施员工持股计划的平台不会穿透到个人，而是只将其视为一名股东。

需要注意的是，关于增加注册资本，我国《公司法》明确规定，不管是有限责任公司还是股份有限公司，都需要股东会或股东大会 2/3 多数表决权通过，对于有限责任公司，必须经代表 2/3 以上表决权的股东通过，对于股份有限公司，则必须经出席会议的股东所持表决权的 2/3 以上通过。

另外，和股权转让一样，增资也存在偏离公允价格的问题，在有股权投资的情况下，如果这些价格比股权投资的价格要低，特别是对拟上市公司，会被认为低于公允价格而产生股份支付问题，具体在本章第九节“激励股权的定价”中作专门阐述。

还有，增资扩股在行权后要进行注册资本的变更。

最后，和股权转让一样，针对有限责任公司，我国《公司法》第 34 条规定，有限责任公司新增资本时，原股东有权优先按照其实缴的出资比例认缴出资。但这些新增股权或股份是给激励对象的，不可能分配给原有股东。因此，创始人就要做好其他股东的工作，同时应该在企业设立之初就有一个规划，或者在进行股权激励前把相关手续办理完成，具体有如下方式：

1. 我国《公司法》第 34 条规定，全体股东约定不按照出资比例优先认缴出资的除外。笔者认为，章程是全体股东一致同意的文件，可以在全体股东签字的公司章程或章程修正案中明确规定，股东对用于股权激励的新增资本不享有优先认购权。

2. 公司召开股东会或原股东签订协议，一致同意放弃优先认购权。

3. 公司所有原股东出具放弃优先认购权的承诺函。

4. 在上述办法均行不通的情况下，可以通过公司回购大股东股权的方式进行股权激励（后面在介绍股权回购时阐述），当然，也需要在章程中对回购股权的条款有明确约定，并在回购后尽快转让。

三、公司向现有股东回购股权

公司向现有股东回购股权以进行股权激励，会涉及股份有限公司和有限责任公司两个层面的问题，因为我国《公司法》对股份有限公司回购股份进行股权激励是有明确规定和限制的，但对有限责任公司则没有相关规定，所以要分开论述。

（一）股份有限公司的相关规定

对于股份有限公司，我国《公司法》有明确规定针对股权激励或员工持股计划进行回购的条款，其第 142 条明确规定，公司可以回购股份用于员工持股计划或股权激励，但同时应该遵循如下规则：

1. 依照公司章程的规定或者股东大会的授权，经 2/3 以上董事出席的董事会会议决议。

2. 公司回购后合计持有的本公司股份数，不得超过本公司已发行股份总额的 10%。

3. 应当在 3 年内转让或者注销。

如果 3 年内未转让或者激励对象没有达到业绩指标而无法行权，则涉及股份注销的问题，要特别注意，股份注销即减少注册资本，如果涉及减少公司注册资本，还应当经股东大会出席会议的股东所持表决权的 2/3 以上通过。

（二）有限责任公司的相关规定

针对有限责任公司，我国《公司法》只在第 74 条中规定了股东异议回购请求权，并未规定针对股权激励或员工持股计划进行回购的条款。笔者认为，法无明文规定禁止即为允许，从私法领域尊重当事人意思自治的角度出发，《公司法》并未禁止有限责任公司回购股东的股权，因此，在满足一定条件的前提下，有限责任公司可以回购其股东的股权。

另外，根据最高人民法院于2018 年6 月20 日发布的指导性案例第96 号（宋某军诉西安市大华餐饮有限公司股东资格确认纠纷案）的相关意见，有限责任公司按照初始章程约定,支付合理对价回购股东股权,且通过转让给其他股东等方式进行合理处置的,人民法院应予支持。

因此,笔者认为,有限责任公司可以回购股权用于股权激励或员工持股计划。从最高人民法院发布的案例来看,对于股权激励(员工持股计划),如果能满足下列条件,在司法实践中通常会被人民法院所认可:

1. 公司的章程明确约定公司回购条款,且该条款不违反《公司法》等法律强制性规定。

2. 对回购的股权通过转让给激励对象等方式在合理的期限内进行合理处置。

当然,公司回购股权这种情况是比较少的,一般是在前面所说的其他股东对股权转让或增资提出反对意见,或者要求行使优先购买权或优先认购权的情况下才会出现,通常都是以股权转让或增资方式进行股权激励。

另外请注意,关于公司回购股权有一个回购资金来源的问题,用于回购的资金需要从公司的税后利润中支出,所以在回购前要考虑回购是否对公司的整体发展战略有所影响。

四、预留股权

在第二章"股权架构与控制权"中已经讲过,有远见的公司一般都会预留股权,即设置股权池或者期权池,这样就可避免股权转让、增资、股权回购等涉及的各种问题和麻烦。而且这种公司一般对股权激励有明确的规划,有利于股权激励的逐步推进和完善。

实践中,一家创业公司如果要引入股权投资,投资人往往会要求公司设置一定比例的员工期权池作为交割先决条件(且交割后需保持某个比例),而且投资人通常会要求公司在交割后一定期限内(常见为6个月)制定正式、符合市场惯例的员工股权激励计划(需董事会决议通过且获得投资人的认可)。可见,事先预留股权作为期权池对于一家创业公司来说是很重要的。

前面提到的公司回购股权,回购后也可以作为一种股权预留的方式,关于预留期限和预留比例,对于有限责任公司没有明确的规定,而对于股份有限公司有年限(3年)和公司持有股份最高比例(10%)的限制,所以笔者将公司回购归为一类,以区别普通的股权预留。这里所称的预留股权,是指公司事先已经预留好的股权,所以也叫股权池或期权池。

(一)预留股权的方式

1. 创始人(或合伙人)代持

在设立公司时由创始人或股东会(董事会)指定的股东(一般为创始合伙人)

持有部分股权作为一种预留的期权池。在进行股权激励时,由公司、创始人(或合伙人)、员工三方签订合同,行权时由创始人(或合伙人)向员工或者引进的优秀人才以约定价格转让。但这种激励必须在上市前完成,因为代持会被认为公司股权不明晰,所以在上市时不能有代持的情况。

2. 在持股平台预留

这是一种比较普遍易行的设置期权池的方式,即激励对象通过购买预留在持股平台中的股权来实现股权激励。

我们知道,一家公司进行股权激励,最普通的方法是员工直接购买这家公司的股权,即直接由股权激励对象以个人名义购买公司自身的股权,其优点是激励对象的个人收益可以直接体现出来,如果公司上市,则在一定限售期以后可以自由买卖。但这种方式不易于集中管理,特别是对大型公司更不适宜,只能用在特别优秀的激励对象上,这种激励对象一般都可能直接成为合伙人,直接持有自己公司的股权。但每个公司情况不同,有不同的需求,特别是大规模的公司,激励员工人数多,让每个员工都持有公司的股权是不现实的,所以会有许多不同的持股平台出现。

持股平台是公司实施股权激励的过程中比较常用的一种操作模式,具体而言,就是以被激励对象作为主要成员来搭建有限合伙企业或者特殊目的公司,然后由有限合伙企业或特殊目的公司持有公司的股权,从而实现被激励对象间接持有公司股权的目的。

持股平台本身就是一家企业,根据现行的企业制度,基本上可以分为股份有限公司、有限责任公司和有限合伙企业三种类型。

(1)股份有限公司和有限责任公司

对于有限责任公司与股份有限公司,笔者在第二章"股权架构与控制权"中有比较多的介绍,这里不作详细阐述。实践中,股份有限公司的股东可以达到200人,这是一个优势,但被设立作为持股平台的并不多,主要是因为股份有限公司的设立程序比较复杂,公司治理要求比较高,限制也比较多,不像有限责任公司可以通过章程制定出适合企业自身的规则。因此,在实践中,采用有限责任公司作为持股平台的企业比较多,但有限责任公司会涉及双重征税的问题,所以相对来说,在实践中采用有限合伙企业作为持股平台的企业更多一些。

(2)有限合伙企业

关于有限合伙企业,在第二章"股权架构与控制权"及第四章"股权投资与融资"中都有大量介绍,这里不作赘述。这里就谈一下有限合伙企业作为持股平台的优势,具体如下。

①有限合伙企业的税负较低

有限合伙企业征收个人所得税,实务中通常按20%操作,而有限责任公司作为持股平台,要交企业所得税,分配到个人还有个人所得税,要交两道税。特别是企业上市过了限售期以后,有限责任公司出售股票所得的综合税负大概为40%,而有限合伙企业出售股票所得的综合税负大概只有20%。另外,有限合伙企业在许多地区还有很多优惠政策可以享受。所以相对来说,有限合伙企业的税负更低。

②有利于实际控制人保持控股地位

在有限合伙企业,实际控制人只要担任普通合伙人,出资很少即可控制持股平台,因为普通合伙人并不以出资额多少来行使权利,这在第二章“股权架构与控制权”中有详细介绍。在有限合伙企业,激励对象可作为有限合伙人,其没有决策权,只有收益权,故作为普通合伙人的实际控制人可以更大限度地行使权利。

③股权变更程序简单

有限责任公司作为持股平台,每个激励对象都是持股平台的股东,股东都要办理登记手续,如因离职等原因退股,还要办理股东变更手续;而在有限合伙企业,激励对象作为有限合伙人,一般通过协议方式解决持股问题,不需要办理这么烦琐的手续。

④方便管理和约束,不会影响总体股本结构

有限合伙企业可以通过协议约定入伙条件和退伙条件,对相关份额转让作出约定,有限合伙企业更容易限制和管理作为有限合伙人的激励对象的份额变动,不会影响持股平台总体的股本结构。

因此,持股平台最好是采用有限合伙企业的形式,让大股东或创始人作为普通合伙人,这样在股权分配上就比较容易把握,操作程序简单不烦琐。对于规模比较大的公司,可以设立若干个持股平台,以安排不同的激励对象,比如在生产方面设立一个持股平台,在销售方面设立一个持股平台,总部也可以单独设立一个持股平台等。

3. 虚拟股权

前面已经提到,虚拟股权不能作为真正意义上的股权,其实质就是一种奖励基金,但其有股权财产权益属性所产生的分红权和增值权益。有些公司比如华为实施的虚拟股权激励计划还是有激励效果的,而且虚拟股权也需要用钱购买。其方式是在公司内部建立特殊的账册,员工按照在该账册上虚拟出来的股权享有相应的分红或增值权益,但没有实股那样的表决权等。就像货币发行需要有相应的黄金、外汇储备为基础一样,这种虚拟股权也并非随意分配,而是要根据企业的资产情况进行预留。同理,在虚拟股权不足时也可以增发,内部也可以进行买卖,除了激励对象没有实体上的股东权利,其操作方式与前面提到的股权来源的操作方式没什么区别。而且,虚拟股增发和分配不需要履行实股那样的股权转让和股东会决议等程序,操作比较简便。

4. 委托具有资产管理资质的机构管理的股权

如果涉及股权激励的员工比较多,比如在一些上市公司或超大型公司,就会委托具有资产管理资质的机构,比如信托公司、保险资产管理公司、证券公司、基金管理公司等来管理激励员工的股权,并在这些机构预留好股权,而员工则可以从这些机构获得股权。

特别是后面要提到的上市公司的员工持股计划,因为涉及人员众多,公司没有这么多精力去管理,故会委托第三方出面统一管理,《证券法》对员工持股计划人数原则上是视为一人,所以拟上市公司可以参照执行。

企业如果有实力而且激励人员众多,可以考虑运用这种方式。但企业采用这种方式,要支付一定的管理费用给资产管理机构,或者给其收益分成,所以普通企业采用这种方式的并不多。而且这种方式比较复杂,笔者不作重点介绍,对企业来说,有专业机构操作,也不需要作深入了解,有个大致概念即可。

(二)预留股权的比例

关于期权池的比例,过高或过低都不好。对创始人来说,如果在引入股权投资前将员工期权池预留好,预留比例太高,则将导致公司整体估值相应下调;但若比例太低,则会影响未来的激励效果,在不断激励和引入优秀人才的过程中迅速耗尽。所以,预留期权池比例需保持适度的平衡。

考虑到公司从创业直至上市前将进行多轮融资,会出现多次股权被稀释的情况,在天使投资轮或A轮等早期阶段,一般预留10% ~20%的股权作为期权池,并要对今后引入合伙人与员工激励的股权比例有一个大致的区分和规划,之后则视不同情况进行相应的调整。股权投资人一般要求在其进入前设立期权池,之后要保持相对固定的比例。由于每轮融资都会稀释期权池的股权比例,因此一般在每次融资时要考虑调整(扩大)期权池,以便不断吸引新的人才。还有,股权激励也会导致期权池的股权比例减少,所以也要进行相应的调整(扩大)。

第八节　购买股权的资金来源

前面解决了股权的来源问题,但通常来说,除了大股东赠与股权或公司发放奖金用于购买股权,大多数股权都需要员工自筹资金购买。虽然购买的股权价格通常比较低,但对许多员工来说也是一笔不菲的支出。因此,除员工自筹资金外,还需要有一些融资的方式。

需要出资购买的股权通常也是针对权益结算类的激励方式,主要是实股,有些虚拟股也需要员工出资购买。对于现金结算类的激励方式,由于激励对象无须出资购买,企业是以现金形式发放,故不在本节论述范围。

关于股权的定价,将在后面提及,每个企业的定价都有所不同,针对不同的员工也可能会有不同的定价方式,本节只论述员工购买股权的资金来源问题。

一般来说,激励对象购买股权有以下几种资金来源。

一、员工自筹资金

员工自筹资金是股权激励中比较普遍的方式,毕竟股权是给员工的。笔者也认同员工应该自筹一部分资金购买股权,员工只有在真正投入资金的情况下,才有一定的压力和动力努力工作,并尽力促使自己的股权增值。

在这种情形下,实施股权激励计划时,激励对象以自有资金购入对应的股权,并在签署股权激励相关文件时与出让方签订股权转让协议;如果是增资,则与公司和原股东签订增资扩股协议。

实践中,考虑到员工的支付能力有限,公司会采取一些变通的方式,比如在股权转让中采取分期付款的方式,在增资中采用分期缴纳出资的方式。

二、通过融资或借款

有些员工获得的激励股权较多,无法提供充足的资金购买股权,在这种情况下,可能就要通过融资或借款的方式解决。

上市公司的股权激励是不允许有融资的,《股权激励办法》第21条规定:“激励对象参与股权激励计划的资金来源应当合法合规,不得违反法律、行政法规及中国证监会的相关规定。上市公司不得为激励对象依股权激励计划获取有关权益提供贷款以及其他任何形式的财务资助,包括为其贷款提供担保。”此条的意思就是,公司不得为激励对象提供贷款,也不能帮助激励对象获取其他任何贷款和财务资助,包括为激励对象提供担保。当然,激励对象如果自己有办法贷款,不需要公司出面,也算是员工自筹资金,是允许的,不属于本节讨论范畴。

上市公司员工持股计划可以通过资产管理公司进行管理运作,这方面涉及的融资方式就比较多了,员工可能只要交少量的钱就可以拥有数倍于所缴纳资金的股权,其余都可以交由资产管理公司进行运作,如有收益,可以和资产管理公司分成。这在后面讨论员工持股计划时会有所介绍。

对于非上市公司来说，没有上市公司那么多的限制，但有一点需要明确，银行贷款一般是不能用于购买股权的，如原银监会发布的《流动资金贷款管理暂行办法》第9条第2款就规定，流动资金贷款不得用于固定资产、股权等投资。因此，除非个人通过银行贷款解决资金问题，公司出面肯定是不可行的，华为原来就通过银行贷款解决员工购股资金，但后来也被叫停。有些公司以其他用途申请贷款，事实上用于购买股权，这是违法的，如果被查出来，不但可能被提前收回贷款，还要被处罚。

笔者认为，解决资金来源问题还可以采取如下方式。

（一）企业提供借款或奖励

在非上市公司，企业可以给员工一定资金用于购买股权，也可以提供无息借款给员工。当然，这对企业来说有一定的资金压力，所以在确定资金的多少和借款期限的长短时，要因人而异，企业可以据此制定出相应的标准。

（二）大股东提供资金和借款

大股东一般都是创始人与合伙人，是公司的核心，可以说是股权激励的最大获益方。因此，大股东包括创始人与合伙人，都应该有一定的奉献精神。如果公司无法得到良好的发展，股权再多也没有意义。因此，大股东在条件允许的情况下，可以提供给激励对象一定的资金或借款，如果是股权转让的，应允许激励对象延期付款或分期付款，至于是否要归还，则由大股东视情况而定。有些涉及拟上市公司股份支付的问题，也可以由大股东先借款给员工，再由员工持这些借款购买股权，股权价格、借款归还期限和金额则由大股东视情况而定。这样既解决了员工资金问题，也解决了股份支付的问题。

三、提取专项激励基金

公司提取专项激励基金主要是用于激励公司员工，或作为企业管理人员履行职务的风险基金来源。因此，为了支持股权激励计划的实施，公司可以设立相应基金专门用于股权激励计划。一般提取方式为，企业从税后利润中提取法定公积金，经股东会或者股东大会决议，可以从税后利润中提取任意公积金用于股权激励。

这些激励基金应当逐项提取，专款专用，不经过股东会议调整和变更，不得挪作他用。笔者认为，专项激励基金主要可以用来回购公司的股权或股份，并作为存量股权或股份，分批次进行股权激励。当然，如果经过股东（大）会决议，也可以作为一种奖励直接资助员工购买股权，这也可以视为企业关爱员工的一种方式。

第九节　激励股权的定价

在介绍完定人和定量,且解决了股权和资金来源问题以后,还有一个很重要的点,就是如何确定股权的价格。这是一个比较复杂的问题,因为在实施股权激励时,并非每个员工的购买价格都是一样的,而且不同的激励模式下可能会有不同的定价标准和方式,故需要通过一定的方式来确定每个激励对象相对应的股权购买价格。

一、上市公司激励股权定价标准

上市公司实施股权激励时确定的股权价格标准,往往是比较规范的,而且是经过长期实践得出的,因此对于非上市公司来说,具有极大的参考意义。

《股权激励办法》对限制性股票和股权期权价格确定作出了相关规定,具体如下。

(一)限制性股票

限制性股票是当期授予,故该种激励股权价格被称为"授予价格"。

《股权激励办法》第23条规定:"上市公司在授予激励对象限制性股票时,应当确定授予价格或授予价格的确定方法。授予价格不得低于股票票面金额,且原则上不得低于下列价格较高者:(一)股权激励计划草案公布前1个交易日的公司股票交易均价的50%;(二)股权激励计划草案公布前20个交易日、60个交易日或者120个交易日的公司股票交易均价之一的50%。上市公司采用其他方法确定限制性股票授予价格的,应当在股权激励计划中对定价依据及定价方式作出说明。"

从上述规定可以看出,限制性股票授予价格不得低于股票票面金额,我们知道,股票票面金额通常是很低的,股票发行时已经是溢价发行,而且经过二级市场,绝大多数股票价格都高于发行价,甚至是发行价的几倍或者几十倍,所以限制性股票的授予价格高于股票票面金额是必需的。

还有一个限定条件,就是限制性股票的授予价格原则上不能低于股票交易价的50%,读者大致了解这个就可以了,至于交易价是什么时候的,不需要太清楚,反正哪个高就选择哪个,不能低于高的那个金额。

当然,《股权激励办法》写明了是"原则上",所以也给了企业自主定价的可能。但是,如果企业采用其他方法确定价格的,要提供定价依据,并至少说明这个价格是公允合理的。

（二）股票期权

股票期权是激励对象在今后才确定是否行使权利，故该种激励股权价格被称为“行权价格”，但是，这个行权价格在授予期权时就已经确定。

《股权激励办法》第29条规定：“上市公司在授予激励对象股票期权时，应当确定行权价格或者行权价格的确定方法。行权价格不得低于股票票面金额，且原则上不得低于下列价格较高者：（一）股权激励计划草案公布前1个交易日的公司股票交易均价；（二）股权激励计划草案公布前20个交易日、60个交易日或者120个交易日的公司股票交易均价之一。上市公司采用其他方法确定行权价格的，应当在股权激励计划中对定价依据及定价方式作出说明。”

因此，股票期权价格在授予股权激励时已经确定，但行使权利却要在今后至少12个月以后，而那个时候的股票价格是未知的。

根据《股权激励办法》的规定，与限制性股票相同，股票期权的行权价格也不能低于股票票面金额，且原则上不能低于股票交易的均价，均价的确定方式读者看规定，到时选择一个高的价格即可。

可以看到，如果两个员工同时被授予股权激励，一个被授予限制性股票，另一个被授予股票期权，二者的授予价格可能会相差一倍，因为股票期权的行权价格没有折扣，而限制性股票的授予价格可以打对折。所以说，股票期权的行权价格主要是根据股票今后的增值潜力进行测算，从而激励员工努力工作，企业的业绩好了，股票价格自然会上去。但前面也提到过，股票期权最大的缺点就是可能产生道德风险，员工在行权时为推高股价可能造假或进行内幕交易。

另外，《股权激励办法》也给企业自行确定行权价格提供了可能，只是规定“原则上”按股票交易均价，说明还可以采用其他方法确定行权价格，但要给出理由，提供定价依据并作出说明。

因此，对于上市公司确定的股权激励价格，禁止低于股票票面金额，“原则上”规定限制性股票的授予价格不低于股票交易均价的50%，股票期权的行权价格不低于股票交易均价。但如果公司采用其他方式确定价格的，则需要对定价依据和定价方式作出说明，证明其是合理公允的。

二、非上市公司激励股权定价标准

对于非上市公司来说，股权转让也好、增资也好，甚至是虚拟股权，这些激励的股权价格完全可以自行确定，也就是说从零元到市价，都没什么问题。关键是员工要看好企业愿意来买，且股权激励要有效果。因此，虽然给了非上市公司自由定价的空间，但也不是创始人拍拍脑袋就可以解决的，对于非上市公司来说，定价是一门学问。

(一)价格确定的前提

无论是对于实体股权,还是对于期权和虚拟股票,定价前都要作一些考量。比如实体股权是现在就授予的股权,那么就要以考虑现在的企业状态为主,当然也要给予激励对象期望,就是企业会越来越好,股权会越来越值钱,分红也会越来越多;对于期权,当下是拿不到的,但要让激励对象明白,以现在的价格去买今后几年的股权,是非常值得的;而虚拟股权因为只有分红权和增值权,那么就要让激励对象看到企业每年都有净利润且在不断增长,每年可以享受分红,而且虽然是虚拟的股权,但其本身价格也在上升,今年投入1元,过几年可能就是2元甚至5元,那么员工都会愿意购买。

所以定价的关键是确定合适的价格,而且针对不同的激励对象要实施不同的定价策略,让员工真正有动力,能真正起到刺激和激励的作用。价格确定的前提,一要让员工看到今后的利益,二要给员工一定的压力,不能因为激励太大而失去动力。而且,如果之前实行过股权激励计划,那么就要对之前的定价进行仔细分析研究,看其是否符合激励的目的和要求。

(二)定价依据

在确定最终的激励股权价格前,可以参考如下价格作为依据,综合各种情况后选择最适合的一种或几种。

1. 注册资本

以注册资本作为价格参考依据,适用于创业初期,或发展不是太快,注册资本与企业净资产相差不大的企业,这个是最简单的定价方式。当然,实践中注册资本与企业资产都相差比较大,企业发展到一定时期就不太适合。在企业发展初期,为激励特别优秀、有可能成为合伙人的员工,可以采用这种方式,甚至可以在注册资本的基础上打一个适当的折扣来确定授予股权的价格。

2. 账面净资产

前面提到过,许多企业的账面资产会远高于注册资本,以注册资本作为定价依据确实不能体现企业的价值。因此,以账面净资产为依据来确定激励股权的价格,是目前比较多企业在实行的方案,因为净资产能真实地体现企业的价值。事实上,许多企业账面净资产远远低于股权投资的估值,这对员工来说就是一种优惠。当然,也可以给员工在净资产基础上打个折扣。

3. 评估净资产

这种方式适用于固定资产比较多的企业,因为固定资产通常的评估价格会比账面价格高出很多,如果采用账面净资产,往往无法体现企业的真实价值。当然,到底是采用账面还是评估价格,企业要从多方面进行考虑和衡量,以期达到一个平衡。

4. 原股东转让或增资的价格

原股东转让或增资的价格,通常以净资产为依据的比较多,当然也有溢价的情况,也可以作为一个依据,但要有一个折扣。当然,如果以前有股权激励形式的股权转让或增资,对照原企业的资产及规模,也可确定现在的价格。

5. 股权投资人受让或增资的价格

通常来说,股权投资人对股权估值是比较高的,不太适用于股权激励,而且在股权投资合同中,通常也会明确股权激励可以采用比股权投资更低的价格,以吸引和留住优秀人才。当然,这也可以作为一个参考依据,向激励对象表明股权激励的价格确实比股权投资价格要低,以表明自己的诚意。

企业在确定激励股权价格时,可以以上述参考价格为依据。具体价格可在综合考虑净资产价值、净资产收益率及未来收益等因素的基础上合理确定。

(三)定价策略

激励的股权价格不能是一成不变的,在不同的时间和发展阶段,应该有不同的定价策略,而且每个职级的员工可获得的股权价格和折扣都应有一定的标准和区别。股权定价是一门艺术,但主要还需要创始人及大股东有格局有眼光,找到切合员工本身条件的价格或标准。

因此,实行股权激励的前提是创始人或合伙人有奉献精神,首先不能为自己考虑太多,更不应该像引入股权投资那样抬高股权激励的价格,这样容易失去人心,反而达不到效果。因此,创始人与合伙人在确定激励股权价格时,不能把价格定得过高,过高的价格可能会导致员工认为可预期收益较低甚至没有收益,将会影响激励效果。当然,激励股权价格也不能过低,因为价格过低,员工获得股权后认为旱涝保收,在今后就没有足够的动力与企业一起努力提升企业价值。

另外,笔者要着重阐述的是,定价过低甚至零转让,可能会带来过高的股份支付的成本问题,这个也可能会影响激励效果,给企业带来比较大的股份支付成本压力(尤其是处于成熟期的拟上市企业)。下面谈一下股份支付的有关问题。

(四)关于股份支付问题

股权激励所采用的价格一般有注册资本、账面净资产值,或市场价格(股权投资入股价格或市场上同类其他企业的股权投资价格),并在此基础上给予激励对象一定的折扣等。实践中,以每股账面净资产,或者略高于每股净资产的价格入股是激励对象可以接受的(关键是比外部股权投资入股价格低),授予价格低于外部股权投资入股价格的幅度越大,激励对象所感受到的激励力度也就越大。

但外部股权投资入股价格往往会被视为市场价格(公允价格),那么这个市场价格与激励股权价格之间就会存在较大的差价,这个差价就会涉及股份支付的问题。

1. 股份支付的定义

《财政部企业会计准则第 11 号——股份支付》第 2 条第 1 款规定:“股份支付,是指企业为获取职工和其他方提供服务而授予权益工具或者承担以权益工具为基础确定的负债的交易。”因此,企业的股权激励实质上是通过权益对价(股权激励)换取职工的服务,符合准则特征。换言之,企业是基于员工为其提供的劳动或其他服务,才向员工授予股权进行激励,承诺员工可以以低于公允价值的价格行权并取得股权,以此激励员工更好地为公司服务,但公司应为此付出成本,相应的利润也会因此而下降。举个简单的例子:

某激励对象和股权投资人分别获得企业股权 100 万股,但激励对象获得的股权价格为每股 1 元,而股权投资人获得的股权价格为每股 10 元,二者所获股权价格之间的差价为 9 元。按证监会相关规定,此时激励对象所获股权应按股份支付原则处理,视同公司给予员工 900 万元的权益奖励(差价 9 元乘以 100 万股),该 900 万元直接从公司当年净利润中扣除,调整到管理费用或资本公积金的会计科目(非经常性损益)中。

2. 拟上市企业股份支付问题

对于一般企业来说,虽然应该遵守股份支付相关规定,但可能要求没有这么严格。但对于拟上市公司,证监会是有明确的规定和要求的。前面已经介绍,拟上市公司员工股权激励主要有两种方式:一是股东低价转让股权给相关员工,二是员工以低价对拟上市公司进行增资。结合股份支付定义、特征以及财政部、证监会相关文件规定,这两种均属于股份支付,即激励对象所支付的购买成本与外部股权投资价格(公允价格)之间存在差价。因此,拟上市公司的股权激励(适用增资、股东股权转让等方式)要按照股份支付准则处理,相关折价(差价)直接计入当期损益,即根据企业会计准则相关规定,对股权激励价格与公允价格之间的差额部分,在申报的审计报告中需相应确认股份支付,扣减公司当期净利润。

因此,拟上市企业在制定股权激励方案时,要综合考虑申报上市的进程、股份支付对报告期内损益的影响、公司其他股权转让价格以及股权融资价格等因素。

按照上述处理方式,如果拟上市企业在报告期内存在金额较大的股份支付行为,则会相应地扣减企业的净利润,从而对企业当年的净利润产生较大影响,甚至可能导致部分企业在实施股份支付后,当年净利润较低或为负数,从而不再符合上市条件。所以股份支付对拟上市公司影响很大。

3.解决方案

所谓的解决方案,就是通过某种方法,使公允价格与激励股权价格的差价不会太大,这样才能保证企业的净利润不会被扣除,或者不被大量扣除。

那怎样才能保证差价不会太大呢?笔者认为,在拟上市公司实施股权激励计划时,设计令人信服的市场公允价格,是解决股份支付相关问题的关键。笔者提出如下几点解决方案:

(1)因为确定公允价格时通常会以股权投资人的入股价格为参考,所以实施股权激励一定要选好时点,尽可能选择在股权投资人进入之前实施,且要有适当的间隔期间(建议间隔1年以上)。

(2)如果时间太紧,股权激励无法与股权投资入股在时间上错开,可先让股权投资人和激励对象以相同的价格入股一部分,使股权激励价格与市场公允价格相当。过一段时间后,再让股权投资人以较高的价格增资,补偿之前企业价值被低估的损失。

(3)激励股权定价尽量高于每股净资产,尽可能接近股权投资人的入股价格,可在其他方面对员工进行补偿。

(4)分期授予。很多拟上市公司在股权激励时没有设定服务期等条件,这样可能会导致企业取得的服务一次性被计入实施股权激励计划当年的相关成本或当期费用,并作为偶发事项计入非经常性损益,导致当年的净利润大幅缩减,这个是不正确的。股权激励最重要的一项内容就是分期授予或解锁,所以一定要明确给员工设定服务期(考核期),并分期授予或解锁股权,如此股份支付费用则可在服务期(考核期)内分期逐年摊销,并可计入经常性损益。

因此,对于那些有上市意向的企业,应尽早开始规划股权激励方案,并设计出最令人信服的市场公允价格,激励股权的价格要适当,不宜过低,可以通过其他方式补偿员工,同时要采用分期授予的方式进行摊销,避免出现因股份支付导致企业净利润大量缩水的问题。

第十节　股权激励的期限和时间节点

所谓股权激励的期限和时间节点,主要有股权激励的有效期、授权日、行权日、等待期、限售期(锁定期)等。对于这些期限和时间节点的掌握,有助于读者对股权激励有更全面清晰的了解。

一、有效期

上市公司股权激励计划有效期不得超过10年,从首次授予权益日起算。对于非上市公司,股权激励可作为一个长期的规划,不需要有明确的时间限制,只不过要根据不同情势而作出相应的调整。一般来说,单个的股权激励计划时间不宜太长,一般3~5年为一个周期比较适宜,时间太长激励效果反而不好。当然,对非上市公司而言,如果要做一个具有前瞻性的股权激励长期规划,超过10年也不是问题,但肯定要不断进行调整与修正。

二、授权日

所谓授权日,就是授予激励对象相关权益的日期。这里的"权"即指权益,指激励对象根据股权激励计划获得的限制性股权、股权期权等权益。

授权日或者授予日,在上市公司也称授出权益日或授予权益日,指上市公司根据股权激励计划的安排,在股东大会通过股权激励计划后,由董事会授予激励对象限制性股票、股票期权等的日期。

限制性股票因为在授权日即授予激励对象股票,故授权日也称股票授予日。

而股票期权因为没有马上获得股票,激励对象需要达成一定条件才有权获得股票,故其授权日只是授予今后获得股票的权益,而不是真正获得股票,所以授予股票期权的日期通称为授权日或期权授予日。

另外,在上市公司,授权日前,董事会要对股权激励计划设定的激励对象获授权益的条件是否成就进行审议,独立董事及监事会要同时发表明确意见。律师事务所还要对激励对象获授权益的条件是否成就出具法律意见。上市公司的授权日一般是在股东大会通过股权激励计划后的60日内。

对于非上市公司,法律法规没有明确规定授权日必须避开某些敏感时期(比如上市公司被要求不得在非交易日),故非上市公司股权激励计划的授权日可以确定在股东会或股东大会审议通过股权激励计划后的合理时间内(不一定需要像上市公司60日那么长时间,因为上市公司股权激励计划程序比较繁杂,还要避开许多日期),但笔者认为可以参照上市公司的做法,即由董事会实施限制性股权的授予以及股权期权的授权,由监事会对限制性股权授予日及期权授予日激励对象名单进行核实并发表意见。

其他激励模式也可参照上述做法。

三、行权日

行权,顾名思义,就是行使权益,指激励对象根据股权激励计划的规定,解除限制性股权的锁定或行使期权购买的行为。

对于限制性股权，行权日就是解除锁定日，是可以自由卖出股权的起始日；对于期权，行权日就是激励对象有权选择是否买入公司股权的起始日。

四、等待期

需要注意的是，所有股权激励都会有一个等待期，也就是说，授权日和行权日之间是需要有间隔的，这个间隔期间就称为等待期，一般不少于12个月，因为这样才能看出效果。

上市公司限制性股票的等待期就是下面要提到的限售期，即股票限制出售的期限。股票解除限售之后就可以自由卖出，那么行权日就是解除限售的日子，就是可以自由卖出股票的日子，这个具体在限售期讲。

而上市公司股票期权的等待期相对复杂一点，在股票期权有效期内，上市公司会规定激励对象分期行权，每期之间的间隔就是等待期，等待期不得少于12个月，后一行权期的起算日不得早于前一行权期的届满日（至少在第二天），每期可行权的股票期权比例不得超过激励对象获授股票期权总额的50%。

对于非上市公司，法律法规尚无明确规定等待期的时长，但笔者认为上市公司的规定是比较合适的，非上市公司可以借鉴。也就是说，第一次行权日不应少于1年，等待1年后才可首次行权，而且应当分期行权。所谓分期行权，就是分几年匀速行权和兑现，如第一次行权兑现25%，此后可以每年兑现25%，或每月、每季度等额兑现等，一般是合计4年或5年匀速兑现完毕。结合公司的业务模式以及扩张速度等，创始人可以考虑制定不同的兑现和行权进度。一般来说，总时长可以规定为5年，至少3年，分期行权会促使激励对象更加努力工作。

五、行权有效期

针对股权期权来讲，还有一个行权有效期的概念，即从期权的可行权日开始起算，在这个有效期内（一般为30～60日），激励对象可以选择行权或不行权。如不行权的，尚未行权的股权期权自动失效；如果选择行权的，则必须在行权有效期内行权完毕，过期则不得再要求行权。

六、限售期（锁定期）

所谓限售期，是针对上市公司的限制性股票而言的，是指股权激励计划设定的激励对象行使权益的条件尚未成就期间，激励对象获授的限制性股票不得转让、用于担保或偿还债务。这段时期自激励对象获授限制性股票之日起算。股票期权不存在限售期,只有等待期,因为在授予日激励对象还没有获得股票。

上市公司规定,限制性股票授予日与首次解除限售日之间的间隔不得少于12个月。而且,上市公司要求限售分期解除,且每期时限不得少于12个月,各期解除限售的比例不得超过激励对象获授股票总额的50%,也就是说至少两年才能完全解除限售。当期解除限售的条件未成就的,不得解除限售或递延至下期解除限售,而且上市公司应当回购尚未解除限售的限制性股票,并按照《公司法》的规定进行处理。

在非上市公司,因为股权不像上市公司那样可以在二级市场自由买卖,所以不适用"限售"这个概念,一般称为"锁定期",指一段时间内,激励对象获得股权后,其在股权上的权利是不完整的,某些权利(如使用、收益、处分)无法有效行使。

就像笔者在前面提到的期权的分期行权一样,解锁也有一个分期的问题,这个可以参考上市公司的一些规定和做法。也就是说,第一次解锁日距激励对象获得股权之日不应少于1年,1年后才可解锁,而且应当分期解锁。所谓分期解锁,就是分几年匀速解锁和兑现,如第一次解锁兑现25%,此后每年解锁兑现25%,或每月、每季度等额兑现等,常见的做法为合计4年或5年匀速解锁兑现完毕。

第十一节　股权激励的行权条件

前面提到的行权日就是行使权益(行权)的日期,但行权是要有一定条件的,期限只是行权的条件之一,还要配合其他考核的标准和要求。也就是说,激励对象虽然被授予一定的股权,但这些股权是有限制的,没有完整的所有权,要满足一定条件才能拥有完整的所有权,从而获得实实在在的股权;或者说这些股权只是一种期权,要在今后满足相关条件才能行权,从而真正地获得股权。

前面已经提到一个条件,就是激励对象的授予条件,也就是说,企业员工要成为激励对象,是有一定的条件的,授予条件即激励对象获授限制性股票(股权)或期权所必须达到或满足的条件。授予条件与激励对象的身份和以往业绩相关,关于授予条件及评定标准,已经在本章第五节"股权激励对象"的"对核心人才进行量化"中提及,不再赘述。本节主要讲行权条件,其与授予条件是有区别的,就是说限制性股权要解锁或期权要行权,都需要达到一定条件。很明显,授予条件主要是看员工被授予激励股权之前的业绩和表现,而行权条件是看员工被授予激励股权之后的业绩和表现。

应该说,任何股权激励都必须设定相应的行权条件或考核指标,如果没有,那么这个股权激励计划肯定是不会成功的。企业应该让员工知道,只有经过他们的努力,让企业有增量有发展,他们才能得到他们想要的利益,如果企业没有发展,他们将一无所获。

综上所述,所有激励对象要获得完整的股权,都必须要达到一定的条件,一般指达到一定的年限(年限是标配)及一定的考核指标。如果没有任何条件就让激励对象获得完整的股权,是不利于激励员工的,可能不但没有效果,还会有反作用。如果只有年限而没有考核指标,则激励效果一般也不会太好。因此,股权激励一般在授予激励对象相关限制性权益或期权后,还要配合设立一定的指标,包括企业所要达到的指标及激励对象部门和个人的绩效,尤其是通过定量的、财务型的指标考核来实现激励,达到企业与员工共赢的目的。

一、上市公司的行权条件

下面先谈一下比较成熟规范的上市公司的相关规定。

《股权激励办法》第 10 条规定,上市公司应当设立激励对象获授权益(授予)、行使权益(行权)的条件。如果是分次授出权益(授予)的,应当就每次授予分别设立条件;如果是分期行权的,应当就每次行权分别设立条件。另外明确,激励对象是董事和高级管理人员的,公司应当设立绩效考核指标作为激励对象的行权条件。

(一)审查与实施机构

一般来说,上市公司董事会负责股权激励计划的执行和实施,授予条件和行权条件一般都是由董事会负责制定,并对条件是否成就进行审议。

比如《股权激励办法》第 42 条第 1 款规定:“上市公司董事会应当根据股东大会决议,负责实施限制性股票的授予、解除限售和回购以及股票期权的授权、行权和注销。”第 47 条规定:“激励对象在行使权益前,董事会应当就股权激励计划设定的激励对象行使权益的条件是否成就进行审议,独立董事及监事会应当同时发表明确意见。律师事务所应当对激励对象行使权益的条件是否成就出具法律意见。”

(二)绩效考核指标

提及行权条件,必然会涉及绩效考核,笔者在后面会专门介绍。因为行权条件往往与绩效考核紧密联系在一起,只有设立了绩效考核指标,才能真正起到激励的作用。

上市公司要求绩效考核指标必须包括两方面,即公司业绩指标和激励对象个人绩效指标,且相关指标应当客观公正、清晰透明,符合公司的实际情况,有利于促进公司竞争力的提升。

对于公司业绩指标,上市公司可以采用两种参照方式,一种是选取公司的历史业绩,可以包括净资产收益率、每股收益、每股分红等能够反映股东回报和公司价值创造的综合性指标,以及净利润增长率、主营业务收入增长率等能够反映公司盈利能力和市场价值的成长性指标;另一种是选取同行业的可比公司的相关指标作为对照依据,在这种情况下,选取的对照公司不得少于3家。

个人绩效指标的制定,则是一个比较宽泛的问题,各家企业有不同的标准,所以可由上市公司自行确定。因为是自行确定,没有强制性的规定,目前我国上市公司在这方面都做得不够好,各公司所制定的个人绩效指标都是为了应付证监会的形式上的东西。笔者认为,设置个人绩效指标是股权激励成败的关键,特别是非上市公司,应该充分重视,只有设置一个合理可行的个人绩效指标,才能真正激励员工,真正为企业带来效益和发展。笔者在后面介绍绩效考核时会重点阐述。

当然,对于上市公司的相关要求比较高,证监会要求上市公司应当在公告股权激励计划草案的同时,披露所设定指标的科学性和合理性,有条件的非上市公司可以参考。

(三)不符合行权条件的结果

1.限制性股票

《股权激励办法》第26条规定,限制性股票的激励对象未达到解除限售条件的,上市公司应当回购尚未解除限售的限制性股票,并按照《公司法》的规定进行处理。根据《公司法》的相关规定,回购的股票要在3年内注销或转让。

2.股票期权

关于股票期权,因为行权前激励对象还没有拿到股票,故不存在回购的问题。《股权激励办法》第32条第2款规定,激励对象不符合行权条件的,上市公司应当注销对应的股票期权。

另外,股票期权的行权日开始后,激励对象在行权有效期内选择不行权的,则当期股票期权应当终止行权,上市公司应当及时注销。

二、非上市公司的行权条件

对于非上市公司而言,上市公司的相关规定完全可以参考。非上市公司实施股权激励时,在设置业绩考核指标方面相对更为灵活,不需要完全按《股权激励办法》的要求,可体现企业的自由意志。比起上市公司,非上市公司更有利于灵活设置和运用行权条件,其灵活性体现在如下几点。

(一)指标类型可微调

上市公司的业绩指标如前文描述,主要为财务类指标和非财务类指标,关于财务类指标有严格的要求,关于非财务指标的规定并不是很明确;对于非上市公司来说,在财务类指标方面不一定要这样严格,在非财务指标方面则可以体现企业的特色,内容可包括内部运营类、客户类等,以涵盖绩效管理的各方面。

(二)灵活的动态调整

上市公司股权激励常见的操作方式是授予激励对象一定数量的限制性股票或股票期权,达到特定条件后激励对象可以行权或解除限售,未达到条件的,公司就可能对上述股票或期权进行回购和注销;而非上市公司的操作则可充分体现企业自由意志,比如针对业绩条件可结合激励模式进行切换,从虚拟股(或利润分享)、虚拟受限股切换到实股,在数量方面如未达到条件可结合绩效情况部分行权(按完成绩效的百分比确定),而不是一律不可行权,超过目标要求的还可超额增配等,这些都是上市公司所无法实现的。

三、行权条件中的绩效考核

(一)绩效考核的重要意义

前面已经介绍了上市公司的绩效考核,从上市公司的股权激励可以看出,行权条件中,企业的业绩是一个重要的指标,针对董事高管则还要有个人的绩效考核指标。《股权激励办法》专门规定了行权条件中的绩效考核相关条款,一方面是对上市公司的监管,防止出现不合理不公平的股权激励;另一方面也体现绩效考核在股权激励中的巨大作用。

前面也提到很多次,对员工进行股权激励,一方面是激励,另一方面也要有约束,只有激励没有约束的股权激励肯定是不会成功的。所谓的约束也就是必要的、合理的绩效考核机制,无论对于上市公司还是非上市公司,都是极其重要的。

从国际上看,无论一家公司实施哪种股权激励,都会有一个有效的绩效管理体系,符合条件的才能行权。国内的公司普遍做得不好,近几年披露的国内几家上市公司的股权激励计划屡遭质疑,主要原因在于这些公司设置的绩效考核条件不合理,没有完善的绩效考核体系作支撑。

股权激励计划一般是通过董事会来实施的,但许多董事和高管本身就是激励对象,由此可能导致绩效条件设置很少,或者条件不高,很容易达到,形同虚设。所以,绩效条件不能由董事、高管说了算,而应该结合公司战略、历史发展、行业状况和专家的意见,通过必要的测算来设置,建立一个真正的绩效文化和绩效管理体系,同时实行问责制。

总之，笔者认为，激励和约束要对称要平衡，股权激励是企业达成战略目标的有效机制，因此有必要将激励和目标管理、绩效考核紧密结合起来，员工的收益与企业价值的增长应当保持同步，并且与个人的绩效指标有机结合，从而达到激励与约束的平衡。也就是说，员工在享受股权激励的同时，也要承担相应的风险，否则股权激励就会演变成“大锅饭”，股权激励变成股权福利，从而失去激励应有的作用和目的。

（二）绩效考核的终极目标

笔者一直强调，激励只是手段，其最终目的是企业更好地发展，更好地完成经营发展战略。因此，在具体实施绩效管理机制的时候，一定要把企业的目标达成情况与激励对象所在的部门、激励对象的业绩完成情况三者有机地结合起来，如果无法做到这一点，再好的股权激励都不会产生令人满意的效果。

企业在制定完善的股权激励方案时，要对绩效考核机制、人员的职位定性等进行综合性的个性设计，其中绩效考核的设计是最重要的。笔者认为，设计绩效考核不能生搬硬套绩效考核模型，不应该为了绩效而进行绩效考核，而应该把这个变成一种公平衡量的工具，让激励对象从被动地被绩效考核变成主动地要求进行绩效考核。现在许多所谓的股权设计公司，引入许多国外的理论，甚至全盘照抄关键绩效指标（KPI 指标）或 360 度考核等绩效考核模型，看似高大上，实际上不接地气，无法有效落地，导致其过于复杂或者成本过高而被搁置或无法有效实施。因此，真正有效的绩效考核，一定是与企业的战略目标和规划紧密相连的，无论是考核的指标还是分值的评判，都应该根据企业的战略侧重点来确定，任何一家企业的绩效考核机制都应该有自己的特色，而不是看似高大上，实际无法对症下药，解决不了真正的问题。

（三）绩效考核的原则

确定绩效考核指标有一个重要的 SMART 原则。SMART 是 5 个英文单词首字母的缩写，具体如下：

- S 代表具体（Specific），指绩效考核要切中特定的工作指标，不能太笼统。
- M 代表可度量（Measurable），指绩效指标是数量化或者行为化的，验证这些绩效指标的数据或者信息是可以有效获得的。
- A 代表可实现（Attainable），指绩效指标在付出努力的情况下可以实现，避免设立过高或过低的目标。
- R 代表相关性（Relevant），指绩效指标的设定必须与责任单位、个人的职责紧密相关，其是管理部门、执行部门和公司管理层经过反复分析、研究、协商的结果。

• T 代表时限性(Time-based),指要注重完成绩效指标的特定期限。

因此,在制定股权激励行权条件中的绩效考核相关机制时,要牢记这些原则并贯彻实施,否则可能就很难达到激励的目的。

(四)绩效考核的主要作用

绩效考核的用途很多,在股权激励中,其主要作用如下。

1. 作为股权激励的准入门槛(授予条件的依据)

无论上市还是非上市公司,确定激励对象的标准因素主要有职位(岗位、职级)、年限和绩效。员工以往的绩效是评定员工是否可以成为激励对象的入门条件,通常要求激励对象最近一年或几年的年度绩效水平在合格甚至良好以上。

2. 行权的触发条件(行权条件的依据)

股权激励的模式通常存在一次授予分批行权、分次授予一次行权等形式,其中行权期的行权条件需要以绩效考核的达成情况为依据,而且绩效考核应该包括公司、部门和个人的多重条件,只有达标激励对象才能行权,不达标则无法行权,且对激励对象获授股权应该直接回购或注销,不能延续至下一期行权。

3. 增配股权(再激励)的依据

为持续激励员工,非上市公司可以对在绩效考核中表现优秀的员工予以增配股权,对其进行再激励。

4. 减持股权或注销资格的依据

股权激励结合了绩效考核这把"达摩克利斯之剑",可以让激励对象明白,付出多少努力就会有多少回报,而在激励对象业绩不达标时,对其所持股权可以根据相关机制予以下调(减配),甚至可以取消其获得激励的资格(回购或注销)。

(五)绩效考核的主要指标

前面已经提到,绩效考核的指标主要分为财务指标和非财务指标。财务指标与业绩相关,又可细分为企业业绩指标、部门业绩指标和个人业绩指标。

1. 财务指标

(1)企业业绩指标

股权激励最重要的目的是保证企业更好地发展,只有企业发展了,激励对象才可能因此受益,企业没有发展,激励对象所获得的股权本质上也不会有所收益。因此,企业业绩指标在股权激励的绩效考核中,占有最重要的地位,适用于企业所有人员。

《股权激励办法》对上市公司的业绩指标和考核办法是有强制性的规定的,由此也可以看出企业业绩指标的重要性,可以为非上市公司所借鉴。

①企业业绩指标的参考标准

关于企业的业绩指标，可以参照的标准比较多，目前，上市公司普遍采用净利润增长率和加权平均净资产收益率作为考核标准，要求以扣除非经常性损益后的净利润作为计算净资产收益率的依据，还有一些公司则引入市值作为考核标准。

对于非上市公司，笔者认为，虽然没有上市公司在资本市场中对公司股价的实时分析和判断，但许多方面可以借鉴上市公司的做法，如业绩考核指标可以选取净资产收益率、主营业务收入增长率、现金营运指数等财务指标，但应当不低于企业近 3 年平均业绩水平及同行业平均业绩水平，成立不满 3 年的企业，以实际经营年限计算。另外，非上市公司应该有一个中期的战略目标，一般可以设定 3 ~ 5 年，然后就可以倒推并具体测算出每年企业的营业收入和利润增长率，再根据企业不同战略侧重点而赋予不同权重进行考核。

②适用人员

企业业绩指标适用企业内所有的人员，企业可以设置一个适用所有人员的业绩指标，如果企业年度业绩无法达到这个指标，则股权激励计划就会中止实施。

下面几类人员应该重点适用：

一是企业的高管，包括总经理、副总、总监等，他们一般不做具体的业务和技术，而是掌控全局，所以其个人的指标很难具体确定，主要适用企业业绩指标。

二是工作内容属于企业全局性质的人员，如企业的财务经理、人事经理、品牌经理等，对他们也很难进行个人业绩考核，一般以企业指标对他们进行考核。

三是难以通过部门或个人业绩指标进行考核的其他人员，如后期保障人员、风险管理人员、安保人员等。

虽然企业业绩指标适用所有人员，但对于上述这三类人员，应该制定独立的、比其他人员更严格的企业业绩指标。

（2）部门业绩指标

《股权激励办法》没有具体规定上市公司的部门业绩指标，主要是因为部门业绩指标也可以落实到具体的个人。不过笔者认为，部门业绩指标比较适用于部门负责人，虽然说业绩指标可以具体量化到部门负责人个人，但如果有部门业绩指标，更有利于部门负责人专注于部门业绩的全盘考量和对部门内部人员业绩增量的不断督促和监管。如果企业给部门负责人确定一个指标，并约定，如在一定期限内部门负责人无法达到部门目标，公司有权要求其下岗并无法行权，这样就可以充分调动其积极性。

同时，也可以在给部门内部其他人员进行股权激励的同时，要求他们达到一定的部门业绩指标，这样他们就不会为了自己的利益而可能损害部门其他成员的利益,从而会在保证部门利益的前提下,再考虑自己的利益。

部门业绩指标可以根据前面所述的企业业绩指标的原则和方法制定,企业可以在制定企业业绩指标时,将其细化到每个部门。

(3)个人业绩指标

个人业绩指标针对激励对象个人,更多地适用于激励对象中的核心骨干员工,比如研发人员和业务营销人员等。

比如上市公司就被明确要求,激励对象为董事、高级管理人员的,上市公司应当设立绩效考核指标作为激励对象行权的条件。对于非上市公司而言,可以根据不同的情况确定哪些人必须有个人业绩指标,哪些人只需有公司业绩指标和部门业绩指标,不管如何,都应该建立在公平合理的基础之上。

个人业绩指标都比较具象化,针对每个激励对象都可以量身定做一套指标,所以这里不作详细介绍。

2. 非财务指标

以上所指的指标主要是与业绩有关,比如企业当年及未来营业收入和利润,属于业绩指标中的财务指标。但不要忘记,在进行具体考核时,不但要落实财务指标,还要落实非财务指标。非财务指标一般指个人的岗位考核、其他员工对其的定性评价等,通过对激励对象非财务指标的约束,才能真正体现员工对企业文化和股权激励的认可,从而保证企业在快速发展的过程中不跑偏不出轨。

因此,通过财务指标进行约束只是一方面,但并不代表达到财务指标可以决定一切,只有把财务指标和非财务指标有机结合,才算是一个科学公平的考核指标。

另外,评价的一项重要功能是导向作用,如果在企业业绩评价过程中只看财务指标,就可能产生短期行为和弄虚作假的行为,所以要区分整体(外部)考核和个体(内部)考核,在这里,整体考核仅仅涉及企业认可的财务指标,如企业的净利润、净资产收益率等,而个体考核不但要看财务指标,还要看非财务指标。

当然,一般来说,财务指标为主体,非财务指标为辅助,具体比例可由公司自行确定。

(六)绩效考核的实施和管控

1. 管理和监督

绩效考核的指标制定以后,有一个具体实施的过程,指标制定再好,没有很好的管理和监督实施机制,其效果也是很难体现出来的。管理和监督的要点如下:

(1)一般由董事会对全公司的业绩情况进行全面管控。

(2)从董事会、高管、中层管理人员到普通员工,每个领导层直接通过业绩合同监控下一层的业绩情况。企业内每个主要部门均有明确的考核指标,保证责、权、利分明。

(3)领导层有权对下面所有职级员工的业绩情况进行管控。高职级领导一般是集中精力监管直接下属,但在必要的时候,也有权跨级了解下属的业绩指标,由此直接发现问题,避免下属部门负责人对负面信息的隐瞒和对部门所属人员的庇护。

(4)有条件的企业,可以在高管层以下建立适合企业的关键绩效指标,对业绩考核机制进行管理,即通过对企业内部流程的输入和输出端的关键参数进行设置、取样、计算和分析,以此来衡量流程绩效,把企业的战略目标分解为各个可操作的工作目标,这样可以通过客观的数据使企业的整套业绩完全透明化。

2. 动态调整

股权激励方案及绩效考核机制的实施都是动态管理的过程,没有任何一种方案是永远科学合理的,企业在不断发展,员工的情况也在不断发生变化,所以不能一成不变,应该时常进行更新和调整。企业要根据不同时期的战略要点和发现的各种问题,以及激励对象的新增、升迁、退出、调动等各种情况,随时进行有针对性的调整或修正。

第十二节　股权激励的具体操作程序

本节主要介绍与股权激励相关的几个机构及股权激励批准和实施的具体操作程序。这方面上市公司规定得比较详细,非上市公司可以参考。

一、与股权激励相关的机构

(一)股东(大)会

企业的股东(大)会是企业的最高权力机构,也是股权激励计划的决策管理机构,负责审议批准股权激励计划的实施、变更和终止。

(二)董事会

企业董事会是股权激励计划的具体执行管理机构,负责拟定股权激励计划草案和提交股东(大)会审议通过,并根据股东(大)会的授权办理股权激励计划的相关事宜(授予、行权、回购、注销等)。

上市公司或比较大的企业的董事会一般下设薪酬与考核委员会,该委员会也可以作为具体的执行管理机构。

(三)监事会

企业的监事会是股权激励计划的监督机构,负责核实激励对象名单,并对股权激励计划的实施是否符合相关法律法规及公司章程进行监督和发表意见。

上述“三会”作为公司治理的三个重要机构，在实施股权激励计划时，也要职责分明，各司其职。

当然，有些公司因为规模较小，不设董事会和监事会，那么就可以由创始人与合伙人共同组成团队作为具体的执行管理机构，公司的监事和工会负责人共同组成团队作为监督机构。但笔者在前面已经多次提到，股权激励是在公司发展到一定程度才实施的，这个时候公司应该已经有一定规模，有必要设立董事会和监事会，以适应现代企业管理和公司治理的需求。

二、股权激励计划的拟定和批准程序

股权激励计划拟定和批准的程序如下。

(一)计划拟定

在经过广泛的调查摸底以后，企业创始人与合伙人要确定一个大致的方案，并拟定股权激励计划(草案)，将这方面交由董事会或其下设的薪酬与考核委员会(如有)负责，同时应聘请相关专业人士参与。

(二)价值评估

股权激励计划(草案)中涉及的财务数据和资产评估价值，因与股权价格的确定有关，建议选择具有相关资质的会计师事务所和资产评估机构进行审计和评估。

上市公司如果对激励股权的定价未按《股权激励办法》规定要求(不低于前面提及的限制性股票和股票期权中的两个定价标准价格较高者)执行的，则应当聘请独立财务顾问对股权激励计划的可行性、是否有利于上市公司的持续发展、相关定价依据和定价方法的合理性、是否损害上市公司利益以及对股东利益的影响等发表专业意见。

(三)董事会决议

董事会审议股权激励计划(草案)，并作出决议。在进行表决时，拟作为股权激励对象的人员或与激励对象存在关联关系的董事应当回避表决。

上市公司的独立董事及监事会则应当就股权激励计划(草案)是否有利于上市公司的持续发展，是否存在明显损害上市公司及全体股东利益的情形发表意见。独立董事或监事会可以建议上市公司聘请独立财务顾问，对股权激励计划的可行性、是否有利于上市公司的持续发展、是否损害上市公司利益以及对股东利益的影响发表专业意见。非上市公司可以借鉴参考。

(四)公示与公告

股权激励计划(草案)在董事会决议通过后，企业内部一般要向全体员工公示激励对象的姓名和职务,上市公司的公示期不少于10天,非上市公司则可自行决定公示期;上市公司还应当及时披露董事会决议、股权激励计划(草案)、独立董事意见及监事会意见。

(五)监事会核查

监事会负责对股权激励对象名单进行审核,充分听取公示后的各方意见,并在股东(大)会审议股权激励计划前(上市公司是在股东大会召开前5日,非上市公司可以参考)公布对激励对象名单审核及公示情况的说明。

(六)股东(大)会表决

在完成上述程序后,董事会就可将股权激励计划(草案)提交股东(大)会进行表决,上市公司要求经出席会议的股东所持有表决权的2/3以上通过,对于非上市公司没有明确规定,由非上市公司根据企业具体情况自行制定。一般来说,被拟为激励对象的股东或者与激励对象存在关联关系的股东,应当回避表决。

另外,上市公司应当聘请律师事务所对股权激励计划出具法律意见书,对股权激励是否合法合规发表意见,非上市公司可以借鉴。

三、股权激励授予和行权程序

在股权激励计划正式通过后,接下来就要履行授予程序和行权程序,具体如下。

(一)审议授予条件

股东会或股东大会对股权激励计划(草案)进行表决并通过后,股权激励计划正式开始施行,董事会应该对激励对象的授予条件是否成就进行审议。上市公司要求独立董事和监事会对此发表明确意见,律师事务所对此出具法律意见。笔者认为,这方面非上市公司可以进行参考。如果激励对象发生变化的,上市公司的独立董事、监事会、律师事务所、独立财务顾问(如有)应当同时发表明确意见。这里的激励对象发生变化,是指新增激励对象或原来的激励对象条件不成就,无法获得授出权益,所以在董事会审议时,应该有相关机构和人员对此进行监督,笔者认为,非上市公司也应该要求监事会和律师事务所发表明确意见。

(二)签订相关协议及文件

在董事会审议后,公司与确定的激励对象签订《股权激励协议》及相关文件,对本章所介绍的相关内容进行确定。股权激励实际上是企业和激励对象达成的一种在一定条件下进行利益让渡的协议安排,关于激励的方案内容企业要与每位激励对象形成书面约定后才会产生最终约束力。有了协议,激励对象才会在满足条件后有行权的依据;在激励对象行权条件不成就,离职、违纪等情况下,企业也才有依据收回股权;而且在引入新投资人和进行新的激励时也有据可依,不会形成僵局。

(三)权益变更登记

如企业实施股权激励计划导致注册资本规模、股权结构或组织形式等发生变动的,应到企业注册地的市场监管部门办理变更登记手续。如果是实股或限制性股权(股票)等可以立即授出的权益,上市公司要求在股权大会审议通过后60日内完成公告并登记,非上市公司可以自行确定,但不宜时间过长。如果是股权(股票)期权等,因为要待条件成就后才能授出权益,那么上市公司应该在条件成就之后60日内授出权益并完成公告登记,非上市公司可以参考。

(四)行权申请

激励对象认为对获授股权的行权条件成就,比如限制性股权可以解除锁定,期权可以行权购买,即可向公司董事会提出申请,要求行权。

(五)行权审核

董事会对激励对象行权的申请进行审核,如确认条件成就且不存在相关法律法规、公司章程、股权激励计划中规定的激励对象不得行权或禁止行权的情形的,激励对象可按股权激励计划和相关协议的规定和约定行权。

上市公司要求董事会审议激励对象行权条件是否成就时,独立董事、监事会应当发表意见,律师事务所应当出具法律意见;如果是分次行权的,则每次都应当召开董事会审议;如果授予权益的条件不成就,上市公司不得向激励对象授予权益,且未授予的权益不得递延至下期授予。

对于非上市公司而言,则不需要这么严格,在条件不成就的情况下,可以考虑给予激励对象部分授予,比如设定一个最低绩效考核要求,没有达到最低要求的,激励对象不得行权;再设定一个完全行权的条件,达到条件的激励对象可以完全行权;在最低要求和完全行权条件之间,可以考虑根据激励对象部分完成情况给予部分行权。当然,还可以设定一个增配股权的绩效考核分数,给特别优秀者予以特殊的奖励。这些非上市公司都可以做到,故比上市公司更有优势。

四、股权激励计划的变更和终止

(一)变更

有些企业在实施股权激励计划时发现了问题,需要对股权激励计划进行变更,这种变更一般分为两种情形:

1. 在股权(大)会审议股权激励计划(草案)之前变更。这种情况一般由董事会审议通过即可变更。

2. 在股权(大)会对股权激励计划(草案)审议并通过后变更。这种情形下,应该及时召开临时股东(大)会再次进行审议并通过。上市公司要求股权激励计划中不得包括两种情形,一是不得导致行权加速或提前解除限售;二是不得降低行权价格或授予价格。这是因为上市公司这样做可能会损害上市公司和广大股东的利益,所以要求独立董事、监事会发表独立意见,律师事务所发表专业意见。对于非上市公司而言,股东是有限的,所以主要还是要看股东的意见,只要是对公司有利的变更,均可以自行确定。

(二)终止

有些情况下,企业发现时机不成熟,或者出现了难以解决的问题,不得不终止股权激励计划的实施,这也存在两种情形:

1. 在股权(大)会审议股权激励计划(草案)之前拟终止。这种情况一般由董事会审议通过即可终止。

2. 在股权(大)会对股权激励计划(草案)审议并通过后终止。这种情形下,应该及时召开临时股东(大)会再次进行审议并决定。上市公司要求律师事务所就上市公司终止实施激励是否符合相关法律法规的规定、是否存在明显损害上市公司及全体股东利益的情形发表专业意见。非上市公司股东(大)会在审议终止股权激励计划时,也应当听取专业律师的意见,以保证程序的合法合规。

第十三节　股权激励的退出机制

在实施股权激励计划的过程中,激励对象可能由于各种原因退出股权激励计划,那么企业必须制定有效的股权激励退出机制,否则容易造成股权流失等重大影响。因此,企业有必要充分了解退出机制的相关内容并有效实施。

股权激励的退出机制,与第二章“股权架构与控制权”中所阐述的合伙人的退出机制,有一定的相似之处,但也有一定的区别。一般来说,合伙人都持有实股,而且即使对合伙人的退出有限制,也不会像股权激励那样严格,所以,股权激励退出机制所涉及的问题更多。

一、退出股权激励的几种情形

(一)激励对象主动退出

符合股权激励计划规定或股权激励协议约定,经企业同意,激励对象一般有以下退出的权利:

1. 期权条件成就,激励对象选择不行权而退出。

2. 主动要求企业按约定价格回购。

3. 经企业同意，将股权转让给其他激励对象或第三方。

（二）激励对象不符合要求而退出

1. 因激励对象的绩效考核不合格，企业不给予行权或回购、注销股权。

2. 激励对象不能胜任所聘任的工作岗位，经企业董事会审议或批准，取消其激励资格，或者不给予行权或回购、注销股权。

激励对象因不符合要求而退出，其就等于失去了全部或部分股权。

（三）激励对象离职、退休、丧失劳动能力、死亡、失踪

现实中经常提到的股权激励的退出机制，大多都是围绕离职、退休、死亡、失踪等情况所作的规定，这些是退出中最为常见的情形。

1. 离职

离职一般分为如下几种情形。

（1）在固定服务期内离职

在这个期限内离职，因为没有达到固定的服务期，相对于固定服务期满后离职，企业一般要做出更为严格的规定。一般来说，企业会注销激励对象被授予的全部期权，并回购其已经持有的股权，关于回购的价格则可根据企业的具体情况确定，有些是原价回购，有些会加一定的利息或根据退出时企业净资产计算的价格回购。如果激励对象有支付保证金的，则保证金一般是无息退回。

（2）在固定服务期届满后离职

这种情况下又分为如下几种情形。

①已经行权或解锁的股权

在固定服务期满后离职的，则主要还是看股权激励计划的规定。笔者认为，对于非上市公司，特别是创业阶段的公司，为了防止股权分散，建议事先约定激励对象在离职后由公司回购股权。当然，价格方面则应该多考虑离职员工为企业服务的年数和贡献，要体现公允价值及企业家的胸怀。笔者认为，关于回购价格，建议根据股权激励确定的定价方式，如果股权激励定价是根据最近一次财务报告上的净资产价格确定，那么，当员工离职的时候，企业也应该按最近一次财务报告上的净资产价格进行股权回购，当然，也可以按照净利润的倍数或者最近一轮的融资价格进行股权回购。

②条件未成就的期权和未解锁的限制性股权

一般情况下，在固定服务期届满时，期权或限制性股权大多数或者全部已经行权或解锁。条件未成就的期权不存在回购问题，因为这部分期权仍归企业所有，员工没有达到行权条件，因此企业可以直接将该部分期权注销或放入期权池。但是

为了避免员工误解,降低沟通成本,可以用1元钱回收员工所有的未成熟的股权,便于操作;对于未解锁的限制性股权,企业应该按股权激励计划规定进行回购或放入期权池(上市公司则要求在一定年限内注销),回购价格按计划或协议确定的价格,如果没有约定价格,一般按原购买价格或加上一定的利息回购。

③条件已经成就,但尚未行权的期权

前面已经提及,期权有一个特性,就是在可以行权与正式行权之间有个时间段,那么,如果员工已经可以行权但尚未行权,这个时候如果员工要离职,则有选择权,其可以选择行权,也可以选择不行权。如果员工选择不行权,那也不存在回购的问题;如果其选择行权,笔者认为,这是员工通过自己努力所应该获得的,那么就应该允许员工按股权激励计划和协议确定的行权价格购买企业股权,如果企业不回购,则走正常行权程序,股权由员工带走;如果计划或协议确定要回购的,企业可以按前述第一种情况"已经行权或解锁的股权"提及的价格确定方式进行回购。

2. 退休

退休指激励对象达到法定或企业规定的退休年龄而离职。这种情况下,说明员工已经为企业服务较长时间,可以参考离职中的"固定服务期届满后离职"的第一种情况处理,同时要考虑到退休是基于身体或者年龄问题而不是对现状不满或有异心,所以要给予退休员工更多的优惠条件。对于退休员工的股权是否进行回购由企业决定,也可以部分回购部分不回购,如果确定要回购的,则可以考虑按企业当期净资产计算出的价格进行回购,有些企业为了奖励这些为企业奋斗一生的老员工,还会以净利润的倍数或者最近一轮的融资价格进行回购。

3. 丧失劳动能力

丧失劳动能力,应该对丧失劳动能力的原因进行一定的区分,如果是工伤,则建议按退休的方式处理;如果是非工伤,则视企业对员工的关爱程度和员工生活困难程度,给予一定的补助,笔者建议按企业当期净资产计算的价格回购股权。

4. 死亡、宣告死亡、宣告失踪

这种情况下,一般企业都会回购股权,除非企业特别约定,否则不应该有股权继承的情况,这个在前面已经论述过。因为中国大多数企业还是人合的有限责任公司,继承人对企业一般都没有贡献,可能也没有相应的管理能力,而且其进入会打破企业原有的人合局面,故非特殊情况还是由企业进行股权回购为上策。关于股权回购的价格,笔者认为可以参考离职,分为固定服务期内和固定服务期届满两种情况处理。当然,如果是因公死亡或失踪的,可以按退休的方式处理,对于企业有重大贡献的,则可另行给予奖励。

另外，还有一种激励对象因离婚涉及激励股权分割的情形，这个将在第五章“股权与婚姻家庭”中详细阐述。

（四）激励对象有损害企业利益或违法犯罪的情形

1. 激励对象因过失损害企业利益

激励对象因过失损害企业利益的行为，主要如下：

（1）因失职而严重违反企业规章制度和管理制度的。

（2）因过失触犯法律法规的，或非因损害企业利益而触犯法律法规的。

（3）其他失职或渎职造成严重损害企业利益的情形。

在上述情形下，企业有权取消激励对象的激励资格，已经持有的股权由企业按原价格回购，已经被授予但条件未成就的期权则被注销或放入期权池，已支付的保证金由企业零息退回。

2. 激励对象故意损害企业利益

这里强调的是激励对象有故意损害企业利益等严重违法、违纪、违反企业规章制度的行为，所以比前面的过失行为更加严重，给企业利益和声誉造成的损害更大，主要包括激励对象如下行为：

（1）收受贿赂。

（2）泄露企业商业秘密、知识产权相关的保密事项及关于激励计划规定的保密事项等。

（3）将被授予而未行权的期权或限制性股权抵押、担保或偿还债务。

（4）未经企业同意转让期权和锁定期内的限制性股权。

（5）违反与企业的竞业限制约定，带走企业客户，引诱企业其他员工离职等。

（6）采取提供虚假报表或文件进行欺诈或内幕交易等。

（7）故意触犯法律法规，或因损害企业利益而触犯法律法规。

（8）其他故意损害企业利益或声誉等严重违法、违纪行为。

对于这种故意损害企业利益的行为，企业一般都会对激励对象进行严惩，企业的股权激励计划及协议中都要约定，除取消激励对象的激励资格外，企业可视情况对激励对象采取相应的惩罚措施，包括无偿收回激励对象已经持有的全部或部分股权，没收激励对象已经支付的保证金，甚至收回激励对象已经分得的红利等。

二、股权激励计划和协议中的退出条款

根据前面笔者关于股权激励退出机制的介绍，企业对于退出的这些情形都应该事先充分考虑到，并在股权激励计划和协议中明确，否则可能会在今后产生不必要的纠纷。

在股权激励计划和协议中，退出条款是非常重要的内容，其主要内容包括激励对象退出时企业的回购、注销股权甚至取消激励对象资格的权利，以及企业回购的股权价格等。

（一）企业和激励对象的权利义务

1. 企业的权利义务

在股权激励计划和协议的退出条款中，除对上述退出情形的描述外，还需要约定企业所享有的权利，比如员工离职、退休、死亡时，企业有回购员工股权的权利；另外，激励对象未达到企业绩效考核指标时，或在任何情况下，激励对象实行触犯法律、违反职业道德、泄露企业机密、失职或渎职等行为严重损害企业利益或声誉的，企业有权收回激励对象所获授的股权，并可追究其相应的法律责任。

当然，企业也有应当履行的义务，主要是在正常退出比如激励对象正常离职、退休、死亡等情形下，应该履行承诺，保证激励对象获得合理的保障，而不能毫无依据地对激励对象予以各种限制和设置各种障碍。

2. 激励对象的权利义务

激励对象如果是正常退出，应该有相应的条款保障其合法的权益，前面介绍的企业义务就是激励对象的权利；但激励对象退出时，显然其承担的义务要比享有的权利多，如前面提到的企业的权利就是激励对象的义务，另外企业还可以对激励对象规定如下义务：

（1）激励对象应当遵守《公司法》、公司章程和规章制度的相关规定，勤勉尽责，恪守职业道德。

（2）激励对象获授激励股权的，应当按期足额缴纳相应出资。

（3）激励对象虽可按照企业股权激励计划的规定行权，但限制性股权在锁定期内、股权期权在行权日前不得转让、用于担保或偿还债务。

（4）激励对象应按激励计划的规定和协议约定配合企业回购股权等。

（二）回购价格设定

在确定回购价格时，应该考虑尽可能多的情形，明确何种退出情形采用何种回购价格，一般在股权激励计划和相关协议中都应该有这方面的详细描述，以便应对各种各样的退出情形。而且，这种回购价格对所有员工都是统一的，如果出现特殊情况或者计划、协议中没有约定，则可由董事会来最终决定。当然，建议企业还是要聘请专业的律师拟定股权激励计划和相关协议，因为如果没有约定或约定不明，很可能产生纠纷，会对企业产生不利的影响。

前面已经有所阐述，企业会要求激励对象有相应的服务期，一般服务期是3～5年，如果激励对象在服务期内离职，会被认为没有为企业提供满意的服务，所以一般企业会以原价回购股权,好一点的企业会考虑给员工一定的利息;如果是过了服务期,那么回购价格就是多种多样了,因为企业之所以设定服务期,就是认为员工在过了服务期后,已经提供了满意的、与其股权相对应价值的服务,除非员工违法、违规或严重损害公司利益,否则企业不能对离职员工太苛刻,应该至少考虑给员工与净资产相对应的股权价格,如果净资产增长不是很快,还可以考虑按净利润的倍数或者最近一轮的融资价格进行股权回购。

笔者建议,如果按照净资产和净利润计算股权价格回购,应该有相应的溢价,因为企业回购就代表回收了员工股权未来的收益权,应该给过了服务期离职的员工一定的收益,以彰显企业的大度;但全部按照融资价格来算也不太合理,因为股权投资人的估值是按照企业未来一段时间的价格计算,因此企业估值代表企业股权今后的价格,但退出员工在未来已经不再为企业作贡献。所以在回购时,企业可以在估值基础上打个折扣,再根据员工持有的股权比例来确定价格。股权投资人的估值往往会比较高,如按估值计算股权价格,可能会影响企业的现金流,这一点企业在拟订股权激励计划时必须考虑到,不能使企业遭受太大损失。

总之,回购价格的设定,还是要结合企业的实际情况,太低会让员工包括在职员工失望,太高则会对企业发展造成不利影响,所以要在两者间寻求平衡。

第十四节　员工持股计划

笔者向来是强调企业家关爱员工的,所以谈股权激励时,有必要谈一下员工持股计划。员工持股计划,说到底,也是一种股权激励,对员工有激励作用。但员工持股计划所起的激励作用往往没有股权激励计划那么强,员工持股计划中的股权可以视为是给员工的一种福利,有些员工所持股权甚至是股东直接赠与的。因此,对员工来说,员工持股计划是企业剩余价值的返还,是企业对员工关爱的最好体现。所以在员工持股计划中,员工的责任或企业给出的限制条件一般没有股权激励计划那么多、那么高。

通常来说,出于激励的需要,股权激励计划授予激励对象的股权价格较低,员工持股计划所获股权的价格较高,往往会有风险投资的性质。相比股权激励,员工持股要承担更大的风险,笔者认为这种区分是有利的。笔者一直反对平均主义,主张对不同级别、不同贡献的员工要区别对待,以吸引更多优秀的人才为企业作贡献。对员工要“阳光普照”,但“光照”的程度是不同的,要有所区别,平均主义是最大的不公平,还会引发诸多矛盾,只会起到反作用。但反过来说,根据权利和义务对等原则,激励和约束要同时进行,因此,相比员工持股计划,股权激励计划的限制更多,条件更苛刻,员工持股计划则有更多的自主性和自由发挥的余地。

现在的主流观点是,股权激励的对象应该偏于更高的职级,员工持股计划则范围更广大,面向更多的基层员工。所以员工持股计划对于员工的要求没有股权激励计划那么高,反过来说,其激励的力度包括购买股权的价格、股权比例等都没有股权激励计划大。相对来说,股权激励对象购买股权的价格更低,获得的股权比例更高,因此股权激励对象要承担更多的责任,所受的限制和行权条件也更多。这一切都是相对的,两者无非在员工范围和股权比例、限制力度上有些许差别。对于员工持股计划,上市公司有专门的员工持股计划的相关规定,对普通企业则没有一个明确的标准。值得注意的是,许多上市公司的高管也会参与员工持股计划,其受到的限制反而更少,真正的员工却没有享受太多的福利,这方面需要监管层加强监管。

另外,根据我国相关的法律法规规定,拟上市公司实施员工持股计划更有利于实现企业的上市目标,这个在后面还会详细阐述。

因此,从广义上来说,员工持股计划激励范围更大,也可以包括股权激励,是对企业所有员工(包括核心层、精英层和普通员工)的激励。但从狭义上来说,两者也是有一定区别的,所以需要进行介绍和梳理,以便在实际运作时能适应各种需求。

一、员工持股计划简介

员工持股计划(Employee Stock Ownership Plans,ESOP),又称员工持股制度,是员工所有权的一种实现形式,是企业所有者与员工分享企业所有权和未来收益权的一种制度安排,指员工通过购买企业部分股权而拥有企业的部分产权,并获得相应的管理权。

20 世纪 70 年代,ESOP 在美国确立并得到了迅速发展。在实际中,ESOP 被广泛用于各种各样的公司重组活动中,包括代替或辅助对私人公司的购买、资产剥离、挽救濒于倒闭的公司以及反收购防御。美国西北航空公司就是因濒于倒闭实施 ESOP 而起死回生的,有些公司甚至将 ESOP 作为公司融资的一种手段。

微软是第一家实施员工持股计划(期权)的企业。微软公司的普通职员可以拥有公司的股份,并可享受 15% 的优惠,甚至给任职一年的正式员工一定的股票买卖特权;同时对高级管理人员进行股权激励,使其享受更大更多的优惠。在全球 IT 行业持续向上的时候,微软运用这种方法吸引并留住了大量行业内的顶尖人才,大大提高了公司的核心竞争力,使公司持续多年保持全行业领先地位。微软这种员工持股计划相当于授予员工股票期权,当然激励对象比股票期权要广泛,其特点是企业员工持股与退休金计划结合,提供员工收入的多种来源;员工购买企业股票不是用过去的劳动或现金支付，而是用预期的劳动支付；员工拥有的股权与其年薪相挂钩；另外，员工拥有的股权在一定时期内不得兑现或转让。

员工持股计划可以分为杠杆化和非杠杆化两种类型，具体如下。

（一）非杠杆化（自有资金）的员工持股

所谓非杠杆化，是由员工以自有资金购买企业股权，或者由企业定期（通常为每年一次）将新增的股权分给员工，使员工拥有的股权随着服务企业时间的增长而逐年增长。

一般来说，企业每年会预留一定数额的股权或用于购买股权的现金，当这种类型的计划与退休金计划相结合时，预留数额比例可达到工资总额的25%以上。这种类型计划的特点是：

1. 由企业每年向该员工持股计划提供股权或用于购买股权的现金。

2. 由员工持有信托基金会或员工持股会的股权，信托基金会或员工持股会定期向员工通报股权数额及其价值。

3. 当员工退休或因故离开企业时，会根据一定的年限要求取得相应的股权或现金。

（二）杠杆化（利用贷款）的员工持股

美国实行员工持股计划的企业大多采用杠杆化的形式，即由企业成立员工持股计划信托基金会，基金会由企业以其股权作担保，向银行贷款（贷款期一般为5～10年）购买企业的股权，并进行股权管理；企业每年从利润中按预定比例提取一部分归还银行贷款的同时，由信托基金会按事先确定的比例，逐步将股权转入员工账户；企业一般每年的股权预留额度为员工工资总额的5%～15%。这种持股方式下，一般不需要员工直接出资购买和承担风险，但企业承担的责任和风险较大。

杠杆型的员工持股计划主要是利用信贷杠杆来实现的。这种做法涉及员工持股计划基金会、企业、股东和贷款银行四个方面，具体如下：

1. 企业会成立一个员工持股计划信托基金。

2. 由该基金出面，企业提供担保，以实行员工持股计划为名向银行贷款，用于购买企业股东手中的部分股权，购入的股权由信托基金管理，并利用因此分得的利润及由企业其他福利计划（如职工退休金计划等）中转来的资金归还银行贷款的利息和本金。

3. 随着贷款的归还，按事先确定的比例将股权逐步转入员工账户，贷款全部还清后，股权即全部归职工所有。

4. 员工退休或离开企业时，按照一定条件取得股权或现金。

华为的员工持股计划即由华为高层到美国调研员工持股计划的相关模式后，

与专业咨询机构商讨并结合我国相关法律规定制订的。

二、员工持股计划的本质

从企业发展的历史来看,企业运作方式基本上都是企业创始人及合伙人获取剩余价值,员工拿固定收入。笔者认为,在企业发展初期,企业创始人团队努力获取剩余价值理所当然,因为企业的所有风险都是由他们承担。对于员工来说,他们拿固定收入,虽然没有太高的利益,但也能保证自己的生活,而且没有风险。但是,当企业发展到一定阶段,企业家应该考虑把部分剩余价值返还给员工,通过让员工享有剩余利润的分配权,从而激励员工更多更好地为企业价值提升作出贡献。这个就是员工持股计划的本质所在。

但请注意,员工持股本身也是有风险的,再好的企业都可能存在各种风险,这就需要企业和员工共同去维护和提升企业的价值,共同承担可能存在的风险。当然,这个可能存在的风险,是需要员工自己来评估的,关键是看员工的风险厌恶程度,以及员工对企业的热爱程度以及忠诚度。

三、员工持股计划施行的条件

笔者有必要强调一点,实行员工持股计划,必须是企业发展到一定的程度,员工对企业有深度的信心与信任,愿意与企业一同成长。否则,如果让员工以较高的价格购买公司股权,而又看不到企业发展的希望,这个计划肯定无法完成。

在中国,实行员工持股最彻底的应属华为,许多企业也在学习华为的做法,但其实华为的员工持股模式并不是那么好学,实行员工持股计划要契合适当的时机,这个时机一方面指整个社会形势,包括政治和经济形势;另一方面指企业发展的阶段。前面已经有过介绍,当初华为要求员工入股,是因为大力拓展市场需要钱,但并不是没有风险。员工之所以愿意投资入股,是对企业有充分的信心。事实上,当时的华为已经发展到一定规模,员工本身的工资已经很高,有了购买股权的能力,而且员工的股权许多是通过年终奖金或者贷款购买的,不需要自己掏钱。另外,当时企业有极好的发展势头,这个员工都看得到,因为市场拓展了,企业就会不断增长利润,员工就可以获得相应的增值回报。当然,市场本身具有风险,毕竟企业的发展也并不一定是一帆风顺的,行业发展是有周期的,可能出现行业景气度大幅衰减的时候,那个时候就要考验员工的风险厌恶程度和对企业的忠诚度,要看员工是否愿意和企业同呼吸共命运。华为员工更愿意接受企业发展的事实,一方面是因为当时的经济环境确实不错,另一方面是因为员工对企业文化和对任正非的接受与欣赏。

按照马科维茨的研究结论,减轻员工的经济不安感、工作被动感、关系淡漠感,是实施员工持股计划的前提。所以,实施员工持股计划,一般要具备如下几个条件。

(一)员工已经有了基本保障

对于许多普通员工来说,他们最主要的是追求生活保障,高工资和福利是他们所希望和追求的。对于那些低收入的普通员工来说,员工持股计划没有什么实际意义。所以企业关爱员工,首先就要保障他们的基本权利,要开出比普通企业高的工资和福利,之后才考虑员工持股计划。

因此,耗费企业一定成本的员工持股计划与耗费相同成本的现金津贴相比,前者对员工的激励程度不一定大于后者。从这个角度来看,传统分配制度因为考虑了不同个体的风险偏好差异,具有一定的合理性。

(二)企业发展势头良好

如果企业在发展初期,或者发展并不顺利,那么这个时候就不要去增加员工的负担了,因为普通员工的风险承受能力毕竟比较弱。只有企业发展势头良好,而且有大量的业务,利润也在不断增长,员工也清楚地看到企业在不断发展,在这种情况下,即使有风险,他们也愿意对企业进行投资。

(三)公司治理和制度健全

企业在实施员工持股计划前,企业内部治理和制度建设应该已经比较健全,已经建立一种良好的企业管理和员工管理模式,这样才能逐步推进员工持股计划。

(四)良好的企业文化和工作环境

企业的文化和工作环境也极为重要,良好的工作氛围,会让员工有归属感,有成为企业主人的意愿,会更爱企业,对企业充满信心,在这种情况下,员工才会有极强的愿望去持有企业的股权,和企业一同成长。对于那些认为在企业中受到不公正对待的员工来说,员工持股计划是没有什么意义的。

因此,较高的基本工资(基本保障生活)、更高的员工授权、更好的员工关系氛围和更高的企业认同感,能够改变员工对于企业的风险厌恶程度,使员工愿意长期留在企业与企业一起承担风险,一起成长,从而保证员工持股计划更具激励性。

当然,员工持股计划一定要员工自愿参与,不能搞摊派和强制。像华为那样,有了与企业共同成长和共担风险的期望与信心,员工自然会积极参与;另外,企业也不能无限制地满足员工持股的要求,应该对员工持股比例总量和个人持股的个量都有约定和限制,一方面是要控制员工的风险,另一方面是让更多的员工加入持股计划,同时吸引优秀的人才加入。当然,企业创始人在企业发展期还要考虑控制权的问题,否则企业的大船如果没有好的舵手,也会无力推进。

四、上市公司员工持股计划

笔者之所以要专门介绍上市公司的员工持股计划，主要是上市公司员工持股计划有较多相关的法规规章、文件和案例，非上市公司可以适用和借鉴。特别是对于拟上市公司来说，实行员工持股计划更有利于其推进上市的进程。当然笔者再次强调，除非准备上市，否则非上市公司只需取其精华，对许多条条框框并不需要完全搬抄，要学会灵活运用。

（一）现状

根据统计，我国的民营上市公司是实行员工持股计划的主力军。

目前，绝大多数上市公司员工持股计划的资金来源为员工薪酬及自筹资金，少数由企业向员工发放员工持股计划奖励金或由控股股东、实际控制人提供借款。

另外，员工持股计划使用杠杆的比率较高。从杠杆率来看，超80%企业的员工持股计划会采用杠杆的方式，杠杆的平均倍数在2倍左右，有些员工持股计划杠杆倍数甚至达到10倍。采用杠杆方式时，员工出资很少或不出资，其资金主要来源为控股股东及实际控制人的借款。

但因为通过员工持股计划购买的股权价格较高，如果在实施员工持股计划时，公司的股价维持在高位，而随着股价从高处回落调整（市场行情较差），大多数员工持股计划会出现浮亏的状态。

（二）法律依据

员工持股计划涉及的法规或规章比较多，不同性质的企业可以适用不同的法规和规章。针对上市公司，主要是证监会和交易所层面的规章和指引，大致介绍如下。

1. 证监会

为了贯彻落实《国务院关于进一步促进资本市场健康发展的若干意见》（国发〔2014〕17号）精神，2014年6月，证监会发布《中国证券监督管理委员会公告〔2014〕33号——关于上市公司实施员工持股计划试点的指导意见》（以下简称《指导意见》），在上市公司中开展员工持股计划试点。这是最主要的关于上市公司员工持股计划的规章，上市公司实施员工持股计划必须按照这个规章来实行。

实施员工持股计划，是企业鼓励其员工持有本公司股票的一种有效方式。《指导意见》明确，上市公司可以根据员工意愿实施员工持股计划，通过合法方式使员工获得本公司股票并长期持有，将股份权益按约定分配给员工。实施员工持股计划，相关资金可以来自员工薪酬或以其他合法方式筹集，所需本公司股票可以来自上市公司回购、直接从二级市场购买、认购非公开发行股票、公司股东自愿赠与等合法方式。《指导意见》还就员工持股计划的实施程序、管理模式、信息披露及内幕交易防控等问题作出规定。

2. 证券交易所

证券交易所的主要规定内容是以信息披露为主,如上交所于2014年9月发布的《上海证券交易所上市公司员工持股计划信息披露工作指引》,深交所于2019年11月发布的《深圳证券交易所上市公司信息披露指引第4号——员工持股计划》(以下简称深交所《信息披露指引》)。

可以看到,证券交易所的主要目的是规范上市公司的信息披露,以便交易所及时获取上市员工持股计划的相关信息,并进行持续监管和规范。

深交所《信息披露指引》的背景是在2014年《指导意见》发布后,深交所上市公司有800多家次推出员工持股计划方案,600多家次实施完成员工持股计划,深交所发现了一些新情况新问题,比如员工持股计划存在加杠杆情形,但风险揭示不足;大股东通过提供股票或资金、收益兜底、受让到期股票等方式深度参与,但一致行动关系不明;回购社会公众股用于员工持股计划,而现行针对性规范有限等情况。所以深交所《信息披露指引》一方面吸收以前发布的员工持股计划信息披露业务备忘录中的有效条款,另一方面结合实践发展情况做好加减法,优化规则体系,提升效力层级。深交所《信息披露指引》完善了各环节披露要求,如在筹划环节,按自愿原则披露提示性公告,强化内幕信息管理;在审议环节,明确董事会、股东大会的回避情形;在实施环节,明确标的股票购买期间、购买完成、届满前6个月和届满时持股等安排,区分份额变动和权益变动适用相应披露要求;在终止环节,明确员工持股计划减持完毕全部所持本公司股份的披露要求。另外还细化了法律意见书相关披露要求,督促中介机构勤勉尽责。

因此,对于上市公司员工持股计划,相关部门的规范性文件还是规定得比较到位的。

(三)上市公司员工持股计划的基本内容

根据《指导意见》的相关规定,上市公司员工持股计划的基本内容如下。

1. 激励对象

上市公司员工持股计划的激励对象比较广泛,为所有公司员工,也可以包括管理层员工,只不过与股权激励的方式有所区别(后面具体阐述),其不需要繁杂的程序,当然购买股份的优惠度也较低。实务中,只要是在上市公司及控股子公司任职,领取报酬并签订劳动合同的正式员工,均可作为员工持股计划的激励对象(含劳务派遣员工)。

2. 资金来源

购买员工持股计划中的股份的资金来源，主要有员工薪酬，自筹资金，控股股东或实际控制人的借款，持股计划奖励金等。

股份来源在后面专门介绍。

3. 持股期限（限售期）

每期员工持股计划的持股期限即限售期不得低于12个月，以非公开发行方式实施员工持股计划的，持股期限不得低于36个月，自上市公司公告标的股票过户至本期持股计划名下时起算。

4. 持股规模

上市公司全部有效的员工持股计划所持有的股票总数累计不得超过公司股本总额的10%，单个员工所获股份权益对应的股票总数累计不得超过公司股本总额的1%。

需要明确，上述股票总数不包括员工所持有的下列公司的股份：

（1）在公司首次公开发行股票上市前获得的股份。

（2）通过二级市场自行购买的股份。

（3）通过股权激励获得的股份。这一点很重要，说明上市公司对股权激励和员工持股计划有明确的区分。

5. 管理模式

上市公司可以自行管理本公司的员工持股计划，但应当明确持股计划的管理方，制定相应的管理规则，切实维护员工持股计划持有人的合法权益，避免产生上市公司其他股东与员工持股计划持有人之间潜在的利益冲突。

另外，上市公司也可以将公司员工持股计划委托给下列具有资产管理资质的机构管理：

（1）信托公司；

（2）保险资产管理公司；

（3）证券公司；

（4）基金管理公司；

（5）其他符合条件的资产管理机构。

6. 法律意见书

上市公司应当聘请律师事务所对员工持股计划出具法律意见书，并在召开关于审议员工持股计划的股东大会前公告法律意见书。

7. 表决程序

（1）上市公司董事会提出员工持股计划草案，并提交股东大会表决。

(2)独立董事和监事会就如下内容发表意见：

①员工持股计划是否有利于上市公司的持续发展；

②是否损害上市公司及全体股东利益；

③公司是否以摊派、强行分配等方式强制员工参加本公司持股计划。

(3)公司股东大会对员工持股计划作出决议的，应当经出席会议的股东所持表决权的半数以上通过（表决通过比例与股权激励计划的表决通过比例有较大区别）。

(4)员工持股计划拟选任的资产管理机构为公司股东或股东关联方的，相关主体应当在股东大会表决时回避；员工持股计划涉及相关董事、股东的，相关董事、股东应当回避表决。

(四)上市公司员工持股计划的股份来源

上市公司实施员工持股计划，首先要解决股份的来源并分配给员工。根据《指导意见》的相关规定，员工持股计划可以通过以下方式解决股份来源问题：

(1)公司回购本公司股票；

(2)通过二级市场购买；

(3)非公开发行股票；

(4)股东自愿赠与；

(5)法律、行政法规允许的其他方式。

我国上市公司用来实施员工持股计划的股份来源主要是通过上述第1～4项方式解决。这4种类型的特点见表3。

表3　上市公司员工持股计划解决股份来源4种方式的特点及比较

股份来源	募集资金	原股东股份稀释	注册资本变动	增加公司资金负担	增加员工资金负担	限售期	审批程序	认购价格
上市公司回购	无	无	无	有	无	不低于12个月	无	市场价格
二级市场购买	无	无	无	无	有	不低于12个月	无	市场价格
非公开发行股票	有	有	有(增加)	无	有	不低于36个月	需证监会审核	市场价格8折
股东赠与	无	有	无	无	无	不低于12个月	无	无

根据有关资料显示，在上市公司员工持股计划中，激励对象通过二级市场购买股份的方式占绝对多数，主要原因如下：

（1）通过二级市场购买仅需上市公司内部审议通过即可，无须证监会行政审核，简单快速，而非公开发行需要经过较为漫长的证监会审核流程。

（2）由激励对象出资购买，公司没有资金压力，且可以更好地绑定激励对象。

其他方式被采用较少的原因如下：

（1）上市公司回购股份，会加大上市公司的资金负担且减少上市公司的未分配利润，一定程度上对上市公司的现金流形成压力，并对股东利益形成一定的损害。因此，实践中仅有极少数上市公司采用该种方式。

（2）非公开发行股票限售期很长，且需要证监会行政审批，程序烦琐且审批期限较长，导致使用这种方式的上市公司相对较少。

（3）控股股东或实际控制人赠与股份，一方面会削弱控股股东对公司的控制权，另一方面需要控股股东具有较大的格局，愿意无偿将利益让渡给员工。从人性的本质来看是一件比较困难的事情，所以采用得也比较少。

（五）上市公司员工持股计划和股权激励计划的比较

通过上述对员工持股计划的介绍，读者应该对员工持股计划有了一定的了解，为了加深读者的理解，笔者把上市公司的员工持股计划和股权激励计划进行对比，以更好地厘清两者之间的关系。

1. 目的

上市公司实行股权激励，主要目的是吸引和留住优秀的人才，调动公司中高层管理人员及核心技术业务人员的积极性，主要激励方式是给员工分配限制性股票或股票期权，对价格等有比较多的限制。

而上市公司员工持股计划，主要目的是让员工与股东共享企业剩余价值，将员工取得本公司股票的行为交由市场调节，对股票取得形式和取得价格没有太多的限制，实行公司与员工自愿的原则。

2. 作用

股权激励的作用是建立起一套长效激励机制，面向未来，将公司的业绩与员工个人收益绑定在一起，形成企业利益共同体向事业共同体的转变，持续做大公司，实现公司、股东、激励对象等多方共赢。

员工持股计划的本质是员工出钱做投资，企业把剩余价值部分让利给员工，主要起到利益共享和资源配置的作用。

3. 激励对象

股权激励只针对小部分人群，如中高层员工及少数基层骨干，因为股权是稀缺资源。股权激励的激励对象是有限制的,主要包括上市公司的董事、高级管理人员、核心技术人员或者核心业务人员,以及公司认为应当激励的对公司经营业绩和未来发展有直接影响的其他员工。同时,把独立董事、监事、单独或合计持有上市公司5%以上股份的股东或实际控制人及其配偶、父母、子女排除在外。

员工持股计划没有股权激励这么多的限制。与员工持股计划比较,股权激励的对象更侧重于管理层和核心员工,重在对其企业家精神的塑造和激励。而员工持股计划是普惠性质的,对象覆盖范围更广,其可以包括所有股东和管理层人员,甚至可以覆及全员。

4. 激励时点

股权激励是让优秀人才和企业一同成长,虽然笔者强调股权激励需要企业发展到一定程度时实行,但激励时点并不一定需要在商业模式稳定或盈利的时候,这样更能激发优秀人才共同创业。

而员工持股计划的激励时点应该是在企业已经相对成熟稳定,业务不会存在大范围波动的时候,哪怕是让员工以市价购买股票,也可以使用杠杆或贷款,实际上员工持股计划相当于让员工享受稳定投资回报的一个理财产品。

5. 股权来源

股权激励中用来进行激励的股权来源主要是向激励对象发行股份(增发)和回购本公司股份。员工持股计划中主要规定了4种方式,前面已经有所介绍。

因此,员工持股计划的股权来源更多,员工可以直接从二级市场上自行购买股票,大股东还可以直接向员工赠与股票。

我们知道,监管层对上市公司股权激励的价格是有最低价限制的,所以股东赠与并不可行;而在二级市场购买(包括但不限于大宗交易、协议转让、竞价交易)这种形式下,因为二级市场的购买价格是市价,显然太高,也不适合作为股权激励的授予价格。

6. 激励方式

股权激励一般是激励对象直接持有公司的股票,其激励方式除了《股权激励办法》中直接规定的授予员工限制性股票和股票期权以外,还有法律、行政法规允许的其他方式,激励的形式比较多样。股权激励期限一般需要3~5年(至少2年),其中1年为等待或限售期,之后2~4年每年进行分期行权或解除限售。

对于员工持股计划,员工不一定直接持有上市公司的股票,可能由持股平台或资产管理机构管理,但都可体现为每个员工相对应的股份。当然这些股份会有一定的限售期,一般是1年(非公开发行方式除外),但解除限售后可以直接自由转让。

7. 购买价格

实施股权激励的价格一般会更优惠，比如限制性股票，员工可以以不低于股票交易均价的5折购买。

员工持股计划中员工通常是在二级市场以市价购买股份，通过非公开发行购买价格最多也只能打8折，其激励的力度显然比不上股权激励。虽然也有上市公司回购和股东赠与这种奖励性质的方式，但这会影响公司的利润和股东的利益，所以在现实中实施的比较少，主要是给极少数的优秀人才。

8. 风险

从上述购买价格就可以看出，员工持股计划中员工获得的股票价格接近或等于市价，如要获得收益，公司必须每年有利润增长。因为有持续的利润增长率，股价才会不断地攀升，员工才能有持续的收益。因此，员工必须对企业有充足的信心，才会愿意参加员工持股计划。事实上，许多参加员工持股计划的企业都出现了浮亏，员工的利益也受到损失。

股权激励的授予价格就比较低，除非股市大熊，否则不太可能有亏损。

所以相对来说，员工持股计划的风险更大。

9. 股价提振作用

股权激励重在"激励"效果，因此通常授予价格折扣较多。但股权激励主要作用在于激励管理层，不能直接体现公司对未来业绩增加的预期，因此对股价的提振效果不明显。

员工持股计划折扣少风险大。但反过来说，如果管理层和多数员工都愿意参与员工持股计划，以更高的价格认购公司股票，更能彰显管理层对公司股价未来升值的决心，因此具有一定的提振股价的作用。

10. 监管限制

股权激励的主要对象是管理层，这些人比较有影响力，为了保障股东权益不受损害，《股权激励办法》等部门规章对这些人的限制更多。因此，股权激励更有激励性，但约束更多，监管限制也较多。

员工持股计划并不必然为激励手段，可能只是给员工的一种福利，许多员工持股计划无业绩指标要求，完全是公司与员工自愿选择、自担风险的市场行为。对于员工持股计划的监管，自然就相对宽松。

11. 绩效考核规定

《股权激励办法》明确规定股权激励应该在设立绩效考核指标的前提下实施，且应包含公司指标和个人指标。因为只有确定了合理的绩效考核指标，才能真正起到激励的作用,这方面笔者已经在前面用了大量篇幅介绍。

员工持股计划在绩效考核方面具有相当的灵活性和自主性,企业可根据员工持股计划实施的目标、背景、公司发展阶段、激励对象工作岗位等具体情况综合考虑,对员工持股计划的业绩考核进行设定。一般来说,员工持股计划绩效考核不会规定太严格。当然,虽然具有福利和奖励的性质,也不能完全同等分配,所以在分配股票的数量上可以约定一些条件,同时约定相应的绩效考核,但有较大的自由度。

12. 成本

股权激励的收益按照工资、薪金所得缴纳个人所得税,公司实施股权激励还要计算股份支付的成本。

员工持股计划的收入暂不征收个人所得税,也不存在公司层面的股份支付等财务成本,这也是许多上市公司看好员工持股计划的原因。

13. 股权大会通过程序

股东大会对股权激励计划的表决,须由出席会议的股东所持表决权的 2/3 以上通过。

股东大会对员工持股计划的表决,由出席会议的股东所持表决权的 1/2 以上通过即可。

显然,对通过股权激励计划的表决权要求更高。

(六)上市公司员工持股计划存在的主要问题

员工持股计划毕竟是舶来品,能否结合我国国情和我国的企业文化特点,制订符合我国企业现状的员工持股计划,就显得极为关键。如果完全照搬国外的经验,不仅存在极大的法律风险,而且容易水土不服,让企业陷入困境。

1. 员工持股平台被控股股东控制

根据相关规定,上市公司可以自行管理本公司的员工持股计划,也可以将本公司员工持股计划委托给具有资产管理资质的机构管理。自行管理的一般都会设立一个持股平台,委托资产管理机构管理的一般采用信托计划或资产管理计划等。其中,平台的管理人可能就是控股股东或实际控制人或关联方,购买股份和减持股份的时点及数量一般均由控股股东决定,导致控股股东或实际控制人把控了员工持股计划,从而对员工利益造成一定影响。

《指导意见》明确规定,员工通过持股计划获得的股份权益的占有、使用、收益和处分的权利,可以依据员工持股计划的约定行使,但仅是比较原则性的表述,建议通过更多、更细的法规完善这一点,以保障员工的权益。

2. 杠杆配资风险

前面已经提到过,进行员工持股计划时,允许有一定的杠杆,即员工可以通过借款来购买公司的股票，包括向大股东借款、向金融机构借款（大股东担保或股权质押）、分级资管计划等杠杆方式，最常见的为向大股东借款和分级资管计划。

部分上市公司存在综合运用杠杆融资的手段，比如大股东提供借款后，再通过分级资管计划或向金融机构借款等方式，在杠杆叠加杠杆的情形下，可以将杠杆放大到10倍以上。这种风险其实很大，因为员工持股计划会出现浮亏的情况，如果出现浮亏，股票卖不掉，借款还不上，就会出现连锁的恶性反应。实践中，控股股东一般以其所持上市公司股份为优先级份额的本金和收益提供担保，但是，当公司股价回落时，其持股的市值也会萎缩，可能需要增加担保人或物，故控股股东是否有足够的担保能力也是未知数。

因此，证监会和交易所层面有必要对杠杆情况进行监控，不仅是要求上市公司及时披露，还要对违规行为采取一定的惩罚措施。

3. 亏损风险

由于员工持股计划仅仅投资员工所在的上市公司的股票，风险集中在一家上市公司，与外部投资者分散化投资的方法相比，其风险显然无法有效分散，持股员工面临更高的风险。而且我国股市的股价与企业的价值并不一定成正比，一旦公司股价出现波动和持续下跌，变现也极其困难，导致员工持股计划的股票收益下降，甚至出现亏损。

4. 道德风险

许多大股东也参与员工持股计划，在二级市场出现疲软时，他们出于提高市值的目的，可能会进行财务造假，比如通过提前确认收入或虚构收入、延后确认成本或少计成本、变更会计政策等方式来提升股价；还可能会采用一些短期化的资本运作，比如通过投机型重组、忽悠式重组及高送转等手段来拉升股价。事实上这些都无法真正提升公司盈利能力及价值。

对于上述问题，应该有更多的法律法规去完善，而且监管层和交易所要不断加强监管，防止有些人利用员工持股计划为自己谋利，使员工持股计划失去其应有的功能和作用。

五、非上市公司员工持股计划

对于员工持股计划，非上市公司完全可以参考上市公司的员工持股计划，当然还是那句话，取其精华即可。在非上市公司没这么多规定和限制，操作方法可以更加灵活。因此，非上市公司完全可以把员工持股计划放入股权激励计划中统筹布局。

当然,对于非上市公司,笔者建议可以按上市公司的标准来划定各职级的人员,如股权激励计划可以针对比较核心的精英层,而员工持股计划可以针对更广泛的员工。例如,对精英层进行股权激励应该是权利和责任对等,其以更加优惠的价格获得股权,但有更多的责任;员工持股计划主要是把更多的企业剩余价值返还给员工,以提升员工的凝聚力。另外,员工持股计划是要员工自愿,同时有一定的区分,当然也不能限制太多,要把握好一个度。

虽然不需要完全参照上市公司的做法,但毕竟上市公司比较规范,值得借鉴的地方比较多,所以非上市公司一定要在充分了解的基础上制订出适合自身的员工持股计划。对任何一家企业的股权激励和员工持股计划,都不能全盘照抄,都应该在借鉴的基础上作适当的更改和调整,以最大限度地契合自己企业的实际情况。因此,企业还是要聘请专业人士来制订员工持股计划,并随时监控和改进。

所以说,对于非上市公司,无非就是在借鉴上市公司的员工持股计划的基础上,制订适合自身的员工持股计划。因此,笔者不再作过多的介绍。但是,在非上市公司中有许多是希望上市的企业,对于那些拟上市公司,员工持股计划和股权激励计划的制订还是有许多讲究的,所以笔者要在下面专门列一节作重点阐述。

第十五节　拟上市公司股权激励相关问题

笔者在前面提到,非上市公司的股权激励包括员工持股计划都有较大的自由度,因为法律对其没有太多的限制。但是对于上市公司,法律法规及部门规章,包括交易所的规定等,对其股权激励计划和员工持股计划等限制比较多。那么,作为一家拟上市公司,是要经过从有限责任公司到股份有限公司的改制,再进入上市公司的行列,这就会涉及许多问题,比如股权激励可否跨越上市前后这个阶段,员工持股计划超过 200 人是否可行,还有股权激励的成本与税务问题,以及股权变动的时机问题等,稍有不慎,就可能影响上市的进程。

优质的非上市公司,绝大多数都有上市的意愿,对于这样的公司,如何让员工享受到上市的福利,又不影响上市的进程,是需要花一些时间仔细研究与斟酌的。所以笔者专门列出一节对拟上市公司的股权激励,包括员工持股计划的相关问题进行阐述和分析。需要明确一下,这里的股权激励是广义的,就如本章名称为“股权激励”一样,也包括员工持股计划。事实上在许多地方,股权激励与员工持股计划是相互交叉或重叠的。

一、通过员工持股计划解决股东超 200 人问题

(一)股东超 200 人的历史遗留问题

现实中,拟上市公司实行股权激励计划的比较多,这主要是为了给一起奋斗的员工以最优的福利,也是企业对员工最好的回报,所以许多企业在快上市的时候会实施股权激励。拟上市公司一般规模都比较大,员工人数众多,激励对象人数往往会超过 200 人,即使把员工股权放在持股平台,按以往的规定,也要求穿透到每个员工个人。我国《公司法》第 78 条规定,设立股份有限公司,应当有 2 人以上 200 人以下为发起人。也就是说,如果股东超过 200 人,就属于公众公司,公众公司是指向不特定对象公开转让股份,或向特定对象发行或转让股份,使股东人数超过 200 人的股份有限公司。证监会发布的《非上市公众公司监管指引第 4 号——股东人数超过 200 人的未上市股份有限公司申请行政许可有关问题的审核指引》明确,员工个人直接持股或者通过持股平台间接持股,是要穿透至每个员工人数的。如果其股东超过 200 人,那么就是公开发行股份,未经证监会核准,就属于违法发行。所以许多拟上市公司受制于人数要求,股东或者员工之间不得已而采用代持、"抽屉协议"等做法。但证监会要求拟上市公司必须股权清晰,不得有代持等问题存在,所以一经查实,上市进程就要停滞,甚至再也无法上市。

这对拟上市公司来说是非常不利的,已经搭建持股平台且员工超过 200 人的,上市前要花费大量精力进行清理,员工知道企业要上市,在进行清理时,要么不愿意退股,要么就是漫天要价,这会让创始人及合伙人团队痛苦不堪。而且,许多股权激励本身在搭建平台时就存在这样或那样的问题,比如华为的虚拟股制度等,再要改变极为困难。因此,许多拟上市公司在实施股权激励时存在顾虑,不敢轻易实施,这就让许多员工无法享受应有的福利。

(二)2019 年《证券法》的突破

股东超 200 人问题在 2019 年修订的《证券法》实施后已经被解决。由此也能看出国家层面对员工持股的关心和鼓励,也为华为这样的企业上市打开了方便之门。

2019 年修订的《证券法》自 2020 年 3 月 1 日起施行,其中第 9 条涉及对于拟上市公司的股权激励和员工持股计划方案的修改:"公开发行证券,必须符合法律、行政法规规定的条件,并依法报经国务院证券监督管理机构或者国务院授权的部门注册。未经依法注册,任何单位和个人不得公开发行证券。证券发行注册制的具体范围、实施步骤,由国务院规定。有下列情形之一的,为公开发行:(一)向不特定对象发行证券;(二)向特定对象发行证券累计超过二百人,但依法实施员工持股

计划的员工人数不计算在内;(三)法律、行政法规规定的其他发行行为……”

2019年修订的《证券法》第9条的基本立法含义是,公开发行证券只能是经过批准或注册的上市公司的行为,如果其他企业(包括拟上市企业)向特定对象发行证券累计超过200人,就属于公开发行,是非法的。

但是,我们可以看到,相比2014年修订的《证券法》,2019年修订的《证券法》在第2款第2项增加了一个但书条款,其意思就是,如果拟上市公司在持股平台或类似组织实施员工持股计划,那么这些人数是不计入发行证券的对象范围之内的。换句话说,这些实施员工持股计划的员工人数加起来超过200人也不算公开发行股份,只算作一个股东主体。当然,这里的员工持股计划要依法实施,这在后面具体阐述。

(三)如何理解“依法实施员工持股计划”

1. 对员工持股计划应作广义理解

首先,这里的员工持股计划,笔者认为是广义的,包括拟上市公司实行的股权激励计划,不能单纯认为没有写“股权激励”,就不能参照。对此可以参考《公司法》第142条之规定,其第3项内容就是公司将股份用于员工持股计划或者股权激励的,可以收购本公司股份,其将员工持股计划和股权激励并列,由此可见两者的本质是一样的。当然,为避免监管层在审查时要求公司进行不必要的解释,所以尽可能还是以“员工持股计划”的名义实施为好。

2. 如何认定“依法实施”

关于2019年修订《证券法》第9条第2款第2项中的“依法实施”的含义,目前还没有明确的解释,笔者认为可以参考科创板的做法,即满足“闭环原则”或者采用基金备案方式,并合法设立的持股平台,就可以认定为“依法实施”,那么员工持股计划可以只算作一个股东主体。

(1)采用“闭环原则”或基金备案方式

所谓的“闭环原则”,是指股份一般不能随便转让,如果要转让,也要在公司内部转让。具体规定是:因员工持股计划而获得的股份,不能在公司首次公开发行股份前转让,并承诺自上市之日起至少36个月为锁定期。在发行人上市前及上市后的锁定期内,员工所持相关权益拟转让退出的,只能向员工持股计划内的员工或其他符合条件的员工转让。锁定期后,员工所持相关权益拟转让退出的,按照员工持股计划、章程或有关协议的约定处理。

科创板还规定,由公司员工持有,依法设立、规范运行,且已经在基金业协会依法依规备案的持股平台,在计算公司股东人数时,可按一名股东计算,无须穿透计算。但由于基金备案流程复杂且个人作为投资者需要满足100万元的出资底线要求，在实际操作中操作难度较大，故实施“闭环原则”比较可行。当然有条件的企业不愿意实行“闭环原则”的，也可以考虑在实施员工持股计划时采用基金备案的方式。

(2)合法设立

所谓合法设立，是指实施员工持股计划要符合上市公司关于员工持股计划的相关规定实施，具体内容如下：

①员工持股计划遵循公司自主决定、员工自愿参加的原则，不得以摊派、强行分配等方式强制实施。

②参与的员工与其他投资者权益平等，盈亏自负，风险自担，不得利用知悉公司相关信息的优势，侵害其他投资者的合法权益。

③员工入股应主要以货币方式出资，并按约定及时足额缴纳。员工以科技成果出资入股的，应提供所有权属证明并依法评估作价，及时办理财产权转移手续。

④拟上市公司实施员工持股计划，可以通过公司、合伙企业、资产管理计划等持股平台间接持股，建立并健全持股平台内部的流转、退出机制，以及股权管理机制。参与持股计划的员工因离职、退休、死亡等离开公司的，对其间接所持股份权益应当按照员工持股计划的规定或相关协议约定的方式处置。

二、期权跨越 IPO 问题

拟上市公司的股权激励可能会跨越上市前后，如果拟上市公司以限制性股权的方式实施员工股权激励，则因为员工已经获得股权，一般不会存在不确定性，故符合上市公司“股份权属清晰”的要求。员工带着限制性股权跨越 IPO，在企业上市后，即便员工无法达到行权的条件，也可以按上市公司限制性股票的相关规定由公司回购或按章程规定的其他方法处理。

但如果涉及期权跨越 IPO 上市，则存在比较大的问题，因为期权只代表未来获得股权的一种可能性，是一种期待的权利，具有较强的不确定性。因此在期权激励模式下，激励对象在未来是否能够获得股权并不确定，属于股权不清晰。对于拟上市公司来说，其首要任务是符合上市条件，因此，在设置员工股权激励计划和方案时，也应以符合上市条件为大前提。根据《首次公开发行股票注册管理办法》第 12 条的规定，拟上市公司作为发行人应满足“股份权属清晰”的条件，如拟上市公司在提交上市申请时期权计划尚未完全行权完毕，可能会导致其股权不清晰，从而影响上市的进程。

2019 年之前，监管部门和交易所普遍认为，上市前的期权在上市后行权，可能会对股权结构的稳定性以及实际控制人的控制权造成影响，因此传统的 A 股主板、中小板、创业板的拟上市公司无法将上市前授予员工的期权保留到上市后行权，拟上市公司员工所获授的期权必须在上市申报之前终止计划或加速行权。这样不但会给员工造成一定的资金压力，也会因拟上市公司股权结构的变动而给上市带来影响，而且无法达到拟上市公司股权激励应有的激励效果。

但上述状况已经有所改变，2019 年 3 月，上交所发布了《上海证券交易所科创板股票上市规则》（已修改）和《科创板股票发行上市审核问答》（已废止），均明确科创板拟上市公司可以在首发申报时保留期权激励计划，并在上市后实施，也就是说，科创板拟上市公司可以保留期权这种激励计划并跨越 IPO。2019 年 4 月 30 日，上海硅产业集团股份有限公司向上交所提交科创板上市申请并获受理，其在招股说明书中详细披露了在上市申报前制定，并在上市后实施的期权激励计划。这是我国（除港澳台地区）拟上市公司第一例获准实行的上市前授予、上市后行权的期权激励计划。

科创板允许期权跨越 IPO 的试点，对于快速成长的科创板企业来说，大大减少了股权结构频繁变动带来的风险，对于员工而言，也可以减少当期出资压力，并给予员工未来更多的选择空间。由此，拟上市公司在设计股权激励方案时，对于激励工具选择、激励时间安排、激励价格确定等方面的设定将拥有更多的弹性和自由度。

科创板的这一突破逐渐被 A 股其他上市板块所接受，2019 年 3 月，证监会发布《首发业务若干问题解答》（已失效，相关内容移至 2023 年 2 月证监会发布的《〈首次公开发行股票注册管理办法〉第十二条、第十三条、第三十一条、第四十四条、第四十五条和〈公开发行证券的公司信息披露内容与格式准则第 57 号——招股说明书〉第七条有关规定的适用意见——证券期货法律适用意见第 17 号》），2020 年 6 月，深交所发布《创业板股票首次公开发行上市审核问答》（已废止），均明确拟上市公司可以带期权跨越 IPO 上市。但是，因为相关规定中的限制较多，要求较高，据不完全统计，自 2020 年 1 月至 2022 年 10 月，A 股市场带期权跨越 IPO 成功上市的企业仅有 18 家，而且，除中国移动为主板上市的企业以外，其余均为科创板上市的企业。

笔者分析，从有利方面来说，跨越 IPO 的期权的行权价格最低可确定为经审计的企业净资产或评估的价值，且授予期权时员工不用出资，员工对企业未来股价的想象空间巨大，可以产生较强的激励效果。但是，按照监管部门的相关规定要求，带期权上市也有不利之处，如员工在期权行权时需要缴纳个人所得税，且跨越 IPO 的期权必须在行权后被锁定，3 年而无法减持。因此，由于减持时间整体后移和每年减持额度受限以及个税安排与减持安排不匹配等原因，会引发费用增加和股价下跌等带来的风险。

因此,目前大多数拟上市公司仍会选择限制性股权的激励模式。对于拟上市公司而言,如果要实施期权这种激励模式,必须认真研究证监会和交易所的相关规定,了解是否符合相关要求,保证不影响企业顺利上市;同时也要研究企业上市后期权行权的相关风险,并充分了解员工的想法和意愿,保证期权的激励效果,让员工真正享受到企业上市所带来的收益和成果。

三、上市申报前突击进行股权激励的问题

拟上市公司的股权激励(主要是指限制性股权等实股)最好在提交上市申请日的一年之前完成,证监会对上市前"突击入股"审查比较严格。如证监会发布的《监管规则适用指引——关于申请首发上市企业股东信息披露》第3条规定:"发行人提交申请前12个月内新增股东的,应当在招股说明书中充分披露新增股东的基本情况、入股原因、入股价格及定价依据,新股东与发行人其他股东、董事、监事、高级管理人员是否存在关联关系,新股东与本次发行的中介机构及其负责人、高级管理人员、经办人员是否存在关联关系,新增股东是否存在股份代持情形。上述新增股东应当承诺所持新增股份自取得之日起36个月内不得转让。"

另外,证监会发布的《〈首次公开发行股票注册管理办法〉第十二条、第十三条、第三十一条、第四十四条、第四十五条和〈公开发行证券的公司信息披露内容与格式准则第57号——招股说明书〉第七条有关规定的适用意见——证券期货法律适用意见第17号》)第2条第5款第3项规定:"发行人申报前六个月内进行增资扩股的,新增股份的持有人应当承诺新增股份自发行人完成增资扩股工商变更登记手续之日起锁定三十六个月。在申报前六个月内从控股股东或者实际控制人处受让的股份,应当比照控股股东或者实际控制人所持股份进行锁定。相关股东刻意规避股份锁定期要求的,应当按照相关规定进行股份锁定。"

因此,无论是通过股权转让还是增资的方式,拟上市公司提交申请前12月内新增股东的,新增股东自取得股份之日起36个月内不得转让。如果是在申报前6个月内受让控股股东、实际控制人股份的,则应当比照控股股东、实际控制人的所持股份进行锁定,即自公司上市之日起36个月内不得转让股份,这主要是防止控股股东、实际控制人变相通过股权转让的方式规避股份锁定的要求。

因此,拟上市公司尽量不要在上市申报前12个月内搞"突击入股",否则需要在招股说明书中进行详细充分的披露。而且对激励对象来说,一旦上市之后的限售期延长,将会导致其持有股权价格的不确定因素大大增加,从而使股权激励的效果大打折扣。如果是必须进行股权激励的,笔者建议在公司的持股平台进行。

四、合理测算股权激励成本

前面已经作过许多介绍,如激励对象的入股价格低于其他投资人的入股价格(或者明显低于市场公允价格)的,需要按照股份支付的相关要求进行会计处理。根据《企业会计准则第 11 号——股份支付》及应用指南规定,对于以权益结算的股份支付换取职工提供服务的,应当按照授予日的公允价值记入相关成本费用和资本公积,不确认其后续公允价值的变动。如果是直接授予的股权激励计划,例如通过一次性增资或者大股东转让获得公司的股权,则增资、转让价格与股权的公允价值(一般是参照其他投资人的入股价格)之间的差价要直接计入当期损益;如果设置了分期考核,则在考核期内逐步摊销。

所以,股权激励相关的费用要计入上市前公司的成本费用支出,股权激励费用对企业尤其是创新型企业的盈利状况会有非常重大的影响,如果数额较大,将会大大减少企业报告期内的利润,进而影响企业的上市进程。

因此,拟上市公司实施股权激励计划时,应该合理测算股权激励计划的成本,以便对股权激励计划进行必要的调整。

五、股权激励比例不宜过高

上市公司对于股权激励的总量是有限制的,一般不超过总股本的 10%。对于拟上市公司而言,也要做好总量的控制。当然,为激励一起创业的员工,拟上市公司相比上市公司适当提高股权激励的比例是可以的,比如将股权激励总量的占比提到 15% 左右。不过,股本规模越大的公司,该比例可以越小。如果股权激励的比例过高,可能会有法律风险,同时也会损害其他股东的利益。因为公司一旦上市成为公众公司,其创始人与合伙人团队的股权势必被持续稀释,股权将会逐步分散,如果股权激励比例过高,很容易导致公司控制权转移,被“野蛮人”侵入,或者出现内部人控制等一系列问题。

六、避免采用代持、虚拟股等方式

拟上市公司在进行股权激励时,应该聘请专业人士实施计划,尽量避免出现代持、虚拟股等激励方式,否则容易导致股权不清晰而成为 IPO 的实质性障碍。

(一)代持

关于代持,在第五章“股权与婚姻家庭”和第六章“股权纠纷”中有许多介绍,这里不作详述。读者只需知悉,代持股权一般会被认为是规避法律的行为,很可能被监管机构认定为公司具有潜在的权属纠纷,这样的企业是不会被批准上市的。

（二）虚拟股

虚拟股由于未经过市场监管部门登记，从法律上来说，激励对象与企业之间的法律关系较难认定，有可能被认为是一种债权关系，所以很明显是股权不清晰的表现。而且，一旦激励对象与企业或股东发生纠纷，肯定会成为企业在上市过程中的严重障碍。

七、股权激励中存在“三类股东”的问题

“三类股东”是指契约性基金、信托计划、资产管理计划，监管层基本上都会要求拟上市公司在申报前对“三类股东”实施穿透核查。“三类股东”身份之所以敏感，主要原因为：一是“三类股东”属于金融产品，如果出现到期兑付、份额或收益权转让等情形，可能影响产品的存续，导致拟上市公司在上市前后的股权结构不稳定；二是产品结构复杂，可能为代持提供便利；三是产品的投资者众多，可能存在多层嵌套问题，对该等产品的实际利益主体穿透核查难度较大；四是“三类股东”属于委托人通过受托人名义进行投资，并以基金合同、信托合同等契约为载体的金融产品，产品本身不具有民事主体资格，通常只能由基金管理人、信托受托人和资管计划管理人登记为公司股东。“三类股东”的设立及运行均存在委托关系，这与IPO中“股份权属清晰”的审核要求存在冲突。因此“三类股东”问题受到监管层的重点关注，这也是早期企业因存在“三类股东”而难以上市的根本性原因。

实践中，部分员工人数较多的拟上市公司在实施股权激励计划和员工持股计划时，有通过契约性基金、信托计划、资产管理计划“三类股东”运作并持股的情况，如何解决这个问题，以保证企业顺利上市，笔者需要对此作重点分析和阐述。

证监会于2019年3月25日发布的《首发业务若干问题解答（一）》（已失效）问题6规定：“发行人在新三板挂牌期间形成契约性基金、信托计划、资产管理计划等‘三类股东’的，对于相关信息的核查和披露有何要求？答：发行人在新三板挂牌期间形成三类股东持有发行人股份的，中介机构和发行人应从以下方面核查披露相关信息：（1）中介机构应核查确认公司控股股东、实际控制人、第一大股东不属于‘三类股东’。（2）中介机构应核查确认发行人的‘三类股东’依法设立并有效存续，已纳入国家金融监管部门有效监管，并已按照规定履行审批、备案或报告程序，其管理人也已依法注册登记。（3）发行人应根据《关于规范金融机构资产管理业务的指导意见》（银发〔2018〕106号）披露‘三类股东’相关过渡期安排，以及相关事项对发行人持续经营的影响。中介机构应当对前述事项核查并发表明确意见。（4）发行人应当按照首发信息披露准则的要求对‘三类股东’进行信息披露。中介机构应对控股股东、实际控制人，董事、监事、高级管理人员及其近亲属，本次发行

的中介机构及其签字人员是否直接或间接在'三类股东'中持有权益进行核查并发表明确意见。(5)中介机构应核查确认'三类股东'已作出合理安排,可确保符合现行锁定期和减持规则要求。"上述规定是对于新三板企业挂牌期间形成的"三类股东"的明确指引。

证监会于2023年2月17日发布了《监管规则适用指引——发行类第4号》(《首发业务若干问题解答》同时废止),其第4-4条"资产管理产品、契约型私募投资基金投资发行人的核查及披露要求"中已经不再仅限于对新三板企业挂牌期间形成的"三类股东"的相关规定。另外,"三类股东"的名称也有所变化,更加明确具体,即"契约性基金"改为"契约型私募投资基金","信托计划"改为"资金信托","资产管理计划"改为"资产管理产品",并对"资产管理产品"明确定义为"证券公司、证券公司子公司、基金管理公司、基金管理子公司、期货公司、期货公司子公司、保险资产管理机构、金融资产投资公司发行的资产管理产品等《关于规范金融机构资产管理业务的指导意见》(银发〔2018〕106号)规定的产品",且在"三类股东"的基础上增加了"银行非保本理财产品"。再者,明确核查披露的前提是这些股东"直接"持有发行人股份。需要核查披露的相关信息的具体内容与《首发业务若干问题解答(一)》中的内容基本相同,限于篇幅,不再赘述。

从上述内容可以看出,目前"三类股东"不构成拟上市公司IPO过会的实质性障碍,但需要对"三类股东"实施穿透核查,不能实现穿透的则要求企业主动清理。因此,如果拟上市公司确实是因实行股权激励计划而引入"三类股东",已经履行了必要的法律程序,且对"三类股东"进行最终穿透核查后确定均系被激励的员工,那么一般也不会构成企业上市的实质性障碍。但笔者建议拟上市公司注意如下几点:

1. 股权激励计划或员工持股计划应履行必要的审查、公示和决议程序。

2. "三类股东"对拟上市公司的持股比例不能过大,且不能是公司的控股股东、实际控制人。

3. 公司应与负责IPO的中介机构进行沟通和商议,寻求最有效合理的解决办法,以及核查、披露和发表意见的方案。

4. 公司和中介机构应对"三类股东"进行必要的审查和监督,具体如下:

(1)确定"三类股东"已经纳入国家金融监管部门有效监管,其管理人也已依法注册登记;

(2)确定"三类股东"已按照规定对契约型私募投资基金、资金信托计划、资产管理计划等履行了必要的审批、备案或报告程序;

(3)"三类股东"应该是单层持股主体,不能存在分级、嵌套等结构化设计;

(4)“三类股东”的存续期安排明确具体,不会影响公司股权结构的稳定性。

5. 如果控股股东,实际控制人,董事、监事、高级管理人员及其近亲属作为股权激励对象在“三类股东”中直接或间接持有权益,则中介机构应对此进行核查,确定上述人员均为股权激励对象,与“三类股东”不存在关联关系,不存在利益输送的情形。如有问题,公司必须及时整改,以符合相关规定和上市的要求。中介机构及其负责人、高级管理人员、经办人员则不宜在“三类股东”中直接或间接持有权益。

6. 如果确有无法解决的障碍,建议将“三类股东”的直接持股改为间接持股,如通过设立有限合伙或公司制的基金间接持有拟上市公司的股权。

最后,保荐人及发行人律师应就公司引入“三类股东”是否符合相关法律法规和监管要求发表专项核查意见,明确引入“三类股东”进行股权激励的合理性和必要性,且“三类股东”持股比例较小,不会影响公司实际控制人的控制权,不存在影响发行人股份权属清晰和控制权稳定的情形。拟上市公司作为发行人,则要在招股说明书中披露“三类股东”架构的具体内容,说明对发行人可能存在的影响等,并进行风险提示。

第四章　股权投资与融资

第一节　C 大类之股权关系

本章讲股权投资与融资,投资与融资本质上是一个概念,只不过针对的主体不同。对投资人来说,是通过购买股权对企业进行投资,而对企业来说,则是通过出让股权进行融资。事实上都可以统一称为股权投资,只不过是为了读者区分方便才分成股权投资与融资。在图 4 的股权关系中,股权投资的投资人属于 C 大类,意指其为“施恩惠者”和帮助企业的“贵人”。

对一家企业的创始人来说,帮助他的人往往和钱财有关系,比如借钱给他的个人和银行、大的供应商或赞助商等,而与股权有关的,显然就是投资入股到企业中的股权投资人。

一家初创型的企业,或者需要快速发展或开拓市场的企业,肯定需要大量的资金。因为企业上市后可以向社会公众募集,但没有上市的企业只能私募。企业要发展,必须要有大量资本的注入,对于有长远规划的企业,其规划的项目必然需要不断扩张,所以需要大量的资金才能保证公司的正常运作。特别是有上市意向的公司,更需要对股权投资提前布局,以保证公司顺利上市。

大家知道,股权投资人对企业的帮助是非常大的,最有名的莫过于当初投资阿里的软银创始人孙正义,可以说,如果当初没有孙正义的大力扶持,阿里不可能有今天这样的成就。因此,C 大类的股权投资人可以说是企业的衣食父母,是企业的“贵人”。

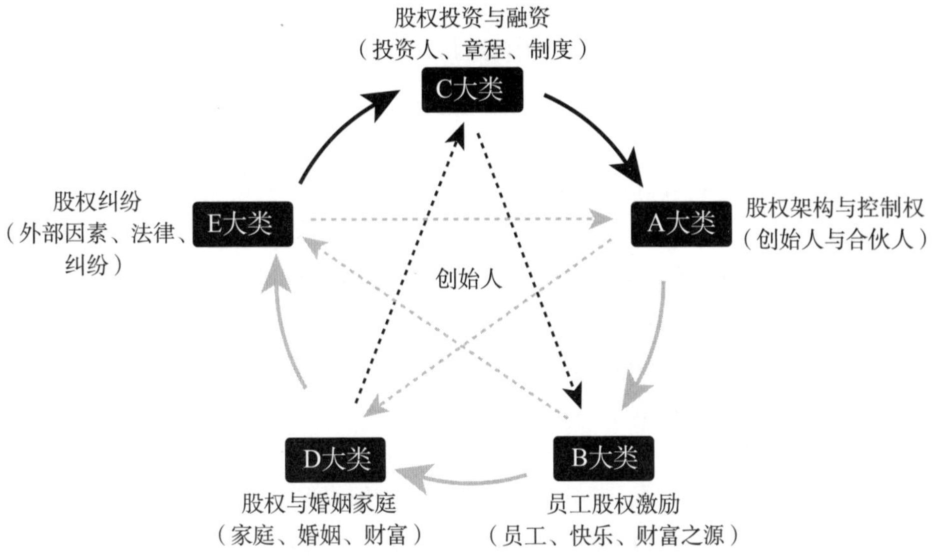

图4 股权关系C大类——股权投资与融资

另外，C大类也代表企业的章程或者规章制度等，章程是帮创始人设立企业并规范和防范风险的，制度是保证企业良好运营的，都是扶持和帮助企业的，所以这些都可以归于C大类。关于章程的重要性，因为与创始人团队设置股权架构及实现控制权密切相关，所以在第二章“股权架构与控制权”中已经有详细阐述，而制度方面，在第三章“员工股权激励”中也有较多阐述，故本章专门讲股权投资。

一、C大类的定位

股权投资有一个特点，就是在进行股权投资后，投资人就自然地成为公司的股东，而且往往其所持的股权比例较高。所以这就出现了一个很敏感的问题，股权投资人完成投资交割后，是否能从投资人变为合伙人，笔者认为不能。投资人应该明确自己的定位，企业创始人与合伙人也要充分注意，避免角色定位的混淆。如果这个定位没搞清楚，那么企业的发展就会有问题，理由如下：

1. 投资人在投资前，企业中创始人及合伙人团队往往已经形成，投资人想成为合伙人，会破坏原来的人合结构与相互关系。

2. 笔者一直强调，合伙人都是有固定岗位且独当一面的人，必须是专职。而投资人往往是撒网式投资，不可能一直待在一家企业，这样的人只是财务投资者，对企业帮助再大也不能视为合伙人。

3. 投资人的主要任务是帮助企业发展和提供增值服务，并在企业达到一定目标后获利退出，而不是去干涉或监管企业。放手让企业按自己的发展轨道正常运行甚至超速运行，才是投资人应该干的事情。所以投资人并不是陪伴企业终身的人，故不可能成为合伙人。

投资人在投资时会对企业有一个估值，这个估值可能是企业实际净资产的数倍甚至数十倍，而合伙人投入的资金往往与企业注册资本或净资产值相当，所以两者投入的资本与比例都不一样，不能因为投资人有钱而把其当作合伙人。

好的投资人都会把自己牢牢地定位在C大类，不断给企业注入好的资源和动力，像投资阿里的软银，其在阿里有相当长的一段时间都是第一大股东，但软银老板孙正义明确放弃控制权并委托阿里的创始人团队运营企业，这是一种充分的信任，是投资人应必备的品质。

因此，企业创始人与合伙人一定要记住，企业是要找一个帮助他们的投资人，但投资人不能成为合伙人。合伙人的加入有多种因缘聚合，不是有钱就可以加入的，否则合作不好就会产生纠纷，甚至导致一家好企业的灭亡。有股权的人并不必然是合伙人，投资人的股权只是一种假象，只不过是投资人赚钱的一种方式，其到一定时候是要退出企业的。

作为投资人，则要有不做合伙人的心态和定位，要把企业利益放在第一位，不要去干涉企业内部事务，而应该多考虑怎么帮助企业发展，提供各项增值服务，比如后面提到的高瓴张磊帮京东去美国考察的案例，就是明确自己定位的很好体现。就如投资滴滴的王刚所说："哪怕是你孵化的公司，投资人是25%的名、50%的利、100%的帮助和0%的权力，企业创始人是100%的名、100%的利、300%的努力和100%的权力。投资人不能去掩盖创始人的光芒，不能去触碰公司的权力。"因此，投资人一定要记住，占再多比例的股权，也不应该去控制企业，因为投资人看中的是企业的团队和业务项目，要充分相信这个团队是最好的组合，他们可以完成自己的目标，在投资人的支持下，企业可实现快速发展。如果投资人过多地干涉和监管企业内部事务，会让企业束手束脚，停滞不前，事实上有许多这样的失败案例。当然，并不是让投资人放任不管，适当的监管和建议是为了企业更好地发展，帮助企业不偏离轨道并加速前进，这个也是需要的，只不过是要适当，不能越界。

二、C大类与其他类别的相互关系

关于C大类与其他类别的相互关系，在第一章"总论"中已经有了较为详细的论述，现笔者作一下总结。

1. C大类支持A大类。在一家企业中，C大类代表帮助创始人与合伙人的"施恩者"或"贵人"。在第二章"股权架构与控制权"中已经讲过，企业中，A大类的创始人与合伙人是企业中最重要的核心层,C大类支持A大类,说明C大类对企业的重要性。同时C大类也包括建立和管理企业的一些文书、章程和制度等,比如章程,是代表企业成立的法律文件,章程签署并完成登记,预示企业的诞生。C大类中的股权投资人,有的为企业投资金钱、业务、资源,有的甚至帮助完善企业的治理和管理,提供各种增值服务,帮助企业不断完善和发展壮大,故称为“施恩惠”并不为过。

2. C大类制约B大类。在第三章“员工股权激励”中已经提到过,B大类指企业的员工,那么C大类中的文书及各项制度就是为了约束企业员工的。制约一定要适当,企业的规章制度要适应企业自身的状况,不能过于松懈,但也不能制定得太过严苛不切实际,否则只会起反作用。对于股权投资人来说,其进入企业以后,会帮助企业完善公司治理和各项规章制度,目的是加强对企业各阶层员工的管理,以帮助企业更好地发展,这就是C大类制约B大类的原理。当然,如果投资人太强势,什么都要以其意见为主,并提出完全不切合企业实际情况的各种改进措施,到头来只会让企业徘徊不前,无法取得有效的进展。有些投资人进入企业以后,要保护好自己的投资本金,更要取得高的回报,往往会比较极端,自以为是地认为自己对行业了解很多,而忽视企业的实际情况,反而会引起员工的不满,结果导致投资失败。正确的做法是投资人前期做大量的调研,对企业存在的问题进行梳理和逐步改进,切不可一蹴而就,揠苗助长。适当的监督和限制是需要的,但绝对不应该过分,让企业领导层和员工不知所措。制约太多,会束缚企业的手脚,企业无法得到发展,这对投资人是没有益处的。

3. D大类制约C大类。D大类主要代表婚姻家庭与财富,D大类制约C大类,主要是指配偶干涉企业管理。投资人是不愿意看到创始人或合伙人的配偶在企业工作的,更不愿意看到“夫妻店”的企业模式,因为这势必会导致配偶干预企业事务,从而导致投资人帮企业辛苦建立起来的治理架构与规章制度被破坏。所以,投资人在进行股权投资之前,通常会要求创始人与合伙人承诺与配偶协商好股权事宜,保证不影响股权的变动和企业的发展进程,说明投资人了解D大类制约C大类的原理,不希望因为配偶干涉企业事务或夫妻矛盾而影响其投资的收益。这个在第五章“股权与婚姻家庭”中会有详细阐述。

4. E大类滋生C大类。E大类预示的含义比较多,有好也有不好,两极分化比较严重,如好的方面代表着政府、法律、公检法机关等,前面提到的公司章程就是依据我国《公司法》而生的,是企业内部的法律性文件。从股权投资人的角度上来说,因为其系两极分化的E大类所滋生,所以投资人其实也是鱼龙混杂,有好的也有不好的,有大力扶持企业的,也有不断干涉企业内部事务的,甚至有觊觎企业控制权的。另外,很重要的一点,投资的本性就是逐利,投资人的目标就是获得尽可能高的回报率,资本的本质是残酷的,投资人系 E 大类所滋生,故可以将其归结为“天使”和“魔鬼”的化身。所以企业创始人不能将投资人当作合伙人一样看待,而是要事先多进行考察和沟通,合作时也要有专业人士一起参与谈判和签订相关合同。

三、创始人与合伙人如何对待投资人

前面已经提到,投资人具有两面性和逐利的本质,那么在进行投资时,他们肯定会考虑自己的利益居多,当然这也是人之常情。同时,投资人往往是以投资基金的形式参与投资,有极强的专业能力,但对于企业来说,这方面的专业人员就太少了。因此,在这个时候,企业需要有熟悉投资的专业的融资、财务和法律顾问等的帮助,才能充分保护自己的利益。

专业的融资、财务、法律顾问,也属于 C 大类,是维护企业的利益的。当然,根据 C 大类的两面性原则,这些专业人士也是鱼龙混杂,因此企业需要在前期进行的一些甄别,甄别的方法有很多,后面也会提到一些考察投资人的方法,这些方法同样可以用于考察专业人士。

在整个股权投资的谈判过程中,会出现各式各样的问题,如果把握不好,企业可能会落入各种陷阱,特别是在尽职调查、估值和签署各类合同、协议时,企业一不小心,可能会泄露各种商业机密,或者丧失巨大的利益,因此,企业一定要聘请专业人士参与股权投资的整个过程。

第二节 股权投资

一、定义

股权投资,通俗地讲,就是投资人把资金投入一家企业,以这些投入的资金换得所投企业一定比例的股权,当然,由于估值的不同,相同投资金额所换取的股权比例可能是不一样的。

而对需要资金且被股权投资的企业来说,这就是股权融资,其与股权投资性质是一样的,只不过投出的一方称为投资人,接受的一方称为融资人。这种融资是直接融资,与银行贷款的间接融资不同,是投资人直接把资金投入企业,与企业共同承担风险及分享利润,而企业不需要像偿还银行贷款那样还本付息。

另外,股权融资本身也有直接股权融资和间接股权融资之分,直接股权融资就

是单位或个人以自有的资金直接向企业注资来换取一定的股权，间接股权融资就是例如私募基金那样的机构从其他机构或富有的家庭、个人先募集资金，再把这些募集到的资金以股权的形式投资于企业，获利后与基金投资者一起分享利润。这些在后面还会展开详细论述。

二、私募股权投资

所谓私募股权（Private Equity，PE）又称私人股权，是相对于公开发行股份并交易的上市公司而言的，指非公开发行和交易的股权。

这里要着重注意的是，“私人或私募”（private）就是非公开，相对应的就是“公开或公募”（public）。目前在我国，企业要公开募集资金换股权是受严格监管的，也就是说，如果企业要公开发行股票，须经过证监会批准和监管。因此，我国的股权投资就是私募股权投资，是投资人通过私募形式对非上市企业进行的股权投资，其在交易实施过程中附带考虑了将来的退出机制，即通过上市、并购或管理层回购等方式，出售持股获利。

也就是说，一家非上市企业如果要进行股权融资，是不能向社会公开去募集资金换取企业的股权的，因为公开募集在中国是不被允许的，而且可能会涉及股东超200人和非法吸收公众存款的问题；更不能将自己企业的股权在股票市场进行交易，因为私募股权投资只是针对非上市企业的，非上市企业的股权不可能在股票市场进行交易。

总之，任何个人和企业投资一家非上市企业并占有该企业一定比例股权的行为，都可以称为私募股权投资，当然，投资上市公司除外。

三、股权投资的特点

（一）风险和利益共存

股权投资不是一种负债式的金融工具，与公司债券和贷款等有本质区别，因为其不需要还本也不需要付息。股权投资人在把资金换成股权后，那么这些资金再拿出来就比较麻烦了，根据我国《公司法》的相关规定，如果股权投资人要转让股权，除非找到购买者，否则购入的股权就无法套现。因此，股权的意义就是风险共担、利益共享，随着企业的不断发展与变化，股权的价值可能不断飙升，但也可能跌至谷底，这就是风险与利益并存。因此，对股权投资人来说，投资有风险，股权投资特别是对创业企业的投资风险较大，投资人要有充分的心理准备；对于被投资企业来说，确定好估值及股权比例以后，不论企业发展得多好，都不能忘记投资人的恩惠，不能在企业盈利时抱怨投资人股权占比太高，利益分得太多，毕竟投资人在当初投资时也是冒着巨大风险的。有多大的风险就有多大的利益,所以投资人投资得越早,今后所获得的利益就越大,但创业失败的风险也会越大。

(二)投资于非上市公司

非上市公司进行股权融资,往往是因为企业在快速发展过程中缺少资金,没有一个好的融资渠道,主要原因是企业在初创期并不被人看好,或者是轻资产没有抵押而无法贷款,很多企业无奈之下才考虑股权融资。而上市公司不存在这样的问题,上市公司的股权可以公开交易,通过增发股份或者发债等融资方式也很方便,只要有一个好的项目,通过二级市场融资非常容易,甚至上市公司股权质押贷款也很方便,因此,上市公司一般不需要主动找投资人投资。

因此,本书所讲的股权投资,是一种私募股权投资,是投资人通过自有资金或非公开募集(私募)方式募集到资金并投资于非上市公司,不涉及对上市公司的投资和收购,也不涉及通过公开募集资金进行的投资。

(三)投资多占股少,不谋求控制权

前面已经多次提到,股权投资人从事的主要是财务投资,以最终退出盈利为目的,所以一般不会谋求企业的控制权。股权投资人虽然投入的资金比较多,但占股比例往往不高,这就涉及估值的问题。比如企业的实际资产只有500万元,但股权投资人投资1000万元,占股却只有10%,那说明企业价值有1亿元,溢价达到20倍。投资人对企业的估值多少,主要还是取决于企业今后发展的潜力和动力大小,这也能够显示投资人的远见卓识,从孙正义投资阿里的案例可见一斑。

股权投资以盈利为目的,投资人会在达到预期的盈利水平时就退出,而不是一直占据企业的股权。当然,有些股权投资基金也会对企业实行收购,并实现控制权,这个就是通常所说的Buyout,但其在实现控制权后,往往会对企业进行重整或改造,或者拆分企业,最终还是会把企业卖掉,并不会一直谋求控制权。这是股权投资的本质决定的,因为股权投资基金大多是通过私募获得资金后再去投资企业,其最终也是要为基金投资者实现最大利润,如果一直控制着企业,一来资金成本巨大,二来无法给基本投资者带来看得见的利润,所以投资人最终还是会以最佳的方式退出企业以回笼资金,将利润分配给基金投资者。

(四)流动性差,时间长

上市公司股票可以在股票市场按市价自由买卖,不存在估值谈判购入股权及今后退出的问题。如果是上市公司,其股票是可以自由在二级市场买卖和交易的,如果某人想拥有这家上市公司的股权,其完全可以在股票市场上购买,从而自然地成为这家上市公司的股东。当然,投资者在股市自由买卖也有一定限制,比如当投资者持有一家上市公司5%的股份时,应当向证监会、证券交易所作出书面报告,通知该上市公司,并予以公告。另外,通过证券交易,投资者持有或者与他人共同持有一家上市公司股份的比例达到30%时,如想继续进行收购,应当向该上市公司所有股东发出收购上市公司全部或者部分股份的要约,即通常所说的"要约收购"。发出收购要约的期限届满,收购人持有的被收购上市公司的股份比例达到该公司已发行的股份总数的75%以上的,该上市公司的股票应当在证券交易所终止上市。但这些都是程序性的问题,有相应的解决方法和程序,并不能否认上市公司股票自由买卖的本质。

股权投资人在购入股权后,对该部分股权则不能像上市公司股票那样自由买卖,只能等待一个合适的、有钱可赚的机会,故股权投资被视为长期投资,所以投资人往往会要求高于公开市场价格的回报。股权投资需要有一个长期的过程,投资人退出时不但需要有接盘的人,还要有可观的利润,所以大多数投资人在企业IPO以后退出,这个期限通常需要5年以上。

(五)没有明确的交易市场

虽然说现在有些地方出现了一些股权交易中心,但毕竟数量较少,而且作用不大,没有太大的影响力。所以绝大多数的投资人与被投资企业没有一个相互了解的渠道,只能靠人脉、网络、行业协会、中介机构、政府部门推荐等方式了解。因此,股权投资不能像股票那样在股票市场上自由地交易,也不需要像上市公司那样不断进行信息披露。

(六)和企业一同成长

投资人为了实现利益最大化,会对企业进行扶植,利用各种资源为企业助力,让企业站在中心位,和企业共同成长,这是其他投资形式所没有的。比如,投资人对上市公司实行的并购也可以视为一种投资,但与本书的股权投资不是一个概念。投资人对上市公司等二级市场的投资,或者是收购企业后拆分卖掉,或者是行业转化,其目的不是帮助企业,仅仅只是为了赚钱。

(七)多种退出方式

前面已经提到过,退出是股权投资人的终极目的,绝大多数股权投资人会在达到预期的回报后退出投资,把股权还给企业。当然,退出有许多种方式,最为常见的退出方式是通过公开发行上市即IPO方式退出,一般来说,企业上市后所获得的回报最大;当然,如果企业上市条件不够,那么能遇到一个好的买家,通过售出股权或促使企业被收购的方式退出也比较常见。另外,也有通过企业资本结构重组或以企业、创始人团队回购股权的方式退出的。这些在后面都会有所提及。

四、企业在股权投资中应注意的几个问题

(一)选择好的投资人

对于被投资的企业来说,并不是说股权融资后就没有风险了,这些风险在后面会不断提及。这里首先要说的是,不要以为股权投资款到位后就万事大吉,拿别人的资金可能要付出极大代价。企业在与投资人谈判、估值、签署文件等过程中,应该慎之又慎。

可以说,所有的投资人都希望利益共享,而不喜欢风险共担。许多实力不够、眼光不够长远、专业性不强,特别是前期没有认真做尽职调查的投资人,投资前只看到利益,投资后只看到风险,对企业创始人和合伙人进行各种限制和约束,则不利于企业的发展。

很多好的投资人是看大势,看商业模式是否适合,看创始人是否有激情,投资以后就不会过多地干涉创始人和他的团队,反而会通过各种渠道为企业找关系找资源找业务,提供各种增值服务。因为他们深信,企业好就是他们好,企业指数级的发展,就是他们财富的指数级跃进。

企业如果选择错误,引进的投资人对企业横加干涉,甚至因为矛盾而引发各种诉讼,可能会让企业措手不及而忙于应付。如果企业在发展过程中遇到困难,好的投资人会不断帮助企业,而那些不好或者不专业的投资人,可能会不断地对企业实施各种限制及监管,甚至威胁要收回投资,有些签订过“对赌”协议的企业更是苦不堪言。

(二)估值时要慎重

股权投资后,企业拿到资金,但出卖了股权,随着企业的发展,股权可能会不断地增值,增值到让创始人心痛不已、后悔万分,以致企业和投资人可能会因此发生各种纠纷。所以企业创始人事先一定要考虑好合适的估值,在合适的时机以合适的价格出让股权。

(三)在充分准备后签署相关合同文件

无论什么样的投资人,在谈判完成后甚至在谈判过程中,都会拿出一本厚厚的投资协议和众多文件让企业创始人团队签字,里面或多或少都会对企业及创始人团队作出一定的限制,以维护投资人的权益。应该说,投资人维护自身权益也是理所应当,但不排除许多投资人会过分考虑自身利益而制定一些不平等条款甚至给企业设置陷阱,所以企业不能因为急需钱而盲目签字盖章,一定要聘请专业人士把关。

(四)聘请专业的顾问团队

前面也提到过,股权投资是一个非常专业的项目,涉及投资、法律、财务等各方面,企业创始人团队中一般不会有这样的人才,即使有也只涉及其中一项专业。因此,专业的事交由专业的团队去做,这样企业才能充分维护自身的权益,在股权投资中牢牢把握主动权。

第三节　股权投资中的 VC 和 PE

股权投资其实是一个比较模糊的概念,许多人对股权投资有不同的理解,甚至同一个人在不同的场合用同一个词所体现出的概念也不一样。

笔者在前面已经对股权投资作了一个大概的介绍,就是私人或私募股权投资。关于股权投资人或机构,经常会听到几个名词,如天使投资、风险投资 VC、创业投资、私募股权 PE 等,许多人都分不清楚,事实上这些名词或多或少有所重叠,在特定的场合也有特定的意义。笔者试图用最简单的语言把这些词语解释清楚,以便展开后续的讨论。

其实不管如何,私募股权投资就是任何一种股权资产不能公开募集并在股票市场自由交易的投资,那么,所谓的天使投资、风险投资、创业投资、私募股权都可以包含在私募股权投资之中。

在企业涉及股权投资时,听到最多的就是 VC 和 PE 这两个词,许多人没有搞清楚,所以有必要对此作简要的介绍。VC 和 PE 一般都是针对非上市企业的投资,两者在投资阶段、投资规模、投资理念和投资特点等方面有较大不同。当然,很多传统上的 VC 机构现在也介入 PE 业务,而许多传统上被认为专做 PE 业务的机构也参与 VC 项目,也就是说,PE 与 VC 只是概念上的一个区分,在实际业务操作过程中两者的界限越来越模糊。比如著名的 PE 机构凯雷(Carlyle)也涉及 VC 业务,其对携程网、聚众传媒等的投资便是 VC 形式的投资。

一、VC 和 PE 简介

(一)VC

VC 即 Venture Capital 的缩写,可翻译成风险投资。在我国,VC 是一个具有特定内涵的概念,就是有高风险的投资,而高风险往往伴随高收益。

另外,有人根据《百科全书》将 VC 翻译为创业投资,国家发改委、科技部等部委文件中也出现了创业投资的这种翻译。因此,创业投资可以说是 VC 的另一种称谓,与风险投资都源于 VC 这一英文词汇,大家所说的风投或者创投都可以叫 VC。

（二）PE

PE 即 Private Equity 的缩写,即私募股权投资。在我国,PE 被翻译成为“私人股权”“私募股权”“私人权益”“私人权益资本”“直接股权投资”“股权私募融资”等,其实都大同小异。

实践中,后面要提到的私募股权基金就被称为 PE 基金,许多人也简称其为 PE。

（三）VC 和 PE 的关系

广义上的 VC,泛指一切具有高风险高潜在收益的投资;而广义上的 PE,指涵盖企业 IPO 前各阶段的权益投资,即投资人对处于种子期、初创期、发展期、扩展期、成熟期和 Pre-IPO 各个时期的企业所进行的投资。所以,从广义的角度上来说,VC 和 PE 的概念和投资阶段是差不多的,相当于本章所指的“股权投资”概念。

从狭义角度来说,VC 指投资创业期（Start-up）的中小型企业,以高新技术企业为基础,投资那些技术密集型的企业,涉及较高的风险。投资的企业每 10 个差不多只有 3 个能够成功,所以西方风险投资人奉行不将鸡蛋放在一个篮子的分散投资原则。PE 一般指对已经形成一定规模的,并产生稳定现金流的成熟企业的私募股权投资部分,主要是指创业投资后期的私募股权投资。而本书采用 VC 和 PE 的狭义解释,二者的主要区别在于投资的阶段,简单来说,VC 投资创业初期的企业,PE 投资比较后期的企业。

无论从广义还是狭义角度,VC 和 PE 同样都是一种风险投资,只不过风险和规模有大小之分而已。

二、VC 和 PE 的比较

（一）相同点

前面已经提及,从广义角度来说,两者的概念是差不多的,都是有风险的私募股权投资。两者的相同点也基本上就是股权投资的特点,大致如下:

1. 通过自有资金或非公开募集的资金对非上市公司进行股权投资。

2. 流动性较差,不能像上市公司股票那样自由买卖,被视为长期投资,所以投资人会要求高于公开市场的回报。

3. 没有明确交易的市场,所以投资人与被投资企业没有相互了解的渠道,只能靠个人关系、网络、行业协会、中介机构、政府部门推荐等方式接触。

4. 投资决策建立在高度专业化和程序化的基础之上。

5. 股权投资人一般会积极参与被投资企业的经营管理，提供增值服务，并对被投资企业之后各发展阶段的融资需求给予帮助。

6. 由于投资目的是追求超额回报，当被投资企业增值到一定程度后，股权投资人会通过上市、收购兼并或其他股权转让方式撤出资本，实现高额回报。

因此，PE 与 VC 都是通过私募形式对非上市企业进行的权益性投资，然后通过上市、并购或管理层回购等方式，出售股权获利。在国内一些机构的调研报告中，一般都会将这两个概念统一为风险投资的通用表述，简称则为 PE/VC。

因此，事实上现在的 PE 对处于种子期、初创期、发展期、扩展期、成熟期和 Pre-IPO 各个时期的企业都会进行投资，而且本来 PE 就是私募股权投资，从这方面来说，PE 的内涵更广，可以包含 VC。

（二）两者区别

两者的区别主要是狭义概念的区别，即 VC 投资企业的前期，PE 投资后期（还包括 Buyout 并购），是投资行为细化的结果。

虽然 PE 和 VC 有融合的趋势，但事实上也有许多机构是分得很清楚的，比如有些机构就是专门投资初创企业，如后面要讲的创业投资基金，而许多机构就是投资成熟企业，或者至少在后期投资比例占绝对多数，那么这样就有区分的必要了。因此，在许多年度排名上，PE 机构和 VC 机构一般都会分开排名。

前后期的划分使 VC 与 PE 在投资阶段、投资规模、投资回报、投资风险上有一些区别，主要如下。

1. 投资阶段

一般认为，PE 的投资对象主要是比较成熟的或者拟上市的企业，但并不排除投资初创期的企业；而 VC 的投资重点相对集中在初创期的企业，但并不排除在企业发展中后期的投资。

2. 投资规模

PE 投资单个项目的投资规模一般较大，VC 则视项目需求和投资机构而定，相对 PE 来说，VC 的投资规模比较小。

3. 投资回报

VC 强调高风险高收益，既可长期进行股权投资并协助管理，也可短期投资寻找机会将股权出售，比如将股权转让给后续投资的 PE；而 PE 一般是协助被投资企业完成上市然后套现退出。因此，VC 因为投资更前期，甚至是在企业创始人只有一个投资理念的时候即进行投资，回报率相对 PE 来说会更高。

4. 投资风险

VC 为什么要着重“风险”二字，是因为其投资在企业发展的早期，企业发展充斥着诸多未知数,风险极大,许多VC投资人都是血本无归。但高风险同时也意味着高收益,也有不少VC投资人以极少的投资赚得丰厚的回报,比如投资滴滴的王刚。一般来说,天使投资、创业投资等都可以归于VC,VC投资的投资人很多可能就是个人或者小规模的企业,其投资的往往是一个企业创始人的理念或还在实验室的技术,甚至企业都还没有成立。所以VC更像是一种赌博,VC投资人对企业投入的精力可能会更大。

PE投资往往比较集中且投资规模比较大,并不像VC那样投资金额少而投资项目广,所以PE要保证很高的成功率,才能获得高收益。因此,PE投资通常在企业发展中后期,会有更多的参考因素和对其投资决策有重要帮助的资讯,这个时候,企业估值会更高,风险会相对较小。同时,PE的投资对象是成熟企业,所以对企业和创始团队的考察会更严格,而且PE规模比较大,内部也比较规范,在内部考核方面要求更严格,能比较有效地防控风险。

正因为VC存在太多的未知风险,笔者认为,VC更具有图4股权关系中C大类的特性。因为VC是在许多企业尚未成立或成立之初就已经开始投资,相当于生养企业的"父母",虽然有许多企业"胎死腹中"或"死于襁褓",但也有许多好企业逐渐成长起来,做到能独立成长,甚至取得非凡成就。PE可能会带来更多的金钱、资源、人脉的支持,但这只是发生在看到企业的发展潜力之后,如果没有VC这样的"父母",企业就像一个无法落地或一出生就无法存活的婴儿,根本就无法成立或者成立没多久就以失败告终,那以后即使有再多的支持也无济于事。

三、VC之天使投资

天使投资(Angel Investment)最早起源于19世纪的美国,源于纽约百老汇,1978年在美国首次使用,也是股权投资的一种形式。其指具有一定净财富的自由投资人或非正式的风险投资机构,对具有巨大发展潜力的高风险的原创项目或小型初创企业进行早期的直接投资,往往属于自发而又分散的民间投资方式,和机构风险投资一起构成整个风险投资产业。

所谓的天使投资就是一种概念,所有的有闲钱并愿意进行股权投资的企业或个人都可以叫天使投资人,他们更多参与早期的、投资金额小的项目,也有天使投资人敢于投资大项目,不过一般受财力和个人能力所限,或各种因素干预,不能做PE基金那样大规模的投资。天使投资人又被称为投资天使、商业天使(Business Angel)、天使投资者或天使投资家。那些用于投资的资本就叫天使资本。

天使投资属于私人股权投资的一种,可以解释为VC的早期形式。比如我国清科股权投资年度排名,最早只有一个PE榜单,后来分为VC/PE榜单,现在从VC

榜单又分出来天使、早期、VC 三个榜单,所以天使投资就是一种风险投资,只不过比通常所说的 VC 更早,风险更大。因此,从投资阶段来说,天使投资应归属于 VC 的范畴,只不过是 VC 中的早期或者更早期投资。

如果说 VC 和 PE 有重合,那么天使投资应该不在重合的范畴之内,可以说,天使投资更符合风险投资的"风险"这一特征。从图 4 股权关系中 C 大类的角度说,天使投资人就像父母孕育了初创企业这样一个小生命,帮助其在胎盘中成长并顺利出生。

(一)天使投资人的类型

1. 自然人

应该说,自然人是天使投资人中最大的群体,一般指富裕的、拥有一定资本、投资于创业团队或企业的个人。例如,谷歌的谢尔盖·布林(Sergey Brin)和拉里·佩奇(Larry Page)在仅有创意,公司还没有成立时,就得到了天使投资人 Andy Bechtolsheim 提供的 10 万美元的投资。又如,苹果公司创立之初,著名天使投资人迈克·马库拉(Mike Markkula)不仅自己投入 9.1 万美元,还以筹集到的 69 万美元,外加由他担保从银行获得的 25 万美元贷款对苹果公司进行了投资。

在美国,要成为天使投资人,需要符合"经鉴定合格投资者"的专门标准,在中国还没有这方面的规定,所以有资金的个人都可以成为天使投资人并进行股权投资。

在我国,作为自然人的天使投资人主要有两类,一类是以成功企业家、创业者、VC 等为主的个人,他们了解企业,并能给予创业企业大力支持,积极为企业提供一些增值服务,如战略规划、人才引进、资源提供、后续融资引进等,在投入资金的同时也带来各种资源和网络,是早期创业和创新的重要支柱;另一类是专业人士,如律师、会计师、大型企业的高管以及一些行业专家,他们虽然没有太多创业和投资经验,但拥有闲置的可投资金以及相关的行业资源。

我国耳熟能详的天使投资人有徐小平、朱敏、薛蛮子、李开复、雷军、周鸿祎、王云达等,国内许多成功的民营企业家正逐渐成为天使投资的主体。

2. 团队或群体

天使投资人团队或群体(Angel Group)其实也可归入自然人的行列,但其不是一个自然人,而是自然人的组合。个人在资金实力、精力、时间、资源等方面毕竟有限,比如许多个人投资人没有充足的项目来源和渠道,项目数量少,资金不够充足而难以分散投资;还有一些投资人有自己的本职工作,没有充足的时间进行尽职调查;也有许多人虽然有钱,但经验和专业知识不足,投资失败的概率很高。在这种情况下,许多天使投资人会组织起来,形成一个团队或群体,以俱乐部、联盟、协会等方式,把几个或者几十上百个天使投资人聚集在一起,共享项目来源和投资经验，经常性地进行交流和评估。一旦有合适的项目，团队成员可以按照各自的时间和经验，分配尽职调查、谈判、起草相关协议文件等各项工作，并可以聚集多人的资金，提高投资额度，共同承担风险，增加成功率。

美国的天使群体非常发达，有半数以上的天使团体联合起来，成立了天使投资协会等群体，进行相互之间的信息交流，共同进行投资，以减少风险。在中国也已经开始出现类似的群体，他们中的很多人是民营企业家或者是行业专家，出于分摊风险或者对技术的掌握和了解程度，只对一些相近的行业进行投资，且对项目的地理位置有偏好，投资决策主要依靠自己的判断和调查，并倾向于在一定程度上参与被投资企业的管理。也有一些短期的、松散型的个人投资者联合体，由于担心个人对项目的评估和把握能力相对较弱，故临时组合起来一起进行投资。在这些投资团队中，往往有领头的投资人，由这些领头的投资人搜寻各种投资机会，并向联合投资人提出投资方向和建议。中国已经有了不少这样的天使投资俱乐部和天使联盟，比较典型的有上海天使投资俱乐部、深圳天使投资人俱乐部、亚杰商会天使团、中关村企业家天使投资联盟等。

3. 基金或类似机构

如果天使投资人的资金和专业达到一定程度，可能就会成立基金形式的天使投资机构，向外部机构、企业、个人等募集资金，并参与到天使投资中。

当然，一旦成立基金，投资人在资金规模达到一定程度后，可以投资更多类型的企业，其选择余地更大，而且出于风险防范的考虑，可能更愿意投资成熟的企业，所以会逐渐脱离天使投资业务，更多地参与到企业后期的融资，如新东方创始人徐小平的真格基金、腾讯联合创始人曾李青的德迅投资等。

总体来说，如果成立基金，往往不再单纯注重于天使投资，可能会随着基金的发展而投资更成熟的企业，以平衡风险。

另外，政府有时也会设立一些创业投资基金来支持创业型企业，特别是科技型创业企业。

4. 孵化器

广义的孵化器主要指大量高科技企业集聚的科技园区。狭义的孵化器则指一个机构，该机构通过培育或孵化一个或几个项目，使其成熟发展。

根据科技部 2010 年印发的《科技企业孵化器认定和管理办法》第 4 条的规定，孵化器的主要功能是以科技型创业企业为服务对象，通过开展创业培训、辅导、咨询，提供研发、试制、经营场地和共享设施，以及政策、法律、财务、投融资、企业管理、人力资源、市场推广和加速成长等方面的服务，以降低创业风险和创业成本，提高企业的成活率和成长性，培养成功的科技企业和创业家。

创业孵化器大多设立在各地的科技园区，为初创的科技企业提供最基本的启动资金，还有便利的配套措施、廉价的办公场地，甚至人力资源服务等，同时在企业经营层面给予被投资企业更多的帮助。

全世界最为知名的孵化器为美国硅谷的 Y Combinator，它不仅吸引了很多知名的天使投资人加入，还会给每个创业者安排教练，并提供创业课程等。其一般对一个项目只投入 2 万～3 万美元，占该项目 5% 左右的股权比例。中国的孵化器在现阶段主要还是广义上的科技园区的类型，如高新区、大学科技园区、留学生创业园区等，狭义的孵化器性质的培育机构并不是太多，典型代表有李开复成立的创新工场、北京中关村国际孵化器有限公司、联想之星孵化器等。

（二）天使投资 Angel 与 VC 和 PE 的关系

从图 4 股权关系中 C 大类的本质考量，以父母生育培养儿女的过程比喻天使投资、VC 和 PE 的关系，天使投资就像父母结合孕育了一个小生命，在母亲的胎盘中成长，或者让孩子顺利出生并健康存活；VC 则是对婴儿的养育，让孩子慢慢长大；PE 可能更注重孩子身体的强健和后期教育及金钱人脉等资助，帮孩子长大后在事业上取得更大的成就。因此，三种方式可以说都有存在的必要性，以适合企业发展不同时期的需求。

1. 联系

笔者已经提到，天使投资应归属于 VC，投资阶段属于早期中的早期。如果非要区分两者，那应该是天使投资的投资人大多为个人，而 VC 的投资主体一般是机构。而 PE 指一切未在证券交易所公开上市交易的投资，所以 PE 往往涵盖了天使投资和 VC，具有更广阔的范畴。

一般来说，Angel/VC/PE 三者都可认为是风险投资，且三者都是私募股权投资的形式。

2. 区别

三者的区别主要是从狭义的角度分析，具体如下。

（1）投资风险

天使投资的投资阶段更早，故风险大于 VC，VC 的风险大于 PE。PE 一般有比较强大的风控体系，并有系统的决策程序和多层次的决策机构，所以风险相对较小。天使投资和 VC 更考验投资人的眼光，很少有风险参考因素，往往也没有好的风控团队和制度。

（2）成功率

每个投资阶段的成功率都大不相同。在天使投资的种子期，个人投资者的成功率在 1% 以下，机构投资的成功率在 5%～10%，天使投资后期有 10%～20% 的成功率;VC 机构投资的成功率在 20% ~30% ;PE 基金的成功率则可达 50% 以上。

(3)投资收益

风险越高收益越多,天使投资阶段的企业估值肯定是最低的,投资少但投资人的股权占比可能会比较高,与创业者谈比例分配更容易。所以,在都有收益的前提下,PE 的收益往往小于 VC,VC 的收益通常小于天使投资。

(4)投资人类型

天使投资人一般以事业比较成功的个人或团体为主,大多天使投资属于个人行为,有时天使投资的主体会是一些小型企业。而 VC 与 PE 一般都是企业行为,大多是通过基金方式运作。

(5)投资节点

天使投资一般在企业只有创意之时,或初创、起步时期进行投资;VC 则是在企业发展的中早期进行投资,此时被投资企业一般已经有了比较成熟的商业计划和经营模式;PE 一般是在投资轮次中的后几轮或 Pre-IPO 时期进行投资,属于企业发展成熟期,被投资企业已经有了上市的基础,达到了 PE 要求的收入或者盈利标准。

(6)投资规模

天使投资的投资金额不限,少则几万元,多则几百万元,要看投资人的实力和投资项目需要的资金额度;VC 投资金额会比较大,从几百万元到几千万元都有,有时会有几家 VC 联合投资的情况;PE 一般是通过基金方式募集资金,投资额往往更大,一般都会在千万美元以上。

(7)关注重点

天使投资需要更加敏锐的洞察能力,关注重点为产品、商业模式及创始人团队;VC 除了关注创始人团队外,会更关注产品和商业模式本身,看中的是企业发展趋势;PE 更关注的是企业现金流的情况和财务状况,注重风险,会测算出种种极端情况下可能产生的损失情况。

(8)介入管理的程度

天使投资人一般会参与企业的管理,并会做到密切的监督;VC 与 PE 投资人一般都不参与企业管理,但会争取董事会席位,而且对企业经营团队要求会很高。

(9)提供资源的程度

天使投资一般只提供金钱,本身资源一般不会太多;而 VC 和 PE 虽然都有一定的资源,但 PE 的资源相对来说比 VC 更多,能提供更多增值服务,更能帮助企业迅速发展。

(10)退出机制

在投资前,VC 和 PE 都会考虑好将来的退出机制,如通过 IPO、兼并与收购或管理层回购等方式退出获利;而天使投资一般在企业模式成熟以后会卖给 VC 与 PE,从而退出投资。

当然,前面已经说过,对天使投资、VC、PE 很难确定清晰的界限,三者只不过是对企业不同时期的投入而已,所以这些区别也只能说是通常情况,不排除有一些不同的特例。

四、PE 之私募股权投资基金

前面已经提到,不管天使投资、VC 还是 PE,都是一种私募股权投资,都归属于股权投资的范畴。对于企业来说,投资人是什么类型并不重要,关键是投资人的实力、专业及匹配度,以及投资人与创始人团队的理念匹配和默契程度。另外,被投资企业关心的是投资金额、企业估值、投资人的规模和所拥有的资源等,因此对于企业创始人来说,最重要的是满足企业的需求,没必要去区分投资类型是天使投资还是 VC、PE。

接下来,笔者会比较着重阐述私募股权投资基金(PE 基金),主要原因如下:

1. PE 基金所从事的投资业务基本可以涵盖企业发展的各个阶段,包括前面所说的天使投资、VC、PE。

2. PE 基金一般比较规范,内部有严格的尽调、风控和决策体系,有大量专业人员,在股权投资操作方面专业化程度很高,其许多做法、文本和制度等均可作为参考。

3. 因为 PE 基金比较专业化,所以 PE 投资人更注重职业道德,更注重诚信和对企业的扶植,会为企业提供更多的资源,帮助企业快速成长,同时也为自己获得更多的利益。

因此,除非特别说明,后面所提到的投资人都以 PE 基金作为参照,不再作过多分类。

(一)PE 机构的分类

前面已经提到,PE 一般都是以机构出面对外进行股权投资,而且很多都是通过私募基金的形式存在,很少有类似天使投资的自然人。国内活跃的 PE 基金大致可以归纳为以下几类。

1. 专门的独立股权投资基金

这类基金是 PE 机构中最为典型的。这种基金非常专业,且投资决策更独立,并拥有多元化的资金来源。根据基金的性质,可以分为:

(1)由民营资本成立的基金,如九鼎投资、同创伟业、天图资本、东方富海、松禾资本等。

(2)外资或合资成立的基金,如高瓴、红杉、IDG资本、鼎晖投资、软银中国等。

2. 金融机构(银行、证券公司等)下设的直接投资部或投资基金

这类基金往往因其母公司的良好信誉和充足资本而让投资者感觉更安全。例如,国外的Morgan Stanley Asia、Goldman Sachs Asia;国内的在银行方面有建银国际为代表的银行系PE基金,其可以取得银行贷款名单进行跟踪投资;券商方面有中金公司为代表的各类券商成立的PE基金,其可以形成"投保联动"运作。

3. 与政府设立的各种引导基金合作的基金

这类基金以引导基金、母基金为募集对象,大都有政府背景,以政策为导向,以扶持和服务创业型企业为主要投资方向。这类基金可以拿到政府各类支持企业的名录,进行选择性投资,如深创投、达晨创投等。

上述分类只作简单的介绍,因为对私募股权投资机构的分类有许多种,如按投资阶段、投资规模等来分类,但此等分类没有太大意义,限于篇幅,笔者不作为重点介绍和展开。

笔者介绍这些机构的最主要目的,是说明这些PE机构绝大多数都是以基金管理人形式成立的,是绝对的私募股权投资的主体。被投资企业大多接触的就是这些基金管理人,所以非常有必要进行了解。

究其原因,是因为基金的特性,即可以募集大量外来资金,使基金的资产规模快速变大,解决自有资金不足问题。因为自有资金再多也是有限的,而基金管理人可以不断募集,一期无法募足,可以成立二期、三期、四期等多个基金,从而满足其对外进行股权投资的需求。

所以,接下来要对基金作重点介绍,因为涉及股权投资,故着重对私募股权投资基金作详细介绍。

(二)基金

在讲私募股权投资基金前,先要对基金作出定义和解释,这样才能更好地了解私募股权投资基金。

所谓基金,通常指通过发售基金份额,将多个投资者的资金集中起来,由基金管理人管理,基金托管人托管(有些基金非必须),并以对外投资的方式获取收益,其是一种风险共担的理财方式。简单地说,基金就是基金管理人把他人的钱汇集起来进行对外投资,取得收益后与基金投资者一起分享利益或承担亏损。

基金的类型实在太多,分类方式也很多,各类型基金收益和风险都不同,而且许多基金太复杂,介绍多了可能会让读者越来越迷惑,所以笔者只选择几个简单且

典型的基金进行介绍。

最简单的分类,就是按基金是否面向一般大众募集资金而分为公募基金与私募基金。接下来要详细介绍一下公募基金和私募基金,因为本书是讲私募股权基金,所以对“公”和“私”要作出解释,以便读者有个简单明了的区分。

1. 公募基金

公募基金(Public Fund)是向社会大众公开募集资金的基金。人们平常在股市购买的基金通常就是公募基金,即证券投资基金,如大成、华夏、嘉实、交银施罗德等,是一种向社会大众公开募集的基金。这些公募基金受证监会严格监管,投资方向与投资比例有严格限制(如证券投资基金只能投资股票或者债券),且大多管理数百亿元以上的资金。

2. 私募基金

私募基金(Private Fund)也很好理解,就是不能向社会大众公开募集,只能私下或直接向特定群体非公开募集资金的基金。

一般来说,在股票市场上买公募基金的往往都是中等收入群体,而私募基金吸引的基金投资者则通常是特定的机构和富人阶层。

从基金募集后对外投资的方向区分,私募基金可以分为私募证券基金与私募股权基金,这两种基金都以私募形式筹集资金,但筹集资金后投向不同,是私募基金中的两种不同形式。

(1)私募证券投资基金

私募证券投资基金主要指通过私募形式,向基金投资者筹集资金和进行管理,并投资于证券市场(多为二级市场)的基金。前面提到过证券投资基金的概念,虽然都是投资到证券市场,但私募证券投资基金在形式上只能是私募,不能公开向社会大众募集,证券投资基金则是公募基金。这也是私募证券投资基金与证券投资基金(也称共同基金)等公募基金的主要区别。

(2)私募股权投资基金

私募股权投资基金,即本书着重要提及的PE基金,其主要投资标的是未上市企业的股权。虽然募集方式都是私募,但私募证券投资基金的投资标的是流动性远高于未上市企业股权的有价证券(如股票),证券市场的股票可以自由买卖,但非上市公司的股权在购入后则很难流动,这是私募证券投资基金与私募股权投资基金的主要区别。

总之,公募基金和私募基金中的私募证券投资基金并不是本书的重点,读者有个简单的了解即可,下面要着重讲私募股权投资基金,因为这是股权投资的主要投资主体。

（三）私募股权投资基金（PE基金）

私募股权投资基金（Private Equity Fund）也可称为私人股权投资基金，如果要给私募股权投资基金定一个准确的名称，在我国当前法律和监管规则下，一般称为私募类私人股权投资基金，本书基本上就简称为私募股权投资基金，或股权投资基金、PE基金。

在我国，目前股权投资基金只能以非公开的私募形式募集。换句话说，我国的股权投资基金是不能向社会大众公开募集资金进行股权投资的，所以股权投资基金是否加“私募”二字，在我国并没有区别（在国际市场上有公募的股权投资基金）。

PE基金也可直接称为PE而省略“基金”两个字，但这个与前面提到过的PE概念有所区别。前面提到的PE指私募股权或私人股权（Private Equity），做私人股权的有许多主体，可以是自然人，也可以是许多类型的企业或单位，而私募股权投资基金（Private Equity Fund）是指做私募股权的基金，所以一般是特指PE基金的时候才会缩略。基金是做私募股权的最重要主体。

接下来就是讲私募股权投资基金（Private Equity Fund），这是后面的重点，因为在所有基金中，只有私募股权投资基金才是进行企业股权投资的真正主体。

1. 特点

（1）非公开募集和投资

基金管理人主要通过非公开方式面向机构或个人投资者募集资金，其销售和赎回都是基金管理人（或基金销售公司）通过非公开方式与基金投资者协商进行。

另外，前面在讲述私募股权中已经提到过，PE基金对企业进行股权投资时，也是通过私下接触进行，基本上没有涉及公开市场的操作，也不需要披露交易细节。

（2）权益型投资（股权投资）

PE基金基本上对被投资企业采取权益型投资方式（以金钱投资换取股权），即通过增资扩股或股权转让的方式获得非上市企业的股权，并通过股权增值转让获利，极少采用债权投资的方式。因此，PE基金享有被投资企业的股权，也有一定的表决权。

（3）投资对象

这在介绍股权投资时就提到过，股权投资一般投资于私有公司即非上市企业，很少投资于上市公司。

（4）募集对象和资金来源比较广泛

PE基金可以募集的对象有很多，主要是一些特定的机构如金融机构、大型企业、境外资本、保险基金、社保基金、企业年金等，以及一些富有的个人，如果基金管理人以前的业绩良好，则其可以募集的资金金额巨大。

（5）投资期限长，流动性差

股权投资的特点就是如此，通常需要 3 ~7 年或者更长的时间才能完成投资全过程并退出。股权投资以后，没有现成的市场供股权出让，流动性差，一般都是以 IPO、兼并收购、管理层回购等方式退出。股权投资是以放弃资本的流动性为代价来追求长期的、更高的资本收益，被称为“有耐心的资本”。另外，前述第 4 项所说的那些基金募集对象或基金投资者（机构和富有的个人）的资金在投入到基金后，流动性也较差，要退出有一定难度，其所购得的基金份额转让也比较困难。

（6）收益波动性大

PE 基金是高风险、高收益的金融资产，有很大的不确定性。与债权投资获得投入资本的些许利息收益不同，股权投资可以通过股权获取企业收益的分红，且一旦被投资企业成功上市，PE 基金的获利可能是其所投入资金的几倍或几十倍。但是，股权投资通常需要经历若干年的投资周期，且因为通常投资于发展期或成长期的企业，其发展本身有很大风险，如果被投资企业最后以破产清算等结局惨淡收场，PE 基金也可能血本无归。

（7）专业性强

PE 基金在准备投资一家企业时，并非盲目乱投，其投资决策涉及企业管理、市场、行业、财务、法律等诸多方面。这对于基金管理人的要求很高，其要有发现被投资企业潜在价值的独到眼光，还需要为企业提供全方位的增值服务，帮助企业发展壮大。因此，PE 基金通常会委托专业的机构作为基金管理人，并给予其较多的利益回报。而在基金管理人内部，也会不断加强投资经验的积累、团队的培育和建设，并对投资管理团队成员制定充分有效的激励约束机制。

（8）有效的投资后管理

股权投资本身就是一种价值增值型投资，被投资企业不但需要资金，还需要其他的增值服务，而 PE 基金在投资后管理阶段往往能为企业提供大量资源。一方面，在向被投资企业注入资本的同时，也会注入先进的管理经验和商业资源等各种增值服务，帮助企业提升经营管理能力，拓展采购或销售渠道，融通企业与地方政府的关系，加强企业与行业内其他企业的交流，这也是 PE 基金吸引企业的关键因素和其竞争力所在；另一方面，作为股东，基金管理人会通过参加被投资企业的股东会、董事会等方式，对企业进行一定的监管，防止信息不对称带来的各项风险，以及企业管理层可能存在的道德风险，做到有效风险防控。

所以 PE 基金的规模更大，给企业的帮助更多，虽然说 PE 基金作为图 4 股权关系中的 C 大类，并不一定投资初创企业，但其向企业提供的帮助可能更多，更有利于企业的发展壮大。PE 基金和天使投资、VC 的功能不一样，但性质相同，都是扶持 A 大类的“施恩者”，且都不可或缺。

2. 参与主体

我们知道，成立一只 PE 基金，是要在募集一定的资金后，再进行股权投资，那么一方面要有人去为基金筹钱，筹钱的人一般就是“基金管理人”，他们负责基金的组建、募集和管理；另一方面，要有人把钱投入这个基金，投钱的人就是“基金投资者”，他们是基金的财源和金主。在许多的基金中，从风险防范的角度考虑，还有“基金托管人”来保管基金财产和监督基金财产的运作。

(1) 基金管理人

在一只 PE 基金中，毫无疑问，基金管理人是最重要的。基金投资者愿意投钱到这只 PE 基金，往往也是看重基金管理人的投资经验、业绩和影响力。比如前面对 PE 机构分类时提到的高瓴、红杉等都是著名的基金管理人，他们通过有效的募集、管理与股权投资，能为基金赚钱，为基金投资者赚钱。

同时，基金管理人不但是基金的募集者和管理者，也是把 PE 基金中的资金投入企业的决策者，如果基金管理人不专业，投资可能血本无归，那么基金投资者的损失巨大。好的基金管理人会有效运作基金资产，有效防控风险并进行投资后管理，为基金投资者争取最大的投资收益。

在我国，公募基金的基金管理人有严格的准入限制，对私募基金管理人的准入限制比较宽松。但对私募基金管理人并不是没有限制，只不过其无须经证监会审批，但私募基金管理人需要向中国证券投资基金业协会申请进行登记，登记申请时还需要附有律师出具的专项的法律意见书。

另外，自然人不能成为基金管理人，根据《证券投资基金法》第 12 条第 1 款的规定，基金管理人由依法设立的公司或者合伙企业担任。因此，申请基金管理人登记时，要注意以公司或者合伙企业的身份申请。

(2) 基金投资者

基金投资者，简单地说就是 PE 基金的金主和财源，是 PE 基金的资金募集对象。如果有一个或者几个好的项目，PE 基金中的 GP 或基金管理人往往是没这么多资金的，绝大多数的资金源于基金投资者，这些基金投资者在有限合伙企业中通常是以 LP 的身份出现。

PE 基金中的基金投资者，也称基金份额持有人，是 PE 基金的出资人，也是基金财产的所有者。基金投资者按其所持有的在 PE 基金中的基金份额来获取收益和承担风险。

在我国，基金投资者主要包括个人和机构，个人一般是企业家、大型企业高管、娱乐体育明星等高净值个人投资者;机构主要包括企业(国有企业、外资企业和民营企业等)、金融机构(商业银行、保险公司、证券公司、基金子公司等)、社会保障基金、母基金(本质就是一种基金,就是一只基金把募集到的钱投入不同的PE基金中,也称基金中的基金)、政府引导基金(中央和地方政府设立并按市场化方式运作的政策性基金,是一种特殊的母基金)等。在中国,对于基金投资者是有一定的要求的,具体如下。

①投资者人数限制

《私募投资基金监督管理暂行办法》第11条规定,单只私募基金的投资者人数累计不得超过《证券投资基金法》《公司法》《合伙企业法》等法律规定的特定数量。

根据我国《公司法》与《合伙企业法》等法律法规的规定,以有限责任公司或者合伙企业形式设立的私募基金的投资者人数不得超过50人,其他私募基金(股份有限公司或契约型基金)的投资者人数不得超过200人。

另外,基金投资者如果要转让基金份额,受让人应当是合格投资者(下面讲述),且基金份额受让后投资者总人数也应当符合上述人数限制规定。

②合格投资者制度

一只PE基金中的资产主要是由基金投资者提供的,基金管理人负责投资决策,其在信息方面占据绝对的优势地位,掌握投资项目的质量、风险、投资业绩等关系到基金投资者利益的信息,而PE基金是通过非公开方式募集资金,基金投资者无法通过公开披露的信息来监管和约束基金管理人,这就造成两者之间严重的信息不对称。基金管理人可能会利用自己的信息优势做出一些损害基金投资者利益的事情,而许多基金投资者由于经验和专业不足,无法识别和发现这些风险。因此,不少国家规定了确认和保护投资者的合格投资者制度。

也就是说,并不是任何人都可以把钱投资到PE基金的,必须是符合一定条件的投资者即合格投资者,才能把钱投入PE基金中去,这也是保护投资者权益的需要。这样的合格投资者,一般对基金管理人和其发起设立的基金具有较强的识别判断和监管能力,再辅以基金管理人向投资者报告基金运作信息的制度,才能较好地保护基金投资者的利益。

一般来说,合格投资者标准有如下几点:投资者具备一定的风险识别能力和风险承担能力;投资者投入PE基金的基金份额要达到某一个最低的标准;根据投资者的资产规模和收入水平判断其风险承担能力;认可某些持有特定的金融牌照或其他大型专业投资机构及其高级管理人员为当然合格投资者。

根据我国《证券投资基金法》第87条第2款的规定,合格投资者指达到规定资产规模或者收入水平,并且具备相应的风险识别能力和风险承担能力,其基金份额认购金额不低于规定限额的单位和个人。《私募投资基金监督管理暂行办法》第12条第1款对合格投资者规定的更加具体，其规定合格投资者应符合三个条件：

第一，具备相应风险识别能力和风险承担能力；

第二，投资于单只私募基金的金额不低于100万元；

第三，单位投资者净资产不低于1000万元，个人投资者金融资产不低于300万元或者最近三年个人年均收入不低于50万元。

其中，个人投资者的金融资产包括银行存款、股票、债券、基金份额、资产管理计划、银行理财产品、信托计划、保险产品、期货权益等。

另外还有4类投资者为当然的合格投资者，即不需要审查其是否符合上述三个条件。这4类投资者为：社会保障基金、企业年金等养老基金，慈善基金等社会公益基金；依法设立并在中国证券投资基金业协会备案的投资计划；投资于所管理私募基金的私募基金管理人及其从业人员；证监会规定的其他投资者。

③合格投资者的穿透核查

在现实中，有些合伙企业、契约型基金等吸收了许多单位或个人的资金，再把这些资金以一个（也可能是几个）主体的方式，直接或者间接投资于私募基金。对于这一点，《私募投资基金监督管理暂行办法》第13条第2款明确规定，私募基金管理人（或者基金销售机构）应当穿透核查最终的投资者是否为合格投资者，一般要穿透到个人，并合并计算投资者人数（加起来的人数要符合前面所述的投资者人数限制的规定）。

但是，对前面提到的4类当然的合格投资者，不需要穿透核查最终投资者是否为合格投资者，也不需要合并计算投资者人数。

④合格投资者确认程序

为充分保护基金投资者的权益，我国相关法律法规规定，在基金管理人（或者基金销售机构）向投资者募集资金并签订基金合同前，必须要有一个合格投资者的确认程序。我国《私募投资基金募集行为管理办法》第26条规定，在投资者签署基金合同之前，募集机构应当向投资者说明有关法律法规，说明投资冷静期、回访确认等程序性安排以及投资者的相关权利，重点揭示私募基金风险，并与投资者签署风险揭示书。

风险揭示书的内容包括但不限于：私募基金的特殊风险，包括基金合同与中国基金业协会合同指引不一致所涉风险、基金未托管所涉风险、基金委托募集所涉风险、外包事项所涉风险、聘请投资顾问所涉风险、未在中国基金业协会登记备案的风险等；私募基金的一般风险，包括资金损失风险、基金运营风险、流动性风险、募集失败风险、投资标的的风险、税收风险等;投资者对基金合同中投资者权益相关重要条款的逐项确认,包括当事人权利义务、费用及税收、纠纷解决方式等。

在完成私募基金风险揭示后,募集机构(基金管理人或者基金销售机构)应当要求投资者提供必要的资产证明文件或收入证明,以证明其风险承担能力。

募集机构在审查后明确投资者符合私募基金合格投资者标准,并确保单只私募基金的投资者人数累计未超过前面所述的特定数量限制之后,才可与合格投资者签订基金合同。

⑤投资冷静期

根据我国《私募投资基金募集行为管理办法》第29条的规定,投资者在签订基金合同及交纳认购基金的款项后,募集机构应当给投资者不少于24小时的投资冷静期,且在投资冷静期内不得主动联系投资者,冷静期自基金合同签署完毕且投资者交纳认购基金的款项后起算,这个投资冷静期应当在基金合同中明确。

但是,对于本书主要针对的私募股权投资基金,《私募投资基金募集行为管理办法》不强制要求冷静期不少于24小时,合同双方可以自行约定。

⑥冷静期后的回访

募集机构应当在投资冷静期满后,对投资者进行回访。具体规定如下:

第一,回访人员:不得是从事基金销售推介业务的人员。

第二,回访方式:可以是录音电话、电邮、信函等方式。

第三,回访过程不得出现诱导性陈述。

第四,在投资冷静期内进行回访无效。

第五,回访的内容包括:确认受访人是否为投资者本人或机构;确认投资者是否为自己购买了该基金产品,以及投资者是否按照要求亲笔签名或盖章;确认投资者是否已经阅读并理解基金合同和风险揭示的内容;确认投资者的风险识别能力及风险承担能力是否与所投资的私募基金产品相匹配;确认投资者是否知悉投资者承担的主要费用及费率,投资者的重要权利、私募基金信息披露的内容、方式及频率;确认投资者是否知悉未来可能承担投资损失;确认投资者是否知悉投资冷静期的起算时间、期间以及享有的权利;确认投资者是否知悉纠纷解决安排。

第六,特别要注意:回访确认成功前,基金投资者是有权解除基金合同的,这个很重要。如基金投资者提出解除合同,募集机构应当按合同约定及时退还基金投资者的全部认购款项;未经回访确认成功,基金投资者交纳的认购基金款项不得由募集账户划转到基金财产账户或托管资金账户,基金管理人不得投资运作基金投资者交纳的认购基金款项。

回访结束,基金合同才正式生效。

对于一些专业机构的投资者,可以不适用冷静期和回访的规定,这点与本书的读者没有太大关系,故不再详述。

(3)基金托管人

为了保证基金财产的安全,有些国家的法律法规要求PE基金的基金财产必须由专门的基金托管人保管。根据我国相关法律规定,公募基金必须有基金托管人,但在私募基金备案过程中,基金托管人并非必备项。虽然私募基金不是必须有基金托管人,但根据相关数据显示,至少有超过70%的私募基金有基金托管人,就是基金投资者和基金管理人约定将基金财产交由第三方基金托管人进行托管。应该说,这也是大多数私募基金投资者的要求,一方面是因为由基金托管人对基金财产进行保管比较安全,另一方面也是因为可对基金管理人的基金财产运作行为进行监督。

基金托管人在基金运作过程中的重要作用如下:

①基金财产由独立于基金管理人的基金托管人保管,可以保证基金财产的所有权、使用权及保管权分离,对基金管理人形成制约作用,防止基金管理人在基金备案过程中提供虚假基金信息,并防止基金管理人将基金财产挪作他用,保障基金财产的安全。

②基金托管人具有监督基金管理人运作基金的权力,对基金管理人的投资运作(包括投资对象、投资范围、投资比例、禁止投资行为等)行为进行监督,保证基金管理人按照有关法律法规和基金合同的要求运作基金财产,保护基金投资者的合法权益。

③基金托管人通过对基金财产进行会计复核和净值计算,可以及时了解基金财产的状况,避免基金管理人因疏忽或故意导致基金财产信息的不真实和基金会计核算中的差错。

目前,申请备案的契约型私募基金必须由具有托管资格的基金托管人进行托管,其他类型私募基金暂时没有要求,但基金托管人在基金备案过程中正逐渐成为必备项。因此,基金托管人在私募基金中也必将成为必要的组成部分。

3. PE基金的投资运作方式

PE基金的主要投资方式就是把募集到的资金投入企业以换取企业的股权。PE基金通常只是财务投资,不谋求企业的控制权,为获取更多的利益,他们会扶持企业的发展,在企业上市或被并购后获利退出,这是PE基金的基本运作方式。

但还有一种方式,就是以大量资金加杠杆并购企业,获得企业的控制权,然后在适当的时机和方式出售其所并购的企业或者企业的股权,这种基金就是并购基金(人们经常听到的Buyout)。中国的并购基金并不多,也不是很成熟,比如后面要讲的高瓴收购百丽,就是通过并购基金的形式收购的。并购基金的主要特点是规模大,所需资金量多,还要使用杠杆,但从投资数量和案例来说,肯定远远不及财务投资型的股权投资。许多 PE 基金之所以要设立并购基金,主要是追求基金的规模,说明其募集量大,实力雄厚;另外,也是因为现在通过 IPO 退出出现了许多估值倒挂现象,想要谋求另一种出路而已。虽然也是股权投资,并有许多为人称道的案例,但限于篇幅,并购基金并不作为本书的重点。而且,因为并购主要是靠资金和杠杆,许多人把企业分拆卖掉,有点野蛮残忍,或者在企业有困难时低价买入,高价卖出,有乘人之危和巧取豪夺之嫌疑,不具有图 4 股权关系中 C 大类作为“施恩惠者”的基本特质,不如普通股权投资的 PE 基金那样有看着自己培养的企业不断发展壮大的成就感。

通常所说的 PE 基金指主要投资于从天使投资轮到 Pre-IPO 轮各个创业阶段的未上市成长型企业的股权投资基金,这是一种广义的概念,与本章所讲的股权投资一致。

因此,除非有特别注明,后面所说的投资人都是指 PE 基金,即投资于从天使投资轮到 Pre-IPO 轮各个创业阶段的未上市成长性企业的股权投资基金,不包括并购基金。

4. PE 基金的组织形式

前面已经阐述了一只 PE 基金的主体有基金管理人、基金投资者、基金托管人(非必备)三方,那么基金管理人要发起设立一只 PE 基金,首先就是要确定这只 PE 基金的组织形式,并且要在资金募集到位后向中国证券投资基金业协会申请基金备案。

本书的主要受众是企业家,特别是可能要引入股权投资的企业家,那么就有必要了解 PE 基金的主要的组织形式,并了解其特点,以便有所区分和选择。

一般来说,PE 基金可分为三种组织形式,即合伙型基金、公司型基金和契约(信托)型基金。

(1)合伙型基金

合伙型私募基金是 PE 基金中最常见的形式,依据我国《合伙企业法》,其是采用有限合伙企业这种组织形式而设立的基金,即由普通合伙人(General Partner,GP)对合伙企业债务承担无限连带责任,基金投资者一般作为有限合伙人(Limited Partner,LP),以其认缴的出资额为限对有限合伙的 PE 基金债务承担责任。

合伙型基金的主体一般为普通合伙人 GP、有限合伙人 LP 和基金管理人,但在普通合伙人是公司或合伙企业的情形下,普通合伙人和基金管理人在大多数情况下是合一的(基金管理人不能由自然人担任)。但在专业人员不足、普通合伙人经验或专业能力不够或者没有资质等情形下，普通合伙人会聘请专业的基金管理机构担任基金管理人。

无论是普通合伙人担任基金管理人，还是外聘基金管理人，PE 基金的投资运作均由基金管理人具体负责。但如果普通合伙人和基金管理人是分开的，那具体的投资决策权还在于普通合伙人，普通合伙人和基金管理人是委托与被委托的关系，具体权利义务在于委托合同的约定，而普通合伙人作为无限责任承担者，必然会在委托合同中约定其有哪些决策权，以防止基金管理人滥用权利。有限合伙人基本上都是基金投资者，他们不参与投资决策。

合伙型基金有以下特点。

①不同类型合伙人享有不同的权利，承担不同的义务

合伙型基金的本质是有限合伙，在有限合伙制企业内，由普通合伙人执行合伙事务，受普通合伙人委托的基金管理人或自任基金管理人的普通合伙人负责基金投资等重大事项的管理与决策。有限合伙人即基金投资者不参与合伙企业的经营，他们只需按有限合伙协议约定按期、足额认缴出资，并以其认缴的出资额为限对合伙企业债务承担责任，而普通合伙人对合伙企业的债务承担无限连带责任。这种制度安排，可督促普通合伙人谨慎负责地执行合伙企业事务，勤勉尽责，精心理财，这样才能使普通合伙人确保自己的收益并避免承担无限连带责任；对有限合伙人而言，以出资额为限承担风险，其风险可以得到一定程度的控制，故有限合伙人比较容易接受这一组织形式。

②基金财产独立于各合伙人

作为一个独立的非法人实体，有限合伙企业基金拥有独立的财产。而对于合伙企业的债务，首先以合伙企业自身的财产对外清偿，不足部分再按照各合伙人所处的地位的不同予以承担（普通合伙人的无限责任和有限合伙人的有限责任）；在有限合伙企业存续期内，各合伙人不得要求分割合伙企业财产。由此，保障了有限合伙制私募股权基金的财产独立性和稳定性。

③设立门槛比较低

有限合伙基金只要有 2 个以上 50 个以下合伙人就可以设立，设立程序简便，内部治理结构也比较灵活，决策程序快速有效，利益分配机制灵活。有限合伙人加入、退出也比较简便，不像公司型基金那样在股东登记和注册资本变化方面有许多烦琐的手续。

④有效避免双重征税

有限合伙企业不是独立的法人，按照我国税收政策的相关规定，有限合伙企业不作为企业所得税的纳税主体，其净收益直接发放给投资者，由投资者按收入金额

自行纳税。合伙企业的生产经营所得和其他所得,由合伙人分别缴纳所得税,有利于投资人合理避税。现在许多地方(如保税区、经济开发区)对有限合伙基金还有诸多的优惠。

(2)公司型基金

公司型基金是按照我国《公司法》的规定,采用公司的组织形式而设立的基金。在我国,公司型基金是企业法人实体,可采取有限责任公司或股份有限公司的形式。

公司型基金的主体一般为基金管理人和基金投资者,基金投资者既是基金份额持有人也是公司的股东,而基金管理人往往是公司股东(大)会或董事会委托的专业的基金管理公司。当然,公司型基金也可以由公司自行进行基金管理,但许多股东并不一定有基金管理人的资质和经验。而且与合伙型基金不同,因为合伙型基金是 GP 承担无限责任,所以由其担任基金管理人,LP 不会有异议,而股东之间权利义务相对比较平等,且相互之间并不一定充分信任,所以大多数情况下公司不设经营团队,而是整体委托给专业的基金管理人运营。

公司型基金的股东(基金投资者)一般均为比较大的机构,且投资者变化不会太大,数量也不会太多,这样可以避免股东变化所带来的繁杂程序。股东均承担有限责任,按照公司的章程行使权利承担义务和责任。

公司型基金的优点在于基金投资者就是公司的股东,在公司章程的规定下权利和义务非常明确,公司治理结构比较健全完善,管理系统比较规范,比较适合当下的中国国情和市场的诚信状况。而且,公司较大一部分决策权掌握在基金投资者组成的股东会(股东大会)或董事会手中,基金投资者的知情权和参与权比合伙型基金和契约型基金更充分。

但公司型基金的缺点同样明显,运营成本较高、退出程序比较烦琐,而且基金投资者共同参与公司管理,往往导致重大事项决策效率不高。另外,双重征税的问题无法规避。

(3)信托(契约)型基金

信托(契约)型基金是一种非法人形式的基金,是通过订立信托契约的形式而设立的 PE 基金。

信托(契约)型基金的参与主体一般为基金管理人、基金投资者和基金托管人。

在这种类型的基金中,由于契约各方通过合同方式约定权利义务,所以都要求有基金托管人来负责保管基金财产,执行基金管理人的有关指令,办理基金名下的资金往来,而基金管理人则依据基金合同负责基金的经营和管理。基金投资者通过购买基金份额,享受基金投资收益,一般也以其出资额为限对基金的债务承担有限责任(基金合同另有约定的除外)。

这里的信托单纯指基金投资者出于对基金管理人的信任而发生的一种信托关系。但从狭义的角度来讲,信托型基金和契约型基金虽然有一定的重合,但也有一定的区别。二者最基本的相同点,是都通过契约即合同的方式约定各方的权利义务。

从狭义上讲,信托型基金要有信托公司参与,指以传统信托结构设立的集合资金信托计划,该信托计划由信托公司担任受托人,通过信托合同明确基金投资者(既是委托人也是受益人)与信托公司之间的权利义务关系。信托型基金往往是由基金管理人与信托公司合作,通过发起设立信托受益份额募集资金,然后进行投资运作的集合投资工具,通称为“股权信托投资计划”。信托公司和基金管理人优势互补,资源共享,组成决策委员会共同进行决策。在内部分工上,信托公司主要负责信托财产保管清算与风险隔离,基金管理人主要负责信托财产的管理、投资和变现退出。信托公司运用信托资金可以进行股权投资,但必须与信托计划文件约定的投资方向与投资策略一致。信托型基金的设立和运作,除要严格按照我国《信托法》募集设立外,基金方面的规则还必须兼顾我国《公司法》和《证券投资基金法》等相关要求。因为狭义的信托型基金有信托公司参与,且信托公司资金实力雄厚,能相对保证投资者资金安全性和收益性,故较受基金投资者的青睐。

而单纯的契约型基金则并不一定有信托公司的参与,基金投资者仅仅出于对基金管理人的信任,与基金管理人建立一种信托关系,其不需要依据我国《信托法》设立。基金管理人依据其与基金投资者、基金托管人订立的基金合同,发行基金份额设立 PE 基金。这种契约型基金对基金投资者来说风险比较大。

关于 PE 基金的募集与设立等,也有一些规则与程序,但因为比较复杂,且不是重点,就不再阐述。

(四)PE 基金的典型——高瓴资本

在对私募股权投资基金进行介绍后,笔者要重点介绍高瓴资本(Hillhouse Capital,以下简称高瓴),这是一家典型的 PE 基金管理机构,而且非常优秀,十分契合图 4 股权关系中 C 大类的股权投资人“施恩者”的特质,读者可以借此对真正的股权投资人有一个清晰的认识。

说起股权投资,首先要介绍一些典型的投资人,很多人会想到孙正义,而且其软银愿景基金是全球第一。但孙正义不是中国人,且前面已经介绍了很多他的光辉业绩,大家都耳熟能详,这里就不再多提。而提起高瓴,必须要介绍一下其创始人张磊,因为张磊显然是高瓴的灵魂人物。在中国,股权投资的大鳄有很多,有些人还把这些投资人分为五大动物派系,比如犬系,以徐小平和王琼等为代表,表示其博爱和佛性,能大力支持创业者;狮系,以雷军、张颖等为代表,被许多粉丝和信徒奉为偶像和教父;猴系,以王刚、朱啸虎等为代表,意为其剑走偏锋,画风清奇;鹰系,以 BAT(百度、阿里、腾讯)为代表,指其高高在上,眼光敏锐;虎系,亦称霸系,以高瓴的张磊与红杉的沈南鹏等为代表,喻其眼光毒辣,出手稳准狠,投资项目大,获利也巨大。这些投资人中有许多人性格很鲜明,比如人们会用“饥渴”形容红杉的沈南鹏,用“友好”来形容真格的徐小平,用“酷”来形容经纬的张颖,但有一个人却很难用一两个词语来形容,那就是下面将要介绍的高瓴的张磊。

有人称张磊为中国的孙正义,因为他的神秘,因为他的奇妙招数,因为他坚定不移地进行长期甚至超长期的价值投资,因为他对现有 PE 定价体系的漠视,因为他坚定地让企业站在中心位,大力扶持创业型企业,因为他的慈善行为,因为高瓴的非线性的指数级的跃进和跨越式成长,还有就是高瓴不以营利为唯一目的的企业文化,就像张磊所说:“赚钱只是我们做事情的副产品。”笔者认为,张磊正确积极的投资理念,非常符合图 4 股权关系中 C 大类的特质,对企业来说,这样的投资人是真正能帮助他们的人。

1. 张磊与高瓴

张磊于 1972 年出生于河南省驻马店市,1990 年以河南省高考文科状元的身份考取中国人民大学国际金融专业,1998 年赴美国耶鲁大学求学并获得耶鲁大学工商管理硕士及国际关系硕士学位。其现有的职位有:高瓴创始人兼首席执行官,美国耶鲁大学校董事会董事,中国人民大学校董事会副董事长,耶鲁大学亚洲发展委员会主席,中美交流基金会董事,我国香港特别行政区金融发展局委员以及金融科技督导小组成员等。

张磊在耶鲁大学读书期间,曾在著名的耶鲁大学投资办公室(管理著名的耶鲁大学捐赠基金)工作,在那里,受他恩师大卫·史文森(耶鲁大学捐赠基金的首席投资官,被美国的机构投资者奉为教父级人物)的影响,张磊不仅成功地把耶鲁的投资理念引入中国,还在此基础上发展出了更适合中国的投资模式。同时,张磊也是巴菲特投资理念的坚定执行者,他更认可的是长期持有,而不是简单的价值投资。

张磊于 2005 年作为创始人创建了高瓴,担任创始人和首席执行官,由此开始了其神话般的飞跃。高瓴一次次险中求胜,资产管理规模呈几何倍数增长,这在投资行业相当罕见。从 2005 年成立开始到 2010 年的短短五年时间,高瓴管理的资产规模从 3000 万美元增长至 25 亿美元;到 2014 年年底,突增到 180 亿美元;到 2017 年 6 月,竟然达到 300 亿美元;而在收购百丽后的 2018 年年底,一年多的时间内直接翻倍到 600 亿美元;截至 2022 年 5 月,高瓴管理的资产规模已经超过 6000 亿元人民币,这是真正的指数级增长。高瓴可以说是名副其实的亚洲最大基金,受托管理的资金主要来自全球机构投资人,包括大学捐赠基金、养老基金、主权财富基金及家族基金等。

2. 高瓴投资案例

从2005年起到2022年,高瓴投资了500多家企业,主要的代表项目有:腾讯、京东、百度、美的、去哪儿网、中通快递、蓝月亮、滴滴打车、美团、Uber、Airbnb、Traveloka、Peets、摩拜单车、百济神州、药明康德、孩子王、蔚来汽车、百丽国际、格力等。

下面介绍几个高瓴比较重大的投资案例。

(1)首秀腾讯

2005年,张磊的高瓴以耶鲁大学捐赠基金的3000万美元起家,经过详尽分析和研究,将其第一笔投资全部"赌"在上市仅一年的腾讯身上。此后的腾讯为张磊创造了超400倍的回报,而张磊和马化腾也成了知己。第一笔投资的成功,也为高瓴打下了良好的基础。

(2)霸气投资京东

2010年,高瓴投资京东,让业界一片哗然。当时京东的刘强东觉得融资7500万美元就已经足够,但张磊提出非3亿美元不投,投资人硬要塞钱给企业,而且少了还不投,这种事情我们在前面讲孙正义投资阿里的时候提到过,但在投资界这种事情不多。因为如果投3亿美元,就把京东的估值拉到了10亿美元,而当时的互联网公司,除了BAT(百度、阿里、腾讯),超过10亿美元的公司几乎没有,这是对当时PE定价体系的一种挑战,所以很多人认为张磊是荒唐的,是人傻钱多。

但是,结果让人瞠目结舌,2011年4月,京东就拿到DST Global(总部位于俄罗斯莫斯科的投资集团)等6家机构总计15亿美元的投资,估值涨到60亿美元,一年不到的时间,张磊的投资翻了6倍。其实这是一种互动的效应,没有张磊的高估值,京东后面的估值可能就上不了这么快,这就是张磊的高明之处。之后,京东更是一路高歌猛进,2014年5月在美国纳斯达克正式挂牌上市,张磊所投的3亿美元大涨至39亿美元,投资翻了13倍。

这次投资让原本在二级市场战绩颇佳的高瓴又在一级市场(股权投资)声名鹊起,并在之后不断杀入一级市场,成就非凡。高瓴借此迅速地确立了电子商务领域的领导地位,也成就了京东在电子商务领域的霸主地位。

(3)收购百丽国际

百丽国际曾在女鞋业务领域长期占据国内零售行业的龙头地位,但一度陷入困境。

2017年4月28日下午,香港联交所的代码为01880.HK的百丽国际突然宣布私有化建议,要约人主要为高瓴和鼎晖投资,以及百丽国际的执行董事于武和盛放组成的财团,并以68亿美元(531亿港元)完成对百丽国际的私有化,其中高瓴以56.81%(后实际成交调整为57.6%)的股权比例成为百丽国际的控股股东。并购之后,百丽的创始人邓耀套现离场,张磊出任百丽国际董事长。

前面提过,入股百丽属于一种并购,是对企业拥有控制权。并购基金 Buyout Fund 是 PE 中的"高端"形式,并购往往会采用高杠杆和削减成本的方式,这在前面的基金一节已经作了详细的介绍。行业通常的并购杠杆为5倍或更多,但事实上高瓴使用贷款的杠杆大约是2.5倍(并购总资金是自有资金的2.5倍),这也说明高瓴的雄厚实力。

高瓴在成为百丽控股股东后,开启企业数字化转型。无论是构建线上线下全渠道系统,还是利用科技创新重塑传统门店,高瓴的重心转到推动百丽的信息化和智能化。

收购百丽之后,高瓴和张磊的实力和影响力高倍数放大。

(4)成为格力第一大股东

2019年,高瓴又做了一个超大规模的案子,就是成为市值4000亿元人民币的格力电器的大股东。

2019年4月8日,格力电器公告称,控股股东格力集团拟通过公开征集受让方的方式协议转让格力集团持有的格力电器总股本15%的股份。本次转让完成后,公司控股股东和实际控制人可能将发生变更。

2019年5月22日,共有25家机构投资者参与格力投资者见面会,包括百度、淡马锡控股、高瓴、厚朴投资、博裕资本等知名机构。然而,由于征集受让方的条件苛刻,如要先交63亿元保证金,签约后5个工作日内付40%,办理股份过户前付清余款等,最终仅有高瓴与厚朴投资两家投资机构报名。2019年10月28日,经评审委员会对两家意向受让方进行综合评审,确定由高瓴控制的珠海明骏投资合伙企业(以下简称珠海明骏)为最终受让方。

2020年年初,格力电器发布公告,高瓴的珠海明骏和格力集团已经在深交所正式完成15%股份的过户,高瓴付出的成本是每股价格46.17元,转让股份总价款为416.62亿元。这个转让价格在高瓴投标时,和二级市场的市价差不多,可以说没有任何的折扣。但之后格力电器的股价一路飙升,最高一度超过每股70元。

还有一个亮点,就是珠海明骏与格力电器管理层达成一致,各方均不谋求实际控制权。这也是高瓴和张磊的高明之处,因为如果谋求控制权,显然会与以强势著称的董明珠为首的管理层团队产生矛盾,不利于企业的发展;更有甚者,珠海明骏同意授予管理层和骨干员工实施不超过上市公司4%股份的股权激励计划,以此激励管理层更好地管理和服务企业。

这些都很好地体现了高瓴和张磊“让企业站在中心位”的理念。

(5)扶助公牛集团上市获得巨额回报

2020 年 2 月 6 日,被誉为“中国插座一哥”的民用电工企业公牛集团在上交所主板上市,发行价格为 59.45 元/股,发行市盈率为 22.93 倍,并在上市后的第十天市值成功突破千亿元,2020 年 2 月 20 日股价更是最高飙升到 193.99 元,成为国内照明电工应用产品领域第一家市值破 1000 亿元的企业。

作为公牛集团唯一的机构投资者,2017 年 12 月 4 日,高瓴通过大股东转让股权的方式,以 8 亿元受让了公牛集团的 1206 万股股权,占比 2.235%,成为公牛集团的第四大股东。当时的 PE 估值约为 27.86 倍(2017 年年底公牛估值约 358 亿元人民币),按通常的 PE 估值 15 倍左右计算,这个显然是偏高的估值,但高瓴和张磊的独到眼光又一次得到了印证。公牛的利润从高瓴投资时的 12 亿元增长到了 2019 年的 24.2 亿元,上市后市值一度达 1100 亿元。按高瓴在公牛集团 IPO 后的股权占比 2.011% 计算,其所持股权价值已经达 20 多亿元,浮盈超过 12 亿元,获得了丰厚的回报。

笔者认为,公牛集团股价的飙升,除公牛集团自身的强大实力外,很大程度是源于市场投资者对唯一机构投资者高瓴的看好。

(6)持续投资医疗健康行业

近年来,医疗健康行业一直是国际资本追逐的对象,高瓴亦是如此。高瓴在医疗健康领域的第一个项目是在 2014 年 11 月 1 日对抗肿瘤药物研发企业百济神州的 7500 万美元 A 轮投资;2015 年 5 月,高瓴又以 9700 万美元对百济神州进行 B 轮融资;至 2018 年 7 月,百济神州在香港联交所公开招股,高瓴又认购 542.4 万股,总计对百济神州的投资金额为 11.05 亿元;2018 年 8 月,百济神州在香港联交所上市,高瓴以 IPO 方式退出,回报率高达 5.02 倍。

高瓴还参与了另一家生物科技企业信达生物的投资,分别在 2016 年 D 轮融资和 2018 年 E 轮融资时进入投资,累计投资金额为 2.74 亿元。2018 年 10 月,信达生物在香港联交所上市,高瓴仍以 IPO 方式退出,退出金额为 5.34 亿元,回报率约为 1.95 倍。

到 2018 年,高瓴在医疗健康领域的投资数量达到 18 起,投资金额也由 2014 年的 4.9 亿元升至 156 亿元。

2020 年 2 月 16 日晚,上市公司凯莱英(股票代码 002821)发布公告,公司拟以非公开发行股票方式定向增发不超过 1870 万股股票,发行价格 123.56 元/股,高瓴以不超过 23.11 亿元现金方式全额认购,定增完成后,高瓴成为凯莱英持股 5%

以上的股东。值得关注的是,凯莱英是证监会发布修改后的《上市公司证券发行管理办法》、《创业板上市公司证券发行管理暂行办法》和《上市公司非公开发行股票实施细则》(以下统称为再融资新规,因证监会于2023年2月17日公布《上市公司证券发行注册管理办法》而被废止)之后首家披露引入战略投资者的企业,再融资新规是证监会在2020年2月14日晚才正式发布的,包括优化非公开制度安排,支持上市公司引入战略投资者,发行价为基准价的8折,锁定期由36个月缩短至18个月等规定。两天时间就完成股权投资的全部流程,可见高瓴对市场信息领悟的准确与及时。

3. 评析

无可否认,张磊和高瓴的成功系多种因缘聚合,比如张磊在适当的时机进入了先进的国家学习,并遇到了"贵人",又在适当的时期回国创业,取得了非凡的成就,其中天时、地利、人和因素皆具备。另外,分析一下张磊的投资理念,也不算太复杂,像腾讯和京东的商业模式本身就比较简单,在发达国家美国学习多年的张磊,显然已经对相同的商业模式有过深入研究,知道这种商业模式的巨大潜力,同时很清楚这些商业模式的不足。另外,在中国土生土长的张磊,了解这个14亿人的国度需要的是什么,什么商业模式可以在中国飞速发展。因此,虽然投资是"赌博",但认定这种商业模式可行,再遴选出那些富有激情的创业者,投资的胜面很大。

为什么高瓴的资产规模能在15年的时间里呈指数级增长,笔者认为,除却大势和际遇,更重要的是张磊自身所具备的专业和经验,以及其独特的眼光、敏锐的嗅觉和宏大的格局观。

(1)与股权关系图中C大类特质高度契合的大格局

从图4股权关系中C大类的本质分析,其扶持A大类,投资人就是来帮助创始人与合伙人的。C大类的特质就像家庭中的父母,对子女或者晚辈绝大多数都是全身心付出,不遗余力地帮助子女,希望自己的子女都长大成才,且不计回报。笔者认为,高瓴非常契合C大类的特征,他们把钱投入企业,只是作为一项事业,不会过多干涉、约束、监管企业和创始人团队,不会去对赌,而是把最先进的理念和商业模式提供给企业,想方设法把最多的资源介绍给企业,让企业得到迅猛发展。当然,笔者不否认投资人的终极目标是赚取最大的利润,但笔者认为,他们更追求那种父母看着孩子渐渐成熟长大的满足感,而不是单纯追求结果。在高瓴的企业文化中,并不是谁的单子最大最多就最光荣,员工们认为,做事业是最重要的,赚钱其实只是做事业的副产品。事实上确实如此,只要尽心尽力去帮助企业,自然不用担心没钱。高瓴对企业的信任和不遗余力的支持,在摩拜单车后续增加投资的过程中可见一斑。

(2)独具慧眼,胆识过人

通过上面几个高瓴的投资案例,回顾高瓴和张磊在15年间的跳跃式成长,发现其投资无一不是大手笔,而且投资时大多不被同行和外界看好,而这就需要宏观布局和长远眼光。任何一个被投资的企业都可能会存在缺陷,关键是怎么掌握被投资企业长远发展的那个“势”,这就很难有人会参透了。比如张磊2005年创办高瓴时投资腾讯,是用全部身家3000万美元投入的,试问有几个人有这样的眼光和胆识?虽然如张磊所说,其中有“赌”的成分,但笔者认为这并非毫无章法的“豪赌”,相信在投资腾讯前,张磊已经做足了功课,对美国互联网和中国的现状有了深入的研究;投资京东也是如此,很多人认为张磊主动要求投3亿美元是人傻钱多不靠谱,但大家知道,投入多收益也多啊!结果高瓴赚得盆满钵满,试问几个人有这样的底气和豪气?当时绝大多数人想到的是风险,包括高瓴内部也有许多不同声音,但张磊坚信自己的判断。其实这种判断也是有依据的,因为他确信京东物流搞起来后,就是亚马逊+UPS(全球运输和物流服务)的结合体,当时他从一位朋友那里得知亚马逊创始人杰夫·贝佐斯最大的遗憾是在亚马逊成立的时候,UPS已经规模很大,以致无法整合供应链。那么,在中国这个世界上人口最多的国家,京东能建立自己的物流,不想赚钱都难。

笔者一直认为,有时候做事,看似与赚钱无关,其实是有相互作用的,就如蝴蝶效应,小小蝴蝶展翅能引发北美的风暴,几个人能够看得这么长远?其实许多人不断放大风险,畏首畏尾,关键还是因为其专业度、眼光和格局不够。在京东的案例中,当时应该不止张磊一个人听说过杰夫·贝佐斯关于无法整合供应链的遗憾,但更多人只关注京东的重资产无法变现的风险,不愿意冒险,也因此让风险蒙蔽了双眼。

(3)坚持长期甚至是超长期投资的理念

高瓴的投资风格吸收了以巴菲特为代表的价值投资理念,绝对地坚持价值投资,而且是超长期投资,持续重仓并集中投资中国各类具备较大增长空间的非上市或已上市的企业,其投资的优秀企业涉及零售、科技创新、生命健康、金融科技、企业服务及先进制造等领域,帮助中国优秀企业充分挖掘并发挥出潜能,把最好的商业模式带给那些具有大格局的企业家。张磊在长期投资的理念方面引用了一句古语:“弱水三千,但取一瓢。”①就是说明一旦看准了好的公司或商业模式就要下重注,并长期持有,这种机会有很多,但只要用心好好把握住其中一样就足够,不能太贪,并且要适可而止,在适当的时候全身而退。据统计,高瓴已经在中国投资了500

① 张磊:《价值》,浙江教育出版社2020年版,第151页。

多家企业,资产管理规模达6000多亿元人民币,是中国体量最大、布局最复杂的基金。

比如,前面提到了高瓴控股百丽和成为格力大股东,都是重仓并坚持长期持有,贯彻了巴菲特长期价值投资的理念。其实从2005年起至2020年的15年间,是中国私募基金投资的最好时期,高瓴和张磊发起了多方位的重磅操作,创投、混改、PE股权、定增、并购,看似源自不同的业务板块,其实都贯穿了其全阶段和长期价值投资策略,通过深入研究,锁定最好的商业模式,找到最有激情的创业者团队,大资金投入,并不断支持其创新发展,从而获取高额的回报。

(4)先做好事,顺势赚钱

很多基金公司都以业务量和利润为导向,而在高瓴,据说谈钱是被禁止的,其并不认为哪个团队或个人赚钱有多光荣,首先要看他做了什么,做了多少事。比如,高瓴注重实地调研,不鼓励通过电话、邮件、网络的方式做事;另外,高瓴鼓励发散性研究,并不要求专注某一点或者必须作出某个交易决策。他们深信,忽略任何一点有价值的信息,都可能错过最佳的决策机会,并鼓励员工展开头脑风暴,让思维在碰撞中迸射出火花。

笔者认为,是否赚钱,赚多少钱,是诸多因素的结合,对高瓴来说,做好了事,做足了功课,不遗余力扶持企业,双方充分信任,赚钱自然是水到渠成的事情,即使因为各种原因出现一些失误和损失,可能也是由不可测因素引起,不会造成太大影响。每天把业绩放在第一位,反而会让员工思维狭隘,甚至产生偏差,不会静下心来好好做事,更有甚者会做出违法的事情。急功近利并不是一件好事,因此很多企业无法像高瓴那样做到高瞻远瞩,这也是眼光和格局的问题。不管风吹浪打,胜似闲庭信步,高瓴和张磊能有这样的气度和胆识,实属难能可贵。

(5)对企业充分信任,不遗余力扶持企业成长

只要是被高瓴看中的企业,绝对会被百分百信任和支持,且不会受到过多的干涉与监管。张磊于2019年10月在乌镇互联网大会上明确提出让企业家坐在中心位上,是高瓴坚守的第一原则。

比如投资京东后,高瓴在各方面给予支持。在业务运营上,高瓴在投资京东3亿美元后的第二周,张磊就带着刘强东去美国沃尔玛总部考察,全面了解沃尔玛的物流网络和仓储系统,随后京东迅速布局供应链再造和物流渠道优化;在经营管理上,张磊还安排京东的管理层与高瓴投资的零售企业大润发的高管团队进行经营管理跨界经验交流,帮助京东团队获取线下零售的管理知识和经验;在人才战略上,高瓴也积极物色许多富有经验的互联网运营和营销方面的高级管理人才,并引入京东;在引入投资上,京东后期的许多投资人(包括腾讯)也都是因为高瓴及张

磊的关系和影响而入股京东。而且这些投资人是经过高瓴严格遴选的,和高瓴具有相同的投资理念,长期持有股权且目光长远,和企业并肩作战。又如,成为格力第一大股东后,高瓴并不谋求控制权,保证董明珠管理团队的稳定,在董事席位上也作出让步,并同意对管理层和骨干员工实施股权激励计划。

另一个需要提及的是高瓴对摩拜单车的支持。应该说,高瓴对摩拜的投资是不成功的,没什么投资回报。高瓴进入摩拜单车的时间也不是很早,第一单是在2016 年 9 月 30 日参与摩拜单车 1 亿美元的 C 轮融资。但在 2018 年 4 月美团并购摩拜单车前,高瓴明知摩拜单车出了一些问题,但基于信任和支持,仍想方设法帮摩拜单车解决问题,并在 C + 轮、D 轮和 E 轮中追加投资。张磊认为,他们坚信摩拜单车能深刻把握行业发展规律与目标用户需求,努力创新产品与服务,并看好摩拜单车在全球的长期发展,愿意利用他们的全球网络和经验,输出中国创新模式,协助摩拜单车走出国门,执行国际化战略。虽然结果不甚理想,摩拜单车由于种种原因被收购,但这让我们看到了高瓴和张磊对被投资企业的充分信任和大力支持。

高瓴对企业的扶持还体现在大力支持创业者方面。2019 年国内创投市场的融资案例比 2018 年减少超过 30% 。然而,在 2020 年 2 月 24 日,高瓴投入 100 亿元成立专注于投资早期创业公司的“高瓴创投基金”,以支持早期创业者,通过美元和人民币双币种模式运作,全方位覆盖从 300 万元人民币到 3000 万美元的多轮投资阶段和创新领域,主要专注于生物医药及医疗器械、软件服务和原发科技创新、消费互联网及科技、新兴消费品牌及服务四大领域的风险投资。当时,属于资本的寒冬和创业的低谷,加上突发的疫情,市场上充斥着慌乱和焦虑,高瓴的创投基金带给创业者和煦的春风和无限的希望,更表现了高瓴对中国乃至世界经济和投资行业的充分信心。张磊表示,追求快速回报的时代正在过去,坚持价值投资和长期投资,才能真正培育出基业长青的企业。这个时候推出高瓴创投,希望给创业者和社会传达其对中国乃至全球的发展永远保持乐观的信号,其一旦看好,就会长期支持并参与到企业的创新和发展中去,和企业一起成长。

(6)回馈社会,积极参与各项社会公益

高瓴和张磊在赚取利润的同时也能积极回报社会,在公益教育上投入了大量的精力和财力。

从 2010 年起,张磊长期资助国内首家全免费职业学校百年农工子弟职业学校,这是中国最大的为贫困家庭子女提供免费教育的慈善学校;并捐赠建立了郑州百年高瓴职业学校,为贫困家庭和获取教育资源不足的学生提供免费职业教育,培养学生立足社会的技能。此外,为让更多孩子能够得到优质教育并充分发挥潜力,张磊还积极资助“阅读室”项目,旨在通过重视扫盲和教育中的性别平等来改变发展中国家数百万儿童的生活。

2011 年，在时任人大校长陈雨露和耶鲁校长理查德·莱文的共同支持下，张磊在中国人民大学捐建成立了"高礼研究院"。坚持以"多元融合、价值投资、实践创新"为培养理念，高礼研究院开设了国内首个互联网金融本科双学位人才培养项目，同时面向全球著名大学的学生开展了"高礼英才绽放计划""高礼女性领导力培养项目""高礼国际教育耶鲁、斯坦福、杜克大学暑期班""高瓴高礼冬夏训练营"等项目，已培养逾千名优秀青年学子，积极探索跨年级、跨学科、跨院校融合培养的创新模式。

从 2010 年开始，张磊为母校河南省驻马店高级中学捐资设立高瓴奖学金，这是驻马店市第一个由校友捐助，并以校友会名义设置的奖学金。2016 年，高瓴还对该奖学金项目进行了全面优化和升级，提高了资助额度，进一步整合了高礼研究院的资源，为学生提供综合性的长期跟踪培养和全方位立体化服务。

为进一步推进中国教育资源的公平分配，张磊数次赴美走访名校，积极推动引进海外优质高等教育资源。2016 年 7 月，受张磊邀请，美国加州大学洛杉矶分校校长基恩·布洛克一行访问河南，就中外合作办学事宜进行探讨。

2017 年 6 月 23 日，张磊宣布高瓴向其母校中国人民大学捐赠 3 亿元人民币，设立"中国人民大学高瓴高礼教育发展基金"。高瓴捐赠当天正值中国人民大学 2017 届毕业典礼，张磊作为中国人民大学杰出校友发表了演讲。

高瓴和张磊在培养人才、发展教育和践行社会公益方面可以说不遗余力，成就非凡。可以说，高瓴和张磊很大一部分的影响力来源于此。前文已经提到，图 4 的股权关系中 D 大类的财富制约 C 大类，但只要 C 大类力量足够强大，多做善事，问心无愧，那么当 D 大类的财富制约 C 大类时，C 大类只会旺上加旺，其财力和影响力只会越来越大，这就是所谓的良性循环。

第四节　投资人与企业的相互选择

前面已经比较详细地介绍了 PE 基金的设立和运作程序，下面正式讲解包括 PE 基金在内的投资人把钱募集到以后，寻找合适企业并进行股权投资的过程。对于一家欲进行股权融资的企业，了解投资人选择目标企业的标准、方式、程序及要求等，是非常重要的。

PE 基金等投资人在从基金投资者那里募集到钱以后，就要考虑如何把钱投出去，因为虽然投资有风险，但可能伴随着巨大的利益，而不把钱投出去，募集到的资金就如一潭死水,财务成本会不断增加,基金投资者要求有一定的回报,但是不投就没有回报,这样的基金今后就不可能再募集到资金。当然,作为基金管理人,虽然各种压力迫使其对外投资,但其也不能太盲目,否则损失会更大。因此,投资人要通过不同的渠道和大量的信息汇集,在股权投资前会对目标企业进行深入的调查,即使是天使投资人,也会有一个考察与选择的过程。寻找与选择是最难的,选对了就能有所收益,选错了就可能颗粒无收。

当然,这种选择是相互的。对于企业的创始人团队来说,即使非常需要钱,也不能随便找一个投资人,仍然要有一个考察和比较的过程,否则在融资后,不但有可能限制企业的发展,还有可能失去对企业的控制权。另外,大多数企业在融资时相对处于弱势地位,创始人团队在争取投资人的过程中,既不能突破自己的底线,又要充分了解投资人的喜好,尽可能将自己最好的一面推销出去。

对企业创始人团队来说,投资人的选择往往决定了企业未来的发展走向,甚至决定了企业的兴衰存亡;而对于投资人来说,选错企业意味着投资的失败,投入的资金没有回报。所以,投资人与创始人团队有一个相互了解和选择的过程,在合适的时机遇到对的人,才有可能实现双赢。

下面对投资人如何选择企业,以及企业如何寻找和识别投资人进行介绍,同时就企业如何与投资人进行谈判并取得优势地位谈一下心得。笔者为多个风投和基金做过业务,包括基金管理人登记、基金备案和基金公司的风险合规,也和多个基金经理一起去考察企业并进行谈判,有比较丰富的实践经验,可以让企业更加了解投资人需要什么,以及使企业明白如何识别风险,从而更好地推荐和把握自己,并在谈判中立于不败之地。

一、投资人如何选择企业

(一)投资人选择企业的标准

这里的投资人主要是前面所讲的PE基金,所以许多人谈到投资人时,经常直接以PE基金或PE替代投资人。当然投资人也可以是个人或其他机构,如天使投资人或VC,只不过PE基金规模大,比较正规,有许多资源,所以企业更愿意选择PE基金。PE基金专门做股权投资,而且其业务分类越来越细,有些基金只做一个行业,而一些大的基金里面会设置许多部门,一个部门只做一类行业。所以一般来说,PE基金选择企业的标准就是一般投资人的标准,而且更专业,而对于企业来说,了解其标准就等于了解整个股权投资行业的标准。

对于企业来说,了解投资人的心理和标准,有利于企业吸引更多更好的投资,也有利于企业争取到好的价格和条件。

对于一家专业的PE基金或者有丰富经验的风险投资人来说,其所希望投资的企业一般都具有如下特点。

1. 核心竞争力

投资人最看重的是企业的核心竞争力,比如企业拥有一种可以产生质变的或者前所未有的技术,或者这种技术与众不同,其向顾客提供的价值是独特的,以致顾客不得不选择这个产品,这说明这家企业的技术具有颠覆性的、难以被替代的核心竞争力。当然,这种企业肯定是少之又少,对于见多识广的投资人来说,这种企业也是难得一遇,所以这种企业当然是投资人的首选。

2. 全新的商业模式

企业没有革命性的技术,但有一套全新的商业模式,比如国外的苹果电脑、亚马逊网上书店、雅虎门户网站、Facebook网上交流模式,国内的阿里、腾讯、京东、拼多多、抖音等,这些模式在推出之前,都是别人还没有尝试过的。所谓全新的商业模式,必须与已存在的商业模式有所区别,存在差异化,能表现出企业的独特魅力。当然,这种商业模式并不一定要世界第一,但要能在一定的区域内保持独特性。

这种商业模式一般要具有如下特点:

(1)市场竞争力。这种商业模式要有市场,有长期竞争力,能获得巨额利润。选对市场,可以使企业成功的可能性大大提高,比如阿里当初选择网络购物,但是一般人认为中国人缺乏诚信,网上购物无法监管,该模式不可行,但孙正义认为可行并且给予阿里大力支持,后来就有了"支付宝"这种为用户提供保障的产品,网络购物因此迅速发展起来。腾讯、京东等企业的成功经验也是一样,都是选对了市场。因此,选对市场可能比选对管理团队更为重要。创始人团队要确信存在一个具有增长和变革潜力的市场,并且能让投资人相信,从大环境来看这个市场还处于触发期,如此就有可能获得投资人的青睐。

(2)有增长潜力。创始人团队要让投资人看到,创业项目所处的行业具有不断增长的潜力、长期竞争优势和自我"造血"的功能,会不断扩张,越来越强。因为投资人喜欢快速发展的企业,企业能否快速盈利倒在其次。

巴菲特的投资理念是买入并长期持有,他并不关心这家企业的短期盈利能力,只关注这家企业能否保持长期的竞争优势,即所谓的"护城河"。就像他所说,即使他投资的可口可乐公司的所有工厂在一夜间被全部烧毁,可口可乐也能凭其卓越的品牌迅速东山再起,完全不需要担心其在激烈竞争中不可预测的风险。当然,除了品牌,还有专利技术、特许经营权、网点优势、网络效应、独特资源、利基市场等,这些就是"护城河",有了"护城河",别人就无法攻击你。因为这些"护城河"就是对细分市场的垄断,代表着不断增长的潜力,而这种潜力在投资人投资到一定程度以后,会突然地自我“造血”,并且像滚雪球一样越滚越大,让投资人获得巨大的资本回报率。阿里、京东等都有过这样的经历。

(3)简洁清晰。这种商业模式要让人一目了然,不能让人越听越糊涂,也不能让人认为你是在讲故事,一个良好的商业模式应有一个中心点,能够吸引投资人。

投资人不喜欢太复杂的商业模式。比如网络平台的商业模式,其利润增长点要么是吸引广告主付费,要么是用户付费,那么创始人团队就要让投资人清楚地知道,企业有大量的忠诚度很高的用户,这些用户基本上是每天都会光顾,所以很多客户愿意在该企业的平台上投广告;用户付费也是一样,企业要告诉投资人,一个用户使用平台能带来多少收入;另外要让投资人知道成本是多少,比如产品的成本、服务的成本、获取客户的成本等,预计的收入和成本相减后,企业有多少的利润,利润高就说明项目有前景。

(4)有数据支持。投资人很看重数据,因为数据能让投资人有一个直观的感受。即便是一个很小的企业,比如 Facebook 的发展就始于哈佛校园,Facebook 在初期吸引了大量学生用户,那么使用 Facebook 的学生占校内学生总数的比例就是数据。所以即使是初创企业,也要能收集和利用数据。如果有好的产品或服务,可以在小范围内做一些实验和测试,让投资人看到客户的数据和其购买的意愿。

3. 优秀的创始人和团队

一家企业拥有再好的技术、再好的商业模式,如果领导企业的是一个无能的创始人或者无凝聚力的团队,一切都会成为空谈。第二章“股权架构与控制权”主要讲了创始人和其合伙人团队,这里主要讲投资人如何考察创始人和他的团队,以及投资人评判创始人和其团队是否优秀靠谱的标准。

对于企业来说,真正创新的技术或商业模式毕竟是少数,许多企业的技术和商业模式并不一定是开创型的,但其有自己的优势,有一定的潜力,虽然不能获得巨大的收益,但也可能有不菲的利润。在这种时候,投资人可能就会更加关注创始人和其团队。许多投资人认为,风险投资最重要的是投人,投出钱以后,自己的一半命运就交给了被投资企业的创始人和团队,因为技术和商业模式都是能被看清楚的,而人心是最难测的。所以,许多投资人在考察被投资企业时,会很关注创始人及其团队的一些小细节,比如考察企业死角和卫生间的清洁情况,或者在吃饭时观察创始人及其团队点菜和吃饭的各种行为方式,通过这些小细节来评判某企业是否值得投资。

红杉资本认为,一家公司的基因在其成立的 3 个月中已经形成,这个是有道理的,创始人怎么对待和使用团队成员,怎么招募团队成员,其方式在今后都不太会有变化,就像俗话说的“三岁看到老”,基因是不会变的,所以通过考察一家只成立3个月的公司,基本上就可以判定这家公司创始人及其团队的优劣。

投资人也非常注重创始人的品格。确实,在一家企业中,最重要的就是创始人,一个好的创始人会不断吸引优秀的团队成员,优秀的团队能奠定好的公司基础,如阿里“十八罗汉”,腾讯“五虎将”。在第二章“股权架构与控制权”中已经提到过,创始人要有大的格局,有容乃大,有独到的眼光和远见,有明确的目标,清楚自己需要做什么、不需要做什么,真正热爱和全身心投入创业项目,具备坚忍不拔的毅力和行动力,对于达成自己的目标有不顾一切的激情。另外,创业者有良好的品行和正能量,有诚信,有比较丰富的社会经验,关注企业对社会的价值,具备未来成为优秀企业家的潜力,这些也是投资人比较看重的。当然,并不一定要求创始人具备以上所有的品质,不同的投资人有不同的判断标准和选择要求,在不同的时期,针对不同的行业,投资人的侧重点可能也会有所不同,但以上所述品质肯定是投资人所普遍钟爱的。

如果有一个比较完整的团队,那么投资人可能对创始人的某些要求会降低,转而从整个团队的层面来评判。投资人对不同职位的团队成员有不同的要求,但把技术、市场和运营等整合起来之后一定要具备较完整的技能,如此一个完整的团队肯定要远远强于一个人。对每个团队成员的诚信和个人品行的要求,则与前面所述的对创始人的要求相同。另外很重要的一方面,投资人会考察团队成员间的合作状况,比如团队成员在创业前是否知根知底,相互之间是否在做事时能配合默契,是否具有良好的凝聚力、执行力和创新能力等。当然,团队不仅要有创新能力和企业运营能力,还要有规避风险的能力。

一般来说,越是前期的项目,投资人越会看重团队,因为前期的项目除了团队和一个创意,基本上什么都没有,在这个阶段投资就是投人,如果投资人觉得团队的成员和创意靠谱的话,就会比较倾向对其投资。

4. 其他

除了上面所述的最重要的3点之外,还有一些投资人比较关注的企业标准和要求如下。

(1)前期投资情况

许多投资人会考察企业是否已经吸引了大的投资人或PE基金,或者能否引起媒体的关注,如果是的话,投资人很可能会直接找企业商谈。

(2)企业的独立性

如果企业的产品或项目需要严重依赖其他人或单位才能生存,比如依赖政府的支持,或者说严重依赖某一个大客户等,这样的企业就不具有独立性,因为其存在随时失去依赖的风险,这种风险几乎是所有投资人不能接受的。

(3)企业的股权架构

这一点在第二章“股权架构与控制权”已经提到过,投资人不喜欢股权比例平均、没有实际控制人的企业,而倾向于有明显梯度的股权架构设置,因为创始人没有决策权的企业是危险的;初创企业还要有股权池给股权调整预留空间,按每个人的不同贡献进行股权的调整,能进行适当的员工股权激励,并吸引优秀的人才加入。

(二)投资人如何寻找目标企业

企业要知道,投资人并不总是守株待兔,等待企业找上门来,他们也会主动出击,关注和了解某些行业或企业的情况,收集大量的信息并对其进行分析,从而找到合适的可被投资的企业。因此,企业有必要了解投资人如何寻找那些潜在的可被投资的企业,也就是通常所说的目标企业,因为只有了解投资人寻找潜在目标企业的方式方法,才能在企业需要融资时通过相应的方法去寻找和接触投资人。

对于投资人特别是 PE 基金来说,投资是他们的本行,所以寻找优秀的潜在创业项目或者比较成熟的可投资项目是他们的日常工作,而且很多 PE 基金内部就有专业的研究部门对有投资潜力的企业进行搜寻和研究。一般来说,他们会通过以下渠道寻找和发现优秀的企业。

1. 对行业和企业进行专业研究

这是投资人最基本的寻找优秀企业的方法,也是他们的日常工作,投资人会时刻掌握股权投资市场的各种信息并对其进行筛选。他们会对自己熟悉的行业进行市场信息搜集和定位,对某个细分领域进行专业的研究,比如某行业最近有哪些人在投资,或者某行业是否有独角兽企业出现等,然后建立各种各样的模型和分析方法。即使是不熟悉的行业,他们也会对其关注,如果有好的有用的信息,会将此类信息交给其他专业部门,或者请教其他专业人士,甚至去了解这个行业的上下游,从而寻找投资的机会。

2. 登录各种平台

投资人会经常造访各种各样的平台,如公开的融资平台、创业者聚集的平台等。这些平台现在有许多,比如项目工场、创业社群等,投资人在平台内找到感兴趣的项目后就会做相关的行业研究。如果一家企业要找投资人,该企业也可以在这些平台上注册并宣传自己。

3. 新闻媒体报道

投资人认为,被各种新闻媒体如电视、网络、报纸杂志等报道出来的企业有其独到之处,或者说这类企业有一定的实力。当然媒体报道不一定完全真实,这需要投资人有鉴别能力，并对相关行业和企业进行研究。

4. 关注知名人士的创业和投资项目

如果一位在某行业知名度很高的企业家又投资另外一个行业，说明其对另一个行业有充分的研究和信心，嗅觉灵敏的投资人会比较关注并跟进；一个著名投资人所投资的行业也会引起其他投资人的关注。还有一种情况是一个有成功创业经验的创业者又进行新的创业，此种情况也会引起投资人的关注。所以后文也会提到，如果要创业，和一些知名人士合作是一种比较好的方法。

5. 寻找成功行业的相同领域

投资人对成功的行业都会比较关注，一些行业领先的知名企业或项目，比如美团的模式，被证明比较成功，那么很多投资人就会关注美团的商业模式，进而寻找像大众点评、饿了么这样相同模式的企业，对其进行投资；又如前些年火爆的共享单车模式，摩拜单车出现后，又涌现出许多相似的企业，众多投资人“蜂拥而至”，对具有相同模式的OFO、哈啰单车等企业进行投资。

6. 参与各种现场活动

如今有许多各式各样的创业大赛、项目路演、创业沙龙等活动，很多活动都是政府站台并有媒体支持，活动举办方会选择一些有代表性的项目参赛。投资人一般会关注这些活动，尤其是吸引人的项目或者获奖项目。当然，每个投资人都有独到的眼光，他们会全面地观察项目并跟进，或者在他们熟悉的行业中寻找项目，并不一定局限于获奖的项目，毕竟关注度低的项目今后可能有更多更大的获利机会。

7. 其他

投资人会参加许多活动，如商业活动、展会、交流会等。在上述场合，投资人会寻找优秀的企业创始人，而企业创始人也有机会与这些投资人接触。

当然，投资人也会通过一些被动的渠道找到优秀的企业创始人，如熟人推荐、中介公司推荐、孵化器和众创空间内部推荐、明星项目跟投等，包括收到创业企业自我推荐的邮件、电话等。

笔者认为，投资人有不同的级别和规模，企业要根据自己的产品和项目寻找相应的投资人，不要总想找最大、最好的投资人。首先，大投资人不缺优质项目，除非是具有开创型的技术或商业模式，否则很难得到其青睐；其次，合适才是最好的，大的投资人可能并不一定适合企业。所以企业在寻找和接受投资人之前，也要对投资人有一定的研究和甄别。

不过，投资人主动商谈合作的机会是可遇不可求的，因此，企业特别是初创企业，还是要主动出击。所以下文讲述企业如何寻找和识别投资人。

二、企业如何寻找和识别投资人

应该说，绝大多数需要资金的企业寻找投资人是很困难的，毕竟具有独特的开创性技术和商业模式的企业并不多。有许多企业创始人只懂技术，不知道如何寻找投资人，更不懂如何识别投资人，如何与投资人沟通。还有许多企业创始人都没有发现自己的技术或商业模式的巨大潜力，所以根本不知道如何推销自己。《2018年中国VC/PE市场数据报告》显示，参与投资的VC/PE机构4164家，融资案例数量共计6052起，融资总规模达852亿美元，融资均值达1407.53万美元，获投项目数量共计5438个，其中559个项目再度进入下一轮融资。从获投项目数量上看，首次成功拿到融资的企业有5438家，但是进入下一轮融资的企业只有559家，仅仅占获投数量的约10%，剩下约90%的企业没有获得下一轮融资，也就是说要么项目已经失败，要么企业没有得到快速发展，暂时不需要大量资金。因此，现在投资人出手都很谨慎，项目想获得投资非常不容易。项目能否获得投资，不仅和项目所处的行业、赛道有关，也和其商业模式、创始人背景、创业团队等诸多因素息息相关。这一切的前提是企业能够找到对其感兴趣的投资人，并有机会对该投资人进行深入人心的创业演说和营销。

另外，需要提醒企业的是，投资人变得越来越谨慎，因为投资的收益有所降低。像阿里、百度、腾讯、京东初创期那样的时代，企业和投资人享尽了各式各样的红利，那些红利现在已很难再现。我们知道，投资人较多是选择IPO退出，但现在上市公司估值倒挂现象比比皆是，从港股到美股，含泪敲钟的现象随处可见。再看国内A股，由于A股的锁定期较长，加上市场散户较多，A股上市公司在上市后的股价较高，但过了限售期之后，股价跌破PE投资成本的比例也在急剧上升。于是，许多PE基金的LP拿不回投资成本，就会对GP和基金管理人提出诸多要求和意见，因此PE基金在选择一个项目时，就会慎之又慎，如果不是预计回报率较高的企业，一般都不敢轻易投资。但这也促使许多PE基金考虑投更早期的企业，如原来投D轮、E轮的项目，现在投B轮、C轮，甚至天使轮或A轮，这个风险比较大，但如果眼光准，回报也会比较高。还有，比如原来投2000万～3000万元利润的项目，现在投500万～1000万元利润的项目，甚至再早一点，如投盈亏平衡甚至未盈利的项目，这对初创企业其实是个利好消息，因为企业在初创期最需要资金，也最难找到投资人。因此，虽然现在的投资人比较谨慎，但如果某企业确实优质且具有无限潜力，还是有机会找到合适的投资人的。

对于企业来说，投资人有很多，但是要找到合适的投资人很难，有钱人并不一定是合适的投资人，有远见且能对企业在各方面提供帮助的人才是适合的投资人。

所以,要找到合适的投资人不容易,寻找适合的投资人,有一个寻找、识别、筛选、接触和谈判的过程。

(一)寻找投资人

一家企业要发展,基本上都需要资金,特别是创业初期的企业,而一个好的投资人不但能提供资金,而且会带来许多资源,包括公司治理结构的优化和各项增值服务。早期的天使投资人往往是成功的创业者或前大公司高管、行业资深人士,他们能给创始人带来经验、业界关系,并引入新的投资人。在企业成长期,高附加值的投资人还会帮助创业企业设置更规范的运营架构和管理模式,甚至帮助企业配备后续发展所需的专业团队。企业发展到拟上市或并购阶段,投资人也会提供各种资源和增值服务。

一家有发展前景的企业,往往是很多投资人包括 PE 基金追逐的对象,如此企业就有许多选择的余地。但事实上大多数企业可能有好的项目或产品,但投资人看不到,或者没有机会让投资人看到,抑或还没有真正体现产品或项目的优势。在这种情况下,就需要企业的创始人团队积极地寻找和识别合适的投资人,并争取融资成功。

1. 寻找投资人之前的准备工作

正所谓知己知彼,百战不殆,在寻找投资人之前,首先要了解企业最需要的是什么,除了资金以外,许多企业还希望投资人不仅专业,而且还具有该行业领域的丰富经验,以帮助企业完善内部治理,提供各项增值服务并迅速发展。不同的企业有不同的需求,在寻找投资人之前,必须清楚地了解企业自身的需求。

除此之外,不管是从何种渠道获取的投资人的信息,企业特别是创业企业,都需要对投资人有一定的了解。处于成熟期的企业,接触的可能都是比较大的 PE 基金,了解这些基金比较方便,但对于创业企业来说,其接触到的可能都是规模较小的投资公司或者天使投资人,这些投资人的情况就比较复杂,很难对其进行识别,这点在讲解如何识别投资人时会有所阐述。

2. 寻找投资人的方法

寻找投资人,就是对境内外的投资人包括 PE 基金有个整体性的了解,即目前有哪些适合自己的投资人,这些投资人在什么地区、资金实力如何、知名度如何、已投资了哪些项目,以及其经营业绩及投资范围等。然后再根据企业自身的需要寻求意向投资人。

其实寻找投资人的方法有很多种,通过前面提到的投资人寻找企业的方法可以反推投资人一般会在哪里出现,从而有效地找到投资人。另外,笔者认为还可以通过如下方式寻找投资人。

(1)网络查询

这是最简单的方法,互联网上有不少风险投资的专业网站,而且网站对投资人的投资行业、方向、已投资项目和资源实力等有详细的介绍,企业可以有针对性地去寻找。

(2)通过政府相关部门寻找

政府现在大力支持创业企业,尤其是对优质的创业企业和有潜在上市可能的企业十分关注,也会很热心地介绍投资人给这些企业。事实上,许多投资人和政府相关部门如地方金融监管局等有密切联系,也希望政府能介绍好的企业给他们。因此,企业要与政府保持良好的关系,并进行有效互动,这样就很有机会得到政府的推荐。

(3)通过各类协会、商会等机构寻找

全国各地有大量与企业有关的协会、商会等,如股权投资协会、创业投资协会、企业家协会或者工商业联合会等,这些协会掌握大量的企业信息,而且协会里面有许多投资人会员。协会也会经常发布一些新的项目,举办一些投资洽谈和创业沙龙等活动,如果企业经常参加这些活动,就有机会遇到许多投资人。

(4)通过中介机构介绍

各类非常专业的融资顾问(Financial Advisor,FA)本身就有许多投资人和企业的资源,他们就是为投资人和企业牵线搭桥的,企业若能找到这样的公司,说出自己的需求,他们就会帮助物色合适的投资人。当然,还可以通过各类投资公司、会计师事务所、律师事务所、证券公司等机构介绍,这些机构都有比较多的资源,会提供许多投资人的信息。

(5)在各种投融资平台上宣传自身企业

前面已经提到过,投资人会经常光顾这些平台,寻找自己想要投资的企业,而有些投融资平台会整合海量投资人和企业的资源,帮助投资人与企业对接。因此,企业如果想找到投资人,或者让投资人迅速找到自己,并对自己感兴趣,那就应该在这些平台上注册并宣传自己。有时也需要花一些必要的费用,尽可能让自身企业的介绍出现在醒目的位置,并且能准备详细的宣传信息,充分介绍自己的项目,并论证项目的价值,以引起投资人的注意。

(6)参加各种创业路演等赛事

这对创业者来说非常重要,因为前面已经提到过,这种赛事经常会有许多投资人参与,和企业进行相互之间的选择。在这种场合,创业者可以直接向投资人展示自己的项目,如果有详细的数据和市场调研报告那就更好。当然,也不需要什么赛事都参加,因为这种赛事要支付一定的费用,而且企业创始人也没有这么多的精力，所以要有选择性，最好是选择参加政府和孵化器、创业园区、创业协会等机构举办的赛事。如果自己的项目真的很好，那更要选择级别高一点的赛事，并且要做好充分的准备，参加多了，自然会有人主动来了解。只要项目足够好，并且有好的商业计划书，自然会有投资人找上门来。当然投资人好不好，或者说是否合适，就需要仔细甄别了，这个在下面介绍。

(7)入驻创业园区或孵化器

如果有一定的经济实力，企业可以考虑入驻有创投基金或政府背景的创业园区或孵化器。虽然说入驻费用可能比一般园区的入驻费用高，但其有大量投资人关注，而且其内部也会有一些扶持企业的政策。

(8)公开宣传

如果觉得自己项目确实好，而且有充分的准备，可以通过相关媒体来进行追踪报道，以扩大影响力。而且，如果确实有实力，并且坚信自己的项目非常优秀，可以举办一些招商或是宣传活动，甚至公开招募投资人。

当然，寻找投资人的方法还有许多，比如通过熟人介绍、群发邮件等，这些都有偶然性，故不作详细阐述。

(二)识别投资人的方法

识别投资人对创业公司更加重要，因为创业初期最需要资金，但项目和技术又没人知道，找投资人很难，所以有可能病急乱投医。比如找到一个投资人，其投入资金不多，但股权比例不少，而且过多参与企业的经营管理，限制企业的发展，甚至导致创始人失去控制权，企业因此失去了发展的良机。

创业者很难获得机构投资者的青睐，这是全球范围内的问题，因为前面已经多次提到，投资初创企业的风险是很大的。有数据显示，64%的投资项目和56%的投资金额集中于扩张期和成长期的企业，并且这种趋势还在继续扩大，因此，很多创业者只能找天使投资人，但是天使投资人鱼龙混杂，很难识别。前面介绍天使投资人时提到过，在国外有个比较完整的天使投资人体系，对天使投资人也有许多限制和标准要求，但国内没有，所以识别真正的天使投资人就比较困难。国内的天使投资人群体太复杂了，也没有相对规范的法律法规去约束这个群体。在这种情况下，如果缺乏商业信用、不遵守商业规则的天使投资人投资企业，就会产生诸多纠纷。笔者多次强调，投资人有“天使”和“魔鬼”的双重特性，所以在这种情况下，企业特别是处于初创期的企业，要好好识别投资人。

因此，初创期的企业最好能联系一些信誉好、有政府背景的创投基金，这些基金就是专门对创业初期的企业进行股权投资的，其依据自身的资本聚合和资源整合优势，帮助被投资企业在战略、管理、市场和财务等方面获得全方位的提升，从而使企业的价值得到提升。

已经有一定规模的企业接触的投资人会比较多,许多投资人会关注这种状态下的企业,特别是有好项目和好团队的企业。这些企业找排名比较靠前的投资机构比较容易,也可以得到政府部门、券商、中介机构的推荐。但是,对于这些具有一定规模的企业来说,识别投资人也同样重要,因为有些投资人可能不一定适合企业。因此,不管是通过何种渠道获得的投资人信息,都要对其有所识别,一方面要搞清楚投资人的实力;另一方面要搞清楚投资人是否真的适合自己的企业,是否对相关行业和企业熟悉且有经验,能否对自己的企业有所帮助。

掌握投资人的相关信息后,企业创始人应该可以有个初步的判断,随后就可以通过下面的一些方法去识别投资人。

1. 通过各种方式查询

找到一些投资机构或个人,或者与一些投资人接触以后,必须要通过各种方式进行查询以识别其是否是合适靠谱的投资人。查询的方式有很多种,比如通过各种网站,如企查查、天眼查等查询相关投资机构登记注册的信息,也可以查询投资机构的网站,如果是基金,则可以查询基金业协会的网站等。笔者认为,查询的最主要目的是搞清楚如下几点。

(1)机构或个人的实力

了解机构的注册资本或基金的募集金额,其最近有没有投资新的项目及投资项目情况,还有机构的人员流动情况,如果投资经理或基金经理流动频繁,那么说明这家机构实力不够或者存在问题,要对此高度重视。

(2)过往投资案例

了解投资机构或个人过往的投资经历、相关案例、投资项目数量、投资具体情况等,了解得越具体越好,以便了解其投资方向和策略是否符合企业自身的要求。

(3)相同行业的投资情况

了解投资机构或个人是否投资过与自己企业相同的行业及投资的具体情况,并搞清楚相同类型被投资企业的有关情况,以及这些企业的发展状况,必要时可以与这些企业进行接触。当然,如果投资人正在投资相同行业的企业,那就要仔细分析,投资人是否还会投资相同行业的其他企业。因为一般来说,只有像高瓴、红杉这样的大基金才会在同一时期布局多家相同类型的其他企业,中小基金同时布局相同类型企业的可能性比较小,因为他们要考虑企业的同业竞争问题。因此,如果中小型基金已经在投资相同类型的企业,则要引起重视,不要与其盲目接触,因为投资可能性不大,而企业的商业秘密反倒可能被泄露。

2. 侧面了解

如果有可能的渠道，可以通过各类中介机构或者投资行业相关人员了解投资人，当然最好有熟人介绍，否则很难了解到投资人的真实情况。如果投资人是基金，也可以向基金的 LP 了解，因为 LP 特别是实力雄厚的 LP 可以指导基金的投资方向。通过侧面了解可以知悉投资机构的实力，以及投资人对相同项目的了解和重视程度等。

3. 直接询问投资人

在查询不到投资人相关信息的情况下，就有必要当面和投资人进行交流。与投资人直接接触对于很多初创企业来说可能很难做到，即使接触了也无法深入了解，初创企业一般只能侧面了解投资人。但对于具有一定规模的企业，或者已经与多家投资人接触的企业来说，直接询问还是很有用的。当然，交流中可以用一些技巧。比如直接询问他们投资过哪些行业和企业，他们的投资流程是什么样的，如果他们含糊其词，不能正面回答，那就要警觉了，因为这至少说明他们没有或很少有投资的经验。这时就可以直接询问他们投资过的项目，如投资的时间、投资流程、投入金额、股权比例、估值、交割情况等，一般来说，这些信息都可以查到，如果他们说不清楚或者明显可查询到的信息都不愿意说，那么说明存在一些问题，有必要继续对其进行调查。同时应认真听取投资人提出的问题，解读他们是否了解过相关行业，是否对项目做过研究。也可以问投资人一些行业的相关问题，比如某行业的发展趋势、同类型企业的相关情况、行业的发展方向，以及产品如何调整与改进等，如果投资人完全不知所云，那就要对其提高警惕，说明投资人完全不了解这个行业。因此，在尽可能多地询问和交流后，就可以找出一些问题，以便进行深入查询和调查。

识别的最终目的是要找到合适靠谱的投资人，创始人团队需要了解投资人所关注的行业，其所投资的不同阶段，以及不同的投资人所拥有的资源等。同时搞清楚这些投资人对自己企业所从事的行业是否了解，是否有过对这一领域的投资案例，以便作出最终的判断。

（三）初步筛选投资人

通过寻找和识别，企业创始人可能会在众多的投资机构中选出适合自己的几家甚至几十家的目标机构，在这种情况下，创始人团队不可能与所有投资人都进行深入接触，故只能筛选最中意的几家，但筛选是一件比较困难的事情。因此，企业创始人团队在融资之前，应该有一个明确的计划，以确定合适的几个投资人，并确定最恰当的接触方式。笔者认为，企业可以从以下几方面来考虑并确定合适的投资人。

1. 相同理念

企业寻找的投资人应该与企业有相同的愿景和价值观,其实这也是投资人对企业创始人团队的希望。有相同的理念和愿景,相同的价值观,才能更好地合作,迸发出火花,共同促进企业的良性发展。当然,一开始企业只能通过调查和侧面了解投资人是否有相同理念,而在后续的面谈接触过程中,可以对投资人有更深入的了解。

2. 有投资相同行业的经验

企业最好是找专业从事与企业相同行业领域的投资人,这样他们不但可以在资金方面提供帮助,还可以提供许多资源和增值服务。比如,创立的企业是一家互联网公司,而投资人主要专注于化工领域,那么该企业就不需要与该投资人交流;还有,如果企业从事消费领域,但在了解后发现投资人从来没有投资过消费领域,那最好还是放弃,至少应该将该投资人放在后续接触的位置。

3. 适合企业的融资需求和阶段

如果企业的融资阶段是在天使轮,融资需求也就 100 万元,此时去接触一个管理 10 亿元规模的基金,显然不合适,这点在前面也已经提及。一般来说,企业的融资额度最好与基金规模相适应,比如基金规模是企业融资需求额度的 5 ~ 10 倍。当然,这也不是必然的,但一些大的基金有投资规模和风险防范的要求,除非企业极其优秀,否则太小的企业他们确实不看好,或者他们会认为风险太大而不愿投资。同理,如果企业资金需求量比较大,那么找一个小规模的基金也没什么意义,因为他们往往没有足够的能力提供帮助,无论是在资金还是增值服务方面。

4. 地域因素

在选择余地比较充足的情况下,最好选择与企业的创业地址距离比较近的投资人,因为投融资双方需要多次谈判沟通,特别是在前期,企业要多次与投资人沟通,如果路途较远,一来增加许多成本和费用,二来可能会因为沟通不畅导致融资失败。因此,如果有几家投资人可以选择,最好先从距离比较近的投资人开始接触。

第五节　正式洽谈与沟通

完成了前文介绍的寻找、识别和筛选的程序,接下来就可以按优先级顺序与投资人进行接触与沟通。这种沟通是正式的,不是前文所说的那种与投资人毫无目的的初步性谈话,所以要有充分的准备。而且,第一次正式的深入交流很重要,让投资人有一个好印象，使其被创业者的人格魅力和激情吸引，才有可能进行后面更加深入的沟通与交流。

一、正式洽谈前的准备

（一）准备好相关资料

1. 做好融资计划表

首先，创始人团队必须制作一份有效的融资计划表。计划表中至少应该包括：该轮计划融资的规模，在该阶段（3～6个月）内需要接触的目标投资人，并按一定的排名顺序确定接触这些机构或个人的时间点。

2. 准备必要的文件资料

在与投资人正式面谈前，企业必须准备好必要的文件资料。

（1）企业的基本资料

其指关于企业的工商资料、创始人的个人情况、利润情况、项目战略定位等的简要介绍性文件。

（2）企业管理团队情况

其指对企业的创始人及合伙人、企业的管理队伍、专业技术人员的详细介绍。投资人对这方面会非常感兴趣，其对创始人及团队的每个人都会详细了解和询问。

（3）生产经营与财务资料

其指一切直接或间接与企业的商业模式、技术、产品或服务、销售、财务等相关的文件资料。

（4）商业计划书

在所有文件中，商业计划书无疑是最重要的，也是必不可少的。因为有些企业可能还没有成立，前三项的内容还不完备，但商业计划书是必须具有的，如果连一份商业计划书都没有，给投资人的第一印象就不会好。另外，商业计划书也有利于帮助企业厘清思路，说清楚项目为什么值得做，怎么可以做好，有什么优势等。只有厘清思路，才能有效地把理念和想法传递给投资人。

商业计划书主要内容应该包括：公司背景、所需金额及用途、公司组织机构、市场定位和扩展、产品情况、生产状况、经营战略、营销计划、竞争对手分析、财务文件、前景预测和风险因素等基本情况。一定要明确告诉投资人，企业是做什么的，商业机会是什么，将提供什么样的解决方案，如何执行这些策略，以及可以实现商业计划的原因和路径等。

商业计划书除了要简明扼要、表达准确并附有数据外，还应表现出创始人团队的能力和远见，笔者建议企业聘请熟悉公司业务和投资业务的会计师、律师等起草商业计划书,有条件的也可以找融资顾问帮忙润色。

(二)深入了解需正式接触的投资人

前文已经提到过了解投资人的方法,但那只是初步了解,在筛选出接触对象后,还要再深入了解,做到知己知彼、百战不殆。

所以在正式沟通之前,创始人团队还要再深入调查一次相关的投资人。笔者建议创始人团队在与投资人接触前了解足够的信息,创始人团队最好根据目标投资人的清单去询问熟悉投资人的朋友、律师、业内人士、中介机构等,了解投资人的现状、喜好、是否投资过相同行业等,了解时要深度交流,而且交流次数越多越好,这样才能保证在与投资人正式沟通时有的放矢,顺利应对。

除与上述中介机构和个人交流外,还可以通过各种渠道作深入的调查,以认真了解目标投资人的基本情况,如资质情况、业绩情况、提供的增值服务情况等,一般可以从以下几个方面进行了解。

1. 基本情况

可以了解投资人投资项目偏好,资金来源,今后是否有追加投资的可能,在行业内是否有一定的声誉和网络资源关系,投资机构的组织形式和决策机制是否高效科学等,总之了解越多越详细越好。

2. 业绩情况

了解目标投资人的投资项目情况、比较成功的案例和主要业绩,包括投资收益率和对企业的支持能力,以及投资人的特长和工作风格、与企业的合作方式等,也是了解越多越详细越好。

3. 资金规模和投资行业

了解投资人的资金规模以及其是否投资过相同行业、有哪些资源等,以此判定其能否满足企业的投资需求,是否熟悉企业所属行业的相关情况等。

4. 提供资源和增值服务的情况

详细了解投资人提供各项资源和增值服务的情况,可以据此判定其能否为企业在规范管理、上市、吸引其他投资人、提升企业品牌影响力等方面提供多样化的资源和增值服务,以适配企业自身各方面的需求。

5. 与其他投资机构的关系

通过了解投资人与众多国内外投资机构的关系,可以判定其是否具有资本运作的能力,从而判定其能否帮助企业安排后续融资、兼并收购、资产重组、企业托管等各方面的业务。

(三)确定正式接触投资人的优先等级

与投资人正式接触不能盲目,要有一定的优先级排名,以确定接触的投资人等级和接触时间点。

一般来说，根据前文提到的选择投资人的方式和标准，以及进行深入调查的结果，可以把投资人划分为A、B、C、D四个等级。

- A级投资人是最理想的投资人，或者最有可能投资企业的投资人。
- B级投资人比A级投资人的程度相对弱一点，但也是企业希望其投资，或者其有可能来投资的投资人。
- C级投资人一般被作为备用投资人，如果A级投资人或者B级投资人都不来投资，那么就可以起用C级投资人。
- 基本可以放弃D级投资人，不到万不得已不用考虑D级投资人。

在这种情况下，可以把A级投资人的数量限制在3~5家，A级投资人和B级投资人加起来的数量不要超过10家。这样创始人团队就可以把所有的精力先放在与A级投资人和B级投资人的接触上。另外，确定A级投资人和B级投资人的前提，并不是投资人规模越大越好，而应该以最适合企业自身为标准，比如投资人有相同行业的投资经验、有满足企业需求的资源等。

（四）确定需要接触的具体人员

在确定投资人以后，除投资人是自然人以外，接触机构投资人时还应该确定与其中哪些具体的人员进行接触。

如果企业对自己的项目很有信心，那么就应该接触目标投资机构中有决策权的人，如基金管理机构中的合伙人或者总经理。当然，并不是级别越高就越好，有些级别高的投资人根本没有时间与企业面谈，即使这类投资人愿意与企业面谈，可能也不会给企业充足的时间充分表达自己的想法，结果反而不好。当然，如果创始人团队有充分信心像马云一样在几分钟之内说服投资人的，那么就可以直接找投资机构的决策者。如果信心不足，那最好找那些已经有了一些不错的投资案例、担任几家公司董事会成员的投资经理，他们有时间同时有能力去推动交易完成，仍然保持着对好项目的向往，希望用更多的好项目证明自己的能力，因此对于大多数企业来说，他们是最合适的。

（五）寻找引荐人

在我国，绝大多数股权投融资双方的接触来自政府、协会、商会、朋友和中介机构的推荐。因此，在与投资人接触前，企业最好能寻求高质量的引荐人，这样可以大大增加成功的概率。

普通的企业或初创企业获得投资人的接见并不容易。因此，即使充分了解了投资人，也不要贸然与投资人联系，因为投资人对创始人团队的第一印象非常重要。前文已经提到，很多投资人在投资前就考察创始人团队，那么创始人团队和投资人接触,就是向投资人推销团队中的每个人,投资人对创始人团队的第一印象将决定整个企业的命运。只有看准了团队,投资人才会进一步考虑创始人团队的商业计划是否可行,如果投资人对团队的第一印象很差,那么基本上就没有下一步了。

因此,企业的创始人及团队需要花费大量时间和精力做好第一次与投资人接触的准备,除了准备前文所述的大量资料和数据外,还要确定最合适的介绍人和介绍方式。前文提到的帮企业筛选投资人的一些介绍人,如律师、会计师、投资顾问,或者关系良好但不适合投资企业项目的投资人,都可以作为推荐人。在中国当前国情下,专业的投资顾问和律师在企业与投资人的接洽中发挥着重要作用。投资人对投资顾问、律师的推荐与意见是相当重视的,他们推荐的企业,投资人一般都会安排同其见面并对其进行考察。这是因为投资顾问和律师往往比较清楚企业的经营特点与法律风险,投资人在判断企业的发展前景时都会征询投资顾问和律师的相关意见。当然,如果创始人团队中某个成员的朋友是成功的创业者,或者将要接触的投资人以前投资过该朋友的企业,那通过这位朋友的推荐,企业与投资人接触的概率也会增加。另外,通过相关政府部门的推荐也是很重要的,投资人一般比较信任政府的推荐。

因此,一定要找到高质量的引荐人,这个时间和精力是值得付出的,其预示着和目标投资人的接触将有一个良好的开端。

二、正式洽谈

如果通过自荐或引荐得到了与投资人会面洽谈的机会,请创始人团队一定要珍惜这种机会。据笔者观察,除非特别有经验,一般企业的创始人团队与投资人见面都会比较紧张,毕竟这是关系他们项目成功与否的大事,创始人团队当然希望给投资人留下好印象,从而能展开后续多次会谈并得到投资机会。但现实是比较残酷的,创始人第一次与投资人面谈后杳无音讯是大概率事件,一般来说,创始人团队第二次与投资人见面的概率不到10%,因为投资人见过太多的人和太多的项目,他们往往过于相信第一印象,甚至有些固执和偏见。但不管怎么样,创业者也不要气馁,尽可能做好充分的准备,其他就顺其自然,这些准备也可以为今后见更多的投资人所用。当然,虽然投资人的眼光和想法不可控,但在所有可控因素上,创始人团队一定要做到最好,尽一切可能赢得投资人的好感。

(一)准备充分的资料和数据

前文已经对会谈前需要准备的资料作了介绍,这里再强调一点,必须要有商业计划书,而且要做好简明扼要的 PPT,最好附有图表和数据,说明创始人团队已经进行过市场调研,同时团队有很强的执行能力。总之,要有实质性的内容,不要空谈,要拿出能让投资人眼前一亮的观点和创意。

除了企业的资料和数据之外,还要让投资人知道,创始人团队在前期对投资人的机构也作了充分的了解,说明创始人团队认真地做了功课,让投资人感受到尊重,这个细节往往很重要,会引导事情往好的方向发展。

(二)简明易懂地阐述

创始人团队要把前期充分准备的所有材料用简明易懂的语言传达给投资人(具体资料投资人自己会看),至少要说明创始人团队在做什么,解决了什么问题,相比其他企业的优势体现在哪里。前文也有提过,投资人喜欢简单的商业模式,如太过复杂,投资人要么没兴趣,要么认为市场普及率不高而不愿意投资。当然,每个投资人都有自己的风格,创始人团队事先要对投资人有一个充分的了解,然后有针对性地进行阐述。

另外,在简单寒暄之后,创始人团队要立即进入角色,不要与投资人有过多的闲聊。创业者要把会谈当成一种路演,投资人喜欢看到创业者激动人心的演说。因此创业者要快速进入主题,投资人不会给创业者太多的时间,说多了容易失去重点。

一般来说,创始人团队至少需要快速地说清楚如下几点。

1. 产品和服务

创始人团队要让投资人清晰地知道,企业提供的产品或服务是什么,并说明产品或服务在商业上是可行的。创始人团队要对企业所进入的市场作出简明扼要的描述,最好将一个大家熟悉的产品或服务与企业自身提供的产品或服务进行对比,表明两者的区别,并说出企业自身的优势。

2. 受众或消费者

创始人团队要让投资人知道产品或服务的受众或消费者,企业有受众或消费者才会有市场,才会有存在的价值,所以要简单阐述产品或服务的市场定位及消费群体,当然最好配有市场调研的数据。

3. 特色和竞争力

要清晰阐述产品或服务的特色和竞争力。这很重要,投资人喜欢有特色和优势的东西,如团队中的各个成员及角色定位、产品或服务的核心价值、有持续增长的潜力及公司的文化和价值观等。

4. 风险和投资回报率

创始人团队一定要对风险和投资回报率进行预估,最好提供各种数据或模型,将风险和投资回报率进行比较,同时说明如何防范风险及建立风险防范的措施。

在阐述的过程中,投资人可能会不断地提问,创始人团队在回答时要简明、抓住重点,表明已经作了充分的准备,并有十足的信心。

(三)信心和真诚

创始人团队一定要真诚坦率地表明其信心和理念,会谈时一定要表达出对产品或服务充分的信心。当然,这种信心并不是傲慢自大,也不能因为紧张而无法清晰表达自己的思路。至少要让投资人能明白合作是一个双赢的局面。

同时,创始人不要过分表现自我,要真诚地诉说自己的品牌故事和创业理念,同时要表明团队每个人的能力和贡献。毕竟创业是一个长期且艰辛的过程,投资人很希望看到创始人是否在为此努力,是否愿意为此奉献一切。也许创始人的项目还没有人认同,但要让投资人知道,项目将来必定成功,要让投资人看到创始人团队的执着和信心,以及团队成员的默契合作、相互信任和支持,有共同的信念并为之全力奉献。

另外,创始人在会谈时一定要真诚,要如实告诉投资人项目存在的困境和缺陷,希望投资人在哪些方面提供帮助。创始人应该有一种气场,可以和投资人之间建立真诚的联系,让投资人看到其坚毅和坦诚,看到今后稳定合作关系的可能性。

三、后续跟进

创始人团队与投资人第一次洽谈后,往往会期待与投资人下一次的面谈,希望投资人对企业有更深入的了解,提出更多的问题,甚至希望自己能马上拿到投资。但现实是残酷的,事情往往不会像创始人团队想象得那么顺利,在第一次会面结束后,很多投资人不会给出明确的答复,也没有后期的约见。在这个时候,创始人团队不要失望,更不要抱怨,因为这并不能说明融资失败。创始人团队应该有顽强的精神,不能因为小小的挫折而气馁。

成功的关键在于贯彻始终,坚忍不拔,其实与投资人会面只是"万里长征"的第一步,最后融资成功与否,还在于能否持续跟进。

创始人团队应该多为投资人考虑,投资人可能要看许多项目,在与许多企业接触,还要跟进现有项目,处理各种复杂的事情,所以没有时间和创始人团队联系。如果创始人团队对项目有信心,对第一次见面的表现有信心,那么,创始人团队应该主动与投资人保持联系,再整理思路,对第一次的会谈进行复盘,把上次会谈时可能没说清楚的事情再作补充,并创造第二次、第三次的见面机会。如果进行第一次会谈的人没时间,也可以要求安排其他有决策权的人,以便对项目进行更详细的说明。

另外,创始人团队也可以通过引荐人了解相关的情况,明白自身可能存在的不足。还要不断完善商业计划书和相关数据,以便在下一次会面时进行阐述,或者在与新投资人会面时有更好的表现。

四、失败总结

当然,很可能在一两次会谈后,投资人确实对创始人团队的项目不感兴趣,那么创始人团队就可以准备约见其他投资人。

这时候,创始人团队不要气馁,要充分吸取以前的经验教训,明白自己的不足,对会谈时的表现、资料和数据、市场调研情况、项目缺陷等方面进行深入分析,并尽可能对其进行完善。

机会总留给有准备的人,投资人拒绝创始人团队,并不一定代表创始人团队的项目不好,可能投资人不了解该项目,或者该项目不属于他们需要投资的行业,因为投资人手中有很多的项目,他们也要进行选择。也有许多投资人和创业者本身无法取得共鸣,这可能与性格和理念有关,和项目本身无关。因此,即使投资人拒绝了创始人团队,创始人团队也可以和他们保持联系,充分听取他们的意见和建议,这会让创始人团队受益匪浅。甚至还有可能让他们帮助寻找合适的投资人。

总之,失败是成功之母,创始人团队一定要有信心,要做好总结和改进,继续努力前行,为下一次与投资人会谈做好充分准备。

第六节 股权投资的节点

许多企业对融资的各个阶段不了解,也不知道在某个阶段应该融资多少,笔者认为企业需要对融资各个阶段进行了解,一来可以让企业了解目前阶段的融资需求和额度;二来可以让企业熟悉一些相关术语,使其在与投资人沟通时不会摸不着头脑。

在美国,从天使投资到中后期风险投资,有一个比较完整的、流水线式的体系,称为投资风险体系。企业无论处于种子期、天使期,还是成长期、成熟期,只要投资人认为其有潜力,都能获得相应的投资。如果创业者只有一个好的创意,那么创业者可以得到专门做启动资金投资的天使俱乐部或天使投资人的帮助,投资金额大概为 5 万美元;如果有一个早期版本的产品和创始人团队,那么创业者就可能从天使俱乐部或天使投资人处得到 10 万~50 万美元的种子基金;如果企业开始商业运营并有了正式客户,那么创业者可能从早、中期风险投资基金中获得 200 万~500 万美元的融资;再接下来就是中晚期风险投资,这个金额就很难确定了,差别比较大，主要看企业的发展势头和潜力，以及资金需求量和市场占有量等。

一、股权投资的轮次

在我国，风险投资体系也有早期（种子、天使期）、成长期、发展期和成熟期的划分。那么，被投资企业的融资阶段一般可以分为：种子轮、天使轮（Angel）、A 轮、B 轮、C 轮、D 轮等（按英文字母顺序排列，有时会有“+”号，比如 A+轮、B+轮等）、Pre-IPO 轮等。实际上，股权投资或融资的轮次并没有太严格的定义，只是以企业在不同发展阶段中比较大的一笔或几笔投资为标杆来确定的。股权投资的阶段和轮次可划分为以下几种。

（一）种子轮

种子是指植物在泥土中还未萌芽的状态，种子轮也就是项目最开始的投资轮次，这个时候创业者可能只有一个创意，企业和团队都没有形成。也有人不单独划分种子轮，而将其放在天使轮中。这时团队或企业一般尚未形成，或已经起步但尚未完成产品，商业模式未被验证。所以这个时期就要看机遇和运气，只要投资人看中项目就可能进行投资。创业者所获资金一般用于项目的启动，金额一般在 100 万元以下，大多数是亲戚朋友帮忙给其作为启动资金。这时候创业者很需要资金，所以创业者一定要把握好对企业的估值，不能随意低价卖出自己的股权。

（二）天使轮（Angel）

前文已经提到天使投资，天使投资人所投的一般是初创期的项目，有些企业有了产品初步的模样（原型），有了初步的商业模式，积累了一些核心用户（天使用户），但有些企业可能还没有一个完整的产品和商业计划，这时候企业一般会找天使投资人或天使投资机构。因为越前期风险越大，天使投资的金额一般较小，但股权占比可能会比较高，创始人一定要有所把握。相对于种子轮，天使轮的投资金额会稍微大一些，一般在 100 万元到 1000 万元，主要用于项目的前期运作，比如团队的组建和日常的运营等。天使投资一般会在 A 轮或 B 轮后退出，并将股权转让给后来的投资人，当然也不排除在更后轮退出甚至一直持有股权的可能，比如滴滴公司的天使投资人王刚，当初投入不到 100 万元后便一直持有股权，到现在估算约 10 亿美元。

（三）A 轮

在 A 轮投资时，企业一般都有了比较成熟的产品和服务，有专门的运作团队，而且已经正常运作一段时间并有完整详细的、有数据支撑的商业及盈利模式，在行业内拥有一定地位和口碑，但企业可能依然处于亏损状态。这个时候的融资主要是为了加速项目的发展进程，资金较多源于 VC 与 PE 基金。项目的类型不同导致这个时期的融资金额的差异会比较大,较少金额的 A 轮融资可能是千万元级别,较多金额的 A 轮融资的可能达到亿元级别甚至更高。比如滴滴公司在 2012 年 11 月获得的金沙江创投 A 轮融资只有 300 万美元,而蚂蚁金服在 2015 年 7 月完成 A 轮融资的总额接近 18.5 亿美元。

(四)B 轮

在 B 轮投资时,企业的商业模式和盈利模式基本上已经被充分验证。一般来说,经过 A 轮资金的投入和利用,企业的业务快速扩张,一些企业已经开始盈利。这时企业需要资金继续扩大业务规模,或者推出新业务,拓展新领域,打击竞争对手。这个时期的资金主要源于上一轮的投资人或新的 VC、PE。这个时期的融资金额一般都会比较高,少则 1 亿~2 亿元,多则 10 几亿元,甚至可能几十亿元。比如滴滴公司在 2013 年 4 月获得腾讯投资的 1500 万美元 B 轮融资,正是在 B 轮融资后,滴滴公司从网约车的竞争中脱颖而出。

(五)C 轮

C 轮投资是项目比较后期的融资,此时企业的商业模式一般已经非常成熟,拥有较多客户,并且普遍已经开始盈利,在行业内占据主导或领导地位,可以为上市作准备。这轮融资主要是为了拓展新业务,补全商业闭环,以符合上市条件。这个时期的融资金额就是巨量了,一般都在 10 亿元以上。比如美团的 C 轮融资(也有人将其放在 F 轮,可以视此为对 C 轮的细分)高达 40 亿美元,投资后估值约 300 亿美元,且在一年后成功上市。

(六)D 轮、E 轮、F 轮等

这些融资一般都是 C 轮的升级版,有企业会选择在这些轮次融资,但不是很多,因为一般在 C 轮后企业就上市了。当然,有些大企业会不断增加融资轮数,而且金额越来越大,比如滴滴公司的 D 轮融资达 7 亿美元,F 轮融资达 30 亿美元,G 轮融资更高达 45 亿美元,后面还有许多战略投资者进入,其估值不断攀升。

(七)Pre-IPO 轮

Pre-IPO 轮一般是指 C 轮以后投资轮次的统称,指企业准备上市前的融资。也就是说,Pre-IPO 轮也可以被细分为上面提到的 D 轮、E 轮、F 轮等,只要有较大的投资进入,就可以对其进行细分。如果没有太大的投资,可以统一称其为 Pre-IPO 轮。

二、首轮融资的时点

企业什么时候开始考虑首轮融资是非常重要的事情。因为首轮融资关系到企业的估值及后续融资的额度,如果企业规模不大,营业额或销量不高,往往估值不高。这里要注意,利润并非投资人考虑投资估值的重点,因为估值并不一定参考企业当前的净利润,而是看后期的发展潜力,这点在后文的估值中会作详细说明。

如果估值不高,一方面投资人的股权比例会相应增加,如果给投资人过多的股权,创始人就无法给其他合伙人或员工合理分配股权,可能也无法在股权池预留足够的股权,而且创始人很容易丧失控制权;另一方面,这也会影响后面几轮的估值,特别是一些 PE 基金可能会因为交易规模太小而失去投资兴趣。

所以,笔者建议,除非在开始创业时确实没有资金而不得不找天使投资,通常情况下,制造型企业在净利润达到 500 万元以上后进行首轮融资比较合适,而服务型企业最好在有 100 人以上规模、年营业额达到 1000 万元以上时再考虑首轮融资,这时候企业可以有一个相对比较合理的估值。之后的融资根据企业发展的需求来决定即可,当然这方面最好有专业人士参与。

第七节 战 略 投 资

之所以要专门列出一节讲战略投资,是因为现实中许多企业家会把战略投资和财务投资混为一谈,错误的理解可能会导致判断失误。

事实上,财务投资和战略投资都是股权投资的主要方式,只不过侧重面有所不同。前面讲的股权投资一般以财务投资为主,侧重于帮助企业,同时在合适的时间获利退出;而战略投资侧重于以较大股权比例入股企业,同时在经营管理、业务等方面帮助企业不断发展,其并不注重在何时退出,经常长期持有被投资企业的股权。不过,无论是财务投资还是战略投资,二者都能为企业提供资金支持和增值服务。但是,因为战略投资者一般都是比较著名的大企业,所以其能在经营管理和资源方面给予企业更大的帮助。但请注意,战略投资往往会谋取控制权,或者给企业设定诸多的限制,这也是企业在引入战略投资者时需要认真考虑的问题。

一、战略投资者的定义和基本条件

(一)定义

关于如何界定战略投资者,我们可以参考证监会对投资上市公司的战略投资者的定义和要求。

《中国证监会发行监管问答——关于上市公司非公开发行股票引入战略投资者有关事项的监管要求》对战略投资者的定义是:“指具有同行业或相关行业较强的重

要战略性资源，与上市公司谋求双方协调互补的长期共同战略利益，愿意长期持有上市公司较大比例股份，愿意并且有能力认真履行相应职责，委派董事实际参与公司治理，提升上市公司治理水平，帮助上市公司显著提高公司质量和内在价值，具有良好诚信记录，最近三年未受到证监会行政处罚或被追究刑事责任的投资者。”

战略投资者还应当符合下列情形之一：

1. 能够给上市公司带来国内外领先的核心技术资源，显著增强上市公司的核心竞争力和创新能力，带动上市公司的产业技术升级，显著提升上市公司的盈利能力。

2. 能够给上市公司带来国内外领先的市场、渠道、品牌等战略性资源，大幅促进上市公司市场拓展，推动实现上市公司销售业绩大幅提升。

（二）战略投资者的基本条件

从以上定义来看，并不是谁都可以成为战略投资者的，战略投资者需要具备一定的条件。

1. 产品、技术和市场资源优势

战略投资者与被投资企业之间的产品和业务一般都有紧密的关联度，产业、产品往往构成上下游关系，能够进行资源整合，促进产业升级，延伸产业链；或者战略投资者有自主知识产权的行业领先技术，通过引进其新技术、新工艺，能够促进企业产业结构的调整和升级，提高企业的核心竞争力；或者战略投资者拥有知名品牌，有强大的市场开拓能力和畅通的营销网络，特别是具有拓展国际市场的优势、条件和经验，拥有较高的市场占有率。

2. 强大的资金实力

战略投资者普遍具有良好的财务状况和经济实力，资信良好，自有资金充足，并具有较强的投融资能力。

3. 强大的公司治理和企业管理能力

战略投资者能够给企业带来先进的现代公司治理和管理理念，其经营管理能力强，有适应国际化经营的人力资源和现代企业管理的手段，并有杰出的资本运作能力。

4. 良好的信誉

战略投资者普遍具有良好的商业信誉和诚信记录，其能守法经营，无不良经营记录，并具有并购和重组其他企业的成功范例。

上述条件并不是引进一个战略投资者必须具备的全部要件，企业在引进战略投资者时可以根据自身的发展阶段和实际需求而有所侧重。

二、战略投资的特征

从以上战略投资者的定义和基本条件来看,战略投资一般具有如下特征。

(一)资源互补

战略投资者与被投资的企业一般属于同一或相近的行业,两者或有合作关系,或处于同一产业链的不同环节,或两者在技术、产品、上下游业务或其他方面有一定的互补性。因此,战略投资者有较多的资源可以提供给被投资企业,可以在技术、市场、渠道、品牌等方面给予被投资企业大量的帮助,增强企业的核心竞争力、创新能力、销售业绩和盈利能力。比如在对滴滴公司的投资中,阿里、腾讯、苹果、中国人寿、招商银行、软银、中国邮政等都是作为战略投资者,提供给滴滴各方面的资源。因此,战略投资者显然也充分具备图4 股权关系中C大类的特质。

(二)长期投资

战略投资者比财务投资者更能长期稳定地持有企业股权,不会因暂时的获利而套现,其追求的是长期的战略利益,而非短期的市场行为。所以从前文对战略投资者的定义中也可以看出,即使是上市公司也非常需要战略投资者。战略投资者的股权投资是其长期发展战略的一部分,是出于对生产、成本、市场等方面的综合考量,而不仅仅着眼于短期的财务回报。

(三)持股比例较高

战略投资者通常希望以其理念和技术来帮助企业发展,所以要对企业有一定的控制权,故一般处于第一大或第二大股东的位置,占股比例较高,有些甚至处于控股的地位。战略投资者对公司的控制和在董事会席位上的要求会比财务投资者的要求更多更高,有时候会以派驻高管或者替换高管为条件。

(四)全方位支持企业

战略投资中的"战略"说明投资人不只进行单纯的资本投入,其更具有强大的产业背景,了解如何促进产业的升级发展,能帮助企业进行公司治理,积极参与被投资企业的生产经营,并为企业带来先进的技术、管理和市场营销网络,从而提高企业的经营效率和盈利水平,进而提升企业在行业中的地位。因此,战略投资者不但要有资金,还要能够帮助企业迅速发展,形成规模效应或互补效应,通过业务组合规避企业在不同时期的市场风险,同时可以更深层次地影响公司治理和管理。

(五)对被投资企业有较高要求

战略投资者发挥本身的优势是需要企业配合的,也就是说,小规模或者自身没有亮点的企业,战略投资者是不可能有投资意向的,因为其所带来的资源对于此类企业可能都用不上。因此,战略投资者的投资额度会很大,投资对象通常也是已经有较大规模的企业。战略投资一般发生在企业的上市前期,或者上市之后。根据上文证监会的相关文件也可看出,很多战略投资者是直接投资上市公司的。

三、战略投资与财务投资的主要区别

从以上战略投资的特征可以看出战略投资与财务投资具有如下主要区别。

(一)规模

从总体上来说,战略投资者总体实力普遍比较强,规模比较大,而财务投资者之间的规模和实力极不均衡,区别很大。当然,许多有实力的财务投资者兼具战略投资性,所以战略投资者并不一定比财务投资者规模更大或者实力更雄厚,私募基金中许多财务投资者实力也非常雄厚。因此,只能说从整体来看,战略投资者规模较大。

(二)主业

战略投资者本身并不一定以投资为主业,其往往有自己的主营业务,比如前面投资滴滴公司的阿里、腾讯、中国人寿、中国邮政、招商银行等,在相关行业占据龙头地位,可以利用自身的优势为滴滴公司提供全方位的支持。财务投资者则一般以投资为主业。

(三)持股比例和投资金额

前文已经提到,战略投资者一般投资比较成熟的企业,而且在这些企业中持股比例较高,持股量一般处于第一大或第二大股东的位置,有些甚至处于控股的地位,其投资金额比较大。财务投资在股权投资中一般都占比较小的比例,而且从天使投资开始就已经对企业进行投资,总体来说其持股比例和投资金额都比战略投资的持股比例和投资金额要小。

(四)对企业的支持力度

战略投资者对企业支持的力度是全方位的,力度都很大;财务投资则不一定,其对企业的支持力度视投资人的实力和影响力而定。因此,财务投资者关心的主要是财务,即企业的盈利状况和盈利能力;战略投资者则更注重企业的布局、规划、市场的影响力。当然,两者最终目标都是促使企业实现更多的利润,从而为自己赚取更多的利益。

(五)在企业中的位置

财务投资者不谋求对企业的控制权,除了在董事会层面上参与企业的重大战略决策外,一般不参与企业的日常管理和经营,也不会成为企业潜在的竞争者;战略投资者则一般看重长远的未来,对企业有全方位的支持和布局,所以需要取得企业较大的股权或控制权,以帮助企业焕然一新。当然,战略投资者取得控制权是把“双刃剑”,其可能会真的让企业涅槃重生,也可能让创始人团队权力旁落,这需要创始人团队好好把握。

(六)投资退出与回报要求

财务投资者比较看重企业的中期回报,以上市或并购为主要退出途径,他们在金融方面的经验和各种资源网络的增值服务也有助于企业未来的发展;而战略投资者通常更关注企业的长期回报,更加看重企业的整体布局或者彼此的互补性,他们并不一定在企业上市后退出,也可能直接投资上市公司股权。

综上,财务投资和战略投资有诸多的不同,企业创始人团队需要对两者进行区分。

四、引入战略投资者的优劣

(一)优势

企业引入战略投资者的优势是显而易见的,前面已经说了很多,笔者再总结两点。

1. 全方位支持企业发展

通过战略投资,企业不但可引入大量的资金,而且可引入先进的技术和管理经验及其他增值服务,带来资金、技术、管理、人才和市场等各种资源,不断提升核心竞争力,推动技术进步和产业升级。战略投资者能帮助企业在战略规划、组织实施及成本、质量、安全、资金、销售等方面健全完善一系列的管理制度,促进管理水平和经济效益的提高;还可以帮助企业建立更适应现代公司制度要求的产业结构,同时改善企业的股权结构,建立起符合上市要求的治理结构、监管体系、法律框架和财务制度等。

2. 迅速提升企业价值

企业可通过引入战略投资迅速扩大规模和影响力,从而更容易获得投资银行及其他投资人的支持。战略投资者特别是国际战略投资者(如软银)所带来的市场视野、产业运作经验和战略资源可以帮助企业更快地成长和成熟,更有可能产生立竿见影的协同效应,在较短的时间内改善企业的收入成本结构,提高企业的核心竞争力,并最终使企业业绩和股权价值提升。

滴滴公司就是一个很好的例子,滴滴公司从 2012 年到 2018 年短短的 6 年时间,融资达 200 亿元美元,企业估值约 700 亿美元,显然后期的战略投资对其起到很大的作用。

（二）劣势

当然，引入战略投资者对企业的不利之处也很明显。

1. 失去控制权

失去控制权是企业最大的风险。例如，软银加大对滴滴公司的投资是有一定的目的的，其是希望在滴滴公司有一定的话语权。笔者一再强调，资本的特性是逐利，软银在阿里、滴滴等公司作为最大股东，却不要控制权，最终原因是马云、程维和他们的团队可以帮助其不断赚钱。但如果其觉得某个团队不行了，那么要取得控制权也不是难事。由于战略投资者对行业的影响力很大，因此在引进战略投资人时就要注意其对公司的控制权，以及公司治理权的把控。关于这方面的内容可以参考第二章“股权架构与控制权”。

2. 引起同业竞争

引入战略投资者的另一个重要风险是他们有可能成为潜在竞争者，因为战略投资者可能从事的是与被投资企业相同或相似的行业，同业竞争在所难免。比如某企业做互联网，腾讯、阿里就适合做该企业的战略投资者，如果某企业做旅游，携程、途牛就适合做该企业的战略投资者，但这样显然会引起同业竞争，有冲突的时候，战略投资者肯定优先考虑自身的利益。即使不是一个行业，如果战略投资者参股数家类似行业的企业，其会出于战略的整体考虑来安排产品和市场，也可能与被投资企业的长期发展战略或目标相矛盾。许多曾经的知名品牌在引入战略投资者后反而被“打入冷宫”，这充分说明了同业竞争的残酷性。因此，企业在选择战略投资者时，并不一定要寻求与国内外一流的公司合作，关键在于双方合作能否产生优势互补的效应，不要产生内部竞争或同业竞争。

3. 对企业的诸多限制

战略投资者全方位支持企业，同时全方位管理企业，因此其会加入股东会、董事会、高管层并参与管理，故对企业的权利会有许多限制；其可能还会要求企业改变传统的管理方式，要求企业与国际企业运行规则接轨，不断创新管理模式，并要求企业财务规范化、信息透明化等，这会引发双方在管理和企业文化上的冲突，增加双方磨合的难度和时间，企业创始人团队会有一个艰难的适应过程。

从上面的分析可以看出，战略投资对于大量的初创企业来说是不适用的，因此初创企业对战略投资不必过多关注。当然，如果企业发展到一定阶段，不但需要大量的资金支持，而且需要先进的管理和技术等，那么企业可以考虑引入战略投资。

但引入战略投资有可能是“引狼入室”，企业要有充分的心理准备，同时充分考虑如何有效避免引入战略投资的劣势。所以，如果一家企业希望保持其独立性，创始人团队希望保证自己的控制权，那么就要尽量避免选择战略投资，或者明确约定战略投资者不能有控制权。

所以本章所讲的股权投资基本上以财务投资者为主。

第八节　股权投资的一般流程

前文已经提到，股权投资以PE为主，在PE中，PE基金为绝大多数，而且PE基金运作比较规范，故笔者在这里以PE基金的一般流程为主进行介绍。

企业需要了解投资人的股权投资流程，因为在投资过程中往往有许多陷阱，投资人也是鱼龙混杂，可能会为了自己考虑而忽视企业的利益。所以企业必须对股权投资的流程有比较充分的了解，并清楚在每个流程中有哪些注意事项，以充分保护自己的权益。

比较规范、完整的股权投资流程通常包括项目开发与选择、初步尽职调查、项目立项、签署投资框架协议、尽职调查、投资决策、签署投资协议、投资交割等主要环节，下文作详细介绍。

一、项目开发与选择

笔者在前文已经用较多的篇幅叙述投资人如何寻找优质企业和创业者，这就是项目开发和筛选的过程，具体寻找方法在前文已经讲了很多，此处不再赘述。

投资人找到合适的项目后，会有一个选择的过程，前文提到过企业如何选择投资人，其实两者是相对应的，是一个双向选择的过程。一般来说，想进行股权融资的企业更多，投资人对企业的选择余地当然就更大。

投资人主要根据其对被投资企业所处的行业、地域、发展阶段等方面的投资偏好，有针对性地筛选企业或项目。当然，投资人在筛选企业时也会有一个优先级的排列顺序，其会按顺序对相关企业进行考察，与企业创始人团队进行初步交流，再选择符合其标准和投资偏好的项目进行初步尽职调查。

二、初步尽职调查

所谓初步尽职调查，不是下文要讲的正式尽职调查或投资风险评估，其核心是对拟投资项目进行初步的价值判断。

一般来说，投资人在考察企业后，如果觉得合适，就会进行初步尽职调查，目的就是了解企业的财务数据及其他相关情况。初步尽职调查前，投资人往往会与拟投资企业签署一份保密协议，并承诺对了解和接触到的企业商业秘密予以保密。

进行初步尽职调查的律师、会计师等也会与企业签署相关的保密协议。

事实上,签署保密协议仅仅表明投资人愿意花时间考察拟投资企业,并不代表投资人会真正投资,实践中初步尽职调查后被投资人取消的项目有很多。因此,企业一定要有保密意识,并在签订保密协议时坚持以下几点:

1. 一定要约定保密期限,且保密材料的保密期限一般至少3年。

2. 凡是在合同中明确是商业秘密或企业提交的标明“商业秘密”或“保密”等字样的企业文件,都应当列入保密范围。

3. 保密人员的范围要尽可能大,应包括一切中介机构的人员及关联企业的人员等。

在初步尽职调查阶段,投资人一般会调查企业的商业模式及盈利预期、创始人及其团队、行业的集中度及进入壁垒、市场占有率和主要竞争对手、政策与监管环境等,以对拟投资企业进行价值判断。

三、项目立项

初步尽职调查是PE基金中职级较低的投资经理或投资管理小组完成的,他们在评估后,认为某些企业可以继续进行深入调查并推进项目的,就会向高层申请对项目进行立项。

所谓项目立项,就是投资人内部审批的一个过程,一般都会将项目提交到更高职级的投资管理团队或直接将项目提交到投资决策委员会,以对项目进行判断和评估,决定是否进一步投入更多资源,对拟投资企业进行更为翔实和深入的投资评估。

PE基金高层管理人员一般会在讨论后选择相对优质的项目进行立项,以节约基金管理成本,把有限的资源投入更有潜力的项目中。经过立项的项目,在后期尽职调查后如果没有太大问题,被投资的可能性就会比较大。

四、签订投资框架协议

项目立项后,投资人接下来会集中更多资源对拟投资企业进行全面的尽职调查和投资评估。在开始正式的尽职调查前,投资人通常会与拟投资企业签署一份投资框架协议,也可称为投资条款清单或投资意向书。

投资框架协议一般由投资人提出并起草,其中都是一些原则性的条款,如投资达成的条件、投资人建议的主要投资条款等,其只是投融资双方下一步协商的基础,事实上基本没有法律效力。但请注意,其中有两个条款是具有法律约束力的,即保密条款和排他性条款。保密条款就是承诺对双方接触到的商业秘密负有一定期限的保密义务,前文已经提过;而排他性条款,顾名思义,就是排除其他人,即在一定期限内,拟投资企业不能再找其他投资人商谈投资合作,一般情况下,排他性条款约定的期限为2~3个月。任何一方违反保密条款和排他性条款都要承担违约责任。因此,投资框架协议签订以后,除这两个条款外,其他条款一般不具有法律约束力,投资人可以随时推翻交易,这是企业需要注意的。

一般来说,除了保密条款和排他性条款,投资框架协议的其他内容有许多不同版本,有些很简单,都是原则性的约定,但有些签订的内容已经接近股权投资协议的条款,如投资股权的性质(在投票表决、分红、清盘时投资人是否有优先性)、投资人反摊薄权利、优先认购新股权、共同出售权、信息与检查权、管理层锁定、董事会席位分配、投资人指派董事的特殊权力、业绩对赌等,这些在后文都会有所介绍。

因此,投资人往往会事先把有利于他们的许多内容通过条款表现出来,即使尽职调查尚未完成,许多事情尚未确定,他们也可能通过假设的形式将有利于他们的条款确定下来。虽然其他条款没有法律约束力,但如果投资人假设的内容成立,在签订股权投资协议时,企业就要把这些条款写入股权投资协议中,否则就可能导致合同谈判的破裂;另外,从诚信的角度考虑,企业如果在投资框架协议中同意某条款而在股权投资协议中反悔,这容易让投资人怀疑其诚信,其影响可能会扩大到整个投资圈。所以,对于投资框架协议,企业也要慎重,最好有专业的融资顾问或律师把关,而且尽量不要约定太具体的内容,一切都在尽职调查完成后再确定为宜,否则企业可能会被投资人牵着鼻子走,在今后谈判时失去主动权。

五、正式尽职调查

在股权投资的所有流程中,尽职调查的重要性不言而喻,因为尽职调查是投资人掌握企业情况的最重要的一个环节,通常被认为是投资人核心竞争力的体现。

对于企业而言,则是把自己的“家底”向投资人和盘托出,精明的投资人会把企业“翻个底朝天”。因此,企业需要充分了解投资人如何对企业进行尽职调查。

一般来说,投资人的尽职调查非常详细,其主要调查内容包括业务、财务和法律三部分。投资人经常会聘请外部专业机构完成尽职调查,如律师、会计师等,企业也有必要聘请律师、会计师、财务顾问等进行把关,以便获取合理有效的意见和建议。

尽职调查之所以重要,是因为其可帮助投资人尽可能全面地获得拟投资企业的真实信息。尽职调查并非用于简单核查事实的工具,而是在整理、确认有关事实的基础上,分析、提出解决问题的系统方法。当然,尽职调查是否全面彻底,以及方法运用是否得当，与所获取信息是否真实、有效有着直接的关系。

因为尽职调查与企业直接相关，笔者要在尽职调查方面多费一点笔墨，尽量让企业对尽职调查有所了解，以便于企业作出相应的准备和安排。

(一)何为“尽职调查”

尽职调查，又称审慎性调查，英文名称是 Due Diligence，简称 DD，中文简称为“尽调”。其是基于信息对称的需要，对交易对手或者合作方进行专门了解和调查的过程，财务、法律、商务、技术等方面都有相应的尽职调查规范。在股权投资中，尽职调查是指投资人在与拟投资企业达成初步合作意向后，经协商一致，由投资人对拟投资企业进行的、与投资相关事项的资料分析并进行现场调查的一系列活动，侧重于发现价值和风险。

(二)尽职调查的作用

尽职调查的作用主要是对投资人而言的，一般来说，尽职调查对投资人的主要作用如下。

1. 发现企业价值

投资人可以通过尽职调查获取企业的相关信息，以对拟投资企业的市场、产品与服务、商业模式、管理团队等方面进行评估，判断拟投资企业是否值得投资，并获取项目估值所需的信息，以制作合适的估值模型。

2. 识别和防控风险

通过获得拟投资企业的真实信息，投资人可以识别和评估企业的主要风险和主要风险对投资项目的影响，减少因信息不对称可能带来的诸多问题。因为对风险发现和控制的优劣程度，直接决定投资回报的质量，投资人需要收集充分的信息，利用各种手段全面识别风险和评估风险大小，并提出风险控制和应对方案，比如企业经营风险，管理层人员的风险，股权瑕疵风险，债务、诉讼、环保、税务以及监管问题风险等都是需要调查的内容。

3. 辅助投资决策

尽职调查中发现的拟投资企业的问题和风险可以帮助投资人在投资条款谈判、投资后管理重点、项目退出方式选择等方面提供决策依据。尽职调查后，针对在尽职调查过程中发现的问题，投资人可以寻找解决方案，设计或调整交易架构。具体的决策辅助作用如下。

(1)估值的调整

投资人会对拟投资企业进行总体估值，计算出每股交易价格，投资估值一般由投资人参照可比公司的价值进行判断，往往带有较强的主观因素。尽职调查的重要作用之一就是根据尽职调查的结果，评估企业估值和交易价格的合理性，避免估值虚高造成的投资人损失。关于估值及估值调整条款(对赌条款),将在后续章节作详细介绍。

(2)投资总额的调整

根据尽职调查的结果,投资人可能会调整对拟投资企业的投资规模。如果投资价值较高,拟投资企业发展稳定且未来预期利润比较乐观,投资总额会相应提高;而企业价值低于预期的,投资总额会相应减少。

(3)交割条件和交割时间的调整

在尽职调查过程中,如果某个具体问题的风险在短时间内很难被调查清楚或无法被解决,而投资进程又不允许拖延,那么投资人可以通过附加特定的交割条件来保障自身利益。

另外,投资人也有可能根据尽职调查的结果调整交割时间,比如拟投资企业在股权的权属方面还存在一些问题,那么投资款的支付时间会根据企业完成股权变更登记手续的时间来确定。

(4)股权投资协议中相应条款的调整

通过尽职调查可能无法查清楚或无法解决某些问题,这时投资人就可以在股权投资协议或相关协议、文件中约定声明陈述或保证条款等,让拟投资企业或创始人团队作出承诺和保证,如果企业或创始人团队违反该承诺和保证条款,就要承担相应的违约赔偿责任。

(5)取消投资

如果尽职调查后发现企业的商业模式不合适甚至不合法,创始人团队存在严重问题,或企业的资产、股权等存在重大法律瑕疵,投资人有可能会终止交易,取消投资项目。

总之,拟投资企业应当尽可能配合投资人完成尽职调查,因为只有让投资人充分了解企业的真实信息,投资人才有可能有针对性地帮助企业发展壮大。企业需要融资,就不要遮遮掩掩,还是坦诚相告为好,否则如果在合作期间被投资人发现问题,那么彼此就会产生隔阂与矛盾,会影响相互的信任与合作关系。而且,投资人在解决企业问题方面比较有经验,有较多的资源,企业主动告知自身的瑕疵或不足,不但彰显企业的自信和诚信,还有利于投资人迅速解决企业难题。

下文将阐述尽职调查的大致内容以及尽职调查的方法,让企业充分了解投资人会从哪些方面对企业进行调查。

(三)尽职调查的主要内容

尽职调查的主要内容主要有三大块,即业务尽职调查、财务尽职调查和法律尽职调查。

1. 业务尽职调查

业务尽职调查是整个尽职调查工作的核心，目的是了解过去及现在企业创造价值的模式，以及这种模式在未来的发展趋势。

业务尽职调查主要从企业基本情况、管理团队、产品或服务、知识产权、市场、发展战略、融资运用、风险分析等宏观指标对拟投资企业进行了解分析，并发现和确定企业的潜在价值。

投资人对不同类型及处于不同发展阶段的企业的尽职调查内容的侧重点也会有所不同。对于初创企业，业务尽职调查的重点一般是管理团队及产品服务；对于处在扩张期的企业，业务尽职调查的重点除了管理团队以外，还包括产品或服务的发展战略及市场等因素；而对于处在成熟期特别是准备上市的企业，尽职调查内容更加广泛，包括管理团队、资产质量、融资结构、融资运用、发展战略及风险分析等。

当然，负责的投资人还会从同行业中的其他企业、企业的上下游企业侧面了解拟投资企业的大致情况，或者通过政府部门（工商、税务、科技、环保、人力资源等部门）及行业协会了解拟投资企业的业务发展状况，以掌握更充分真实的信息。

业务尽职调查还包括对企业的创始人团队和企业知识产权进行的专项尽职调查。对创始人团队进行的尽职调查主要包括对创始人及管理团队和技术团队的尽职调查。另外，如果涉及高新技术企业，还会涉及对知识产权的调查，调查内容包括知识产权的权利来源、权利状态、发展潜力、价值等方面，投资人一般会聘请行业专家、专门的知识产权代理机构与律师合作对知识产权进行调查。

因此，业务尽职调查是尽职调查的核心，后面提到的财务尽职调查和法律尽职调查虽具有独立性，但最终还是为业务尽职调查服务。

2. 财务尽职调查

财务尽职调查关注拟投资企业的历史财务业绩情况，并对企业未来的财务状况进行合理的预测。在股权投资的运作流程中，财务尽职调查是投资及整合方案设计、交易谈判、投资决策必不可少的前提，是判断投资是否符合战略目标及投资原则的必要工具。

投资人一般会聘请专业的会计师事务所对拟投资企业进行财务尽职调查。会计师会收集企业的财务报告和相关材料，了解其会计政策及相关会计假设、原则等，进行财务比率分析，重点考察企业的现金流、利润及资产事项。

财务尽职调查与审计有所不同，其强调发现企业的投资价值和潜在风险，注重对企业未来价值和成长性的合理预测，经常采用趋势分析和结构分析工具，还会使用场景分析和敏感度分析等方法。财务尽职调查能帮助投资人了解拟投资企业的资产负债、内部控制、经营管理的真实现状，充分提示投资人拟投资企业存在的财务风险，分析拟投资企业的盈利能力和现金流，预测拟投资企业的未来前景。

股权投资的财务尽职调查偏向于对企业的动态资金进行分析，投资人会重点对如下财务报表及财务比率进行分析。

(1)财务报表分析

①资产负债表

通过审查企业的资产负债表，可以核实企业货币资金、应收账款、坏账计提、存货周转、对外投资、固定资产、无形资产、投资性房地产等资产项目的真实性，投资人会关注资产抵押情况与无形资产估值的合理性，同时核查对外担保等或有债务情况。

②利润表

通过审查企业的利润表，可以核实收入确认、销售成本、期间费用核算的规范性，关注销售毛利率的波动性及非经常性损益对利润的影响。

③现金流量表

通过审查企业的现金流量表，可以了解企业的现金流及其变动情况，从而判断企业的资产流动性、盈利能力及偿债能力。

(2)财务比率分析

①盈利能力分析

通过计算企业各年度毛利率、资产收益率、净资产收益率等比率，可以分析出企业的各年度盈利能力及变动情况，从而判断企业盈利能力的持续性。

②偿债能力分析

通过计算企业各年度资产负债率、流动比率、速动比率、利息保障倍数等比率，结合企业现金流量状况、银行资信状况、可利用融资渠道及授信额度、表内负债、表外融资及或有负债等情况，可以分析出企业各年度偿债能力及其变动情况，从而判断企业偿债能力及偿债风险。

③运营能力分析

通过计算企业各年度资产周转率、存货周转率和应收账款周转率等比率，结合市场发展、行业竞争、企业生产模式及物流管理、销售模式及赊销政策等情况，可以分析出企业各年度的营运能力及其变动情况，从而判断企业的经营风险和持续经营能力。

把上述这些财务比率与同行业可比公司的财务指标相比较，可以综合分析出企业的财务风险与经营风险。

另外,投资人和会计师会查阅企业的纳税资料,调查企业所执行的税种、税基、税率等是否符合现行法律法规的要求,是否依法纳税。如果企业有税收优惠或财政补贴,那么应当提供相关材料,投资人会调查这些税收优惠和财政补贴的来源、合法性、归属及会计处理等情况,分析企业对税收政策的依赖程度,并预测在优惠期及补贴期之后的企业经营业绩和财务状况,以及其对企业产生的影响。

3. 法律尽职调查

法律尽职调查是指投资人评估拟投资企业的资产和业务的合法性及潜在的法律风险。因此,法律尽职调查的主要功能是发现风险,而不是发现价值。但发现风险有时比发现价值更为重要,不重视风险防控的企业是无法长期发展的,这就是法律尽职调查的重要性。

法律尽职调查,首先,要确认拟投资企业系合法成立并有效存续;其次,核查企业所提供文件、资料的真实、合法、有效、准确和完整性;再次,充分了解企业的组织架构、资产和业务的产权状况和法律状态,确认企业产权、业务资质和其股权结构合法合规;最后,发现和分析企业存在的法律问题和风险,并提出解决方案,出具法律意见书。法律意见书是起草投资交易文件的重要依据,因此投资人会委托专业的律师事务所进行法律尽职调查。

在投资交易前进行法律尽职调查,可以帮助投资人从各个方面了解拟投资企业的情况,在一定程度上解决投资人和拟投资企业信息不对称的问题,从而降低和避免投资风险。

法律尽职调查主要由律师来进行,一般会关注拟投资企业如下几个重要问题。

(1)历史沿革

审查拟投资企业的设立、注册资本、经营范围、法定代表人及股权变更等事项是否符合法律法规之规定。

(2)合法性

审查企业是否合法设立和存续;审查企业包括土地、厂房、设备及知识产权等资产的合法性;审查并判断企业的商业模式是否违法,关注企业经营状况与商业计划书表述是否一致等。

(3)股权架构和公司治理

关注企业的股权架构设置与公司治理方面是否存在问题,主要股东与企业之间是否存在同业竞争和关联交易,审查资金往来和相互担保的合法性;关注主要股东的相关情况,审查其股权是否存在权利瑕疵,比如股权被质押或被冻结,或者股东失去了对股权的处置能力等。

(4)董事及高级管理人员

董事和高级管理人员在企业中的地位非常重要,是企业发展的重要力量,也是股权激励的重要对象。因此要调查其关联人及关联交易,其与企业之间的人事关系是否清楚,股权激励计划与相关文件是否合法有效,是否存在仲裁或诉讼;如已离职或将离职,要调查其是否在离职后从事与企业相竞争的行业或到竞争对手处任职;关注其与公司是否在劳动合同中约定有竞业禁止条款以及对应的补偿条款等。

(5)重大合同

企业签订的重大合同通常会对企业的价值产生较大的影响,在尽职调查过程中,要重点核查重大合同的金额、支付方式和主要条款,特别关注合同履行中可能存在的不确定性。还要关注在这些重大合同中是否存在影响投资人和企业即将进行的投资交易的条款等。

(6)诉讼及仲裁情况

对企业已经发生、正在发生和可能要发生的仲裁诉讼进行统计和梳理,对裁决的履行情况及后续的法律程序和法律风险进行整体预估。

(7)税收及优惠政策

核查企业是否存在欠税和潜在税务问题;对政府优惠待遇的合规性及可持续性进行核实,并评估其对投资交易的影响。

当然,每家企业都还有各自的问题和风险,专业的律师应该根据拟投资企业所处的行业、投资人关注的重点、特定需求、交易方式、预算和尽职调查时间,有针对性地进行尽职调查,作出评估和判断,并提出合理合法的解决方案,促进投资人与企业的交易顺利完成。

因此,企业有必要了解法律尽职调查的内容和流程,了解法律尽职调查的逻辑思路,以确保在引入投资时可以有针对性地作出相应的准备。

(四)尽职调查的主要流程

尽职调查是一项比较复杂和专业的工作,特别是一些大的投行或PE基金非常注重尽职调查。尽职调查的作用和意义前文都讲过,下文再谈一下尽职调查的方法和流程,以便企业有所知悉。

1. 团队组建与方案制定

进行尽职调查,团队组建是首要步骤,即由投资人出面组建一个尽职调查小组或团队,其成员通常包括投资人内部的管理人员及辅助人员、律师、会计师等。团队组建后,就要立即制定一份尽职调查工作方案,主要内容包括调查对象、调查内容与方法、项目小组成员及工作安排、调查的日程安排及配套安排等。同时,根据不同的尽职调查内容发给企业不同的尽职调查清单，这些尽职调查清单大致可分为业务调查清单、财务调查清单和法律调查清单，各清单都有各自侧重的调查内容和需要企业提供的资料。当然，在尽职调查开始前，投资人、律师、会计师都要与拟投资企业签订保密协议（或者在投资框架协议中明确保密条款），保证对知悉的商业秘密在一定期限内承担保密义务。

2. 实地调查

实地调查或现场调查是很重要的调查方法，是获得拟投资企业第一手资料的重要步骤。尤其是生产型企业，更需要投资人和中介机构进行现场调查，实地考察其生产经营状况。实地调查一般分为人员访谈和考察企业经营现场两方面。

（1）人员访谈

人员访谈一般分为内部访谈和外部访谈。

内部访谈主要是针对企业管理层和员工，包括股东、董监高等管理人员、技术人员、业务人员等，这样可以全面了解企业的信息，尤其是比较敏感和关键的信息，还可以间接考察管理层的素质，增进彼此的了解和信任；而与各职级员工的访谈，有助于获得企业各个环节的信息，以及从各个层面考察企业全貌，验证信息的真实性。

外部访谈主要是针对企业的供应商与合作伙伴，同时可以和企业的竞争对手及上下游企业的负责人进行沟通，以了解交易的真实性，并获取这些单位和相关人员对拟投资企业的评价。

（2）考察企业经营现场

考察企业经营现场则主要是将企业提供的书面信息资料和投资人了解的各种信息资料与现场调研情况进行相互印证，包括考察企业的厂房、设备、产品、土地和存货等，还可走访企业的门店、经销商等地，这有助于真实评估生产和销售状况。有些投资人还会对企业的办公、物流、仓储、财务、人力资源等部门进行有针对性的走访调研。

通过上述走访和考察，投资人可以充分了解企业的生产经营是否运转正常，管理状况是否良好，客户数量是否稳定，以及客户对企业的产品和服务是否满意等。

3. 资料的收集与研究

除了从企业现场调研获取第一手资料外，投资人还会从其他各方面获取大量的二手资料，获取这些资料的主要途径有以下几种。

（1）调取企业相关资料文件

前文已经提到，投资人在进场之前通常会向拟投资企业发放尽职调查清单，企业根据清单准备相关资料。在进场之前发放清单，是为了让企业有充分的准备时间，这样可大大提高进场后的工作效率。这些资料主要包括企业的工商登记信息、不动产证明文件、财务报告及相关财务资料、股东(大)会及董事会会议记录及相关决议等文件、业务文件及重大合同等。

(2)向行政机关和公共机构核实

对于拟投资企业的企业登记档案、不动产登记资料等,投资人都会向相关政府部门核实。另外,投资人还会到税务、科技、环保、人力资源等部门了解企业的相关状况,以确保资料的真实性和经营的合法性。

(3)网络检索

网络检索包括在政府部门网站、司法部门网站、行业协会网站、目标企业网站以及各大搜索引擎网站上的查询检索。网络信息并不是100%准确可靠,投资人需要结合多种调查材料确定真实情况。

另外,投资人还可以通过行业协会和商会、研究机构和调查机构、综合性或专业性图书馆、各类会议、新闻媒体等各种途径获取上述资料。

这些二手资料并不能完全代表企业信息的真实性和全面性,关键还是要对所收集的资料进行必要的处理和研判,经过处理和研判的资料才能作为投资决策的重要依据。

4. 撰写尽职调查报告

尽职调查报告是指详尽、完整地阐述对拟投资企业的尽职调查履行情况及材料的收集、核查验证过程,并发表意见的文件,是对收集资料的客观全面的概括、判断和评价。尽职调查报告的主要内容包括:尽职调查的计划、步骤、时间、内容及结论性意见。在尽职调查报告中,会有针对性地将调查中发现的问题逐一列明,说明问题的性质、影响,并提出可行性解决方案。

5. 投资人内部复核

一般来说,比较大的PE基金及投行内部都有专业的复核机构和复核人员,对于前述的尽职调查报告及相关材料,都有一个内部复核的过程,简称内核。内核是投资人内部的自我审核与监督机制,其目的是通过多重审核,以防范风险,提高尽职调查的质量。

内核一般分为项目组内核及项目主管领导复核两个层次,首先是项目组内核,项目组讨论通过后,若有不同意见,应将不同意见记录在案,以在向上提交尽职调查报告时供最终决策者参考;其次是项目主管领导复核,项目主管领导的复核是项目组最高级别的复核,由其对尽职调查报告进行最终把关,并决定是否提交投资决策委员会等决策部门。

六、投资决策

PE基金通常会设立投资决策委员会,由投资决策委员会行使投资决策权。投资决策委员会委员一般由具备丰富投资管理经验与能力、有足够时间与精力履行相应职责的专业人士担任,通常由PE基金管理人的高级管理团队成员担任,有时也会聘请外部专家。

投资决策委员会委员的聘任和议事规则的制订通常由基金管理人或执行事务合伙人负责。

尽职调查完成后,投资经理或项目小组会向投资决策委员会提交尽职调查报告、投资建议书和其他文件资料,由投资决策委员会进行最终投资决策。如果投资决策委员会认为拟投资企业有投资价值,那么就会决定对企业进行投资。当然,投资决策委员会还要讨论许多事情,包括投资额度、企业的估值及后文要阐述的股权投资协议的主要条款及内容。

在与企业的正式谈判开始后,直到签订正式的股权投资协议,投资决策委员会还要根据谈判的实际情况,对有关事项进行多次讨论,并作出最终决定。

七、正式谈判

如果投资人经过决策后决定对企业进行投资,那么其就会与企业进行正式的谈判。一般来说,投资人在与企业签订投资框架协议的时候,已经与企业有过一轮或几轮的谈判,对今后要签订的股权投资协议的主要内容也会有所约定。但经过正式的尽职调查以后,许多内容需要增加和调整,所以这一阶段的正式谈判才是最重要的。

正式谈判可能会经历较长的时间,会有许多轮次,主要会围绕企业的发展前景、新项目的想象空间、经营计划和如何控制风险等重点问题进行。关于这些,前文已经叙述许多,而且谈判的技巧和方式方法也不是本书的重点,不再赘述。

本书的重点是,双方一旦对上述问题经过多轮谈判并达成共识后,就会涉及一个最重要的问题——投资额度及估值。简单地说,就是企业需要多少钱,以及这些钱可以占企业多少股权比例的问题,这是最实际的问题。关于投资的总额,企业在一开始就会有一个预估,投资人一般在能接受这个金额且有能力支付的情况下才会开始后面几轮的谈判。有些投资人理想的投资额度甚至远远大于企业的预估,比如前面提到的高瓴投资京东,在京东预估融资7500万美元时,高瓴提出非3亿美元不投。所以,关于投资额度,投资人与企业一般比较好沟通,而企业的估值往往是双方谈判的焦点和难点,是股权投资的核心,估值确定下来以后,其他问题就容易解决了,股权比例也可以根据估值推算出来。因此,只要投资人的条件不是太苛刻,比如要求回赎权或签订对赌条款,交易基本都能成功。

有必要说明一下,估值以及签订股权投资协议,虽然都是股权投资流程中的环节，但因为比较重要，内容也比较多，笔者专门在后文列出两节进行介绍。

第九节　投资项目的估值

前面提到投资人如果有意向对企业进行投资，就会涉及估值问题，而且随着尽职调查的深入和企业的发展，以及各种情势的变更，在没有签订正式的股权投资协议前，估值都有可能发生变化。

很多情况下，投资人的估值数额与企业的估值数额会有很大的差异，投资人与企业在谈判过程中会有多次交锋和博弈，双方都会试图用各种方法说服对方接受自己的观点。对企业来说，当然希望估值数额越高越好，但投资人有专业的估值计算模型，如果价格太高，其肯定不会接受。因此双方要寻求一个都能接受的标准，以取得平衡。

但请注意，投资人对估值更为专业，并有相应的参考依据。对于投资人提出的估值，企业如果反对，就要给出合理的理由和依据。所以对企业来说，有必要对估值作一个全面深入的了解，以便在商议价格时占据主动。

一、何为"估值"

估值，简单地说，就是评估企业的价值，所评估出来的企业价值越高，那么相同的投资额在企业中所占的股权比例就越小。比如说企业当年净利润为 1 亿元，按当年净利润的 10 倍市盈率估值，则企业价值为 10 亿元；若按 20 倍市盈率估值，则企业价值为 20 亿元。如果企业需要融资 2 亿元，那么 10 倍市盈率估值的投资人所占股权比例为 2/10，即 20%，而 20 倍市盈率估值的投资人所占股权比例仅为 2/20，即 10%。前文已经提到，企业应尽可能让投资人占少一点的股权比例，以免稀释已有股东的股权比例，引起不必要的控制权变更。

对于投资人来说，估值是越低越好；对于企业来说，是越高越好。但这都不是可以随意决定的，要有一些估值方法才行。估值的方法有很多，企业可以根据自身的特点来选择合适的估值方法，当然这也要投资人能接受。也许投资人选择的估值方法和企业选择的估值方法会有所不同，那么企业就要想办法说服投资人，让投资人接受企业选择的估值方法。当然，企业在必要的时候可以聘请专业融资财务顾问，有他们的帮助，会更有利于说服投资人。

虽然估值有一些比较客观的方法和标准，但其本质还是一种主观判断的结果。比如使用市盈率倍数法估值时，就要先确定一个可比公司的市盈率，以该公司的市盈率作为目标公司估值的市盈率倍数,然后才可以计算出目标公司的股权价值。那么,对这个可比公司的市盈率的确定就是一个主观的判断,因为同行业类似公司的市盈率本身就是不确定的,只能取一个相对合适的值。所以投资人一开始肯定会提出一个相对比较低的值,企业经过不断的谈判和博弈才有可能提高该值。当然专家帮助必不可少,企业创始人团队在这方面毕竟不是专业人士,要说服投资人相当困难。

当然,估值也并不是越高越好,除非企业已经募集多轮资金,并准备上市,否则可能会产生一些不利的后果。比如前期投资不多,但估值的价格定得很高,而股权投资协议中又约定了诸如反稀释之类的条款(一般是约定之后的估值金额不能低于之前的金额),因为后面企业需求的资金会越来越多,可能要融资许多轮,但前期估值价格太高导致后面许多投资人知难而退不敢再投,从而引发投资僵局。当然,吸引股权投资的前提是企业发展的越来越好,企业的价值不断攀升,估值也会越来越高,如果企业对自己有信心,就不必担心这些问题,但不能盲目自信,要有合理的预估。

所以,企业如何在不同的发展时期确定一个相对合适的估值,是一门大学问。

二、估值方法

下文讲述比较流行的估值方法,企业可以对其进行初步的了解,以便在实践中有所把握。

估值有很多种方法,采用不同的估值方法得到的结果往往大相径庭。因此,估值是一项比较专业的工作,专业的投资人在估值时往往可能采用多个估值模型,以确定最为公平合理的估值价格。企业不需要对估值模型作太深入的了解,其最主要的目的是通过谈判获取一个合适的交易价格。因此,企业只需要知道一般有哪几种估值方法,然后寻找对自己有利的参数,并向投资人提供这些参数,以尽最大可能争取自己的权益。

企业的估值方法有很多,如相对估值法、折现现金流估值法、创业投资估值法、成本法、清算价值法、经济增加值法等。股权投资行业所用的估值方法主要是相对估值法、折现现金流估值法和创业投资估值法。

笔者在本节介绍比较简单的相对估值法和创业投资估值法,这两种方法在现实中被运用得比较多。折现现金流估值法则是将拟投资企业未来现金流按一定的折现率进行折现,加总得出相应的价值,公式比较复杂,内容比较枯燥,本书不作详细介绍。

(一)相对估值法

相对估值法是使用可比价值对拟投资企业(或称其为目标公司)进行价值评估的方法,比较简单易懂,是PE基金经常使用的估值方法。

相对估值法首先要选择一个可以比较的其他公司(以下简称可比公司),并测算出可比公司的价值,即可比价值,比如上市公司就有公开的市盈率等数据,通过这些数据可以计算出其可比价值,或者以同行业的相似规模的其他企业的估值为可比价值,再以可比公司的价值为基准,来评估目标公司的价值。

相对估值法的计算公式一般为:

目标公司价值 = 目标公司某种指标(如目标公司的净利润) × 可比公司价值 ÷ 可比公司某种指标

注:可比公司的指标要与目标公司的指标相对应,如果目标公司以净利润为指标,那么可比公司也要以净利润为指标。

"可比公司价值 ÷ 可比公司某种指标"就是通常所说的倍数,比如市盈率倍数、市净率倍数、市销率倍数等,当然,现实中也可以直接简称上述分别为市盈率、市净率、市销率等。其中,市盈率倍数法和市销率倍数法比较常用,笔者在此作重点介绍。

1. 市盈率倍数法

市盈率倍数法(P/E法)是比较常见的PE基金对拟投资企业的估值方法。

买卖股票的人应该经常听说市盈率这个词,市盈率(Price Earnings Ratio,一般简称为PE或PER)也称股价收益比率或市价盈利比率,是指股票价格除以每股收益的比率。股民也经常会说某家上市公司的市盈率是几倍,这就叫市盈率倍数。市盈率倍数就是指一家公司的股权价值相对其净利润的倍数,通常也简称为市盈率。

市盈率倍数的计息公式为:

市盈率倍数 = 股权价值(公司价值) ÷ 净利润

那么,股权价值(公司价值)的计算公式就是:

股权价值(公司价值) = 可比公司的市盈率倍数 × 拟投资企业的净利润

下文对确定市盈率倍数和拟投资企业的净利润作出解释和界定。

(1)寻找可比公司并确定市盈率倍数

投资人在投资一家企业时,一般是可以明确净利润的,因此,只要确定了市盈率倍数,就可以得出股权价值(公司价值)。得出了股权价值(公司价值),就可以计算出投资金额在股权中所占的比例。比如一家企业年净利润是1000万元,参考同类行业的可比公司的市盈率倍数为10倍,那么股权价值(公司价值)就是1000

万元 × 10 = 1 亿元。如果股权投资金额为 2000 万元，则投资所占的股权比例为 2000 万元 ÷ 1 亿元 × 100% = 20%。

因此，关键是如何确定可比公司的市盈率倍数。PE 基金投资企业，通常会参考相同行业的上市公司的市盈率倍数，那么作为参考对象的上市公司就是可比公司。当然，上市公司的市盈率倍数一般比较高，投资人在使用这种方法时，会在可比公司的市盈率倍数基础上打一个折扣。因为投资人基本上是在企业上市后退出的，如果被投资企业和上市公司的市盈率一样高，那么投资人就没有什么利润，企业上市也就失去了意义。比如 A 股某个行业上市公司的平均历史市盈率是 40 倍，对于同行业、同等规模的非上市公司，可比公司市盈率倍数要打个折扣，为 15 ~ 20 倍，对于同行业规模较小的初创企业，可比公司市盈率倍数需要再打个折扣，变成 7 ~ 10倍。

上市公司的市盈率会根据股价的不同而变化，所以被称为动态市盈率。例如，2020 年一季度 A 股的动态市盈率为 15. 8 倍，低于 18 倍的历史平均水平，也低于股权投资市场的平均市盈率，对于 PE 基金来讲风险较大。但这并不代表上市公司的市盈率低，事实上中国 A 股市场的市盈率是很高的。A 股平均动态市盈率低的主要原因是银行、地产等大盘股的市盈率比较低，通常低于 10 倍，这在很大程度上拉低了平均市盈率。其实根据统计，上证 380 指数以外的 A 股平均市盈率高达 80 倍，创业板许多股票的市盈率更是高达上百倍甚至上千倍（通常是在净利润严重下降而股价变化不大的情况下）。这就是 PE 基金通常会以 IPO 上市方式退出的主要原因。

当然，同行业非上市公司的市盈率倍数也可作为参考，那么这一家或几家同行业非上市公司就是可比公司。当然，非上市公司数据不像上市公司数据都是公开的，非上市公司数据不好掌握且真实性不可控，只有在确认无疑的情况下才可将其作为参考。

以上这些可比公司的市盈率倍数就可以作为拟投资企业的市盈率倍数的参考。

（2）确定拟投资企业的净利润和股权价值

这里所说的“拟投资企业的净利润”有多种选择方式，具体如下：

①最近一个完整会计年度的净利润。

②最近 12 个月的净利润。

③预测年度的净利润（很多是企业承诺的未来一年的净利润）。

前两个是历史数据，比较客观，但不一定能体现企业的发展趋势，可能也无法激励企业创始人及团队。在股权投资实践中，投资人主要是投资企业的未来，所以比较多的是采用预测的盈利数据，比如未来一到几年的净利润。当然，投资人并不是随便预测的，其对未来净利润也有一定的财务预测方法，同时要求企业作出一定的承诺。

比如，某 PE 基金拟投资 A 企业，A 企业的创始人团队承诺投资当年的净利润为 1 亿元，双方商定按 10 倍市盈率估值，那么 A 企业的投资后价值就是 1 亿元 × 10 = 10 亿元。如果 PE 基金投资金额为 2 亿元，那么 PE 基金所占企业的股权比例就是 2 亿元 ÷ 10 亿元 × 100% = 20%。当然，如果企业无法达到承诺的净利润，就要承担相应的违约责任，具体在后文介绍股权投资协议的一节中详述。

(3)市盈率倍数法的缺陷

采用市盈率倍数法有一个问题，就是企业的净利润和市盈率会受到市场和经济周期的影响，在一定周期内可能会大起大落。所以，很多 PE 基金会以平均市盈率为参考标准，而不是以特定时期的可比市盈率为参考标准，这样可以避免受到市场和经济周期的影响。

另外，单纯采用市盈率倍数法，对有些企业并不公平。因为许多民营企业在融资以前，由于税收筹划的关系，可能会采用一些财务手段，如做高费用以降低企业的应纳税所得额，故账面上的利润并不多，所以就有必要对企业的估值作出一定的修正。许多投资人内部有专业的会计师，会协助企业进行修正，做出一个比较合理的财务数据，或者在修正后以预测的净利润为盈利的数据。

还有一点请读者注意，市盈率倍数法对已经盈利且盈利比较多的企业是有用的，但对于没有盈利，而预计未来盈利可能会较大增长的企业则不太适用。在这种情况下，可以采用下文介绍的其他方法，比如市销率倍数法或创业投资估值法。

2. 市净率倍数法

市净率倍数法(P/B 法)与市盈率倍数法的差别就是"净利润"这个参数代入为"净资产"。因此，市净率倍数法的计算公式为：

股权价值(公司价值) = 可比公司的市净率倍数 × 拟投资企业的净资产

市净率倍数法比较适用于资产流动性较高的金融机构，因为这类企业的净资产账面价值更接近市场价值，比如银行业在估值时通常会采用市净率倍数法。因为市净率倍数法计算方法与市盈率倍数法计算方法差不多，且有大量资产的民营企业不多，所以采用这种估值方法的企业并不多，故不再详述。

3. 市销率倍数法

市销率倍数法(P/S 法)与市盈率倍数法的差别就是"净利润"这个参数代入为"销售收入"。因此，市销率倍数法的计算公式为：

股权价值(公司价值) = 可比公司的市销率倍数 × 拟投资企业的销售收入

这里的可比公司的市销率倍数通常为同行业的平均市销率倍数，拟投资企业的销售收入通常为企业近几年的平均销售额。

比如A企业成立当年的销售额为1亿元，且其销售额以每年100%的年均增长率增长，那么前3年的销售额就是分别为1亿元、2亿元和4亿元，如果第4年年初投资人要投资这家企业，且按行业平均市销率2倍进行估值，那么A企业前3年的平均销售额为(1亿元+2亿元+4亿元)÷3=2.34亿元，按2倍市销率计算，A企业的投资后价值就是2.34亿元×2=4.68亿元。如果A企业要求融资1亿元，那么PE基金所占A企业的股权比例就是1亿元÷4.68亿元×100%=21.37%。

这种估值方法比较适合于创业企业，因为创业期的企业净利润可能是负数，经营性现金流也可能是负数，也没有什么资产，但企业可能有销售额，而且销售额增长率很高。所以对于销售成本率比较稳定的收入驱动型企业，如互联网和电子商务、公共交通、商业服务、制药及通信设备制造企业等，比较适合采用市销率倍数法。比如京东在创办之初就是吸引大量用户，销售业绩高，但没什么利润甚至长期亏损，这种时候若引入股权投资，显然不能以市盈率倍数法进行估值，而应以市销率倍数法进行估值。

综上，采用上述几种相对估值法对股权价值进行分析时，需要结合宏观经济、行业发展与企业基本面的情况，具体情况具体分析。另外，在实践中运用相对估值模型时，尤其需注意选择的可比公司是否恰当、可比公司本身估值是否合理等问题。相对估值法的优点在于其比较简单，易于被普通投资者掌握，同时揭示了市场对于企业价值的评价。但是，在宏观经济出现较大波动时，周期性行业的市盈率、市净率、市销率等相对估值模型的变动幅度也可能比较大，有可能对企业的价值评估产生误导。在这种情况下，可以将多种估值模型结合起来运用，这样能有效减少估值结果的偏差。

(二)创业投资估值法

如果一家企业处于创业早期，没有利润也没有现金流，甚至利润可能都是负数，产品销量不高，用户不多，但可能未来发展潜力巨大。这种企业一切都存在不确定性，风险较大。如果此时PE基金(也可能是天使投资人或VC)介入，往往会采用创业投资估值法。

与相对估值法相比，创业投资估值法主观因素占比更大，其主要是通过评估投资人退出拟投资企业时的股权价值，再基于目标回报倍数或收益率，倒推出拟投资企业的当前价值，一般估值的方法如下。

1. 预估在投资人退出时的股权价值

先预测投资人退出的时间点，再估算该时间点的企业的股权价值即公司价值，估值方法一般为前文提到的相对估值法。

2. 计算出当前的股权价值

使用目标回报倍数或收益率将投资人退出拟投资企业时的股权价值折算成当前股权价值，其公式为：

当前股权价值 = 投资退出时的股权价值 ÷ 目标回报倍数

注：目标回报倍数 = $(1 + 目标收益率)^n$，其中 n 为次方，代表年数。

比如，某 PE 基金投资一家从事 AI 项目的 B 企业，预计 5 年后退出，退出时的股权价值预估为 200 亿元，目标收益率为 50%，目标回报倍数为 $(1 + 目标收益率)^n$，即目标收益率为 50%，5 年按 5 次方算，则是 $(1 + 50\%)^5 = 1.5^5 = 7.59375$，即目标回报倍数为 7.59375。

因此，当前的股权估值为：200 亿元 ÷ 7.59375 = 26.34 亿元。如果现在 B 企业要求融资 2 亿元，那么 PE 基金所占 B 企业的股权比例就是 2 亿元 ÷ 26.34 亿元 × 100% = 7.59%。

3. 考虑后续融资的股权稀释情况，调整投资时的持股比例

一般来说，B 企业会有后续轮次的股权融资，这必然会稀释投资人的股权，导致投资人持股比例下降。在这种情况下，投资人会用一定的方法预估股权稀释的情况，对前面计算出来的 7.59% 这个占股比例进行适当的增加，以防止股权被稀释。

笔者认为，创业投资估值法虽然有一定的计算公式，但有大量的主观因素存在，且往往是投融资双方讨价还价的结果。对于投资人来说，未来的风险很大；对于企业来说，投资人是雪中送炭，所以企业应该让渡一定的权益给投资人，但企业创始人及团队还是要以掌握控制权为原则。

第十节　签订股权投资协议

投资人对企业投资的程序，一般始于审查拟投资企业的商业计划书，经过初步尽职调查和前几轮谈判，到签订投资框架协议，再进行全面的尽职调查，最后由投资决策委员会对项目进行表决通过。接下来投资人会起草股权投资协议（也可称股权投资合同）及相关文件，并将其提交给拟投资企业。所谓股权投资协议，就是通过一系列具体条款对股权投资的具体方案进行确认，对拟投资企业内的股权架构和利益分配等事项进行约定。可以说，股权投资协议是约束投融资双方的核心法律文件。

投资人和企业双方签署股权投资协议,标志企业争取投资过程的结束,也标志双方建立长期合作伙伴关系的开始。

股权投资协议与前面所说的投资框架协议的法律意义完全不同,因为股权投资协议是对双方的权利义务进行约定,具有法律约束力。因此,投资人和拟投资企业都要格外慎重。特别是拟投资企业,因为其并非专业人士,而且一般合同都由投资人起草,所以需要聘请专业律师团队认真研究,仔细斟酌,反复推敲,甚至对用词反复考量,不能一拿到协议就签字盖章。很显然,在股权投资协议正式签订前,投融资双方还要进行多轮谈判,以争取对自己有利的条款,或者要求修改、删除对自己不利的条款,直到双方达成一致的结果。

所以,研究股权投资协议,就是研究其中的条款,以便对其中的相关条款有充分的理解和把握,争取和维护合同主体自身的权益。股权投资协议的相关条款有些属于基本条款,如投资人增资金额、所占股权比例、投资人在董事会中的席位和权限等,这些都是事先商定好的,一般双方都不会有异议。还有一些条款是投资人设定的保护自己的条款,而且这些条款会占股权投资协议的绝大部分,这些条款大多由投资人的律师起草,毕竟在大多数股权投资中,投资人占据比较强势的地位。因此,企业创始人团队对此要高度重视,学会理解和分析每项条款,不清楚就询问专业律师,千万不要为了融资而盲目答应投资人的条件,否则可能会引起各种纠纷,甚至失去对企业的控制权。

笔者接下来对股权投资协议中经常出现的条款进行介绍和分析,企业如果对此有所了解,在签订股权投资协议时就可以对条款有所把控,对不合适的条款一定要坚持自己的意见,要求投资人修改或删除,并尽可能增加对自己有利的条款,与投资人充分沟通,最终签订双方都能接受的协议。

股权投资协议作为约束投融资双方的核心法律文件,一般有如下几个部分。

一、交易结构条款

股权投资协议中的基本条款一般都是对交易结构进行约定。所谓交易结构,即投融资双方以何种方式达成交易,主要包括投资方式、投资价格、交割安排等内容。

(一)投资方式

投资方式包括认购拟投资企业新增加的注册资本(增资)或受让原股东持有的企业股权(股权转让),或者以上两种或多种方式相结合。因为股权转让是将投资款支付给原股东,企业得不到投资款,所以从企业发展的角度考虑,通常的股权投资主要以增资方式进行,以便把投资款项留在企业中,因此股权投资协议也称为增资协议。

(二)估值条款

交易结构条款中最重要的是估值条款。上述问题都围绕一个中心,即拟投资企业的估值,确定了企业估值,那么其他条款如股权价格、股权占比等都很好计算,而投资额度是双方本已商量确定的,不需多说。投资价款支付、工商变更登记及期限等,则是程序性的问题。

关于估值,前文已经介绍很多,而估值条款在股权投资协议中是最重要的条款之一,其直接影响着谁控制公司、股权售出时投资人的获利金额这两个主要问题,即控制权和收益权,这两项权利是投资人最看重的。当然,不同投资人可能着重点有所不同,比如 Buyout 并购基金更看重控制权,一般的 PE 基金则更看重收益权。

估值分为投资前估值和投资后估值,二者的区别就是估值是否包括投资人的投资款,其直接影响投资人所占企业股权的比例。投资后估值即前文在介绍估值时所阐述的估值确定后直接计算得出的股权价值(公司价值)和股权占比,投资前估值则是在确定的估值基础上增加投资人的投资款之后,再计算得出股权价值和股权占比。比如某 PE 基金以增资方式投资 C 企业,估值条款中约定以 C 企业未来一年的净利润 1 亿元为估值基础,市盈率为 10 倍,即企业的估值为 10 亿元,如果保持 10 亿元这个基数不进行调整,说明投资后企业估值仍为 10 亿元,故称该 10 亿元为投资后估值;但如果在 10 亿元基础上再加上 PE 基金的投资款,则表明该 10 亿元估值只是投资前的估值,投资后还要加上投资人的投资款,故称该 10 亿元为投资前估值。举个例子,PE 基金投资额为 2 亿元,如果按投资后估值计算,说明 10 亿元的估值在投资后保持不变,则 PE 基金在 C 企业占股比例为 2 亿元 ÷ 10 亿元即 20%,前面为方便计算和说明,举例都是按投资后估值这种方式;而如果按投资前估值的方式计算,则说明该 10 亿元只是投资前的估值,投资后要再加上 PE 基金的投资款,估值则要变为 12 亿元,那么 PE 基金在 C 企业占股比例则只有 2 亿元 ÷ (10 亿元 + 2 亿元) = 16.67%。根据上述两种方式所计算得出的投资人的持股比例,两者相差有 3.34% 之多。显然,按投资前估值的方式计算得出的投资人所占企业股权的比例更低,对企业更有利,而投资后估值对投资人更有利,所以投资人在起草股权投资协议时往往会采用投资后估值这种方式。对于企业创始人团队来说,股权何其珍贵,在创业初期,需要用股权做很多事,激励很多人,在企业壮大时,1% 的股权比例就可能代表几亿元甚至几百亿元的价值。因此,创始人团队一定要有股权意识,分清投资前估值和投资后估值的差别,仔细审查股权投资协议,尽可能争取采用投资前估值这种方式。

(三)投资额度、股权占比和交割安排

确定投资方式和估值之后,股权投资协议中还要约定投资额度、股权占比、投资价款支付方式,以及办理股权登记或交割的程序(如工商变更登记)、期限、责任等内容,对于这些条款,双方在估值确定后都比较容易达成一致意见,故不作赘述。但请注意一点,企业估值是无法完全反映在工商登记层面的,比如前文提到的按投资前估值的方式计算出来的股权占比是16.67%(1/6),而企业注册资本只有5000万元,那么事实上投资人在工商的注册资本中反映出的增资额(设为X)的计算公式为X÷(X+5000万元)=1/6,得出可进入注册资本的增资额X只有1000万元,由此企业注册资本只是增加到6000万元。因为实际上投资人的投资金额为2亿元,那么剩下的1.9亿元投资款就要进入企业的资本公积金,进行会计处理时,将1000万元计入“实收资本”科目,剩余1.9亿元计入“资本公积-资本溢价”科目。

二、先决条件条款

在签署股权投资协议时,拟投资企业及原股东可能还存在一些未落实的事项,或者可能发生变化的因素。为保护投资人利益,投资人一般会在股权投资协议中约定相关方落实相关事项或对可变因素进行一定的控制,以此为投资的先决条件,其包括但不限于:

1. 与该次投资有关的法律文件均已经签署并生效。

2. 拟投资企业已经获得所有必要的内部(如股东会、董事会)、第三方和政府(如需)的批准或授权。

3. 全体股东知悉其在股权投资协议中的权利义务且无异议,同意放弃相关优先权利。

4. 该次交易符合法律政策、交易惯例或投资人的其他合理要求,通过尽职调查发现的问题已得到有效解决或妥善处理,如未解决则在承诺和保证条款中进行承诺和保证。

三、承诺与保证条款

前文已经提到,对于在尽职调查中出现的无法获得有效证据,或者有难以解决的问题,或者在股权投资协议签署后至投资交割完成期间(过渡期)可能发生的妨碍交易或有损投资人利益等情形,一般会在股权投资协议中约定由企业及原股东作出承诺与保证,包括但不限于:

1. 企业及原股东系依法成立和有效存续的法人或拥有合法身份的自然人,具有完全的民事权利能力和行为能力,具备开展其业务所需的所有必要的批准文件、执照和许可。

2. 各方签署和履行投资协议,不会违反任何法律法规和行业准则,不会违反公司章程,也不会违反拟投资企业已签署的任何法律文件。

3. 过渡期内,原股东不会转让其所持有的企业股权,或设置质押担保等权利瑕疵。

4. 过渡期内,拟投资企业不会进行利润分配或利用资本公积金转增股本。

5. 企业的任何资产均未设立抵押、质押、留置,没有司法查封冻结及其他权利瑕疵;未以任何方式直接或者间接地处置企业主要资产,也没有发生正常经营以外的重大债务;企业的经营或财务状况等方面未发生重大不利变化。

6. 企业及原股东已向投资人充分、详尽、及时地披露或提供与该次交易有关的必要信息和资料,所提供的资料均系真实、有效,没有重大遗漏、误导性陈述和虚假记载。

7. 原股东承担投资交割前未披露的或有税收、负债或者其他债务。

8. 股权投资协议中所作的声明、保证及承诺在股权投资协议签订之日及以后均为真实、准确、完整、有效。

四、公司治理方面的条款

在股权投资协议中,投资人会要求通过公司治理条款对拟投资企业及其原股东进行一定的监管和约束,并起到规范企业和保护投资人利益的作用。例如,股东(大)会、董事会、监事会的权限和议事规则,董监高的提名规则,红利分配方式和规则,投资人的否决权和知情权,关联交易和同业竞争规则,关键人员的竞业限制条款等。

现就主要条款作出介绍和分析。

(一)董事会席位条款

董事会席位条款就是指在股权投资协议中约定投资人和企业在董事会席位构成和分配等方面的条款,即对董事会席位总数及其分配规则进行约定,在第二章"股权架构与控制权"已经阐述过,其实质上是对企业的控制权进行分配。

股东(大)会和董事会是公司治理的重要组成部分。一般情况下,PE 基金等投资人在企业的股权占比不高,即使股权占比较高,投资人也不太可能在股东(大)会中取得控制权。因此,在企业的董事会中获得一定的席位和话语权,对投资人来说至关重要。

董事会席位条款可以对企业创始人及团队起到一定的约束作用,以维护投资人的权益。所以,投资人对董事会席位比较看重,而且往往会在股权占比达不到条件的情况下要求提名董事，比如其股权占比只有不到10%，企业的董事会一共设5名董事，正常情况下，股权占比达到20%的股东才享有一个董事提名权，但这时候投资人往往提出要有一个董事提名权，且还可能再要求和企业共同提名一个独立董事。对企业来说，应当对投资人股权占比的最低比例有一定要求，比如达到多少股权占比才能获得一个董事会席位，而不能毫无原则地迁就投资人。当然，这是一个双方博弈的过程，投资人的目的往往并不是控制企业，而是监管企业。企业在控制权没有遭受威胁的情况下，也可以作出一定的让步，相比之下，企业对后文提到的一票否决权则应该更加慎重对待。

如果投资人的股权占比实在太少，确实无法获得董事会席位，投资人也可能会要求委派人员以“观察员”身份列席董事会，观察员虽然不具有投票权和决策权，但也能起到一定的监管作用，并能了解企业的日常运营情况。这对企业影响不大，企业一般都能接受。

（二）一票否决权（保护性）条款

在股权投资协议中，投资人为了保护自己的利益不受损害，会对创始人或者企业进行某些限制，比如要求创始人或企业在执行某些可能损害投资人利益的行为之前，需获得投资人的同意或批准，这实质上就是投资人在企业某些特定事项上的一票否决权。

一票否决权条款也可以被称为保护性条款，其是投资人为保护自身利益，防止企业做出对投资者利益有重大影响甚至有损害的行为而制订的条款。一票否决权有两层含义，一方面是指企业在进行某些决策或有重大变动事项时，必须经过投资人或其委派人员同意；另一方面是指对于企业未通知投资人而擅自进行的事项，投资人有权否决叫停，给投资人造成损失的，企业还要承担赔偿责任。

有些投资人为保护自己的利益，规定很多可行使一票否决权的内容，这对企业来说肯定不利。因为这种条款可能会影响企业创始人团队的决策力度和企业的生产经营，容易造成企业发展停滞甚至倒退，更重要的是，这些条款可能对企业后续融资造成严重的影响和阻碍。所以企业创始人团队一定要认真审视这些条款，对不公平、不合理的内容必须提出修正或删除的意见。当然，在谈判过程中，为保证顺利取得融资，企业创始人及团队也要作出一定的妥协。总之企业和投资人双方要尽量找到一个利益平衡点，不能让企业受到过多的限制。太多限制对投资人也不一定有利，因为太多限制容易束缚企业创始人团队的手脚，企业发展不顺对投资人也没有好处。有大局观的投资人都深知这一点，故不会对企业创始人团队进行过多限制。

1. 一票否决权的主要内容

下文对常用的一票否决权条款进行介绍,以便企业仔细斟酌,在遇到这些情形时能作出有利于自身的决定。

投资人主要通过行使股东(大)会或董事会的否决权来实现保护自己的目的,所以其可能会要求对下列事项行使一票否决权,即下列事项必须经投资人或投资人委派的代表同意:

(1)企业的合并、分立、清算、解散、变更公司形式或以各种形式终止经营。

(2)修改企业的章程。

(3)增加或减少企业的注册资本。

(4)企业后续融资时,与新投资人签订比股权投资协议约定的优先权或特许权条款更加优惠或优先的条款。

(5)企业以任何形式进行股权回购。

(6)审批通过、变更、修改企业的年度预算,以及在股东之间进行利润分配。

(7)制订、批准或实施任何股权激励计划,以及任何清算优先权的设置或行使。

(8)对一定金额以上的企业资产进行购买和处置。

(9)企业对外负债或对外担保超过一定的金额(可分开约定单笔和累计)。

(10)改变董事会的人数组成和决策方式。

(11)对企业的业务范围、性质和业务活动作出重大改变。

(12)商标、专利、专有技术等知识产权的购买、出售和许可使用。

(13)批准企业重组和上市的方式、时间、地点、价格等。

上述相关事项,投资人如不同意,就可以行使一票否决权,有些可以在股东(大)会上否决,有些可以在董事会上否决,不同的股权投资协议有不同的撰写方式。但对投资人来说,其比较倾向在股东(大)会上否决,因为股东(大)会是企业的最高权力机构,形成的决议是最终的;而如果在低一级的层次如董事会否决,效率虽然比较高,但企业可以把董事会否决的事项提交股东(大)会讨论,这样会增加未知性。所以投资人一般会要求约定能够行使股东(大)会的否决权。

2. 一票否决权的法律依据

(1)股东(大)会的一票否决权

在第二章“股权架构与控制权”中,笔者提到过一票否决权。实践中,一票否决权通过股权占比来实现,其与公司章程规定的股东(大)会的表决权通过比例相关。比如公司章程规定修改公司章程等重大事项必须有66.67%以上表决权通过,那么相对应地,一票否决权的比例就要达到33.34%,如果达不到33.34%,就可能因无法行使一票否决权而通过相关决议。但如果公司章程规定重大事项必须有

95%以上表决权通过，那么这时的一票否决权比例则只需超过5%即可。

但投资人的股权占比可能无法达到事实上的一票否决权的要求，比如公司章程规定66.67%以上表决权通过，那么一票否决权的比例要达到33.34%，但投资人的股权占比只有20%，在这种情况下，投资人要求享受一票否决权，是否有法律依据？笔者对此作出分析。

①有限责任公司

关于有限责任公司，我国《公司法》第42条规定："股东会会议由股东按照出资比例行使表决权；但是，公司章程另有规定的除外。"第43条规定："股东会的议事方式和表决程序，除本法有规定的外，由公司章程规定。股东会会议作出修改公司章程、增加或者减少注册资本的决议，以及公司合并、分立、解散或者变更公司形式的决议，必须经代表三分之二以上表决权的股东通过。"因此，有限责任公司的股东会有较大的自主权，可以通过公司章程约定许多与法律规定不一致的事项。

所以，由于有限责任公司拥有较大的自主权，且可以同股不同权，其可以在公司章程中约定一票否决权，并不需要达到事实上的一票否决权的股权比例要求。故对于有限责任公司的一票否决权，法律上没有什么障碍。

②股份有限公司

关于股份有限公司，我国《公司法》第103条规定："股东出席股东大会会议，所持每一股份有一表决权。但是，公司持有的本公司股份没有表决权。股东大会作出决议，必须经出席会议的股东所持表决权过半数通过。但是，股东大会作出修改公司章程、增加或者减少注册资本的决议，以及公司合并、分立、解散或者变更公司形式的决议，必须经出席会议的股东所持表决权的三分之二以上通过。"

股份有限公司与有限责任公司不同，股份有限公司在章程中自行约定的可能性比较小，受到的约束比较多，所以投资人如果要行使一票否决权，首先要遵守股份有限公司"同股同权"的原则。也就是说，投资人如果享有一票否决权，那么股权比例高于或等于投资人股权比例的股东也应该有一票否决权；同时要按照投资人的股权比例，在公司章程中对表决权通过的比例进行相应调整。例如，投资人的股权占比为20%，那么表决权通过比例就要规定为超过80%，因为《公司法》只有对表决权的最低比例的限制，而没有最高比例的限制。因此，从理论上来说，只要企业的其他股东同意并在公司章程中写明，行使一票否决权的事项甚至可以要求全体股东一致同意（或者接近100%）。因此，公司章程约定的表决权通过比例越高，一票否决权的股权比例就可以越低。

但以上都是从理论上来说，事实上，除非有足够的股权比例，否则投资人在股份有限公司行使一票否决权的可能性不大，理由如下：

第一,我国的股份有限公司实行同股同权的原则,那么,单独约定投资人可以行使一票否决权,而让拥有相同甚至较高股权比例的其他股东放弃一票否决权,属于同股不同权,这是违反《公司法》规定的,因此没有这个可能性。

第二,在股份有限公司中,对于投资人关心的重大事项的决议,可以提高股东所持表决权的通过比例,如投资人的股权比例是10%,那么可以在公司章程中约定重大事项决议需要90.1%以上所持表决权的股东通过。但这是针对所有股东的,在这种情况下,所有股权占比达到10%的股东都享有相同的一票否决权。这就会造成一种结果,就是其他股东也和投资人一样享有一票否决权,如此可能导致其他股东频繁使用一票否决权而导致企业无法开展正常的运作和经营。很多情况下,在一些决议上投资人可能同意,而其他股东不同意,这就会引发各种僵局,反而影响企业发展。

第三,如果有新的投资人进入股份有限公司,通过增资,就会造成原投资人的股权比例被稀释,这可能会造成两种结果,一种结果是原投资人股权比例稀释到无法行使一票否决权,那么原投资人可能通过各种手段,行使各种优先权阻碍新投资人进入;另一种结果是原投资人还可以行使一票否决权,而新投资人也可以行使一票否决权,如此投资人之间就可能产生矛盾。

③拟上市公司改制为股份有限公司

还有一个重要的问题,就是拟投资企业如果要IPO,那么有限责任公司要改制成股份有限公司,这个时候,投资人在有限责任公司的一票否决权的效力是否会产生变化?

笔者认为,如果投资人在股份有限公司想实现一票否决权的特殊化,至少在国内是行不通的,因为国内IPO不允许同股不同权。也就是说,投资人在有限责任公司设置的一票否决权在股份有限公司可能会被认定为无效,除非投资人同意按同股同权方式处理。前面也分析过,提高股份有限公司股东大会对重大事项决议的股东所持表决权的通过比例的可能性也不大。事实上,投资人所看中的企业,绝大多数是准备上市的,这些企业在上市之前肯定要改制为股份有限公司,这个时候原有限责任公司的一票否决权可能就因此无效。

但依笔者之见,在企业IPO前,公司治理应该已经很完善,内部控制制度都已经建立起来,公司透明度高,披露程度高,侵犯投资人权益的事情发生概率很小。而且随着融资轮次的不断增多,投资人会不断增加,创始人团队的股权比例被不断稀释,投资人联合起来的股权占比应该已经很大,可以有效制约创始人团队。那时反而可能是创始人比较担心控制权旁落而要求一票否决权,比如阿里的马云及合伙人团队就有一票否决权。

(2)董事会的一票否决权

相对股东(大)会来说,取得董事会的一票否决权就比较容易。

对于有限责任公司,我国《公司法》第48条规定:“董事会决议方式和表决程序,除本法有规定的外,由公司章程规定。董事会应当对所议事项的决定作成会议记录,出席会议的董事应当在会议记录上签名。董事会决议的表决,实行一人一票。”对于股份有限公司,我国《公司法》第111条规定:“董事会会议应有过半数的董事出席方可举行,董事会作出决议,必须经全体董事的过半数通过。董事会决议的表决,实行一人一票。”

从以上法条可以得出以下几个结论:

①有限责任公司虽然与股份有限公司的董事会都实行一人一票,但有限责任公司的决议方式和表决程序可以由公司章程约定,这就有比较大的自主空间,可以通过相关表决程序约定投资人的一票否决权。

②法律规定股份有限公司的董事会决议必须经全体董事过半数通过,这是规定了下限,没有上限要求,那么对于重大事项的表决,可以提高上限比例,比如2/3或者其他有利于投资人的通过比例。

③从理论上来说,投资人对股份有限公司的董事会决议也可以行使一票否决权,比如可以规定重大事项决议必须全体董事一致通过。但这与股东大会的缺点一样,容易出现其他代表小股东的董事无事生非。当然,办法也不是没有,比如除了投资人委派的董事以外,其他董事都可以安排较大股东的代表。

④无论是有限责任公司还是股份有限公司,《公司法》并没有规定董事的席位必须与股份的比例挂钩,企业可以在控制股东大会的前提下,适当让渡一些董事会席位给投资人。

3. 企业如何对一票否决权进行限制

对于企业创始人来说,一票否决权(保护性)条款有很多不利之处,如投资人滥用这些条款,恶意否决公司正常的经营行为,或阻止新的投资人进入,或提出过分的要求和条件。当然,投资人在与企业签订股权投资协议前提出这些要求,大多也是希望企业能诚信做事,以免今后产生矛盾和分歧。所以事先说明也有好处,这样可以明确投资人与企业各自拥有的权利,提高企业决策运行的效率,减少事后纠纷,保证投资人无后顾之忧,共同努力为企业带来更高的价值回报。因此,企业不要一味地拒绝这些条款,要能理解投资人的担忧,相信投资人只有在其利益即将受损时才会使用一票否决权,而企业的正常决策会得到投资人的理解和支持。总之,双方应该尽可能取得相互理解和谅解,互相作出一定的妥协,根据实际情况,就最重要的几个条款达成一致。投资人也不能对企业及创始人约束过多,否则会出现不利后果。

一票否决权对企业创始人团队来说也是把“双刃剑”,在企业创始人团队把控大股权的时候,其当然希望投资人的一票否决权条款越少越好,但如果像阿里那样因为投资人越来越多,或者投资人不断增加投资,创始人的股权被稀释到极少甚至个位数的情况时,企业创始人反而会希望得到一票否决权,并增加可否决的内容,或者增加董事会席位(如阿里的合伙人制度中对于董事会席位过半数的要求)。

当然,一般情况下,投资人股权比例不会太大,所以企业还是要尽可能限制投资人有过多的一票否决权,主要可以从以下几方面限制:

(1)要求享有一票否决权的投资人在企业的占股达到一定的比例,比如10%或以上。

(2)分析并列举可能造成投资人损害的情形,尽量把一票否决权条款限制在5条以内,若投资比例增加则可再适当增加相关条款。

(3)若上述要求无法达成,则尽可能把一票否决权置于董事会而不是股东(大)会。另外,企业创始人团队为取得控制权,可以适当增加投资人在董事会的席位,但在股东(大)会方面,建议还是按股权比例投票,甚至给予创始人更多的投票权(如设置类似AB股的双层股权架构)。

(4)可以制定附条件的条款,比如当企业的业绩达到一定程度时,取消部分的一票否决权或保护性条款。

(5)如果有多个投资人,或者后续有投资人进入,最好事先约定不是所有的投资人都享有一票否决权,而且要对投资人享有一票否决权的条件进行限制,或者多个投资人只能派出一个或几个代表行使一票否决权,以避免过多的一票否决权给企业带来风险,或导致企业的僵局。

投资人应当明白图4股权关系中C大类的特质是扶持企业,让企业站在中心位。因此,要给企业及创始人更多的发展空间,尽可能提高创始人团队的积极性,而不是一味地限制和控制创始人团队;如果有多个投资人,那么投资人内部也应该达成一致意见,不要出现个别投资人利用一票否决权阻碍企业正常决策通过的情形,从而侵害其他投资人和企业的利益。因为企业和投资人的目标是一致的,都是保证企业正常而快速地发展。

(三)竞业限制条款

企业家对竞业限制条款应该都比较熟悉,这是劳动关系中的一项重要内容,也是公司治理的一项重要内容。

竞业限制条款也叫竞业禁止条款,从字面意思理解,就是禁止或者限制企业员工从事与企业有竞争关系的行业或者到有竞争关系的其他企业工作。

在股权投资协议中常见的竞业限制条款包括两种形式。

1. 法定的竞业限制

例如,我国《公司法》规定,公司董事和高管不得自营或为他人经营与所在企业同类的业务,除非经股东(大)会同意通过。

2. 约定的竞业限制

实践中,投资人会要求拟投资企业与创始人及团队、董事、高管、核心技术人员等签订竞业限制协议,约定这些人在任职期间及劳动关系解除后一定期限(如投资人退出前)内,不得到生产同类产品、经营同类业务或有竞争关系的单位任职,不得自行生产同类产品,经营同类业务,也不得诱使企业中的其他人员离职。股权投资协议也经常包含一些防止同业竞争的条款。

五、反稀释条款

反稀释条款也被称为反摊薄条款,从字面意思理解,就是投资人不希望自己的股权(包括股权价格和股权占比)被稀释或被摊薄,其主要目的是防止企业后续融资的股权价格比现有投资人的股权价格更低,即防止企业在后续融资中降价融资。

股权投资具有很大风险,在创业过程中,企业经营业绩经常会出现较大的波动,如果企业经营业绩变差,后续融资就会有难度,创始人为了获得融资就可能降低价格;另外,有一些创始人为了稀释现有投资人的股权占比而故意降价融资。这些都可能对现有的投资人造成损失。

企业在后续融资时还可能增发大量新股,相对应地,现有投资人的股权占比就会被稀释,这对投资人来说相当不利,可能连股权投资协议中约定的最低持股比例都没有,其所对应的监管企业的权利(如董事会席位、一票否决权等)就可能丧失。

因此,为了防止自己的股权被稀释,投资人通常会要求在股权投资协议中约定反稀释条款,从而维护自身的权益。

股权投资协议中的反稀释条款通常包括反稀释股权价格的最低价格权条款,和反稀释股权占比的优先认购权条款。

(一)最低价格权条款

最低价格权是指在股权投资协议签署后至企业上市之前,企业以任何方式引入新的投资人,都应确保新投资人的投资价格不低于本轮投资的价格。如果新投资人的投资价格低于本轮投资价格,则创始人股东要无偿(或以象征性价格)向本轮投资人转让相对应部分的股权,或向本轮投资人支付现金补偿,以保证本轮投资人的投资价格降低到与新融资价格同等的低价。

这里涉及一个价格调整的问题,调整价格的主要方法有棘轮调整法及加权平均法，这两种方法比较复杂和枯燥，故不作详细介绍，企业家可自行查询。相对而言，棘轮调整法对投资人更加有利，加权平均法则更加公平。

(二)优先认购权条款

优先认购权是指在股权投资协议签署后至企业上市之前，企业以增资方式引进新投资人，本轮投资人有权(但并非义务)按其在企业的股权占比，在同等条件下优先认购相应份额的新增股权。

优先认购权是投资人股权比例不被稀释的重要保障，是股权投资协议中最常见的一项条款。

关于原有股东按原出资比例认购新股的权利，我国《公司法》第 34 条(有限责任公司)和第 133 条(股份有限公司)都有相应的法律保障。

但请注意，这种优先认购权一般只适用于企业增资是为了引入新投资人的情况，如果企业增资或增发股份是为了 IPO 上市、员工股权激励或银行债转股，那么投资人一般不能适用。

六、估值调整条款(对赌条款)

估值调整条款就是众所周知的“对赌条款”，有些投资人还会要求拟投资企业或其股东与其签订专门的“对赌协议”。

前文已经对估值作了较多的介绍，读者应该了解，投资人对企业的估值一般是依据企业当时的经营业绩和对企业未来业绩的预测，但这种估值往往带有不确定性和较大的风险。

为此，投资人会要求与企业签订估值调整条款，约定如果企业在一定期限内无法达到或完成一定的指标或目标，就说明原来预测的估值太高，那么企业或企业的股东应向投资人支付一定的补偿，以弥补投资人因为企业实际价值降低而受到的损失。

投资有风险，投资人既然投资了企业，就应当与企业共担风险，共享利益，但估值调整条款明显违背了这个原则。所以，前文已经讲过，真正拥有图 4 股权关系中 C 大类特质的投资人一般是不会签订估值调整条款的，因为估值调整条款显然是给企业压力，这反而会束缚企业创始人团队的“手脚”。

当然，如果企业创始人团队对企业的发展有充分的信心，对相关条款没有异议，那这也是给企业创始人团队的一种动力。不过笔者认为，投资人不要强迫创业创始人团队，不要以退出投资或要求企业及创始人团队赔偿等方式对创始人团队施加压力。

另外，如果企业在一定期限内达到或者超过一定的指标或目标，在公平原则下,投资人也应该给予创始人团队一定的奖励,比如现金支持或增加股权等。

一般来说,投资人和企业及创始人团队约定的估值调整条款以企业的业绩目标或特定的事件为触发条件,比如企业的净利润、主营业务收入未达到约定的经营指标,或者企业未按约定时间实现上市,或者原控股股东失去控股地位、大股东及高管严重违约,以及出现其他影响估值的情形(如企业丧失业务资质)等。当然,对赌的条件还有许多,一切与企业相关的事项都可以拿来对赌,只要投资人与创始人团队双方都能够接受。那么,在出现上述违约情形时,企业创始人及团队或相关利益方就要按照估值调整条款约定的计算规则,对投资人以现金或股权进行补偿,甚至投资人可以要求提前退出投资(由企业或股东回购股权)。

笔者还是要奉劝企业家们,不要太盲目自信,毕竟市场瞬息万变,很多事情难以把握,没有确切把握,尽量不要对赌。事实上有许多对赌失败的例子,比如俏江南的张兰就是因为对赌而被扫地出门。好的投资人也不会强制要求进行对赌而给企业压力。

(一)估值调整条款的类型

前文提到,估值调整条款一般规定以现金或股权进行补偿,所以估值调整条款可以分为补偿类和回购类。补偿类有现金补偿类和股权(股份)补偿类,回购类则一般是投资人要求企业或创始人团队或相关利益方回购股权(股份)。

1. 现金或股权(股份)补偿

(1)现金补偿

关于现金补偿,估值调整条款中一般会规定,如果企业的实际经营指标低于承诺的经营指标,则企业、控股股东或相关利益方应当向投资人进行现金补偿,一般来说,应补偿现金计算公式如下:

应补偿现金=(年度保证经营指标-年度实际经营指标)÷年度保证经营指标×投资人的实际投资金额

对赌中的经营指标一般与估值的方法对应,比如说估值以市盈率为基础,那么一般以企业的净利润进行对赌。举个例子,企业保证投资后第二年的企业净利润要达到1亿元,那么如果企业的净利润在投资后的第二年没有达到1亿元,则现金补偿金额的计算公式为:

(1亿元-实际净利润)÷1亿元×投资人的投资总额

如果投资人投资总额是2亿元,第二年企业净利润为5000万元,则具体现金补偿金额为:

(1亿元-0.5亿元)÷1亿元×2亿元=0.5亿元÷1亿元×2亿元=1亿元

1亿元就是现金补偿的金额。

(2)股权(股份)补偿

股权(股份)补偿则是以与上述现金等额的企业股权向投资人进行股权补偿,其补偿原理与现金补偿的补偿原理一样。

但是,股权(股份)补偿机制可能导致企业的股权发生变化,影响股权的稳定性,在上市审核时可能被监管机关否决。投资人也不希望看到企业无法上市,所以签订相应条款时都应当谨慎。另外,如果投资人有控制企业的目的,股权(股份)补偿机制对企业创始人来说则是"致命"的,因此企业创始人及团队更需要认真考虑。

所以说,股权(股份)补偿很可能导致企业无法顺利经营,或者导致创始人失去控制权。

2. 股权(股份)回购

如果企业的经营指标等无法达到股权投资协议中约定的条件,或者企业违反股权投资协议中的相关条款,比如企业的净利润、主营业务收入未达到约定的经营指标,企业未按约定时间实现上市,原控股股东失去控股地位,大股东及高管严重违约,企业丧失业务资质等,则投资人有权将其持有的全部或部分股权以事先约定的价格卖给企业或其创始人及相关利益方。

股权(股份)回购也可以被称为投资人的回售权。该条款对投资人来说有两个目的:一是进行估值调整;二是保证投资顺利退出。也就是说,当投资人认为企业已经不值得投资的时候,可以保证其获得畅通的退出渠道。

(二)对赌经典案例

我们知道,估值调整条款俗称对赌条款,关于对赌的案例有许多,但在对赌方面,和专业的投资人相比,许多企业家就是新手。而且在对赌中,企业赌胜的基本上都是双赢或者多赢,赌输的则可能导致企业破产,或者企业创始人被扫地出门。

案例10 蒙牛案

这个案例算是为数不多的企业对赌获胜的案例。2003年,蒙牛乳业管理团队与摩根士丹利等3家国际投资机构签订"对赌协议",主要内容为:2003年至2006年,如果蒙牛业绩的复合增长率低于50%,以牛根生为首的蒙牛管理团队要向投资人转让7830万股蒙牛股票,或以等值现金的代价支付;反之,如果蒙牛业绩的复合增长率高于50%,投资人将转让7830万股蒙牛股票给以牛根生为首的蒙牛管理团队。

摩根士丹利通过"可换股文据"向蒙牛注资3523万美元,约定换股价格仅为0.74港元/股。

最终,蒙牛达到约定的业绩指标,其高管获得了价值数十亿元人民币的股票。事实上,投资人虽然支付了一部分股票,但也因为蒙牛业绩增长而获利。蒙牛当时的股价在每股6港元以上，摩根士丹利按0.74港元/股换股，也是赚得盆满钵满。

案例11 永乐案

永乐于2005年1月获得摩根士丹利及鼎晖的5000万美元联合投资。其中，摩根士丹利投资4300万美元，占股23.53%；鼎晖投资700万美元，占股3.83%。同时，永乐创始人陈晓与包括摩根士丹利及鼎晖在内的投资人签订对赌协议，约定永乐2007年净利润的实现目标为6.75亿元人民币，若达不到，永乐相关股东就要根据目标实现情况向投资人出让股权；若达到目标，永乐相关股东可获得相应股权。

永乐2002年至2004年的净利润分别为人民币2820万元、1.48亿元和2.12亿元，摩根士丹利的理由是，永乐过去几年的净利润增长一直保持在50%以上的速度，按照这样的速度计算，2007年实现6.75亿元人民币的目标不存在太大的困难，陈晓也对此充满信心。

2005年10月14日，永乐顺利登陆香港联交所完成IPO，融资超过10亿港元。

然而市场瞬息万变，2006年4月24日，永乐公告披露“预计上半年的利润低于去年同期”，按照永乐披露的业绩预警，2006年的全年业绩很可能低于2005年的3.21亿元人民币，那么2007年要实现6.75亿元人民币净利润几乎是不可能完成的任务，这就意味着陈晓要出让3%～6%的企业股权给摩根士丹利。

陈晓为寻找快速盈利的方法，只能与国美合并，国美通过“现金+股票”的方式，以52.68亿港元全资收购永乐，收购完成之后，原永乐的股东全部转变为国美的股东，永乐则成为国美的全资子公司并从香港联交所退市。最终，永乐90%以上的股东接受国美的要约收购，2006年11月，陈晓低调出任国美总裁，其在国美只拥有不足4%的股权。

案例12 俏江南案

俏江南2007年销售额在10亿元左右。2008年9月30日，俏江南与鼎晖签署股权投资协议，鼎晖注资约2亿元人民币，占有俏江南10.526%的股权。同时，俏江南与鼎晖签署了对赌协议，该协议主要内容有：如果非鼎晖方面原因，使俏江南无法在2012年年底上市，则鼎晖有权以回购方式退出俏江南。

2011年3月，俏江南向证监会提交了上市申请，但2012年年初被证监会终止审查。张兰被迫寻求港股上市，但因商务部、证监会、国家外汇管理局等6部门联合发布《关于外国投资者并购境内企业的规定》，张兰仍未能如愿。因此，俏江南最终未能实现2012年年末之前完成IPO的目标，导致其触发了与鼎晖签署的“股权回购条款”，这意味着俏江南必须用现金回购鼎晖所持有的俏江南的股权，同时还得保证鼎晖获得合理的回报（从2008年到2013年，按每年20%的回报率计算，鼎晖退出回报大概在4亿元以上)。

当时俏江南已经处于困境,门店数量从2012年年末的70家缩减至50余家,显然无法拿出这笔巨额现金来回购鼎晖手中的股权,鼎晖在俏江南的投资似乎退出无望了。但作为专业投资人的鼎晖当然不可能没有办法,因为其在股权投资协议中还约定了"领售权条款"。关于"领售权",笔者在本章后续会有介绍,就是领导出售公司股权的权利,指当鼎晖要出售股权时,其余股东(不管股权比例多高)都要以相同的价格和条件出售他们的股权。在这种条款的约束下,张兰即便是控股股东也要无条件跟随鼎晖卖掉其股权。

2014年4月,CVC发布公告宣布完成对俏江南的收购。根据媒体的报道,CVC最终以3亿美元的价格收购了俏江南82.7%的股权。由此可以推测,除了鼎晖出售的10.53%股权,其余超过72%的股权为张兰所出售,这显然是"领售权条款"发挥了作用。CVC入主俏江南之后,张兰成为仅持股百分之十几的小股东,根本没有话语权。

上述案例都是股权投资协议中"对赌条款"或专门的"对赌协议"所引发的连锁反应的结果,由此可见,VC、PE等投资人在投资中经常会利用相关条款对自身利益形成环环相扣的保护。

(三)签订估值调整条款的原因分析

无论是对投资人,还是对企业及股东而言,签订估值调整条款即对赌条款肯定都有一定的原因,笔者试着对此作出分析。

1. 企业和股东

对于企业和其股东来说,对赌风险极大,因为企业对赌失败的案例太多。但企业明知不利,为什么还要签订对赌条款呢?笔者分析,主要有如下几个原因。

(1)为融资而被迫对赌

企业发展需要融资,在引入股权投资时,企业本身就处于弱势地位,投资人提出对赌,企业和其股东为了证明自己有能力把企业经营好,在对赌条件不是太严苛的情形下,是会接受对赌的;有些时候,即使对赌条件很苛刻,企业和股东也愿意接受对赌,因为如果没有投资,企业可能就无法生存。

(2)企业盲目自信

许多企业认为前几年发展迅猛,对赌条款中约定的业绩指标很容易实现,所以就轻率地签订了对赌条款。比如前述案例中的永乐创始人陈晓在引入投资前,自认为每年利润的增长速度极快,达到投资人要求的业绩指标不成问题,没想到市场风云变幻,上市以后反而利润急剧下滑,最后因无法完成约定的指标而被国美收购。

(3)为利益所驱使

投资人在提出对赌的同时会提出,如果企业达到业绩指标,投资人愿意在股权和金钱方面进行补偿,这在一定程度上会激发企业创始人或实际控制人的野心。许多企业家都了解蒙牛对赌成功的案例,也知道蒙牛管理层获得数十亿元的奖励,认为只要稍加努力就可以达到业绩指标,从而获得巨额的奖励,而没有考虑可能存在的诸多不利因素和市场的变幻莫测,因而导致对赌失败。

2. 投资人

从投资人的角度来说,对赌也有可以理解的原因,因为投资人与企业之间存在明显的信息不对称。企业的盈利水平主要是由实际控制人或管理层预测的,他们掌握着企业的全部信息,而投资人虽然也做了尽职调查,但是从信息掌握的丰富程度和深入程度等来看,其均与实际控制人和管理层无法比拟。因此,对赌是一个充分证明企业价值的较好办法,投资人要求对赌的原因可归结为以下几点。

(1)股权投资定价机制的特殊性

投资人投资所获得的股权的价值是为企业未来一定时期的盈利水平所决定的,这个盈利水平是预测出来的,或者说是评估出来的,也可能是实际控制人及管理层所承诺的。投资人在进行股权投资时并没有太多真实可靠的证明资料,因此通过对赌,约定以企业未来的实际业绩来调整估值,能比较公平地体现出企业的真实价值。

(2)依据风险共担的原则

企业原股东所持股权的成本往往低于或等同于账面价值,而投资人都是溢价投资,其投资成本是非常高的,高于账面价值几倍甚至几十倍也很正常。对投资人来说,这个风险是很大的,如果企业亏损甚至倒闭,投资人可能“颗粒无收”;而企业获得的发展所需的资金,只要其被正常使用,投资人是不能随便收回的。因此,双方的风险和成本是不一样的。所以从公平和诚信的角度出发,应当允许进行估值调整。

(四)投资人在对赌中占优势的原因分析

虽然投资人要求与企业对赌有一定的理由,但笔者认为对赌并不是唯一也不是最好的证明企业真实价值的方式。笔者分析投资人在对赌中占优势的原因,就是要提醒需要融资的企业尽可能不要进行对赌。

1. 专业性

绝大多数的 PE 和 VC 是以投资为专业的,他们内部有着强大的专业团队,专门研究各种类型的企业,研究如何处理各种风险和危机,研究如何制定有利于自身的股权投资协议,并及时掌握各方面的信息和动向,其专业性主要体现在以下方面。

(1)在起草相关协议方面

绝大多数的股权投资协议和对赌协议是由投资人起草的,其把自身可能存在的风险都规避了,企业要修改相关协议则非常困难。而且,如果没有专业人士的帮助,企业也很难发现协议中的漏洞或者陷阱。

(2)在设定对赌的业绩标准方面

投资人虽然并不完全掌握企业的全部信息,但他们在设定对赌业绩标准时,会有专业人士充分论证,会参考同类企业的业绩标准,并详细分析企业的现状,设置难以达到的业绩指标。许多企业可能认为,企业前几年发展迅猛,要达到业绩指标很容易。但事实上,投资人在设定业绩指标时,会充分考虑各方面的因素,如市场风险、汇率风险、劳动用工风险、政策风险、税收风险等各项风险因素,而这些风险很多是企业没有考虑到的。

事实上,即使企业达到了业绩指标,对投资人来说风险也很小。企业没有达到业绩指标的,不但要赔偿现金或股权,其估值也会下降,很可能导致无人追加投资;而企业达到了业绩指标,企业的价值就体现出来了,对投资人来说,其手中的股权价值也就有所提升,让其对企业作出适当的补偿,对其影响并不大,而且基本上都能盈利。就像摩根士丹利与蒙牛对赌,蒙牛因业绩增长而使其股价大幅上涨,摩根士丹利以 0.74 港元/股获得的股票,最后股价达到 6 港元之上,虽然交付蒙牛高管价值数十亿元的股票,但摩根士丹利也有丰厚收益。

(3)在掌握最新法律动向和选择争议解决机构方面

投资人内部不但有极强的业务团队和严格的审批程序,还有专业的法律人士时刻关注和研究包括对赌在内的最新法律动向,并及时对相关的协议条款进行补充和调整。另外,他们有能力与相关法院或仲裁机构进行充分的沟通,从而在股权投资协议或对赌协议中选择合适的争议解决办法,比如在选择法院时,他们会选择机构所在地的法院;如果投资人认为仲裁可能更有利,那么他们会选择自己熟悉的仲裁机构,以尽可能保护自己的权益。

2. 逐利性

投资人都是逐利的,这点在本章许多地方都已经论述过。不管是 PE 或 VC,还是天使投资人,都以逐利为目的,投资人的逐利性体现在以下几个方面。

(1)利益至上

投资人唯一关心的是如何获得最大限度的收益回报,因此,他们不会像企业创始人及合伙人那样对企业情有独钟,就目前来看,投资人最满意的退出方式是企业上市,那样他们会获得最优厚的投资回报。所以,他们可能会帮助企业,为企业提供各项资源和增值服务,但也仅是为了实现自己的利益最大化,在退出并获得利益后,除非与企业家私交甚厚,否则他们不会再为企业提供帮助。

(2)“天使”和“魔鬼”的双面性

关于双面性,笔者在第一章“总论”和本章中有大量论述,读者可以参考。这个双面性,一方面是指在整个投资市场中,有真正可以帮到企业的“天使”,也有许多以投资为名把企业带入“深渊”的“魔鬼”;另一方面,投资人本身就是“天使”与“魔鬼”的结合体。企业需要融资时,投资人会过来帮忙,在企业遇到困难的时候,投资人会想办法帮助解决困难,在企业需要帮助的时候支持企业,那么这个时候投资人就是“天使”,显示出其作为图 4 股权关系中 C 大类“施恩者”的特性;但是投资人帮助企业,最终目的是获取最大限度的回报。例如在签订股权投资协议时,投资人会全面考虑自己的利益,而甚少考虑企业的利益。而且,当他们认为企业出现大困难而无法挽救时,肯定最先考虑自己的利益。逐利的本质让投资人随时都可能变成“魔鬼”。事实上,很多企业在遇到困难时,可能仍有办法可以挽救,但投资人的逐利本性,使其以保证自身利益为优先,在其自己设置的风险点产生时,会想方设法挽回自己的投资损失。

3. 对 LP 负责

PE 和 VC 对外投资需要大量的资金,而这些资金大都来源于大型机构、企业和个人,而 PE 和 VC 又多以有限合伙形式存在,所以这些大型的机构、企业和个人都是 PE 和 VC 的投资者,统称为 LP(有限合伙人)。

投资人逐利的特性,实质上是这些 LP 的要求,基金管理人或 GP(两者经常是合一的,以下统称 GP)要对这些 LP 负责。投资人要不断做大,就要不断为这些 LP 赚取利益,如果没有盈利或者盈利甚微,这些 LP 就会撤走资金。如果没有 LP 的巨额资金支撑,投资人中的 GP 管理团队即使再有能力,也无法获得丰厚的利润。因此,是 LP 对投资人不断加压的盈利要求导致了投资人的逐利本性。

在 LP 施加的压力之下,投资人在对企业进行投资时,会比较谨慎,在充分地尽职调查后,其内部还会有一个严格的审批程序;同样,投资以后,投资人会有严格的投后管理程序。这些都是为了保证能投资一个适合的企业,并且时刻对企业进行监督。如果企业有任何问题,他们首先会考虑尽可能减少自己的损失,以保证 LP 利益的最大化。

综上,投资人的逐利本性和来自 LP 的压力,使其在与企业进行对赌时,首先会考虑自己的利益,在他们的利益与企业的利益相冲突时,他们会把自己的利益置于企业之上;而投资人的专业性使投资人能设计出一个企业风险大于自身风险的业绩标准,并通过相关条款设计充分保证自己的利益,即使有纠纷,也会有充足的保障。因此,股权投资中的对赌条款对企业是不利的。

(五)真正的价值投资不应该选择对赌

1. 对赌对投融资双方均无益处

前面已经介绍过,对赌对企业风险很大,对投资人来说风险不大,但这只限于眼前利益。当然,如果企业对赌获胜,结果一般会是双赢,但如果企业对赌失败,则结果往往是双输。投资人对赌胜利,对企业及股东不利,事实上对投资人同样不利,理由如下。

(1)对赌与投资人的终极目标相背

前面已经提到,投资人的终极目标往往是企业上市,企业上市后,投资人就可从二级市场以较高的价格抛售股票获取巨额利益。但企业对赌失败往往代表企业无法上市,这就与投资人的终极目标背道而驰。如果投资人再从企业那里夺取股权或现金,那么企业上市的目标就更加遥远。在这种时候,投资人与企业共同努力,也许企业很快就能上市,但如果投资人在这个时候选择撤走投资,企业可能破产,这对投资人没什么好处。如果投资人选择退出企业,企业今后上市就与投资人无关,想必投资人到时也会追悔莫及。

因此,对赌本质上就是一种零和游戏,企业或股东损失与投资人所得相加为零。因此,投资人提出对赌,更多是在考虑自身利益,很少考虑共同把企业的"蛋糕"做大,从而可能把企业带入恶性循环的境地,结果双输。

(2)对赌可能会导致企业创始人团队偏离发展方向

对赌对企业创始人团队肯定是有压力的,而且可能是很大的压力,这点毫无疑问。有压力可能会有动力,但大多数情况下,巨大的压力会导致创始人团队急功近利,从而偏离企业发展和运作的初心,做出违背原则的事情,甚至可能为获取利润而违法犯罪,使一家优秀企业从此消亡。

现在很多企业,特别是与互联网有关的企业,一开始就要占领市场、获取大数据,所以要不断"烧钱",其发展的前几年不可能有利润。如果一定要求企业达到多少业绩指标,就背离了企业的发展思路,会让企业创始人缩手缩脚。事实上,一家企业如果脱离当初确定的发展目标,成功的概率就会大大降低,投资人因为一些微不足道的钱而失去了赚更多钱的机会,这就是对赌造成的不良后果。

(3)对赌失败会导致创始人团队和管理层一蹶不振

股权投资最看重的是投资企业的创始人团队和管理层,投资人在投资之前,必定会认真考察创始人团队和管理层,因为只要投对了人,投资就成功了一半。那么,如果创始人团队或管理层对赌失败,并且失去股权或支付大量现金,这对创始人团队和管理层显然是巨大的打击,他们怎么还会安心发展企业?创始人团队和管理层是企业的支柱,是企业利润的来源,如果这些人不安心工作甚至离开,企业还怎么发展壮大？企业得不到发展，投资人拿再多的股权又有什么用？即便是对赌拿了现金，原来的股权也会不断贬值，最后想转让股权都无能为力。因此，从长远的角度来看，投资人是得不偿失的。

2. 有信心和眼光的投资人不屑于对赌

投资人如果真正看到企业的长期价值，那么就不会在乎对赌这种眼前利益。因为投资人如果真正认为企业有投资价值，是不会选择去对赌的。比如前文介绍的高瓴的创始人张磊，他对企业的长期投资和价值投资有自己独到的见解。其在《价值》一书中提到，真正穿越周期的投资机构，往往做到了既看到眼下，时刻做好打算，又目光长远，不为一时一地而自乱阵脚。这就说明张磊能深刻理解企业发展的跌宕起伏，不在乎企业一时的得失，而是给予企业长期的支持，与企业家共同创造企业价值，这是一种非凡的理念和格局。

如前文提到的高瓴投资京东的案例，可以看出真正投资人的眼光和信心，也能体会到真正的投资人是不会在意企业的眼前得失的，不会为企业现状所左右，他们看到的是企业的长远价值。京东在一开始就是自营模式，自己建仓，自己送货，所以前期只能"烧钱"抢客，连年亏损，毫无利润可言，如果张磊在当时签订对赌协议，要求京东有明确的业绩指标，京东可能不会发展得这么好。正是因为张磊的独特眼光和对刘强东与京东的充分信心，以及其坚守的长期价值投资的理念，坚持与企业共同成长，才让京东成就了"独步武林"的"护城河"，促使京东在香港联交所上市时的估值超过2000亿元。

综上，相对企业创始人团队，投资人在对赌时处于绝对有利的地位，但从长远来看，对投资人并不有利。所以真正的投资人是不会考虑对赌的，企业在融资时要学会识别真正的投资人。如果不得不进行对赌，企业创始人团队在签订股权投资协议时一定要聘请专业人士进行指导，了解对赌可能带来的所有不利后果，并与投资人在关键条款上进行充分沟通与谈判，为自己争取最有利的条件，切记不要盲目自信，一定要三思而后行。

（六）司法实践对于对赌条款或对赌协议的认定

对赌自国外传入国内以来，已经得到了市场的普遍接受。目前，在上市公司层面，涉及企业并购重组时，证监会允许并购重组方以企业3年净利润等方式进行对赌；在非上市公司方面，最高人民法院也以判例和指导意见的形式确认了对赌的可操作模式及法律认可度。

根据最高人民法院的相关判例或指导意见，对赌最关键的还是主体问题。对赌主体主要体现为两方，一方为投资人，另一方可能涉及多个主体，比如拟投资企业，或者拟投资企业的股东、实际控制人等。在司法实践中，对赌主体相关的法律效力问题一直存在争议,最高人民法院和地方各级人民法院的判例也是五花八门,各有各的说法。

因为对赌条款或对赌协议往往会涉及纠纷甚至诉讼,所以笔者会在第六章"股权纠纷"中以案例分析的方式对其进行详细论证,在此不再赘述。

七、出售权相关权利

出售权相关权利是指投资人为了维护自身合法权益而行使的权利,或在拟投资企业的投资价值减少或丧失的情况下实现顺利退出的权利。

笔者现对与出售权相关的条款作一并介绍。

(一)限制出售权

限制出售权,即限售权,也可以称其为股权锁定权,是指投资人限制企业创始人和原股东转让或出售股权的权利。也就是说,在约定的期限内,企业创始人及原股东在未经投资人同意的情况下不得转让股权,或只能按进度分期转让股权。同时,投资人可要求在公司章程中对股东和董监高转让股权作出限制性规定。

约定限制出售权(限售权)的目的主要是促使企业的创始人及团队潜心经营,避免其因离职或套现而使企业及投资人的利益遭受损失。

限制出售权(限售权)的设立是有法律依据的。关于有限责任公司,我国《公司法》第71条明确对股权转让作出了规定,股东对外转让股权需经其他股东同意,且其他股东有优先受让权,同时赋予公司章程自行约定股权转让各种限制性条款的权利,所以可以在股权投资协议中约定相关条款,并在公司章程中作出规定;对于股份有限公司,我国《公司法》第141条也规定,公司章程可以对公司董事、监事、高管转让公司股份作出限制性规定。

(二)共同出售权

共同出售权也被称为随售权,顾名思义,就是在某种情况下,投资人可以随其他股东一起出售股权。也就是说,企业的某个或某些股东准备对外出售全部或部分股权时,投资人有权(非义务)以其股权占比为基础,以同等条件及比例出售其所持有的股权。

举个例子,投资人在企业中的持股比例为10%,企业创始人及团队持股比例为90%。如果创始人团队准备以5000万元的价格向第三方A公司转让总股权的10%(剩余持股比例为80%),那么,根据共同出售权的约定,投资人有权向A公司转让1%的股权(因为投资人的持股比例为10%,按转让的10%股权的10%计算,即1%)。那么,在这种情况下,创始人团队只能转让企业总股权的9%,价格为4500万元,投资人则可以转让企业总股权的1%,那么按同等价格计算,即5000万元的10%，可获得500万元。

当然，如果投资人认为价格合适，也可以行使优先购买权（后文提及），即以5000万元价格全部受让创始人团队转让的10%的股权，但股东的优先购买权只在有限责任公司中适用，在股份有限公司中则不适用，具体在后文分析。

随售权是权利而不是义务，因此如果投资人认为出售价格不合适，也可以放弃行使此权利。

一般而言，投资人在企业中只是小股东，对企业并没有控制权，大股东的退出可能导致新进股东侵害投资人的权益。设立共同出售权的目的是绑定大股东，以共同出售的形式实现投资的部分或全部退出。

（三）强制出售权

强制出售权有很多种别称，如领售权、拖售权、强卖权。

强制出售权是指在企业不能与投资人达成约定的条件下，投资人享有的向第三方转让股权，且可以要求企业其他股东（包括创始人与合伙人）按照投资人与第三方达成的股权转让价格和条件，与投资人一起向第三方出售股权的权利。笔者在案例12——俏江南案中已对此进行过介绍。

无论是有限责任公司还是股份有限公司，股东都可以转让自己的股权，只不过有限责任公司的其他股东有优先购买权，但这也不能阻碍股东转让股权。那为什么投资人自己转让股权时，还要拖上企业的其他股东一起转让股权呢？这是因为，第三方受让企业股权，往往是希望取得企业的控制权，一般投资人的股权占比较少，第三方对投资人持有的较少比例的股权是不感兴趣的，如果投资人想转让股权，只有让创始人及团队一起参与，第三方才可能并购企业，由此催生出强制出售权。但这种权利是很强势甚至霸道的，企业一定要万分慎重。

1. 强制出售权与共同出售权的区别

强制出售权与前文提到的共同出售权虽然都有出售二字，但是有较大区别。投资人行使共同出售权时，是参与到其他股东和第三方的交易中，价格也是以其他股东和第三方确定的为准，因此投资人处于被动地位；而投资人行使强制出售权时，投资人占据主动地位，是投资人强迫其他股东进入其与第三方的交易，价格也以投资人与第三方确定的为准。

2. 强制出售权与回购请求权的区别

强制出售权与对赌中的回购请求权（回售权）也有区别，回购请求权中的价格确定标准是事先在股权投资协议中约定好的，且是投资人将其持有的企业股权转让给企业的股东而不是第三方；而强制出售权中的价格是投资人和第三方在事后确定的（当然，在股权投资协议中可能有一个最低价格，但不是最终确定的价格），且投资人是将股权转让给第三方而不是企业股东。

3. 企业如何预防投资人对强制出售权的滥用

可以看出，强制出售权是一项非常霸道的条款，如果不加以约束，投资人可能会随意行使这一权利，从而导致企业创始人及团队被踢出局。因此，企业创始人可以拒绝这一条款，即使无法完全拒绝，也要设置一定的附加条件，千万不能轻易同意这一条款，以免自己的权益遭受严重的侵害。通常的附加条件可以作如下设定。

(1)设定行使强制出售权的前提

千万不能让投资人随意行使强制出售权，必须要对其设置一些前提条件，比如企业创始人及团队的重大不作为，或者在约定的期限内，企业的业绩达不到约定的要求，或不能实现上市、挂牌或被并购，或者触发其他约定条件。强制出售权和对赌性质相同，甚至比对赌更残忍，企业创始人一定要三思而后行。

(2)约定优先回购投资人的股权

可以约定，在投资人提出行使强制出售权时，创始人及团队有权按投资人转让给第三方的同等的交易条件优先回购投资人的股权。

(3)设定最低转让价格

创始人团队必须设定一个可以接受的最低转让价格。也就是说，投资人如果转让股权，那么其转让价格必须高于或等于一个事先设定的价格。企业创始人一定要注意这一点，必须设定一个心理价位，那么即使企业不上市也可以全身而退，就当被合理的价格并购。当然，设定最低价格也是一门学问，企业在设定价格时要进行适当的评估，价格太低肯定不行，但如果价格设定太高，企业创始人在回购投资人的股权时就可能承受不起回购价格，所以企业还是要聘请专业人士参与谋划才行。

八、其他优先权条款

前文所述均是对投资人有利的优先权，笔者对这些优先权进行了细分，以便读者区分和记忆。

另外还有一些优先权，不易划分类别，而且这些优先权都有“优先”二字，故单独作为其他优先权介绍。

这些优先权主要包括优先购买权、优先分红权、优先清算权。

(一)优先购买权

许多企业家应该都听说过优先购买权，在第二章“股权架构与控制权”中也对其进行过介绍，《公司法》对其也有明确的规定。在有限责任公司中，股东对外转让股权应当经过其他股东同意，且其他股东有优先购买权。

本书中的优先购买权，是指投资人投资企业后，如果企业中其他股东欲对外转让股权,作为老股东的投资人,在同等条件下享有优先购买的权利。优先购买权也叫第一拒绝权,也就是说,如果其他股东欲对外转让股权,投资人可以第一个表示不同意,同时在同等条件下享有优先购买的权利。这里有几个问题要进行探讨。

1. 其他股东能否共同享有优先购买权

这里就有一个问题,当除转让股权之股东外的其他股东也想和投资人一起享有优先购买权时该如何处理?

对于有限责任公司,按《公司法》第 71 条规定,如果有多个股东想行使优先购买权,首先以和为贵,通过协商确定各自的购买比例;协商不成的,按照转让时各自的股权比例行使优先购买权。那么这是否说明投资人没有第一拒绝权呢?笔者认为并非如此,因为对有限责任公司而言,《公司法》第 71 条第 4 款规定,公司章程对股权转让另有规定的,从其规定。也就是说,投资人如果想以第一顺位行使优先购买权,在有限责任公司是没有障碍的,其可以通过公司章程明确约定。但在股份有限公司就很难作出这样的约定,这点在后面进行分析。

2. 在股东之间相互转让股权的情况下,投资人是否还有优先购买权

《公司法》第 71 条第 1 款明确规定,在有限责任公司中,股东之间可以相互转让股权,而且不需要履行通知其他股东的义务,其他股东也不享有优先购买权。所以,股东内部转让股权,投资人一般没有权利干涉或要求享有优先购买权。

但前文提到,《公司法》规定了有限责任公司股权转让可以通过公司章程进行特别约定的条款,那么,如果公司章程特别约定投资人在股东之间转让股权时也享有第一拒绝权,似乎也未尝不可。但笔者建议,创始人团队在同意投资人享有优先购买权时,最好特别注明,发生股东内部的股权转让时,投资人没有优先购买权,特别是在为了企业利益而进行管理团队内部的股权转让或者员工股权激励的情况下,更要特别注明投资人没有优先购买权。

3. 在股份有限公司设置优先购买权的效力

前文提到,优先购买权(第一拒绝权)在有限责任公司没有什么障碍,但在股份有限公司是否有效?这在实践中是有争议的。

一种意见认为,我国《公司法》第 137 条规定,股份有限公司股东持有的股份可以依法转让,这里并没有提到谁有优先购买权。因为有限责任公司体现的是人合的特点,而股份有限公司是典型的资合公司,公司信用的基础在于公司资本而不在于股东,公司股份由谁持有对公司信用并无影响,股份的转让也不涉及公司资本的增减,仅仅涉及股份持有人的变化。因此,股份有限公司股东的股份转让权是股东的固有权利,公司章程、股东大会或董事会决议均不得对此权利加以限制或剥夺,投资人也无权限制或剥夺此权利。

另一种意见认为,从立法本意看,将《公司法》第137条作为任意性规范来理解更为合适。因为从法条释义方面来看,法律条款中常以“应当”来表现法律的强制性,而该条款表述为“可以”,体现了任意性规范能够选择适用的特点。另外,股份转让属于股东的自益权,在股东意思自治的范畴内。在这种观点下,应允许符合条件的股份有限公司(一般为非上市的股份有限公司)在公司章程中约定股东的优先购买权(或第一拒绝权),这符合合同自由原则。

笔者同意第一种意见。法律规定股份有限公司的股份“可以”依法转让,这个“可以”的意思是允许,而不是与“应当”相对应的“可以”这个意思。法律赋予股份有限公司股东自由转让股份(向任何人转让股份)的权利,而投资人的优先购买权限制了股份的自由转让(只能转让给投资人),是对股东权利的限制,这明显有违《公司法》。因此,股份有限公司的股东转让股份,只要没有违法行为,就可以自由转让,不应该受到限制,限制其转让股份是违法的。而且《公司法》也没有赋予公司章程、股东大会或董事会决议可以作出例外规定的权利。因此,在股份有限公司设置优先购买权(第一拒绝权)的法律依据是不足的。

综上,投资人在股份有限公司设置优先购买权(第一拒绝权)是有风险的。

4. 优先购买权与优先认购权的区别

前文提到的优先认购权与优先购买权都是常见的股东权利。虽然两者只有一字之差,但是有较大区别,千万不要混淆。

(1)优先认购权基于增资或增发股份,因此会导致企业股权总额的变化,所以投资人的目的是防止发行新股导致其原有股权被稀释;优先购买权则是基于股权转让,是企业原股东转让自己的股权,而投资人要求优先购买该股东的股权,企业股权总额没有发生变化,故不会发生股权被稀释的问题。

(2)优先认购权一般规定要按投资人的出资比例购买;优先购买权则不一定涉及股权比例的问题,投资人有可能在同等条件下受让原股东欲出售的全部股权。

(二)优先分红权

优先分红权是指企业、企业创始人团队与投资人在股权投资协议中约定的,投资人享有的优先于其他股东取得分红的权利,而且,投资人的分红比例可以高于其持股比例。企业创始人往往为了感谢投资人的帮助,在公司有盈利时,向投资人作适当的倾斜,以表知遇之恩;或者在企业创始人欲取得股权的人身权益如表决权或投票权,以实现控制权时,在财产权益方面向投资人作出适当让步。

优先分红权在有限责任公司和股份有限公司都可以适用,我国《公司法》对此有明确的规定。《公司法》第34条规定,股东按照实缴的出资比例分取红利,但是,全体股东约定不按照出资比例分取红利或者不按照出资比例优先认缴出资的除外

(针对有限责任公司);《公司法》第166条第4款规定,公司弥补亏损和提取公积金后所余税后利润,股份有限公司按照股东持有的股份比例分配,但股份有限公司章程规定不按持股比例分配的除外(针对股份有限公司)。

因此,我国《公司法》对优先分红权有明确适用规定。不过,优先分红权在不同组织形式中行使的方式有一点区别,即在有限责任公司须全体股东同意,可以全体股东通过公司章程约定同意,也可以全体股东通过股东会或书面文件等方式同意,形式比较多;而在股份有限公司中行使优先分红权必须有公司章程规定,但因为股份有限公司股东众多,所以并不要求全体股东同意。

(三)优先清算权

优先清算权是指在股权投资协议中约定的企业因为经营亏损等原因而破产清算,投资人未能及时退出时,可以通过优先清算减少损失的权利。也就是说,投资人可以要求企业的创始人和股东承诺,在企业进行清算时,将固定额度的款项优先支付给投资人,如果按比例分配剩余财产后的金额不足以支付固定额度的款项,由创始人和股东补足。优先清算权其实就是股东之间约定再分配的补偿机制。

根据我国《公司法》相关规定,在企业清算时,股东不能要求企业给予其优先清算权。《公司法》第186条第2款规定,公司财产在分别支付清算费用、职工的工资、社会保险费用和法定补偿金,缴纳所欠税款,清偿公司债务后的剩余财产,有限责任公司按照股东的出资比例分配,股份有限公司按照股东持有的股份比例分配,即有限责任公司和股份有限公司均须按出资比例或持股比例分配,无优先清算权安排。

因此,如果要享有优先清算权,投资人只能在股权投资协议中约定由企业的创始人和其他股东给予补偿。例如,股权投资协议中可以约定,发生清算事件时,企业按照相关法律及公司章程的规定依法支付相关费用、清偿债务、按出资比例向股东分配剩余财产后,如果投资人分得的财产低于其在企业累计实际投资的金额(还可以包括资金成本、利息等基本收益),控股股东(和其他股东)应当无条件将差额补足。这种补偿约定是不违法的,但企业在进行破产清算时,创始人团队肯定也分不到多少款项,在这种情况下,本应共担风险的投资人还要向创始人团队索取,对创始人团队无疑是雪上加霜,显然是不公平的,故企业创始人团队对这种条款一定要慎重。

第十一节　投 资 交 割

股权投资协议正式签订并生效后,投资人与企业就会进行投资交割程序,简单地说,就是投资人把钱划入企业的账户,同时,企业配合投资人按股权投资协议的约定办理股权变更的相关手续,然后投资人正式成为企业的股东。

当然,不同股权投资协议规定的投资交割方式也各有不同,比如投资款可以一次性投入,也可以分批投入,只要按股权投资协议约定的金额和时间把投资款项划转至企业的账户(如果是股权转让,则划转至股东的账户)。如果投资人是 PE 基金,因为基金中的钱大多来源于 LP,LP 的钱可能都存放在基金托管人处,这在前文已经提到。那么基金管理人要投钱,还需要经过基金托管人核准并办理汇款手续。

另外,被投资企业要根据股权投资协议和相关法律法规的规定,为投资人的股权(股份)进行企业内登记,发放股东出资证明书(有限责任公司)或股票(股份有限公司),到市场监管部门办理股权(股份)和股东的变更登记手续,并修改公司章程。

第十二节　投资后管理

投资交割后就进入投资后管理阶段。从投资交割日开始到投资人退出项目日止,这一整段时间都可以被称为投资后管理阶段。可以说,投资后管理阶段是整个股权投资过程中持续时间最长,也是投资人花费精力最多的阶段。

投资人把钱投入企业后,完全放任不管是不现实的,这对其自身和企业都不负责任。投资人大多是 PE 基金,其还要对众多的 LP 负责,要防范风险,同时为基金创造更高的效益。因此,投资人一方面要对企业有所监管,防止企业和创始人团队发生违约事件,同时要帮助企业提升治理和管理能力;另一方面,投资人也要利用自己的资源和人脉,为企业提供各项增值服务,在帮助企业的同时,为自己获得更高的投资回报。笔者在下文中主要围绕这两方面展开阐述。

一、项目监管

(一)获取企业信息,参与企业的治理和管理

一般来说,投资人会指派专人与企业接触,了解企业的各项信息。投资人会通过各种方式获取企业各种信息,主要目的是防止信息不对称,防范企业和创始人团队的道德风险,同时预测可能出现的问题,并提供及时的决策方案,保证损失最小化和收益最大化。

投资人会不断关注企业的治理和管理,比如派人参加企业的股东(大)会、董

事会、监事会等治理活动，提出议案，参与表决，并在必要时行使一票否决权。同时，投资人会对企业内部规章制度建设等事项提出制订和修改意见，并建立健全各种制度和文书的规范；随时关注企业的经营状况和资金使用情况，要求企业就重大事件及时通报，每月、每季度、每年必须将公司财务报表送交审查；与企业相关人员进行经常性沟通，到企业实地考察等。

（二）关注企业的各项指标

关注企业的各项指标，就是为了准确全面地把握企业的经营状况，发现问题及时纠正，帮助企业解决困难，同时为企业的再融资和上市等资本运作提供各项支持。投资人比较关注的企业指标如下。

1. 经营指标

经营指标包括企业的收入、利润、市场占有率、收入增长率、网点建设情况等，投资人会考察这些指标是否与股权投资协议中的相关指标符合，是否存在经营风险等。

只有了解企业的各项经营指标，才能帮助企业发现并及时解决问题，帮助企业制订合理的经营计划，把握重大决策，确保企业得到良性发展。

2. 管理指标

管理指标包括企业战略与业务定位、经营风险控制、公司治理与股东关系、高管的尽职与异动情况、重大业务经营问题、危机事件处理情况等。

了解掌握企业的管理指标，有助于投资人发现企业的管理风险，并协助企业有针对性地解决问题。

3. 财务指标

财务指标包括关键比率分析、资产负债表的重大变化、延期付款情况、企业亏损状况等。投资人会定期对财务指标进行收集和判断，企业应当及时提供财务指标给投资人，并且确保相关信息真实准确，不要有所隐瞒。

了解企业的财务指标，有助于投资人发现企业经营状况是否出现问题，并及时给予企业必要的干预和帮助。

（三）跟进股权投资协议的执行情况

投资人一般会定期核查股权投资协议的执行情况，以维护自身的权益。当投资人发现企业或创始人团队有违反股权投资协议的行为，或存在重大风险，或出现各项不确定因素时，投资人会立即采取相应的补救措施。此外，股权投资协议中也会规定一些涉及投资交割后事项的条款，和企业需要继续履行的义务，投资人都会持续跟进，及时监管和督促企业履行。

二、增值服务

投资人提供增值服务的多少和好坏,是投资人竞争力的重要体现。正如黑石集团在其官网中展示:“我们提供的绝不仅仅是资本本身,更是通过自上而下的系列改革措施让被投资企业变得更强。至关重要的是,我们专业的管理部门可以在包括收入增长、采购、领导力提升、生产流程优化、能源可持续发展、员工健康等多个方面为企业提供策略性指导。”因此,好的投资人可以利用自己的资源和能力推动企业的发展与价值创造。企业,特别是优秀的企业,在选择投资人的时候,会关注和选择增值服务能力强且适合自身发展特点和发展阶段的投资人,从而让企业更快更好地发展。

当然,针对不同发展时期的企业,投资人提供增值服务的侧重点是有所不同的。对于初创期的企业,其侧重点在于协助企业进行规范管理、业务开拓、再融资等;对于发展较为成熟的企业,则侧重资源导入、兼并收购和推动上市等。

投资人提供增值服务的主要内容有:

1. 帮助企业完善公司治理结构。
2. 帮助企业建立规范的运营管理和财务管理体系。
3. 为企业生产经营和业务开拓提供各项资源。
4. 为企业提供管理咨询服务。
5. 为企业再融资提供各项帮助。
6. 推动企业上市或并购重组。
7. 提供人才、专家等外部关系网络等。

综上,在选择余地比较大的情况下,企业要尽量选择适合自身的投资人,要经过比较长时间的考察和沟通,了解投资人所掌握的资源,以及投资人对企业的扶持力度,从而找到最能帮助自身发展的投资人。

第十三节　股权投资的退出

股权投资的退出,就是股权投资人选择适当的时机,将其投资在企业中的股权变现,实现资本增值。当然,投资有风险,投资人在发现企业有问题且无法有效解决时,也可能会及时退出以止损。

笔者在前文讲了那么多,归结为一句话,就是股权投资的投资人向企业投资大量金钱,并且参与企业的治理和管理,提供各项增值服务,所有努力的最终目的是更好地退出,并实现利益最大化。因此,成功退出是股权投资人的终极目标。

前文已经提到过,股权投资人具有图4股权关系中C大类的“施恩者”特质,是真正帮助企业、成就企业的“贵人”,但投资人并不是不求回报。就像父母把子女培养成才,在适当的时候让子女自由飞翔,适时地放手就是最好的退出。能说父母不需要回报吗?当然有需要,比如心理的满足、亲朋好友的夸赞、子女的感恩,都是最好的回报,自然也不排除有金钱的回报。投资人协助企业做大做强甚至上市,其要求有一些回报是合理的,企业也非常愿意给投资人回报。而且投资人的回报越多,说明企业的收获更多,这是双赢局面。因此,最好的退出就是适时地放飞企业自由翱翔,好的投资人不会期望永远控制企业。

当然,投资也不是都能成功,成熟的投资人深知资本市场的风险,如果真的投资失败,也要承认失误,总结经验和教训,收拾好心情,投入另一个“硝烟弥漫的战场”。投资人要理解,企业失败有诸多因素,通常不是创始人团队不努力,而是现实太残酷,市场太残酷。当然,在那个时候,投资人要及时止损,以最恰当的方式,在最合适的时机退出。

股权投资的退出,是股权投资流程的终结。股权投资的常见退出方式主要有上市、并购、新三板挂牌、股权转让、回购、清算等。

一、上市转让退出

上市转让退出是指企业IPO上市或者借壳上市,在一定限售期之后,投资人将其持有的企业股票在股票市场公开转让并实现投资退出和资本增值。

IPO上市主要分为境内上市和境外上市,境内上市主要是指在上交所、深交所、北京证券交易所(以下简称北交所)上市,境外上市常见的是在纽交所和纳斯达克等证券交易所上市。还有一种借壳上市,指一些非上市公司通过收购一些业绩较差,筹资能力弱的上市公司,剥离所购公司资产,注入自己的资产,从而实现间接上市。相对正在“排队”等候IPO上市的企业而言,借壳上市的平均时间大大减少,成本方面相对IPO上市来说也更少,而且无须公开企业的各项指标。但随着《上市公司重大资产重组管理办法》等国家监管政策的日趋完善和壳资源价格的日益飙升,借壳上市日渐困难。

长期以来,上市转让退出是投资人最喜爱、最常见的退出方式。因为上市转让退出的收益很高,在证券市场杠杆的作用下,企业上市之后,投资人可抛售其手里持有的股票,从而获得高额的收益。但笔者之前也有阐述,根据目前的情况,选择上市转让退出也存在一定的风险,港股美股就不讨论了,国内A股估值倒挂情况也时有发生,特别是在限售期之后,很可能发生股价跌破PE投资成本的情况。因此,现在投资人都比较慎重,其有可能在企业上市前,或者经评估认为企业上市的可能性不大后,选择以另外的方式退出,如以并购方式退出。

二、协议转让退出

协议转让就是指未上市企业股权(股份有限公司中为股份,以下均称为股权)的非公开转让,一般包括并购和回购两种情形。

这里的并购和回购,其实就是股权受让主体的区别,并购一般是指现有股东和企业内部人员以外的人收购企业的全部或部分股权;回购则是指企业内部股东、管理层收购投资人的股权。两者都是通过协议转让股权的方式进行。

(一)并购退出

并购一般是指第三方购买企业的全部或部分股权,在前文股权投资协议的部分,笔者已经讲了一些相关的条款内容。很多第三方并购企业,希望能得到企业控制权,如前文提到的 Buyout,即杠杆收购。因此,如果投资人的股权比例不够高,投资人可能在企业境况不太好的情况下行使强制出售权,要求企业其他股东一起出售股权,这点在前文已经提到;当然,有些并购人不需要控制企业,他们认为企业有发展前途,而且投资人提出的价格合适,就购买投资人的股权,如天使投资人往往会把股权转让给后来进入的 PE 基金或 VC,以实现股权投资的退出。当然,如果第三方购买人不控制企业,那就是一般的股权转让,其出价往往没有希望取得企业控制权的并购人出价那么高。关于普通的股权转让,本书已经提到很多,并购和回购也都在股权转让的范畴内,后续会在第六章“股权纠纷”中专门介绍股权转让纠纷。

并购主要分为正向并购和反向并购,正向并购是指为了推动企业价值持续快速提升,将并购双方对价合并,投资人的股权被稀释,但因为这样的企业发展良好,故投资人一般会继续持有股权;反向并购就是以投资退出为目标的并购,也就是投资人兑现投资收益的行为。

另外,在有限责任公司中,股权转让给现有股东以外的人,是需要其他股东过半数同意的,股份有限公司则无此规定,这些在前文都已经讲到,此处不再详述。

并购退出的优点在于不受 IPO 诸多条件的限制,具有复杂性相对较低、花费时间较少、快速套现的特点,同时可选择灵活多样的并购方式,特别是吸引上市公司或战略投资人的并购,被兼并的企业还可以共享对方的资源与渠道,这将大大提升企业运转效率和价值创造能力。同时,随着行业逐渐成熟,并购已成为整合行业资源最有效的方式之一。

并购能实现快速退出,而且许多并购的价格很高,所以未来这种形式可能成为投资人主流的退出渠道。

(二)回购退出

回购退出主要是指投资人认为企业的效益未达到预期,或者触发股权投资协议中约定的特定条件(如企业无法按期上市),而要求企业股东及相关利益方回购股权,从而实现退出。前文提到的对赌中的股权回购权(回售权)就是指这种情况。

当然,如果企业的股东(或管理层及员工)看好企业,并希望能获得企业的控制权,保证企业的独立性,那么其也可以主动与投资人协商回购股权,投资人认为价格合适的,也可以套现退出,以落袋为安。

回购退出这种方式一般适用于投资人认为上市可能性不大,但经营还算稳定的企业。

三、挂牌转让退出

挂牌转让是相对于上市转让而言的,上市转让是场内交易,而挂牌转让主要在场外市场进行。我国的场外交易市场主要包括全国性股权交易市场(俗称新三板)和区域性股权交易市场(俗称四板)。

(一)新三板挂牌转让退出

新三板挂牌转让退出,即在全国中小企业股份转让系统挂牌转让退出。新三板是资本市场服务中小企业的重要探索,自 2013 年正式运营以来,新三板形成了一套有别于交易所市场的制度安排,初步成为资本市场服务中小企业和民营经济的重要平台。截至 2019 年 9 月底,累计有 13,219 家企业在新三板挂牌,其中中小企业占比 94%,民营企业占比 93%,6388 家挂牌公司发行股票 10,516 次,融资 4911.39 亿元。

新三板企业原来分为两层,即基础层和创新层。2020 年 1 月 3 日,证监会起草了《公开募集证券投资基金投资全国中小企业股份转让系统挂牌股票指引(征求意见稿)》,并于 2020 年 4 月 17 日正式公布《公开募集证券投资基金投资全国中小企业股份转让系统挂牌股票指引》(已失效)。2020 年 1 月 19 日,第三批新三板全面深化改革有关业务规则发布,至此,新三板形成"基础层、创新层、精选层"三个层次不断递进的市场结构,挂牌满一年的创新层公司公开发行成功并且在满足精选层条件后可以进入精选层。进入精选层满一年,且符合交易所上市条件和相关规定的企业,可以直接转板上市,这有助于减少上市发行障碍,缩短注册排队时间。而新三板精选层借鉴科创板的标准设置了四套标准,每套标准中均有市值指标。

另外,为深化新三板改革,北交所于 2021 年 9 月 3 日注册成立,成为我国第一家经国务院批准设立的公司制证券交易所,受证监会监督管理。2021 年 11 月 15 日,北交所正式开市,81 家公司的股票也正式成为北交所首批股票,组成首批北交所上市企业队伍的有大地电气、中寰股份等10只新股,剩余的71只股票均是由新三板的精选层老股转板而来。

随着新三板改革的不断完善,今后投资人以新三板方式退出的概率也会增大。

(二)区域性股权交易市场挂牌转让退出

区域性股权交易市场(四板市场)是指为市场所在地省级行政区域内的企业,特别是中小微企业,提供股权和债权转让及融资服务的场外交易市场,其与新三板一起成为多层次资本市场的重要组成部分。

不过现在四板市场普遍都不活跃,投资人通过此种方式退出获利的金额普遍不高,故不对其作详细介绍。

四、清算退出

清算是企业结束经营活动并处置资产进行剩余财产分配的活动。清算说明企业已经确认项目失败,投资人只能寄希望于通过清算尽可能多地收回残留资本,这显然是投资人最不愿意接受的退出方式。

清算退出主要分为解散清算和破产清算。解散清算是指企业经营期满,或者经营不善导致企业不能或不宜继续经营时,企业自愿或被迫宣告解散而进行的清算;破产清算则是企业不能清偿到期债务,且资不抵债时,企业被人民法院宣告破产,并由人民法院组织对企业进行清算。

清算有时是企业倒闭前的一种止损措施,一般来说,投资人和企业都会选择解散清算,尽可能和平协商解决问题,以最大限度地减少亏损。破产清算是在解散清算无法实现而企业要求破产清算,或者因企业不配合、隐瞒财产等原因,经债权人要求进行破产清算等情况下进行。但破产清算成本比较高,而且清算时间长,程序复杂,是不得已而为之的方法。

前文已经提到,如果在股权投资协议中有约定优先清算权,在企业清算时,投资人还可以向企业的实际控制人或其他股东要求补偿,但这要看股权投资协议中的具体约定。

总体而言,上述各种退出方式各有优缺点,具体方式的选择还要根据市场情况、投资策略、企业具体经营状况等进行判定。投资人最为关注的是其自身利益,在企业发展状况良好时,其会要求利益最大化;而当企业发展状况不好时,其会尽最大努力争取自身的利益,并把可能的损失降至最低。

当然,如果投资人认为企业能为其不断创造更多的利润,其也会选择不退出,比如孙正义在阿里上市后就没有完全退出。笔者一再强调,投资人的本质是逐利的,退出并不是其最终目的,利益最大化才是其最终目的。如果能使其利益最大化,投资人会不遗余力地帮助企业发展壮大,同时给创始人团队最大的自由度和企业控制权。因此,企业创始人只有不断为企业创造价值,才能吸引源源不断的资本,才能在市场和投资人中有话语权。总之,企业在充分尊重投资人的同时,也应该有必要的警惕,要充分了解投资人的理念和投资手法,做好全面的风险防范。

第五章　股权与婚姻家庭

第一节　D 大类之股权关系

本章专门讲股权与婚姻家庭，把股权与婚姻家庭结合起来专门讨论的书籍或文章不多，大多只是以婚姻诉讼案例的形式展现。

一般来说，婚姻家庭会涉及整个家族，但在整个家族中，只有夫妻不存在血缘关系，夫妻属于一种姻亲而不是血亲。也就是说，夫妻之间可以通过某种法律允许的方式结合，夫妻关系也可以通过某种法律允许的程序解除。而血亲不管从法律上还是从事实上来讲，都是无法解除的。因此，血亲之间的关系往往会更加牢靠，纠纷也比较少，本章会把重点放在婚姻上。

之所以将股权与婚姻家庭相关内容单独成章，是因为企业的创始人可能都难以绕开婚姻的问题，毕竟终身不娶不嫁的人少之又少，只能说是特例。有了婚姻，股权就会发生微妙的变化，而不管是婚前股权还是婚后股权。即使是婚前股权，其婚后的增值及分红部分也可能属于夫妻共同财产，这点在后文会详细提及。另外，如果双方离婚，一旦涉及股权问题，处理起来就可能比较麻烦，需要考虑的问题也会比较多。同时，离婚还可能涉及财产保全，股权被冻结会对企业造成重大影响，甚至造成不可挽回的损失。土豆网的创始人王微就因为其离婚诉讼而被人民法院冻结股权，推迟了其上市进程，从而导致其丧失行业龙头地位，这是十分可惜的。

让我们看一下图 5 股权关系中的 D 大类，在第一章“总论”中已经提到，股权与婚姻家庭对应的是D大类，D大类主要指代两部分，一部分是婚姻家庭，具体指配偶，另一部分是财富。就财富而言，因为股权本身就是财富，其已经贯穿本书，所以不再多讲，本章把重点放在婚姻家庭。

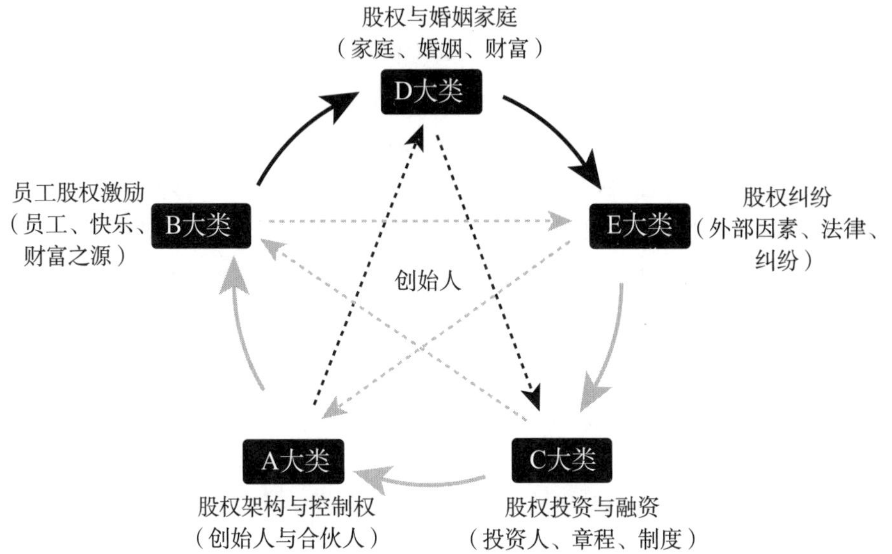

图5　股权关系D大类——股权与婚姻家庭

一、D大类的定位

前文已经多次提到，A大类中的创始人或合伙人制约D大类中的配偶，既然二者具有“制约性”，就不可能一人同时身兼合伙人与配偶两个角色，这点在第二章“股权架构与控制权”中已经有过分析。当然，如果夫妻俩能分清各自在企业中的地位和角色，有可能把企业治理好，但这种角色转换是极其困难的。

婚姻基于法律赋予的权益而产生，随时可能因为某一状况而产生变化。血缘就不一样了，比如父母与子女，是一种天然的维系，这种情感和身份永远无法解除。而爱情本身就是脆弱的，谁都无法预计婚姻到底可以维持多久。笔者不排除很多婚姻最终转变为亲情而走到了最后，但也不排除有些人不愿意忍受没有爱情之婚姻的煎熬而选择分开。如果夫妻之间又是合伙人关系，婚姻关系发生变化后，股权将会出现重大调整，这对企业的打击是巨大的。

如果夫妻双方又是合伙人，作为创始人的一方往往很难作出独立的判断和决策，因为如果事情涉及自己的配偶，有时不得不尊重配偶的意见，或选择一再退让，不能坚持自己的想法，往往会因另一方的不支持甚至反对而错失很多机会。

单纯的合伙人之间如果有矛盾,即便一方离开,虽然对企业有一定影响,但对创始人不会构成重大损害。但夫妻就不一样了,夫妻离婚对企业的影响巨大。单纯的合伙人之间如果因为企业运作而产生矛盾,可以依据《公司法》解决矛盾,每个人的股权本身就是固定的,不会涉及股权的变化。但如果是夫妻又是合伙人,那么麻烦就会很多,即便一方是创始人,且其股权占比达70% ~80%,但因为双方都是股东,在离婚时一方还是要把股权分出去,从而失去对企业的控制权。也就是说,即便一方占有大比例股权,该部分股权也属于夫妻共同财产,夫妻财产要根据《民法典》的规定来处理(后文会详细论述)。即便一方没有失去股权,也会丧失大量钱财,这样就很难维持企业的正常运作,有些最后还是要通过出售股权解决。所以第二章"股权架构与控制权"所说的控制权,在夫妻与合伙人关系重叠的时候就会失去其功能,无法被有效运用,其结果可能导致夫妻双方都无法控制企业,还会祸及企业和员工。即便还没有到离婚的程度,只是关于企业运作的矛盾,也会阻碍企业的发展进程。

因此,笔者建议夫妻之间事先对股权的分配有所约定,另一方愿意放弃合伙人身份或股权的分配权利,维系单纯的夫妻关系,这是D大类夫妻关系的最好定位。

总之,夫妻关系确实是一门学问,好的婚姻可以让创始人全心投入企业,让企业更大更强,而不好的婚姻对企业来说可能是灭顶之灾。有时候,损失一些财产倒在其次,但如果因为婚姻出现问题而损失股权,则可能会对一些优秀的企业创始人和整个企业造成致命打击。那些一心扑在事业上的企业家应该好好了解股权在婚姻家庭中的性质,以及如何在必要的时候保护自己的股权,避免企业因为婚姻问题而一蹶不振。

二、D大类与其他类别的相互关系

关于D大类与其他类别的相互关系,在第一章"总论"中已经有了较为详细的论述,现笔者作一下总结。

1. A大类制约D大类。前面已经讲过,如果代表A大类的创始人与合伙人不能齐心协力,就会失去财富,这点比较好理解,而且在第二章"股权架构与控制权"中也讲得比较详细。就婚姻家庭而言,如果企业创始人与其配偶在同一家企业中,难免会有诸多矛盾发生,正所谓"清官难断家务事",企业创始人有时会很难处理与配偶之间出现的问题,从而影响企业的正常发展和制度的贯彻执行。

2. B大类支持D大类。前文提到,B大类主要是指企业的员工,是企业财富的源泉,可以实现D大类中的财富;另外,B大类也代表快乐的源泉。从婚姻家庭角度上来说,和睦的家庭使人快乐,而爱情和婚姻也是美好的,能给夫妻双方带来快乐,相爱的人结合本来就是一件很幸福快乐的事情。当然,这是对幸福的家庭而言,不幸的家庭则会滋生出E大类,产生的诸多纠纷。

3. D大类制约C大类。这点在分析C大类时已经解读过,C大类代表公司章程、规章制度和投资人,D大类制约公司章程和规章制度,就是指配偶干预企业事务,从而扰乱企业的秩序,破坏企业的制度,把企业搞成家庭制,无法建立有效的企业规则;另外,D大类制约C大类的投资人也是很显然的,投资人如果看到配偶干预企业事务,基本上是不愿意对企业进行投资的。如土豆网事件后,投资人都要求被投资企业创始人承诺,其结婚或离婚都要经过董事会同意,这个案例在后文会作介绍。有些投资人看到夫妻在同一家企业的,会要求其中一方配偶退出。

4. D大类滋生E大类。笔者也多次提到,E大类是两极分化极为严重的大类,有代表很好的也有代表极其不好的。前文提到,如果家庭和睦,则D大类因B大类的快乐而滋生出好的婚姻,而如果家庭不和,则D大类会滋生出E大类各种各样的矛盾与纠纷,甚至导致夫妻反目仇。本章将详细讨论夫妻之间因股权产生的问题和纠纷,夫妻关系好的时候双方可能不会太关心股权,但如果产生矛盾甚至导致离婚,双方都会考虑如何获得更多的股权,从而引发E大类的股权纠纷。

第二节　婚姻关系中的股权性质

本章主要讲婚姻与股权,那么,婚姻中的股权与普通的股权有什么区别吗?当然是有区别的。婚姻中的股权,除非夫妻双方有特别的约定,或属于一方的婚前财产,否则都属于夫妻共同财产,那么其结果就是股权或股权上的财产利益平分。当然,婚姻中的股权纠纷案例众多,判决也各式各样,不同的情形有不同的判决,不能一概而论,笔者试着作如下分析。

一、婚后股权的性质

(一)婚后股权属于夫妻共同财产

我国《民法典》实行法定财产制度和约定财产制度相结合的原则。

法定财产制度就是根据我国《民法典》的规定,婚后的财产所得是共有的,即婚后财产属于夫妻共同财产。那么按此规定,在双方离婚时,基本上财产都是被平分。其立法的理念是,在夫妻婚姻关系存续期间,配偶中一方所取得的财产往往是夫妻彼此支持和奉献的结果,实行夫妻共有的制度,有利于对在婚姻关系存续期间为家庭和儿女做出奉献的一方提供保护。因此,夫妻进行财产分割的对象,是婚姻关系存续期间所得的财产,分割财产的目的是对家庭尽较多义务的一方进行经济利益的补偿。

约定财产制度就是指允许夫妻双方对财产分割进行事先约定,有约定的从约定,如果没有约定,就要遵循法定财产制度。现实中,绝大多数企业家都没有对财产进行事先约定的概念,导致事后只能按法定财产制度分配,结果往往很是被动。

因此,根据《民法典》的规定,夫妻在婚姻关系存续期间所得的财产,除非有书面约定或能证明其是婚前财产,否则都为夫妻的共同财产,归夫妻共同所有。如果股权是在婚后形成,那显然就属于夫妻共同财产。当然,也有一些细微的区分,这点会在后文陆续阐述。

(二)夫妻共同财产中的股权是指股权的财产权益(自益权)

股权有两种基本权能,一种叫自益权,比如获得股息和红利的权利、股权转让权、优先购买权、剩余财产分配权等,也就是股权的财产权益;另一种叫共益权,就是股东共同参与企业事务的决策和经营管理的权利,如表决权、公司文件查阅权、召开临时股东会请求权、对董事及高管的监督权等,也就是股权的人身权益。

由此可以看出,自益权往往是与财产相关的权利,而共益权往往是有资格参与企业管理的人身权利。共益权是为自益权服务的,也就是说,股东消耗大量精力管理企业,行使表决权,查阅企业文件,对董事和高管进行监督,其最终目的是企业能够更好地运转和发展,取得更好的业绩,获取更多的利润,从而让股东获得更多的利益。所以自益权是根本目的,共益权只是实现自益权的手段。

股权的终极权能就是一种财产性的权益,股权本身是有价值的,是可以用金钱来衡量的,比如股权转让,转让价格的多少就体现出股权价值的多少。既然股权和财产有关,那么在进行夫妻财产分割时,当然可以对此进行分配。也就是说,夫妻在婚姻关系存续期间所获得的股权,当然是夫妻共同财产中重要的一部分,这没有疑问。

但是,夫妻共同财产中的股权,肯定包括股权所涉及的财产权益,但并不当然包括人身权益。例如,夫妻离婚时,在夫妻只有一方是股东的情况下(有股权的称为股东配偶,无股权的称为非股东配偶),股权应当在股东配偶同意转让(且有限责任公司中行使优先购买权的其他股东放弃优先购买权),或者股东配偶无力支付补偿金的前提下,才可被分割给非股东配偶。再如,技术入股情况下,其他股东接受该技术股东入股的主要原因就是其所拥有的特殊技能,其配偶要分割技术股东之股权中的人身权益而成为股东,这显然违背了企业让股东配偶技术入股的本意,有违《公司法》关于股权设计的基本理念和原则,也与《民法典》设计夫妻共同财产制度的目的相悖。《民法典》支持的是对另一方的财产补偿,而不是干涉企业的经营管理。另外，所谓人身权益，也就是共益权，是若干股东共同管理企业所产生的权益，这种人身权益的转让，要经过其他股东共同认可，否则容易打破原本局面，特别是破坏有限责任公司的人合格局，给企业带来不利影响。前面多个章节已经提到，在有限责任公司，股权转让要经过其他股东同意，且其他股东有优先购买权，那如果其他股东不同意，或者其他股东要求行使优先购买权，事实上非股东配偶也无法获得股权本身。当然，股份有限公司由于股份可以自由转让，则另当别论。这些在后文都会有详细分析。

另外，我们也要看到，股东配偶能够获得企业的认可，离不开其配偶的支持和奉献，故非股东配偶应当享受股权的财产权益，或者股东配偶应对非股东配偶进行财产方面的补偿。夫妻离婚时，股权的价值其实就是家庭应该获得的收益，分割的一般是股权的财产收益或者价值利益，从而保障非股东配偶的财产权益，而不是必然分割股权本身。

但是，如果夫妻双方都是股东，在无特殊情形的前提下，股权的财产权益和人身权益都可以平分。

二、婚前股权的性质

众所周知，婚后的股权属于夫妻共同财产，但许多人对婚前股权的认识比较模糊，他们认为，婚前股权应当全部属于股东配偶所有，与持股企业有关的事情都与非股东配偶无关。也有些人认为，在婚后，非股东配偶也应该享有与婚前股权相关的一些利益，但又不确定享有哪些权益。所以笔者在此对婚前股权的性质及婚前股权在婚后的微妙变化作一些介绍，以便读者有所了解。

（一）婚前股权本质上属于婚前个人财产

婚前股权应当属于婚前个人财产。所谓婚前个人财产，是指一方在婚前已经取得的财产，包括动产和不动产。

我国的法律明确规定婚前个人财产属于拥有该财产的个人所有。一方的婚前个人财产大致可分为以下 4 类：(1)婚前个人所有的财产，如工资、奖金，从事生产、经营取得的收益，知识产权的收益，因继承或赠与所得的财产、资本收益以及其他合法收入。(2)一方婚前已经取得的财产权利，如一方婚前取得的股权、债权等。(3)婚前财产的利息，包括婚前个人财产在婚后产生的利息（孳息和自然增值）。(4)一方婚前以货币、股权等形式存在，而婚后表现为另一形态的财产。

很显然，婚前股权属于婚前个人财产。

（二）婚前财产的婚后转化

关于上述第 4 类婚前个人财产，这里要重点解释一下，什么是一种形态转化成另一种形态。许多婚前个人财产在婚后可能要作其他用途,比如把婚前房子在婚后卖掉换成存款,那么这个存款是否就变成婚后财产了?事实上不是。因此,如果是直接转化,比如婚前的定期存款到期了,取出来以后再存一个定期,或者用来买房子或车子,只要价格对等或包含在婚前财产金额范围内,就属于婚前个人财产;但如果是间接转化,结果就不一样,比如婚前的存款在婚后取出来给配偶买了金条,后来又把金条卖掉去买房子,这个房子就很难被认定为婚前财产。

这里还要讲一下二级市场买卖股票的转化,股票属于上市公司的股权,许多人都在炒股,其特点是经常性地买进卖出,且股票种类和数量会不断发生变化,如果婚前的股票在婚后发生变化,则很有可能被认定为婚后财产;如果股价升值,升值部分会被认为是一方以个人财产投资取得的收益,因为炒股是需要时间和精力的,不能算是自然增值,那就要归属于夫妻共同财产。当然,如果没有任何交易和操盘行为,只要能举证说明,可以认定其为婚前财产,包括股票升值部分也可被认定为自然增值,同样属于婚前财产。因此,对于婚前股票,最简单的办法是保持不动或者直接抛售股票转为现金,如果婚后要购买其他股票,建议用另外的账户,这样可以确保在婚前所开账户内的股票始终都是婚前财产。但如果股价贬值,无论是何种情况,亏损都由持有股票的配偶自己承担。

(三)婚前财产的界定时间

婚前财产的界定时间为双方结婚登记之日,结婚登记前双方分别所有的财产归各自所有,结婚登记日后(包括结婚登记日)一方单独获得或双方共同所有的财产,除法律另有规定或当事人有特别约定外,均认定为婚后夫妻共同财产。

这样规定的目的在于简化财产关系,便于离婚时分割夫妻共同财产。

(四)婚前股权的相关法律规定

虽然《民法典》没有直接明确股权是否属于夫妻共同财产,但2020年12月29日由最高人民法院颁布并于2021年1月1日与《民法典》同时实施的《最高人民法院关于适用〈中华人民共和国民法典〉婚姻家庭编的解释(一)》(以下简称《〈民法典〉婚姻编司法解释一》)第72条、第73条,就夫妻离婚时的股权分割进行了明确规定,其中第72条对股票、债券、投资基金份额等有价证券以及未上市股份有限公司股份的分割处理作了规定,第73条对有限责任公司的出资额("出资额"是参照2005年之前《公司法》的相应表述,2005年修订的《公司法》将原有的"出资转让"修订为"股权转让")的分割处理作了规定。

2005年修订的《公司法》将"出资转让"修订为"股权转让",是一种更为准确的表述,同时也说明"出资额"与股权是有一定区别的。所谓出资额,是股东承诺对企业承担缴纳出资的义务,投资者缴纳了出资额才能获得股权,成为企业股东。出资额是企业在成立时已经确定的,是相对静态的资本(注册资本),但前面已经对股权进行讲述,提到股权的价值是随着企业的经营状况发生变化的,是动态的。但《公司法》与《民法典》司法解释表述不一,导致在实践中对"股权"的表述无法有效衔接。当然,在实践操作过程中,人民法院会把对出资额的相关规定视为对股权的相关规定。

(五)婚前股权在婚后的增值和收益的处理规则

我们所要讲的股权和前文讲的股票其实就是同一性质,上市公司的股权叫股票。当然,炒股所涉及的股票会经常变动,所以对于婚前股票账户内的股票,如果在现实中不注意保留证据,由于涉及股票数量众多,交易次数频繁,该部分股票很可能因无法查清而被认定为婚后财产。本书所说的股权,是指一级市场持有的企业股权,很少会发生变动,即使有几次变动,也可以分清具体的时间是在婚前还是婚后,所以婚前的股权本身不太可能被认定为婚后股权。但是,企业家千万不要以为股权是婚前所有,那么婚后企业所有的事情都与配偶无关。事实上,结婚以后,婚前股权会发生一些变化,如果没有进行有效的预防,会带来无尽的麻烦。

现在企业家在创业的时候都比较年轻,在创业最艰辛的那几年,股权的价值往往不高,而当企业有所成就时,企业家就会考虑结婚。结婚几年后,由于种种原因,如双方无法继续生活,就可能涉及离婚财产分割,但此时的企业已经发展壮大,可能还要上市。那么问题就来了,如果结婚前股权的每股价值是 1 元,到离婚时股权估值已经达到 10 元,这增值的 9 元是企业家的个人财产还是夫妻共同财产？可以确定的是,如果一个人婚前拥有的股权在婚后不断贬值,其损失就是企业家自己承担,但如果股权价值在婚后不断攀升,那就要分不同情况来确定了,笔者具体作如下分析。

1. 以"是否自然增值"为界定个人还是共同财产的标准

《〈民法典〉婚姻编司法解释一》第 26 条规定:"夫妻一方个人财产在婚后产生的收益,除孳息和自然增值外,应认定为夫妻共同财产。"因此,婚前股权婚后增值部分及分红款是否属于夫妻共同财产,要看其是否属于孳息(如银行利息)和自然增值,如果属于孳息和自然增值,那么就是一方个人财产,如果不属于孳息和自然增值,则是夫妻共同财产。

一般而言,增值包括自然增值(也称被动增值)和主动增值,如果股权价格是基于人为努力而提升的,其应当属于主动增值,不属于自然增值,原则上要按照夫妻共同财产处理。

那么,什么是自然增值呢？《〈民法典〉婚姻编司法解释一》所指的自然增值,是基于客观被动性的自然性的增值,属于一方的个人财产。之所以该司法解释条文中没有出现“主动增值”的字眼，主要是考虑到主动增值的原因包括进行生产、经营或者投资行为等，有些概念是交叉重合的。该司法解释规定除孳息、自然增值之外即为夫妻共同财产，比较清晰明了，有利于法官的实践操作及统一裁量尺度。

夫妻一方婚前个人财产在婚后的自然增值，是指该增值往往是因通货膨胀或市场行情的变化而发生，是客观被动的，与夫妻一方或双方的劳动、努力或管理等并无关联，也就是说，拥有财产的一方什么都不做财产就增值了。比如夫妻一方个人婚前所有的房屋、古董、字画、珠宝、黄金等，在婚姻关系存续期间，因市场价格上涨而产生了增值，其在被抛售后的增值是原物交换价值的上升所致，是不以人的意志为转移的市场行为作用的结果，属于自然增值，应将其归属为个人所有，故将该部分增值认定为一方的个人财产。

但如果是通过个人努力进行投资而增值的部分，则应当属于夫妻共同财产，因为这是人为努力产生的结果，具体理由是：夫妻一方婚前财产虽然在婚后不会改变性质，但是结婚后，夫妻作为一个婚姻整体共同抚育子女，赡养老人，各自投入的时间、精力、财力不能用金钱来衡量。从法律上来讲，夫妻是一个利益共同体，任何一方在婚后的投资行为都会增加另一方在承担家庭义务方面的时间、精力，或者说是另一方通过在其他方面消耗了时间和精力来支持其投资行为。所以法律上会认定，婚前一方的财产在婚后投资所获的收益属于夫妻共同财产。

从股权的角度来说，股东配偶参与企业的运营或在企业工作是一种付出行为，其投入了个人努力和劳动，非股东配偶则需要花更多时间和精力照顾家庭，作为回报，婚前股权在婚后的增值和收益部分应当属于夫妻共同财产。股票、基金也是如此，若夫妻一方在婚前购入了股票、基金，且在婚姻关系存续期间发生了交易行为，那么据此所获的收益也应为夫妻共同财产。前文也提到，如果婚后有操作管理股票交易或是参与企业生产经营的行为，那么婚前股权在婚后的增值部分就应当被认定为夫妻共同财产。

但是，如果股票、基金直至夫妻双方离婚时都没有被交易操作，或者出资一方仅仅是持有股权，未参与企业的任何运作和生产经营，那么此时婚前股权的增值部分应属于自然增值，可被认定为夫妻一方的个人财产。因为这种行为不需要花费时间和精力，则自然推导出没有让配偶在家庭中有额外的付出，就好像钱存在银行里面产生利息一样。

在实践中，对于是否属于婚前股权的自然增值，配偶双方都要进行举证，这很重要，所以要保存好相应的证据。《民事诉讼法》(2021 年修订)第 67 条规定，当事人对自己提出的主张，有责任提供证据。如果当事人无法提供有力证据，人民法院又无法查实的，一般按夫妻共同财产处理。在有关离婚涉及股权分割的实务中，需要配偶双方提供证据证明持股一方在婚后是否投入时间、精力对股权进行过操作、管理和维护,或者涉及对于企业股权的投票、表决或经营管理等事宜。如果有,就可以主张婚前股权在婚后的增值部分、股息、红利等为夫妻共同财产。

事实上,婚前进行创业的企业家绝大多数是全身心投入企业中的,其会对企业进行全面的管理和运作,甚至直接作为创始人或实际控制人,且往往会在婚后享受企业发展带来的巨大成果。但企业家普遍没有防范意识,这很有可能导致在离婚时处于极其被动的局面。许多优质企业的估值在婚后是婚前的几十倍,甚至上百倍,如果离婚,即使人民法院判决不分割股权,只判决企业家对配偶进行经济补偿,需要不断扩大再生产的企业家也可能因为没有足够的现金补偿给配偶而不得不转让或分割股权,导致企业控制权旁落,或者像土豆网那样被冻结股权而无法按期上市,这对企业的打击都是致命的。因此,有远见的企业家通常会在婚前与对方签订婚前协议,特别是对股权的增值部分、股息、红利等进行有效约定,明确其在婚后仍属于个人财产,不作为夫妻共同财产,以保证企业的正常运作和稳定发展。

2. 婚前股权的非自然增值部分在离婚分割时的处理

前文已经提到,除了孳息和自然增值部分,其他婚前股权在婚后的增值及收益均属于夫妻共同财产。那么,如果离婚,在确定是非自然增值的前提下,就要对婚前股权的非自然增值部分进行有效界定并分割。若夫妻双方能协商一致,可按双方的约定进行处理;若无法协商一致,就婚前夫妻一方名下股权在婚后的非自然增值部分,原则上夫妻双方各得一半,具体处理方式如下。

(1)确定是否增值及增值额

在无法协商一致的情况下,夫妻一方名下的婚前股权是否增值,以及增值额度的确定,需要通过专业的审计或评估机构进行,然后根据审计或评估的结果,给付另一方相应货币补偿。比如,股东配偶在有限责任公司占股比例是60%,经评估婚前股权的价值为60万元,在离婚评估基准日的价值为600万元,那么增值部分就是540万元。

因为这里讨论的是股权增值部分的分割,并不讨论股权本身的分割,所以只涉及货币补偿。但如果没有足够的货币,股东配偶可以将相应股权折抵,作为对非股东配偶的补偿。

(2)非自然增值部分的分割方式

关于股权非自然增值部分,股东配偶一般以货币对非股东配偶进行补偿,比如前面提到增值部分为540万元,如果确定是非自然增值,且没有其他特殊情况,则增值部分按一人一半分配,即各270万元。

但这里会有一些问题。首先,企业家可能已经把全部家当投入企业,自己的现金并不充裕;其次,婚前股权的婚后增值通常是通过评估得出,并不能等同于实际收益,因为实际收益需要通过股权转让才能真正实现,而股权转让又存在诸多不确定性,如果直接以评估价格的一半为标准分配增值收益给对方,就是让股东配偶单独承担了股权转让的风险,这也是不公平的。

因此,若股东配偶没有足够现金,或者不愿意用现金补偿,可以用相应比例的股权抵扣应给付的货币补偿。股份有限公司的股份是按每股价值计算,而且股权转让不需要经其他股东同意,其他股东也没有优先受让权,所以不需要多讲;但对于有限责任公司,笔者认为还是需要重点阐述一下如何分配,具体如下:

比如,前面提到的股东配偶在有限责任公司占股比例是60%,夫妻就增值部分按一人一半分配,即各270万元。那么,股权价值为600万元,按股东配偶占股60%这一比例即可推算出公司价值为1000万元,那么270万元占股即为27%。笔者认为,股东配偶如果没有足够现金,可以将部分股权分割给非股东配偶,至于分割多少股权比例,决定权在股东配偶,股权比例不足的,可以以货币补足。如果另一方只要现金,那人民法院也可以判决给付现金,但如果股东配偶没有现金,最终可能还是要以股权折抵。

3. 婚前股权的婚后收益(分红)在离婚分割时的处理

股权的收益就是指企业将部分利润按股权占比分配给股东,包括股息、红利等,这里就统称为分红。分红和增值一样,如果股东配偶没有参与企业的具体经营运作,分红就相当于存在银行的天然孳息,与自然增值一样均属于个人财产。但如果股东配偶参与了企业的经营运作,那么婚后分红就要被作为夫妻共同财产进行分配。

分红属于《公司法》的范畴,是否分配及分配多少,由公司股东(大)会来决定,股东配偶个人一般无法决定,所以在离婚时需要根据不同情况进行分析。

(1)婚后直接获得的现金分红

如果在双方结婚后、离婚前已经获取了现金分红,说明其已经转化为夫妻共有的货币资产,在夫妻离婚时直接分割相应的货币资产即可。

(2)婚后尚未进行分红的部分

如果根据股东配偶所在企业的股东(大)会决议,在婚后若干年度未进行分红,非股东配偶是否可要求就未分配红利进行分割,则存在一定的争议。笔者认为,是否对利润进行分配,是《公司法》范畴内的问题,其决定权在企业,企业股东(大)会有权根据经营情况决定是否对当年利润进行分配或不进行分配,这是受法律保护的,属于企业的自治范畴。

因此,如果夫妻离婚时对未分红部分不能协商一致,非股东配偶起诉到人民法院要求分割未分红部分的，在司法实践中，人民法院往往会以涉及公司经营及自治的范畴，或者与其他股东的利益紧密相关为由，对此类诉求不予支持。当然，如果在离婚后，企业对婚姻关系存续期间的利润进行了分配，非股东配偶可以另行起诉要求对这些财产进行分割。

(3)婚后现金分红转化为增资股权的部分

如果是婚前夫妻一方名下的股权，因企业经营需要和股东(大)会决议，将婚后的分红转化为对企业的增资，且股东配偶获得相应的股权，非股东配偶是否可要求对此进行分割？笔者认为，如果婚后分红已经被认定属于婚后夫妻共同财产，那么由此通过分红转化而来的股权，理所当然属于夫妻共同财产，应当在离婚时进行分割，至于是股权分割还是货币分割，在后文股权分割部分会作详细阐述。

另一个比较复杂的问题是，在进行财产分割时，是按当初分红时的金额计算，还是按因分红转化而来的股权的评估价格计算。笔者认为，如果是在婚姻关系存续期间获得的增资股权，应该按增资股权部分的评估价格计算，因为这就相当于用夫妻共同财产去购买股权，无论是增值还是亏损，均应由夫妻双方共同享有和承担。人民法院可以对增资股权进行评估，分配方式在后文会有详细论述。

第三节　婚姻变动对企业和股权的重大影响

通过对前面婚前股权和婚后股权相关问题的阐述，读者应该可以大致了解，婚姻变动对企业和股权的影响是巨大的。许多企业创始人就是因为婚姻变动而失去了对企业的控制权，或者企业因为创始人的婚姻变动而走下坡路，甚至倒闭。

根据我国《民法典》规定，如果没有特别情况，离婚时夫妻关系存续期间的财产基本上是均分。很显然，股权本身就具有财产属性，属于可以分割的财产。当然，股权还具有人身属性，所以股权分割要经过许多程序，但企业创始人的股权被分走的情况比比皆是，下面介绍的许多案例都是涉及夫妻股权的分割。在股权被分割后，许多企业创始人因而失去控制权，甚至被“野蛮人”侵入而不得不离开自己创办的企业；即便企业创始人的股权因为其人身属性而没有被分割，也要拿出与一半股权同等价值的财产，但许多企业创始人已经把所有身家投入企业，哪里拿得出这么多现金，最终还是要卖掉股权。有些甚至离婚诉讼还没开始，创始人的配偶就直接向法院申请诉前保全冻结其股权，导致股权无法运作，特别是对于准备引入股权投资或者准备上市的企业，基本上就是致命一击，很可能永无翻身之日。

本节将介绍一些中外企业家的婚姻变动状况与案例，并通过对图5股权关系中各大类别相互作用的原理进行分析，让读者对婚姻变动带来的影响有一个直观的认识，希望企业家对夫妻的股权有个充分的了解，并能对其高度重视。

一、中国企业家因离婚产生的股权分割状况

笔者对最近几年涉及巨额股权分割的离婚案作如下介绍。

（一）康泰生物

2020年5月29日晚，康泰生物公告称，因解除婚姻关系并进行财产分割，该公司控股股东、实际控制人杜伟民拟将1.61亿股公司股份（占总股本的23.99%）分割过户至配偶袁莉萍女士名下。以康泰生物5月29日收盘价146元计算，袁莉萍离婚分割的股份市值高达235.06亿元，这使袁莉萍直接进入我国富豪榜100强。离婚前袁莉萍不持有康泰生物股份，杜伟民持有3.45亿股（占总股本的51.26%），离婚后，杜伟民持有1.83亿股（占总股本的27.27%），袁莉萍持有1.61亿股（占总股本的23.99%）。这个“分手费”和后文提到的亚马逊公司创始人杰夫·贝佐斯的夫人麦肯锡获得的350亿美元相比，连1/10都不到，但足以刷新中国因离婚而引发的分割股权所对应金额的纪录。另外，袁莉萍和麦肯锡一样，离婚后不谋求公司控制权，其还与杜伟民结成一致行动人，将所有表决权等股东权利都交给杜伟民。

（二）昆仑万维

在康泰生物之前，最高分手费的纪录由昆仑万维董事长周亚辉保持，2016年9月12日晚，昆仑万维实际控制人、董事长周亚辉与配偶李琼达成关于财产分割的约定，以2016年9月公告时的股价计算，李琼分走市值约75亿元的股份。

（三）恒星科技

2018年1月19日，恒星科技公告称，公司实际控制人谢保军因与配偶焦会芬解除婚姻关系，拟将持有的1亿股公司股份分割给焦会芬。按照恒星科技1月19日收盘价计算，这笔股份市值为5亿元。通过此次权益变动，焦会芬持有公司股份的比例为7.96%，跃升至公司第二大股东。

（四）梅轮电梯

2018年12月20日，梅轮电梯公告称，2018年12月19日，因离婚纠纷而执行浙江省绍兴市中级人民法院的民事调解书，股东王铼根将其持有的公司无限售条件流通股1309万股（占公司总股本的4.26%）转让给配偶屠晓娟，当时市值近1亿元。股份减持前，王铼根持有梅轮电梯2196.5万股股份，占公司总股本的7.15%；股份减持后，王铼根持有的公司股份下降至887.5万股，只占公司总股本的2.89%。

(五)跨境通

2020年2月18日,跨境通公告称,公司董事长徐佳东与配偶李俊秋签署财产分割协议,解除婚姻关系。徐佳东将7011.18万股股份(占公司总股本的4.5%)分割至李俊秋名下。按照当时市值计算,徐佳东分割出来的股份价值达4.6亿元。股份分割后,徐佳东持有的公司股份比例从15.22%减少至10.72%。

巴菲特说过,他一生中最重要投资的不是投对了哪家公司,而是选对了和谁结婚,这是很有道理的。作为一名企业家,不管是已婚还是未婚,都应该事先做好保护企业和股权的谋划,在这方面进行合理的安排,这不是自私,也不是不近人情,而是理性的体现,是为企业的长远发展考虑,为投资人考虑,也是为自己员工的将来考虑。

因此,从这方面来说,对股权作出合理的安排才是理智和负责的行为,顺其自然反而是不负责任。当然,考虑和谋划并不是说不给配偶留下一分财产,笔者只是建议,为了企业的稳定,企业家应尽可能把股权或控制权掌握到自己的手中。如果婚姻出现问题,企业家要把损失降到最低,尽可能让出其他的财产给予配偶补偿,而保留公司的股权;如果确实没有足够的资金支付给配偶,那么企业家就应该学习亚马逊和康泰生物实际控制人的做法,在分割股权的同时说服配偶,争取把表决权和控制权留在自己的手中,防止婚姻变动影响公司的发展甚至公司的存亡。

事实上,许多离婚导致的股权纠纷对企业的伤害是巨大的,影响极为恶劣。比如,赶集网创始人杨浩然与前妻王红艳的离婚诉讼之股权纠纷,导致赶集网多名高管离职,影响赶集网的上市,给赶集网的发展带来了毁灭性打击;真功夫创始人蔡达标与前妻潘敏峰的天价离婚案对于真功夫的发展也是一次重创;土豆网CEO王微的股权也因离婚诉讼而被冻结,影响了公司上市,导致公司在竞争中败下阵来,投资人还因为此案而起草了所谓的"土豆条款"。

二、"土豆条款"

笔者之所以介绍"土豆条款",是要说明如何避免或防止企业创始人的婚姻变故对企业的影响。"土豆条款"的名称源于土豆网创始人王微的离婚事件。王微的离婚事件影响了土豆网的上市进程,从而影响了股权投资人的利益,所以此后股权投资人设定了这样一个"土豆条款",其主要内容是在投资过程中对企业创始人提出的婚姻方面的要求。

"土豆条款"的主要内容是:被投资企业的创始人及合伙人在结婚或者离婚前,需要提请召开有投资人参加的董事会,就结婚和离婚事宜进行讨论,并且被投资企业的创始人及合伙人结婚或离婚要经过投资人同意后方可进行。有些股权投资协议中约定,创业公司的创始人夫妻感情如果出现问题,投资人就要收回投资,或要求创始人承担违约责任,这是投资的前提条件。

下面笔者将介绍制定该条款的原因,并分析该条款的法律效力。

(一)“土豆条款”的由来

2006年年初,土豆网CEO王微和前妻杨蕾相遇于一次聚会,一年后两人在我国香港特别行政区登记结婚。但由于两个人的个性问题,2010年3月人民法院判决王微和杨蕾正式离婚,而财产分配方面,王微支付给杨蕾10万元。此次财产分割并未涉及土豆网股权的分配。

2010年11月,土豆网先于竞争对手优酷网向美国证券交易委员会提交了IPO申请,此前的5年期间,土豆网已经获得了5次股权融资,募资额为1.35亿美元。

但在提交IPO申请的次日,王微的前妻杨蕾以婚内财产分割为由向上海市徐汇区人民法院起诉,要求分割婚姻关系存续期间的土豆网76%的夫妻共有股权,并申请财产保全,由此上海市徐汇区人民法院冻结了土豆网38%的股权。这直接导致土豆网的上市进程被迫暂停。

为了让土豆网成功上市,王微最终和杨蕾达成和解,支付给杨蕾700万美元,前提是杨蕾不再对土豆网的股权提出任何其他要求。但是,土豆网因此丧失了先机,优酷网优先在纽交所成功上市。最终,土豆网虽然在纳斯达克上市,但上市先机早已不在。虽然土豆网仅比优酷网上市晚8个月,但已经不可同日而语,优酷网上市首日大涨161%,市值超过30亿美元,而土豆网上市首日下跌12%,市值只有7.1亿美元。而且,土豆网还遭遇美国股市暴跌、美国政府债券被标准普尔降低信用等级、中国概念股在美国遭遇信任危机等一连串打击,公司股价一跌再跌。之后,两家网站的差距越来越大。2012年3月12日,优酷网和土豆网宣布以100%换股的方式正式合并,优酷网CEO古永锵担任新合并公司的CEO,王微担任董事,没有具体职务,可以说是黯然离场。虽然对外宣称是合并,实际上就是优酷网以股权为对价收购了土豆网。

土豆网比优酷网创立更早,在相当长的一段时间内均处于市场领先地位,但因CEO王微的离婚诉讼而丧失了上市的最佳时机,导致一步落后,步步落后。因此,投资人开始思考企业创始人的婚姻问题给企业带来的影响,并开始制定所谓的“土豆条款”。

(二)“土豆条款”的法律效力及修正方案

笔者认为,“土豆条款”中限制结婚或离婚的内容,事实上是没有法律效力的,不管是之前的《婚姻法》,还是现在的《民法典》,都明确规定了婚姻自由原则,即男女双方自愿结婚和离婚的,任何人都没有干涉的权利。因此,通过合同来限制婚姻自由的基本原则,显然是违法的。违法的合同条款显然无效,故“土豆条款”也自然无效,因为其限制了股东婚姻关系的缔结或解除。

但笔者认为,“土豆条款”无效,并不意味着投资人无法获得保障,实践中,投资人会通过各种约定来为自己争取权益,具体的做法有:

1. 投资前对创始人的婚姻状况进行充分调查,并将调查结果作为投资决策时的考虑因素。如果创始人与配偶分居或正在进行离婚诉讼,肯定是不会投资的。

2. 投资人通过股东会、董事会要求创始人与未婚对象签订婚前财产协议,或与已婚配偶签订财产分配协议,确定股权为创始人单方所有,当然,创始人可以对配偶进行其他财产补偿。

3. 在股权投资协议中约定,创始人违反条款,出现离婚的情形,可能导致企业的实际控制人变更,或对企业股权结构、资产造成影响的,投资人有权选择要求创始人回购、补偿,或触发优先清算权、领售权等条款(相关条款的解释见第四章“股权投资与融资”)。

4. 投资人在股权投资协议中与创始人约定优先受让权来减少部分风险。如约定企业创始人因离婚而分割或转让股权时,投资人对该股权享受优先受让权。该优先受让权可以优先于其配偶,也可以优先于其他股东。

5. 如果创始人夫妻双方都是股东,投资人会要求双方都在股权投资协议上签字。另外,当企业发展到一定阶段,为保证企业长远健康发展,投资人会建议夫妻一方在适当时候选择退出。

(三)投资人如何看待企业家的婚姻

土豆网的失败,对企业创始人、合伙人等造成的重大影响不言而喻,但对投资人的影响更大。笔者在第四章“股权投资与融资”中多次强调,投资人是逐利的,在万事俱备,马上就可坐享上市利益之际,创始人的离婚纠纷却导致上市搁浅,投资收益大打折扣,这对投资人来说显然是难以接受的。因此,许多投资人意识到婚姻状况对企业和投资人的重大影响,故在之后投资企业时,特别注重调查创始人团队的婚姻状况,把创始人与合伙人的夫妻关系作为重要的考察因素之一,以规避因此而来的风险。投资人对企业股权的变动是最为敏感的,所以其会第一时间作出反应,也由此催生了著名的“土豆条款”,并将该条款写入股权投资协议中,要求创始人与合伙人承诺并签字确认。

事实上,对企业创始人或合伙人来说,其股权变动的最大不确定因素,就是婚姻的变动。前文已经提到,股权在离婚时是可以被分割的,即使不分割股权,也要拿出同等价值的现金支付给对方,这个压力对企业创始人或合伙人来说是极为巨大的,更不要说还有离婚诉讼导致股权冻结的严重后果及舆论方面的诸多不利影响。

因此,“土豆条款”尽管无效,但投资人提出该条款也有一定道理,至少该条款可以约束创始人与合伙人,在造成无法避免的损害前,有一定的时间进行充分讨论和准备,作出最好的布局和安排。

从图5的股权关系来看,D大类制约C大类,如果婚姻出现问题,首先要制约的就是投资人,投资人损失是首当其冲的。投资人最关心企业的收益,因为企业出现问题会侵害他们的利益,所以不难理解为什么投资人特别关注企业创始人或合伙人的婚姻状况。另外,投资人更不喜欢“夫妻店”这种模式,像当当网这样的“夫妻店”就是一个很好的例子,夫妻之间的矛盾导致企业无法得到良好的发展,投资人也无法得到应有的回报,所以对投资人来说难以接受。

现在企业创始人的年龄越来越小,平均年龄大概是30岁,而且有相当一部分是未婚,在面临结婚问题时,创始人的智慧和眼光非常重要。创始人要慎重对待婚姻,创始人婚姻状况如果发生变化,就会影响公司发展,特别是那些被许多投资人看好的企业,其股权背后涉及巨大的经济利益,如不及时预防和处理,一家处于良性发展期的企业可能因婚姻出现问题而衰退甚至灭亡。所以,如果被投资企业的创始人或合伙人未婚,投资人往往会要求企业创始人及合伙人在结婚前与对方签订婚前协议,对企业股权及婚后增值、分红等相关利益作出明确约定。如果创始人的婚姻已经出现问题,投资人会要求创始人在离婚时与配偶协商,让配偶放弃股权,而以其他财产对配偶进行补偿,协商不成的,允许配偶获得股权的财产权益,但要把表决权等人身权益交由企业创始人行使。否则,投资人会追究企业创始人的相关责任。

要办好一家企业很难,但要破坏甚至毁灭一家企业很容易,特别是对一家较大的企业来说,因为创始人的婚姻问题而失败,实在是可惜。因此,有理智的投资人的监督和提醒,对企业创始人或主要股东来说,倒也不失为一件好事。

(四)引发的思考

爱情是美好的,但也容易让人丧失理智,不能作出正确的判断。所以,当一名企业家在面对婚姻问题时,要综合考虑,不能感情用事,要为企业的长远发展作好必要的、充分的筹划,不管是结婚还是离婚,都要“走在前一步”,以防止出现变故。企业进行融资时有类似“土豆条款”的文件,其优点就是能很好地促使创始人与合伙人警醒,不要因为婚姻问题而失去自己的控制地位,甚至失去企业,要懂得如何进行事先防范。

从图5的股权关系来看,当D大类的婚姻出现问题,必滋生E大类的纠纷。像土豆网这样的例子举不胜举,比如真功夫、赶集网都是因为婚姻问题而延迟上市,还有沃华医药的董事长赵丙贤的离婚案，使沃华医药出现股权分散的巨大风险。企业家婚姻的好坏不仅影响其家族利益，还影响众多员工的生存和企业的命运，所以企业家对婚姻问题必须慎之又慎。

负责任、有远见的企业家，在结婚前肯定会作好筹划。比如京东的刘强东在结婚前的一些做法值得借鉴。京东董事会于 2015 年 5 月批准了一项针对公司董事长兼 CEO 刘强东的为期 10 年的薪酬计划，即刘强东每年只拿 1 元现金形式底薪和 0 元现金形式奖金，但同时被授予了 2600 万股京东 A 级普通股的购买权，约占京东总股本的 0.9%（价值约 26.5 亿元），而刘强东在 2015 年 8 月与章泽天结婚。也就是说，刘强东透支了自己 10 年的薪水和奖金，为自己换得约 26.5 亿元的婚前财产。众所周知，婚后的薪水和奖金是夫妻共同财产，在没有特别约定的情况下，在离婚时是要为夫妻所平分的，但以今后 10 年的钱在婚前购买股权，这个股权就是婚前财产，在离婚时是不需要分割给配偶的（婚后增值与分红则视具体情况另行确定）。笔者认为，刘强东婚前布局这些股权，有可能是想做一个期权池，分给后来的优秀员工，之所以在婚前行权，是为了避免婚后出现不必要的矛盾和纠纷，与感情无关。刘强东在为自己规划财产的同时，更多的是为企业的发展和员工的生存考虑，从这方面来说，刘强东是负责任的企业家。

三、两家著名网络书店创始人的离婚案

2019 年有两桩引人注目的离婚案，在国际上毫无疑问是亚马逊创始人兼首席执行官杰夫·贝佐斯和其妻子麦肯锡的离婚案，在中国则是当当网创始人李国庆和其妻子俞渝的离婚案。两家企业都是电商，创始人年龄相仿，且都是从网上书店开始创业，亚马逊还有过收购当当网的打算，所以两家企业有许多交集和共同点，再加上两家企业的创始人在同一年爆发夫妻矛盾，而且涉及较高金额的夫妻股权分配，值得关注。

（一）亚马逊创始人离婚案

2019 年 4 月 4 日，亚马逊创始人兼首席执行官杰夫·贝佐斯和妻子麦肯锡在社交媒体上表示，他们的婚姻已经无法维持，而且已经协商确定了离婚的相关细节问题。离婚消息最先发布于杰夫·贝佐斯的推特账号上，在署名为“杰夫和麦肯锡”的声明中写道：“在经过长期的爱情探索与临时分居后，我们现已决定离婚，未来我们仍将是父母、朋友、生意和项目上的合作人，同时我们将追求各自的事业和冒险。”

因为两个人婚前没签订相关协议，而亚马逊也是婚后两个人共同创建的，所以他们名下的财产都是夫妻共同财产，只要他们离婚，按照美国华盛顿州法律的

规定，财产基本上就是对半分。按照离婚协议的约定，离婚后，麦肯锡将分得25%的杰夫·贝佐斯在亚马逊的股份，按照离婚当日的交易价格计算，这笔资产的价值约为350亿美元，而杰夫·贝佐斯将保留所有拥有投票权的亚马逊股票（麦肯锡仅保留收益权）。让人意想不到的是，在股份分割后，杰夫·贝佐斯在当时仍是世界首富，而麦肯锡在富豪榜单上排名则跃至第22位，成为全球排名第3的女富豪。按照法律规定，麦肯锡可获得约700亿美元，也许是为了保住杰夫·贝佐斯全球第一富豪的位置，也可能为了亚马逊公司的发展考虑，她慷慨地放弃了近350亿美元。

杰夫·贝佐斯和麦肯锡结婚25年，生育4个儿女，并共同创建亚马逊，经历了亚马逊的低谷和快速发展。1994年，从一家金融服务公司辞职的杰夫·贝佐斯决定创立一家网上书店，故与麦肯锡一起辞掉原有工作，在西雅图创建亚马逊。杰夫·贝佐斯认为书籍是最常见的商品，标准化程度高，而且美国书籍市场规模大，十分适合创业。麦肯锡当时担任亚马逊的会计，是亚马逊最早一批员工之一。经过大约一年的筹建，亚马逊网站于1995年7月正式上线。为和线下图书巨头巴诺书店（Barnes & Noble）、博德斯集团（Borders）竞争，杰夫·贝佐斯把亚马逊定位成“地球上最大的书店”，为实现此目标，亚马逊采取了大规模扩张策略，以巨额亏损换取营业规模，经过不懈努力，亚马逊从网站上线到公司上市仅用了不到两年时间。1997年5月，巴诺书店开展线上购物时，亚马逊已经在图书网络零售上赢得了巨大优势，此后双方经过几次交锋，亚马逊最终完全确立了“世界上最大书店”的地位。

值得一提的是，根据美国慈善项目“捐赠誓言”（The Giving Pledge）网站消息，2019年5月28日，离婚后的麦肯锡参与了著名投资人巴菲特和微软公司创始人比尔·盖茨发起的“捐赠誓言”项目，该项目的参与者必须为慈善事业捐赠至少一半财产，因此，麦肯锡至少捐赠了175亿美元。

（二）当当网创始人离婚案

中国当当网的两名创始人李国庆和俞渝夫妇的离婚案则显得有点狗血，不像亚马逊创始人离婚案那么体面收场。

2019年11月29日，当当网创始人李国庆与其妻子俞渝离婚案在北京市东城区人民法院开庭，李国庆的诉求是离婚及平分股权。2020年6月15日第二次开庭时，俞渝以夫妻感情没有破裂为由不愿意离婚，显然不想失去对当当网的控制权，且不想平分股权。李国庆称，从2018年1月15日开始，至第二次开庭时，双方已经分居两年零五个月。李国庆在2019年7月底向人民法院递交起诉状，要求与俞渝离婚。笔者截稿时，该离婚案仍未判决。

关于当当网创始人夫妻离婚的财产分配及相关法律问题，本章第六节"案例分析"中有专题详述，本节只是对双方创业过程及矛盾由来作事实性阐述。

应该说，双方在创业时确实是患难夫妻，创立了曾经辉煌一时的当当网，而且二人多次共赴难关。1996 年，双方在美国相识，3 个月后结婚。1999 年 11 月，二人共同创立当当网并正式上线运营。2000 年，当当网从 300 多家网上书店中脱颖而出，并于 2000 年 4 月顺利完成第一轮融资，拿到美国国际数据集团（IDG）、卢森堡剑桥集团（LCHG）、软银等投资人向当当网投入的 1000 多万美元风险投资。

2000 年互联网遭遇"寒冬"，但夫妻二人携手顽强地挺了过来。2002 年，当当网提出增速不变，业绩持平；2003 年，当当网做到了盈亏平衡；2004 年，当当网的销售额已经与西单图书大厦的销售额相当，占整个网上零售份额的 40%。而且在当时，当当网每年的销售额均保持 180% 的增长速度，而当时传统书店的年销售额增长率不超过 5%。由于当当网的辉煌业绩，夫妻二人于 2010 年 12 月共同推动当当网在美国上市，当当网成为中国第一家完全基于 B2C 业务在美国上市的网上商城。

但在 2016 年，因业绩不佳，当当网私有化退市，退市后李国庆、俞渝夫妇和高管团队共持股 93.17%，公司市值约 5.3 亿美元。

当当网业绩不佳的主要原因是错过了多次扩张的机会，这与当当网实际控制人是夫妻二人且意见不统一有相当大的关系，双方矛盾日益激化也是双方婚姻走向末路的催化剂。比如 2004 年亚马逊想收购当当，亚马逊提出收购价格在 1 亿～10 亿美元都可以谈，但要至少 70% 的绝对控股权，俞渝当时想卖掉当当网，但李国庆不同意让亚马逊掌握控制权，最终导致谈判失败；2017 年年底、2018 年年初，海航提出收购当当网，在海航提出收购的时候，俞渝赞同，李国庆反对。李国庆说："每次我都想扩张，俞渝每次都想卖。"夫妻之间的意见相左，导致当当网无法迅速扩张，从而失去了许多机会。

（三）两个案例的相似之处

笔者总结，两个案例有许多相似之处，大致如下：

1. 创始人年龄相仿。贝佐斯于 1964 年出生，李国庆也是在 1964 年出生。

2. 创始人夫妻都是闪婚。贝佐斯和麦肯锡在 1994 年约会三个月就订婚，之后迅速结婚；而李国庆和俞渝于 1996 年在美国认识三个月就闪婚。

3. 创始人夫妻都有过一段幸福的时光。贝佐斯和麦肯锡的爱情故事为人津津乐道。麦肯锡在纽约的一家对冲基金邂逅了未来的丈夫贝佐斯，当时，贝佐斯已经是公司的高级副总裁。麦肯锡曾向《时尚》杂志透露，在对冲基金工作的时候，她一边写小说一边做着行政助理的工作维持生计，但是她很快被隔壁办公室里那个男人(贝佐斯)爽朗的笑声迷住。约会三个月后,两人火速订婚,之后在佛罗里达州西棕榈滩的一个度假胜地结婚;李国庆和俞渝之间可能没有那么多的爱情因素,更多是年龄原因,但李国庆也承认,两人彼此爱过,也有过一段美好的时光,俞渝说李国庆身上有很多东西吸引她,让她崇拜。两人也有相濡以沫、举案齐眉的时光,二人承认,从美国相见到后来上市的那一段,是他们比较幸福的时光。

4. 夫妻共同创业。1994 年,贝佐斯和麦肯锡辞职前往西雅图创立了亚马逊,贝佐斯是 CEO,麦肯锡是亚马逊的第一任会计,二人共同参与并见证了亚马逊从一家小型在线书店发展成为电商巨头的历程;1999 年,李国庆和俞渝二人共同创立当当网,李国庆是 CEO,俞渝一开始并没有股份,不拿工资,她利用在投行的经历,为当当网吸引了多家投资人,且帮助当当网在美国成功上市。

5. 两家企业都是经营网络书店起家。前面已经介绍,亚马逊和当当网都是经营网络在线书店起家,亚马逊在进入中国市场时,还准备收购当当网,因为控制权问题未达成一致而放弃,且两家企业都在美国上市。

6. 创始人夫妻离婚都涉及大量股权分割。亚马逊毫无疑问是世界级的大公司,市值排在世界前几位,曾经是世界上市值最高的上市公司,2022 年 8 月亚马逊的市值有 1.4 万多亿美元。在贝佐斯和麦肯锡离婚时,贝佐斯持有亚马逊约 16.3% 的股份,按当时的亚马逊市值计算,贝佐斯的个人身价达到 1400 多亿美元。依据美国华盛顿州法律规定,除非婚前协议另有规定,否则这些资产应该公平分配,而麦肯锡同意只分贝佐斯股份的 25%,大概也有 350 亿美元,故贝佐斯在财产分配后仍然稳居世界首富的位置;当当网的市值当然比亚马逊低得多,但其价值依然是天文数字。通过相关查询,在中国境内,俞渝名下有 13 家存续公司,李国庆名下有 15 家存续公司,其中仅二人合计持有的当当网股权价值就近 70 亿元。

(四)运用图 5 的股权关系原理对两案进行评析

首先要讲 A 大类的创始人与合伙人。前面已经详细阐述过,创始人与合伙人是企业的核心,如果二者合作不好,就会影响 D 大类的财富,结果就是损失钱财。D 大类夫妻如果又是 A 大类合伙人,产生的矛盾对企业的影响会比合伙人之间的矛盾对企业的影响更剧烈。因为夫妻间的财产是关联在一起的,矛盾会导致财产及股权的重新分配和调整,而一般的合伙人的股权都是固定的,即使有矛盾也不会有太大影响。李国庆和俞渝既是夫妻,又是合伙人,这种关系不利于企业发展。而麦肯锡是亚马逊公司的会计,属于 B 大类中公司的员工,没有股权,这样夫妻的角色分配就很合理,只会滋生财富,而且后来麦肯锡还退出了公司。事实上,俞渝在一开始也是没有股权的,其全力帮助当当网发展并上市,所以当时的当当网发展迅猛,但在其掌权以后就完全不一样了。

笔者在第三章“员工股权激励”中已经介绍，B 大类代表财源，也代表快乐，并代表企业员工。无论是贝佐斯和麦肯锡，还是李国庆和俞渝，在享受爱情的时候，在创业的时候，他们都有一段快乐的时光，可以说是夫妻同心，其利断金。所以这时候公司迅速扩张，财源广进，招收大量员工，其财产和快乐都是 B 大类所带来的。另外，麦肯锡是亚马逊公司的会计，作为员工的身份，属于 B 大类，其没有选择和丈夫在企业中平起平坐，这种选择就是正确的，因为这样才能成就丈夫及其企业。当当网对员工的态度则值得商榷，根据李国庆的说法，俞渝采用逼迫的手段，首先让支持李国庆的员工辞职，再选择一帮为自己站队的员工，这种做法可能在一时有效，但长久下去，显然是有问题的，因为这样做会让员工人心惶惶，不得不选择站队来帮助内斗，哪里还有心思好好工作？员工不安心工作，企业又怎么发展？

再来谈 C 大类。我们知道，C 大类有两个很典型的代表，一是章程和规章制度，二是投资人。夫妻间的矛盾往往引发对公司章程的调整和规则的改变，这对公司是非常不利的，C 大类的企业规章制度被 D 大类的配偶制约，那么 C 大类所扶持的 A 大类创始人与合伙人也难有所发展，最后管理企业的人没有心思管理企业，员工也是人心惶惶而离心离德，企业也就走向了末路。另外，夫妻都拥有企业股权，是 C 大类投资人最不愿意看到的，因为这对企业来说是极大的隐患。所以投资人往往会在进行股权投资前，要求企业创始人签订关于夫妻股权的相关协议，著名的“土豆条款”就是关于这方面的。看一下当当网的案例就可以得知，李国庆和俞渝的矛盾导致公司人心涣散，把公司的规则完全破坏，这样的公司，投资人肯定不会进入。

最后就是 E 大类。这点前面已经分析很多，夫妻关系不好，会滋生出很多 E 大类的纠纷和不利因素。当当网的李国庆和俞渝的离婚事件影响巨大，滋生诸多纠纷，就是夫妻关系恶化的结果。在第二章“股权架构与控制权”中提到，E 大类是制约 A 大类的，而 A 大类的创始人与合伙人是企业的核心，如果其被 E 大类所制约，那企业也就走不远了。

笔者相信，麦肯锡是快乐的，虽然她没有分到一半的财产，但 350 亿美元的财产足够她用几辈子了，而且她本身就是一名作家，在离婚后可以做自己喜欢的事情。关键是她的心态很好，不计较得失，所以财富自然会向她靠拢。另外，她把大量的财富捐给了慈善机构，内心更是寻找到了休憩的心灵圣地。

笔者认为，有时候舍得放弃才会带来财富和机遇，太过争取和执着，反而会丧失财富和机遇。可以想见，李国庆和俞渝二人是不快乐的，他们要得太多，即使获得了些许的钱财，也会因为滋生出 E 大类的各种纠纷而不得安宁，他们失去的还有声誉、家庭的和睦、员工的同心，公司也得不到很好的发展。

无论是亚马逊创始人还是当当网创始人,对于他们来说,企业其实就是他们的孩子,他们都希望孩子长大成才。就像对孩子的培养,如果夫妻二人意见相左,又争执不下,最好是交由一方来最终确定;如果都不相让,对孩子是没有好处的。

保持既快乐又不发生矛盾和纠纷的最好方法,是要有一个良好的心态和格局。麦肯锡的智慧在于,她充分懂得如何制造快乐和避免纠纷,即使分手也是朋友。同时她不做合伙人,就是因为明白夫妻与合伙人不能兼具的道理。她也不需要股权,不参与企业经营,因为配偶干涉企业的大小事宜,如同古代的后宫干政,对企业是没有好处的,会破坏企业的规则,也会让投资人绕道而行。事实上,麦肯锡充分了解丈夫的能力,并对他充分的信任,一是她分得的钱足够花,太多也只是一个数字而已,如果分得太多,对丈夫和企业都有重大不利影响,股权就会不断贬值,那么她得到再多的股权也没用;二是她不懂如何经营企业,因为对丈夫充分地了解和信任,所以把表决权授予丈夫,她知道丈夫是最好的受托人;三是对丈夫的谅解,在丈夫犯错后选择原谅并放贝佐斯自由,那应该也是一种爱的表现,让贝佐斯在有限的生命中绽放出更加璀璨的光辉。

从另一方面来说,贝佐斯也是深具智慧之人,首先亚马逊是他一手创办,要出让300多亿美元的股权,一般人是不会这么爽快的,但他没有计较谁的贡献更大,迅速地作出了这个决定;其次是和平分手,分手还是朋友,在这方面,美国人的思维可能更容易接受双方已经没有爱情的事实,都会放手让对方自由;再次就是和麦肯锡共同宣布分手,且表明二人还是朋友。如此,亚马逊这样一家可以载入史册的企业不会因此受到损失。如果说麦肯锡具有生活的智慧,那么贝佐斯就具有工作或做企业的智慧,他的一切手段都是为了保护企业。

(五)两个案例引发的几点思考

1. 作为夫妻共同财产的股权对企业的重大影响

通常来讲,除非是婚前财产或通过协议约定夫妻共同财产的分配,否则股权就是夫妻共同财产,依据中国法律的相关规定,夫妻共同财产一般的分配原则是平均分配。

股权毫无疑问是夫妻共同财产的极为重要的一部分,如果一家优质企业的创始人的婚姻出现问题而导致股权发生重大变更,或者导致实际控制人发生变更,甚至股权被人民法院冻结,将会对企业造成一系列的影响。

夫妻是通过法律形成的一种姻亲,很可能会因为离婚而迅速成为陌路人。因此,作为一个对企业负责任的、明智的创始人,在结婚之前就应该合理地安排好自己或者夫妻二人共有的股权,同时合理安排好夫妻二人在企业和家庭中的职能,如果婚姻出现问题,应该采用对企业损失最低的方式迅速解决,不要因为婚姻问题而让企业遭受损失甚至灭顶之灾。

前面提出的两个案例中，亚马逊的贝佐斯的做法就比较明智，至少表现为三点：一是与妻子协议离婚，说服妻子只分配其25%的股权，不影响其世界首富的地位；二是牢牢地掌握企业的控制权，其妻子的股权只享有财产上的收益，把表决权全部委托给他，保证他在亚马逊的绝对控制权；三是通过与妻子的联合声明，在处理完上述事宜后迅速对外宣告，而且声称双方仍然是朋友，避免离婚对亚马逊造成不利影响。不管贝佐斯用了什么手段，这样的做法是真正在保护企业。当然，其妻子的大度与宽容是必不可少的。如果贝佐斯不能正确处理，或者其妻子不依不饶，要和贝佐斯斗争到底，那么肯定是两败俱伤，或者贝佐斯失去控制权，并使亚马逊股价一落千丈，那么亚马逊这个世界级的大公司可能会毁在他们的手上。

相反，当当网创始人夫妇的做法显然不是那么明智。当当网和亚马逊的起步其实是差不多的，都是网上书店起家，当当网在发展的过程中，也有许多机遇，但因为李国庆、俞渝二人的意见分歧而失去诸多良机。亚马逊从一家小小的网上书店发展成全球第一大在线零售商的原因，除了贝佐斯的远见卓识，还有麦肯锡的全力支持，不像当当网两个创始人在机遇来临时相互拖后腿。不过，虽然当当网失去了许多机会，但如果夫妻二人同心，还是能保住中国网上书店第一的位置，但夫妻二人互不相让，互揭隐私和黑幕，造成了极为恶劣的舆论影响，而且对簿公堂，要互分股权，这显然都是意气用事，没有把企业的利益放在第一位。二人不但要获得股权，还要获得控制权，那么无论法院判决结果如何，当当网将纷争不断，除非其中一人幡然醒悟，退出争夺，否则对当当网来说，可能不是失去发展机会的问题，而是被他人超越甚至消亡的危机。

2. 一艘船上不能有两个船长

从当当网的案例中就可以看出，夫妻作为合伙人，在产生矛盾的情况下，是难以调和的。在本书截稿时，双方的矛盾仍未调和，判决结果长期未出。如果二人不是夫妻而只是合伙人，可能事情就不会这么复杂了。

当当网是以“夫妻店”模式起步的，这种模式在创业阶段可能只有一条路可以走，没有什么矛盾，但在守业阶段，特别是企业做大之后，很多问题随之而来，这时候的决策就可能出现不同的声音，如果夫妻关系融洽，分工做得好，效率会比较高，但如果夫妻之间有矛盾，或者感情出了问题，那对企业的影响就是毁灭性的。

当当网创始人夫妻俩能力都很强，都会充分表达自己的意见。当当网面临过很多的机遇或新的发展可能性，但保守加上夫妻之间的意见不一致，导致当当网徘徊不前。

亚马逊一开始也是夫妻共同创业的模式，但麦肯锡不是决策者，而且在亚马逊壮大之后她就逐渐退出公司。由于夫妻之间没有不同的声音且贝佐斯决策果断,亚马逊总是领先于竞争对手,由此建立起了非常强的竞争壁垒。亚马逊从以图书为主的电商公司,到物流和云计算服务商,再到以客户为核心的综合开放平台,几乎成为美国互联网的代名词。

我们知道,亚马逊创始人夫妻共同占亚马逊股份也只有16%,而李国庆和俞渝占当当网股份的90%以上,事实证明单纯依靠股权比例控制公司是没有任何意义的,这方面在第二章"股权架构与控制权"中已经分析得很透彻。另外,贝佐斯股权被稀释的原因是吸引了大量的风险投资和股民的投资,当当网私有化后显然没什么人投资,在互联网领域,"夫妻店"是做不大的,必须有大量的投资进来才能做大做强。京东和当当网差不多同时起步,但现在京东已经把当当网甩开一大截,就是因为京东很好地吸引了大量的风险投资,关于这方面,笔者在第四章"股权投资与融资"中也作了大量分析。

当当网和亚马逊的差距越来越大,除了因为当当网创始人夫妻之间意见无法统一而失去很多机会外,还因为许多风险投资人不愿意投资"夫妻店"这样的企业,因为这样的企业如同一艘船上有两个船长,关键时刻都不知道听谁的号令,导致很多好的项目无法有效实施,企业也很难得到良性发展。

3. 笔者建议

通过对上述案例的分析,笔者提醒企业家注意如下几点:

(1)如果企业要长远发展,夫妻最好协商确定其中一个人掌控企业,另一个人不要成为合伙人。如果双方都很有才能,笔者倒是建议双方各创立一家企业,比一比谁更强,但不要在同一家企业。

(2)如果夫妻在创立企业时共同创业,均为股东且担任要职,最好在企业发展到一定阶段后,一方选择退出,这样另一方完全不用顾忌配偶的意见,可以迅速、合理、科学地作出决策,让企业得到健康长远的发展。

(3)夫妻双方在股权方面不能平均,如果一方一定要有股权,也只能是名义上的股东,享受财产方面的权益,其他权利应该委托给另一方,让另一方掌握控制权。

(4)由合伙人结为夫妻的,结婚后一方还是要选择退出,最好能完全退出,至少不要干涉另一方的决策,或者把投票权委托给另一方,委托方可以提意见和建议,但不能有决定权。

(5)企业创始人在创立企业前最好与配偶签订一个股权分配协议,对股权进行明确的约定和分配,保证婚姻变故不会对股权产生影响,可以在其他财产方面给予配偶更多的份额。这样就能保证创始人在婚姻出现变故时,维持原来的股权份额而不作变动,以保证自己的控制权和企业平稳发展。

(6)如果企业创立在婚前,那么创始人在结婚前就应该与结婚对象签署婚前股权协议,明确企业所有的财产及收益,包括股权、股权的增值部分和收益,均属于婚前财产。这点在下一节会有详细阐述。

第四节 如何预防婚姻变动引发的股权纠纷

爱情是美好的,但对于一个成熟的企业家来说,只注重爱情是不够的,企业家需要对企业、股东、员工、投资人负责,换句话说,企业家所拥有的股权不单是其自身的,其中包含着大家对企业家的信任,如果企业家的婚姻状况发生变化导致企业受损,这个损失不单单是企业家个人的,还要让大家一起承受,这显然是不负责任的表现。因此,作为一名负责任的企业家,如果涉及婚姻,就应该对其股权作出合适的安排。

我国《民法典》第1065条规定,男女双方可以约定婚姻关系存续期间所得的财产以及婚前财产归各自所有、共同所有或者部分各自所有、部分共同所有,约定应当采用书面形式。显然,夫妻对婚姻关系存续期间所得的财产以及婚前财产的约定,对双方都具有法律约束力。因此,企业创始人有必要通过有效的方式,与配偶就股权作出合适的约定。

一、签订婚前财产协议

1994年元旦,比尔·盖茨和梅琳达举行了豪华婚礼,而此前比尔·盖茨的副手“胁迫”他与未来的妻子签署了一份“婚前协议”,目的是保证微软公司的安全。在国外,这种现象非常普遍,其实不单是企业的创始人,还有投资人和企业的董事会,对创始人团队的婚姻状况都比较重视,因为创始人的婚姻变动往往会对股权产生重大的影响,造成实际控制人发生变化,或者股权被保全或执行等问题,对企业造成极大的负面影响,这是投资人和企业董事会所不愿意看到的。

因此,一名负责任的企业创始人,要理性地看待婚前财产协议,特别是对股权的婚前约定。因为前面讲过,股权的价值在不断发生变化,而且会产生增值和收益,所以即便股权在婚前归个人所有,婚后也会有大幅度的变动,如果不在婚前作好安排,婚后就会有诸多的纠纷产生。因此,签订婚前财产协议其实是为企业的长远发展和员工的利益考虑。认为婚前财产协议对将来的配偶不公平的思维是狭隘的,不做好婚前财产协议可能会给更多的人带来不公平。

因此,婚前财产协议并不是不近人情,其只是把股权给隔离开来,企业创始人如果觉得对将来的配偶不公平,完全可以在其他财产方面作一定让步,以寻求平衡。

前文已经提到,不管是《婚姻法》还是《民法典》,都允许夫妻对其名下的财产进行约定,具体来说,既可以约定夫妻财产分别所有(完全的夫妻财产 AA 制),又可以约定部分财产分别所有或部分财产共同所有(部分财产的 AA 制)。

所谓婚前财产协议,就是对婚前财产安排作出详细的书面约定。如果涉及股权,就可以约定结婚前一方拥有的股权,婚后为该方个人财产,且不因婚姻关系存续而转化为夫妻共同财产,股权在结婚之后的增值部分、股息、红利、期权等也不属于夫妻共同财产。同时最好约定,夫妻中一方在未来对该股权进行处分,如转让、质押等,无须经过另一方的同意。

同时需要说明一点,如果结婚前没有考虑到这个问题,也可以在结婚以后补签婚前财产协议。当然,这要经过非股东配偶的同意,在婚后可能困难就比较大,股东配偶要与非股东配偶进行更多的协商,同时在其他财产方面做出一定的让步。

二、签订婚内财产协议

我国《民法典》不仅允许夫妻对婚前财产进行约定,还允许夫妻对婚姻关系存续期间的财产进行约定。那么,对于婚姻关系存续期间的股权,夫妻当然也可以进行约定。有必要强调一点,如果是一方在婚姻关系存续期间获取的股权,那么不管该股权在谁的名下,都应当属于夫妻共同财产,所以在婚后,股东配偶提出签订协议,要求非股权配偶确认股权属于持股一方所有,会比较困难,除非股东配偶在其他财产方面作出较大的让步。

笔者认为,一方在婚后创办公司而成为股东甚至大股东,离不开配偶的支持,所以持股一方与配偶约定全部股权归持股一方所有,肯定是不现实的。比较合理的办法是,配偶一方退出企业,不在企业中担任职务,即便是离婚,也不要求股权的身份权益,而只要求股权的财产权益;如果配偶一方有股权而不想退出,那么其应该把表决权委托另一方行使,这样可以保证另一方在企业中掌握控制权。

婚前股权一般都是一方持有,但婚后就可能是共同创业,双方都持有股权,所以婚后股权就会复杂很多,要分不同情形进行分析,具体如下。

(一)夫妻双方都拥有股权

夫妻关系是最高级的合伙形式,凝聚力较高。夫妻共同负担债务,债权人的利益更容易得到保障。但夫妻作为企业的主要股东或管理者,如果意见有分歧,则往往很难调和,从而影响企业重大事项的决策和企业的发展;另外,双方关系的变化会导致企业股权结构及治理结构的变化,这点在前面已经详细讨论过。夫妻纠纷往往是感情上面的矛盾，会掺杂许多感性的因素，因此，相较于其他关系，夫妻纠纷更难以通过简单的商业安排得到解决。

这里要强调一点，股权比例并不等于夫妻财产分配比例，如果婚后夫妻都有股权，离婚分配财产时，若无特殊情况，则按两方股权加起来的一半进行分割。比如一方占股是70%，另一方占股是10%，如果离婚，在没有特殊情况及有效证据的前提下，按各40%分割。

根据《公司法》和相关司法解释的有关规定，夫妻双方都是股东的，不管股权比例大小，如果涉及离婚分割股权，股权可以相互转让，不需要其他股东同意，其他股东也没有优先购买权。那么，离婚可能导致夫妻双方一人一半股权，结果可能都失去对企业的控制权。因此，如果是股东夫妻，双方都应该理智地看待股权的问题，感情再好，也要事先对股权进行安排；如果产生矛盾，都要保证企业不能有所损失。因此，夫妻一方最好能事先退出，不对企业进行干涉。

如果夫妻双方都是股东，婚内财产协议可以作如下约定。

1. 股权比例即为夫妻在股权方面的财产分割比例

例如，夫妻双方约定，企业股权作为夫妻共同财产已经作出分配，将来婚姻关系的变化不会影响企业股权的变动。其目的就是要保证一方拥有企业的控制权，股权不要平分，否则签订协议就没有意义。当然，股权占比低的配偶应该在其他财产方面获得相应多的分配权利。

2. 一方掌握表决权和控制权

从股权结构角度讲，只要夫妻两大股东双方持股比例都超过33%，就会存在无法解决重大分歧的隐患，这点在当当网的案例中显露无遗。

夫妻二人中肯定有一个对企业贡献更大，或者能力更强，那么贡献相对小或能力相对弱的一方就要把表决权授予另一方，以便另一方控制企业。同时，夫妻双方可以在协议中约定，该授权在离婚后也有效。根据股东夫妻的具体情况，也可以设计其他的协议内容，比如股权可以按约定比例共同所有，但一方将其拥有的股权份额对应的投票权委托给另一方，甚至可以在公司章程中约定某一方享有绝大多数比例的表决权，另一方只享有象征性表决权或没有表决权。

另外，笔者要强调，许多企业要进行股权融资，所以在相关协议中要根据投资人的建议进行安排，以保证顺利融资。前文已经提到，投资人对夫妻都是股东，特别是夫妻股权比例相差不大的模式比较反感，因此，投资人要对两大股东进行判断，调整股权比例，使其中一方有更大的发言权，才能确保企业的顺利融资。即使是投资人真正看好的企业，投资人也需要在投资前和创始人夫妻一起完善企业董事会的议事规则、高管的业务分工和调整机制等。

如果是夫妻共同创业,笔者认为夫妻双方都会比较认可上述约定,毕竟企业就如同他们的孩子,即使他们之间出现问题,也不要祸及孩子,避免他们的婚变对企业的经营决策或融资等造成不利的影响,从而阻碍企业的发展。

(二)只有一方拥有股权

前面提到的土豆网案例中,土豆网创始人王微就是一方持股,但在双方婚姻关系存续期间,土豆网成立了上海全土豆网络科技有限公司,王微在该公司中占股95%,这部分股权中,有76%涉及夫妻共同财产问题,王微前妻遂提起诉讼,对这部分股权的一半主张权利,法院随后冻结了该公司38%的股权进行保全,禁止其处分和转让,这给土豆网上市带来了极大的影响。最后王微只得以700万美元的分手费解决这一纠纷。

前文还提到,涉及离婚时,如果配偶另一方不是股东,股东配偶可以给付非股东配偶与股权价值对应的现金或其他财产。但是,如果股东配偶主动要求分割股权,或者是没有足够现金而不得不分割股权,在有限责任公司,还要经过其他股东同意,且其他股东要放弃优先购买权;另外,不同意的其他股东可以优先按同等价格购买股权,购买所得的价款再分配和支付给非股东配偶。

因此,针对只有一方持有股权的情况,财产协议可以作如下约定。

1. 非股东配偶全部放弃对股权及增值权、收益的主张

就是双方约定,婚姻存续期间形成的股权,包括企业实行股权激励而获得的股权、红利、增值权等均属于某一方个人财产,而非夫妻共同财产,持股一方拥有全部表决权。这与婚前财产协议中的相关约定基本一致。当然,前面也一直提到,股东配偶应当以其他财产补偿给非股东配偶。

2. 表决权等人身权益属于股东配偶

如果前一种方式行不通,可以约定双方同意股权的财产性权益属于夫妻共同财产,但表决权等与身份有关的权益归持股一方所有,非股东配偶承诺不因夫妻关系的变化而要求享有股东资格,非股东配偶如果要获得股东资格,必须经其他股东同意。笔者建议,其他股东可作为见证人在协议中签名。

笔者建议,股东签署的夫妻财产协议等文件应提交一份给企业存档,并通知其他股东,这样相关人士如投资人等就可以有所知悉并作为是否投资的决策依据。

三、对财产协议进行公证

首先要说明,不管是婚前还是婚后财产协议,只要经双方签署,都是具有法律效力的。但也不能否认,在发生纠纷时,如果另一方对协议的内容、合法性、签字有效性等方面予以否认,就需要进行大量的调查和鉴定,股权就会存在较长时间的不

确定性,对企业造成不利影响。所以,如果条件允许,笔者建议对婚前或婚后财产协议做一个公证,由公证机关对协议的内容和效力进行确定。如果有公证文书,双方在发生纠纷时就不需要进行繁杂的调查和鉴定程序,可以有效地节省大量时间,而这些时间往往是十分珍贵的。

一般来说,公证的主要程序如下。

(一)双方需携带相关材料到公证处

具体需携带的材料如下:

1. 个人的身份证明,如身份证、户口簿,已婚的还要带上结婚证。

2. 股权所有权证明,包括但不限于股东出资证明书、股票、股东名册及通过网络或 App 可查询的相关信息资料,以便公证机关实时查询。

3. 财产协议书,关于财产协议书的内容,前文已经提过,此处不再赘述。当然,这种协议最好由专业的律师来起草。夫妻双方签名和订约日期可暂时不填写,公证员对协议审查和修改后,夫妻双方在公证员面前亲笔签名和填写日期。

(二)夫妻双方填写公证申请表格

夫妻双方到公证处提出公证申请,并填写公证的申请表格。夫妻财产公证必须由夫妻双方到场办理,不能委托他人。

(三)公证员对相关材料进行审核

公证申请被公证处受理后,公证员会审查财产协议的内容及股权的相关证明,并审查和询问夫妻双方在订约时有没有受到暴力、胁迫、欺诈或误导。询问完毕后,夫妻双方配合公证员做完公证谈话笔录,并在笔录上签字确认。当事人一旦在笔录上签字,该笔录就成为具有法律效力的书面证据,并被保存于公证卷宗内。

(四)夫妻双方签字确认

夫妻双方需要在公证员面前,在财产协议书上签名并填写日期。

以上程序完毕后,公证处会制作公证文书,夫妻双方可在规定的时间凭相关单据领取公证文书。

四、股东签订特别协议或修订公司章程

有时,夫妻之间签订财产协议可能会比较难,因为提出签订婚前协议的一方往往会被认为不爱对方,签订婚后协议则更难。我们知道,企业家最主要的责任是保护自己的企业和股权,因此,在前述救济途径未果的情况下,企业家还可以通过签订股东特别协议、修订公司章程等形式来规避企业股东离婚所带来的潜在法律风险。

这主要是针对有限责任公司而言。因为前面已经多次提到,有限责任公司股

东的非持股一方配偶要求分割股权而成为公司股东的，必须经过过半数股东同意，且其他股东必须表示放弃优先购买权。如果其他股东不同意且愿意按同等价格购买股权，就要把股权卖给其他股东。所以说，这是为了保护股权不被稀释或分割，并不是让企业家为了离婚去隐藏或转移财产。

我国的法律及司法解释虽然对股东优先购买权等有相关规定，以保护企业其他股东的利益，但股东之间还是要事先就此进行更为详尽的约定，即由企业股东通过签订股东特别协议或修订公司章程等形式来具体细化，保证这些规定的可操作性。主要的内容和方式有：

1. 事先对离婚纠纷发生后涉及的股权转让的主要条件和内容进行设定。

2. 约定将来如果涉及夫妻股权分割，必须由企业内部其他股东购买，并明确由哪个或哪些股东来行使优先购买权。

3. 股东行使优先购买权时，要明确股权转让的价格标准。

4. 如果委托评估机构对股权进行评估，如何确定评估机构，选择何种评估方法更有利。

5. 如果届时其他股东都不愿意购买，那么要明确如何保护股权不外流，且确定分配给非股东配偶的与股权等值的钱款来源。

当然，这只能防止有限责任公司股权因离婚而被分割，但肯定不如与配偶签订财产协议并且进行公证有效。比如像土豆网案例那样，创始人的配偶提起诉讼并冻结股权，公司章程和特别协议是不能对抗企业股东以外的人的。不过，如果股东内部能团结一致，说明法人治理结构完善，夫妻间的离婚纠纷一般不会影响企业的正常经营。

第五节　离婚诉讼过程中股权的处理

夫妻之间出现纠纷并导致离婚时，如果不能静下心来好好和谈，必然会引致诉讼。图 5 股权关系中的 A 大类制约 D 大类，这是矛盾的起因，而 D 大类滋生 E 大类，这说明夫妻之间的矛盾升级后肯定会引起纠纷，甚至诉讼，也必然会影响企业的正常发展。

离婚对于企业家来说，抛开感情因素，单纯从利益的角度考虑，结果肯定也是不好的。我们已经看到了太多的离婚案例，企业家要么损失钱财，要么失去企业控制权，有的企业甚至因此而消亡。对许多企业家来说，企业就是他们的生命，而且作为一名负责任的企业家，其还承担许多社会责任。企业家创办了企业，就已经不是一个人的事情了，企业家需要对自己的员工负责，上市公司的企业家还需要对股民负责、对整个社会负责，其不能让自己的婚姻问题给企业带来不利影响。但正如托尔斯泰所说，不幸的家庭各有各的不幸，许多事情可能会超出预期而无法被有效把控。不管是因为主观还是客观原因，事实上许多企业家都不能很好地进行事先防范，即使防范了，也不能避免许多不可测的因素，最终搞得不可收拾。

所以，笔者一直强调，对企业股权影响最大的就是夫妻离婚，不管是前面说的"土豆条款"还是当当网创始人夫妻的"相爱相杀"，都体现出离婚对股权的重大影响。即便是亚马逊创始人夫妇将离婚和股权问题处理得很好，事实上股权也被分割了，而且麦肯锡什么时候改变主意，还可能收回对前夫的表决权的授权，若是如此，影响就会非常巨大。

因此，如果在不得不离婚的情形下，为了避免因为离婚而出现各种不可预知的因素，最大限度减少离婚带来的负面影响和损失，笔者专门撰写本节，分析离婚对股权产生的重大影响，列举目前司法实践中的一些观点和案例，并提出合理可行的解决方案。

一、离婚时应考虑的几个问题

（一）尽可能协议离婚，保证企业利益不受影响

正所谓不幸的家庭各有各的不幸，离婚的原因也是千奇百怪，但不管怎么样，如果到了离婚的地步，夫妻双方肯定都有责任，且往往感情已经不存在。既然如此，那就好合好散，和平分手。

离婚涉及股权时，夫妻双方都应该理智和冷静。如果一方是企业创始人，且对企业贡献更多，另一方就尽量把企业股权让给对方，当然另一方在其他财产方面可以获得更多倾斜，或者拿走部分股权，但应把表决权授予对方，以保证企业稳定和发展。笔者认为，不管是一方单独创立企业，还是双方共同创立企业，都应当把企业视为自己的孩子。有些企业确实发展得很好，让企业良性发展是夫妻一方的终生追求，那么另一方就要帮助其实现这个梦想。

其实，单纯从利益的角度来说，双方离婚导致企业无法正常运营或发展对任何一方都没有好处，企业的损失就是自己的损失，企业发展得好就永远有可得利益，发展得不好，股权就如同废纸。麦肯锡的做法就是聪明的，她什么都不用做，有自己信任的人管理公司，公司发展得越来越好，她的股权不断增值，每年还可以拿到不菲的股息红利，何乐而不为？

当然，拥有股权的一方要尽可能与配偶协商好，并在其他财产方面作出让步，而非股东配偶要尽可能考虑利益最大化，分析自己取得股权以后对企业造成的影

响,对股东配偶造成的影响,并分析造成的影响是否对自己有利。一般来说,如果非股东配偶无法管理好企业,还是不要股权为好,至少要把投票权委托给股东配偶,这样才能保证自己利益的最大化。如果双方都是股东,则一方最好退出企业,或者授权确实有能力的一方经营管理企业,只有在一方确实经营不善时另一方才去干涉。秉持这种思维,双方才能尽快平息纠纷,和平解决问题,保证企业不发生变故。

但事实上,许多人在离婚时会不可避免地出现各种纠纷和诉讼。所以企业家还是要事先了解关于婚姻诉讼的一些规则,特别是股权方面的处理规则。

(二)离婚时,股权并不必然可分割

股权本身并不必然是夫妻共有的,夫妻双方共有的只是股权的价值或财产权益,而不是股权本身。本书主要是针对有限责任公司论述。由于股份有限公司的股份可以自由流通,对股东资格没有限制,且许多股份有限公司的股份特别是上市公司的股票可以在公开市场上得到公平的估价,其他股东也没有优先购买权,因而在股权分割时相对容易处理。但是,有限责任公司的股权代表的是有限责任公司的股东权利,由于有限责任公司的人合性与股权流通的限制性(其他股东在同等条件下有优先购买权,除非公司章程另有约定),在夫妻财产分割中涉及有限责任公司的股权问题就比较复杂。

离婚时,有限责任公司股权分割基本就是两种情况:一种情况是夫妻一方持有有限责任公司的股权,另一方不持有该公司的股权,一般持有股权的一方被称为股东配偶,不持有股权的一方则被称为非股东配偶;另一种情况是夫妻双方都持有同一家有限责任公司的股权。

在司法实践中,比较难解决的是第一种情况,因为在第二种情况下,夫妻双方可以相互转让股权,而不需要其他股东同意,其他股东也没有优先购买权。因此,第二种情况不是本节的重点,笔者后面再对其进行具体分析。

前面提到过,夫妻股权分割就相当于股权转让。根据我国《公司法》第71条的规定,在有限责任公司中,除非公司章程另有规定,股权的转让需要经其他股东过半数同意,在同等条件下,其他股东有优先购买权。那么,如果夫妻双方中的一方是股东,另一方不是股东,在分配财产时,非股东配偶是否可以直接请求人民法院判决其强制获得股权并以股东身份进入公司?事实上,这是没有法律依据的,而且违反了《公司法》的法理和夫妻共同财产制度的本意。因为上述非股东配偶所主张共有关系的股权包含人身权益,而人身权益不是民法意义上的共有物,所以可作为夫妻共有财产的只能是股权带来的收益和其代表的财产权益,股东配偶的人身权益或股东身份不能被作为夫妻共有财产的标的。

当然,非股东配偶可以要求分割股权,但最终是否可以得到股权,也就是股东的身份,并不必然。所以,非股东配偶可以受保护的是股权的财产权益,即经评估或审计的股权价值利益及分割前的股权增值和分红利益等。

所以在实践中,人民法院通常判决由一方继续持有股权,但持有股权的一方需要给予对方作价补偿。

需要强调的是,在夫妻一方持股的前提下,只有股东配偶愿意出让股权,其他股东过半数同意分割股权且放弃优先购买权,人民法院才有可能对非股东配偶进行股权分配。

另外,非股东配偶在分割股权的财产权益时,因为信息不对称和其对财产掌控的弱势地位,法律应当给予其特殊的保护,关于这些将在后面详细阐述。但要注意,根据相关司法解释的规定,主张分割股权的一方未在举证期限内申请对企业股权进行评估的,人民法院对分割股权的请求不予处理。

(三)离婚诉讼中关于股权分割的几个原则

离婚诉讼中涉及股权分割时,一要按照《民法典》的规定处理;二要兼顾《公司法》中维护股东利益和公司正常经营的原则。由于中国民营企业数量众多,现在的离婚诉讼中,股权分割的问题越来越多,想妥善处理这些复杂的问题,单纯依靠《民法典》是远远不够的,具体来说,除了要正确适用《民法典》以外,还必须与《公司法》等法律法规的规定和精神保持一致。

另外,前面已经说过,中国绝大多数的企业是有限责任公司,而有限责任公司具有人合性,因此有限责任公司涉及的股权纠纷更多,所以以下内容主要是涉及有限责任公司的股权分割,如果涉及股份有限公司或者上市公司的股权分割,笔者会专门指出。

如果离婚已经到了诉讼的地步,涉及股权分割时,应当遵循以下几个原则,这比较重要,只有熟悉了这几个原则,在后面处理具体问题时才能得心应手。

1. 男女平等、保护子女和妇女合法权益的原则。

2. 自愿协商的原则。就是法院尊重夫妻之间自行协商确定的结果,只有在双方无法协商一致的前提下,才会依据法律及司法解释等进行判决。

3. 维护企业、其他股东、合伙人的合法权益的原则。这个前面已经提到过,离婚是夫妻之间的事情,不能因此而侵犯企业、其他股东或合伙人的合法权益。因此,离婚涉及股权问题时,不但要依据《民法典》,还要参考《公司法》,比如涉及股权分割时,法院首先要考虑其他股东的优先购买权,以保障其他股东依《公司法》所享有的权益。

4. 有利于生产和生活的原则,即保证企业的正常发展,避免因离婚而出现企业的僵局或利益受损。

二、司法实践中关于夫妻股权分割的主要观点

(一)不属于夫妻共同财产的股权

在离婚诉讼中涉及股权的,法院首先就要考虑股权是否属于夫妻共同财产,如果确定不是夫妻共同财产,则不再审理股权分割事宜(婚后因股权产生的增值和收益除外)。我国《民法典》第 1063 条规定:"下列财产为夫妻一方的个人财产:(一)一方的婚前财产;(二)一方因受到人身损害获得的赔偿或者补偿;(三)遗嘱或者赠与合同中确定只归一方的财产;(四)一方专用的生活用品;(五)其他应当归一方的财产。"

根据上述规定,笔者总结出如下不属于夫妻共同财产的股权。

1. 婚前的股权

这点在前面已经提到过,只要能证明一方持有的股权是婚前的股权,那么这个股权及对应的财产利益归这一方所有。但是,夫妻一方个人股权在婚后产生的收益和增值部分,除孳息和自然增值外,应被认定为夫妻共同财产。这点在前面也提到过,此处不再赘述。

2. 婚前财产婚后转化为股权

还有一种情况,就是婚前财产在婚后转化为股权,这是一个比较复杂的问题,要根据转化的时间、价值及多种因素综合考虑。比如一方在婚后卖掉婚前的房产去投资了一家企业,这个股权可以被视为婚前的股权,也就是说,如果该股权没有升值或亏损,或者股东配偶只是投资,没有参与企业的日常经营管理,那么该股权不是夫妻共同财产;但如果股权升值了,而股东配偶又参与了企业的经营管理,那么该股权产生的收益和增值部分也应被认定为夫妻共同财产。

3. 遗嘱或赠与合同中确定只归一方的股权

关于遗嘱或赠与合同中确定只归一方的财产,基于意思自治原则,法律首先尊重遗嘱人和赠与人的意愿,保护其对个人财产的处分权。所以,这些财产应被认定为一方的个人财产。

现在很多民营企业有父辈把企业传给子女的现象,如果父辈在遗嘱中明确股权给子女一方而不给子女的配偶,那么股权就是其子女一方的个人财产;如果父辈在生前就直接把股权赠与子女,而且在赠与合同中明确只给子女一方,而不给子女的配偶,那么股权也是其子女一方的个人财产。这个在后面还会专门分析。

当然,一方在通过遗嘱或赠与获得股权以后,婚后因股权产生的增值和收益,除孳息和自然增值外,也应被认定为夫妻共同财产。

(二)分割股权的前提与条件

根据前面的分析,婚后股权属于夫妻共同财产的范畴,但仅指股权的财产权益,股权本身或者说股权的身份权益并不必然是可分配的财产。原则上,股权的人身权益是不能分的,股权的财产权益可分。但有些情况下,股权的身份权益(股东身份)也是可以分割的,当然必须符合一定的前提与条件,具体如下。

1. 双方都是公司股东

股权转让在股份有限公司没有限制,关于有限责任公司,我国《公司法》第 71 条明确规定,有限责任公司的股东之间可以相互转让其全部或部分股权,不需要其他股东同意,其他股东对股东之间转让的股权也没有优先购买权。

在这种情况下,如果夫妻双方都不愿意退出股东身份,一般的处理原则就是把双方股权比例加起来除以 2,一人一半。比如一方股权占比是 50%,另一方股权占比是 30%,那么如果离婚都要分割股权,股权占比就是双方各 40%。

因此,如果夫妻双方都是有限责任公司的股东,就说明双方都已经拥有了公司股东的身份权益,那么也不需要去讨论是否可获得股东的身份权,至于股权分割后如果出现公司僵局等问题,其他股东可以通过诉讼要求解散公司,这点在后面也会提及。

2. 只有一方是公司股东

司法实践中,股权分割的难点主要体现在一方是公司股东而另一方不是公司股东的情形中,具体可分为股东配偶同意分割股权和不同意分割股权两种情形。

(1)股东配偶同意分割股权

笔者要强调一点,在司法实践中,不管是有限责任公司还是股份有限公司,如果夫妻中只有一方是企业的股东,股权分割原则上都要经股东配偶同意。如果股东配偶不同意转让股权,只要其有足够的其他财产对非股东配偶进行经济补偿,人民法院就会支持其要求。

在股东配偶同意分割股权给非股东配偶的前提下,如果涉及有限责任公司,就要按股权转让的相关规定,履行股权转让的必要程序,这个程序在前面已经提到,就是其他股东同意且放弃优先购买权,笔者在后面还会提到,此处不再赘述。

(2)股东配偶不同意分割股权

如果股东配偶不同意分割股权,原则上非股东配偶是不能获得股权的。那么,如果股东配偶不同意分割股权,就要给非股东配偶经济补偿,不给予经济补偿的,则要么其他股东行使优先购买权,要么直接分割股权。实践中人民法院一般会按如下程序处理。

①股东配偶给予非股东配偶其他经济补偿

前面提到过，股权分割要经过股东配偶同意，如果股东配偶不同意分割股权给非股东配偶，那么股东配偶就要按合理公允的价格给予非股东配偶货币或相应财产的补偿，这点在后面还会详细阐述。

②股东配偶不给予非股东配偶其他经济补偿

股东配偶不同意分割股权，又不愿意或者没有能力对非股东配偶进行足够的经济补偿，在这种情况下，人民法院会按如下程序处理。

A. 其他股东行使优先购买权

人民法院会征求公司其他股东的意见，若其他股东不同意分割股权，则按《公司法》关于股权转让的相关规定，不同意股权分割的股东享有优先购买权，其他股东行使优先购买权之后，将与股权对等价值的款项支付给非股东配偶。

其他股东如果不同意股权分割但又不愿意购买其股权，则视为同意分割股权，按下面方式处理。

B. 直接分割股权给非股东配偶

如果股东配偶不同意分割股权给非股东配偶，但又不愿意进行对等价值的补偿，其他股东又不愿意购买股权，公司章程也没有特别约定的，为了保护非股东配偶的权益，人民法院一般会考虑直接把股权分割给非股东配偶。虽然笔者在前面一直强调，股东配偶如果不同意分割股权的，人民法院会支持其请求，但这里情况特殊，因为股东配偶不愿意对非股东配偶进行经济补偿。而且，在这种情况下分割股权给非股东配偶，也是有其充分理由的，具体如下：

a. 股权本身是可以分割的

我们前面讨论股权并不是必然可分割，是指股权的身份权益不能被随意分割，其目的是保证有限责任公司的人合性，不出现公司僵局，但并不是说股权本身不能被分割，因为股权本身就是有价值的，而且根据《公司法》第 71 条的规定，股权也可以被全部或部分转让，可转让就意味着可分割，因此，分割股权符合股权的可分性特征。

b. 非股东配偶的合法权益需要保护

我国婚姻法律是充分保护夫妻双方的合法权益的。虽然笔者强调有限责任公司的人合性，以及股权中身份权益的不可分性，但这并不是股东配偶一方拿了股权又不支付经济补偿的理由。

在这一点上，保护非股东配偶一方的合法权益更甚于保护有限责任公司股权中身份权益的不可分性。否则股东配偶一直霸占股权而又不给予非股东配偶任何补偿，这是有失公平和诚信原则的，将引起社会不和谐和道德危机。当然，在股东配偶不愿意出钱或者没有能力出钱的情况下，还是要按《公司法》的规定，给其他股东优先购买权，这也是为了保证有限责任公司的人合性，那么其他股东支付的价款也可以补偿给非股东配偶。只有在其他股东放弃优先购买权(或者在通知后不按时回复)的前提下，因为没有其他救济途径，才考虑把股权直接分给非股东配偶。

c. 分割股权给非股东配偶并不必然导致公司僵局

许多人反对股权分割的一个重要理由，是如果把股权平分给非股东配偶，就是让有矛盾的双方持有同一家公司的等额股权，会出现公司僵局。我国大多数有限责任公司是家族企业，企业中即使有他人持有股权，所持股权比例也比较小。在这种情况下，离婚夫妻双方如果平均分割股权，双方的冲突与怨恨极有可能影响公司的日常经营管理，如股东会或董事会因为冲突而不能召开，一方的提议因为对方的反对而不能获得通过，公司的一切事务都将处于瘫痪之中。这种情况对公司极为不利。

但笔者认为，即便是夫妻共同持有公司股权，出现这种僵局的可能性也不会太大。理由如下：

首先，公司如果有损失，股权的价值就会减少，夫妻双方都会有损失；如果公司发展势头良好，而股东配偶又有管理能力，那么非股东配偶把表决权等身份权益授权给股东配偶将有利于公司发展。

其次，公司如果没有其他股东，那么如果导致公司出现僵局，是夫妻二人咎由自取，都要为自己的行为负责。如果公司有其他股东，《公司法》第182条规定，公司经营管理发生严重困难，继续存续会使股东利益受到重大损失，通过其他途径不能解决的，持有公司全部股东表决权10%以上的股东，可以请求人民法院解散公司，这点在第二章“股权架构与控制权”中也提到过。《公司法》赋予了持有公司全部股东表决权10%以上的股东在公司经营管理发生严重困难时，向人民法院提起诉讼，请求解散公司的权利。在这种情况下，要么夫妻二人受让其他股东的股权，要么解散公司。但是任何有理性的人都不会希望出现这样的结果，因为这对夫妻二人都没有任何好处。

最后，也是最重要的，对于股东配偶来说，其在离婚时本来就有一个选择权，就是分割股权给非股东配偶与否的最终决定权在股东配偶。股东配偶如果明知企业发展势头良好，而将股权分割给非股东配偶会出现激烈的矛盾冲突，那其在一开始就应该选择给非股东配偶经济补偿，否则其就要对自己的行为承担不利后果。

d. 分割股权给非股东配偶可能比转让给股东以外的第三人更有利

在夫妻共同财产主要体现为公司股权的情况下，股东配偶很可能无力支付经济补偿，特别是在公司发展期，公司急需大量资金，股东配偶会把所有身家都倾注于公司，公司的利润也可能因为扩大再生产而再次被投入公司。在这种情况下，即便人民法院判决非股东配偶只能获得经济补偿，但因为股东配偶无力支付，非股东配偶也会申请人民法院强制执行，最终人民法院完全可能强制转让或拍卖股东配偶的股权。事实上这样会更麻烦，而且这很有可能导致股权被第三人买走。

当然，在强制执行股权前，人民法院会通知其他股东购买股权，《公司法》第 72 条规定："人民法院依照法律规定的强制执行程序转让股东的股权时，应当通知公司及全体股东，其他股东在同等条件下有优先购买权。其他股东自人民法院通知之日起满二十日不行使优先购买权的，视为放弃优先购买权。"因此，如果其他股东没有回复或放弃优先购买权，股权就会进入拍卖程序。

这里会出现一个问题，就是股权在审判阶段的评估价与实际拍卖成交价往往是不一致的。比如人民法院根据股权评估价出具判决，给予非股东配偶相当于股权价格一半的经济补偿，假设一半股权的评估价是 100 万元，人民法院判决补偿非股东配偶 100 万元，但实际一半股权拍卖价格可能只有 50 万元，这样的话，股东配偶还需要拿出货币支付剩余的 50 万元。一种股权，得出两个价格，股东配偶还要承担额外的货币补偿，这显然对股东配偶不公；假设一半股权评估价是 100 万元，人民法院也判决给非股东配偶 100 万元，但拍卖成交价格高于补偿金额，比如一半股权的拍卖价格是 200 万元，那多出的 100 万元给谁呢？若给股东配偶，则对非股东配偶不公，而给非股东配偶也于法无据。这样就会人为地制造出许多麻烦和矛盾。

更重要的是，如果是第三人拍卖成交获得股权，那么这极有可能破坏有限责任公司的人合性，影响公司的正常发展，或导致公司解散消亡。公司的存续发展不仅关系股东的利益，还关系公司债权人及员工的利益，因此不能轻易将股权给第三人。

笔者认为，如果给非股东配偶一方股权，就不存在评估价格与拍卖价格不一致的问题，也不存在第三人特别是有非分之想的"野蛮人"入侵公司的问题。相比之下，非股东配偶会更珍惜公司，更在意公司的发展。

当然，还是要强调，是否给非股东配偶分割股权，其决定权在于股东配偶，所以股东配偶应该在考虑相应的后果之后慎重决定。

（三）股权分割与股东资格取得程序

世界上绝大多数国家的法律都没有对夫妻离婚引起的股权分割作出特别的规

定,而是把夫妻之间的股权分割与一般的股权转让作同样的处理。

在我国,夫妻之间股权分割也要按《公司法》中关于股权转让的相关规定处理。前文提到,在有限责任公司,如果夫妻双方都是股东,那么因双方本身就有股东资格,无非就是进行股权比例的调整,所以没什么问题;如果股东配偶所在的公司就只有其一个股东,也没有问题,也不是本节要探讨的主要内容。这里主要探讨的是在夫妻双方只有一人是股东且公司中还有其他股东的情况下,非股东配偶如何取得股东资格的问题。也就是说,如夫妻一方是有限责任公司股东,经该股东同意或经人民法院判决将股权分割给非股东配偶的情况下,非股东配偶是否可以直接成为公司股东?笔者认为不能。因为有限责任公司具有人合性,如果贸然出现一名新股东,就会破坏公司原有的人合结构,这可能不利于公司的运营和发展。因此,对于公司股权的处理,要遵守《公司法》的相关规定,对有限责任公司而言,其他股东的意见非常重要。

前文已经提到,夫妻之间分割股权与一般的股权转让没有差别,我国法律也没有作出其他特别的规定,那么,就应该按我国《公司法》第 71 条之规定,夫妻之间分割股权的,应当经其他股东过半数同意。若其他股东在接到股权分割的书面通知之日起 30 日内没有答复的,则视为同意转让。

也就是说,如果其他股东过半数不同意分割股权,非股东配偶是不能成为股东的。当然,《公司法》第 71 条又规定,如果其他股东不同意股权分割,不同意的股东应当购买被分割的股权(当然,这个价格是在同等条件下),不同意又不购买的,也视为同意分割。

因此,只有在其他股东同意(或视为同意)股权分割,且放弃优先购买权的前提下,非股东配偶才能成为股东。

在股东配偶同意或经人民法院判决将股权分割给非股东配偶的情况下,非股东配偶如果要成为有限责任公司股东,其基本程序是这样的:

1. 由股东配偶或者人民法院书面通知公司及股东,公司在合理期限内召开股东会,由股东表决,股东过半数同意非股东配偶入股且放弃优先购买权的,非股东配偶才可以成为公司股东。当然,召开股东会并不是必然程序,其他股东书面签字同意也可以。

2. 股东配偶或人民法院也可以直接书面通知其他股东,其他股东在接到股权分割的书面通知之日起 30 日内没有答复的,视为同意转让。

3. 其他股东有权行使优先购买权,优先购买非股东配偶所应得的股权,如果不购买,即视为其同意非股东配偶成为股东。如果行使优先购买权,优先购买的股东可以与非股东配偶就股权转让价格达成一致,如无法达成一致的,可按评估价格购买,非股东配偶获得股权转让相对应的价款。

4.其他股东过半数同意分割股权,且其他股东放弃优先购买权或者其他股东不同意股权分割又不行使优先购买权的,非股东配偶即可成为公司股东,并按夫妻双方协商或人民法院判决的比例获得股权。

三、不同持股方式在离婚诉讼实践中的处理

前面讲了司法实践中关于股权分割的主要观点,事实上,涉及股权分割的离婚案件的实际情况是非常复杂的,而我国又没有一部专门对离婚中股权分割作出规定的法律,理论界对股权是否可作为夫妻共同财产分割的客体也有不同的意见。当然,笔者的意见是经过仔细研究的主流意见,也比较符合公平原则和诚信原则,有利于保护夫妻共同财产公平分配,也有利于维护公司的稳定和正常发展。

实践中,离婚诉讼涉及股权分割的案例非常多,笔者就比较典型的情况进行总结和详细阐述。笔者再次强调,下面分析的大多数是有限责任公司的情况,股份有限公司或上市公司、合伙企业是例外,并会对其作出说明。

(一)夫妻二人均为股东

关于夫妻二人均在有限责任公司中持股的情况下,夫妻双方可以要求共同分割股权,也不需要其他股东的同意,其他股东也没有优先购买权。但在现实中,情况并没有想象的那么简单,比如双方都不要股权怎么办?公司章程中有其他特别规定怎么办?这些情况在前面都没有提及,所以笔者在下面作出详细分析。

在司法实践中,夫妻二人均持有股权一般分为两种情况,一种是公司中仅有夫妻二人为股东,另一种是除夫妻二人外还有其他股东。这两种方式在财产分配时遵循的基本原则差不多,只不过如果仅有夫妻二人为股东,在夫妻二人都不要股权的情况下,就可能涉及公司解散的问题。

1.仅有夫妻二人持股

这种情况在中国比较普遍,就是通常所说的“夫妻店”。夫妻婚后共同创业设立公司,以夫妻未分割的共同财产进行出资,并形成夫妻共有股权的现象。在这种情况下,如果夫妻之间没有对股权进行书面的分配,涉及离婚财产分割时,基本上就是一人一半。

但是,如果在公司设立时,夫妻双方已经根据相关规定提交了财产分割书面证明或协议,那么即构成夫妻财产约定,这时就要按财产约定的股权比例进行分割。

因此,实践中,“夫妻店”的夫妻股东在离婚时,如果没有特别约定,原则是夫妻财产一人一半,但应参照《公司法》与《〈民法典〉婚姻编司法解释一》的相关规定综合考虑处理,具体如下:

(1)离婚后夫妻双方都有经营能力,并且也都愿意继续共同经营的,可根据《民法典》有关处理夫妻财产的规定,直接分割双方的股权比例,即均分股权。

(2)夫妻中一方愿意保留股权,另一方不愿意持股,可由愿意持股一方将股权作价补偿给不愿持股一方,同时将公司变更为一人有限责任公司;当然,夫妻双方也都可以找新的股东加入,新股东可以受让全部50%的股权,也可以受让部分股权。当然,股权的价格可以评估,或者与新股东协商作价,有多人愿意购买股权的,则可竞价购买,价高者得。

(3)如果夫妻都想一个人经营公司,不愿意对方继续经营,一般原则是夫妻双方协商作价,协商不成的,双方竞价,价高者得。

(4)夫妻都不愿意继续经营公司的,可以都转让股权给第三方,但这种情况不多。大多都是对公司资产进行拍卖或清算,夫妻分割拍卖或清算后的资产并注销公司。

2. 除夫妻二人外还有其他人持股

在离婚诉讼中,有限责任公司股东为夫妻二人及其他股东时,夫妻二人财产分割的原则与前文所述的仅有夫妻二人持股的情况的财产分割原则是一致的。

在这种情况下,夫妻二人的股权转让和分割并不需要其他股东的同意,其他股东也没有优先购买权。夫妻二人的股权分割原则前面已经讲过许多,此处不再重复讲述。

但是,因为《公司法》对有限责任公司的许多规定是原则性的,其赋予公司章程另行规定的权利,股东之间可以通过公司章程约定与《公司法》原则性规定不一致的内容。因此,如果公司章程中有其他特别的约定,则要具体问题具体分析。笔者试作分析如下。

(1)公司章程规定,股东转让股权,必须转让给指定的股东

许多公司在公司章程中规定,股东转让股权,必须转让给指定的股东,其目的是防止股东以外的人进入公司,破坏公司的人合性。因此,一般情况下,这种公司章程条款主要是为了防止股权被转让给股东以外的人,对夫妻间的股权转让没什么太大的影响。

当然,有可能夫妻都不是大股东,不排除公司章程规定股权只能转让给某个大股东的可能性,在这种情况下,应该如何处理?笔者认为具体可以分为以下几种情况。

①夫妻双方都不要股权

在这种情况下,如果公司章程指定的股东愿意以合理的价格接手股权,夫妻双方都能拿到合理的价款,这种方式最为便捷。这种情形,一般在公司章程中会有约

定的价格标准，因为经过股东会同意，夫妻作为股东，也应该接受这个价格。当然，如果公司发展良好，夫妻双方都不会转让股权，那么就要按下面的分析进行处理。

②夫妻双方都要股权，但登记的股权比例不一样

这种情况就涉及对股权的调整。除非夫妻之间有财产约定，否则工商登记的股权比例并不能当然作为财产所有权份额的依据。在这种情况下，根据财产均分原则，夫妻之间的股权应当平分。

这就涉及股权占比多的一方把多余部分股权转让给股权占比少的一方，于是产生一个问题，这种转让是否要按公司章程规定将股权转让给指定的股东？笔者认为不需要，因为夫妻在入股时，都是以夫妻共同财产入股，当时并没有对财产进行约定和分割，这些股权本来就是共同的，只不过是形式上按不同比例分配给夫妻两个人而已，从实质上来说，夫妻的股权是一体的。夫妻双方离婚首先要考虑婚姻法律的财产均分原则，因为这事实上就是他们之间内部的股权比例的调整，而不应该将其视为股权转让，这种调整的结果不会影响原本的股权结构，不会影响其他股东的利益，故不应该适用公司章程的规定。

比如一方占股 20%，另一方占股 10%，这时候，双方可调整股权，各占股权 15%，不用把股权转让给指定的股东。

③夫妻一方要股权，另一方不要股权

在这种情况下，股权是否一定要转让给指定的股东？如果要股权的一方提出购买这部分股权，如何处理，是给指定的股东还是给夫妻中要股权的一方？笔者认为，如果公司发展良好，一般不会出现这种情况，因为双方都会要股权。如果公司发展得不好，夫妻一方即使要持有股权，也没有太大兴趣购买另一方的股权。当然，也不排除夫妻一方看好公司而购买另一方股权的可能性。这个时候，人民法院在处理时首先要考虑公司的稳定和发展，同时兼顾另一方配偶的利益。

笔者一直强调，股权并不是必然可分的财产，可分割的只是股权的财产利益。婚姻法律保护夫妻双方在离婚时合理公平地分得财产，并不一定是股权。因此，只要能保证夫妻双方合理公平地分得财产，还是不应该打破《公司法》的保护范畴。在一家公司中，特别是有限责任公司，还是要保证其人合性和稳定性，既然《公司法》赋予公司章程另行作出不一样规定的权利，而且公司章程是经过股东会同意的，那么就要按公司章程的规定办理。当然，股权的价值要经过评估，保证在公允价格的前提下转让，转让后的钱款支付给不需要股权的一方。

因此，如果夫妻中一方要股权，另一方不要股权，但持股比例不一样，那么持股比例高的一方可以继续持有股权，多余部分用现金补足给另一方；持股比例低的一方可以要求持股到双方共同股权占比的 50%，也可以要求另一方用现金补足。

打个比方,一方占股权 20%,另一方占股 10%,按照规定,双方可调整股权各占股 15%。如果占股 20% 的一方不要股权,占股 10% 的一方要股权,占股 10% 的一方可以要求将其股权占比调整到 15%,多出的 5% 股权是基于婚姻法律的财产均分制度,那么另外的 15% 股权就要按公司章程的规定转让给指定的股东,而占股 20% 的一方得到转让的 15% 股权的价款。当然,占股 10% 的一方也可以不要多出的 5% 股权,那么这 5% 股权也按公司章程规定转让给指定的股东,其得到股权转让的价款。

还有一种情况,占股 10% 的一方不要股权,占股 20% 的一方要股权,那么占股 10% 的一方要按公司章程规定将股权转让给指定的股东,其获得股权转让的价款。另外其还可以分得 5% 的股权,这就要看占股 20% 一方的意思,即可以按转让给指定股东的同等价格,将 5% 股权的转让款支付给原持股 10% 的配偶,其继续持有 20% 股权,也可以不要这 5% 股权,而将此 5% 股权转让给指定的股东,并将该款项支付给原持股 10% 的配偶,其只持有 15% 股权。

当然,如果继续持有股权一方欲取得公司的控制权,其就要看另一方是否同意,如果另一方同意,其完全可以继续保留股权,只要把表决权委托给持有股权一方即可。如果另一方不同意,并且执意要转让股权,那么只能按公司章程办理,即按上述方式将股权转让给指定的股东。事实上,如果有一方想掌握公司的控制权,这说明其本来就占有较大的股权比例,在制定和修改公司章程时,往往也会按有利于其的意思进行,其也很可能就是指定的股东,这样按公司章程办理就比较顺利。如果夫妻双方的股权比例都很小,那就不用考虑公司控制权的问题,按上述方式操作即可。

(2)公司章程规定,股东转让股权,由公司回购

一般来说,公司进行股权回购,是不希望把股权转让给股东以外的人,而又不能确定一个合适的指定股东。因此,大多数情况下,股权会在股东之间流转,很少有公司回购的情况。回购股权多发生于股权激励情形中,一般是公司需要预留一些股权以进行今后的股权激励,也有一些股权是因为股权激励后不符合条件而被公司收回,或者员工离职后被公司收回,具体可参见第三章"员工股权激励"。也有一些情况出现在对赌条款中,具体可见第四章"股权投资与融资"和第六章"股权纠纷"中的阐述和案例。

公司回购股权是有一定争议的,因为这种情况类似自己买自己。我们知道,公司本身就是由股东出资组成,股权应该为股东所有,公司不能自己拥有自己的股权,所以在许多情况下是有限制的。特别是股份有限公司,其对公司回购股份有严格限制,但有限责任公司没有禁止或限制回购股权的相关规定。

对于有限责任公司,除了《公司法》第 74 条规定有异议股东请求公司收购股权的特定情形外,没有其他禁止性的条款,法无明文规定即可为,所以笔者认为有限责任公司可以回购公司股权。但是,股权回购如果不能规范进行,的确会存在股东恶意抽逃出资、损害公司、债权人和其他股东合法利益的情形,但这应该是人民法院具体审理案件时考虑的问题,并不能得出《公司法》禁止有限责任公司股权回购的结论。当然,笔者还是建议对公司回购股权加强监管,以防止有损公司利益的情形发生。

另外要强调一下,虽然没有限制,但公司也不能一直持有自己的股权,所以必然有一个时限的问题。《公司法》对股份有限公司回购股份有严格要求,比如减少注册资本的,10 日内注销回购的股份;用于员工持股计划或者股权激励的,3 年内转让或注销回购的股份。《公司法》对有限责任公司虽然没有明确的规定,但笔者认为,“公司成为自己的股东”是不允许的,即便没有法律规定,有限责任公司也不能一直保留股权,而应该在一段时间内转让或者注销,笔者在第三章“员工股权激励”和第四章“股权投资与融资”等章节有过比较详细的讨论,读者可自行参考。

前面提到,公司回购股权大多发生在股权激励的情形中,那么夫妻二人都可能是一家公司的股权激励对象,且持有股权比例不一样,在这种情况下,股权分割该如何操作?笔者特别按股权激励的情形对此进行相关分析。

笔者认为,这种情形和前面转让给指定股东的情形有些许区别,因为股权激励是公司根据员工表现授予股权,不是员工直接任意购买股权,有一定身份的权利在,且要考虑行权条件、期限等问题。具体分如下几种情形。

①夫妻双方都不要股权

这个比较简单,就是依照公司章程、股权激励计划等规定,由公司按约定的回购价格支付现金给双方,双方平分所获得的现金。但请注意,在第三章“员工股权激励”中提到过,股权激励往往是期权或限制性股权,如果期权未到行权期,或者锁定的股权未解锁,则说明股权激励对象还没有实际拿到股权,所以这些股权是暂时不能分割的。关于股权激励的股权分割,后面会有专门论述,按后面所述的方式分割即可。

②夫妻双方都要股权

双方都要股权,持股比例一样的,就不需要作变动。下面要谈的是双方持股比例不一致的情况。

前面提到转让股权给指定股东的情形,如果夫妻双方都要股权,则夫妻双方可以直接调整股权到相同的比例。但如果是股权激励并约定由公司回购,就会有所区别。因为股权激励所得的股权并不是单纯以夫妻共同财产购买,而是根据员工的表现授予,其股权大小、购买价格等在很大程度上与其职级相关联。因此,在这种情况下,应该首先考虑保留股权的现状,由持股比例高的一方给予另一方补偿。

但是,补偿按什么价格计算?按当初购买的价格显然是不合理的,因为股权激励的购买价格往往是明显低于公允价格的;按约定的公司回购价格计算往往也不足以反映真实的股权价格,因为公司回购股权往往是因为出现员工离职或违反法律、规章制度等情形,所以会把价格压得比较低。双方都要股权,说明双方都认可公司并认为股权具有升值空间,因此,此时股权价格由专业评估机构进行评估才不失公允。当然,如果持股比例高的一方不愿意以这个评估价格补偿另一方,人民法院可以强制平分股权。

股权激励中,有许多用来激励员工的股权(如虚拟股)是没有在工商登记中显示的,这个时候,只能按公司内部规定办理,价格只能按公司相关制度和合同进行计算。

③夫妻一方要股权,另一方不要股权

这和前面提到的直接转让股权给指定股东的情形也有一些区别,还是因为股权激励具有的人身属性。比如一方占股5%,另一方占股3%,如果按前面转让股权给指定股东的情形,双方可以直接调整到各占股4%后再转让。但是,公司分别给予双方5%和3%的股权进行激励,是基于对双方岗位或贡献等因素的综合考虑,原来的3%要上升到4%没有合理的理由,同样,让5%下降到4%也没有理由。因此,这种股权是不可随意调整的,只能由公司直接回购。

也就是说,如果原来占股3%的一方不要股权,那么其股权由公司回购,占股5%的一方将多出的1%折算成现金给予占股3%的一方补偿,其仍保留原5%的股权,这时折算价格可以按公司回购的价格。这与前面双方都要股权的计算方法有点不一样,占股3%的一方不要股权,说明其已经接受了公司回购的价格,当然要按约定的公司回购的价格对其进行补偿,而不是按市场公允价格;同理,如果是原来占股5%的一方不要股权,那么其在获得公司回购股权的款项后,将与1%股权同等价格的款项支付给另一方即可。

(二)夫妻中只有一方是股东,并与他人共同持股

夫妻一方是有限责任公司股东,另一方不是股东的,股东配偶以夫妻共同财产与他人共同持股的情形,在前面也有些许介绍,这里专门就实践中如何处理此类问题进行总结。

前面已经提到,在有限责任公司中,如果夫妻中一方不是股东,那么股东配偶转让股权给非股东配偶,要经其他股东同意,并且其他股东要放弃优先购买权。这与前面提到的夫妻共同持股有很大的不同。

公司的股权是一种复合型权利,不只是财产权利,也是公司治理的结构之一。股权的财产权益及人身权益并存,持股一方往往因其特定的技术、才能、社会资源等因素获得股东地位,股东之间存在一定的利益分配或权利制衡的因素,这种结构不能被随便打破,否则就会影响公司的运营和发展。离婚导致的非股东配偶进入公司,往往会激化矛盾,给公司决策层带来诸多分歧,甚至导致公司僵局。

因此,笔者认为,在夫妻一方持股的情况下,人民法院首先要考虑的是保证有限责任公司的人合性,不能随意直接把股权判决给非股东配偶,避免因夫妻离婚破坏公司的治理结构和损害股东权益;但也要确保非股东配偶的合法权益得到充分保障,在没有其他有效措施的情况下,可考虑直接划分股权。

1. 夫妻双方协商一致

(1)分割股权

股东配偶可能是没钱,或者是其他原因,其愿意把股权的一半甚至全部分给非股东配偶,而非股东配偶也愿意接受这个股权,二人商量好进行股权分割。但事实上分割股权并不是两个人说了算,还要履行许多程序。

《〈民法典〉婚姻编司法解释一》第 73 条规定:“人民法院审理离婚案件,涉及分割夫妻共同财产中以一方名义在有限责任公司的出资额,另一方不是该公司股东的,按以下情形分别处理:(一)夫妻双方协商一致将出资额部分或者全部转让给该股东的配偶,其他股东过半数同意,并且其他股东均明确表示放弃优先购买权的,该股东的配偶可以成为该公司股东;(二)夫妻双方就出资额转让份额和转让价格等事项协商一致后,其他股东半数以上不同意转让,但愿意以同等条件购买该出资额的,人民法院可以对转让出资所得财产进行分割。其他股东半数以上不同意转让,也不愿意以同等条件购买该出资额的,视为其同意转让,该股东的配偶可以成为该公司股东。用于证明前款规定的股东同意的证据,可以是股东会议材料,也可以是当事人通过其他合法途径取得的股东的书面声明材料。”

这里提到的出资额就指股权,当然,出资额和股权是有一定区别的,但人民法院在审理时一般不作太大区分,前面已经有所分析,这里也不再赘述。

读者只要明白几点:

第一,夫妻之间协议进行股权分割是不能立即进行的,只有在其他股东过半数同意,并且其他股东均明确表示放弃优先购买权时,才能进行股权转让,非股东配偶才能成为股东。

第二,如果其他股东不同意转让,不同意的股东就要以同等价格购买这些股权。

第三,如果其他股东不同意转让,又不想买股权,那么就视为其他股东同意转让。这种情况下,非股东配偶就可以直接成为股东。

关于在离婚诉讼过程中具体的股权分割和非股东配偶成为股东的程序,前面已经有详细介绍,不再赘述。

最高人民法院作出这样的规定,就是考虑到了某些股东故意拖延不想把公司股权转让给原股东以外的人,但这样不利于对财产进行合理的分割,所以如果其他股东不在合理的时间内回复或行使优先购买权,非股东配偶就可以成为股东。

这里所指的分割股权,可以是分割全部股权,也可以分割部分股权,具体的由夫妻双方协商确定。如果是部分分割,分割后占股比例高的一方要给予另一方经济补偿,经济补偿按股权的公允价格计算,一般以评估价为准,或者以夫妻商量的价格为准,人民法院视情况而定。

(2)给予非股东配偶经济补偿

一般来说,在一方持股,另一方不持股的情形下,从维护企业稳定角度出发,人民法院是首先考虑股东配偶继续保留股权,而给非股东配偶经济补偿。如果双方能协商一致,那自然是最好的结果。

所谓经济补偿,就是股东配偶所持股权一半的价格,一般也是以评估价格为准,当然夫妻双方如果协商一致,人民法院也会尊重双方的意愿。

(3)给予非股东配偶部分股权加部分经济补偿

这种情况是上述两种情况的结合。比如股东配偶在公司中占股60%,那么按理要把占股30%的部分或相应价值的财产分割给非股东配偶,但股东配偶与非股东配偶协商好,股东配偶只给非股东配偶10%的股权,其还保留占股50%。那么,10%的股权就要按前述分割股权的规定履行相应的股权转让程序;另外20%的股权就要折算成现金或同等价值的财产以给予非股东配偶经济补偿,股权价格一般以评估价为准,或者以夫妻商量的价格为准,人民法院视情况而定。

2. 夫妻双方无法协商一致

前面提到是夫妻双方协商一致的情形,这种情形比较好处理,不管其他股东是否同意,都有比较合适的处理方法。但如果夫妻双方无法协商一致,就比较复杂,具体分以下几种情形。

(1)夫妻双方都要股权,但无法达成一致

双方都要股权,协商一致的,或者非股东配偶不要股权而只要经济补偿的,前面已经充分阐述。现在就要说说双方都要股权,但无法协商一致的情况。

关于股权的性质,前面已经有大量的表述,因为股权带有人身权的属性,且为了保证有限责任公司的人合性,如果双方都要股权,但又无法达成一致意见,原则上股权是要判给股东配偶的,而非股东配偶一般只能获得经济补偿。当然,这个经济补偿,可以是股东配偶直接给现金,也可以是股东配偶放弃其他等价财产。

但在实践中,许多股东配偶既没有钱,也没有其他财产可作为补偿,或者其他财产的价值远远小于股权的价值,那么在这种情况下,就只能分割股权了。

如果要分割股权,就按转让股权的程序办理。首先要确定股权的价值,一般以审计或评估的市场价格为股权参考价格,当然,也不排除有竞价的可能。随后的程序与双方协商一致进行股权转让的程序是一样的,首先是其他股东有优先购买权,依照上述股权价值,由人民法院直接征集其他股东意见,将拟转让股权份额、股权价值、回复期限发给其他股东。购买的股东人数多的,可以竞价,价高者得,再对购买股权的价款进行分割;其他股东过半数同意且放弃优先购买权,或者不同意又不愿意购买股权的,非股东配偶就自然成为公司的股东,其获得的股权份额,在没有特殊约定的情况下,就是股东配偶股权的一半。

(2)非股东配偶坚持要股权而不要经济补偿

股东配偶有经济补偿能力,或者有其他充足的财产可以分割给非股东配偶,股东配偶也愿意给予非股东配偶对等甚至更多的经济补偿,但非股东配偶坚持要求分配股权,并明确拒绝作价补偿的,人民法院可判决驳回非股东配偶的诉讼请求。这点在最高人民法院的(2018)最高法民申 796 号民事裁定书中有明确表述。

人民法院作出这种判决的宗旨就是保证有限责任公司的人合性,首先要保证股东配偶在公司的权益不被破坏,但也要保证非股东配偶能够获得公平合理的补偿。当然,非股东配偶不愿意接受经济补偿,而一定要获得股权的,人民法院一般不会支持。

(3)股东配偶不要股权,但非股东配偶要股权

现实中,还有一种奇怪的现象,股东配偶想退出公司,但非股东配偶看好公司,并想获得股权,当然这种情况不多。

其实这种情况的处理方式也和普通的股权转让的处理方式一致,要经过其他股东过半数同意且放弃优先购买权,或者其他股东既不同意又不愿意购买股权,非股东配偶才可以成为公司的股东。

如果非股东配偶成为公司股东,那么其要将股权总价的一半补偿给股东配偶,夫妻双方就股权价格达成一致的,按双方协商的价格算,没有达成一致的,人民法院一般按评估价格计算股权价格。股东配偶如果认为评估价格过低,不想进行股权转让,那就要给予非股东配偶经济补偿,如无法给予非股东配偶经济补偿的,其结果就是将一半股权给非股东配偶。当然,这个还是要回到前面所阐述的程序,就是要经过其他股东同意,其他股东放弃优先购买权的,或者其他股东既不同意又不愿意购买股权的,非股东配偶才可以成为公司的股东。

(4)夫妻双方都不要股权

这种情况就比较复杂了,如果股东配偶是小股东,那么可能会有人购买股权,但如果股东配偶是大股东,其自己都不要股权,就说明公司经营状况存在问题,并不一定有人会购买股权,这样就会产生如下几种情况:

①其他股东愿意购买股权的,因为股东之间可以相互转让股权,所以如果价格合适,夫妻双方平分股权转让后的价款。

②如果购买者是股东以外的人,那么就要经过其他股东同意且其他股东放弃优先购买权,股权转让后的价款由夫妻双方平分;其他股东享有在同等条件下的优先购买权,但首先要在同等条件下,如果不是同等条件的,那么应依据“价高者得”的原则进行。

③如果没有人购买股权,股东配偶又不愿意支付经济补偿,或者非股东配偶无法获得合理的经济补偿,就按股权各半分配原则处理。

④如果股东配偶是大股东,其不想继续经营公司,非股东配偶也不想接手,其他小股东也没有购买股权继续经营的意愿,经协商后,可以进行公司清算程序,剩余财产按《公司法》的相关规定分配。股东配偶获得的剩余分配财产,其一半归非股东配偶所有。

(三)夫妻一方设立的个人独资企业(一人有限责任公司)

从法律上看,个人独资企业与一人有限责任公司是有所区别的,但在股权分配上,两者的情况差不多,故作为一类进行阐述。

婚后设立的个人独资企业(一人有限责任公司),没有证据表明是以个人财产出资的,均认定为夫妻共同财产,离婚时按夫妻共同财产进行分配。

《〈民法典〉婚姻编司法解释一》第75条规定:“夫妻以一方名义投资设立个人独资企业的,人民法院分割夫妻在该个人独资企业中的共同财产时,应当按照以下情形分别处理:(一)一方主张经营该企业的,对企业资产进行评估后,由取得企业资产所有权一方给予另一方相应的补偿;(二)双方均主张经营该企业的,在双方竞价基础上,由取得企业资产所有权的一方给予另一方相应的补偿;(三)双方均不愿意经营该企业的,按照《中华人民共和国个人独资企业法》等有关规定办理。”

从最高人民法院的司法解释可以看出,其分配原则与没有其他股东的二人有限责任公司情形下的分配原则基本相同。当然,其分割方式应该更加细化,具体如下。

1. 夫妻双方都要企业经营权

这要分两种情况进行分析:

(1)夫妻双方都要企业,且愿意与对方共同经营。在这种情况下,个人独资企业与一人有限责任公司就会有较大的区别。因为个人独资企业的登记主体只能是一个自然人,不可能存在两个股东,但一人有限责任公司可以变更为两个股东的有限责任公司形式。如果夫妻双方都想和对方共同经营企业,涉及个人独资企业的,结果只能是双方再共同设立一家新的有限责任公司或有限合伙企业,同时把个人独资企业的相关业务转移到新的有限责任公司或有限合伙企业,并注销个人独资企业;或者按下面提到的双方竞价的方式由一方取得企业经营权。而一人有限责任公司变更为两个股东的有限责任公司则比较方便,股东配偶只需将股权转让给非股东配偶即可,一般转让的股权比例为50%,再向市场监管部门提出公司类型和股东人员变更的申请,并修改公司章程。

(2)夫妻双方都要企业,但不愿意与对方共同经营。这个时候,人民法院就要考虑哪一方更有利于企业经营,确定更有利于企业经营的一方得到企业经营权,但要给未取得企业经营权的一方公平合理的经济补偿。如果无法有效区分哪一方更有利于企业经营,则可采用"双方竞价,价高者得"的方式,得到企业经营权的一方将通过竞价最终确定的企业价格的一半款项支付给另一方作为经济补偿。

2. 夫妻一方要企业经营权,另一方放弃

在这种情况下,就要对企业的价值进行评估,或者采用夫妻双方认可的一种方式确定购买企业的价格,获得企业经营权的一方把最终确定的企业价格的一半款项支付给另一方作为经济补偿。

3. 夫妻双方都不愿继续经营企业

关于这一点,最高人民法院给予的解释比较模糊。一般来说,如果夫妻双方都不想继续经营企业,结果就是解散清算企业,然后把清算之后剩余的资产作为夫妻共同财产进行分割;当然,也可以由人民法院出面对企业进行拍卖或者变卖,并对最终所得的价款进行分割。

四、离婚诉讼涉及股权的重要问题解析

(一)股权比例不能与夫妻财产分割比例画等号

这个问题在前面许多地方有过介绍,但并没有分析原因,也没有对人民法院的一些规定进行介绍,因为比较重要,所以下文专门对其进行分析。

夫妻在企业中的股权比例并不能被视为对夫妻共同财产比例的约定,这是已经达成共识的。道理很简单,因为在婚后投资企业时,不管是一方为股东还是双方均为股东,都是用夫妻共同财产投资的,那么不管投资多少,都是夫妻共同财产,当然应该对半分割。当然,如果涉及亏损或债务,也应当由夫妻共同承担。

另外,夫妻双方在进行股权登记时,由于控制权、对外形象等需要,在进行股权

比例设置时,会考虑一方占比大一些;而且许多夫妻共同创业时,对股权比例的设置往往带有随意性。但工商登记的股权比例只是形式上的约定,并不必然是夫妻对共同财产的实际分配比例。因此,婚后夫妻双方的股权都属于夫妻共同财产,除非有部分股权是婚前财产直接转化而来(增值和收益部分仍为夫妻共同财产),或者夫妻双方另有书面明确约定不属于夫妻共同财产,否则只能认定为夫妻共同财产,推定为夫妻各拥有一半的股权(当然,是得到股权还是经济补偿,则视实际情况确定,前面已经有大量分析,读者可自行参考)。

例如,《北京市高级人民法院关于审理婚姻纠纷案件若干疑难问题的参考意见》(2016 年)第 22 条规定:"离婚诉讼中有限责任公司股东为夫妻二人,双方就股权分割无法协商一致时。双方均主张股权的,可按比例分割股权;双方均要求补偿款的,释明当事人可另行对公司进行拍卖、变卖或解散清算并分割价款;夫妻一方主张股权,另一方主张补偿款的,可在确定股权价值基础上由获得股权一方给付另一方补偿款。上述有限责任公司工商登记中注明的夫妻双方股权份额不构成夫妻间财产约定;但如设立公司时根据相关规定提交财产分割书面证明或协议的,构成财产约定。离婚诉讼中有限责任公司股东为夫妻二人及其他股东时,参照上两款规定进行处理。"《浙江省高级人民法院民一庭关于审理婚姻家庭案件若干问题的解答》(高法民一〔2016〕2 号)第 13 条规定:"……一方当事人仅凭工商行政部门登记的股东持股比例要求据此分割的,不予支持。法院应根据实际情况依法对股权进行分割。"《江苏省高级人民法院家事纠纷案件审理指南(婚姻家庭部分)》第 42 条规定:"……基于夫妻关系的特殊性,可能导致双方设立夫妻公司时在工商部门登记的持股比例具有很大的随意性,如果无其他证据佐证,该登记比例不属于夫妻财产约定,离婚时夫妻一方要求据此分割股权的,不予支持。"《深圳市中级人民法院关于审理婚姻家庭纠纷案件的裁判指引》(2014 年修订)第 24 条规定:"工商登记中载明的夫妻投资比例不应认定为夫妻对财产归属的约定。婚姻关系存续期间,无论使用一方的个人财产还是使用夫妻共同财产投资设立的股东仅有夫妻两人的有限责任公司,公司经营所产生的股东收益均属于夫妻共同财产。"

所以,在前面提到的当当网创始人夫妻离婚案中,许多人认为俞渝和李国庆在公司中的持股比例就是夫妻财产分配的比例,这个显然是不正确的。因为俞渝占股比例大,除非其能提供李国庆签字确认的已经对股权分配进行事先约定的证据,否则人民法院会依据实际情况而不是依据持股比例对股权进行分割。如果认定双方都没什么过错,基本是对半分割。

(二)如何对股权进行定价

在离婚案件中,除了平分股权的情况外,其他情况下都要对股权进行定价,以确定股权的价值和经济补偿的金额，保证夫妻双方权益都能得到公平、公正的保护。

笔者强调，股权定价应当确定一个公允的价格，就是最接近一家企业真实价值的价格。在司法实践中，一般会有以下几种确定股权价值的方法。

1. 以注册资本为基础计算股权价格

这种方法简单易行，便于操作，但最大弊端是不能真实反映企业的实际情况，有可能导致股东的出资额与股权实际价值出现较大差异。

注册资本中每个股东的出资金额就是出资额，其与股权所代表的金额往往是不一致的，关键是要看企业的价值。如果一家企业成立不久，或者发展不怎么好，那么出资额与股权所代表的金额基本上一致。但如果企业发展良好，这时再以出资额来计算股权所代表的金额，显然对股东配偶极为有利，而对非股东配偶极为不利，结果明显不公平。相反，如果企业亏损严重，出资额就可能比真实的股权价值要高，那么，这个时候要股东配偶按出资额补偿非股东配偶，对股东配偶也不公平。

所以，现实中很少会用注册资本中的出资额来进行股权定价。

2. 以企业净资产为基础计算股权价格

企业净资产主要是指资产负债表中的所有者权益，所有者权益金额的确定取决于资产和负债的计量，以得出一个真实的企业净资产。因此，这对企业财务报表的真实性要求较高。

但现实中，许多企业的账面往往是不真实的，特别是在夫妻一方系大股东的情况下，存在做假账甚至转移财产的可能性。所以在没有第三方机构介入的情况下，采用这种方式会存在较大的不真实性。

另外，财务报表如资产负债表等反映的是企业历史经营成果，对企业实时和未来的价值一般都没有体现。如果对一家发展势头良好的企业以企业净资产为基础计算其股权价格，显然低估其真实价值。在这种时候，最好将一家同类企业作为参考标准，或者参考股权投资的估值，对其作出真实的评估。

3. 以审计、评估后的价值为基础计算股权价格

此种方法是对企业的财务报表进行一定的审计并作相应调整，同时对企业的相关资产进行评估，因此能够较为准确地反映和体现公司的资产状况，这也是实践中被较多采用的一种方式。具体采用的方法有收益法、市场法、资产基础法等，这些方法可以单独使用，也可以综合运用。

一般来说，聘请第三方专业机构进行审计和评估有较大的真实性，而且容易找出企业存在的问题，纠正企业报表和账册中的虚假内容，所以人民法院比较喜欢聘请这样的专业机构。

但因为审计、评估往往是在一定假设的前提下得出结果，不同的审计和评估机构有时可能会出现不同的假设，导致计算出的结果差异比较大。

同时，虽然审计、评估能比较真实地体现资产的实际价值，但如果企业财务管理混乱、会计账册不全或者企业经营者拒不提供财务资料和信息，导致无法通过审计、评估方式确定股权价值，人民法院可以依据该企业在行政主管机关（如工商、税务等机构）备案的财务资料对财产价值进行认定。在必要的情况下，人民法院也可以参照当地同行业中经营规模和收入水平相近的企业的营业收入或者利润及其他方式来核定股权价值。

4. 以股权投资的估值为基础计算股权价格

以股权投资的估值为基础计算企业价值能较好地体现企业实时和未来的价值，这点在第四章“股权投资与融资”中有详细的介绍。当然，如果没有股权投资人进入企业，这种计算方式被采用的可能性不大。毕竟这种估值方式受主观因素影响较大，人民法院接受这种估值的可能性不大。

但是，如果企业已经有股权投资人进入，并且已经有了可以参照的估值价格，甚至已经有好几轮股权投资，股权价格也在不断上升，那么估值完全可以作为计算股权价值的依据。

关于股权投资的估值方法介绍，可以参照第四章“股权投资与融资”中估值的相关内容。

5. 双方协商一致或通过竞价确定股权价格

在离婚诉讼中，如果夫妻之间对股权的价格协商一致，人民法院一般是会尊重夫妻双方确定的价格的。在只有夫妻双方或一方是企业股东的情形下，夫妻双方对股权价格进行竞价的情形也十分常见，最终价高者得，而且双方都能比较好地把握股权的真实价格。

当然，在夫妻中只有一方是股东的情况下，如果还有其他股东，即便夫妻双方协商一致，这个价格也是不作数的，因为除非公司章程中有另外规定，否则其他股东在同等条件下有优先购买权。不过，这种情况也有一个竞价的过程，因为是“同等条件”，那么如果夫妻协商的价格比其他股东出价高，非股东配偶也可以得到股权。

（三）关于过错赔偿与补偿

笔者在前面介绍过，夫妻共同财产的基本分配原则是一人一半。但是，一方有过错或者有恶意隐藏、转移、变卖、毁损财产等行为的，对于有过错或恶意行为的一方，人民法院会判决其少分甚至不分财产。所以，一人一半只是原则，还存在例外情况，笔者认为需要解释清楚，读者有必要对此进行了解。

1. 无过错方主张撤销、无效并要求过错方赔偿

我国《民法典》第1091条规定："有下列情形之一，导致离婚的，无过错方有权请求损害赔偿：(一)重婚；(二)与他人同居；(三)实施家庭暴力；(四)虐待、遗弃家庭成员；(五)有其他重大过错。"

有过错的行为，前面4项都好理解，对照《婚姻法》(已失效)，《民法典》增加了第5项，即"有其他重大过错"。笔者认为，股东配偶擅自赠与他人股权或以极低价格转让股权给他人的行为应该属于一种重大过错。根据我国相关法律规定，擅自处分夫妻共有财产的，无过错方可以向法院主张撤销赠与或转让，或主张擅自处分无效。如果第三人是善意取得而导致无过错方无法追回股权或有损失的，无过错方可以要求有过错方赔偿损失。

2. 有过错方少分或不分共同财产

我国《民法典》第1092条规定："夫妻一方隐藏、转移、变卖、毁损、挥霍夫妻共同财产，或者伪造夫妻共同债务企图侵占另一方财产的，在离婚分割夫妻共同财产时，对该方可以少分或者不分。离婚后，另一方发现有上述行为的，可以向人民法院提起诉讼，请求再次分割夫妻共同财产。"

这种情况在现实中比较多，笔者也处理过许多类似的案件，如股东配偶有可能通过伪造账目、隐藏转移财产等手段，把企业的价值降得很低，试图在股权作价时可以补偿极少的金额给非股东配偶；还有，前面提到，股东配偶通过赠与或以极低的价格把股权转让给他人，在这种情况下，非股东配偶不但可以主张撤销赠与或转让，还可以要求对恶意转让一方进行惩罚，即有恶意行为的一方应该少分或者不分财产，少分多少则由人民法院视其恶意程度而定。

由于不了解企业状况，不知道企业的真正价值，非股东配偶往往处于弱势地位，可能在离婚时并不一定能发现，很多是在离婚后才发现的，比如土豆网离婚案就是在离婚后重新起诉要求进行股权分割。因此《民法典》规定，离婚后发现这些恶意行为的，还可以向人民法院请求再次分割这些在离婚时未被发现或被恶意隐藏、转移、挥霍的夫妻共同财产。

3. 对负担义务较多一方的补偿

我国《民法典》第1088条规定："夫妻一方因抚育子女、照料老年人、协助另一方工作等负担较多义务的，离婚时有权向另一方请求补偿，另一方应当给予补偿。具体办法由双方协议；协议不成的，由人民法院判决。"

现实中，股权可能是一方的婚前财产，但另一方为家庭付出很多，也有可能协助一方为企业作了很多事情。离婚时，股东配偶可能主张股权是其婚前财产，不能分割，也不愿意补偿非股东配偶。那么，非股东配偶就可以向人民法院请求判令股

东配偶对其进行补偿，如果股东配偶没有其他财产，必要时人民法院也可以判决分割部分股权给非股东配偶。当然，关于股权分割给非股东配偶的有关程序，前面已经叙述很多，此处不再赘述。但不管非股东配偶是获得股权还是现金等财产，都应该保障其应有的权利，使其受到公平的对待。

（四）股权产生的未分配利润（股息、红利）的处理

未分配利润指因股权产生的、尚未分配的股息、红利等，很多人会认为，这是因股权而产生，在离婚时当然应该和股权一起分割。事实上，事情并没有这么简单。因为股权是股东个人的，可以算是股东的个人财产，但股息红利在分配给股东之前仍属于公司的财产，要经过一定的程序才能被分配给股东。即便是夫妻公司，在股东（大）会审议决定前，也不能要求直接分配股息、红利。事实上，公司的债权债务也是如此，如果在离婚判决前尚未发生或确认的，不能在离婚时直接予以分割。

根据我国《公司法》的相关规定，公司的利润分配方案由董事会制定，并由股东（大）会审议批准，或者由公司股东书面一致同意。也就是说，在公司董事会、股东（大）会没有对利润分配方案进行讨论并审议批准之前，这些未分配利润还属于公司法人的财产，并不属于夫妻共同财产，故不能在离婚案中直接予以分割。

当然，如果股东（大）会经过审议，批准对公司的未分配利润进行分配，那么分配给股东的股息、红利就是股东的财产，如果分配的股息红利对应夫妻关系存续期间的年度利润，那么其属于夫妻共同财产，即便是离婚以后，非股东配偶也有权重新起诉要求对这些未分割的夫妻共同财产进行分割。《〈民法典〉婚姻编司法解释一》第 83 条规定："离婚后，一方以尚有夫妻共同财产未处理为由向人民法院起诉请求分割的，经审查该财产确属离婚时未涉及的夫妻共同财产，人民法院应当依法予以分割。"

例如，夫妻双方于 2018 年 1 月 1 日结婚，于 2020 年 2 月 15 日离婚，离婚时公司对 2018 年和 2019 年的利润未进行分配，所以在离婚时未作处理。股东配偶在 2021 年 2 月 1 日分配到前三年（2018 年、2019 年和 2020 年）的利润分别为 100 万元、200 万元和 300 万元，很显然，2018 年和 2019 年的利润共计 300 万元，非股东配偶可分得一半即 150 万元；2020 年的分红是指 2020 年 1 月 1 日到 2020 年 2 月 15 日这一期间的分红，非股东配偶可以分得一半。具体可按实际天数 46 天除以 360 天计算出比例为 12.78%，再乘 2020 年分红 300 万元，即得出 38.34 万元，此为夫妻双方在 2020 年的共同财产，那么非股东配偶可得 19.17 万元。由此可得出，非股东配偶可得夫妻共同生活期间的未分配利润为 169.17 万元。

因此，如果离婚时公司有未分配利润，非股东配偶要求分配利润的主张一般是不能得到支持的。但并不是说离婚以后不能再提出请求，只要是婚姻关系存续期

间的未分配利润,且在离婚后进行分配的,非股东配偶完全可以在离婚后重新提出请求或向人民法院起诉。

(五)股东配偶擅自转让股权的效力与后果

1. 股权转让不需要经配偶另一方同意

现实中会出现夫妻一方把股权转让给他人而另一方不知道的情形,之所以会发生这种情况,基本上都是因为夫妻一方持有公司股权,而另一方没有股权。如果双方都有股权,在对外转让股权时,就有一个通知公司其他股东的程序及股东行使优先购买权的环节,另一方完全可以发表意见并进行阻止或处理,股权对外转让就没有这么容易进行。当然,如果股权是内部转让给公司股东,也不需要履行通知其他股东的程序,所以另一方可能也不一定知道,但如果另一方是股东,获得的信息肯定更多,不知道股权转让的可能性较小。所以,擅自转让股权的情况基本上都是发生在一方持股而另一方未持股的情形下。

但许多人可能感到奇怪,不是说股权是夫妻共同财产吗?那为什么股东配偶转让股权不需要非股东配偶同意呢?转让股权的时候,登记机关不管吗?

其实前面已经讲过,严格地说,属于夫妻共同财产的是股权的财产权益,股权还包含人身权益,这个权益只能由股东本人独立行使,不受他人的干涉。股权转让的主体是股东本人,而不是其所在的家庭,因此其转让股权不是必须要征得其配偶的同意。

需要注意的是,投资股权前的出资款项、股权产生的分红、转让股权之后的股权转让款项等都属于财产利益,所以这些均属于夫妻共同财产。但在资金转化为股权形态后,股权就具有了人身权的属性,这方面是属于商法或公司法律调整的内容,而不属于民法所调整的内容。因此,包括股权转让在内的股权的各项处分权能只能由股东配偶本人行使,非股东配偶并不享有处分该股权的权能。股东配偶一方与他人签订的股权转让协议,并不因未经另一方同意而无效,登记机关在进行股权变更登记时也不会要求非股东配偶签字。

但股权转让不需要经配偶同意,并不代表转让时可以给股权随意定价,或者恶意隐匿、转移股权转让款项,这是严重侵犯非股东配偶的权益的。具体在后面分析。

2. 因擅自转让股权引致损失的救济途径

前面已经讲过,股权转让后的价款属于夫妻共同财产,应由夫妻双方共同享有。有些人在夫妻关系恶化后,就想恶意转让股权,让另一方无法公平地获得可分配的夫妻共同财产,这种做法显然是为法律所禁止的。法律规定很明确,转让股权可以,但必须有一个公平合理的转让价格,因为股权转让款项有非股东配偶的一半。如果恶意转让股权,且没有证据证明已经支付了合理对价的,则可主张恶意转让无效或行使撤销权。

(1)主张转让行为因恶意而无效

我国《民法典》第154条规定,行为人与相对人恶意串通,损害他人合法权益的民事法律行为无效。也就是说,夫妻一方恶意转让股权,是损害另一方的合法权益的,其行为无效。

当然,恶意转让的标准有两个:一是受让方明知夫妻关系存在问题,转让方肯定或有可能是在转移、隐匿财产;二是受让方无法提供公平合理地支付股权价款(对价)的证据。这方面有相应的案例可参考,如最高人民法院(2017)最高法民申2350号案例中就提到,在第三人明知二人婚姻关系恶化的情况下,一方擅自将股权转让给第三人,且第三人无证据证明支付对价,应认定为转让一方与第三人恶意串通,该转让行为无效。

(2)行使撤销权

还可以参考撤销权的相关规定。比如,我国《民法典》第538条规定:"债务人以放弃其债权、放弃债权担保、无偿转让财产等方式无偿处分财产权益,或者恶意延长其到期债权的履行期限,影响债权人的债权实现的,债权人可以请求人民法院撤销债务人的行为。"第539条规定:"债务人以明显不合理的低价转让财产、以明显不合理的高价受让他人财产或者为他人的债务提供担保,影响债权人的债权实现,债务人的相对人知道或者应当知道该情形的,债权人可以请求人民法院撤销债务人的行为。"

当然,撤销权的规定是针对债权人的,但笔者认为,夫妻一方擅自处理夫妻共同财产,使得另一方的应得利益遭受损失,另一方完全可以以债权人的身份要求人民法院撤销这种恶意转让行为,并要求赔偿。

(3)请求赔偿损失

如果第三人(股权受让方)是善意购买股权且支付了公平合理的价格,其他股东也同意股权转让,这种情况下,另一方如果要求确认这个股权转让无效或可撤销,会造成第三人的损失,也可能影响公司的正常运行。事实上,前面也提到过,如果股东配偶愿意给予非股东配偶经济补偿,而非股东配偶在离婚时一定要直接获得股权,人民法院不会支持非股东配偶的请求。所以,笔者认为,这种情况下,就不宜确认股权转让无效或可撤销,而应该要求恶意转让股权的股东配偶赔偿损失。关于这一点,可以参考恶意转让房产的相关规定,比如《〈民法典〉婚姻编司法解释一》第28条规定:"一方未经另一方同意出售夫妻共同所有的房屋,第三人善意购买、支付合理对价并已办理不动产登记,另一方主张追回该房屋的,人民法院不予支持。夫妻一方擅自处分共同所有的房屋造成另一方损失,离婚时另一方请求赔偿损失的,人民法院应予支持。"

也就是说,如果第三人善意购买股权且支付了合理的对价,并经过其他股东过半数同意,也办理了股权转让的登记手续,这个时候,另一方要求追回股权的,人民法院一般不予支持;当然,夫妻一方擅自处理股权,给另一方造成损失的,另一方在离婚时,完全可以要求擅自转让的一方赔偿损失。

3. 恶意转让股权的后果

我国《民法典》第1092条规定:"夫妻一方隐藏、转移、变卖、毁损、挥霍夫妻共同财产,或者伪造夫妻共同债务企图侵占另一方财产的,在离婚分割夫妻共同财产时,对该方可以少分或者不分。离婚后,另一方发现有上述行为的,可以向人民法院提起诉讼,请求再次分割夫妻共同财产。"

虽然夫妻一方转让股权可以不经过另一方同意,但如果是恶意转移夫妻共同财产,一经查实,恶意的一方就面临少分或不分共同财产的后果。在离婚后发现的,另一方还可以要求再次分割夫妻共同财产。

这条规定在《婚姻法》(已失效)中就有,主要是为了打击恶意处置夫妻共同财产的行为,保护受损失一方的合法权益。因此,这一条规定当然也适用于恶意转让股权的行为。

现实中有许多这样的情况,比如一方恶意转让股权给关系亲近的第三方,由第三方代持股权,在离婚后又把股权转回来。如果有这种情况,根据法律规定,即便离婚了,另一方也可以重新起诉要求分割股权。

还有,有些人把股权转让后,将获得的钱款转移或挥霍殆尽,这种情况下,转移或挥霍钱款的一方也应该少分甚至不分财产。

至于以明显不合理的价格转让股权的行为,前面已经提到,另一方完全可以请求人民法院确认股权转让行为无效,或者要求撤销这种转让行为,并可要求赔偿损失。

(六)婚后父母赠与的股权是否属于夫妻共同财产

笔者曾经处理过一个涉及股权的离婚案件,婚后男方父亲把公司的20%股权转让给了儿子。但后来双方关系恶化,儿子又把股权回转给父亲。在离婚诉讼过程中,笔者代理妻子一方,向人民法院提出分割20%股权的一半即10%股权,或者分配10%股权在评估后的价款,以及股权在夫妻关系存续期间的增值和收益。当然,这个案子最终是以调解结案,笔者主要是想引出一个问题,就是婚后父母赠与夫妻一方的股权,到底是一方的个人财产,还是夫妻共同财产。

《〈民法典〉婚姻编司法解释一》对婚后父母出资为子女购买房产的权利归属

是有相关规定的,该司法解释第29条规定:“当事人结婚前,父母为双方购置房屋出资的,该出资应当认定为对自己子女个人的赠与,但父母明确表示赠与双方的除外。当事人结婚后,父母为双方购置房屋出资的,依照约定处理;没有约定或者约定不明确的,按照民法典第一千零六十二条第一款第四项规定的原则处理。”

这说明对婚后父母给子女买房的行为,若无明确约定,最高人民法院并不直接认定其为父母对自己子女个人的赠与,而应该按《民法典》的相关规定处理。我国《民法典》第1062条规定:“夫妻在婚姻关系存续期间所得的下列财产,为夫妻的共同财产,归夫妻共同所有:(一)工资、奖金、劳务报酬;(二)生产、经营、投资的收益;(三)知识产权的收益;(四)继承或者受赠的财产,但是本法第一千零六十三条第三项规定的除外;(五)其他应当归共同所有的财产。夫妻对共同财产,有平等的处理权。”

《民法典》第1062条第1款第4项就是关于赠与财产的规定,即若无明确约定赠与财产只归子女一方,在结婚后,父母赠与的财产即为子女与其配偶的夫妻共同财产。

笔者认为,《〈民法典〉婚姻编司法解释一》对婚后父母出资为子女购买房产的规定完全适用于父母赠与子女股权的情形。

在现实生活中,婚后父母对子女的赠与很少会加上子女配偶的名字,同时为了家庭的和谐,也不会写一份书面的东西以证明股权只归一方所有。如果因为股权只登记子女一方的名字,就认定其属于子女的个人财产,这对子女配偶是不公平的,也没有法律依据,同时这会对夫妻财产共同制产生极大的冲击,不利于婚姻家庭财产的稳定。因此,笔者认为,如果是婚后由一方父母赠与股权给子女的,只要没有书面明确此股权只归其子女一方,则此股权应该被认定为夫妻共同财产。

也就是说,父母一方赠与股权给子女,属于子女受赠的财产,应该属于夫妻共同财产,离婚时子女的配偶可以请求分割股权或请求分割股权对价款。但也有例外,就是《民法典》第1063条规定:“下列财产为夫妻一方的个人财产:(一)一方的婚前财产;(二)一方因受到人身损害获得的赔偿或者补偿;(三)遗嘱或者赠与合同中确定只归一方的财产;(四)一方专用的生活用品;(五)其他应当归一方的财产。”其中第3项规定的内容是,在赠与合同中已经明确只归一方的财产,就是子女一方的个人财产。因此,笔者要提醒企业家,如果因为家族传承需要把股权赠与自己的子女,那么为了企业的发展考虑,还是要在赠与时签订书面的赠与合同,明确这个赠与的股权归其子女一方所有,并最好对其进行公证。

(七)股权激励中的限制性股权和期权的分割

股权激励中的许多股权是期权,或者是限制性股权,就是说员工在取得股权时不能马上行权,要等符合一定条件和期限后才能行权,这方面内容可参照第三章“员工股权激励”的相关论述。

一般来说,股权激励中采用最多的方式是股权期权和限制性股权。关于限制性股权,因为股权可以直接获得,只不过股权有锁定期,对于股权取得的时间是在婚前还是婚后,是可以明确的。那就是说,婚前取得限制性股权的,该股权就是婚前个人财产,婚后取得限制性股权的,该股权就是婚后夫妻共同财产,这就比较好认定。有疑问的无非就是,婚前取得的股权,在婚后解锁或解除限售的,如何认定?婚后取得的股权,在离婚以后解锁或解除限售的,如何认定?然而关于期权,就比较复杂了,因为期权是一种可能获得的股权,就是说激励对象可能因为没有满足相关条件而无法取得该股权,或者激励对象在可行权时却不行权,放弃该股权,其中有许多不可测因素。因此,笔者试着对这两种股权激励方式在离婚时的处理方法进行探讨。

通过股权激励获得股权,就可以明确股权激励的对象肯定是在公司工作并付出了一定努力,所以这与直接投资购买的股权有所区别。前面提到,如果仅仅是有股权而没有参与公司的经营,股权数量也没有变化,那么这种婚前股权所产生的增值和收益可被视为自然增值或孳息,故可以认定其为个人财产,但股权激励明显不属于这种情况。所以笔者要强调一点,就是不管是婚前股权还是婚后股权,在夫妻婚姻关系存续期间,只要持股一方还在公司工作,因为作为股权激励对象的夫妻一方为公司付出了努力,所以应当认定该股权产生的增值和收益为夫妻共同财产。关于婚前股权在婚后增值和收益的认定,在前面已经有大量分析,读者可自行参考相关章节。

1. 限制性股权

(1)婚前取得的限制性股权

婚前取得的限制性股权是夫妻一方以婚前个人财产购买,当然应该属于个人财产,不管股权是否解锁或解除限售。关键还是如何认定婚后解锁或解除限售股权的增值部分的性质。

笔者认为,如果是在夫妻婚姻关系存续期间解锁或解除限售,那么增值和收益部分可参照前面提到的婚前个人股权的增值和收益的原则处理,关键点在于,该增值和收益部分的来源是否基于夫妻双方的共同努力。也就是说,如果股东配偶还在公司工作,那么增值和收益部分就是共同财产;但如果股东配偶婚前已经离职,但股权未被公司要求收回,那么婚后解锁或解除限售后的增值和收益部分应该被认为是天然孳息或自然增值,就是个人财产。如果是婚后离职,则离职后的增值和收益部分也应该是个人财产。

(2)婚后取得的限制性股权

婚后取得的限制性股权一般都是用夫妻共同财产购买(除非能证明是婚前财产购买,但这属于特例,且很难证明,故不进行讨论),当然属于夫妻共同财产,这点毋庸置疑。那么在夫妻关系存续期间已经解锁及增值收益的部分,当然也是夫妻共同财产。离婚以后才能解锁的部分股权,在离婚时可能因未行权而无法分割,但在解锁后,配偶一方完全可以要求再次对其进行分割。

但有一个问题,就是离婚以后,解锁股权的增值部分如何处理。笔者认为,可以根据股权取得后的夫妻关系存续期间与股权取得至解锁的期间的比例来计算和分割。比如,限制性股权是在2020年5月取得(购买时为50万元),双方于2021年5月离婚,股权是在2022年1月解锁,当时股权价值已经达到100万元,增值50万元。购买股权的50万元是夫妻共同财产,应该按每人25万元分割。关键是增值部分50万元如何分割。笔者认为,股权取得后的夫妻关系存续为12个月,股权取得至解锁的期间为20个月,那么就可以按12/20即60%确认为夫妻共同财产,即增值部分夫妻共同财产为50万元×60%=30万元,一人一半为15万元。因此,非股东配偶可分得25万元+15万元=40万元,股东配偶可得60万元。

另外,因为离婚是在股权解锁前,当时股权是无法处理的,因为股权有可能被收回。要处理也只能按购买时的价格计算,当然也可以按预估价值计算。股权解锁以后确定的价格与离婚时预估不一致的,可以在股权解锁后另行协商或通过人民法院诉讼解决。

还有,如果作为激励对象的股东配偶因未完成考核指标等原因而无法行权,公司回购股权并退还购买股权的款项或在退还购股款上加一些利息及补偿,则按股东配偶实际所得进行财产分割。总之,不管何种原因导致公司收回股东配偶的股权,退回给股东配偶的款项即为夫妻共同财产的分割标的。

2. 期权

离婚时如果涉及期权,就属于比较复杂的一类问题,笔者试着作如下分析。

在现实生活中,关于期权是否属于夫妻共同财产,以及是否在离婚时可对期权进行分割的问题,是存在争议的,这是因为期权是可期待权利,不是已存在的财产权益。是否取得,以及取得多少,都是未知数。

关于期权,笔者在第三章“员工股权激励”中有大量阐述,读者可以自行查看,这里只作简单介绍。所谓期权,就是指公司授予激励对象可以在一定期限内,以一定的价格购买一定数量公司股权的权利。购买期权本身是有风险的,因为购买的价格是事先确定的,但行权时的股权价格可能比预先确定的价格要低,这时作为激励对象的夫妻一方有权选择不购买。当然,对大多数公司而言,这种情况是不存在的,因为这个预先确定的价格本身就比较低,购买时亏损的可能性不大,但也不排除这种可能。

离婚时涉及期权,特别是还未行权的期权,确实是人民法院比较难处理的问题。因为期权要符合条件才能行权,这要看公司的收益情况,还要看激励对象自身是否符合条件,以及激励对象是否愿意购买,是否有能力购买等。各种各样的问题都可能存在。

在探讨股权期权如何分割之前,有一个前提必须搞清楚,就是期权是否具备确定的财产属性。笔者认为,期权是公司赋予员工在特定时间以特定价格购买公司股权的资格,作为一种激励机制,其期权收益之实现须以员工符合公司设定的相关条件为前提,因此期权并不一定具有确定的财产性权益,但在行权的时候,其财产性权益就可以确定。因此,股权期权具有财产属性,婚内行权取得的应被认定为夫妻共同财产,那么自然可以予以分割。但也要考虑许多不同情况。

(1)人民法院处理的原则

在司法实践中,因为期权是一种财产性权益不确定的权利,所以人民法院会比较关注行权的时间点。一般认为,离婚诉讼前或离婚诉讼期间已经行权的期权是一种真正的股权,可以按股权分配的原则办理。但对于离婚时尚未行权的期权,不同的人民法院就有不同的判决,最高人民法院也没有明确的司法解释。有的人民法院认为,期权在可期待期间存在重大的不确定性,需要根据公司的发展和个人的业绩考核结果决定是否行权,离婚后,原配偶并没有与股权激励对象一起度过这个重大不确定期,因此,此期间的所有风险和权益都应由股权激励对象自己独自承担和享受,所以如果是离婚后行权,并确定不是激励一方故意拖延的,则股权不可分割。

但笔者认为,重大不确定性是有,但似乎不存在什么风险,因为是否行权最终由持有期权的激励对象决定,如果持有期权的激励对象觉得价格不合适,其完全可以放弃行权。离婚后这段时间的利益,原配偶确实不应该享有,但在婚姻存续期间的增值和收益,配偶可以享有。

因此,在实践中,如果离婚时期权未到行权的时间,人民法院一般认为这时的期权仅是一种可期待权利,并不是已经存在的财产权益,所以通常不会处理这种没有实际价值或没有确定利益的可期待权利,而是让当事人在可期待权利转化为确定价值(行权)时,再另行起诉要求分割。到时可根据期权和婚姻存续的时间,以及夫妻双方贡献程度,确定一个分割标准。

(2)婚前期权

婚前期权是指婚前授予的期权,其可以被认为是一种待定的权利,不能就此认为是婚前财产。还要结合行权的时间及行权时的具体情况再做定夺。

笔者认为,期权比较复杂,因为期权属于一种股权激励,是夫妻一方在公司有一定职位和能力才可获取,其与夫妻一方的身份有关;但如果行权时间是在婚后,那么行权所需购买股权的资金显然是婚后财产,这点和婚后购买股权的性质是一样的,所以要作具体分析如下。

①婚前期权在婚前已经行权

对于婚前取得的期权,在婚前行权的,即一方用自己的资金购买所得,故属于婚前财产。如果股权在婚前被卖掉,所得资金均为一方的个人财产;如果在婚前没有被卖掉,婚后一直被保留,且一方仍在公司工作,则增值与收益部分在婚后均为夫妻共同财产。当然,如果婚前持股一方已经离开公司,且股权未被公司收回,则该股权视为一方的个人财产。这方面可参照前面关于婚前股权的处理原则。

②婚前期权在婚后行权

婚前期权婚后(离婚前)行权的,则要看期权购买的资金的来源,如果资金来源于夫妻共同财产,那么股权应该属于夫妻共同股权,就按前面所述的股权分割原则办理。

如果能证明是用婚前资金购买(比如婚前已经把资金存入公司),则股权是个人财产,不能证明的,一般都被认定为夫妻共同财产。婚前期权如果是用个人财产购买,可确认股权为个人财产,但要对该股权的收益和增值部分进行分析,一般来说,如果双方对个人财产有约定,按约定办理;如果双方没有约定,因为是通过股权激励而获得的股权,一方必定付出了大量的精力和劳动,所以不能算是自然增值,婚后的收益和增值部分应该被认定为夫妻共同财产,其配偶可以享受从结婚至离婚这段时间的股权的收益和增值部分。这点可参考前面对于婚前股权的增值和收益的相关分析论证。

婚前期权在婚后行权的,还有几种特殊情形。

A. 离婚前股权已经转让

婚前期权在婚后行权,但在婚姻关系存续期间股权又被转让,那么如果是用夫妻共同资金购买的期权,则卖掉股权的钱属于夫妻共同财产;如果是用个人财产购买的期权,则股权属于个人财产。

但即使是个人财产,如果股权卖出的价格与买入的价格有差价,婚后增值部分应被认定为夫妻共同财产。笔者总结出一个算法,即以结婚到股权卖出的期间除以期权授予至股权卖出的期间,再乘以卖出价格与买入价格的差价,所得结果即为夫妻共同财产。

比如,期权授予日期是 2020 年 12 月,双方结婚日为 2021 年 10 月,行权日是

2022 年 1 月,股权转让日是在 2022 年 8 月,离婚日为 2022 年 11 月。那么,结婚到股权转让的期间为 10 个月,期权授予到股权转让的期间为 20 个月,10 除以 20 为 1/2。如股权买入与卖出的差价为 10 万元,那么夫妻共同财产为 10 万元的 1/2 即 5 万元,因而股权激励对象的配偶可分得一半即 2.5 万元。

有人可能认为应以行权到股权卖出期间除以期权授予到股权卖出的期间计算,理由是只有行权才是真正获得股权。但笔者认为,结婚时虽然没有行权,但股权增值并不会停止。也就是说,期权在行权后,从结婚至行权这段时间的增值收益仍在继续,并可由激励对象获得,这些增值收益因为在婚姻存续期间发生,所以当然属于夫妻共同财产。

B. 婚前期权在离婚后行权

婚前期权在离婚后行权,显然是不可能通过夫妻共同财产购买股权,只能是通过一方的个人财产购买,所以婚前期权离婚后行权的,虽然经过一段婚姻关系存续期间,但在这个婚姻关系存续期间,期权并未被实际获得,所以该期权应属于作为股权激励对象的配偶一方的个人财产。

但不能排除,虽然在离婚后行权,但在婚姻关系存续期间,该项权利也可能是在一直产生增值收益的。

根据前面的分析,除非双方有特别约定,否则在婚姻关系存续期间对应的股权增值收益应属于夫妻共同财产。当然,需要明确,从期权授予到行权是跨越婚姻关系存续期间的,而在婚姻关系存续期间,股权激励对象满足股权激励条件并可以购买股权有其配偶的共同努力,因此,这段时间所获得的增值收益应该是夫妻共同财产。

比如期权授予是在 2020 年 5 月,授予期权 10,000 股,当时约定的购买价格为 5 元一股,总价为 50,000 元。双方结婚是在 2020 年 12 月,于 2021 年 8 月离婚。期权的行权是在 2022 年 5 月,此时的股权价格为每股 8 元,总价为 80,000 元,即可得出增值收益为 30,000 元。从期权授予到行权的期间为 24 个月,而结婚期间为 8 个月,结婚期间为整个期间的 1/3。那么在夫妻关系存续期间的增值收益为 30,000 元的 1/3 即 10,000 元,股权激励对象的配偶可分得一半即 5000 元。

C. 离婚前可行权而故意不行权

还有一种情况,因为期权行权是有一段选择决定期间的,所以股权激励对象为了避免股权(或股权的财产性权益)被分割,在离婚前可行权而选择不行权,故意拖到离婚后才行权。对于这种情况,笔者认为,如果非股东配偶一方知道股东配偶可行权而选择不行权,其可以向人民法院申请要求强制行权,或者直接计算出行权时的股权价格,再按上述原则进行分配。如果非股东配偶不知情,其也可以在离婚以后要求分割这部分股权或财产性利益。

我们可以查看一下广东省高级人民法院发布的《广东省高级人民法院关于婚前取得的股票期权，离婚后行权所得能否确认为夫妻共同财产问题的批复》（粤高法民一复字〔2009〕5号），具体如下：

深圳市中级人民法院：

你院《关于婚前取得的股票期权，离婚后行权所得能否确认为夫妻共同财产问题的请示》收悉。经研究，答复如下：基本同意你院审判委员会的多数意见。冯某婚前取得的股票期权，是腾讯科技公司作为一种激励机制而赋予员工有条件地购买本企业股票的资格，并非具有确定价值的财产性权益。该期权要转化为可实际取得财产权益的股票，必须以员工在公司工作时间的积累为前提条件。在冯某与沈某2人婚姻关系存续期间，冯某的部分股票期权可行权并获得财产权益。虽然冯某是在离婚后才行使股票期权，但无法改变其在婚姻关系存续期间可以行使部分期权并获得实际财产权益的事实。根据《中华人民共和国婚姻法》第17条，参照最高人民法院《关于适用〈中华人民共和国婚姻法〉若干问题的解释（二）》第11条、第12条的规定，冯某在婚姻关系存续期间可通过行使股票期权获得的该部分股票财产权益，属于在婚姻关系存续期间明确可以取得的财产性收益，宜认定为夫妻共同财产。此复。

2009年7月20日

很显然，人民法院也是认为，婚姻关系存续期间可行权而不行权的，在婚姻关系存续期间可通过行权获得的该部分股权财产权益属于在婚姻关系存续期间明确可以取得的财产性收益，为夫妻共同财产，对其应按前面介绍的“离婚前已经行权”方式处理。

另外，股东配偶确有隐瞒或转移相应财产行为的，则涉嫌我国《民法典》第1092条规定的“夫妻一方隐藏、转移、变卖、毁损、挥霍夫妻共同财产”的行为，股权激励对象应该少分或不分财产，这点在前面已经有所介绍。

（3）婚后期权

婚后期权是指婚后授予的期权，其也是主要与行权相关，可分为婚姻关系存续期间行权和离婚后行权。

笔者认为，婚前期权与婚后期权一般以期权授予日来界定，但其本身区分的意义并不大，关键还是看行权的时候是以夫妻共同财产购买还是以个人财产购买。

①婚后期权在离婚前行权

婚后期权在婚姻关系存续期间行权的处理方式与婚前期权婚后行权的处理方式基本一致,因为购买股权的资金基本上都是婚后财产。当然,婚前期权在当时可以用个人财产预存的方式购买,另外也不排除极少的婚后期权用婚前个人财产购买的情况。

A. 离婚前已经行权

如果离婚时,股权还在一方手中,在可以确认行权是用夫妻共同财产购买的情况下,该股权属于夫妻共同财产,按前面所述的夫妻股权分割的原则办理。

如果确认为个人财产,其配偶可以享受从期权授予至离婚这段时间的收益和增值,这与前面所述的婚前期权有所区别,即婚前期权享受增值和收益的起点是结婚时,而婚后期权享受增值和收益的起点是期权授予日,这点很容易理解,因为是婚后期权,那么结婚时期权还没有被授予,所以当然不能从结婚日起算。

B. 离婚时股权已经转让

如果在婚后行权至离婚这段时间,股权被转让,那么如果是用夫妻共同财产购买的期权,则转让所得的钱款当然属于夫妻共同财产,而且应是公允合理的价格,否则配偶有权要求确认转让行为无效或可撤销,这点前面已经讲过;如果是用个人财产购买的期权,则股权属于个人财产,但因为期权授予和转让都是在结婚之后,故股权买入与卖出的差价,即增值部分,按夫妻共同财产处理,不需要像婚前期权一样再计算比例。

②婚后期权在离婚后行权

婚后期权在离婚后行权,因为是用个人财产购买股权,所以一般认为购买的股权应是个人的财产。

但在婚姻关系存续期间,如果股权有增值收益,那么从期权授予日起至离婚这段时间的增值收益部分应为夫妻共同财产。

比如双方结婚是在2020年12月,期权授予是在2021年5月,授予期权10,000股,当时约定的购买价格为5元一股,总价为50,000元。双方于2021年8月离婚。期权的行权是在2022年5月,此时的股权价格为每股8元,总价为80,000元,可得出增值收益为30,000元。从期权授予到行权的期间为12个月,而期权授予到离婚的期间为3个月,占整个期间的1/4。那么夫妻关系存续期间可认定为共同财产的增值收益为30,000元的1/4即7500元,股权激励对象的配偶可分一半即3750元。

(4)持有期权一方放弃行权

现实中有许多期权持有人放弃期权行权的事件,因为股权激励对象一项重要的权利就是可以放弃对期权的行权。放弃行权这项权利由期权的身份属性决定，股权激励对象可依其意志决定是否行权，他人不得干涉，包括其配偶。

如果股权激励对象认为行权时股权价格没有授予期权时约定的购买价格高，行权只会产生亏损，就可以放弃行权。比如说股票期权如果在二级市场上的价格比当初约定的购买价格更低，就没人会行权，当然这种情况并不多。

另外，期权的行权是有一定期限的，如果过了这个期限，就丧失了行权的权利。

但就像前面提到的股权转让一样，虽然股权转让可以不经配偶同意，但转让行为人要承担一定的后果。在此，笔者假定期权为婚姻关系存续期间获得，对放弃行权的行为作如下分析。

①婚内放弃行权

一般来说，持有期权的一方在婚内放弃行权都会征求配偶的意见，所以应该由夫妻双方共同承担后果。但股权激励对象故意隐瞒，或与公司有关人员勾结，为了通过其他方式获得对价而在婚内放弃行权的，那么这就是擅自处理夫妻共同财产的行为。如果期权授予时约定的股权价格确实比行权时的价格要低，明显有收益而股东配偶故意隐瞒的，另一方可以要求股东配偶赔偿。

②离婚后放弃行权

前面已经提到，因为期权的不确定性，在婚姻关系存续期间不能行权，而离婚后用个人财产行权的，可以认为是个人财产，但增值收益部分要计算婚姻关系存续期间那一部分，并分割给非股东配偶。如果期权授予时约定的购买价格确实比行权时的股权价格要低，即明显有收益，而股东配偶不行权，只有两种可能，一种是股东配偶确实没钱，另一种是股东配偶有不可告人的目的，比如通过其他方式获得对价，以不让原配偶分割该部分增值和收益。笔者认为，在这方面有必要出台相应的法律法规或司法解释，以便明确相应的处理方法，笔者的主要建议如下：

A. 在行权时，可行权一方确实没有钱或者钱不够的，应该通知其原配偶，告知实际情况，并要求其全部或部分出资。如果原配偶不同意出资，那么行权方没有责任。另外，行权方部分行权的，部分行权之股权在婚内的增值收益部分要作为夫妻共同财产进行分割。当然，双方也可以协商确定出资和收益分配的金额及比例。

B. 原配偶同意全部出资，但增值收益部分全部或大部分归其所有的，可行权一方可拒绝，且无须承担责任。

C. 原配偶愿意部分出资，但不足以购买全部股权的，可以就该出资部分行权，本金归还给原配偶，婚内增值收益部分的分割可以协商，协商不成按各半原则处理。

D. 可行权一方有不可告人的目的，未通知原配偶而放弃行权，且行权时的股权价格确实高于期权授予时约定的购买价格的,原配偶可以要求可行权一方承担赔偿责任。具体可参照前面提到的单方转让股权和隐瞒行权的相关处理原则。经调查核实,行权时的股权价格确实低于期权授予时约定的购买价格的,可以不追究未行权一方的责任。

(八)代持股权的处理

离婚案件会涉及股权代持的问题。关于股权代持的相关内容,可以参考本章最后的案例分析和第六章“股权纠纷”的相关内容。离婚时出现股权代持一般会有两种情况:一种是股东配偶的股权让他人代持,而股东配偶的姓名和持股情况没有显示在登记机关的登记材料和股东名册中;另一种是股东配偶只是代持他人的股权,虽然登记机关和股东名册有显示,但其只是显名股东,并非实际出资人。笔者就上述两种情形作分析如下。

1. 股权让他人代持

现实中很多人因为种种原因,不方便在登记机关和股东名册显示其名字,故让他人登记为显名股东,自己为隐名股东。有些隐名股东可能连配偶都没有告知,因此在离婚时都没有涉及这些股权。

笔者认为,非股东配偶知道对方的隐名股东身份后,可以要求隐名股东配偶恢复真实股东身份,再按前面所述的方式对股权进行分割;隐名股东配偶不愿意恢复真实股东身份的,非股东配偶可以要求获得相应的经济补偿;如果隐名股东配偶不愿意给予经济补偿,那么非股东配偶可要求获得一半股权,当然要经过其他股东同意且其他股东放弃优先购买权,其他股东在同等条件下优先购买的,则非股东配偶获得相应的经济补偿,其他股东不同意又不购买的,非股东配偶可获得一半股权。

这里有个问题要注意,就是隐名股东想要显名,也不可以直接成为真实股东,而是与股权转让和离婚股权分割一样,要经过其他股东同意且其他股东放弃优先购买权,如果其他股东不同意隐名股东的显名请求,而且行使了优先购买权,那么隐名股东只能获得其他股东购买股权的价款,此款项作为夫妻共同财产进行分割。当然,如果其他股东同意隐名股东显名而成为真实股东,则可根据作为隐名股东的配偶的出资时间进行分析,出资是在婚前的,则应认定该股权为婚前财产,但如果隐名股东配偶参与了企业治理和管理,则婚后的增值收益部分应该作为夫妻共同财产进行分割;出资是在婚后的,如无其他特殊情况,应认定为夫妻共同财产,按前述股权的相关分割原则处理。关于隐名股东成为真实股东的相关条件和程序,在第六章“股权纠纷”会有详细分析。

另外,如果非股东配偶不知道股东配偶的隐名股东身份,在离婚时没有分割股权,而是在离婚以后知悉这一情形的,完全可以在离婚后向人民法院请求再次分割股权。我国《民法典》第 1092 条规定:“夫妻一方隐藏、转移、变卖、毁损、挥霍夫妻共同财产,或者伪造夫妻共同债务企图侵占另一方财产的,在离婚分割夫妻共同财产时,对该方可以少分或者不分。离婚后,另一方发现有上述行为的,可以向人民法院提起诉讼,请求再次分割夫妻共同财产。”因此,如果有上述情形,特别是隐名股东配偶在婚姻关系存续期间出资购买股权而故意隐瞒的,根据《民法典》的规定,非股东配偶不但可以请求再次分割股权或股权的财产利益,而且隐名股东配偶有恶意行为的,非股东配偶还可以多分甚至分得全部股权。

2. 代持他人股权

很多名义股东只是代持他人的股权,其对股权没有相应的权利和义务,如果能确认股东配偶只是代持他人股权,则不应认定相关股权为夫妻的共同财产,当然也就不能在离婚时对该股权进行分割。

但在离婚过程中,非股东配偶很有可能会要求分割这些名义上的股权,那么代持他人股权的一方(名义股东配偶)就要提供相应证据证明这些股权并非其所有,这些证据一般包括:有效的股权代持协议、隐名股东的证人证言、隐名股东出资时的付款凭证及相关证明材料、隐名股东与公司其他股东签订的相关协议、其他股东的证人证言等。

当然,如果非股东配偶一方有证据证明所谓的“股权代持”并非客观存在的事实,而是另一方为逃避分割股权而故意为之。那么,按我国《民法典》第 1092 条之规定,股东配偶的行为属于隐藏、转移夫妻共同财产,股东配偶将面临少分或者不分共同财产的不利后果。

第六节　案例分析

本节对当当网创始人夫妻离婚案中的股权问题进行深层次的解析,主要内容包括股东夫妻在离婚时分割股权的原则、李国庆的行为是否可能导致少分股权、修改公司章程中关于股权转让内容的可能性、关于代持儿子股权的问题等,力求分析透彻、到位。

一、案件经过

当当网创始人夫妻李国庆和俞渝,从 2018 年公开矛盾互撕到 2019 年李国庆起诉离婚,经历了李国庆被“逼宫”、媒体采访时摔杯子、俞渝反击、夫妻对撕、起诉离婚、俞渝为保股权以夫妻感情未破裂为由而不愿意离婚、李国庆抢公章宣布成立新一届董事会、儿子要求夫妻二人归还代持的股权等一系列事件。至本书截稿时，李国庆和俞渝的离婚及财产分割案仍未有结果。

二、当当网的股权架构介绍

在分析探讨前，需要对当当网的股权架构作介绍，便于读者了解当当网的股权架构，并理解笔者在后面的分析内容。

首先要明确当当网的全称，以及李国庆和俞渝争夺之股权所属的主体。

经笔者查询，当当网的全称是北京当当网信息技术有限公司，成立日期为1997年7月8日，注册资本为27,000万元，实缴27,000万元。当当网于1999年11月正式开通上线。但李国庆和俞渝争夺的股权并不是实际运营中的当当网的股权，而是当当网的母公司的股权。

按股权穿透到个人的审查原则查询，当当网由天津当当科文电子商务有限公司全资控股，而天津当当科文电子商务有限公司又由北京当当科文电子商务有限公司全资控股，由此，穿透到最上一层的主体即北京当当科文电子商务有限公司的大股东是俞渝和李国庆。具体如图6所示：

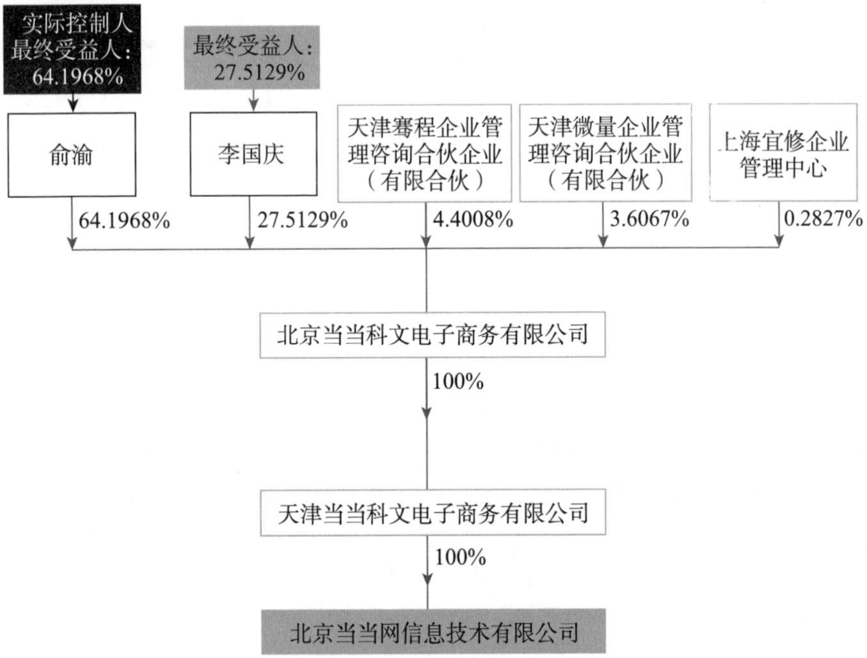

图6 当当网股权穿透

注：图文信息来自企查查。

工商登记信息显示，北京当当科文电子商务有限公司成立于 2004 年 8 月 24 日，注册资本为 2000 万元。其中，李国庆出资额 550.26 万元，股权比例为 27.513%；俞渝出资额为 1283.94 万元，股权比例为 64.197%。二人合计出资为 1834.2 万元，股权比例为 91.710%。剩余股权是管理层通过持股平台持有。

一般认为，夫妻作为法定的直系亲属，是天然的一致行动人，因此，当当网的实际控制人是俞渝和李国庆。这对夫妇离婚，但夫妻持股比例不同，故肯定涉及当当网股权架构的变更。

所以，下面在论述当当网的股权时，涉及主体是北京当当科文电子商务有限公司，而不是在线运营的当当网。

三、股东夫妻在离婚时分割股权的原则

关于当当网夫妻离婚涉及的股权分配，已经有许多人长篇大论过，大多数的结论应该是夫妻平分股权，笔者同意这个观点。

笔者认为，这方面不需要分析得太过复杂，因为根据我国《婚姻法》（2019 年当当网夫妻离婚诉讼时应适用当时仍为有效的《婚姻法》，从 2021 年起归属于《民法典》的婚姻家庭编），离婚夫妻财产分配的总体原则是夫妻共同财产一人一半，而在创办当当网时，李国庆和俞渝已经结婚，因此当当网是他们用夫妻共同财产投资创立的，所以不管他们股权比例如何，他们所持有的当当网的股权都属于夫妻共同财产（除非夫妻间另有约定）。

但笔者要强调的是，股权并不必然属于夫妻共同财产，股权本身包含财产权益和人身权益两部分。人身权益部分如参与决策权、表决权、监督权、知情权等，应该为《公司法》所调整的范畴，而股权的财产权益部分如股权增值权、分红权、清算后剩余财产分配权等应该为《民法典》和《公司法》所调整。因此，确切地说，可以作为夫妻共同财产进行分配的是股权的财产权益。

当然，关于夫妻之间分割财产，不同情况下有不同原则，不再详述（可以参考本章其他几节之内容）。读者只需要了解一点，就是股权并不必然是可分配的财产，并非所有夫妻离婚都可以分得股权，也有可能分得的是股权经评估折算后的对等现金或其他财产。其主要原因是考虑到有限责任公司的人合性特征，股权如果被随意分割和转让，就有可能使股东之间矛盾丛生，从而出现公司僵局，影响公司的发展。

那为什么笔者说当当网创始人夫妻可平分股权呢？其理由如下。

（一）夫妻双方均要争取当当网的股权

从相关报道和资料看，夫妻双方均在争取股权，这是前提，如果夫妻一方或双

方不需要或放弃公司全部或部分股权,那么就不存在平分股权的问题。

(二)股权均是婚后所持有

如果股权是婚前财产,那么就要针对具体情况作出不同的分析。但如果股权是婚后投资,问题就简单了,如前所述,从财产权益这一方面来说,婚后股权显然是夫妻共同财产(除非夫妻间另有约定)。

(三)夫妻双方都是当当网的股东

这一点很重要,需要作比较详细的说明:

1. 如果夫妻中只有一方是公司股东(股东配偶),另一方不是公司股东(非股东配偶),那么在股东配偶不同意或其他股东不同意的情况下,非股东配偶无法取得公司股权。

一方面,从司法实践来看,股东配偶如果愿意对非股东配偶进行经济补偿,或者有其他充足的财产(如婚前财产或可分割的其他财产)可以分给非股东配偶,就完全可以拒绝把股权分割给非股东配偶。非股东配偶坚持要求分割股权,并明确拒绝经济补偿的,法院可判决驳回非股东配偶的诉讼请求。这点在最高人民法院的(2018)最高法民申 796 号民事裁定书中有充分表述。

另一方面,股权分割相当于股权转让,如果公司其他股东不同意非股东配偶成为股东,根据我国《公司法》第 71 条第 2 款和第 3 款之规定,非股东配偶如要成为股东,需经其他股东过半数同意,且其他股东有优先购买权。因此,非股东配偶只有在股东配偶同意,且其他股东同意并放弃优先购买权(其他股东不同意又不购买股权的,视为同意)的前提下,才有可能成为公司股东。

2. 当当网创始人夫妻都是公司股东,根据我国《公司法》第 71 条第 1 款之规定,有限责任公司的股东之间可以相互直接转让全部或部分股权,不需要经过其他股东同意,其他股东也没有优先购买权。再结合股权是以夫妻共同财产投资这一点,如果李国庆要平分股权,法院一般是会支持的。

事实上,《北京市高级人民法院关于审理婚姻纠纷案件若干疑难问题的参考意见》第四部分“股权分割”第 22 条就明确规定,离婚诉讼中有限责任公司股东为夫妻二人,双方就股权分割无法协商一致时,双方均主张股权的,可按比例分割股权;该规定同时明确,有限责任公司工商登记中注明的夫妻双方股权份额不构成夫妻间财产约定,即双方要重新分割股权(除非在进行工商登记时就有书面约定夫妻财产的分配比例)。

所以,除非有书面约定,否则夫妻二人的股权不管在工商登记时是什么比例,结果都应该是平分股权。假设工商登记时俞渝股权占比为 80%,李国庆股权占比为 10%,那么俞渝 80% 的一半即 40% 就是李国庆的,而李国庆占比 10% 的一半就是5%是俞渝的,那么分割后两个人的股权占比都是45%。因此,俞渝要把多出来的35%的股权分给李国庆。

四、李国庆的行为是否可能导致少分股权

俞渝在网络上指责李国庆有多种不负责的行为。那么,这些行为是否表示可以向法院请求少分股权给李国庆呢？笔者认为这个可能性不大,具体理由如下。

(一)相关法条介绍

关于在离婚诉讼中少分或不分财产,或者进行损害赔偿的法条如下:

我国《婚姻法》(当当网夫妻离婚时《民法典》尚未施行,故人民法院要依据当时有效的《婚姻法》)第46条规定:"有下列情形之一,导致离婚的,无过错方有权请求损害赔偿:(一)重婚的;(二)有配偶者与他人同居的;(三)实施家庭暴力的;(四)虐待、遗弃家庭成员的。"

有过错方向无过错方进行赔偿,往往意味着有过错方要少分财产,因为赔偿往往是从现有的夫妻共同财产中抵扣的,除非另一方有足够的个人财产。

《婚姻法》第47条规定:"离婚时,一方隐藏、转移、变卖、毁损夫妻共同财产,或伪造债务企图侵占另一方财产的,分割夫妻共同财产时,对隐藏、转移、变卖、毁损夫妻共同财产或伪造债务的一方,可以少分或不分。离婚后,另一方发现有上述行为的,可以向人民法院提起诉讼,请求再次分割夫妻共同财产。"

2021年1月1日起实施的《民法典》也有基本相同的规定。

(二)李国庆的行为不符合少分或不分财产及过错赔偿的条件

李国庆的相关行为不适用《婚姻法》第47条之规定,其行为与《婚姻法》第46条可能有相似之处。但我们看一下《婚姻法》第46条就可明白,李国庆的行为不属于重婚或与他人同居这些情形,也不符合家庭暴力和虐待家庭成员的特征。因此,李国庆的行为不符合过错赔偿的条件,也不存在从夫妻共同财产中抵扣的问题。

(三)关于当当网案是否适用《民法典》

我国《民法典》第1091条对《婚姻法》第46条有所修正,即增加了一条:有其他重大过错。而且,《民法典》第1087条规定,离婚时共同财产的分配,要照顾无过错方的权益。这点内容也是新增加的,就是明确有过错一方可能少分或者不分财产。但《民法典》于2021年1月1日实施,我国的民事法律实践中贯彻"法律不溯及既往"原则,也就是说新法一般没有溯及力,《民法典》生效前的民事案件依照案件受理时的生效法律——《婚姻法》进行处理。即便案件判决在2021年之后,也应按受理时的生效法律即《婚姻法》处理。退一步讲,即使根据所谓的"旧法无规定"或"有利追溯"原则适用了《民法典》,李国庆的这些情况是否属于"其他重大过错"也

有疑问。

(四)即便要赔偿,也并非必然以股权抵扣

笔者前面说过,赔偿往往意味对现有夫妻共同财产的抵扣,但并非绝对,抵扣往往是发生在有过错方没有其他财产可供赔偿的前提下。但俞渝曾说李国庆拿走了1亿多的现金,在双方对股权进行争夺之时,即便要对俞渝进行赔偿,李国庆也完全可以拿出足够现金,如果没有足够现金,李国庆还可以借款,总之李国庆肯定会保护好自己应得的股权。

另外,前面提到的赔偿,就是指现金赔偿,法院判决赔偿也均是以明确的现金金额确定,而不会以无法明确金额的股权来确定。只有在赔偿金额巨大导致李国庆无法拿出足够现金的前提下,才有从股权中抵扣赔偿的可能性。但笔者已经分析过,赔偿的可能性本来就不大,更不用说巨额赔偿了。

五、修改公司章程中关于股权转让相关内容的可能性

前面已经分析过,当当网创始人夫妻离婚,基于二人均希望持有公司股权的诉求,同时二人均为公司股东,所以股权分割不需要经过其他股东同意,其他股东也没有优先购买权,结果应是平分股权。因此,结果可能是:人民法院依法按照分割夫妻共同财产的方式处理,即将二人总计持有的91.710%股权均分,二人各得45.855%的股权。

李国庆股权占比仅为27.513%,如果是股权平均分配,那么俞渝要把多出来的18.342%股权通过一定方式转让给李国庆,这就必然存在一个股权转让的程序。那么,如果公司章程规定股东之间不能相互随意转让股权,而是应该转让给公司(公司回购)或指定的股东,结局会怎么样?

根据我国《公司法》第71条第1款的规定,有限责任公司股东之间可以相互转让部分或全部股权,如果依据该规定进行股权转让,平分股权显然没有什么问题。但是,《公司法》第71条第4款规定,公司章程对股权转让另有规定的,从其规定。也就是说,《公司法》虽然规定有限责任公司股东之间可以自由进行股权转让,但公司章程可以对此进行一定的限制或变更。因为《公司法》赋予了公司章程规定可以不同于法律规定的优先效力。

笔者没有看过当当网的公司章程,但笔者认为其公司章程对于股权转让的规定,基本上是按《公司法》第71条第1款规定(股东之间可以相互转让股权)而制定,事实上夫妻绝对控股的公司也没有在公司章程中另行约定的必要。

那么,笔者大胆作出一个假设,如果俞渝通过一定程序修改公司章程,把公司章程中股权转让条款修改为:股东转让股权,应当由公司回购,或者转让给指定的

股东(两种方式可视情况选择其一)。这时的结果会怎么样呢?这里就需要谈一下修改公司章程的程序。根据《公司法》第 43 条第 2 款的规定,修改公司章程,必须经代表 2/3 以上表决权的股东通过。也就是说,俞渝要修改公司章程,必须有占比 66.667% 以上的股权。

笔者不知道当当网公司章程规定的修改公司章程的表决权比例,但通常都规定是 2/3 以上。故按正常情况分析,修改公司章程,一般规定是须经代表 2/3 以上表决权的股东通过。现在俞渝股权占比为 64.197%,离 2/3 即 66.667% 已经是一步之遥,只需争取到一个小股东足矣。

那么,如果公司章程真的被修改,俞渝要分割给李国庆的那部分股权,就不一定是转让给李国庆,李国庆可能只能获得股权的财产利益(一般是现金)作为补偿,而应该分割给李国庆的那部分股权,可能会回转到公司,或者是转让到俞渝的一个代理人手中。

涉及公司回购股权,可能会有一些争议,比如公司是否可以回购自己的股权,以及股权被公司回购后怎么处理。笔者认为,因为当当网不是股份有限公司(《公司法》第 142 条关于"公司不得收购本公司股份"之规定是针对股份有限公司而不是有限责任公司的),《公司法》对有限责任公司回购股权并没有明确规定(《公司法》第 71 条第 4 款并没有明确哪些情况不得在公司章程中规定,而是赋予公司章程任意规定的权利),根据"法无明文禁止即可为"的原则,有限责任公司当然可以回购自己的股权,事实上最高人民法院已发布多起案例判定"公司章程可对公司回购进行约定";至于公司回购股权后如何处理,笔者认为有限责任公司完全可以通过公司章程或股东会决议确定,俞渝同样可以通过修改公司章程或出具股东会决议的方式来运作。也有人认为,公司回购有违公司"资本维持原则",笔者认为并不尽然。笔者前面已经提到,公司回购并不等于注销回购的股权,在公司章程或股东会决议中,都可以约定在一定年限(如 3 年)内进行转让,至于转让给谁,也可以在公司章程或股东会决议中约定。所以这与资本维持原则并不冲突。事实上,笔者在为诸多有限责任公司制作股权激励计划时,经常会约定员工股东在股权转让时应当由公司回购股权或将股权转让给指定股东,这显然是符合《公司法》第 71 条第 4 款的规定的。

许多人可能会说,笔者前面不是提到,对双方都是股东且均有意持有股权的情况,一般都是按平均分配股权的原则吗?但笔者强调,那只是一般的情况,因为在现实中,公司章程一般都是按《公司法》的规定来制定,毕竟公司章程另行约定股权转让条款的情况不多。前面提到的北京市高级人民法院这一规定的前提,是《公司法》第 71 条第 1 款之规定,即股东之间可以相互转让股权。但如果公司章程另有规定，即股东之间不能随意转让股权，那么法院就要慎重考虑了。

也有人会说，法院如果不顾公司章程规定，直接判决股权平分，李国庆不是可以直接拿判决书去登记机关变更股权比例吗？但笔者认为事情并不是那么简单，不说登记机关是否会同意对违反公司章程的请求进行变更登记，单就法院这里而言，其也不太可能在违反《公司法》和公司章程的情况下作出判决，具体分析如下：

1. 从《婚姻法》的角度来看，只要配偶双方公平合理地分到财产，不管是股权、股权的财产利益、现金或其他财产，都是合适的

笔者要再次强调，股权并不必然是夫妻共同财产，股权的财产权益才是。从法院的角度来说，并不必然保护当事人获得股权，而是保护当事人公平合理地获得股权的财产权益。当然，如果不违反《公司法》，分割股权也未尝不可，但如果违反《公司法》，法院可能就会慎重考虑一种更为合理稳妥的办法，并不是非分割股权不可。

2. 股权转让会伴随股权的人身权益转让，这方面是《公司法》调整的范畴，所以就要按《公司法》相关条款和公司章程的规定来操作

如果违反《公司法》和公司章程，强行判决股权平分，就会破坏有限责任公司的人合性，继而侵犯公司和其他股东的合法权益，法院不会贸然这么做。因此，当当网案中，如果公司章程有特别规定，那么不管股权转让给谁，只要李国庆能获得公平合理的财产利益，就并不是非获得股权不可。也就是说，如果公司章程规定股权由公司回购，或者转让给指定的股东，只要公司或指定股东向李国庆支付合理的对价，那么一般来说，法院会尊重公司章程的规定。

3. 股权平分的结果可能破坏有限责任公司的人合性

中国历来强调社会的和谐稳定，公司特别是大公司的不稳定，必然引起社会的不稳定，这不是法院和政府所愿意看到的。事实上，无论是中国还是外国的政府和法院，都强调有限责任公司的人合性，都不希望股权纠纷导致公司僵局，影响股东之间的合作，甚至影响公司的正常运作和发展。

在当当网案件中，法院在考虑分割夫妻财产之时，不但要保证公平合理地分割夫妻共同财产，还要对公司的正常运作、股东之间的关系等方面作综合考量。对当当网案有所关注的人知道，李国庆和俞渝的矛盾不断升级，公司僵局不可避免。股权平分后，双方股权都无法达到50%，就必然会动用各种方法争取小股东的支持，一场“大战”不可避免。这种结果是大家都不愿意看到的，法院和政府更不愿意看到。

4. 尊重公司章程的规定有利于更好地处理案件

笔者前面说判决结果是二人平分股权，是基于《公司法》第71条第1款“股东

之间可以转让股权”的规定,在这种情况下,其他股东或公司是无法提出反对意见的,因此法院也没有很好的理由不把股权判给李国庆。

但如果公司章程另有规定,结果就显然不一样了,因为这时《公司法》第 71 条第 1 款已经不适用了,法院也完全有理由按《公司法》第 71 条第 4 款的规定,以公司章程的内容为判决的依据。当然,法院肯定会事先与公司或指定股东沟通,听取他们的意见,同时对股权进行评估,得出一个合理的对价。

事实上,这种结果能保证俞渝的大股东地位,对公司的发展和稳定是有好处的,因为公司内有多个核心与没有核心一样,都可能导致公司大乱。这也是监管层一直强调公司特别是上市公司要有实际控制人的原因。因此,笔者认为,如果公司章程真的规定股东之间不得随意转让股权,而应该由公司回购或转让给指定的股东,这可能是法院和政府部门乐意看到的,因为这样更有利于保护当当网,也能更顺利地处理好这起案件。

六、关于代持儿子股权的问题

2020 年 8 月 9 日晚间,李国庆在其个人微博上称,自己和俞渝被儿子告上法庭,诉请是要求法院确认李国庆和俞渝为儿子代持当当网股权的代持协议有效。

李国庆表示,儿子提供给法院的证据材料是俞渝给的,律师是俞渝找的,律师费是俞渝出的,其意就是俞渝出钱出力让儿子告自己,希望把股权判给儿子,那么儿子以后再和母亲联手把李国庆踢出当当网,至少让李国庆因为股权占比不足而不能有所作为。

根据网络查询,李国庆和俞渝的儿子叫李成青,出生在美国,高中就读于美国私立高中迪尔菲尔德中学,大学就读于卡内基梅隆大学,现已大学毕业。

俞渝认为,当时一家三口对股权占比及代持情况有过如下约定:李国庆占 22. 380%(与现有股权 27. 513% 相差 5. 133%,即代持 5. 133%),俞渝占 52. 230%(与现有股权 64. 197% 相差 11. 967%,即代持 11. 967%),管理层(其他三个小股东)占 6. 740%(与现有股权 8. 290% 相差 1. 550%,即代持 1. 550%)。因此,实际上儿子李成青的股权占比为 18. 650%(5. 133% +11. 967% +1. 550%)。

前面说过,俞渝持有当当网 64. 197% 的股权,李国庆持有当当网 27. 513% 的股权,二人总计持有 91. 710% 的当当网股权,如若二人平分,则各得 45. 855% 的股权,均未达到 50%,但如果争取到其他小股东的 8. 290% 股权,合计将达到 54. 145%,就可以控制公司。

如果李成青代持的主张被法院支持,扣除代持李成青的股权后,李国庆和俞渝夫妻二人股权加起来是 74. 610%(22. 380% + 52. 230%),离婚后股权平分是

37.305%。虽然股权看起来少了,但如果加上儿子的18.650%的股权,将达到55.950%,这样控制公司就没有问题。

笔者没有看到过李国庆儿子的起诉材料证据,据称是有代持协议,但这个代持的效力如何呢?诉讼可能会有什么样的结果呢?目前法院还没有明确结论。笔者认为还是要作详细分析才能得出结论。

(一)什么是股权代持

关于股权代持,前文与后文均有详细介绍,故这里只作简要阐述,根据最高人民法院相关司法解释的规定,其是指实际出资人(隐名股东)与他人(显名股东)约定,以该他人名义代实际出资人履行股东权利义务的一种股权或股份处置方式。

在此种情况下,实际出资人(隐名股东)与名义出资人(显名股东)往往仅通过一纸合同(代持合同)确定存在代为持有股权或股份的事实。

被代持的一方叫实际出资人,也叫隐名股东。之所以叫隐名股东,是因为其名义上不拥有公司的任何股权,就是没有在工商登记中显示有股权;代持的一方叫名义出资人,也叫显名股东或名义股东,因为工商登记中显示其持有股权。

一般来说,隐名股东是因为有一些难言之隐,在万般无奈之下才让他人代持股权,大致有如下原因:(1)真实出资人不愿意公开自己的身份,比如其身份是国家工作人员;(2)规避经营中的关联交易;(3)规避国家法律对某些行业持股及持股数量的限制;(4)公司章程对股东身份有特别的要求,真实出资人无法达到这个要求。

因此,股权代持往往有规避法律法规的嫌疑,而且容易引起各种纠纷。所以,在涉及企业IPO、新三板或上市公司重大资产重组等项目时,我国相关监管部门是坚决禁止企业存在股权(股份)代持这种现象的。

(二)关于李成青股权的来源

李成青的股权源于何处?这是首先要解决的问题。笔者认为,签订代持协议时,李成青还没有毕业,应该没有经济来源,按李国庆的说法,李成青起诉的律师费还是俞渝支付的,李成青支付金额庞大的股权转让款几无可能,所以李国庆和俞渝赠与股权的可能性比较大。就是说,股权是父母赠与儿子的,随后儿子又让父母代持股权,李国庆和俞渝既是赠与人,又是代持人。

(三)代持的目的性分析

从该案的相关报道来看,应该是李国庆和俞渝夫妻二人与儿子有一份代持协议。笔者分析,协议内容应该包括赠与和代持,因为代持股权首先要获得股权(赠与),而赠与应当签订书面的合同;在赠与股权后,股权并没有发生实质性的转移,那么就需要同时把代持的内容通过书面合同确定下来。也就是说,这个协议可能既包括赠与的内容,又包括代持的内容。当然也有可能是两份合同,但应该是同时签署的,至少不会相差太多时间。

如果有赠与及代持协议,那么就要分析代持的目的是什么,根据已有材料,该案的代持,与前面提到的代持普遍存在的原因不符。既然把股权赠与儿子,就是为了让儿子今后继承家业,那为什么不直接给股权,反而在赠与股权的同时又要代持股权?

当当网的解释是,李成青在美国出生,拥有美国国籍,以外国人的身份持有当当网的股权不方便。对此理由,乍一听可能有一些道理,但对当当网这样一家大公司而言,为其谋划的人多如牛毛,解决这种小问题无须费吹灰之力,所以这种理由显得有些牵强。因为,除了"市场准入负面清单"中涉及国家安全、重大公共利益等禁止和限制投资的行业和领域,国家并未对外国人在中国投资有太多限制。比如,孙正义是日本人,而他的软银在阿里早就是大股东。如果李成青是外国人,其个人投资可能涉及当当网变更企业性质(变成中外合资企业),那他完全可以成立一家外商投资企业,再入股当当网,即李国庆和俞渝把部分股权转让给这家外商投资企业,而在中国设立的外商投资企业,属于中国的企业,其在当当网拥有股权,不会改变当当网的企业性质。如果要在中国上市,即便是外商投资企业也没有障碍,更不用说全内资企业。所以,李成青外国人的身份不会影响其持有当当网的股权。

笔者认为,这种代持协议似乎也透露出当事人的互不信任,或者说是有些人为的预谋。但笔者不敢妄加揣测,背后可能有更深层次的安排,这个有待于后续的事实披露。

(四)赠与股权的效力

因为李成青的股权没有进行工商登记,没有经过股权交易和转让的程序,所以李成青出资购买股权的可能性不大,事实上前面也说过,李成青应该没有购买股权的能力,所以股权赠与的可能性较大。

当然,也有可能是李国庆和俞渝出钱给李成青购买股权,再把钱回转一下,但笔者觉得这种可能性不大。首先,父母赠与儿子股权,似乎没必要这么麻烦,当时可能也不会想得这么周全;其次,即使给了李成青钱,李国庆如果能证明是他和俞渝出资给李成青购买股权,李成青再把钱汇给李国庆和俞渝(股权转让的钱是支付给出让的股东),这个在银行一查便知,钱是父母给的,结果也会被认定为是一种赠与。当然,有人可能会认为在这种情况下,赠与的是钱而不是股权,因为钱已经实际支付,所以不能撤销。但笔者认为,如果赠与的是钱,但是钱又返还给了父母,只不过是用父母给的钱去买父母的股权,这就是一层伪装而已,揭开这层伪装,其实质就是赠与股权。当然,笔者认为,在赠与股权的当时,绝大多数人是不屑于使用这种把钱转来转去的方式的,除非有不可告人的目的,所以笔者认为这种可能性不大。当然,真实的目的有待于当事人披露。但不管怎么样,笔者认为赠与股权的可能性较大。

那么,这种赠与是否有效?是否可以撤销?笔者认为,如果是单纯股权赠与,这种赠与“还未进行权利转移”,应当可以撤销。

根据《合同法》(已失效)的规定,赠与合同是赠与人将自己的财产无偿给予受赠人,受赠人表示接受赠与的合同。赠与合同虽然是一种诺成性合同,但根据中国的司法实践,赠与合同必须交付赠与物后方能成立,仅有赠送某项财物的预约,不能认为赠与合同已成立,故在交付赠与物前,赠与人有权撤销赠与。这点在《合同法》及2021 年 1 月 1 日实施的《民法典》中都有相关的规定,考虑到该案发生时《民法典》并未实施,人民法院应对照《合同法》相关规定进行处理,故仍适用《合同法》。

我国《合同法》第 186 条第 1 款规定,赠与人在赠与财产的权利转移之前可以撤销赠与。

那么,该案中,赠与财产的权利有转移吗?笔者认为没有转移,理由如下:

1.《公司法》第 32 条第 3 款规定,公司应当将股东的姓名或者名称向公司登记机关登记;登记事项发生变更的,应当办理变更登记。未经登记或者变更登记的,不得对抗第三人。《合同法》第 187 条规定,赠与的财产依法需要办理登记等手续的,应当办理有关手续。

2. 李成青受赠的股权并未办理变更登记手续,而股权就是一种权利,也可以办理登记手续,基于上述法律规定,该权利显然并未转移。因此,如果李国庆或俞渝认为赠与对其不利,可以随时撤销赠与。

当然,如果这份合同经过公证,那情况就不一样了,《合同法》第 186 条第 2 款规定,具有救灾、扶贫等社会公益、道德义务性质的赠与合同或者经过公证的赠与合同,不适用前款规定。也就是说,经过公证的赠与合同,是不能撤销的,如果李成青要求返还代持股权,李国庆和俞渝只能履行。

总之,如果赠与股权的合同没有经过公证,笔者认为这种情况属于权利并没有转移,赠与是可以撤销的。

(五)确认代持有效并不意味李成青必然成为股东

笔者认为,即便赠与股权成立,代持协议有效,李成青也不必然成为当当网的股东,理由如下。

1. 代持合同的效力问题

《最高人民法院关于适用〈中华人民共和国公司法〉若干问题的规定(三)》(以下简称《公司法司法解释三》)第 24 条第 1 款规定:“有限责任公司的实际出资人与名义出资人订立合同,约定由实际出资人出资并享有投资权益,以名义出资人为名义股东,实际出资人与名义股东对该合同效力发生争议的,如无《合同法》第五十二条规定的情形,人民法院应当认定该合同有效。”该案中,存在《合同法》第 52 条规定的无效情形的可能性不大,所以代持合同应该有效。

当然,该案比较特殊,其是一种对赠与股权的代持,赠与人与代持人是同一人,但笔者认为,如果确认赠与合法有效,那么股权就可以被认定为李成青所有,李成青让父母代持自己的股权,代持合同应该有效。

但这里还有一个问题,就是李成青是否符合司法解释中提到的是实际出资人的条件,如果李成青没有出资,是否可以适用这一条款?笔者认为这个问题不大,司法解释中定义为实际出资人,是因为一般情况下,获得股权是需要出资的,但其本意是指股权的实际拥有者;而且出资也并不等于对价,即便是付一元钱也可以认为是出资,那这与赠与又有什么区别?当然,如果李国庆要作抗辩,也可以提出自己并非名义出资人,因为事实上他是实际进行过出资的,把他定义为名义出资人似乎不妥。但如果他是真心把股权赠与儿子,且没有提出赠与无效,那么就如同把一件财物送给别人,从法律上来说,这个财物就已经是别人的了。当然,这应该会有一定的争议,笔者只是提出自己的观点,具体看后续进展。

2. 即便代持合同有效,还须履行必要程序才能真正成为股东

代持合同有效并不等于可以直接成为公司股东而获得股权。《公司法司法解释三》第 24 条第 3 款规定:“实际出资人未经公司其他股东半数以上同意,请求公司变更股东、签发出资证明书、记载于股东名册、记载于公司章程并办理公司登记机关登记的,人民法院不予支持。”这里的实际出资人是李成青,他如果要成为股东获得股权,必须要经其他股东半数以上同意。

笔者强调,这里的“其他股东半数以上”,是指股东人数,而不是指股权占比数。有关资料显示,当当网有 5 个股东,李国庆和俞渝作为涉事股东,在涉及自己代持的这部分股权时,就不能参加投票,那么不管是对李国庆还是对俞渝“返还代持股权给儿子”这一事项进行投票时,其他股东就只有 4 人(涉事股东回避),半数以上就是 2 个股东(这里的“以上”包括本数)。那么,除了李国庆和俞渝 1 票外(必然只有一方参加投票,另有一方回避),还要争取至少 1 个股东,李成青才有可能获得股权成为真正的股东。

3. 其他股东有优先购买权

前面提到,如果其他股东半数以上不同意,李成青是不能要求恢复股东身份的,在这种情况下,李成青的诉讼目的已经无法达成。有人甚至认为法院可以根据《公司法司法解释三》第 24 条第 3 款的规定直接驳回李成青的诉讼请求。但是,如果真的有代持股权,实际投资人已经提出要返还股权,名义投资人也不能一直代持

下去,总得有一个处理代持股权的办法;即使驳回诉讼请求,也应该告知李成青如何维护自己的权益(虽不能成为股东,但有权要求获得与股权对等价格的款项)。

这点在司法解释中没有规定,但最高人民法院民二庭在司法解释出台时答记者问中提道:“在此种情况下,参照《公司法》第71条第2款规定的股东向股东以外的人转让股权,应当经其他股东过半数(过半数不包括本数)同意,我们规定此时应当经其他股东半数以上同意。”因此,笔者认为,除了“半数以上”和“过半数”的区别,其他均应当按《公司法》第71条第2款规定的股权转让程序执行。事实上,法院也有相关判例,在《公司法典型案例与裁判解析》(法律出版社出版,钱俊清主编)中,就有实际出资人请求办理股权变更登记的案例,在原告张显刚诉被告杨熙春股权代持纠纷案中,法院就认为,如果其他股东没有达到过半数同意,其他股东就应该“按规定收购争议的股权”。

根据以上分析,笔者得出如下结论:李成青如果要拿回被代持的股权,首先要经过其他股东半数以上同意,若无法达到“其他股东半数以上同意”这一条件,就要参照《公司法》第71条第2款“股东向股东以外的人转让股权”的规定,即其他股东有优先购买权。

也就是说,在这种情况下,李成青只能拿到股权转让款,而不能成为股东获得股权。

因此,在该案中,只有其他股东半数以上同意(有些判决要求股东过半数同意)李成青恢复股东身份,或者不同意恢复,又都不购买代持股权的,李成青才有可能成为股东。显然,这个难度是比较大的,具体在后面分析。

(六)股东投票可能产生的结果分析

根据当当网透露,俞渝、李国庆和管理层是按比例代持李成青的18.650%的股权的,前面也已经提到过,在李成青18.650%的当当股权中,俞渝代持的大概为11.967%,李国庆代持的大概为5.133%,管理层代持的大概为1.550%。

一般来说,李成青起诉到法院后,法院应该会先审理代持案件,因为只有确认代持是否合法有效及代持股权比例后,才能计算出俞渝和李国庆真实拥有的股权,并在离婚案中作出公平合理的判决。审理代持案件需要一段时间,离婚诉讼可能暂停,那么通过代持股权案件的诉讼,俞渝确实也达到了李国庆控诉的“拖延离婚诉讼审理期限”的目的。

法院在审理代持案件时,如果确认李成青是实际出资人,一般会根据《公司法司法解释三》第24条第3款的规定,先确认其他股东是否半数以上同意,这时就有一个股东投票的环节,现对李国庆和俞渝代持股权的投票结果作如下分析。

1. 对李国庆代持股权的投票

李国庆代持的股权大概占当当网股权的5.133%,投票时李国庆要回避,俞渝和其他3个股东作为其他股东投票,4个股东中至少有2个股东同意才能把股权归至李成青名下。投票可能有以下几种结果:

(1)俞渝同意将李国庆代持的股权转让给儿子,所以她还需要至少争取一个股东的支持,如果有其他小股东支持,那么这部分5.133%的股权会转到李成青名下。但笔者分析过,其他股东同意股权转让的可能性不大,后面还会再说明理由。

(2)俞渝同意将李国庆代持股权返还给儿子,其他股东都不支持,这就涉及按《公司法》第71条第2款之规定,即其他不同意的股东购买李国庆的代持股权的问题,俞渝因为同意股权转让,反而失去购买股权的资格,这样5.133%的股权就会被小股东瓜分。

(3)俞渝对小股东同意转让这个结果没有十足的把握,所以只能一开始就不同意转让,那么她和不同意的股东共同按出资比例购买李国庆代持的股权,这时李国庆因为回避,俞渝显然占绝大多数出资比例,笔者大概测算,按出资比例,她可以购买5.133%股权中大约4.502%的股权,其他小股东大概可以购买0.631%股权。

2. 对俞渝代持股权的投票

俞渝代持的股权大概占当当网股权的11.967%,投票时俞渝回避,李国庆和其他3个股东作为其他股东投票,4个股东中至少有2个股东同意才能把股权归至李成青名下。投票可能有以下几种结果:

(1)根据笔者前述分析和李国庆的言论,李国庆不可能同意将俞渝代持的股权转让给儿子,当然,如果其他小股东有2个以上同意转让,那么这部分11.967%的股权会转到李成青名下。但李国庆不会允许这种事情发生,其他小股东明知有利可图(不同意就可以购买股权),如果没有更大的利益或巨大的压力,其同意的可能性也不大。

(2)李国庆不同意将股权转让给儿子,其他股东也不支持,这种可能性比较大。那么李国庆和不同意的股东共同按出资比例购买俞渝代持的股权,这时俞渝因为回避,李国庆占绝大多数出资比例,笔者大概测算,按出资比例,李国庆可以购买11.967%的股权中大约9.188%的股权,其他小股东大概可以购买2.779%股权。

3. 结果分析

从以上投票的结果分析,俞渝通过让儿子李成青起诉返还代持股权的方式,风险极大,结果可能很不利,因为:

(1)李成青是否能拿回被代持股权,其决定权完全掌握在其他小股东手中。如果其他小股东都不同意股权转让,即便是俞渝和李国庆两大股东联手都没有用,因为除了其他小股东代持的1.550%的股权，涉及俞渝和李国庆代持的股权在投票时，两个人中只能有一个在场投票，票数肯定不够。

(2)如果俞渝同意李国庆代持的股权转让，其他股东不同意，那么李国庆代持的那部分5.133%的股权可能落入其他小股东手中，这个后果极其严重。

(3)在没有绝对把握的情况下(事实上其他小股东可能都不会同意转让)，俞渝最终可能只有不同意转让李国庆代持的5.133%的股权，这可能是最好的结果。但是，大家看前面分析结果就可以明白，俞渝代持的11.967%的股权完全可能被李国庆和其他小股东瓜分，她最多只能拿到大概4.502%的股权，如此相差高达7.465%。这样，她在当当网的持股比例要从64.197%下降到56.732%。虽然离婚诉讼的结果可能是股权平分，但离婚判决一般是在代持案判决之后，故在离婚判决前，她在当当网的控制力就会被削弱，像前面所说的修改公司章程(需要有66.7%表决权的股东同意)的可能性也会大大降低。

(4)要拿回小股东代持的1.550%的股权，李国庆和俞渝可以同时参加股东会，同时必须由李国庆和俞渝联手(2个股东以上同意转让)，很显然，让他们两个联手不是件容易的事。如果两个人不能联手，就只能选择都不同意转让股权，在都不同意的情况下，可能会从其他小股东手中拿回绝大部分代持的股权，但不可能拿回全部的1.550%的股权。

(5)这起代持诉讼的最大受益者其实是其他小股东，只要其他小股东都不同意转让，这些小股东就肯定能从李国庆和俞渝手中瓜分相当一部分的当当网股权，那么俞渝的股权会减少，而俞渝和李国庆的合计股权比例也会降低，离婚时可分配的股权比例也相应减少，这显然是这对夫妻都不愿意看到的结果。

(6)即便参加投票的股东都同意股权转让，根据《公司法》第71条第3款之规定，其他股东在同等条件下也有优先购买权，说明李成青也不是必然可以获得股权。

综上，让其他小股东同意把股权转让给李成青而放弃优先购买权，基本上是不可能实现的事情，至少要付出巨大的代价；而俞渝和李国庆买回来的代持股权，仍然会因被视为夫妻共同财产而被平分，还要被其他小股东瓜分一部分股权，这种结果明显是赔了夫人又折兵。如此看来，俞渝让儿子进行代持诉讼似乎并非良策。

当然，笔者只是假设小股东不支持，如果小股东支持股权转让并放弃优先购买权，李成青拿回股权的可能性还是有的。但是，经笔者查询，三个小股东中有两个比较大的股东应该是管理层的持股平台，涉及人员众多，关系错综复杂，要统一意见并非易事。而且，让他们放弃唾手可得的利益谈何容易？不过，正所谓世事无常，条件是可以谈的，在结果未出来前，许多人和事是会随着情势变更而发生变化的，就如当当网夫妻，谁又能想到，当初恩爱有加、让人羡慕的鸳鸯，如今会反目成仇,形同陌路呢？所以,依据周易的“不易”与“变易”相互交织、共同作用的法则,在结果出来之前,一切都充满变数,我们还是静观其变吧。

本书仅以案例的形式对与股权相关的热点问题进行探讨,并不针对具体的人或事。相关数据和资讯来源于网络,笔者在假设这些数据和资讯真实的前提下,依据有关法律法规和理论进行分析。笔者会时刻关注案件的进展,并作出新的研判。

第六章　股权纠纷

第一节　E 大类之股权关系

本章讲股权纠纷，笔者在第一章“总论”里面已经提到，纠纷属于 E 大类中不吉或负面的事物或现象，从图 7 的股权关系分析，E 大类是比较复杂的类别，代表很多东西，主要是企业的外部因素，如政府、政策、法律法规、大势、灾难、纠纷等。

E 大类是一个两极分化严重的类别，要么代表极好或者地位很高，要么极不好，如灾难或纠纷等，这点在第一章“总论”里面已经有过分析。代表 E 大类的整个社会或市场的形势，或者监管企业并为企业提供服务的政府，与股权没有太大关系，故不作为重点；而 E 大类中的法律法规是本书的重点，已经充斥于本书各个章节，而且下面主要是讲股权纠纷，必然需要以大量与股权相关的法律法规作为依据，无须作专门介绍。故本章主要论述与股权有关的纠纷。

一、E 大类的定位

前面几章讲的大多是预防，讲如何进行事先防范，以避免出现纠纷或损失，而这一章的重点是阐述在纠纷发生时，企业如何维护自身的合法利益。

有纠纷就可能会产生诉讼，如果经过协调仍无法解决纠纷，那么就会引发诉讼。一般来说，诉讼的结果往往是两败俱伤，但有时也是不得已而为之。在适当让步后仍无法解决的，只能拿起法律武器来维护自己的合法权益。

企业家要充分了解,E 大类是制约 A 大类的,纠纷及诉讼对创始人、合伙人,乃至整个企业肯定都是不利的,不管结果怎么样,即使胜诉也会有不良影响。但有必要说明,E 大类可能会带来一些麻烦,但结果却不一定都是坏的,通过合理的方式去处理问题,也许能得到一个大家都可以接受的结局。即便进入诉讼程序,也可以寻求合适的时机进行调解。

因此,企业家应该了解有关股权纠纷和诉讼的基本内容,以在不利情况下通过合适的方式维护自己的利益,寻求合适的时机和方法来解决纠纷。

笔者在前面一直强调,本书是献给企业家的,而本章因为涉及许多法律专业的东西,如果要深入剖析,可以写几本书,但太深入解析就会很枯燥,本人也不想浪费企业家的时间。所以,本章以总结为主,就是对股权纠纷的一些主要类型作简明的概括阐述,以便企业家有所了解,并能在关键时刻进行决策。因为股权纠纷往往是比较复杂的,在真正碰到股权纠纷时,企业家只需作最终的利益平衡和决策,而把诉讼这种专业的事情交给专业的律师去做。本章的内容有助于企业家对股权纠纷有一个大致的了解,这样就有利于企业家鉴别律师的专业性及把握诉讼的方向。

二、E 大类与其他类别的相互关系

因为 E 大类是股权五大类别中的最后一个,所以在前面的所有章节中,笔者都已经对图 7 的 E 大类和其他类别的关系进行了全面的分析,现作简单的总结。

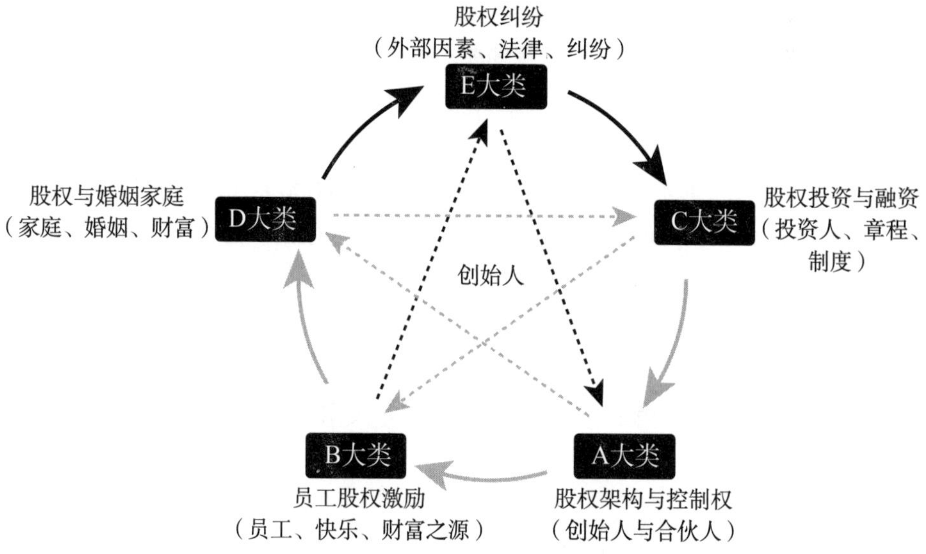

图 7　股权关系 E 大类——股权纠纷

1. E 大类制约 A 大类。前面已经提及,E 大类可以代表法律与政府,而法律和政府制约 A 大类,是指通过法律和政府来管制企业,这点在第二章“股权架构与控制权”中已经有过论述。企业创始人与合伙人首先要在法律的框架内行事,而政府既为企业服务,又要监督企业正常运作,以避免企业做出违法违规的事情,若有违反,则必处罚,比如对阿里垄断行为的巨额罚款等。另外,E 大类也代表许多不吉或负面的东西,比如外来的“野蛮人”对企业的恶意收购就是来克制企业的,宝能收购万科引发的种种纠纷给万科带来的诸多麻烦就很说明问题。当然,制约并不代表就一定会把企业打倒,关键还是要看企业自身的实力。一方面,制约有管制的意思,比如政府对企业的监管;另一方面,制约也代表对企业实施的恶意行为,或给企业带来不利的影响,这种情况下,如果被制约的一方自身比较强大,且防范措施做得好,是很难被克制的。例如,在宝能收购万科案例中,如果万科在公司章程中约定有 AB 股等内容,做到事先防范,那么外来“野蛮人”就无法轻易获得控制权。

2. B 大类制约 E 大类。前面已经提到,B 大类代表企业员工,代表快乐和财源,为企业创造价值,所以企业创始人要充分重视 B 大类。这里的 B 大类员工是指一个整体的力量,发生股权纠纷时,员工的支持十分重要。另外,B 大类也代表快乐,代表和气生财,可以化解纠纷。发生严重股权纠纷时,A 大类的创始人就要通过 B 大类利用 E 大类的法律为自己伸张正义。

3. E 大类滋生 C 大类。C 大类代表公司的章程和制度,也代表投资人。E 大类的法律法规是公司章程制定的依据,公司章程是根据法律法规而产生;而在进行股权投资时,投资人也要按法律法规的要求行事。另外,E 大类两极分化的特征体现在投资人身上就是“天使”与“魔鬼”的化身,所以企业创始人要充分了解投资人的这个特性,在引入投资时要有充分的准备与防范,以避免这方面的纠纷。

4. D 大类滋生 E 大类。本章主要讲股权纠纷,而最容易引起股权纠纷的就是利益,也就是 D 大类的财富会滋生出纠纷。A 大类的创始人与合伙人要充分认识到这一点,避免因利益分配问题引发纠纷。

第二节　股权纠纷的定义和类型

一、定义

股权纠纷是指股东之间、股东与非股东之间发生的,与股权相关的各种纠纷,包括股东出资纠纷、股权确认纠纷、股权转让纠纷、股东权利纠纷等,股权纠纷已经逐渐成为《公司法》相关纠纷的主要类型之一。

股权纠纷,从广义上来说,可以涵盖所有企业,但在实践中,股权纠纷主要还是发生在各类公司中,受《公司法》的规范和调整。所以,除非有特别说明,下面要讲的诸多类型的股权纠纷,均发生在由《公司法》规范和调整的公司之内。

引起股权纠纷的原因有很多,如股东利益争夺、不完善的法人治理结构、盲目并购和动机不良并购、法律法规或公司章程不完善、信息披露不充分等,均会引起股权纠纷。

二、类型

在司法实践中,与股权相关的民事纠纷大致有以下这些类型。

(一)发起人责任纠纷

发起人责任纠纷大致可分为:

1. 公司不能成立时的责任纠纷。

2. 公司设立过程中,发起人的过错致使公司利益受到损害的纠纷等。

(二)股东出资纠纷

股东出资纠纷大致可分为:

1. 股东出资形式的纠纷。

2. 股东出资义务履行的纠纷。

3. 股东出资责任纠纷等。

(三)股权确认纠纷

股权确认纠纷大致可分为:

1. 股东之间因出资产生的股权确认纠纷。

2. 股东之间因股权转让产生的股权确认纠纷。

3. 股东与公司之间的股权确认纠纷等。

(四)股权转让纠纷

股权转让纠纷大致可分为:

1. 股权转让合同的违约纠纷。

2. 股权转让合同的无效和撤销纠纷。

3. 股权转让合同生效后,因办理股权工商变更登记而产生的纠纷等。

(五)其他

除上述类型外,与股权相关的纠纷还有公司盈余分配纠纷,股权收购请求权纠纷,股东滥用股东权利赔偿纠纷,股东滥用公司法人独立地位和股东有限责任赔偿纠纷,公司董事和高级管理人员损害股东利益赔偿纠纷,公司的控股股东、实际控制人、董监高损害公司利益赔偿纠纷,公司增资和减资纠纷(确认无效或撤销)等。

在司法实践中,许多案件是多种纠纷的结合体,比如股权确认纠纷往往是因股权转让而引起股权确认,股东出资纠纷中经常会出现公司董事或高级管理人员协助虚假出资的情形。

根据笔者总结,最为常见的纠纷有股东出资纠纷、股权确认纠纷和股权转让纠纷。笔者现对这3种最常见的股权纠纷进行总结,并结合案例分析实践中的纠纷处理方式。

第三节 股东出资纠纷

股东出资纠纷是指股东在公司设立或增资过程中,就是否全面履行股东协议、公司章程等规定的出资义务而产生的纠纷。股东出资和股权紧密相连,一般情况下,除股权投资及双层(多层)股权架构外,出资比例就是股权比例,所以出资如果有瑕疵,就会产生股权上的诸多问题,纠纷也会随之而起。

股东出资纠纷大多是在公司设立过程中产生的,也有少数出现在增资或股权转让的过程中。公司设立过程由一系列行为组成,包括确定发起人及股东、制定公司章程、筹集公司注册资本、确定公司组织结构、办理公司设立的注册登记等。作为公司治理的第一步,公司设立意义重大,其操作的规范与否往往对公司未来的发展良好与否起到至关重要的作用,而出资是公司设立阶段最容易出问题的环节。出资人的出资存在问题必然导致拟设立公司的先天基础不足,甚至夭折。

在司法实践中,引发股东出资纠纷的主要原因有:

1. 出资瑕疵。比如股东虚报出资额,有关验资单位出具虚假的验资证明,使不符合条件的公司得以登记等。

2. 抽逃出资。即先出资后抽逃,股东在公司设立时通过借款等方式把筹措资金划到验资账户上,一旦完成验资,即以各种形式将注册资本金抽逃。

一、股东出资纠纷诉讼中的主体

(一)原告

股东出资纠纷的原告,是指认为公司的股东(被告)未履行或未全面履行出资义务,要求其在出资义务范围内承担相应责任的主体,所以原告一般为公司、公司的股东,以及公司的债权人、清算组、破产管理人等。

确定原告的原则就是谁受到损失就由谁提起诉讼。比如,未按公司章程规定缴纳出资的,应当由公司作为原告起诉;对其他股东或股东以外的人或单位造成损失的,则由受损失的一方作为原告起诉。

(二)被告及第三人

股东出资纠纷的被告,是指违反出资义务的股东,还有协助虚假出资或抽逃出资的董事和高管、瑕疵股权的受让人等。原告可以单独起诉违反出资义务的股东,也可以选择将协助抽逃出资的董事、高管和瑕疵股权的受让人等作为共同被告一并起诉,并要求其承担连带责任。

另外,因为公司与股东具有天然联系,所以如果诉讼结果与公司、其他股东有利害关系,有可能引发公司股权结构发生改变,那么公司和其他股东均可作为第三人参加诉讼。在债权人与股东有出资方面的纠纷时,一般会追加公司作为第三人参加诉讼。

二、规范股东出资纠纷的主要依据

(一)法律

很显然,《公司法》是规范股权纠纷的最权威的法律,当然也是规范股东出资纠纷的最权威的法律。例如,《公司法》第28条规定:"股东应当按期足额缴纳公司章程中规定的各自所认缴的出资额。股东以货币出资的,应当将货币出资足额存入有限责任公司在银行开设的账户;以非货币财产出资的,应当依法办理其财产权的转移手续。股东不按照前款规定缴纳出资的,除应当向公司足额缴纳外,还应当向已按期足额缴纳出资的股东承担违约责任。"第30条规定:"有限责任公司成立后,发现作为设立公司出资的非货币财产的实际价额显著低于公司章程所定价额的,应当由交付该出资的股东补足其差额;公司设立时的其他股东承担连带责任。"第35条规定:"公司成立后,股东不得抽逃出资。"

(二)司法解释

《公司法司法解释三》于2010年12月6日由最高人民法院审判委员会第1504次会议通过,自2011年2月16日起施行,于2014年、2020年分别进行了修正。在前面分析当当网离婚案时已经引用过许多相关条文。

《公司法司法解释三》的所有内容几乎都是关于如何处理股东出资纠纷的,包括股权代持的处理原则和意见。

因此,发生股东出资纠纷并起诉至人民法院的,必须要好好研究这部司法解释。

三、股东出资纠纷的主要类型

从法律的视角来看,出资纠纷基本上都是股东违反出资义务造成的,如股东未按出资协议或公司章程的规定缴纳应认缴的出资、延期缴纳出资、缴纳出资有瑕疵、抽逃出资、采取欺诈手段虚假缴纳出资等,这些都构成对出资义务的违反,从而引发出资纠纷。下面,我们先来看一个案例。

案例 13

甲公司与自然人 A 共同投资设立一家乙公司,注册资本 200 万元,并订立了成立乙公司的协议和章程,其中规定:甲公司以货币形式出资 60 万元,以机器设备形式出资 30 万元,以商标形式出资 30 万元,共计 120 万元,占公司注册资本的 60%;自然人 A 以货币形式出资 50 万元,以非专利技术形式出资 30 万元,共计 80 万元,占公司注册资本的 40%。货币出资分 3 次:首次各付 40%,余下部分在半年期限届满时各支付 30%,在一年期限届满时再各支付 30%,非货币出资则在公司设立时一次性到位。

之后,甲公司首次出资只付了 10 万元(按规定应出资 60 万元的 40%即 24 万元),在甲公司出资金额不足的情形下,自然人 A 为保证乙公司正常设立开业,首次支付了 30 万元(按规定只需出资 50 万元的 40%即 20 万元)。一年到期后,自然人 A 实际足额缴纳了全部出资,甲公司却除了支付首次出资 10 万元外,剩余 50 万元货币出资分文未缴。自然人 A 多次催缴未果。

后因乙公司实际由自然人 A 单方经营,资金缺乏,无法正常生产经营,自然人 A 以代理董事长名义多次提议召开董事会,要求甲公司缴足出资,均遭拒绝。

万般无奈之下,自然人 A 以乙公司名义对甲公司提起诉讼,要求甲公司缴纳出资并承担违约责任;同时以自己名义作为股东要求甲公司承担违约责任,赔偿损失。

法院经审理后认为,甲公司未按期缴纳出资,应向乙公司承担违约责任并赔偿因此造成的损失;甲公司未按期缴纳出资,导致自然人 A 为其垫付出资,还导致自然人 A 为解决公司资金问题付出大量精力,故其应向自然人 A 承担违约责任并赔偿因此造成的损失。

下面参照案例,对股东出资纠纷的相关类型进行介绍。

(一)公司与违反出资义务股东的纠纷

在案例 13 中,要求甲公司补足出资的主体是乙公司,追究补足出资责任的权利只能是公司对股东的权利,而不属于股东对股东的权利。因此,相应的诉讼当事人应以公司为原告,以未出资或未全部出资的股东为被告。

同时,对出资责任进行追究是《公司法》的强制性规定,无论公司本身还是公司的股东都无权改变或放弃,如果公司不予追究,股东就有权代表公司提起诉讼。公司放任不履行出资行为的持续将构成《公司法》上的违法行为即虚假出资,要被追究相关法律责任。

公司成立后，发现股东没有履行出资义务或没有适当履行出资义务的，可以采取以下多种救济手段。

1. 追缴出资

经公司催讨，股东仍不履行缴纳义务的，公司可请求人民法院强制股东缴纳出资。此种救济手段在股东以物出资的情形下更为常用。

2. 行使失权程序

所谓行使失权程序，即要求人民法院判决违反出资义务的股东丧失股东权利。对于未履行出资义务或未适当履行出资义务的股东，公司可以通过约定、诉讼或股东会决议的方式催告其在一定期限内履行或补充履行出资义务，逾期仍不履行或不完全履行的，即部分甚至完全丧失股东权利。所谓股东权利，主要就是指股权所代表的人身权益与财产权益，笔者在第五章“股权与婚姻家庭”中有大量介绍，读者可自行查阅。

3. 损害赔偿

损害赔偿请求可以和前面介绍的救济手段并用，当其他救济手段不足以弥补所遭受损失时，公司可主张损害赔偿。

（二）公司其他股东与违反出资义务股东的纠纷

在案例 13 中，自然人 A 作为乙公司的其他股东，可以要求股东甲公司承担违约责任。

如果自然人 A 与甲公司之前就成立乙公司的事宜已经签订书面协议并约定了违约责任，那么自然人 A 可以以自己名义起诉被告甲公司，要求甲公司承担违约责任；如果未签订书面协议，那么自然人 A 可以以自己名义作为原告起诉被告甲公司赔偿自己的实际损失。

从股东之间的关系来看，股东为组建公司而签订的发起人协议或出资协议是约束股东的合同，每一位当事人股东负有按照协议履行出资的合同义务，如果其中一个或几个股东没有履行或没有适当履行其出资义务，即构成对协议的违反，那么其应当对其他守约的股东承担违约责任。

另外，公司的成立并不意味着发起人协议或出资协议的终止。股东之间的关系和利益冲突，在公司成立之前由发起人协议或出资协议调整，而在公司成立之后，则主要由公司章程和《公司法》调整，但这并不意味着发起人协议或出资协议不再适用。比如，在存在分期缴纳出资（认缴）的情形下，即便是公司已经成立，如果有股东在缴纳出资方面违反了协议，其他股东仍然可以凭发起人协议或出资协议提起诉讼，要求违反协议的股东承担违约责任。当然，如果没有签订发起人协议或出资协议,其他股东也可以直接要求违反出资义务的股东赔偿损失。

另外,如果有限责任公司的股东出资不到位或有瑕疵,该股东又将股权转让给其他人,对于股权转让前公司的债务,原股东仍应承担因公司注册资本不到位而产生的法律责任。但是,新股东明知原股东出资不到位仍受让股权的,由受让股权的新股东承担因公司注册资本不到位或有瑕疵而产生的法律后果,这些在后文还会有详细阐述。

(三)公司债权人与违反出资义务股东的纠纷

债权人作为公司及公司股东以外的一方,在无法对公司实现债权的情况下,可以通过起诉违反出资义务的股东或其他责任人收回全部或部分款项,这无疑是一种很好的救济手段。

案例 14

李某系 A 公司股东,向 A 公司增资 1000 万元。验资完成的次日,李某即以借款名义将 1000 万元转出。后因 A 公司无还款能力,未能清偿对外债务,故债权人起诉要求李某在抽逃的 1000 万元出资的范围内承担赔偿责任,李某则辩称该款项为其向 A 公司的借款,并非抽逃出资。经查,李某与 A 公司并未就该笔款项签订借款合同,也未经股东会决议通过,李某亦未返还该笔款项。

法院认为,A 公司股东李某假借借款名义抽逃出资,形式上虽具有合法性,但实际上并没有与公司达成借款合意,也没有任何利息约定或偿还借款行为,因此该行为实质系抽逃出资。故判决李某在抽逃的 1000 万元出资范围内承担赔偿责任。

1. 债权人对违反出资义务股东的请求权

在案例 14 中,A 公司是债务人,已经没有还款能力,这种情况下,债权人肯定要寻找其他的救济途径,而李某抽逃 1000 万元注册资本,债权人可以要求其承担赔偿责任,以此来挽回或减少自己的损失。

在股东出资纠纷案的司法实践中,公司债权人可将公司和违反出资义务的股东一并起诉,也可在公司无法清偿债务时单独起诉违反出资义务的股东,出资不实的股东有义务对公司的债务向债权人承担责任。

在股东出资不实的情况下,如果公司没有能力向债权人清偿,人民法院一般会根据债权人的申请将出资不实的股东追加为被告,判令该股东在出资不实的限度内与公司承担连带清偿责任。实践中,虽然人民法院认为股东有过错,但对过错程度的认定是以不足的出资额部分为限的。因此,股东对债权人的责任实际上是对出资义务的另一种承担方式。

2. 债权人对其他责任人的共同请求权

实践中,违反出资义务的股东往往会串通验资机构共同蒙蔽登记机关,在没有出资或没有适当出资的情况下取得法人资格,从事经营活动,给交易相对人带来法律风险。在此情况下,负责公司设立验资和为公司设立开设临时账户的银行如果存在过错,就应当承担一定的责任。在公司不能清偿自身债务时,公司的债权人可以要求负有责任的会计师事务所和金融机构与违反出资义务的股东共同承担责任。

3. 债权人对其他股东、董事、高管或者实际控制人的共同请求权

实践中,违反出资义务的股东在虚假出资、抽逃出资的过程中,其他股东(含发起人)、董事、高级管理人员或者实际控制人往往存在一定的失职或提供协助的行为。因此,在公司不能清偿自身债务时,公司债权人可以要求负有责任的其他股东(含发起人)、董事、高级管理人员或者实际控制人共同承担相应责任。

四、如何认定违反出资义务

《公司法司法解释三》将违反出资义务的行为划分为瑕疵出资与抽逃出资两种。实践中,瑕疵出资行为较多集中在非货币财产出资的情形,货币的瑕疵出资表现为未按期限足额出资,抽逃出资行为则主要集中在货币出资情形。

(一)货币瑕疵出资行为的认定

股东以货币出资时,是否存在瑕疵出资行为的关键点在于股东的出资数额是否充足、出资期限是否符合公司章程规定等。

《公司法》规定的注册资本认缴制是允许股东通过公司章程约定在一定期限内向公司出资的,而无须在公司设立或增资时将认缴出资全部缴足。股东在公司章程中约定的出资数额、出资时间构成对公司和公司债权人所作的承诺,并通过公司章程对外进行公示,公司债权人基于该章程公示的内容产生信赖。股东在公司章程规定的出资期限届满后仍未足额缴纳出资,或者出资期限届满后通过修改公司章程恶意延长出资期限的,构成瑕疵出资,属于违反出资义务的行为。

(二)非货币财产瑕疵出资行为的认定

非货币财产的瑕疵出资行为主要从以下几方面认定。

1. 非货币财产没有实际交付与办理过户

股东以非货币财产出资的,应当将非货币财产实际交付给公司使用,需办理权属变更登记的还应办理登记手续,缺少任何一项均构成瑕疵出资。

人民法院对不同情形的处理方式有所不同:

(1)如果股东既未对非货币财产办理权属变更登记手续,又未实际交付给公司

使用,那么必然构成瑕疵出资。

(2)如果股东已将非货币财产实际交付公司使用,但尚未办理权属变更登记手续,此时人民法院会责令当事人在法庭辩论终结前或庭审结束后一定期限内办理权属变更登记,逾期仍未办理权属变更登记的则认定为瑕疵出资。

(3)如果股东未将非货币财产实际交付公司使用,即使已办理权属变更登记,也构成瑕疵出资,且公司和其他股东可主张瑕疵出资人交付财产后方可享有相应的股东权利。

2. 非货币财产没有经评估作价

股东以非货币财产出资,公司、其他股东或公司债权人主张出资人未履行出资义务的,若该非货币财产未进行评估作价,人民法院会委托具有合法资质的评估机构对其进行评估作价。若评估得出的价额明显低于公司章程所定价额,则可被认定为瑕疵出资。

在《公司法修订草案二审稿》中也对此予以明确,其中第50条规定:“股东未按期足额缴纳出资,或者作为出资的非货币财产的实际价额显著低于所认缴的出资额的,应当按照股东之间的约定向已按期足额缴纳出资的股东承担违约责任。”其对非货币财产的实际价额要求并不局限于“低于公司章程所定价额”,而是“低于所认缴的出资额”,更加明确且易于查询。

3. 非货币财产设定有权利负担

股东以设定权利负担(如抵押或质押)的土地使用权或其他财产出资,或者以划拨土地使用权出资的,人民法院会责令股东在合理期限内解除财产权利负担或办理土地使用权性质的变更手续,逾期未解除权利负担或未办理变更手续的,则可被认定为瑕疵出资。

4. 对非货币财产不享有所有权

股东应当以具有所有权的财产进行出资,以其不享有所有权的非货币财产进行出资的,人民法院会对该出资行为的效力以及公司是否取得该财产所有权进行判断,并依照《民法典》的善意取得条款进行审查。审查要点包括:该财产的价值与股权份额是否匹配;出资财产是否已经登记在公司名下并已经交付给公司;出资股东受让该财产时是否为善意等。如果没有处分权,又非善意取得,则可认定为瑕疵出资。

(三)抽逃出资行为的认定

股东抽逃出资和前面所述的瑕疵出资都会造成公司资本的减损,但两者存在较大差异。瑕疵出资是股东自始至终均未按时足额全面履行出资义务,而抽逃出资是股东在履行了出资义务后又将出资财产抽逃。对股东抽逃出资行为的认定,要符合以下两个条件。

1. 股东有抽回出资的行为

股东抽回出资存在积极和消极两种行为方式，积极方式是指股东直接从公司将资产转出，如股东将转入公司验资账户的款项再次转入其自有账户等；消极方式则是指股东虽未从公司转出资产，但存在免除股东对公司的应负债务的行为，例如，在增资过程中，公司以自有资金替股东进行增资，或者为公司内部股东之间的股权转让支付转让款等。

一般来说，股东抽逃出资的行为发生在公司成立之后，在数额认定上应以股东出资数额为限，超过出资数额部分的资金转移，只能由公司依据侵权责任的方式要求其承担损害赔偿责任。

2. 抽回出资行为未经法定程序

实践中，股东从公司取走资金并不一定是抽逃出资，有时可能是借款或者发生交易等。但不管是借款还是交易款，都应该有相应的法定程序，如果没有相应的法定程序，就可能被认定为抽逃出资。具体可结合如下要点综合认定。

(1)以借款名义抽回出资

要认定是否为借款，其关键点在于审查借款金额是否达到出资数额的全部或大部分。主要审查是否有借款合同，是否约定有借款利息和偿还期限，是否经过公司股东(大)会决议或董事会决议等内部决策程序，是否在公司财务会计报告中作为公司应收账款处理。若否，则可认定为抽逃出资。例如，在案例 14 中，股东李某虽名义上向 A 公司借款，但借款金额与其出资金额相同，验资完成次日即从公司划走款项，且借款也未经过公司内部决策程序，综合上述要点，人民法院最终认定李某的行为实为抽逃出资。

(2)以交易名义抽回出资

要认定是否属于交易，其关键点在于是否有明确的交易磋商与合同签订过程，交易相对方与股东之间是否存在特定或关联的关系，标的物价格是否偏离公允价值，交易双方是否无真实的货物交付行为，交易内容是否超出公司日常经营需求等。若是，则可认定为抽逃出资。

(3)以利润分配名义抽回出资

要认定是否属于利润分配，需审查公司的真实盈利情况，即是否有利润产生，并确认利润分配是否经过股东(大)会决议，是否已经弥补亏损等。若否，则可认定为抽逃出资。

五、如何认定补足出资

股东出资纠纷案件中，违反出资义务的股东往往会主张其已经把未完成或已抽逃的出资补足，具体的理由可分为债务抵销、债务代偿、股东注资 3 种类型。笔者现作如下分析。

(一)债务抵销

债务抵销类型的补足出资，是指违反出资义务的股东提出公司对其负有债务，并以此债务与自己对公司的出资责任相互抵销，从而主张其已完成了补足出资义务。

一般来说，人民法院经审查后，在确认公司对股东所负债务是真实的情形下，是认可股东补足出资的有效性的。股东对公司的出资义务本质上是股东对公司所负的债务，因此，当股东以其对公司所享有的债权来补足对公司的出资时，法律是认可股东的抵销权的。

当然，人民法院会依照行使抵销权的要件来审查该补足出资行为是否有效，如审查公司对股东所负债务是否真实、两项债务是否均已过清偿期限、是否存在难以抵销的障碍等。

(二)债务代偿

债务代偿类型的补足出资，是指违反出资义务的股东主张本人或通过第三人已代为清偿公司的对外债务，并以此主张其已补足出资。

这种类型的补足出资实质上属于第三人代偿公司的债务，是否发生补足出资的效力，取决于公司对该代偿行为是否认可。若公司认可，则该代偿行为对公司发生效力，可以视为股东已完成补足出资；若公司不认可，则属于不同的法律关系，股东不得以此代偿行为主张补足出资，对该代偿行为引发的债权债务，应由股东另案主张。

若公司认可这种代偿行为，人民法院会审查代偿的债务是否真实存在，公司与股东是否存在虚构债务来抵偿股东出资的情形。

(三)股东注资

股东注资类型的补足出资，是指违反出资义务的股东在公司经营过程中与公司存在资金往来，其主张向公司注入的一笔或多笔资金为补足出资的款项。

对于这种主张，要认定其是否为有效的补足出资，关键点在于注资款项是否实际注入公司并由公司使用。因此，人民法院会审查公司是否对该注资形成股东(大)会或董事会决议，是否在财务账册中将其计为实收资本，还会要求提出该主张的股东提供合同、汇款凭证等，就其向公司注资的原因、基础关系等予以说明和证明，还要审查该款项的用途和走向，以查明该款项是否为公司所用。

若违反出资义务的股东无法提供证据证明款项的性质，也无法证明转入的资金已为公司所用，则一般很难被认定为补足出资。

值得注意的是，股东是否补足出资及补足出资行为的有效性，在实践中认定比较困难。违反出资义务的股东往往会抗辩其已通过代偿债务、注入资金等多种方式补足出资，然而我国法律法规对于补足出资行为有效性的认定缺乏相关规定，且许多公司缺少规范有效的财务制度，会计账簿也难以准确反映款项的性质，人民法院审查判断相关款项是否为股东的补足出资存在较大困难。

六、违反出资义务应承担的责任

违反出资义务的股东对公司负有补足出资的义务，这是其对公司的内部义务，而从外部来说，违反出资义务的股东还要向公司的债权人承担补充赔偿等责任，下面先介绍一个案例。

案例15

杨某、姜某系A公司股东，A公司成立时的章程规定，杨某出资200万元，其中10%即20万元于公司成立时缴纳，剩余90%即180万元于2021年11月8日缴纳；姜某出资300万元，其中10%即30万元于公司成立时缴纳，剩余90%即270万元于2021年11月8日缴纳。但杨某与姜某均未在2021年11月8日缴纳剩余款项。

2021年9月22日，A公司因买卖合同纠纷被B公司诉诸人民法院，最终人民法院于2021年12月1日判决A公司向B公司支付货款共计200万元。但在判决生效后执行的过程中，A公司无法清偿债务，故B公司于2022年3月9日向人民法院提起诉讼，要求杨某、姜某承担连带清偿责任。最终人民法院于2022年6月30日判决：杨某应在未出资的180万元范围内、姜某应在未出资的270万元范围内，对作为A公司债权人的B公司承担补充赔偿责任。

（一）违反出资义务股东对公司债务的补充赔偿责任

前面已经提到，如果公司对外负有债务，那么债权人可将公司和违反出资义务的股东列为共同被告；如果债权人与公司的债权债务关系已经确定，那么债权人可另案提起股东损害公司债权人利益纠纷诉讼，要求违反出资义务的股东承担赔偿责任，案例15就是对股东另行单独提起的诉讼。对此，在实践中要注意以下两点。

1. 违反出资义务的股东仅对公司不能清偿的债务承担赔偿责任

一般来说，人民法院会在判决中明确，在公司不能履行债务时，由违反出资义务的股东对公司不能清偿的债务部分承担补充赔偿责任，如果公司能清偿的，则应由公司清偿，不能随意扩大赔偿范围，这就是补充赔偿责任中“补充”的真实含义。

2. 赔偿金额应以未履行出资的本金及利息为限

违反出资义务的股东向全部债权人承担赔偿责任的范围，应以未履行出资部分的本金及利息范围为限。人民法院会查明该股东是否已经在出资本息范围内承担过责任，对已经承担过责任的部分应当予以扣除，具体分两种情况：

（1）若查明股东已承担过补充赔偿责任，则直接在判决中扣除股东已赔付金额，判令股东在剩余未出资本息范围内承担赔偿责任。如股东违反出资义务的金额为1000万元，已经向第一个债权人承担300万元的补偿赔偿责任，那么其只需在700万元范围内向后续债权人承担赔偿责任。

（2）若在审理中无法查明股东已承担过补充赔偿责任的事实及金额，人民法院会在裁判文书中予以注明，对于违反出资义务的股东已实际赔付的部分，股东可不再承担赔偿责任，以此明确后续履行或执行的标准。

（二）董监高等协助抽逃出资的责任承担

公司的董监高等协助抽逃出资的，应与抽逃出资的股东承担连带责任。《公司法修订草案二审稿》已对此予以明确，其第57条规定："公司成立后，股东不得抽逃出资。违反前款规定的，股东应当返还抽逃的出资；给公司造成损失的，负有责任的董事、监事、高级管理人员应当与该股东承担连带赔偿责任。"

董监高的身份界定应结合《公司法》和公司章程规定，依据公司规模和治理结构作具体判断。所谓协助抽逃，在主观上应明确是故意，客观上有主动协助抽逃出资的行为，如签发股东用于抽逃出资的转账支票、对伪造的合同加盖公章、在用于抽逃出资的用款申请单上签字等。实践中，人民法院会依据经验法则，结合股东抽逃出资行为的时间、方式、金额，以及董监高具体的工作职责和发现抽逃出资行为的可能性等进行综合判断。

（三）瑕疵股权受让人的责任承担

股东违反出资义务的，其股权就是瑕疵股权，如果其将该股权转让，受让人在知道或应当知道股权存在瑕疵的情况下依然受让该股权的，公司及债权人可主张该受让人承担连带责任。

对此，关键点在于审查受让人的主观状态，即如何认定受让人知道或应当知道，当然，根据"谁主张，谁举证"的原则，这方面应由公司或债权人承担举证责任。

人民法院在审查过程中一般根据下列要素判断受让人是否知道或应当知道：

1. 股权转让协议中是否对股权出资状况和出资义务负担有过约定。

2. 受让人在公司中是否任职及所担任的职务。

3. 受让人与违反出资义务的股东之间是否有关联关系或其他特殊关系。

4. 审查转让股权的数量，以及转让价格是否明显背离公允价值。若股权转让价格明显偏低或者转让股权数额较大，则有理由认为受让人应当更加审慎地查明股东是否已经足额履行了出资义务。

七、股东出资纠纷的举证责任分配

股东出资纠纷不适用《民事诉讼法》和《最高人民法院关于民事诉讼证据的若干规定》中规定的举证责任倒置规则，因此，要适用“谁主张，谁举证”的一般举证规则。但有一点要明确，在原告特别是公司的债权人提供对股东履行出资义务产生合理怀疑的初步证据后，此瑕疵出资的股东应就其已履行出资义务进行举证。

股东出资纠纷一般可以分为合同违约案件和侵权赔偿案件，这两类案件的原告在举证责任上存在些许差异。合同违约说明原告与被告签订过合同，那么原告首先要证明有合同的存在，其次只需证明被告违反了合同约定即可，有些可能是被告尚未履行合同义务，则由被告来证明自己是否已经履行了义务；而侵权案件略有不同，因为没有合同，原告不仅需要证明侵权事实的存在、造成的损失、侵权行为与损失之间有因果关系，还需要证明侵权人有过错。相对而言，侵权赔偿案件中原告的举证责任比合同违约案件中原告的举证要求更高。

在证明标准上，原告只需初步证明达到产生“合理怀疑”的程度即可。股东抽逃出资或瑕疵出资行为均具有较强隐蔽性，认定是否违反股东出资义务的关键证据，如公司的业务往来账册、资产负债表等会计账目均保存于公司内部，甚至仅由控股股东掌控，其他股东或公司债权人往往难以知悉或获取。因此，公司其他股东、债权人等只需提供对股东抽逃出资或瑕疵出资行为产生合理怀疑的初步证据，之后则由违反出资义务的股东就其已如实履行出资义务或履行补足出资义务进行证明。

另外，在审判实践中，股东违反出资义务的初步证明标准因原告的身份不同而存在一定差异，如果是公司外部债权人，由于其获得公司内部管理和运营信息比较困难，因此对其提供的初步证据的证明标准相对较低；如果是公司或其他股东，因其参与公司管理和运营的程度较高，故初步证据的证明标准相对较高。

八、出资请求权不适用诉讼时效

案例16

有限责任公司A注册资本为510万元，公司章程记载股东及其出资情况为：甲出资204万元、乙出资153万元、丙出资153万元。2017年5月，甲、乙、丙共同给登记注册代理事务所出具委托书，委托其办理企业设立登记。同日，事务所代理A公司办理企业设立登记手续，并代股东将A公司的注册资本510万元存到入资专用账户。2017年6月，事务所将A公司的注册资本收回。随后甲、丙均将其出资款存入A公司的账户，而乙一直未将其出资款交至A公司账户。2021年8月，A

公司起诉要求乙交付出资款153万元。

乙辩称,A公司成立时的注册资本全部由他人垫付,工商部门登记的A公司股东出资情况是虚假的,A公司从设立时就不具备企业法人资格,不能作为诉讼主体。另外,A公司成立于2017年6月23日,至A公司起诉时已超过3年,所以A公司的起诉已超过诉讼时效。

一审法院经审理后认为,股东应当按期足额缴纳公司章程中规定认缴的出资额。乙认缴的出资额是153万元,但其没有履行股东出资义务,A公司要求其补足153万元股东出资款的诉讼请求符合法律规定,法院予以支持。乙关于A公司不具备企业法人资格,不能作为诉讼主体的答辩意见,理由不成立,法院不予采信。根据《最高人民法院关于审理民事案件适用诉讼时效制度若干问题的规定》,基于投资关系产生的缴付出资请求权,不适用诉讼时效的规定。乙关于A公司起诉时已超过诉讼时效期间的答辩意见法院不予采信。最终法院判令乙向A公司缴纳出资款153万元。

案例16的争议焦点是,基于投资关系产生的缴纳出资请求权是否适用诉讼时效的规定。

笔者认为,股东对公司所负的出资义务不受诉讼时效的限制,违反出资义务的股东不得以此为由对抗要求其补足出资的主张。原因在于,期限届满股东就可不再履行出资义务将不利于落实资本充实原则和严格股东出资义务,在损害公司、股东利益的同时会损害交易安全。

因此,出资请求权是公司基于投资关系对股东所享有的出资请求权,其并不适用诉讼时效制度,《最高人民法院关于审理民事案件适用诉讼时效制度若干问题的规定》第1条规定,基于投资关系产生的缴付出资请求权不适用诉讼时效规定,具体还有下面几个理由。

(一)具有公法性质的股东出资义务不适用诉讼时效制度

公司拥有充足的注册资本是其开展正常有效经营活动的前提,也是其对外承担民事责任的基本保证,因此,足额出资是股东对公司的法定义务。缴纳出资请求权是公司基于股东的法定出资义务而享有的法定债权请求权,与可以由当事人自由约定处置的意定债权请求权不同。若规定出资请求权适用诉讼时效,则有违公司资本充足原则,不利于公司的发展,也不利于对其他足额出资的股东及公司债权人的保护。

诉讼时效只能适用于私法领域,在以规范社会和公共利益为目的的公法领域,诉讼时效是不能适用的。因此,出资义务不能援引诉讼时效而免除。

(二)适用诉讼时效对公司债权人不公平

公司股东在公司成立时即负有出资义务,也就是在公司成立时即产生了公司的出资请求权,而公司作为主体,其往往被未履行出资义务的股东所控制,在人格上形成混同,在此情况下,公司往往不具有追究股东虚假出资和抽逃出资责任的独立人格。在实践中,启动出资请求权程序的往往是债权人而非公司,因为债权人在追索债权时发现公司资本不足的情况后,才会请求股东履行出资义务。然而因信息不对称,债权人往往不了解公司的内部状况,故从公司成立到债权人发现股东未履行出资义务的时间间隔往往都在 3 年以上,如果适用诉讼时效制度,债权人将无法获得救济,从而让未履行出资义务的股东逍遥法外,这将造成非常不公平的严重后果。

(三)适用诉讼时效不符合立法目的

诉讼时效的主要立法目的是促使权利人及时行使自己的权利,在规定期限内不行使自己权利而又无正当理由的,说明权利人已不关心自己权利的实现。但前面已经提到,公司往往会被违反出资义务的股东所控制,而债权人发现违反出资义务的行为需要较长的时间,机械地适用诉讼时效制度,显然与诉讼时效制度的立法目的相悖。

九、出资未届履行期限的股东权利与责任

我们知道,现在对公司的注册资本实行认缴制,许多公司的注册资本看起来金额很高,实际上缴纳的金额却很少甚至没有,而且认缴款项的缴纳时间会规定在很久以后,如 10 年甚至更长时间。其实这对企业的股东是有风险的,企业创始人团队千万不能为了面子或排场而不切实际地提高注册资本金额,从而引发种种纠纷,一定要量力而为。

前面已经提到,承担补充赔偿责任的前提是已届出资期限而未出资,如果出资期限还未到,股东的权利与责任如何界定?现笔者对与此相关的一些规定和处理原则进行分析。

(一)未届出资期限的股东表决权

根据 2019 年 9 月 11 日经最高人民法院审判委员会民事行政专业委员会第 319 次会议原则通过的《全国法院民商事审判工作会议纪要》(以下简称《九民会议纪要》)的规定,股东认缴的出资未届履行期限,对未缴纳部分的出资是否享有表决权,以及如何行使表决权等问题,应当根据公司章程来确定。因此,笔者在本书通篇强调,公司章程很重要,企业创始人一定要利用好公司章程。

另请注意,如果公司章程没有规定,则应当按照认缴出资的比例确定。

如果股东(大)会作出不按认缴出资比例,而按实际出资比例或者其他标准确定表决权的决议,股东请求确认决议无效的,人民法院应当审查该决议是否符合修改公司章程所要求的表决程序,即必须经代表2/3以上表决权的股东通过。符合的,人民法院不予支持确认决议无效的请求;反之,则依法予以支持。这同样说明公司章程的重要性。

例如,甲、乙、丙、丁共同成立一家公司,注册资本为1000万元,甲认缴出资330万元,乙认缴出资250万元,丙认缴出资220万元,丁认缴出资200万元。实际上,甲实缴出资100万元,乙实缴出资200万元,丙实缴出资150万元,丁实缴出资100万元。在这种情况下,如何行使表决权?具体可分为如下几个情形:

1. 首先要看公司章程,公司章程有规定的,按公司章程规定办理。

2. 如果公司章程没有规定,那么就按认缴的出资比例确定,即表决权的比例分别为甲方占33%、乙方占25%、丙方占22%、丁方占20%。

3. 但是,如果乙方、丙方和丁方认为按认缴的出资比例进行表决不公平,应当按实际出资比例就是实缴的比例(甲方占18.18%、乙方占36.36%、丙方占27.27%、丁方占18.18%),或者其他更好的方式来表决比较公平合理,那么就要召开股东(大)会进行决议,且这个决议要符合修改公司章程的表决程序。我国《公司法》明确规定,修改公司章程,必须经代表2/3以上表决权的股东通过,请注意,这时表决权是要按认缴比例来确定的(因为如果章程没有特别规定,则要按认缴比例确定),而按认缴出资比例,乙方、丙方、丁方三方加起来共计67%,超过2/3,所以是有效的,会得到人民法院的支持,结果就是按实缴的出资比例(或其他更好的方式)进行表决。若无法达到代表2/3以上表决权的股东通过这一要求,则不会得到人民法院的支持。

4. 这里要注意,2/3以上的表决权,代表只有最低限制,没有最高限制,理论上来说,可以是100%,比如阿里的公司章程规定修改公司章程必须要有95%以上表决权通过。因此,如果公司章程规定修改公司章程需要有超过67%(如80%)的表决权通过,而乙方、丙方、丁方三方认缴的股权比例加起来无法达到修改公司章程的要求,那么,如果甲方起诉至人民法院,要求判决乙方、丙方、丁方三方同意通过的“按实际出资比例或其他标准行使表决权”的决议无效,人民法院会支持甲方的诉讼请求,判决该决议无效,则结果仍按认缴的出资比例进行表决。

(二)关于股东出资加速到期

《九民会议纪要》规定,在注册资本认缴制下,债权人以公司不能清偿到期债务为由,请求未届出资期限的股东在未出资范围内对公司不能清偿的债务承担补充赔偿责任的,人民法院不予支持。

前面已经提到,股东违反出资义务的,在应出资而未出资部分的范围内向债权人承担补充赔偿责任。但是,如果股东已经履行了应该履行的出资义务,只不过其认缴的部分出资还没有到出资的期限,这种情况下,债权人要求这个股东在还没有到期的出资范围内对公司债务承担补充赔偿责任的,人民法院不会支持债权人。

但是请注意,这里有两个例外:

1. 公司作为被执行人的案件,人民法院穷尽执行措施无财产可供执行,且实际上公司已具备破产条件,但又不申请破产的。

2. 公司债务产生后,公司股东(大)会通过决议或以其他方式延长股东出资期限的。

符合这两个例外条件中任一一个,如果债权人要求这个股东在还没有到期的出资金额范围内对公司债务承担补充赔偿责任,人民法院是会支持债权人的。

也就是说,人民法院倾向于认定,未届出资期限的股东对于还不需要出资的那部分是不需要对债权人承担补充赔偿责任的。但从保护债权人利益的角度出发,还是有两个可以加速到期的例外,一个就是公司已经作为被执行人,人民法院穷尽执行措施也没有发现公司有其他财产可供执行,并且公司已具备了破产条件,但就是不申请破产;另一个就是公司已经负有债务,而股东的出资期限已经或将要来临,但公司故意通过决议或其他方式拖延出资的期限,这显然是逃避债务的恶意行为。

我们可以看到,这两种例外的要求是比较严格的,在实践中几乎很难出现。因为第一种例外要同时具备两个条件,一是人民法院已经穷尽执行手段但仍找不到公司的财产;二是公司已经可以破产,就是已经资不抵债,但不申请破产,事实上在实践中同时符合这两个条件的情形少之又少。第二种例外是故意拖延出资期限,这种太明显的事情公司一般也不会去做。所以,在实践中,债权人是很难追究未到出资期限的股东的补充赔偿责任的。

(三)公司解散时未缴纳出资的处理

《公司法司法解释二》第22条规定:"公司解散时,股东尚未缴纳的出资均应作为清算财产。股东尚未缴纳的出资,包括到期应缴未缴的出资,以及依照公司法第二十六条和第八十条的规定分期缴纳尚未届满缴纳期限的出资。公司财产不足以清偿债务时,债权人主张未缴出资股东,以及公司设立时的其他股东或者发起人在未缴出资范围内对公司债务承担连带清偿责任的,人民法院应依法予以支持。"

前面讲到,股东在出资未到期时,一般不需要承担对公司债务的补充赔偿责任,但在公司解散时有所不同。上述法条规定很明确,如果公司要解散清算,那么认缴而未缴纳的出资要作为清算财产进行清算,不管是未到期、已到期而未缴纳、分期缴纳而未缴纳的出资,都要拿出来作为清算财产。也就是说,这些清算财产都可以作为公司归还债务的财产基础。所以说,公司创始人团队在确定注册资本的金额时不能太随便。

但请注意,归还债务是有前提的,就是首先要以公司的财产清偿债务,只有在公司没有财产或者财产不够清偿债务时,债权人才有权要求股东在未出资范围内承担连带清偿责任。

另外请注意,此时未缴纳出资的股东承担的是对债权人的偿还义务,而非对其他股东的义务。前面已经提到,其他已经履行出资义务的股东有权要求未履行出资义务的股东承担出资义务和赔偿责任,但在公司解散清算时,上述法条没有规定其他股东有权利要求未履行出资义务的股东在未出资范围内承担连带清偿责任,这主要是出于保护公司外部第三人利益的立法考量。当然,笔者认为,在不侵害第三人利益的前提下,公司也有权通过内部权力机关对内部事项作出规定并进行有效处理。

(四)《公司法修订草案二审稿》的新规定

《公司法修订草案二审稿》对股东出资未届履行期限(未届缴资期限)的责任规定趋于更加严格,其第53条规定:"公司不能清偿到期债务的,公司或者已到期债权的债权人有权要求已认缴出资但未届缴资期限的股东提前缴纳出资。"

从上述规定可以看出,只要公司不能清偿到期债务,公司和债权人均有权要求已认缴出资但未届缴资期限的股东提前缴纳出资,其否定了《九民会议纪要》规定的"出资加速到期"所需的两个例外条件,而仅以"公司不能清偿到期债务"为唯一条件,这对股东来说责任是极其重大的。当然,《公司法修订草案二审稿》还在征求意见阶段,最终如何规定尚未可知,同时对"公司不能清偿到期债务"的具体含义可能还需要通过司法解释进行界定,但这也警醒企业创始人团队切不可随意提高注册资本的认缴金额。

第四节 股权确认纠纷

股权确认实质上就是对股东资格的确认,在司法实践中,因股东资格而产生的股权确认之诉是最为常见的一种股权纠纷和诉讼,也是在实践中较为复杂的诉讼。股东资格的认定,主要以是否持有公司的股权为认定标准。

在实践过程中,因公司的设立和运作不规范,存在大量的股东资格认定难题。对此,司法机关及理论界存在相互对立的观点,依据不同的认定标准,会得出相互冲突的结论。因此,首先需要对股东的特征进行大体的描述,以作为处理该类案件的指导。一般来说,无论股权是原始取得还是通过依法转让、增资等方式取得,股东大体上都应具备如下特征:

1. 持有公司的股权。这是首要的一点,所有股东必须持有公司的股权,否则就不会有股东的称号。

2. 是公司的出资人。股东需要出资,不管是货币、实物资产还是各项权利,出资是股东的必要条件,并要有合法的出资证明。比如在有些股权代持的情况下,隐名股东并没有显示在公司有股权,但要认定其为股东,出资是必要条件。另外,有些股权是通过赠与取得,如在股权激励中由大股东直接赠与优秀员工的股权,员工自己虽然没有出资,但事实上这些股权已经由大股东代为出资,员工获得的股权仍然视为已经出资获得的股权。

3. 持有出资证明书、股票等文件,并记入股东名册。按法律规定,股东需要持有出资证明书、股票等文件,并记入股东名册,以对外表明其股东的身份,也可在发生纠纷时向司法机关提交上述相关文件以证明其股东身份。

4. 依法登记于市场监管部门。不管是个人还是单位,股东都应依法在市场监管部门进行股权登记。

5. 对公司享有权利并承担义务。投资有风险,股东享有法律、公司章程规定的权利,也要承担法律、公司章程规定的义务,并承担与股权比例相对应的风险。

6. 签署公司章程。公司章程是公司的"宪章",股东都要签署,要承认公司章程并按公司章程的规定行事。

当然,在实践中,由于公司运作不规范,股东并不一定全部具备这些特征,比如代持股权,隐名股东就没有在市场监管部门登记,也没有出资证明书等;另外,许多公司没有发给股东出资证明书等文件,没有设置股东名册,签署公司章程也并不一定是全体股东签字。因此,在发生纠纷时,人民法院需要从实际出发来确认真实股东身份,以维护真实股东的合法权益,有效解决股权确认纠纷。

一、诉讼主体

《公司法司法解释三》第 21 条明确规定:"当事人向人民法院起诉请求确认其股东资格的,应当以公司为被告,与案件争议股权有利害关系的人作为第三人参加诉讼。"股权确认纠纷案件形式多样,原告的身份也多种多样,一般来说,认为自己是公司股东的人或单位,向人民法院起诉确认其股东资格的,都可以成为原告。那么相对应地,公司就是被告。另外,与案件争议股权有利害关系的人可列为第三人参加诉讼。

股东之间、股东与公司以外的第三人之间就股东资格存在争议的,起诉一方为原告,相对方为被告。比如股权代持纠纷中,隐名股东为原告,显名股东为被告,有的案例将公司、其他股东列为第三人;当然,也可能是显名股东不愿再履行股权代持协议,但隐名股东不同意,那么这时显名股东就是原告,隐名股东为被告,公司和其他股东不配合的,也可将公司和其他股东一并列为被告;另外,隐名股东欲显名成为真实股东时,若其他股东不愿意,或者公司不配合办理变更登记,则此时隐名股东为原告,其他股东或公司为被告。

二、出资证明

在股权确认纠纷中,出资证明是非常重要的。前面已经提过股东的特征,其他特征股东可以没有,但出资证明必须有,不管这个出资是货币、实物还是技术等。不论是公司设立时的出资还是增资时的出资,或者股权转让的款项支付,如果要证明股东的身份,出资证明是首要的,具体可提供的出资证明如下:

1. 以货币、实物、知识产权、非专利技术、股权、债券、土地使用权等向公司出资的,要提供汇款凭证,产权或相关权利转让给公司的证明,或者以合法方式取得技术股、赠与股等的合同或相关证明。

2. 有限责任公司有出资证明书,股份有限公司有认股书或股票,且证明已为公司章程、公司股东名册等所记载。

三、股权确认纠纷的几种类型

(一)因股权代持产生的股权确认纠纷

关于股权代持,前面几章或多或少都有提及,比如说股权架构设置中股权预留的代持问题,员工股权激励中的代持,离婚诉讼中涉及的股权代持问题,当当网创始人夫妻离婚案件中其儿子股权代持的问题解析等。股权代持的现象在现实中也很普遍,在出资纠纷中也有股权代持的一些案件,但是出资纠纷中注重的是哪一方是真实的出资人,而股权确认纠纷关注的是能否将实际出资人确认为真实的股东。

股权代持纠纷在现实中越来越多,各人民法院关于股东资格认定纠纷(主要表现为实际出资人请求显名)类型案件的数量占比普遍较高。因此,笔者将因股权代持产生的股权确认纠纷作为股权确认纠纷的重点。

1. 股权代持简介

笔者在第五章第六节关于当当网创始人夫妻离婚的案例分析中,对股权代持有过相关的介绍。

股权代持(在股份有限公司中称为股份代持,在没有特指股份有限公司的情形下，以下统称为股权代持)，又称委托持股、隐名投资或假名出资，根据最高人民法院司法解释的相关规定，其是指实际出资人(隐名股东)与名义出资人(显名股东)约定，以名义出资人的名义代实际出资人履行股东权利义务的一种股权处置方式。

在股权代持中，被代持的一方叫实际出资人，也叫隐名股东。之所以叫隐名股东，是因为其名义上不拥有公司的任何股权，就是说没有在工商登记文件、公司章程、股东名册等文件中显示其有股权；代持股权的一方叫名义出资人，也叫显名股东或名义股东，因为工商登记文件、公司章程、股东名册等文件中显示其持有股权。

在此种情况下，实际出资人(隐名股东)与名义出资人(显名股东)往往会通过代持协议来确定存在代为持有股权的事实。代持协议一般会约定显名股东不享有实际权利，一切权利归隐名股东所有，显名股东只是按隐名股东的要求行事，有些隐名股东会支付显名股东一定的报酬。

一般来说，隐名股东是因为一些难言之隐，在万般无奈之下才让他人代持股权，大致有如下原因：(1)真实出资人不愿意公开自己的身份，如国家工作人员。(2)规避经营中的关联交易。(3)规避国家法律对某些行业持股及持股数量的限制。(4)公司章程对股东身份有特别的要求，真实出资人无法达到这个要求。

因此，股权代持的相关主体往往有着不可告人的目的，有规避法律法规的嫌疑，而且容易引起各种纠纷。所以，在涉及企业 IPO、新三板或上市公司重大资产重组等项目时，我国相关监管部门是严格禁止企业存在股权(股份)代持这种现象的。另外，金融行业、上市公司等涉及公共利益行业的代持协议往往会因违反强制性规定而被认定为无效。

隐名股东与显名股东就代持协议的效力发生争议时，或者隐名股东想恢复股东身份，但显名股东或公司、其他股东不同意时，就会出现股权确认纠纷。

有一点必须明确，实际出资人在代持协议中应被明确为真实股东，并要承担投资风险，如果双方并未约定实际出资人为真实股东或者承担投资风险，且实际出资人亦未以股东身份参与公司管理或者实际享受股东权利，双方之间不宜被认定为代持关系，实际出资的一方可能是借款给另一方，这样就可能按债权债务关系处理。

2. 有限责任公司的股权代持

案例17

2017 年 3 月，原告王某、被告李某签订合作出资协议，约定原告王某出资受让 A 公司的股权，占股 17.98%，并同意将股权全部登记在被告李某名下，股东权利由被告李某代为行使。

同月,双方签订补充协议,确认被告李某已实际持有A公司17.98%的股权,双方同意被告李某代为持股的期限为3年,持股期限届满后30日内,被告李某应将股权变更登记至原告王某的名下,相应手续依法办理;若A公司其他股东提出异议或其他事由导致变更登记无法完成,则被告李某应以市价受让原告王某的股权,或将代为持有的原告王某的股权转让给第三方,并将转让款返还于原告王某。

2018年11月25日,被告李某出具承诺书,承诺于2019年2月底前将原告王某实际持有A公司的17.98%的股权变更登记至原告王某名下。但被告李某并未按期将股权变更至原告王某名下,于是王某将李某起诉至法院,要求确认被告李某持有的A公司的17.98%的股权为原告王某所有;且被告李某应至市场监管部门将上述股权变更登记至原告王某名下。经查,截至2019年5月15日,A公司股东为被告李某、马某、曹某等14位自然人和B公司。

法院审理程序如下:

(1)原被告双方签署的合作出资协议、补充协议和被告出具的承诺书,系当事人真实意思表示,无《合同法》(已失效)第52条规定的情形,因此合法有效。按约定,应确认争议股权为原告王某所有。

(2)如要将股权变更至原告王某名下,相当于股东向股东以外的人转让股权,应按照《公司法》第71条第2款、第3款和《公司法司法解释三》第24条第3款的相关规定,经其他股东半数以上同意。

(3)审理中,法院在A公司张贴通知,并向A公司部分股东发出通知,说明根据《公司法》有关规定,如A公司股东对原告王某、被告李某之间的股权变更登记有异议,应按规定购买有争议的股权,并于2019年12月31日前回复。

(4)嗣后,马某等8位股东(半数以上)同意股权变更登记并放弃优先购买权。因此,王某、李某之间股权变更登记的条件已经成就,原告王某要求被告履行相应股权变更登记手续的诉讼请求,符合事实与法律依据,应予支持。

综上,法院判决如下:

确认被告李某持有的A公司17.98%的股权(价值人民币360万元)为原告王某所有。被告李某应在判决生效之日起10日内至市场监管部门将上述股权变更登记至原告王某的名下。

(1)有限责任公司的股权代持一般被认定为有效

案例17是在一家有限责任公司内发生的股权确认纠纷。在有限责任公司中,如无违反法律或行政法规的禁止性规定,一般认定代持协议有效。

《公司法司法解释三》第24条第1款、第2款规定:“有限责任公司的实际出资人与名义出资人订立合同,约定由实际出资人出资并享有投资权益,以名义出资人为名义股东,实际出资人与名义股东对该合同效力发生争议的,如无法律规定的无效情形,人民法院应当认定该合同有效。前款规定的实际出资人与名义股东因投资权益的归属发生争议,实际出资人以其实际履行了出资义务为由向名义股东主张权利的,人民法院应予支持。名义股东以公司股东名册记载、公司登记机关登记为由否认实际出资人权利的,人民法院不予支持。”

上述股权确认纠纷案发生在有限责任公司中,而有限责任公司的实际出资人与名义出资人订立合同,约定由实际出资人出资并享有投资权益,以名义出资人为名义股东,该合同如无《合同法》(已失效)第52条(现分列于《民法典》第148～154条)规定的情形,也就是没有违反法律或行政法规的禁止性规定的情形的,应当认定代持协议有效。同时,实际出资人有权依约主张确认股权归其所有。

(2)隐名股东要求恢复真实股东身份时,需征得其他股东半数以上同意

应当注意的是,前面介绍的司法解释和案例的判决均未使用隐名股东、显名股东和股东权利的说法,而是使用实际出资人、名义出资人和投资权益的表述,这是因为在不存在第三人的情况下,名义出资人和实际出资人的纠纷就是合同纠纷,所以要以当事人真实的意思表示来确立权利义务关系。认定其为合同纠纷,就表示不直接认定隐名股东是真实股东,只认定其是实际出资的人,故称为实际出资人。也就是说,投资权益并不等同于股东权益,投资权益只能向名义出资人主张,而不能直接向公司主张。因此,隐名股东要求显名或者说要恢复真实股东身份的,应按照《公司法》的相关规定,按股东向股东以外的人转让股权的规则来处理。

我国《公司法》第71条第2款关于股东向股东以外的人转让股权的规定是:“股东向股东以外的人转让股权,应当经其他股东过半数同意。股东应就其股权转让事项书面通知其他股东征求同意,其他股东自接到书面通知之日起满三十日未答复的,视为同意转让。其他股东半数以上不同意转让的,不同意的股东应当购买该转让的股权;不购买的,视为同意转让。”然而《公司法司法解释三》第24条第3款的规定是:“实际出资人未经公司其他股东半数以上同意,请求公司变更股东、签发出资证明书、记载于股东名册、记载于公司章程并办理公司登记机关登记的,人民法院不予支持。”

通过对比,我们可以知道,如果隐名股东要恢复真实股东身份,虽然要按《公司法》第71条第2款关于股东向股东以外的人转让股权的规定办理,但在公司其他股东同意的比例上,还是有略微的区别。《公司法》第71条第2款规定应当经其他股东“过半数”同意,而《公司法司法解释三》第24条第3款规定其他股东“半数以上”同意。前面已经介绍过,“半数以上”是包括本数的,就是只要达到50%即可,而“过半数”是不包括本数的,那么只达到50%是不行的,要超过50%才行。因此,

虽然只是略微的区别，但在实践中可能相差会很大。比如说其他股东是4个，按《公司法司法解释三》第24条第3款的规定，有2个股东同意即可，而按《公司法》第71条第2款的规定，要3个股东同意才行。有时候，要争取一个股东的同意是非常困难的事情。

那么在这种情况下，是采用《公司法》还是《公司法司法解释三》的规定呢？笔者认为，隐名股东恢复真实股东身份，参照股东向股东以外的人转让股权的规则办理，这只是一种参照，并不是真实的股权转让，所以并不一定要全部按《公司法》中股权转让的相关规定办理，只不过在没有其他规则的前提下，就需要按《公司法》的规定来办理。但现在《公司法司法解释三》有明确规定，就应按《公司法司法解释三》的规定办理，也就是“半数以上”的其他股东同意即可。

上述案例中，人民法院通过在公司办公场所张贴通知并向其他股东邮寄通知的方式，要求其他股东提供书面回复意见，公司其他股东半数以上表示同意股权转让的，应当认定该股权恢复程序符合规定，名义出资人应依约配合实际出资人办理相应的股权变更登记手续。

但是，如果其他股东同意数量没有达到50%，那么不同意的股东可以购买这些股权，如不购买则视为同意。但如果其他股东要购买这些股权，对于隐名股东来说，就无法恢复其股东身份，这个与离婚诉讼中关于股权分割的处理原则是一样的，就是隐名股东只能拿到购买股权的款项（财产权益），而无法拥有股权。

这里有一个股权价格的问题，一般人民法院会聘请评估机构对股权进行评估，以确定股权的公允价格。如果其他不同意的股东中有多个想购买股权，则一般是按出资比例分配，当然人民法院也可以采取竞拍的方式，价高者得。读者具体可以参考第五章“股权与婚姻家庭”中关于确定股权价格的相关论述，因处理方式基本一致，此处不再赘述。

另外，如果隐名股东只是让他人代持部分股权，其自身还保留一些公司股权，那么隐名股东事实上也是公司的股东，笔者认为，此种股权转让不需要受《公司法》和《公司法司法解释三》的限制，因为这些规定都是针对隐名股东为“股东以外的人”，若隐名股东还持有公司的股权，则股权是在股东之间相互转让，这样就可以直接转让，不需要其他股东的同意，其他股东也不享有优先购买权。

（3）如何界定其他股东的“同意”

《公司法司法解释三》第24条第3款规定，隐名股东要恢复其真实股东身份的，需要公司其他股东半数以上同意，但对于“同意”这个词，《公司法司法解释三》并未作出定义，以至于在隐名股东要求显名的案件中，被告往往以未满足“同意”条件为抗辩理由，使之成为案件争议的焦点。实践中，法院认可的“同意”主要包括以下情形。

①事前明示

事前明示是指公司的其他股东事前在代持协议或相关文件中作出过同意隐名股东显名的意思表示。

例如,在贵州省贵阳市中级人民法院审理的(2016)黔01民初965号案中,虽然其他股东在实际出资人提出显名要求后,未作同意表示甚至以此为由进行抗辩,但鉴于代持协议中约定实际出资人解约后可随时恢复股东身份,且其他过半数股东在代持协议中签字盖章确认。因此,贵阳市中级人民法院认定事前其他股东在代持协议中已作出过同意隐名股东显名的真实意思表示,故支持了隐名股东的显名诉请。

②事后明示

事后明示,指其他股东事后对隐名股东的显名要求明确作出同意的表示。

在隐名股东提出显名要求后,其他股东对此明确作出同意表示是最直接的“同意”证明,具体形式包括:在隐名股东向其他股东发函后,其他股东以回函形式表示同意,或者其他股东在股东会决议中对此作出同意的表决等;也有人民法院直接向其他股东发函后,其他股东明确表示同意。

③其他股东未在规定期限内答复的,视为同意

《公司法》第71条第2款规定:“股东向股东以外的人转让股权,应当经其他股东过半数同意。股东应就其股权转让事项书面通知其他股东征求同意,其他股东自接到书面通知之日起满三十日未答复的,视为同意转让……”

例如,在江苏省无锡市中级人民法院审理的(2017)苏02民终5602号案中,因其他股东在收到实际出资人关于解除代持协议并显名恢复股东身份的通知后30日内未作答复,无锡市中级人民法院援引《公司法》第71条第2款的规定,认定其他股东已作出同意表示。

④其他股东明知代持事实且对隐名股东实际行使权利未提出异议的,视为同意

其他股东明知代持的事实存在,但未提出异议,这实际上是一种默示,关于默示能否构成同意,以前在司法实践中存在较大分歧,而《九民会议纪要》第28条首次对此予以肯定回答。

《九民会议纪要》第28条【实际出资人显名的条件】规定:“实际出资人能够提供证据证明有限责任公司过半数的其他股东知道其实际出资的事实,且对其实际行使股东权利未曾提出异议的,对实际出资人提出的登记为公司股东的请求,人民法院依法予以支持。公司以实际出资人的请求不符合公司法司法解释(三)第24条的规定为由抗辩的,人民法院不予支持。”

笔者理解，如果隐名股东有证据证明其他股东有过半数知道隐名股东是实际出资人，而且在隐名股东行使股东的权利（如参加股东会）时没有提出异议，在这种情况下，人民法院认为其他半数以上股东事实上已经认可了隐名股东的真实股东的身份，不需要再履行前文提及的其他股东半数以上同意的程序。

（4）不存在其他股东的特殊情形

《公司法司法解释三》第 24 条第 3 款"经公司其他股东半数以上同意"中的"其他股东"，是指除显名股东以外的其他股东，如果没有其他股东，就不需要受《公司法司法解释三》第 24 条第 3 款的限制，具体有如下两种情形。

①一人公司

如果公司只有一名股东，那么事实上只有隐名股东与显名股东发生关系，所以隐名股东若要恢复真实股东身份，则不受其他股东半数以上同意的限制。

②其他股东均为名义出资人

例如，在浙江省金华市中级人民法院审理的（2016）浙 07 民终 4622 号案中，因登记在册的两位显名股东均系代持股权，金华市中级人民法院认定其不属于《公司法司法解释三》第 24 条第 3 款规定的其他股东，故不得以此为由拒绝实际出资人的显名请求。

（5）代持的法律风险

①对于隐名股东

对隐名股东来说，股权登记在他人名下，其就无法有效把控，风险是显而易见的。

显名股东如果有恶意，可以将登记于其名下的股权转让、质押或者以其他方式进行处分，并以此获利，那么隐名股东的损失就会很大。虽然《公司法司法解释三》第 25 条有明确规定，遇到这种情况，实际出资人以其对于股权享有实际权利为由，请求认定处分股权的行为无效的，人民法院可以参照《民法典》第 311 条关于善意取得的相关规定处理。名义股东处分股权造成实际出资人损失，实际出资人请求名义股东承担赔偿责任的，人民法院应予支持。但根据上述规定，如果股权被处分后，第三人是善意取得的（因为第三人从工商登记资料是无法查出有代持情形的），隐名股东很难向第三人主张权利，而只能要求显名股东赔偿损失。结果往往是丢了股权又无法获得足额的赔偿。

因此，笔者建议尽量不要让他人代持股权，否则会带来很大的风险。

②对于显名股东

股权代持对显名股东来说风险也很大，特别是在公司经营不善的情况下。

我们知道，显名股东并未实际出资，而对公司履行出资义务是享有股东权利的基础,未实际出资的名义股东因此不会享有公司知情权、表决权、选举权和被选举权、转让权、分红权等股东权利。事实上,代持协议中往往也会约定显名股东不享有这些权利。

虽然没有权利,但因为显名股东登记于市场监管部门和股东名册,往往会被视为承担义务的主体对象。比如在公司资不抵债时,因为其股东身份已向社会公示,实际出资人与名义股东之间的这种私下代持行为并不能对抗善意第三人,所以显名股东不但不享有股东的权利,而且存在对公司债务承担连带责任的法律风险。另外,如果隐名股东尚未完成全部出资,在前面介绍的出资纠纷中也提及,名义股东还可能在应缴而未缴出资范围内承担补充赔偿责任。

虽然说,显名股东向公司债权人承担责任后,可按照约定向隐名股东追偿因此遭受的损失,但这首先要看显名股东与隐名股东的代持协议如何约定;另外,在许多情况下,隐名股东已经没有偿付能力或已经失踪,显名股东在承担责任后,其追偿权很可能无法获得有效的保障。

实践中,如果是显名股东不想代持股权而要求向隐名股东返还其代持的股权,实质效果相当于隐名股东要求恢复真实股东身份。前面已经提到,若隐名股东没有保留任何公司股权,即被视为"股东以外的人",其要进入公司成为真实股东,要经过其他股东半数以上同意才行。这些程序对显名股东来说是漫长且麻烦的,也存在诸多不确定因素和风险。

(6)对代持当事人的建议

应该说,关于股权代持的法律法规是不完善的,所以会导致诸多纠纷,笔者也在前面介绍了股权代持存在的风险。但是,在现实中,也存在不得不采用股权代持的情况。笔者认为,如果是不得已采用股权代持的,尽量要做到如下两点。

①提前让其他股东在代持协议或相关文件中签字盖章确认

前面已经提到《九民会议纪要》第 28 条之规定,无论是事前还是事后,隐名股东如果能让其他股东在代持协议或相关文件中签字盖章,就说明其他股东是事先明知隐名股东实际出资这一事实的。因此,无论对于隐名股东还是显名股东,若要解除代持并且恢复隐名股东的真实股东身份,这样都是比较有利的,可以尽可能减少不必要的恢复程序。

②在代持协议中约定解除条款

隐名股东和显名股东在签订代持协议前,一定要考虑清楚在哪些情况下自己可以解除代持协议,并在协议中设置明确的退出条件,以规避风险,这对隐名股东和显名股东都非常重要,所以一定要制定出对自己有利的条款。

对隐名股东来说,至少要在协议中约定,当显名股东的某些行为已经超出协议约定的范围，或者隐名股东对显名股东不满意时，可以随时解除代持协议；对于显名股东来说，至少要在协议中约定，当公司或隐名股东的某些行为或事实对其产生影响时，如公司或隐名股东成为失信被执行人、进入破产程序，或者涉诉达一定数量以上等，可以解除代持协议。这非常重要，有利于协议当事人在必要时充分维护自身权益。如果双方考虑不清楚，建议聘请专业律师拟订相关协议和条款。

3. 股份有限公司的股份代持

《公司法司法解释三》中只规定了有限责任公司代持股权的情况，对于股份有限公司的股份代持没有明确规定。在司法实践中，股份有限公司股份代持协议的认定原则与有限责任公司股权代持协议的认定原则是基本一致的。我们来看一个案例。

案例 18

2008 年 6 月 16 日，原告施某与被告新华公司签订代持股份协议 1 份，约定原告拟入股江苏盐城农村商业银行股份有限公司（以下简称盐城农商行），由原告施某实际出资，但委托被告新华公司以被告的名义入股，股权收益和风险均由原告承担。该代持股份协议签订后，被告新华公司依照约定入股盐城农商行。

2015 年 1 月 10 日，原告施某与被告新华公司签订协议书 1 份，双方就解除股份代持事宜作出安排，双方商定在协议书签订后一个月内由被告协助原告办理过户手续。但由于第三人盐城农商行不愿配合办理股份过户事宜，故原告只能向法院起诉，要求确认其真实股东资格。

法院认为，原被告之间签订的代持股份协议、协议书系双方真实意思表示，亦不违反法律禁止性规定，应属合法有效。原告施某作为实际出资人，与名义出资人新华公司约定的代持股份的期间已经届满，原告要求盐城农商行将登记在新华公司名下的股份变更至原告施某名下，并要求新华公司履行协助义务合法有据，登记在新华公司名下的股份变更至原告名下，并不影响盐城农商行的合法权益，故应予以支持。

通过案例 18 可以看出，人民法院对股份有限公司的股份代持协议有效与否的考量，是基于该代持协议是否违反法律或行政法规的禁止性规定的，即审查代持协议是否有《合同法》（已失效）第 52 条（现分列于《民法典》第 148 ~ 154 条）禁止性规定的情形，若没有，则认定协议有效。这一点和对有限责任公司的股权代持协议的法律效力的考量点一致。

相比有限责任公司，股份有限公司在确认实际出资人后，可以直接恢复其股东身份,不需要像有限责任公司那样经过其他股东半数以上同意,其他股东也没有优先购买权。这是由股份有限公司的资合性质决定的,比起有限责任公司,股份有限公司更看重股份本身而非持股人是谁。案例18中,人民法院认为该案属于隐名股东显名化的过程,相当于股份有限公司的股份转让,《公司法》第137条明确规定,股东持有的股份可以依法转让,并没有分对内和对外,也没有规定需要其他股东同意。因此,只要确定代持协议有效,隐名股东在股份有限公司就可以比较方便地恢复真实股东身份。

4. 特定行业的禁止性规定

在我国,金融行业、上市公司等涉及不特定人公共利益的行业,其股东签订的代持协议往往会被认定为因违反强制性规定而无效,最高人民法院对此有诸多判例。

(1)金融保险行业

《保险公司股权管理办法》第49条第1款、第2款规定:"保险公司股东质押其持有的保险公司股权的,不得损害其他股东和保险公司的利益。保险公司股东不得利用股权质押形式,代持保险公司股权、违规关联持股以及变相转移股权。"

最高人民法院(2017)最高法民终529号民事裁定书中指出,违反《保险公司股权管理办法》有关禁止代持保险公司股权规定的行为,在一定程度上具有与直接违反《保险法》等法律、行政法规一样的法律后果,同时还将出现破坏国家金融管理秩序、损害包括众多保险法律关系主体在内的社会公共利益的危害后果。故依据《合同法》(已失效)第52条(现分列于《民法典》第148~154条)的规定,该股权代持协议无效。

(2)上市公司(包括拟上市公司)

《首次公开发行股票注册管理办法》第12条规定,发行人的股份权属清晰,不存在导致控制权可能变更的重大权属纠纷。

最高人民法院(2017)最高法民申2454号民事裁定书中指出,拟上市公司股权必须清晰,约束上市公司不得隐名代持股权,系对上市公司监管的基本要求,上市公司真实股东都不清晰的话,其他对上市公司系列信息披露要求、关联交易审查、高管人员任职回避等监管举措必然落空,必然损害广大非特定投资者的合法权益,损害资本市场基本交易秩序与基本交易安全,损害金融安全与社会稳定,从而损害社会公共利益,故诉争代持协议应被认定为无效。

(3)其他禁止性规定

①《公开募集证券投资基金管理人监督管理办法》第30条规定:"基金管理公司股东、实际控制人应当遵守法律、行政法规和中国证监会的规定,秉承长期投资理念,依法行使权利、履行义务,推动完善公司治理、风险管理与内部控制,保障基

金管理公司合规经营,保护基金份额持有人利益。基金管理公司股东、实际控制人不得存在下列情形:……(四)为其他机构、个人代持基金管理公司的股权,或者委托其他机构、个人代持股权;占有或者转移基金管理公司资产……”第 43 条规定:“基金管理公司设立境内子公司的,应当符合本办法第四十二条第一款的规定,且符合下列条件:……(二)不得存在任何形式股权代持……”

②《关于外国投资者并购境内企业的规定》第 15 条规定:“并购当事人应对并购各方是否存在关联关系进行说明,如果有两方属于同一个实际控制人,则当事人应向审批机关披露其实际控制人,并就并购目的和评估结果是否符合市场公允价值进行解释。当事人不得以信托、代持或其他方式规避前述要求。”

③《商务部实施外国投资者并购境内企业安全审查制度的规定》(商务部公告 2011 年第 53 号)第 9 条规定:“对于外国投资者并购境内企业,应从交易的实质内容和实际影响来判断并购交易是否属于并购安全审查的范围;外国投资者不得以任何方式实质规避并购安全审查,包括但不限于代持、信托、多层次再投资、租赁、贷款、协议控制、境外交易等方式。”

综上,违反上述规章或相关规定,并造成较大社会影响的,可能会被认定为违反强制性规定和损害公共利益而导致代持协议无效。

(二)请求公司签发股权证明文件和办理登记的股权确认纠纷

《公司法》规定,公司应当签发出资证明书和备置股东名册,并在登记机关办理登记。股东可以凭借出资证明书和股东名册上的记载,证明其股东身份,从而向公司主张权利,股东也可以凭借股东名册上的记载,向他人主张其股东身份。如果在出资或者股权转让过程中,公司没有签发出资证明书和在股东名册中进行相应记载,或者不去公司登记机关办理申请登记或变更登记,那么实际出资人或者股权受让人有权对公司提起诉讼,请求确认其股权所有权或股东身份。

关于这一点,《公司法司法解释三》第 23 条明确规定:“当事人依法履行出资义务或者依法继受取得股权后,公司未根据公司法第三十一条、第三十二条的规定签发出资证明书、记载于股东名册并办理公司登记机关登记,当事人请求公司履行上述义务的,人民法院应予支持。”笔者具体分析如下。

1. 股权证明文件的效力

(1)有限责任公司的股东名册

记载于有限责任公司股东名册的股东向公司主张股东权利,公司无相反证据证明其请求无理的,人民法院应予支持。也就是说,即使未办理股权变更登记,只是在股东名册上有所记载,也可以证明其股东的身份。

我国《公司法》第 32 条第 2 款规定:“记载于股东名册的股东,可以依股东名册主张行使股东权利。”对此，《九民会议纪要》进一步明确，其第8条规定：“当事人之间转让有限责任公司股权，受让人以其姓名或者名称已记载于股东名册为由主张其已经取得股权的，人民法院依法予以支持……”

另外，有限责任公司未置备股东名册，或者因股东名册登记管理不规范，未及时将出资人或者股权受让人记载于股东名册，但以其他形式认可出资人或者股权受让人股东身份的，出资人或者股权受让人也可以依照前款规定向公司主张权利。

（2）股份有限公司的股票

股份有限公司成立后，履行出资义务的股东有权请求公司交付股票，公司不予交付的，股东可以向人民法院提起诉讼，请求公司履行交付股票的义务；通过证券交易市场购买上市公司的股份而成为股东的，其股东身份可以通过股票交易记录予以证明，其起诉请求公司交付股票的，人民法院一般不予支持。

2. 公司或相关责任人不配合办理股权登记的后果

公司未对股东办理股权登记或变更登记的，对外不得对抗善意第三人。

对此，我国《公司法》第32条第3款规定：“公司应当将股东的姓名或者名称向公司登记机关登记；登记事项发生变更的，应当办理变更登记。未经登记或者变更登记的，不得对抗第三人。”《九民会议纪要》第8条有更明确的规定，即明确第三人为善意相对人，具体如下：“未向公司登记机关办理股权变更登记的，不得对抗善意相对人。”

也就是说，如果在股权转让完成后，在办理股权变更登记前，原登记的股权转让方又恶意把股权转让给第三人，并和第三人办理了股权变更登记手续，只要第三人是善意且不明知的，就视为第三人受让股权完成，而前一轮的股权受让方只能向股权转让方和相关责任方要求赔偿，不能向善意第三人要求返还股权。

如果公司相关人员明知要办理变更登记或者经股权受让方要求而未及时办理变更登记，造成原股东一股二卖或几卖，那么原股东和公司相关人员应该承担相应的责任。对此，《公司法司法解释三》第27条第2款明确规定：“原股东处分股权造成受让股东损失，受让股东请求原股东承担赔偿责任，对于未及时办理变更登记有过错的董事、高级管理人员或者实际控制人承担相应责任的，人民法院应予支持……”

当然，如果股权受让方对未及时办理变更登记也有过错，那么可以适当减轻上述董事、高级管理人员或者实际控制人的责任。

（三）公司拒绝承认瑕疵出资股东的股权确认纠纷

关于瑕疵出资的问题，前面已经在股东出资纠纷中有详细的介绍，即由于某个股东的出资存在一些问题，公司并不认可其股东身份，那么这个股东如果提出确权之诉，被告应当是公司。笔者认为，关于瑕疵出资股东的资格问题，如果瑕疵出资并不导致公司设立无效或无法继续经营,一般情况下不宜轻易否定瑕疵出资股东的资格。

前面已经提到许多出资纠纷,笔者不再重复介绍。

(四)股权转让引起的股权确认纠纷

根据《公司法》的规定,公司股东名字须记载于股东名册,有限责任公司股东名字还须记载于公司章程,并进行工商登记;股份有限公司发起人名字为工商登记事项和公司章程应记载事项。因此,在确认股东身份时,应以上述文书或登记簿为准。但在现实中,许多公司经营管理比较混乱,并没有按规定行事。

如果股权转让双方因为过失或者其他原因,在股权转让过程中没有履行法定的变更登记手续,或者没有交付出资证明书或股票,今后就可能发生股权确认纠纷。

另外,股份有限公司会发行无记名股票,股东可以凭借其持有的无记名股票向公司主张权利。如果无记名股票持有人转让股份时未交付无记名股票,则受让人将无法证明其股权之存在,从而可能发生股权确认纠纷。

因为后面一节专门介绍股权转让纠纷,会详细阐述相关内容,所以这里不作重点。

第五节　股权转让纠纷

股权转让是指公司股东依法将自己的股权让渡给他人,使他人成为公司股东的民事法律行为。

股权转让纠纷,是指股权转让过程中所发生的纠纷,主要包括股东之间转让股权的纠纷,以及股东与非股东之间转让股权的纠纷。股权转让纠纷通常包含股权确认,其纠纷往往发生在受让方与公司两个主体之间,对此前面已经有详细介绍,此处不再赘述。

涉及股权转让的事项很多,除正常的股权购买外,还有股权池预留股权的转让、夫妻财产分割涉及的转让、员工股权激励后离职涉及的股权转让,以及股东死亡后继承涉及的股权转让等,可以说,本书每一章中对股权转让都有所介绍,有限责任公司的股权转让更为复杂,其法律依据是《公司法》第 71 条。正因为股权转让的情形复杂多样,随之而来的纠纷也会形式繁多,故笔者对此进行总结和分析。

一、案例分析

案例 19

2016 年年初，甲将 500 万元借给 A 公司的两位股东乙和丙（乙和丙两人在 A 公司中各自持股 12%，另一股东丁持股 76%），后乙和丙一直未偿还借款。故甲、乙、丙三方在 2016 年 6 月签订协议，约定将甲的 500 万元中的 250 万元投入 A 公司，乙、丙二人各拿出 4% 股权给甲，形成三人各 8% 的股权格局；另外 250 万元由乙、丙二人从每年 A 公司分红中各提取 50% 偿还给甲。但协议签订后，三方一直没有办理 A 公司的股权变更登记，也未将甲方的 8% 股权记载于公司股东名册。

2017 年 11 月，甲与丁签订股权转让协议，丁将 A 公司 22% 的股权转让给甲，由此，加上甲原来从乙和丙受让的 4% 股权，甲一共拥有了 A 公司 30% 的股权，但这次转让也没有办理股权变更登记，也未记载于股东名册。

2018 年 4 月，甲起诉至法院，请求 A 公司履行向市场监管部门办理股东变更登记的法定义务。在诉讼过程中，股东乙和丙提出，丁向股东以外的第三人甲转让股权时未经乙和丙同意，要求行使优先购买权，并要求确认甲和丁的股权转让行为无效。

法院经审理后认为，股东向股东以外的人转让股权，应经其他股东过半数同意，丁向甲转让股权时，未征得其他股东同意，也未经 A 公司股东会表决，导致其他股东无法行使优先购买权，因此，股权转让合同无效，甲请求 A 公司办理股东变更登记没有依据，据此驳回甲的诉讼请求。

前面已经提到，股份有限公司的股份转让，除了特定行业外，没有太多的限制，可以自由转让股份，所以纠纷不多。股权转让纠纷主要体现在有限责任公司股东的股权转让中，其最主要的法律依据是《公司法》第 71 条，具体规定如下："有限责任公司的股东之间可以相互转让其全部或者部分股权。股东向股东以外的人转让股权，应当经其他股东过半数同意。股东应就其股权转让事项书面通知其他股东征求同意，其他股东自接到书面通知之日起满三十日未答复的，视为同意转让。其他股东半数以上不同意转让的，不同意的股东应当购买该转让的股权；不购买的，视为同意转让。经股东同意转让的股权，在同等条件下，其他股东有优先购买权。两个以上股东主张行使优先购买权的，协商确定各自的购买比例；协商不成的，按照转让时各自的出资比例行使优先购买权。公司章程对股权转让另有规定的，从其规定。"

案例 19 最主要的争议焦点是：乙和丙在丁之前已经把 8% 股权转让给甲，但没有办理工商变更登记手续，也未记载于公司股东名册，是否可以认定甲为 A 公司的股东？如果可以认定，那么丁把股权转让给作为股东的甲，属于股东之间的股权转让，故不需要经过乙和丙的同意；如果不能认定甲是A公司的股东，那么丁把股权转让给股东以外的人，就要经过其他股东乙和丙的同意，而且乙和丙有优先购买权。

笔者赞同法院的判决。首先，乙和丙虽然约定把股权转让给甲，但并没有通知其他股东丁，未经过其他股东丁的同意，违反《公司法》第71条之规定，事实上也没有办理股权变更登记手续，未将甲的姓名记载于公司股东名册，所以该股权转让行为是无效的，因此，甲不能被认定为A公司的股东；其次，因为前一次股权转让无效，则在受让丁的股权时，甲只能被视为A公司股东以外的人，故甲要受让丁的股权，必须经乙和丙的同意，并且乙和丙有优先购买权。因此，甲如果要成为A公司的股东，需要履行必要的前置程序，即先通过诉讼确认其从乙和丙处转让的股权的效力，并在丁同意的前提下办理变更登记手续，之后再作为股东去受让丁的22%的股权，这样就不需要经过乙和丙的同意，否则就会被驳回诉讼请求。

二、股权转让纠纷的诉讼主体

在股权转让纠纷中，因纠纷性质的不同，其诉讼主体也有所不同，具体可从以下几方面进行分析。

（一）股权转让主体双方的纠纷

股权转让合同的合同主体（股权转让方和受让方）之间最容易产生股权转让纠纷，如请求履行转让合同、请求支付股权转让款并赔偿损失或支付违约金，或者请求解除转让合同、请求认定转让合同无效等。股权转让主体双方的纠纷是最典型的股权转让纠纷，主要适用《民法典》的合同编之有关规定进行处理。起诉一方为原告，合同的相对方为被告，涉及公司利益的，列公司为第三人。

（二）涉及其他股东过半数同意的纠纷

有限责任公司的股权转让要经其他股东过半数同意，其他股东不同意的，就可能产生纠纷。这类纠纷需要结合《公司法》与《民法典》之合同编的相关规定进行处理。因为如果其他股东过半数不同意转让，必然会导致股权受让方的利益受损，故原告一般是股权受让方，可列股权转让方为被告，公司为第三人，涉及其他股东利益的，一并追加为第三人。

（三）涉及其他股东优先购买权的纠纷

有限责任公司的股权转让不但要经其他股东过半数同意，而且其他股东在同等条件下有优先购买权。那么，有限责任公司的其他股东以优先购买权被侵犯为由提起诉讼的，该股东为原告，列股权转让方和受让方为被告，股权转让已经由公司申请办理了变更登记的,将公司列为第三人。

(四)隐名股东或显名股东转让股权引起的纠纷

股权代持纠纷前面已经有所介绍,这里主要讲隐名股东和显名股东因为股权转让而产生的纠纷,具体可分为如下几种:

1. 前面已经提到,隐名股东要求显名时,相当于股权转让,应按《公司法》和最高人民法院司法解释的相关规定履行股权转让的相关程序,其他股东不同意或公司不办理变更登记手续的,隐名股东可作为原告起诉,将公司列为被告,其他股东可作为第三人。

2. 涉及显名股东擅自转让股权给第三方的纠纷,隐名股东提出异议的,隐名股东为原告,将显名股东和第三方列为被告,股权转让已经由公司申请办理了变更登记的,将公司列为第三人。

3. 涉及隐名股东将股权转让给第三方的纠纷,因为前面已经提到,隐名股东要恢复真实股权身份,须经其他股东半数以上同意,否则无效。隐名股东并非在册股东,在隐名股东恢复真实股东身份之前,此股权转让是无效的。因股权转让无法完成导致第三方也就是受让方受损的,受让方为原告,将隐名股东列为被告,要求其赔偿损失。

(五)公司不进行股权变更登记和不变更股东名册的纠纷

股权转让合同签订并经公司过半数其他股东同意股权转让(股份有限公司不需要过半数股东同意)后,公司不及时变更股东名册和到市场监管部门进行股权变更登记的,股权转让方和受让方均可以将公司列为被告提起办理股权变更登记手续的请求权之诉;股权转让合同一般会约定转让方有协助办理变更登记的义务,转让方不予协助的,受让方可以把转让方和公司列为共同被告。

三、股权转让纠纷的类型

(一)股权转让合同当事人双方之间的纠纷

股权转让一般都要签订股权转让合同,所以股权转让纠纷中最为典型的就是合同当事人之间的纠纷,具体如下。

1. 股权转让合同的违约之诉

股权转让合同的违约之诉主要是指股权转让和受让双方当事人就股权转让合同所约定的义务是否履行和权利是否实现发生的争议,比如请求办理股权转让手续、请求支付股权转让款、请求支付违约金或赔偿损失,或者请求解除股权转让合同等。

2. 股权转让合同的无效和撤销之诉

股权转让合同的无效和撤销之诉主要是指股权转让和受让双方当事人认为股权转让合同无效或可撤销,请求撤销股权转让合同,或者请求认定股权转让合同无效等。

这类纠纷因股权转让合同而起,所以主要适用《民法典》合同编的有关规定进行处理。

(二) 违反股权转让限制规定产生的纠纷

1. 违反法定限制条件引发的纠纷

根据《公司法》第 71 条的规定,可知有限责任公司股东向非股东转让股权受 3 个法定条件的限制:(1) 股权对外转让须经其他股东过半数同意;(2) 不同意转让的股东应当购买转让股权,否则视为同意转让;(3) 同等条件下其他股东有优先购买权,只有其他股东放弃优先购买权才可转让相关股权。

现对相关问题进行论述。

(1) 违反法定限制条件进行股权转让的纠纷

未达到上述 3 个法定条件而向非股东转让股权的,因为违反了法律规定,是否无效?笔者认为,并非一律无效,若其他股东追认,则可转为有效。因此,这可以视为一种效力待定的行为。

关于其他股东追认的几种情况如下:

①发生股权转让纠纷起诉至人民法院的,人民法院可先将诉讼情况通知公司,要求公司在一定合理期限内征求其他股东的意见,在期限内追认或者不作相反意思表示的,视为同意转让。

②发生股权转让纠纷起诉至人民法院的,经人民法院统计,同意的股东人数相加超过半数,不同意转让的股东又不购买该转让股权,且无任何股东主张优先购买权的,应认定转让行为有效。

③人民法院经过一定征询期后,不能满足《公司法》第 71 条规定的法定条件的,应认定股权转让行为无效,按无效返还及依过错赔偿损失的原则处理。

(2) 涉及其他股东优先购买权的纠纷

①其他股东优先购买权的行使和条件

前面提到,《公司法》第 71 条第 3 款规定:“经股东同意转让的股权,在同等条件下,其他股东有优先购买权。”因此,公司股东向股东以外的人转让股权,没有征求其他股东意见,或者恶意隐瞒欺骗的,其他股东可以起诉要求按同等条件行使优先购买权。

关于这方面,《最高人民法院关于适用〈中华人民共和国公司法〉若干问题的规定(四)》(以下简称《公司法司法解释四》)第21条明确规定:“有限责任公司的股东向股东以外的人转让股权,未就其股权转让事项征求其他股东意见,或者以欺诈、恶意串通等手段,损害其他股东优先购买权,其他股东主张按照同等条件购买该转让股权的,人民法院应当予以支持,但其他股东自知道或者应当知道行使优先购买权的同等条件之日起三十日内没有主张,或者自股权变更登记之日起超过一年的除外。前款规定的其他股东仅提出确认股权转让合同及股权变动效力等请求,未同时主张按照同等条件购买转让股权的,人民法院不予支持,但其他股东非因自身原因导致无法行使优先购买权,请求损害赔偿的除外。股东以外的股权受让人,因股东行使优先购买权而不能实现合同目的的,可以依法请求转让股东承担相应民事责任。”

从以上条文可以看出,法律是保护其他股东行使优先购买权的,但行使优先购买权是有时限的,具体为:

A. 知道或者应当知道行使优先购买权同等条件之日起30日内。比如股东听别人说了股权转让的情况和转让价格等,那么从听到的这一天起30日内要行使优先购买权。

B. 如果股权已经作了变更登记,那么自变更登记之日起一年内要行使优先购买权。这个一年期限应属于除斥期间,也就是说,不管股权变更登记之日在何时,都不能超过这个一年的期限。

超过上述时效而要求行使优先购买权的,人民法院不予支持。另外,仅仅要求确认股权转让合同或股权变动无效,而没有提出行使优先购买权的,则人民法院也不会支持其优先购买权。

②侵犯其他股东优先购买权的股权转让合同的效力

关于侵犯其他股东优先购买权的股权转让合同的效力,《九民会议纪要》第9条【侵犯优先购买权的股权转让合同的效力】规定:“审判实践中,部分人民法院对公司法司法解释(四)第二十一条规定的理解存在偏差,往往以保护其他股东的优先购买权为由认定股权转让合同无效。准确理解该条规定,既要注意保护其他股东的优先购买权,也要注意保护股东以外的股权受让人的合法权益,正确认定有限责任公司的股东与股东以外的股权受让人订立的股权转让合同的效力。一方面,其他股东依法享有优先购买权,在其主张按照股权转让合同约定的同等条件购买股权的情况下,应当支持其诉讼请求,除非出现该条第一款规定的情形。另一方面,为保护股东以外的股权受让人的合法权益,股权转让合同如无其他影响合同效力的事由,应当认定有效。其他股东行使优先购买权的,虽然股东以外的股权受让人关于继续履行股权转让合同的请求不能得到支持,但不影响其依约请求转让股东承担相应的违约责任。”

从上述规定可以看出,侵犯其他股东优先购买权的,并不必然导致股权转让合同无效,如果是单纯侵犯了其他股东的优先购买权,如无其他影响合同效力的事由,那么股权转让合同仍为有效,这主要是方便受损害的股权受让人依合同约定向转让股东追究责任。

③股权受让人可以请求转让股东承担责任

其他股东行使优先受让权导致股权转让合同的目的无法实现,股权受让人无法要求转让股东继续履行合同而成为公司股东的,根据《公司法司法解释四》第 21 条和《九民会议纪要》第 9 条的规定,股权受让人完全可以起诉要求转让股东承担相应的违约责任。

但是,笔者认为,如果股权受让人明知转让股东的转让行为没有得到其他法定股东人数同意而签订股权转让合同,或者说转让股东已经明确告诉股权受让人其他股东不同意的事实,而股权受让人仍要签订股权转让合同,那么股权受让人不能向转让人主张承担违约责任。因为《公司法》规定的程序是强制性的,股权受让人应当知悉,而且其也知道其他股东不同意的事实,所以应该自行承担相应的法律后果。

2. 违反有限责任公司章程限制规定引发的纠纷

笔者在第二章“股权架构与控制权”中提到过公司章程的重要性,并列举了许多公司章程中可自行约定的条款,特别是在有限责任公司中,这种条款非常多,这主要是尊重有限责任公司的人合性。比如,涉及股权转让,《公司法》第 71 条第 4 款规定:“公司章程对股权转让另有规定的,从其规定。”因此,违反公司章程规定的股权转让是否有效,是一个值得探讨的问题。

公司章程对股权转让的限制规定往往严于《公司法》的规定,比如有的公司章程规定股东向非股东转让股权,必须经全体股东 2/3 以上同意,甚至规定需经其他股东一致同意,或者规定股权转让只能在股东之间进行等。如果股东违反公司章程的这些规定而将股权转让给非股东,这样的股权转让是否有效?

笔者认为,股东之间的约定主要体现在公司章程中,公司章程由股东通过协商制定,对全体股东具有法律约束力,有契约的性质。这种约束力对持反对意见的股东,以及后续加入的股东同样有效。《公司法》规定,公司章程可以作出与《公司法》条款不一样的规定,这本身就说明法律给予公司章程作出其他规定的权力,并认可公司章程的效力。因此,只要公司章程不违反法律明确规定不得违反的事项,均可以自行作出约定。那么,股权转让违反公司章程的规定,就是违反法律的规定,这种股权转让显然是无效的,否则法律作出这种规定就失去了意义。

因此,对于违反有限责任公司章程规定的股权转让,可以由公司或者有利害关系的股东对股权转让当事人提起诉讼,要求确认股权转让合同无效。

(三)瑕疵出资的股权转让引起的纠纷

笔者在股东出资纠纷一节中已经提到,瑕疵出资的股权主要有两种形式,一是股东出资没有到位;二是股东将出资抽逃。瑕疵股权转让往往会引发两种纠纷:一是股权受让人要求撤销股权转让合同或确认其无效;二是公司债权人要求股权转让人、受让人对公司债务承担责任。

笔者认为,若股东在转让股权时对受让人隐瞒了真实情况,受让人可以要求撤销合同或主张合同无效。

公司的债权人因追索债权,只将股权受让人与公司列为共同被告,没有列股权转让人为被告,案件审理过程中受让人又以欺诈或违法为由主张撤销合同或主张合同无效的,人民法院应告知股权受让人另行起诉股权转让人,案件可中止审理。若公司的债权人将股权转让人、受让人及公司一并列为共同被告,受让人提出撤销之诉或无效之诉时,可一并审理。

审理后,一般会有如下两种结果:

1. 股权受让人无过错的,股权转让合同会被撤销或被认定无效,股权受让人无须对债权人或第三人承担责任。

2. 股权转让时股权受让人明知或应当知道股权转让人出资不实的情况而接受股权转让,或事后知道该事由而未及时提出撤销诉讼或无效诉讼的,视为其已同意在受让时承担股权转让人出资不实的责任,股权受让人的撤销或无效主张不应得到支持。其结果就是,股权转让人与受让人有共同过错行为,由此产生的对外责任应共同负责,即共同对债务承担连带责任。

(四)隐名股东或显名股东转让股权引起的纠纷

1. 隐名股东转让股权引发的纠纷

隐名股东也就是实际出资人,如其与第三人签订协议,将其出资及与显名股东之间约定的相关权利一并转让给第三人,此种情形下,隐名股东并不具有真实的股东身份,如其自身要显名成为真实股东,需要经过其他股东半数以上同意。因此,隐名股东与第三人签订的协议因不符合股权转让合同的主体和客体的要求,所以不属于股权转让合同,而只能被认定为一种债权转让合同,该合同的效力不受《公司法》第71条的约束。

在审判实践中,一般会有如下结果。

(1)显名股东同意转让

第三人明知代持的情况并受让股权,显名股东表示同意的,可以认定该转让有效。此时在隐名股东和第三人之间转让的不是股权,因为此时股权仍然归显名股东享有，其转让的仅是实际出资人的隐名股东的地位，相当于一种债权债务的移转。这种转让完成后，由新的受让人代替原隐名股东享受股权代持协议的权利和履行代持协议的义务。当新的受让人欲取代显名股东而成为真实股东时，同样需要经过其他股东同意的程序，这点前面已经介绍过，即经过公司其他股东半数以上同意，且其他股东放弃优先购买权。

当然，实践中很多情况是显名股东直接出面与第三人签订股权转让合同，这时转让的是股权，要受《公司法》第71条及最高人民法院司法解释的约束，即股东向股东以外的人转让股权，应当经过公司其他股东过半数同意，且其他股东放弃优先购买权。

(2)显名股东不同意转让

第三人明知代持的情况并受让股权，而显名股东提出反对的，就要进入股权确认程序，也就是说，隐名股东可先向公司及其他股东申请确认其股东资格，得到确认后，股权转让才可进行。

如果公司其他股东不同意隐名股东恢复真实股东身份，隐名股东还需要向人民法院起诉要求确认其股东身份，人民法院认定隐名股东为真实股东的，隐名股东与第三人的股权转让行为才可发生效力，此时显名股东无权主张股权转让无效；如果人民法院不支持隐名股东成为真实股东，那么其与第三人的股权转让显然无法进行，第三人可以向人民法院起诉隐名股东，要求其承担违约责任或赔偿损失。当然，隐名股东也可以向人民法院起诉显名股东，要求解除股权代持协议，或起诉要求不同意隐名股东恢复真实股东身份的其他股东购买其股权。

2. 显名股东转让股权引发的纠纷

显名股东只是名义上的股东，并非实际出资人，因此其没有处分股权的权利，其将名下的股权转让、质押或者以其他方式处分的，属于无权处分，对此，《公司法司法解释三》第25条规定："名义股东将登记于其名下的股权转让、质押或者以其他方式处分，实际出资人以其对于股权享有实际权利为由，请求认定处分股权行为无效的，人民法院可以参照民法典第三百一十一条的规定处理。名义股东处分股权造成实际出资人损失，实际出资人请求名义股东承担赔偿责任的，人民法院应予支持。"

前面提到的《民法典》第311条规定："无处分权人将不动产或者动产转让给受让人的，所有权人有权追回；除法律另有规定外，符合下列情形的，受让人取得该不动产或者动产的所有权：(一)受让人受让该不动产或者动产时是善意；(二)以合理的价格转让；(三)转让的不动产或者动产依照法律规定应当登记的已经登记，不需要登记的已经交付给受让人。受让人依据前款规定取得不动产或者动产的所有权的，原所有权人有权向无处分权人请求损害赔偿。当事人善意取得其他物权的，参照适用前两款规定。”

根据法律规定，显名股东处分其名下股权的，属于无权处分，隐名股东作为实际出资人有权追回股权。但是，第三人受让股权符合下面几个条件的，隐名股东就无法追回股权。

(1)第三人受让股权时是善意

也就是说，第三人当时并不知道股权属于隐名股东，只是看到市场监管部门登记的股东名称是显名股东，所以理所当然地认为显名股东是实际出资人和真实股东。

(2)股权转让价格公允合理

一般来说，股权转让价格高的都可以算合理，如果股权转让价格低，就要看同类企业的市场价格，或者经评估的价格，低于市场价格或评估价格的70%的，一般会被认为属于明显不合理的低价。

(3)股权已经变更登记

股权转让给第三人后，已经在市场监管部门进行股权变更登记。

符合上述3项条件，则视为第三人善意取得股权，隐名股东无法要求追回股权，但完全可以要求无权处分股权的显名股东承担损害赔偿责任。

(五)股权转让变更登记过程中产生的纠纷

股权转让合同依法订立之后，股权受让人支付了价款，股权转让人及时通知了公司和其他股东，其他股东过半数同意且无人要求行使优先购买权的，股权转让行为即为有效。

但如果公司拒不办理或拖延办理股东名册变更和股权变更登记，使受让人无法享有和行使股东权利，或者股权转让人在此期间又将股权转让给第三人的，就会引发纠纷，具体分析如下。

1.公司不办理股东名册变更及股权变更登记的责任认定

《公司法》第32条第3款规定：“公司应当将股东的姓名或者名称向公司登记机关登记；登记事项发生变更的，应当办理变更登记。未经登记或者变更登记的，不得对抗第三人。”第73条规定：“依照本法第七十一条、第七十二条转让股权后，公司应当注销原股东的出资证明书，向新股东签发出资证明书，并相应修改公司章程和股东名册中有关股东及其出资额的记载。对公司章程的该项修改不需再由股东会表决。”

笔者认为，股权转让合同依法订立之后需依法履行，在股权转让合同履行过程中，股权受让人的主要义务是按约定向转让人支付转让款，而股权转让人的主要义务是向受让人转移股权。股权转让得到过半数股东同意，且其他股东放弃优先购买权的，即对公司产生法律效力，公司有义务办理股权的变更登记手续。

股权转让合同转让标的为股权，股权转让人的合同义务实际上只能体现为对公司的一种通知行为，即股权转让人将股权转让事实及要求公司依法办理变更登记手续的意思以书面方式通知公司。至此，股权转让人的合同义务已履行完毕，接下来就是公司要完成的义务，根据相关规定，公司的具体义务有：

(1)注销原股东的出资证明书，向新股东签发出资证明书。

(2)修改公司章程中关于股东及其出资额的事项。

(3)修改股东名册中有关股东及其出资额的记载。

(4)到市场监管部门办理股权变更登记。

如果公司未能及时完成上述义务，股权受让人可以以公司为被告，要求公司履行法定义务，并可要求公司赔偿损失。

这里需要明确，股权受让人不能因为公司不办理股权变更登记而要求解除股权转让合同，也不能要求股权转让人承担赔偿责任，原因在于股权转让人的义务已经完成，其不存在违约行为。

2. 股权转让人在变更登记期间将股权再转让给第三人的后果

自公司接到股权转让人或受让人要求进行股权变更登记之日起，至实际完成变更登记之日止，中间是存在一段期间的，如果在此期间，股权转让人违反股权转让合同之约定而将股权又转让给第三人，股权转让人需要承担相应的法律责任。

《公司法司法解释三》第27条规定："股权转让后尚未向公司登记机关办理变更登记，原股东将仍登记于其名下的股权转让、质押或者以其他方式处分，受让股东以其对于股权享有实际权利为由，请求认定处分股权行为无效的，人民法院可以参照民法典第三百一十一条的规定处理。原股东处分股权造成受让股东损失，受让股东请求原股东承担赔偿责任、对于未及时办理变更登记有过错的董事、高级管理人员或者实际控制人承担相应责任的，人民法院应予支持；受让股东对于未及时办理变更登记也有过错的，可以适当减轻上述董事、高级管理人员或者实际控制人的责任。"

这点在前面已经有所介绍，这里再作补充说明。笔者认为，股权转让人把股权一股二卖的，属于无权处分，这个和前面提到的显名股东无权处分股权的道理是一样的，都可按《民法典》第311条的规定处理，就是说，第三人受让了股权转让人再次转让的股权，又符合下面几个条件的，股权受让人就无法追回股权：

(1)第三人受让股权时为善意。也就是说，第三人当时并不知道股权已经转让的事实，只是看到市场监管部门的股东姓名是股权转让人，所以理所当然地认为股权转让人就是股权所有人。

(2)股权转让价格公允合理,具体参照前面的阐述。

(3)股权转让给第三人后,已经在市场监管部门进行变更登记。

如果符合上述3项条件,则视为第三人已经善意取得股权,股权受让人无法要求追回股权,也不能提出撤销之诉或确认无效之诉,更不能直接诉请法院确认其为股东。但股权受让人完全可以要求无权处分股权的转让人和公司相关人员承担损害赔偿责任,具体如下:

(1)股权受让人请求股权转让人承担损害赔偿责任。

(2)股权受让人请求未及时办理变更登记的有过错的董事、高级管理人员或者实际控制人承担相应赔偿责任。当然,股权受让人对于未及时办理变更登记也存在过错的,可以适当减轻上述董事、高级管理人员或者实际控制人的责任。

第六节 对赌引发的股权纠纷

关于对赌,笔者在第四章"股权投资与融资"中有较多的阐述,但前面也提到,关于对赌引发的纠纷及诉讼,笔者将在本章进行系统性的论述。对赌条款或协议引发的纠纷散见于股权转让纠纷、公司增资纠纷、联营合同纠纷等各种纠纷中,很难将其归类于前面提到的股权纠纷类型,而且这方面对企业来说比较重要,所以专门列出一节对其进行介绍。

一、对赌协议或条款

"对赌"这个词最初从国外引入,术语称为"估值调整机制",英文名称为Valuation Adjustment Mechanism(VAM)。为什么又称为"对赌"呢?因为对于被投资企业(目标公司)未来的业绩增长指标,投资人和目标公司的股东都无法准确判断,是双方对于未知结果的博弈,故有赌博的性质。

众所周知,股权投资是一项风险投资,PE和VC是最为典型的投资人,他们具备很强的专业性。但对企业进行估值时,投资人只能依据企业当时的经营业绩和对企业未来业绩的预测,而这种估值往往带有不确定性和较大的风险。在这种情况下,投资人和目标公司会共同设定企业未来的业绩目标,参照企业的实际绩效来调整对企业的估值。一般约定是:"如果目标公司未来达到业绩增长指标,由目标公司的股东或经营团队行使估值调整的权利,以弥补企业价值被低估的损失;如果目标公司无法达到业绩增长指标,则由投资人行使估值调整的权利,以补偿投资人因企业价值被高估而受到的损失。"

通俗地说,就是投资人会在投资时与目标公司的创始人及股东约定:“你要我投资可以,但是你给我的资料和信息不足以让我判断你企业的真正价值,现在对企业的估值不准。那么,你给我一个企业未来的业绩指标或设定一个条件,如果达到指标或条件,说明我估值低了,我愿意让出一部分股权或支付现金给你们;如果达不到指标或条件,说明企业不值这个钱,我估值太高了,那你们就要用股权或现金来补偿我”,这就是最典型的“对赌”。

这种条款一般会出现在投资人与目标公司、目标公司股东等签订的股权投资协议中,也就是众所周知的“对赌条款”,有些投资人还会在股权投资协议外,要求与目标公司或其股东签订专门的“对赌协议”。

当然,在现实中还有一种对赌方式是以目标公司的“特定事件”为触发条件的,比如投资人与目标公司及股东约定,若企业未按约定时间实现上市,或者原控股股东失去控股地位,大股东及高管严重违约,以及出现其他影响估值的情形(如丧失业务资质等),则投资人要退出企业的股权(要求目标公司或其股东回购股权),目标公司及股东还要支付其固定的收益,这种方式有一个专门的名称叫“回售权”,具体可参见第四章“股权投资与融资”的相关内容。笔者认为,严格意义上来说,这不叫对赌,因为这里只有企业的义务,投资人没有义务,只是企业一方在赌博,没有对赌的成分。但“回售权”确实达到了“估值调整”的目的,在“估值调整机制”的范畴内,从“对赌”的估值调整功能来说,称其为对赌也未尝不可;另外,在最高人民法院关于对赌的诸多案例中(后面会提到),这种与“回售权”相关的案例占比非常高,所以人民法院也将其列入对赌引发的纠纷之列。

关于对赌的其他介绍,具体可参见第四章“股权投资与融资”。

二、对赌纠纷的审判实践

有对赌肯定就会引发纠纷,如果当事人不履行对赌条款或协议,那么就要经过人民法院或仲裁机构的审理才能得出最终的结果。因此,笔者试着介绍人民法院或仲裁机构对对赌条款或协议的一些观点和做法,以便读者了解最新动向,在今后签订相关条款或协议时,能充分保护自己的合法权益。

在我国,最高人民法院通常是以判例和指导意见的形式确认对赌的可操作模式及法律认可度,仲裁机构的裁决结果则更为自由和开放。根据最高人民法院的相关判例或指导意见,以及仲裁机构的相关裁决,对赌最关键的还是主体问题。对赌主体基本上有两方,一方是投资人,另一方则可能涉及多个主体,比如目标公司,或者目标公司的股东、实际控制人等。在实践中,关于对赌主体相关的法律效力问题,一直是有争议的,各级人民法院及仲裁机构的判例也是五花八门,各有各的说法,最高人民法院在不同时期也有截然不同的裁判观点。

(一)人民法院在不同时期的判例及观点

关于对赌协议的效力问题,人民法院在不同时期是有不同的观点和认识的,而且差别很大。笔者现介绍3个具有里程碑意义的案例,讨论法院在不同时期的不同观点。

案例20　甘肃世恒案(对赌第一案)——认定“与目标公司对赌无效,与目标公司股东对赌有效”

[案号]

一审:甘肃省兰州市中级人民法院(2010)兰法民三初字第71号

二审:甘肃省高级人民法院(2011)甘民二终字第96号

再审:最高人民法院(2012)民提字第11号

[当事人]

投资人:苏州工业园区海富投资有限公司(以下简称海富公司)

目标公司:甘肃世恒有色资源再利用有限公司(以下简称世恒公司)

目标公司股东:迪亚(香港)有限公司(以下简称迪亚公司)

[案情简介]

2007年11月1日,海富公司作为投资人与世恒公司、世恒公司的股东迪亚公司以及迪亚公司的法定代表人陆波(也是世恒公司的法定代表人)共同签订了增资协议书,该协议中关于业绩对赌部分的内容为:

(1)海富公司增资2000万元人民币取得世恒公司3.85%的股权。

(2)如果世恒公司2008年实际净利润完不成3000万元,海富公司有权要求世恒公司予以补偿,如果世恒公司未能履行补偿义务,海富公司有权要求迪亚公司履行补偿义务。

因世恒公司2008年度实际净利润仅为26,858.13元,未达到《增资协议书》约定的该年度承诺净利润额。2009年12月30日,海富公司向兰州市中级人民法院提起诉讼,请求判令世恒公司、迪亚公司、陆波向其支付补偿款1998.2095万元。

[诉讼过程及裁判要点]

(1)一审法院观点

一审法院将对赌条款的合法性列为审理的焦点问题之一,认为增资协议书中关于世恒公司达不到净利润条件,海富公司有权要求世恒公司补偿的约定不符合《中外合资经营企业法》(已失效)第8条关于企业净利润要根据合营各方注册资本的比例进行分配的规定,违反了法律、行政法规的强制性规定,该约定无效。

故海富公司依据对赌条款要求目标公司即世恒公司承担补偿责任的主张,依法不予支持。

(2)二审法院观点

二审法院认为,当事人之间关于如果世恒公司不能完成目标利润,则需与另一股东迪亚公司共同向海富公司给予相应补偿的合同中的约定,违反了投资领域风险共担的原则,是名为联营实为借贷的合同,应认定无效。海富公司投入的人民币2000万元中,除已计入注册资本的114.771万元外,其余1885.2283万元的性质应属名为投资,实为借贷。由世恒公司、迪亚公司共同返还海富公司投资本金1885.2283万元及占用期间的利息。

二审判决下达后,世恒公司向最高人民法院提请再审,请求撤销二审判决,维持一审判决。

(3)再审法院观点

最高人民法院再审后判决主要内容如下。

①投资人与目标公司的对赌协议无效

增资协议书中约定,如果目标公司即世恒公司实际净利润低于3000万元,那么海富公司有权从世恒公司处获得补偿。这一约定使得海富公司投资可以取得相对固定的收益,该收益脱离了世恒公司的经营业绩,损害了世恒公司利益和世恒公司债权人利益,因而无效。

②投资人与目标公司股东的对赌协议有效

在增资协议书中,目标公司的股东迪亚公司对于海富公司的补偿承诺并不损害世恒公司及世恒公司债权人的利益,不违反法律法规的禁止性规定,是当事人的真实意思表示,是有效的。

最终,最高人民法院撤销甘肃省高级人民法院的二审判决,并判决迪亚公司向海富公司支付协议补偿款1998.2095万元。

因涉及最高人民法院关于"对赌协议效力的认定问题",故该案也被法律界称为"对赌协议"第一案。该案可以说是划时代的案例,因为在此之前,对赌协议,特别是只有公司一方负有义务的对赌协议,基本上被认为是无效的。该案确立了"与公司对赌无效,与股东对赌有效"的基本准则,一度成为全国法院判决的标准。

该案体现了"尊重当事人意思自治"与"相关方利益保护"的衡平精神,保障商事交易的过程正义的同时兼顾维护社会公共利益。笔者对最高人民法院在当时的审判原则和理念分析如下。

(1)认定投资人与目标公司的对赌(货币补偿)无效

在投融资活动中,投资人和目标公司设置估值调整机制时,要遵守《公司法》

和《民法典》合同编的相关规定。根据中国公司法理论及相关规定,股东可从公司获得财产的途径有依法分配利润、减资退股、清算分配剩余财产,除此之外,股东无权直接从公司取得公司财产,否则是损害公司及公司债权人的权益,有可能被认为构成滥用股东权利。如果投资人与目标公司约定投资人可以取得相对固定的收益,那么该收益会脱离目标公司的经营业绩,直接或间接地损害公司利益和公司债权人的利益,故应认定其为无效。

(2)认可投资人与目标公司股东对赌的合法性

最高人民法院再审判决纠正了一审、二审法院完全否定对赌协议效力的观点,认定目标公司的股东迪亚公司对投资人海富公司的补偿承诺不损害目标公司即世恒公司及世恒公司债权人的利益,不违反法律法规的禁止性规定,是当事人的真实意思表示,是处分各自财产的行为,是有效的。在合同约定的补偿条件成立的情况下,根据合同当事人意思自治和诚实信用的原则,企业股东应信守承诺,故投资人应当得到约定的补偿。

案例21　山东瀚霖案——认定“目标公司需承担连带担保责任”

[案号]

一审:四川省成都市中级人民法院(2014)成民初字第1180号

二审:四川省高级人民法院(2015)川民终字第445号

再审:最高人民法院(2015)民申字第3227号

[当事人]

投资人:强静延

目标公司:山东瀚霖生物技术有限公司(以下简称瀚霖公司)

目标公司股东:曹务波

[案情简介]

2011年4月26日,甲方瀚霖公司(目标公司)与乙方北京冷杉投资中心(有限合伙)、福建国耀投资有限公司、强静延、孙博、许欣欣(投资人),以及丙方曹务波(目标公司股东)共同签订了增资协议书及补充协议书。主要约定乙方向甲方增资扩股及其他事宜。

其中,关于投资人强静延向瀚霖公司增资以及其他事宜部分如下:

(1)增资协议书主要约定:强静延向瀚霖公司增资3000万元,其中400万元作为瀚霖公司的新增注册资本,其余2600万元作为瀚霖公司的资本公积金,强静延持有瀚霖公司0.86%的股权。

(2)补充协议书第2条第1款约定:目标公司(瀚霖公司)股东曹务波承诺争

取目标公司于2013年6月30日前获准IPO并在国内主板或创业板上市;第2款约定:如果目标公司未能在2013年6月30日前完成IPO,强静延有权要求曹务波以现金方式购回强静延所持的目标公司股权,回购价格为强静延实际投资额再加上每年8%的内部收益率溢价;第6款约定:目标公司(翰霖公司)为曹务波的回购提供连带责任担保。

因瀚霖公司2011年的利润未达到约定的业绩目标,且公司涉及大量诉讼,经营状况持续恶化,最终未能上市。故强静延向四川省成都市中级人民法院提起诉讼,要求曹务波支付股权回购款37,791,360元,并要求瀚霖公司为曹务波的回购提供连带责任担保。

[诉讼过程及裁判要点]

(1)一审

一审法院认为,增资协议书、补充协议书未违反法律、行政法规的强制性规定,应属合法有效。但关于补充协议书中瀚霖公司为回购提供连带担保的约定,因强静延与曹务波均系瀚霖公司股东,故强静延应当提交瀚霖公司为股东曹务波提供担保这一事项已经股东会决议通过的相关证据;结合强静延与曹务波的股东身份,以及瀚霖公司并非为经营发展向公司以外的第三人提供担保的事实,该约定损害了公司、公司其他股东以及公司债权人的利益,应被认定为无效。

一审法院对强静延的该项请求不予支持。

(2)二审

二审法院认为,对于瀚霖公司提供担保行为的效力问题,瀚霖公司为曹务波回购强静延股权的股权转让款支付提供担保,其实质是不管瀚霖公司经营业绩如何,股东强静延均可以从瀚霖公司获取收益,该约定使得股东获益脱离了公司的经营业绩,背离了《公司法》的法理精神,最终使股东强静延规避了交易风险,而将瀚霖公司可能存在的经营不善及业绩不佳的风险转嫁给瀚霖公司其他股东及其债权人,严重损害了瀚霖公司其他股东和债权人的合法利益,应当认定增资协议书、补充协议书中瀚霖公司为曹务波回购强静延股权承担担保责任的约定无效。

另外,强静延签订增资协议书时是否具备瀚霖公司股东身份以及瀚霖公司提供担保是否经股东会决议,均不影响瀚霖公司提供担保行为的效力认定。上诉人强静延关于要求瀚霖公司应就曹务波应承担的义务承担连带责任的上诉理由缺乏事实依据和法律依据,二审法院不予支持。

综上,二审法院判决:驳回上诉,维持原判。

(3)再审

最高人民法院确定该案焦点问题为:案涉补充协议书所约定的瀚霖公司担保

条款的效力问题。

最高人民法院认为,合同无效的判定应严格遵循法定主义,该案二审判决否定担保条款效力的裁判理由不符合《合同法》(已失效)关于合同无效的各类法定情形,该项认定已违反《合同法》基本规则,构成适用法律错误。

案涉补充协议书所约定的担保条款合法有效,瀚霖公司应当依法承担担保责任,理由如下。

①强静延已尽到审慎注意和形式审查义务

案涉增资协议书载明:"瀚霖公司已通过股东会决议,原股东同意本次增资;各方已履行内部程序确保其具有签订本协议的全部权利;各方授权代表已获得本方正式授权。"补充协议书载明:"甲方(瀚霖公司)通过股东会决议同意本次增资扩股事项。"两份协议书约定内容包括增资数额、增资用途、回购条件、回购价格以及瀚霖公司提供担保等"一揽子"事项,两份协议书均由瀚霖公司盖章及其法定代表人签名。

对债权人强静延而言,增资扩股、股权回购、公司担保本身属于链条型的整体投资模式,基于增资协议书及补充协议书的上述表述,强静延有理由相信瀚霖公司已对包括提供担保在内的增资扩股"一揽子"事项通过股东会决议,曹务波已取得瀚霖公司的授权,可代表公司对外签订担保条款,故应当认定强静延对担保事项经过股东会决议已尽到审慎注意和形式审查义务。

因而案涉补充协议书所约定的担保条款对瀚霖公司已发生法律效力。

②强静延投资全部用于公司经营发展,瀚霖公司全体股东因而受益,故应当承担担保责任

该案中,案涉担保条款虽系曹务波代表瀚霖公司与强静延签订,但是3000万元款项并未供曹务波个人投资或消费使用,亦并非完全出于曹务波个人需要,而是全部投入瀚霖公司资金账户,供瀚霖公司经营发展使用,有利于瀚霖公司提升持续盈利能力。这不仅符合公司新股东强静延的个人利益,也符合公司全体股东的利益。

瀚霖公司本身是最终的受益者。即使确如瀚霖公司所述,并未对担保事项召开股东会进行表决,但是该担保行为有利于瀚霖公司的自身经营发展需要,并未损害公司及公司中小股东权益,不违反《公司法》第16条之立法目的。因此,认定瀚霖公司承担担保责任,符合一般公平原则。

综上,强静延已对瀚霖公司提供担保经过股东会决议这一事项尽到了审慎注意和形式审查义务,瀚霖公司提供担保有利于自身经营发展需要,并不损害公司及公司中小股东权益,应当认定案涉担保条款合法有效,目标公司即瀚霖公司应当对

曹务波支付股权回购款及违约金承担连带清偿责任。

该案的重大意义在于，确认了目标公司应当对股东的对赌承担连带担保责任。在“对赌第一案”之后，全国法院普遍认为投资人与目标公司的对赌无效，目标公司不需要承担责任，那么这一判决为何判定目标公司承担担保责任？笔者认为，最高人民法院作出这一判决的理由如下。

(1)该案并非单纯由目标公司进行现金补偿，而是目标公司对股东的对赌承担连带担保责任，而公司为股东提供担保是有法可依的

我国《公司法》第16条第2款规定：“公司为公司股东或者实际控制人提供担保的，必须经股东会或者股东大会决议。”该案中，补充协议书中明确有公司为股东提供担保的事项，而增资协议书与补充协议书分别载明了“瀚霖公司已通过股东会决议，原股东同意本次增资”“瀚霖公司通过股东会决议同意本次增资扩股事项”等条款，说明该担保事项已通过了股东会决议，符合法律的强制性规定；同时，可以认定投资人作为两份协议的签署方之一，已经对担保事项经过股东会决议尽到了审慎注意和形式审查义务。因此，目标公司提供担保已经经过了充分、完整的内部程序，投资人尽到了基本的形式审查义务，目标公司的股东对于交易背景和条款均已知悉。

(2)投资人的投资使目标公司全体股东受益，且有利于公司经营发展

投资人是高溢价增资入股目标公司的，投资金额大而占股比例非常少，溢价资金2600万元全部进入公司资本公积金，供目标公司经营发展使用，该投资增强了目标公司的经济实力，有利于目标公司提升持续盈利能力，目标公司全体股东因该投资而受益，目标公司当然应当承担担保责任。

因此，目标公司的担保行为既未损害目标公司利益，也未损害其他股东及债权人的权益，因此，该担保条款有效。

综上，笔者认为，对赌协议中可约定目标公司为其股东在对赌中的回购价款支付承担连带责任，但投资人务必要做到如下两点：

①目标公司为其股东提供担保的事项须按照《公司法》及公司章程的规定，通过股东会或者股东大会决议等内部决策程序。

②投资人务必留存目标公司为其股东提供担保的股东(大)会决议等内部决策文件，以证明其为善意，且已经尽到了审慎注意和形式审查义务。

案例22 江苏华工案(江苏扬锻案)——重大突破，认定“投资人与目标公司的对赌有效”

[案号]

一审：扬州市邗江区人民法院(2016)苏1003民初9455号

二审:江苏省扬州市中级人民法院(2017)苏10民终2380号

再审:江苏省高级人民法院(2019)苏民再62号

[当事人]

投资人:江苏华工创业投资有限公司(以下简称华工公司)

目标公司:扬州锻压机床有限公司(以下简称扬锻公司)

目标公司股东:潘云虎、董宏斌、耿长明、赵宏卫、张惠生、何灿焜、钟捃、扬州淮左投资中心、扬州亚东投资中心、扬州吉安投资中心、扬州金锻投资中心(以下简称原股东)

[案情简介]

2011年7月6日,投资人华工公司与目标公司扬锻公司及众原股东签订增资扩股协议,约定华工公司向扬锻公司投资2200万元。同日,目标公司原股东(甲方)、目标公司扬锻公司(乙方)与投资人华工公司(丙方)签订补充协议,主要约定如下:

(1)若乙方在2014年12月31日前未能在境内资本市场上市,或乙方主营业务、实际控制人、董事会成员发生重大变化,丙方有权要求乙方回购其所持有的全部乙方的股权,乙方应以现金形式回购。

(2)乙方回购丙方所持乙方股权的价款按以下公式计算:回购股权价款=丙方投资额+(丙方投资额×8%×投资实际月份数÷12)-乙方累计对丙方进行的分红。

(3)协议生效后,如因乙方的违约行为导致丙方发生任何损失,甲方、乙方承担连带责任。

因扬锻公司在2014年12月31日前未能在境内资本市场上市,华工公司向扬州市邗江区人民法院提起诉讼,要求扬锻公司及原股东按补充协议的约定以现金形式回购华工公司持有的全部股权。

[诉讼过程及裁判要点]

(1)一审

一审法院认为,案涉股权回购约定因违反《公司法》禁止性规定,且违背公司"资本维持原则"和"法人独立财产原则"而无效。

在公司有效存续期间,股东基于其投资可以从公司获得财产的途径只能是依法从公司分配利润或者通过减资程序退出公司,而公司回购股东股权必须基于法定情形并经法定程序。

首先,《公司法》第142条对于几种法定情形外公司不得收购本公司股份作出了明确规定,案涉补充协议关于约定情形下公司应以现金形式按约定计算方法回购股权的约定不符合上述法定情形,违反了上述禁止性规定。

其次,该约定实际是让华工公司作为股东在不具备法定回购股权的情形以及不需要经过法定程序的情况下,直接由公司支付对价而抛售股权,使股东可以脱离公司经营业绩、不承担公司经营风险而当然获得约定收益,损害了公司、公司其他股东和公司债权人的权益,与《公司法》第20条规定的资本维持、法人独立财产原则相悖。

故该股权回购约定当属无效。

(2)二审

二审法院认为,相关法律和扬锻公司章程均明确公司不能从事该回购事宜,否则明显有悖公司资本维持这一基本原则和法律有关规定,故一审认定回购约定无效的依据充分。

综上,二审法院判决:驳回上诉,维持原判。

(3)再审

江苏省高级人民法院经再审认为,对赌协议签订时扬锻公司系有限责任公司,且该公司全体股东均在对赌协议中签字并承诺确保对赌协议内容的履行,负有履行过程中的协助义务及履行结果上的保证责任。我国《公司法》并不禁止有限责任公司回购本公司股权,有限责任公司回购本公司股权不当然违反我国《公司法》的强制性规定。

《公司法》规定也允许股份有限公司回购本公司股份。扬锻公司改制为股份有限公司(2019年3月又改为有限责任公司)后,扬锻公司章程亦对回购本公司股份的例外情形作出了类似的规定,并经股东一致表决同意,该规定对扬锻公司及全体股东均有法律上的约束力。《公司法》明确规定股份有限公司可通过减少注册资本而回购本公司股份,扬锻公司支付股份回购款项,并不违反《公司法》的强制性规定,亦不会损害公司股东及债权人的利益。

股权回购条款中关于股权回购价款约定虽为相对固定收益,但约定的年回报率为8%,与同期企业融资成本相比并不明显过高,不存在脱离目标公司正常经营下所应负担的经营成本及所能获得的经营业绩的企业正常经营规律,不违反国家法律、行政法规的禁止性规定,不存在合同无效的情形,亦不属于《合同法》(已失效)所规定的格式合同或者格式条款,不存在显失公平的问题。

扬锻公司在投资方注资以后,其资产得以增长,而且在事实上持续对股东分红,其债务承担能力相较于投资方注资之前得到明显提高。股权回购款项的支付不会导致扬锻公司资产的减损,亦不会损害扬锻公司对其他债务人的清偿能力,不会因该义务的履行构成对其他债权人债权实现的障碍。因此,案涉对赌协议约定的股权回购条款具备事实上的履行可能。

相反,华工公司在向扬锻公司注资后,同时具备该公司股东及该公司债权人的双重身份,若允许扬锻公司及股东违反对赌协议的约定拒绝履行股权回购义务,则不仅损害华工公司作为债权人应享有的合法权益,亦会对华工公司股东及该公司债权人的利益造成侵害,这有违商事活动的诚实信用原则及公平原则。

综上,江苏省高级人民法院再审判决认为,我国《公司法》并不禁止公司回购本公司股权,且各方约定的年回报率为8%,与同期融资成本相比并不明显过高,不存在脱离公司经营业绩和损害公司、公司其他股东、公司债权人的权益的情况,而且回购具备法律上及事实上的履行可能。因此,回购约定有效,并据此判决扬锻公司向华工公司支付回购款,原股东承担连带清偿责任。

江苏华工案的重大意义在于,其首次认定了投资人与目标公司的对赌协议的有效性,是"甘肃世恒案"以来首个由人民法院认定的"与目标公司对赌有效"的案例。

与最高人民法院之前的论述方式不同,江苏省高级人民法院在判决书中从"合同生效"与"合同履行"两个方面进行了详尽的论证。

江苏华工案的判决在最高人民法院发布《九民会议纪要》前夕,与《九民会议纪要》的某些观点不谋而合,显然是与最高人民法院进行了充分的沟通。该案虽然不是最高人民法院发布的案例,但笔者认为,该判决确实体现了江苏省高级人民法院极高的理论水准,而其判决中所体现的观点,显然也得到过最高人民法院的授意。

该案至少体现了如下几个主要观点。

(1)商事领域内意思自治和诚实信用是基本原则

对赌回购条款是当事人特别设立的保护投资人利益的条款,属于缔约过程中当事人对投资合作商业风险的安排,系各方当事人的真实意思表示。显然,当前投资领域内普遍存在的对赌协议的法律效力在逐步得到确认,这不仅符合当前投资领域的客观实际情况,也符合契约自由的商法精神。同时,该案生效判决还特别强调了商事活动的诚实信用原则及公平原则,投资人、目标公司及其股东均应对自己的行为负责。

(2)目标公司回购股权不违反任何强制性法律规定,在法律上是有效的

该案判决指出,无论是有限责任公司还是股份有限公司,立法均未完全禁止公司回购股权,且目标公司具备通过法定减资程序完成回购的条件,其可通过减资方式支付回购款项,这并不违反任何强制性法律规定。关于减资的内容,在《九民会议纪要》中也有相关规定,笔者在后面介绍。

(3)目标公司因投资获益,并有充分的履行能力

该案判决首次把“合同效力”与“合同履行”分开论述,同时用大量篇幅论证目标公司在股权融资以后资产得以增长,且持续对股东分红,其债务承担能力相较于股权融资之前得到明显提高,具备法律及事实上的履行可能,对赌协议约定的股权回购款项的支付不会导致目标公司资产的减损,也不会侵害公司股东和公司债权人利益。

后面将介绍《九民会议纪要》的最新观点,其中也着重强调了目标公司的可履行性,即目标公司是否具备履行能力是人民法院需要审查的重要内容,其直接关系对赌协议是否可实际履行。也就是说,在对赌协议有效的前提下,还需要审查目标公司是否有充足的履行能力,只有在目标公司有履行能力的前提下才能判决目标公司承担责任,否则就驳回投资人的诉请,以遵循资本维持原则和保障债权人的利益。

(二)《九民会议纪要》中的最新观点及建议

1.《九民会议纪要》中的最新观点

《九民会议纪要》在前面已经有过相关介绍,其是《全国法院民商事审判工作会议纪要》的简称,于2019年11月发布。2019年7月3日至4日,全国法院民商事审判工作会议在黑龙江召开,会议讨论了《全国法院民商事审判工作会议纪要(征求意见稿)》,并向全社会公开征求意见。《九民会议纪要》中涉及的法律适用问题,主要是在理论界、实务界存在争议或分歧的问题,所以通过广泛征求意见的方式,以尽可能准确把握现行法律规定的精神。《九民会议纪要》的公布,对于统一裁判思路,规范法官自由裁量权,增强民商事审判的公开性、透明度和可预期性,以及提高司法公信力具有重要的意义。

《九民会议纪要》第5条就是关于投资人与目标公司“对赌”的,其中规定:“投资方与目标公司订立的‘对赌协议’在不存在法定无效事由的情况下,目标公司仅以存在股权回购或者金钱补偿约定为由,主张‘对赌协议’无效的,人民法院不予支持,但投资方主张实际履行的,人民法院应当审查是否符合《公司法》关于‘股东不得抽逃出资’及股份回购的强制性规定,判决是否支持其诉讼请求。投资方请求目标公司回购股权的,人民法院应当依据《公司法》第35条关于‘股东不得抽逃出资’或者第一百四十二条关于股份回购的强制性规定进行审查。经审查,目标公司未完成减资程序的,人民法院应当驳回其诉讼请求。投资方请求目标公司承担金钱补偿义务的,人民法院应当依据《公司法》第三十五条关于‘股东不得抽逃出资’和第一百六十六条关于利润分配的强制性规定进行审查。经审查,目标公司没有利润或者虽有利润但不足以补偿投资方的,人民法院应当驳回或者部分支持其诉

讼请求。今后目标公司有利润时,投资方还可以依据该事实另行提起诉讼。”

从《九民会议纪要》的规定可以看出,最高人民法院对目标公司与投资人签署的对赌协议的效力认定发生了重大变化,其调整立场的逻辑在于,公司回购股权并不必然导致其清偿能力受损,更不必然损害公司债权人的利益。更深层次的理由是,传统资本制度过分相信公司资本的债权担保功能,过度强化对公司资本的管控,从而使得公司发展背离资本市场的普遍规律。最高人民法院逐渐意识到,股东出资的主要功能在于满足公司运营需要,而不是为公司负债提供担保,故应该恢复注册资本的实质价值,不应该过分管控。

《九民会议纪要》中最高人民法院关于“对赌”的观点,具体可总结如下几点:

首先,投资人与目标公司及其股东签订的“对赌协议”(股权回购或金钱补偿)均为有效,除非有法律明确规定的无效事由。

其次,把“合同效力”和“合同履行”区别开来,即,虽然可以确定投资人与目标公司的对赌协议有效,但相关协议是否能够得到实际履行,人民法院还要经过审查,在审查后才能最终确定是否支持投资人的诉讼请求。

最后,审查对赌协议是否有履行可能,关键还是看是否违反资本维持原则和损害债权人的利益。

笔者按“回购股权”和“补偿金钱”两种方式进行分析如下。

(1)投资人请求目标公司回购股权

投资人请求目标公司回购股权的,最高人民法院指出,应当依据《公司法》第35条关于“股东不得抽逃出资”或第142条关于“股份回购的强制性规定”的相关规定进行审查。经审查,目标公司未完成减资程序的,法院应当驳回其诉讼请求。

也就是说,“减资”即减少注册资本,是在对赌纠纷中认定目标公司进行股权回购的必要前置条件,而根据我国《公司法》的规定,减资要履行两个程序:

一是经公司股东(大)会决议通过。对于有限责任公司,《公司法》第43条第2款规定:“股东会会议作出修改公司章程、增加或者减少注册资本的决议,以及公司合并、分立、解散或者变更公司形式的决议,必须经代表三分之二以上表决权的股东通过。”对于股份有限公司,《公司法》第103条第2款规定:“股东大会作出决议,必须经出席会议的股东所持表决权过半数通过。但是,股东大会作出修改公司章程、增加或者减少注册资本的决议,以及公司合并、分立、解散或者变更公司形式的决议,必须经出席会议的股东所持表决权的三分之二以上通过。”因此,不管是有限责任公司还是股份有限公司,要减少注册资本,必须召开股东(大)会,并经股东所持表决权的2/3以上通过。

二是依法履行减资程序。《公司法》第177条规定:“公司需要减少注册资本时,必须编制资产负债表及财产清单。公司应当自作出减少注册资本决议之日起十日内通知债权人,并于三十日内在报纸上公告。债权人自接到通知书之日起三十日内,未接到通知书的自公告之日起四十五日内,有权要求公司清偿债务或者提供相应的担保。”也就是说,公司必须在股东大会作出减资决议之日起 10 日内通知债权人,并于 30 日内在报纸上进行公告。若在法定期限内,没有债权人提出清偿债务或提供担保的要求,或者有债权人提出要求后而目标公司清偿了债务或提供了相应的担保,则投资人可以请求目标公司依据回购条款向其支付回购款项。

但笔者分析,履行这两个程序难度较大,理由如下:

首先,投资人一般都是小股东,如果要经过股东会或股东大会这一程序审议减资议案,且要有 2/3 以上表决权通过,通过的可能性很小。

其次,即便减资议案通过,还有债权人这一关。我们知道,目标公司为了发展,或多或少会有负债,如果债权人提出了清偿债务的要求而目标公司无力清偿,或者债权人不接受目标公司提供的担保,那么整个减资程序只能终止。

最后,即便满足了债权人的要求,目标公司也可能无法提供足够的资金回购投资人的股权。

(2)投资人请求目标公司补偿金钱

关于这一点,最高人民法院指出,应当依据《公司法》第 35 条关于“股东不得抽逃出资”和第 166 条关于“利润分配的强制性规定”的相关规定进行审查。经审查,目标公司没有利润或者虽有利润但不足以补偿投资方的,人民法院应当驳回或者部分支持其诉讼请求。但同时规定,目标公司在今后有利润时,投资人还可以依据该事实另行提起诉讼。

也就是说,“目标公司有足够的利润补偿给投资人”是目标公司对投资人进行金钱补偿的必要前置条件。

最高人民法院的观点是,股权回购如果履行了股东(大)会决议和法定减资程序,就说明得到了公司股东和债权人的认可,不会损害公司股东及债权人的利益,而现金补偿不同,这不但会直接导致公司资产减少,还可能损害公司股东及债权人的利益。尤其对于对赌失败的企业来说,很有可能其已经面临经营困境,此时再强制要求目标公司进行现金补偿,目标公司的债权人和其他股东的利益有可能受到极大损害。因此,投资人只能在公司盈利且有足够补偿的现金时,才能根据《公司法》第 166 条第 4 款的规定,即弥补亏损和提取公积金后,才能请求分配所余税后利润。

这里需要注意两点:

一是目标公司有亏损的,当年利润应当首先弥补亏损。

二是对赌协议往往会约定投资人在投资期间(投资日至回购完成日)享有投资本金的一定比例的固定投资收益,此约定与请求现金补偿类似,只有在公司有可供分配利润且足够覆盖所有金钱补偿之金额的情形下,人民法院才会支持投资人的全部诉请。

因此,对于投资人现金补偿以及固定收益分配的请求,只有在目标公司盈利,且符合《公司法》第166条第4款规定的情形(先弥补亏损和提取公积金)时,才能以利润分配的方式进行补偿,否则,对投资方的请求将不予支持。

当然,金钱补偿相对来说比股权回购要简单一点,因为股权回购涉及的减资程序和公告程序存在许多不可预见性。涉及金钱补偿时,投资人只需随时关注企业的经营状况和财务状况,只要企业有足够的利润就可以要求其履行;而且,即使当下没有利润,如果之后目标公司有利润,投资人还有权另行提起诉讼。

2. 笔者建议

根据《九民会议纪要》确定的裁判规则,在签订对赌协议时,不管是投资人还是目标公司,都要考量选择合适的对赌模式。对企业来说,一定要看到对赌的风险,特别是在《九民会议纪要》出台以后,企业的风险不断加大。对投资人来说,虽然对赌的结果可能是投资人胜的多,但如果涉及纠纷,投资人的风险可能会更大。因为企业输了最多是按协议履行,还存在可以不履行的可能性,但投资人赌胜之后的权益却不一定能得到保障,最终可能血本无归。笔者认为,签订和履行对赌协议时,至少应该考虑如下几个问题。

(1)慎重选择对赌协议的主体

很显然,尽管《九民会议纪要》认可投资人与目标公司之间对赌的效力,但限制条件太多,对投资人来说,目标公司并不是最佳的对赌主体,至少不应该是唯一的主体,也不宜将目标公司作为第一顺位的对赌义务人,而公司股东仍然是比较合适的对赌主体。另外,根据前面提到的山东瀚林案的审判结果,在把公司股东作为对赌主体的同时,可以要求目标公司以担保人的身份签署对赌协议。当然,笔者在前面的案例中也提到,目标公司为股东提供担保要有股东会或股东大会的相关决议,且投资人要尽到审慎注意和形式审查义务。

(2)细化对赌协议的具体操作程序

在必须与目标公司进行对赌的情形下,在签订对赌协议时,投资人应对目标公司的股东(大)会决议方式与内容、投资人退出时内外部公示的履行方式、目标公司需要协助的义务及完成的时间等因素加以全面考量与合理安排。在企业利润相对比较充裕的前提下,最好选择金钱补偿的对赌方式。

(3)时刻关注目标公司的经营和财务状况

根据《九民会议纪要》的裁判原则,回购股权或现金补偿等诉请能否被法院支持,需要结合目标公司的经营情况进行综合判断,这就需要投资人时刻关注目标公司的各项状况,如要求目标公司定期报告财务情况,提交相关审计报告、财务报表等文件,了解银行等债权人的相关情况,并持续追踪,如有变化,可第一时间采取应对措施。

《九民会议纪要》虽然明确了目标公司在对赌失败后也要承担责任,但事实上在要求企业承担相应责任时,投资人也有许多障碍难以跨越,所以说,《九民会议纪要》总体还是保护企业的利益的,当然其终极目标还是保护企业债权人的利益。另外,笔者要强调,如果企业在对赌中获胜,法律是充分保护企业及股东等利益相关方的合法权益的,在这方面企业没有什么障碍。因此,如果有十足的把握,企业及股东等利益相关方可以毫不犹豫地进行对赌。但世事难料,市场瞬息万变,谁都无法正确预计企业今后的发展方向,所以企业创始人在对赌之前一定要三思而行,充分考虑市场的变化和企业的发展方向。

(三)仲裁机构的裁判思路

从可获取的仲裁裁决来看,与人民法院的判决相比,由于仲裁员多为学者或律师,所以仲裁机构对投资人与目标公司之间对赌的态度更为开放和灵活。

在对赌第一案之后,虽然法院均坚持"与公司对赌无效,与股东对赌有效"的基本准则,但是仲裁庭早就有了重大突破。比如在中国国际经济贸易仲裁委员会(2014)中国贸仲京裁字第0779号仲裁案中,仲裁庭就认为,如未达到对赌协议中约定的利益目标,目标公司及其股东退还部分增资款给投资人的约定,并未损害目标公司和公司债权人的利益,故协议有效。同时,协议中关于目标公司股东向投资人承担连带责任的约定亦属有效。下面要介绍的(2014)中国贸仲京裁字第0056号裁决书也提出了相同的观点。

许多仲裁员认为,只要相关协议是在遵循平等自愿、公平合理、诚实信用等基本原则的基础上签订的,对赌条款本身并非法定无效,不管签订的主体是谁,均应该认定其为有效。现在看来,这些观点事实上与《九民会议纪要》中的内容是一致的。现笔者介绍一起仲裁案例的主要观点。

案例23

[案号]

中国国际经济贸易仲裁委员会(2014)中国贸仲京裁字第0056号

[当事人]

投资人:北京富汇科创创业投资中心(有限合伙)、江苏华工创业投资有限公

司、无锡天翼正元投资中心(有限合伙)

目标公司:宁夏泰瑞制药股份有限公司

[案情简介]

投资人与目标公司签署的股权投资协议中约定有业绩补偿的“对赌条款”,若目标公司利润在承诺期限内没有达到业绩承诺标准,则其需根据对赌条款向投资人按照确定的计算公式给予现金补偿;同时投资人也作出了相应的承诺,若目标公司利润在承诺期限内超过业绩承诺标准,则投资人向目标公司按照确定的计算公式给予现金补偿。

随后目标公司因未达到承诺的业绩标准而被投资人告到仲裁机构,要求目标公司按股权投资协议中约定的业绩补偿条款给予现金补偿。

[仲裁机构裁决观点]

仲裁机构经审理后支持了投资人的仲裁请求,其裁决的主要观点如下。

(1)投资补偿款(现金补偿)具有独立性,其获取不违反资本维持原则

投资款与溢价投资款的财产属性不同,产生的合同依据也不同。溢价投资款在账务上具体是列为公司负债还是计入公司资本公积金并不影响投资补偿款(现金补偿)的产生、计算和法律上的成立。投资人从目标公司获得现金补偿并不侵犯公司法人的独立财产权,也不违反《公司法》有关资本维持、资本减少限制的原则。

(2)对赌过程中并不存在需要法律特殊保护的利益方

协议当事人、利益关联方都是平等利益主体,对赌协议不涉及国家或公众利益,没有需要法律特殊保护的利益方。投资人依据协议的正当约定,要求目标公司支付投资补偿款,是其依据协议享有的正当合法权利。关于是否侵害债权人利益,其前提是存在债权人,且债权人的债权因公司与股东之间的对赌而在清偿上受到影响,若不存在上述情形,则不应一概而论地认定实现对赌条款必然侵害债权人的利益。在无债权人主张撤销权的情况下,不应对条款是否具备可撤销的情形主动进行审查。

(3)业绩补偿并非当然显失公平

投资补偿是投资人出资后对投资进行估值调整的结果,是一种补偿行为,也是一项或有的合同债务,且根据目标公司的利润实现情况,其补偿的主体并不当然是目标公司,也可能是投资人,投资人和目标公司均承受着投资风险,这对双方是公平的。

仲裁庭最终基于以上理由认定投资人与目标公司的投资补偿条款有效,认为其是投资市场常见的估值调整安排,不但具有经济上的正当、公平和合理性,而且该条款约定及其履行均不违反我国法律和行政法规的强制性规定,因此该条款是

合法有效的。

上述观点与《九民会议纪要》中的观点与原则基本相似。

笔者参考了一些关于对赌的仲裁裁决,从仲裁裁决的论述理由来看,仲裁庭更接受和遵循股权投资中对赌的商业逻辑,更推崇契约精神,强调股东自治和股东利益最大化。无论是发生在投资人与股东之间,还是投资人与目标公司之间,很多仲裁庭都认可了业绩(金钱)补偿条款和股权回购条款的效力,裁决所反映的核心价值即当事人的意思自治和对契约自由精神的推崇与尊重,这种理念是值得赞许的。

涉及资本维持原则和债权人保护的问题,有些仲裁裁决也提出,如果投资人与目标公司发生对赌的纠纷,可以审查是否启动了减资程序,确认履行了减资的法定程序,包括通知债权人等保护程序,就可以认定其为有效,这种观点已经为《九民会议纪要》所接受。

正是基于这些原因,在许多对赌协议中都会约定有关纠纷和争议由仲裁机构进行仲裁,当然,笔者相信仲裁对投资人更有利,其中原因读者自行体会。

当然,笔者所查询的案例并不一定具有普遍意义,只是说明某些仲裁裁决更具有前瞻性,更能体现一些专家学者的先进观点,所以拿出来进行分析。但因为仲裁委员会不是全国统一的裁判系统,仲裁员的身份背景多样,而且仲裁裁决并不公开,因此仲裁系统不像人民法院那样有最高人民法院的指导案例和公报案例等,其并没有高度统一的裁判指引,均是根据仲裁员个人的经验而作出判断和裁决,不能代表整个仲裁委员会以及其他仲裁员的观点。而且,仲裁机构实行一裁终局制,相对人民法院的二审、再审等多级保护机制来说,对当事人来说风险更大,但效率更高。

因此,笔者要提醒读者,全国各式各样的仲裁机构有很多,选择仲裁机构也是一门学问,所以在选择前最好对相关仲裁机构有所了解,对仲裁机构处理过的、与自身案件有关的案例进行分析,做到知己知彼。

相信在最高人民法院发布《九民会议纪要》后,许多仲裁庭会依据《九民会议纪要》的相关条款作出裁决,但不排除许多仲裁员会提出更新更好的观点,对此笔者拭目以待。

三、拟上市公司存在对赌问题的处理

投资人投资一家企业,最好的结果当然是上市退出,许多投资人进行股权投资,也是看到了企业上市的可能性,而且很多对赌协议或对赌条款(以下统称对赌协议)还约定,如果目标公司不能按时上市,投资人就要退出投资,这点在前面有多次提及。但如果目标公司在上市申报过程中存在对赌协议,是否会影响上市的进

程？一般怎么处理比较合适？这些都是拟上市公司需要了解清楚的问题。

笔者认为，证券监管部门关于对赌的认识，和人民法院、仲裁机构关于对赌的认识是不一样的，人民法院和仲裁机构是对已经产生的风险进行甄别，分析对赌协议是否有效，是否可以保证企业的正常发展和运营，是否有利于保护债权人和股东的利益，是否能得到有效履行等；但证监会的出发点是，对赌协议的存在对企业是否有风险，如果有风险，如何有效预防和制止，如何保证企业和股东的稳定，不出现重大纠纷。因此，证券监管部门以预防为主，把风险"扼杀在摇篮之中"，而人民法院和仲裁机构侧重对风险发生以后所产生的纠纷的处理。出发点和认识角度不一样，处理问题的方式显然也会不一样。

（一）相关部门对于拟上市公司存在对赌问题的处理意见

应该说，不管是证监会还是证券交易所，对拟上市公司存在对赌协议的问题都有放开的趋势，如上市公司而言，证监会允许并购重组主体之间以 3 年净利润等方式进行对赌。因此，拟上市公司存在的对赌协议并非一律不被准许，但总体的态度是不提倡的，希望公司尽快清理，如果不想清理，就必须有一个合理的说法。这也好理解，因为对于拟上市公司，监管部门要求其主营业务、控制权、管理团队及核心技术人员等方面都保持稳定，不能出现导致控制权发生变更的重大权属纠纷。如证监会于 2023 年 2 月 17 日发布的《首次公开发行股票注册管理办法》第 12 条第 2 项、第 3 项规定："发行人业务完整，具有直接面向市场独立持续经营的能力：……（二）主营业务、控制权和管理团队稳定，首次公开发行股票并在主板上市的，最近三年内主营业务和董事、高级管理人员均没有发生重大不利变化；首次公开发行股票并在科创板、创业板上市的，最近二年内主营业务和董事、高级管理人员均没有发生重大不利变化；首次公开发行股票并在科创板上市的，核心技术人员应当稳定且最近二年内没有发生重大不利变化；发行人的股份权属清晰，不存在导致控制权可能变更的重大权属纠纷，首次公开发行股票并在主板上市的，最近三年实际控制人没有发生变更；首次公开发行股票并在科创板、创业板上市的，最近二年实际控制人没有发生变更；（三）不存在涉及主要资产、核心技术、商标等的重大权属纠纷，重大偿债风险，重大担保、诉讼、仲裁等或有事项，经营环境已经或者将要发生重大变化等对持续经营有重大不利影响的事项。"

前面也提到，对赌协议中往往会约定股权补偿或回购等条款，极有可能发生控制权变更的情况，即便是金钱补偿条款，也容易导致公司经营能力和偿债能力的下降，从而损害公众投资者的利益，甚至引起金融市场监管的失控。因此，相关部门都会要求拟上市公司妥善处理对赌的相关问题。

1. 证监会和证券交易所

2019 年 3 月，证监会在《首发业务若干问题解答》（已废止）中首次对发行人存在对赌的问题发表意见，其原则是要清理，但在满足一定条件下，对赌协议等类似安排可以不被清理；2019 年 3 月，上交所发布了《科创板股票发行上市审核问答（二）》（已废止）；2020 年 6 月，深交所发布《创业板股票首次公开发行上市审核问答》（已废止），上述三份文件中关于对赌协议的规定完全一致。

《首发业务若干问题解答》（2020 年修订）的问题 5 为："部分投资机构在投资发行人时约定对赌协议等类似安排的，发行人及中介机构应当如何把握？答：投资机构在投资发行人时约定对赌协议等类似安排的，原则上要求发行人在申报前清理，但同时满足以下要求的可以不清理：一是发行人不作为对赌协议当事人；二是对赌协议不存在可能导致公司控制权变化的约定；三是对赌协议不与市值挂钩；四是对赌协议不存在严重影响发行人持续经营能力或者其他严重影响投资者权益的情形。保荐人及发行人律师应当就对赌协议是否符合上述要求发表明确核查意见。发行人应当在招股说明书中披露对赌协议的具体内容、对发行人可能存在的影响等，并进行风险提示。"

2023 年 2 月 17 日，在上述规定的基础上，证监会发布了《监管规则适用指引——发行类第 4 号》，其第 4－3 条第 1～2 款规定："投资机构在投资发行人时约定对赌协议等类似安排的，保荐机构及发行人律师、申报会计师应当重点就以下事项核查并发表明确核查意见：一是发行人是否为对赌协议当事人；二是对赌协议是否存在可能导致公司控制权变化的约定；三是对赌协议是否与市值挂钩；四是对赌协议是否存在严重影响发行人持续经营能力或者其他严重影响投资者权益的情形。存在上述情形的，保荐机构、发行人律师、申报会计师应当审慎论证是否符合股权清晰稳定、会计处理规范等方面的要求，不符合相关要求的对赌协议原则上应在申报前清理。发行人应当在招股说明书中披露对赌协议的具体内容、对发行人可能存在的影响等，并进行风险提示。"同时增加了解除对赌协议的会计处理方式，其第 3 款规定："解除对赌协议应关注以下方面：（1）约定'自始无效'，对回售责任'自始无效'相关协议签订日在财务报告出具日之前的，可视为发行人在报告期内对该笔对赌不存在股份回购义务，发行人收到的相关投资款在报告期内可确认为权益工具；对回售责任'自始无效'相关协议签订日在财务报告出具日之后的，需补充提供协议签订后最新一期经审计的财务报告。（2）未约定'自始无效'的，发行人收到的相关投资款在对赌安排终止前应作为金融工具核算。"

2. 司法审判与证监监管规则保持一致

关于投资人南京高科旗下的南京高科新创投资有限公司（以下简称高科新

创）、南京高科新浚成长一期股权投资合伙企业（有限合伙）（以下简称新浚一期）共同诉江苏硕世生物科技股份有限公司（目标公司，以下简称硕世生物）的控股股东绍兴闰康生物医药股权投资合伙企业（有限合伙）（目标公司股东，以下简称绍兴闰康）及实际控制人房永生、梁锡林支付合伙份额回售纠纷一案，上海市第二中级人民法院于2021年9月出具民事判决，驳回原告高科新创和新浚一期的全部诉讼请求；高科新创和新浚一期不服，向上海市高级人民法院提起上诉，2022年9月，上海市高级人民法院出具二审终审判决，驳回上诉，维持原判。

人民法院的判决认定，在拟上市公司的IPO过程中，存在“与股票市值挂钩的对赌协议”为无效。

这种对赌协议系前面提到的证监会和交易所明确必须清理的对赌情形，但目标公司硕世生物在上市审核阶段未做披露，2021年11月，上交所对硕世生物及其控股股东、实际控制人及中介机构均采取纪律处分监管措施。

投资人高科新创和新浚一期试图以股权投资协议对硕世生物的股东绍兴闰康及实际控制人提起诉讼，要求目标公司股东及实际控制人履行股权投资协议中约定的上市后回售权条款，但一审和二审法院认为，股权投资协议中预先设定上市后回售权，且回售价款直接与发行人二级市场股票市值挂钩的，属于“与股票交易市值挂钩的回售条款”，该条款无效。因此，投资人凭借“必须清理的对赌协议”主张权利，人民法院不予支持。

这一判例在国内是首例，其重要意义在于，虽然《九民会议纪要》肯定了对赌协议或对赌条款的有效性，但如果对赌协议或对赌条款触犯了证监会或证券交易所的监管规则，则该对赌协议或对赌条款为无效。一审、二审法院均表明了司法立场，体现了司法审判与证监监管规则的一致性，维护了证券市场正常的监管秩序，具有很强的示范性。

（二）对策和建议

由以上相关监管政策和审判实践可以明确，对赌协议所涉及领售权、股权回购、业绩补偿等特殊条款可能会导致公司控制权发生变动，影响公司的经营稳定性，同时可能损害其他投资人的利益，因此一般在发行前需要进行清理。但如果能同时满足《监管规则适用指引——发行类第4号》第4-3条规定的4项条件，对赌协议也可以不被清理。实践中，对于存在对赌协议的拟上市公司中存在的不同情形，笔者提出如下对策和建议。

1. 对赌协议全部符合不清理4项条件

如果拟上市公司自认为符合全部的不清理条件，那么在其招股说明书中需要披露对赌协议的具体内容，提示可能存在的风险，并由保荐人和律师发表相应的核查意见，核查意见应该按《监管规则适用指引——发行类第4号》第4－3条规定的必须同时满足的4项条件逐项发表，具体如下：

（1）明确拟上市公司即发行人没有与投资人签订对赌协议。如果有，则应由投资人解除对发行人应承担的义务。另外，投资人与发行人股东或相关利益方之间的对赌，因为不涉及发行人，所以是被允许的。

（2）明确对赌协议中不存在可能导致公司控制权发生变化的内容，同时明确，即使发生股权回购等情形，以实际控制人的持股比例进行计算，也不可能导致公司控制权发生变化。

（3）明确对赌协议的条款及相关内容中不存在与公司市值挂钩的相关表述。

（4）明确对赌协议中不存在严重影响发行人持续经营能力或者其他严重影响投资者权益的条款或相关内容。这方面内容比较广泛，需要对相关条款仔细审查，具体由保荐人、律师、投资人和拟上市公司根据具体情况共同商讨确定，总之要经得起证监会和交易所的审查。

在满足上述4项条件的前提下，如对赌主体是拟上市公司的股东或实际控制人，则投资人可以与该主体约定"效力中止及恢复条款"：如拟上市公司向证监会或交易所提交申报材料的，相关对赌协议效力中止；若发生撤回申请、未通过审核等未成功上市的情形，则对赌协议恢复效力；若公司顺利上市，则对赌协议终止。需要明确，"效力中止及恢复条款"仅适用于发行人股东及实际控制人等相关利益方作为对赌协议主体的情形，且需要同时满足上述4项条件。拟上市公司即发行人作为主体的对赌协议必须彻底清理，并明确相关对赌协议或条款"自始无效"，且不得附加任何恢复条款。

例如，重庆西山科技股份有限公司在科创板的IPO申报过程中作出说明，发行人作为对赌协议当事人的对赌条款已经全部终止，但其控股股东及实际控制人作为义务人的部分对赌条款尚处于"中止"状态，且附有恢复条款。但附有中止及恢复条款的对赌条款不会导致发行人控制权发生变化，相关回购触发条件不与市值挂钩，不存在严重影响发行人持续经营能力或者其他严重影响投资者权益的情形，符合《监管规则适用指引——发行类第4号》的核查要求。

另外，根据《监管规则适用指引——发行类第4号》第4－3条中新增的内容规定，拟上市公司需要明确阐述其会计处理方式是否符合《企业会计准则》以及《监管规则适用指引——发行类第4号》的相关要求。

2. 对赌协议不符合4项条件中的一个或多个

在无法全部符合上述不清理4项条件的情形下，相关对赌协议就要被清理。对于这种情况，笔者建议如下。

(1)审查股权投资协议中是否已约定自动终止条款

笔者在第4章"股权投资与融资"第10节中对股权投资协议作了详细的介绍,读者可以自行查阅。如果拟上市公司在引入股权投资并与投资人签订股权投资协议时,已经在协议中明确约定,对赌条款自拟上市公司向证监会及交易所提交IPO申请材料之日起自动终止,只要拟上市公司及投资人按协议履行,可以视为已经清理。但协议相关方仍须出具确认函及承诺函,明确表示拟上市公司不作为对赌主体,不承担股权回购义务,且对赌协议等类似安排"自始无效",并不附加任何恢复条款。

(2)通过签署补充协议彻底解除对赌协议

这种方式是最为彻底的清理,更有利于通过监管审核,提高审核效率,加快公司上市进程。具体内容包括:签订补充协议,约定在补充协议生效时彻底解除投资人与拟上市公司之间的对赌协议或条款,并约定"自始无效"且不附加任何恢复条款。当然,如果要更彻底一些,也可以约定解除投资人与公司股东、实际控制人等签署的所有对赌协议或条款,但这样对投资人风险极大,如果拟上市公司无法顺利上市,投资人可能无法实现有效退出,故只能是不得已的选择。同时要明确,补充协议的签署日期应在财务报告出具日之前,因为根据《监管规则适用指引——发行类第4号》第4-3条的规定,补充协议签订日在财务报告出具日之前的,可视为拟上市公司在报告期内对该笔对赌不存在股份回购义务,公司收到的相关投资款在报告期内可确认为权益工具。如补充协议签订日在财务报告出具日之后的,则需补充提供协议签订后最新一期经审计的财务报告。另外,如果在签署解除对赌的相关协议时未约定"自始无效",则会被认为清理得不彻底,那么投资人投入公司的投资款有可能会被认定为金融负债而不是权益。

3. 对赌协议在上市申报前已经得到实际履行

对于这种情况,因为对赌协议已经实际履行,故拟上市公司只能如实披露并表明对赌协议的履行过程合法合规,且确认不存在可能引起公司股权变更的协议或安排,事实上公司仍有信心提交IPO申请,说明对赌协议的履行对公司没有造成重大影响。当然,保荐人和律师应尽到勤勉尽职的审查义务。

综上所述,监管部门明确规定拟上市公司即发行人作为对赌主体的对赌协议或条款必须被彻底清理,这对投资人而言存在巨大的风险,因为一旦拟上市公司无法完成上市,投资人将面临投资无法退出的法律风险。因此,笔者建议,在签署对赌协议或包含对赌条款的股权投资协议的同时,投资人即可与拟上市公司股东或实际控制人等相关利益方签署"效力中止及恢复条款",这样可以避免后续再行补充或调整的不确定性,并尽可能减少因拟上市公司无法上市所引发的风险。